Germanistik und deutsche Nationen
1806 - 1848

Germanistik und deutsche Nation 1806 - 1848

Unter Mitarbeit von
Reinhard Behm, Karl-Heinz Götze,
Ulrich Schulte-Wülwer und
Jutta Strippel

herausgegeben von Jörg Jochen Müller
(d.i. Jörg Jochen Berns)

Verlag J. B. Metzler
Stuttgart · Weimar

Die Deutsche Bibliothek – CIP-Einheitsaufnahme

Germanistik und deutsche Nation 1806 - 1848 /
unter Mitarb. von Reinhard Behm . . . hrsg. von Jörg Jochen Müller
(d.i. Jörg Jochen Berns). - Stuttgart ; Weimar : Metzler , 2000
ISBN 978-3-476-01786-4

ISBN 978-3-476-01786-4 ISBN 978-3-476-02757-3 (eBook)
DOI 10.1007/978-3-476-02757-3

Ursprünglich erschienen bei J. B. Metzlersche Verlagsbuchhandlung
und Carl Ernst Poeschel Verlag GmbH in Stuttgart 1974/2000

Inhalt

Der Tod des Vaters

(Statt eines Titelkupfers)

»... der Puls fing an, langsamer zu schlagen und schwächer. Ein Schlag. Noch einer. Und das war der letzte. Erst gegen Mittag verbreitete sich montags die Kunde von seinem Tode. Dienstag vormittag drängte man sich um seine Leiche. Er lag auf seinem Bette, zu Häupten die Büste Wilhelms, neben ihm ein Buch, das ihm gewidmet und das er nicht mehr gesehen, in der Linken Blumen, in der Rechten ein Lorbeerkranz. Sein Gesicht wenig verändert. Darüber lag der Friede. Es war als ob er schliefe.«

Mit diesen Sätzen beschreibt der Germanist Wilhelm Scherer (1841–1886) den Tod des Germanisten Jacob Grimm (1785–1863). Und der, der da am 20. September 1863 in Berlin gestorben war, war nicht irgendein Germanist, sondern der ›Vater der Germanistik‹; als solcher gilt er auch heute, mehr als hundert Jahre nach seinem Tode, wenigstens noch weithin. Diese Art von akademischen pompes funèbres ist heute nicht mehr spontan verständlich; unvorstellbar, daß ein Germanistikprofessor heute so aufgebahrt und verklärt würde. Betrachtet man aber das emblematische Arrangement dieses Katafalks nach seinen Elementen, so wird erahnbar nicht so sehr, wer Jacob Grimm war, sondern was die Germanistik 1863 war. Es wird erahnbar, welche Bedeutung das Wissenschaftssyndrom Germanistik für das akademische Bürgertum der ersten Hälfte des 19. Jahrhunderts hatte.

Der Bürger Grimm wird, anders als die adeligen, klerikalen oder auch großbourgeoisen Honoratioren seiner Zeit, in seinem Bett in seiner Wohnung ausgestellt. Die, die sich um seine Leiche drängen, sind seine Blutsverwandten und, mehr noch, seine Geistesverwandten, die Akademiker, die Germanisten. Am Kopfende des Bettes die Büste des wenige Jahre zuvor (1859) verstorbenen Bruders Wilhelm, darauf hindeutend, welche Art von Repräsentations- und Denkmalskult auch dem eben Verstorbenen zukommen wird: eine Verewigung in Gips und Guß. Obwohl die Fototechnik damals schon durchaus zu eindrucksvollen Porträts fähig war, bevorzugte man, feudalistisches Repräsentationsgebaren im Geniekult bürgerlich transponierend, die Monumentalisierung im Standbild.

Und weiter: »neben ihm ein Buch, das ihm gewidmet und das er nicht mehr gesehen.« Diese Totengabe verweist aufs Metier des Verstorbenen, das des Viellesers. Denn wann hätte ein Germanist je genug gelesen? Die ungelesenen Bücher verfolgen ihn über den Tod hinaus. Von dem Niederländer Gerhard Johann Vossius, einem der berühmtesten Sprach- und Literaturforscher zu Beginn des 17. Jahrhunderts, erzählt man, er sei als alter Mann an seinem Bücherregal hochgestiegen, um einen Folianten herunterzuholen. Dabei sei das Regal umgestürzt, und seine Bücher hätten ihn erschlagen: wahrlich ein adäquater Philologentod. Die Anekdote lehrt, ähnlich wie Grimms emblematischer Katafalk, daß der Mann in actu, in seiner Arbeit starb.

In den Händen des toten Grimm schließlich kein Kruzifix oder sonst ein christliches Zeichen. Sie sind nicht gefaltet, sondern halten Blumen, das Zeichen ewiger Jugend, und den Lorbeerkranz der Humanisten, den säkularisierten Heiligenschein der Renaissance. Die emblematischen Details des Katafalks signalisieren so, daß der Aufgebahrte in einem höheren Sinne nicht tot ist. In der bürgerlichen Wissenschaft hat er das Medium seiner Unsterblichkeit. Der Trost hat ein kindlich-trotziges Substrat: wie der weise Kaiser Barbarossa darf der ›Vater‹ Grimm nicht gestorben sein. »Es war, als ob er schliefe.«

Die Aufgabe

Dies Buch thematisiert die Geschichte der Germanistik in der Phase 1806–1848. Die beiden Grenzdaten bestimmen als politische Wendemarken die essayistischen Beiträge in inhaltlicher wie theoretischer Hinsicht. Demnach unterscheiden sie sich von früheren thematisch verwandten Darstellungen dadurch, daß sie keine immanente Wissenschaftsgeschichte – weder als Hagiographie irgendwelcher Wissenschafts-›Väter‹, noch als eigendynamische Methoden- oder Geistesgeschichte – betreiben, sondern *wissenschaftssoziologisch* verfahren. Ausgehend von dem Befund, daß die Etablierung der Germanistik als Universitätswissenschaft, daß die Entstehung der nationalen Literaturgeschichtsschreibung und daß schließlich die Einrichtung des schulischen Deutschunterrichts zusammenfallen mit der revolutionären Kampfphase der deutschen Bourgeoisie und mit der industriellen Revolution, konvergieren alle Beiträge in einer Funktionsanalyse: nämlich in Erörterung der Frage, welchem Entwicklungsstand der Produktivkräfte und welcher dadurch gegebenen gesellschaftlichen Bedürfnisstruktur diese Germanistik entsprach.

Voraussetzung des Bemühens, die Germanistik der akademischen Konstitutionsphase als soziale Erscheinung darzustellen, ist, daß die wissenschaftliche Tätigkeit – auch des Germanisten in Schule und Universität – als spezifische *Produktion* einzuschätzen ist; daß Germanistik in diesem Sinne nicht nur als eine besondere (und gar besonders verschrobene) Form der *theoretischen* Widerspiegelung der Welt, sondern auch ihrer gesellschaftlich-*praktischen* Umgestaltung zu verstehen ist.

Die Tatsache, daß hier die Germanistik der Phase 1806–1848 – und nicht etwa die der BRD – zum Gegenstand der Erörterung gemacht wird, bedarf der Rechtfertigung. Obwohl eine solche Rechtfertigung in extenso wohl nur dies Buch selbst zu geben vermag, seien einige Argumente schon hier angedeutet, die für die Sujetwahl ausschlaggebend waren.

Ein erstes, nächstliegendes Argument lieferte der Befund, daß die Phase 1806–1848 für die Germanistik des 20. Jahrhunderts und insbesondere für die der BRD als das gloriose Zeitalter des Fachs schlechthin gilt. Dieser Befund ist paradox genug, wenn man überprüft, was denn die germanistische Forschung und Lehrpraxis zur Erhellung dieser Phase bislang überhaupt geleistet hat. Angesichts der kärglichen und aufs Ganze gesehen folgenlosen Ansätze, die Fachgeschichte aufzuarbeiten, läßt sich sagen, daß die Glorifizierung nicht *trotz*, sondern *wegen* der realhistorischen Unkenntnis möglich war. Diese Phase pauschal als »Grimm-Zeit« zu feiern (wie es Raumer [1] und Dünninger [2] tun), war nur möglich aufgrund eines spätkapitalistisch restringierten Geschichtsbildes, das, alle bürgerlich-progressiven Forderungen in den Wind schlagend, Kulturgeschichte auf Geistesgeschichte und schließlich auf Geistergeschichte qua Heroenkult zurückstauchte. Die Blindheit gegenüber der eignen Vergangenheit hatte und hat für die Germanistik Notwendigkeit insofern, als nur so der Anspruch gerettet werden kann, dies Fach sei per se und seit eh unpolitisch. Die historisch notwendige Aufspaltung der ehemals – zumindest in Individuen wie Scherer noch – *einen* ›Deutschen Philologie‹ in arbeitsteilig spezialisierte Fachrichtungen hat es mit sich gebracht, daß bestimmte Sachzusammenhänge gar nicht mehr gesehen werden konnten; hat es zugleich aber auch mit sich gebracht, daß die Germanisten der Frühphase, die als Universitätslehrer das Fachgebiet noch weitgehend ungeteilt verwalteten (eben die Grimm, Lachmann, Müllenhoff, Zarncke u. a.) zu Heroen stilisiert wurden. Nach der Aufsplitterung in zahlreiche Sonderdisziplinen hat die Reflexion der eignen Wissenschaftsgeschichte im Forschungs- und Lehrekanon sich keinen festen Platz erobern können. Dem entspricht es, daß von literaturwissenschaftlichen Arbeiten wohl eine Kenntnis vom ›*Stand* der Forschung‹, nicht aber die ihrer historischen Entstehung und Tradierung verlangt wird.

Da Neuere deutsche Literaturwissenschaft sich seit der Abspaltung von der Älteren deutschen Philologie fast ausschließlich auf die Interpretation von neuerer Dichtung als ›schöner‹ und ›hoher‹ Literatur eingeschworen hat, kann die eigne Wissenschaftsgeschichte, so ließe sich spotten, schon deshalb nicht ihr Gegenstand sein, weil die weder schön noch hoch war. Und Gegenstand der Älteren deutschen Philologie kann, so ließe sich der Witz breittreten, die germanistische Wissenschaftsgeschichte wohl darum nicht sein, weil es im Mittelalter noch keine Germanistik gab. Da die Disziplinaufteilung der ehemals *einen* Germanistik von den heutigen Spezialisten weithin als Triumph der vermeintlich eigendynamischen Wissenschaftsrationalität gewertet und durch zahllose Publikationen täglich aufs neue sanktioniert und weitergetrieben wird, gerät der, der es unternimmt, die ehemalige Einheit auf ihre Konstituentien hin zu befragen, notwendig von vornherein in den Verdacht des Dilettantismus. Daß solcher Verdacht schließlich zum wissenschaftlich abgedeckten Vorwurf gegen uns verdichtet werden könnte, haben wir angesichts der Forschungssituation allerdings schwerlich zu fürchten. Sicher wird mancher Sachkenner Einzelheiten des hier Dargelegten aus seiner Sicht ergänzen und auch korrigieren können. Viel empirisches Material (Briefe, Autobiographien, Zeitschriftenartikel) blieb uns unerreichbar. Die Beschränktheit unserer Darlegungen ist im wesentlichen zeitökonomisch bedingt. Es war uns dringlicher, relevante Fragen zu stellen und notdürftig zu beantworten, als überkommene Fragen erschöpfend zu beantworten.

Ein anderes wichtiges Argument für die Wahl unseres historischen Untersuchungsfeldes sehen wir darin, daß die germanistische Wissenschaftspraxis der BRD weithin von der Ideologie des ›*Methodenpluralismus*‹ bestimmt ist. Diese Ideologie basiert auf dem Axiom, daß die Wissenschaft ein Ensemble gleichwertiger Methoden bereithalte, die alle mit gleichem Recht und gleichem Anspruch auf Wahrheit existieren. Das Modell des Methodenpluralismus suggeriert eine Art prästabilisierter – weil geschichtsfreier – Harmonie unterschiedlicher oder gar antagonistischer Methoden, das in der Ideologie der ›Freien Marktwirtschaft‹ und den Verschleierungsanstrengungen der ›Konzertierten Aktion‹ seine tiefgreifenden Entsprechungen und Bedingungen hat. Wie nämlich die Rede von der ›Freien Marktwirtschaft‹ suggeriert, es stünde im Belieben jedweden Individuums, ob es als Lohnabhängiger oder als Couponschneider sein Leben fristen wolle, so unterstellt die Lehre vom germanistischen Methodenpluralismus, es stünde im Belieben jedwedes Germanisten, sich für bestimmte Methoden zu entscheiden. Es sei das allenfalls eine Frage der besonderen Begabung, des Gespürs und der individuellen Rationalität:

»Zwar werden unablässig sichere Wege, Methoden, zu festigen gesucht, die nachgeschritten werden können, aber mit welchem Erfolg sie begangen werden, hängt von der Begabung des einzelnen ab. Ob jemand diese erste Voraussetzung für ein glückliches Studium der Literaturwissenschaft besitzt, sollte er in nüchterner Selbstprüfung erforschen, wenn er vor Enttäuschungen bewahrt bleiben will. [...] Wissenschaftlicher Umgang mit den Werken aus Sprache setzt ein differenziertes Gespür für ihre Aussagewerte und -möglichkeiten voraus und fordert nicht minder die Kraft, verwickelte gedankliche Zusammenhänge durchdenken, bewältigen und auch behalten zu können. (Doch gereicht es natürlich niemanden zur Schande, sich und andern einzugestehen, daß man nicht in allen Bereichen gleichermaßen zu Hause sein kann.)« [3]

Demgegenüber werden unsere Ermittlungen kenntlich machen, daß bestimmte Fragestellungen und bestimmte Methoden bestimmten historischen Bedürfnissen entsprechen, daß sie also sozialhistorische Notwendigkeit haben; und daß schließlich, wenn sie heute miteinander konkurrieren, diese Methodenkonkurrenz selbst Ausdruck sozialer Ungleichzeitigkeit und klassenspezifischer Antagonismen ist. Denn den Schein der Gleichwertigkeit können die heterogenen Methoden nur so lange behaupten, als die Geschichte ihrer sozialpolitischen Relevanz verdeckt bleibt. Wenn die in diesem Buch beigebrachten Fakten aber vor Augen stellen, daß alle von der Germanistik aufgegriffenen Fragen und deren Methoden als Beantwortungsmöglichkeiten in bestimmten historischen Situationen von bestimmten sozialen Standpunkten aus gefaßt und entwickelt wurden, so wird damit auch einsehbar werden, daß jedwede wissenschaftliche und pädagogisch-didaktische Praxis ohne Klärung des sozialen Standpunkts nichtig ist.

Ein drittes Argument für die Wahl des historischen Untersuchungsfeldes ergibt sich aus der Tatsache, daß die Daten 1806 und 1848 eben Daten sind, in denen im *nationalen* Rahmen Deutschlands *revolutionäre* Forderungen durch das deutsche Bürgertum artikuliert und – mit unterschiedlich konsequentem physischen und intellektuellen Einsatz – vertreten wurden. Daß die Germanistik jener Phase mehr war als eine akademisch-elitäre Institution, daß sie vielmehr als eine zentrale Ideologie des kämpferisch-progressiven Bürgertums selbst wesentliches Moment der politischen Emanzipationsbewegung war, erhellt aus der heute kaum erinnerten Tatsache, daß fast jeder vierte Germanist dieser Zeit wegen politischer Aktivitäten verfolgt wurde; daß es also nie prozentual so viele ›Kriminelle‹ unter den Germanisten gab wie damals. Diese progressive, antifeudal enragierte und demokratisch engagierte Vergangenheit unseres Faches wäre dem heute dominanten konservativen Agnostizismus ebenso entgegenzuhalten wie einem scheinmarxistischen Fatalismus, der da kurzschlüssig behauptet: »Ihre Blüte erlebte die bürgerliche Germanistik im Faschismus.« [4]

Wenn die Germanistik in Zusammenhang mit dem Zerbrechen des alten Reiches, in Zusammenhang auch mit den revolutionären Momenten der Freiheitskriege entstanden war und akademisches Ansehen gewonnen hatte, so bedeutete das Scheitern der Revolution von 1848 in dezidiertem Sinne auch das Ende der Germanistik. Ein Ende freilich, das bis heute noch nicht zuendegekommen ist.

Germanistik – eine Form bürgerlicher Opposition

Jörg Jochen Müller

Zur Bedeutungsgeschichte des Namens ›Germanist‹

Was man in der ersten Hälfte des 19. Jahrhunderts unter dem Namen ›Germanist‹ verstand und verstehen konnte, sei an einigen Zitaten aus zeitgenössischen Dokumenten erläutert.

Im Jahre 1846 fand vom 24.–26. September eine Gelehrtenversammlung statt, die als erster Germanistentag bekannt ist. Zu Beginn des Jahres war in zahlreichen Zeitungen der neununddreißig deutschen Bundesstaaten ein Inserat erschienen mit der Überschrift: »Einladung an die Germanisten zu einer Gelehrten-Versammlung in Frankfurt a. M.«. Darunter hieß es u. a.:

»Männer, die sich der Pflege des *deutschen Rechts, deutscher Geschichte* und *Sprache* ergeben, nehmen sich vor, in einer der ehrwürdigsten Städte des Vaterlandes, zu *Frankfurt am Main,* vom 24. September 1846 an einige Tage mit einander zu verkehren [...]. Wissenschaftliches Anregen, persönliches Kennenlernen und Ausgleichen der Gegensätze, soweit diese nicht innerhalb der Forschung Bedürfniß sind, werden Zweck unserer Versammlung sein [...]. Hierbei sind wir [...] davon ausgegangen, daß die Zusammenkunft zwar öffentlich, thätige Theilnahme aber auf den Kreis der Männer eingeschränkt sei, welche ihre Betheiligung am Fortschritte der deutschen Wissenschaft durch ihre Arbeiten oder im Amte dargelegt haben.« [5]

Durch das Inserat sollten sich als ›Germanisten‹ also solche Wissenschaftler angesprochen fühlen, die sich mit deutschem Recht, deutscher Geschichte oder deutscher Sprache befaßt hatten. Daß tatsächlich diese Trias unter dem Titel ›Germanist‹ als Einheit festgehalten werden sollte, bezeugt auch die fachliche Zusammensetzung des achtzehnköpfigen Einladungsgremiums. Jeweils sechs Juristen, sechs Historiker und sechs Philologen hatten die Einladung unterzeichnet, der dann im September rund zweihundert Gelehrte – vor allem Universitätslehrer, aber auch Schulmänner, Pfarrer und Kommunalbeamte – Folge leisteten. Unter den einladenden Juristen ragen Ludwig Reyscher, Karl Joseph Mittermaier und Georg Beseler hervor; unter den Historikern Ernst Moritz Arndt, Friedrich Christoph Dahlmann, Georg Gottfried Gervinus und Leopold Rancke; als Philologen schließlich begegnen unter den Einladenden Jacob und Wilhelm Grimm, Moritz Haupt, Karl Lachmann, Johann Martin Lappenberg und Ludwig Uhland. Schon diese Namensliste lehrt indes, daß tatsächlich die meisten nicht auf eine der drei Fachdisziplinen allein festgelegt waren. Auffallen muß – das sei hier vorab nur kommentarlos festgehalten –, daß die Einladung nicht auch von deutschen *Literaturwissenschaftlern* spricht, obwohl sie unter den Einladenden (etwa Gervinus und Uhland) präsent waren. Die Literaturwissenschaft wurde offenbar noch nicht als eigenwertiger Bestandteil dieser dreieinigen Germanistik begriffen.

Wie das Integrationsverhältnis der juristischen, historischen und sprachwissenschaftlichen Fachrichtungen auszusehen hätte, reflektierte der Versammlungsvorsitzende Jacob Grimm in drei Reden. [6]

Der Name ›Germanist‹ hatte seit seinem Erstauftreten in der zweiten Hälfte des 18. Jahrhunderts nur gelegentlich Wissenschaftlern zugestanden, die sich mit der Geschichte des genuin germanischen bzw. deutschen Rechtes befaßten. ›Germanist‹ war ursprünglich eine Analogiebildung zu dem Namen ›Romanist‹ für den Historiker des Römischen Rechtes. Nun aber – 1846 –, meldet Grimm an, stehe der Name ›Germanist‹ im Begriff »uns allen zu gebühren [...], im allgemeinen auch Historiker und Philologen miteinschließenden Sinn.« [7] Er wirke so als ein

»Band [...] zwischen drei Wissenschaften, denen so vieles und zumal der Begriff ihrer Deutschheit, worauf der Name hinweist, wesentlich gemeinsam ist. Dringt seine umfassendere Bedeutung durch, so müssen die Rechtsforscher, auf die es ungebührlich bisher beschränkt wurde, dabei verlieren, was sie auf der andern Seite an der größern Ehre, die dem Namen zuwächst, wieder gewinnen. [...] Es wird also nur einige Gewöhnung kosten und, füge ich hinzu, von der Lebensdauer unserer künftigen Versammlungen abhängen, um die Ausdehnung des Namens Germanisten auf Forscher des Rechts, der Geschichte und Sprache über allen Zweifel zu erheben. Er drückt dann gar nichts aus als einen, der sich deutscher Wissenchaft ergibt, und das ist wohl eine schöne Benennung. Ja, ein echter deutscher Dichter könnte sich gefallen lassen Germanist zu heißen, [...]« [8]

Die Definition der Germanistik als »deutscher Wissenschaft« tritt hier also im Vormärz erstmals auf.

Eine andere, frühere Bedeutungskomponente des Namens ›Germanist‹ wird aus einer Schrift des jungen Wolfgang Menzel deutlich, die 1828 unter dem Titel *Die deutsche Literatur* erschien. [9] Und es ist hier zu erwähnen, daß dies Buch von Heinrich Heine enthusiastisch rezensiert wurde; daß Heine aber rund 15 Jahre später in eben diesem Menzel, der sich inzwischen von seiner burschenschaftlich-progressiven Vergangenheit gelöst und zu einem revolutionsfeindlichen ›Franzosenfresser‹ (Börne) gemausert hatte, einen seiner perfidesten Denunzianten fand.

Menzel bestimmt »Germanistik‹ als wissenschaftliche und politische Reaktualisierung germanischen Rechts in demokratischer Absicht, als eine Waffe des »Liberalismus«, den er mit »Protestantismus« gleichsetzt. Und er konfrontiert diese Trias von Liberalismus, Protestantismus und Germanistik mit der konservativ-reaktionären Kräfte-Dreiheit »Servilismus«, »Katholizismus« und »Romanistik« (qua Lehre und Apologie des Römischen Rechts):

»Es gibt nur zwei Principe oder entgegengesetzte Pole der politischen Welt, und an beide Endpunkte der großen Achse haben die Parteien sich gelagert und bekämpfen sich mit steigender Erbitterung. [...] Im allgemeinen [...] muß der subtilste Kritiker so gut wie das gemeine Zeitungspublikum einen Stich ziehn zwischen Liberalismus und Servilismus, Republikanismus und Autokratie.« [10]

Der Gegensatz von Liberalismus und Servilismus spiegelt sich auf dem Gebiet des Rechts folgendermaßen:

»Was am römischen Recht hängt, die Romanisten sind den Katholiken zu vergleichen, Protestanten dagegen sind die Anhänger des deutschen Rechts [...]. Das Unterscheidende der beiden Hauptparteien ist sowohl in einer Rechtsform als in einem Rechtsprincip zu suchen. Das Princip der Romanisten ist: das Recht in der Logik zu gründen. Sie behandeln es mithin als Wissenschaft, als Studium, und bilden deßfalls eine gelehrte Kaste, eine Art von Priesterschaft des Rechts, woraus denn eine besondere Form von Rechtspflege entspringt.« [11]

Folgt die Bestimmung der Position der »Germanisten«:

»Die neue Partei macht im Gegensatz gegen die Wissenschaft das Gewissen zum Princip, im Gegensatz gegen die Abgeschlossenheit der Kaste die republikanische Öffentlichkeit zur Form des Rechts [...]. Wir dürfen diese Partei im Gegensatz gegen die Romanisten die Germanisten nennen. Sofern die Germanisten das Gewissen zum Rechtsprincip erheben, und die Öffentlichkeit zur Rechtsform, neigen sie sich zur Demokratie. Sie betrachten die Beurtheilung eines Rechtsfalls als etwas natürliches und allen Menschen gemeinsames. Nicht eine Aristokratie von Gelehrten, sondern das gemeine Volk richtet. Mithin autorisiert sich das Volk auch selbt dazu und die Rechtsgewalt fällt mit der Souveränität des Volkes zusammen. [...] Die Demokratie kann sich nicht nach dem Ausspruch eines Einzigen richten [...] Die Monarchie kann sich nicht nach dem Ausspruch vieler richten [...] Mithin muß das römische Recht nothwendig zur Autokratie, das deutsche Recht nothwendig zur Republik führen, und sofern es in neuerer Zeit wiedergeboren worden, taugt es nur für Repräsentativstaaten. Die Rechtsfragen sind also *politische*. Der Streit über Rechtsprincip und Rechtsform fällt genau mit dem über Staatsprincip und Staatsform zusammen.« [12]

›Germanistik‹ erfährt hier, 1828, also im Vortrab der Julirevolution von 1830, eine eindeutig politische Bestimmung. Sie vertritt die Prinzipien der bürgerlichen Revolution: Souveränität des Volkes, radikale Demokratie, Republikanismus und dessen Öffentlichkeitsforderungen. Und das in einem Deutschland, dessen rund 30 Millionen Einwohner kein Wahlrecht hatten; das aus 39 souveränen Staaten zusammengeflickt war, die weitgehend nach feudalabsolutistischer Weise regiert wurden.

Die neueren Fachhistoriker (nach Raumer und Lempicki Dünninger, Conrady und Lämmert) haben diese politische Seite der Bedeutungsgeschichte des Germanisten-Namens nicht erinnert. Es fragt sich freilich, wie die prononcierten Thesen Menzels mit denen der ersten Germanistentage 1846 in Frankfurt a. M. und 1847 in Lübeck in Verbindung stehen; genauer, wie die Relation von Volkssouveränität und »deutscher Wissenschaft« aussah. Auf den ersten Blick scheinen Menzels und Grimms Definitionen ja einander auszuschließen. Denn wo Menzel das »Gewissen« als Prinzip der Germanisten gegen »Wissenschaft« als Prinzip der Romanisten setzt, da sieht Grimm doch wieder in Germanistik eine »Wissenschaft«. Der Widerspruch löst sich, wenn man analysiert, wie Grimm die Wissenschaftlichkeit der Germanistik bestimmt: denn Germanistik ist ihm ja nicht Wissenschaft schlechthin, sondern *»deutsche«* Wissenschaft und als solche *»ungenaue«* Wissenschaft.

Am 25. September 1846 legt Jacob Grimm vor den in Frankfurt versammelten Gelehrten den Wert der Germanistik als ungenauer Wissenschaft dar, indem er unter anderm erklärt:

»[...] ich will auch laut werden lassen, worin sich unsere Wissenschaft erhebt und allem Zeitgeist zum Trotz einer tieferen Wirkung zu erfreuen hat. Wir stehn viel fester auf dem Boden des Vaterlandes und schließen uns inniger an alle heimischen Gefühle. Alle Erfindungen, die das Menschengeschlecht entzücken und beseligen, sind von der schöpferischen Kraft darstellender Rede ausgegangen. Der chemische Tiegel siedet unter jedem Feuer und die neu entdeckte mit kaltem lateinischem Namen getaufte Pflanze wird auf gleicher klimatischer Höhe überall erwartet; wir aber freuen uns eines verschollenen ausgegrabenen deutschen Worts mehr als des fremden, weil wir es unserem Land wieder aneignen können, wir meinen, daß jede Entdeckung in der vaterländichen Geschichte dem Vaterland unmittelbar zu statten kommen werde. Die genauen Wissenschaften reichen über die ganze Erde und kommen auch den auswärtigen Gelehrten zu gute, sie ergreifen aber nicht die Herzen. Die Poesie nun gar, die entweder keine Wissenschaft genannt werden darf oder aller Wissenschaften Wissenschaft heißen muß, weil sie gleich der leuchtenden Sonne in alle Verhältnisse des Menschen dringt, die Poesie fährt nicht auf brausender Eisenbahn, sondern strömt in weichen Wellen durch die Länder, oder ertönt im Liede, wie ein dem Wiesenthal entlang klingender Bach; immer aber geht sie aus von der heimathlichen Sprache und will eigentlich nur in ihr verstanden sein.« [15]

Schon der metaphernreiche Stil dieser Erklärungen lehrt, daß Germanistik als »ungenaue« Wissenschaft auf definitorische Genauigkeit nicht aus sein kann. Ihre Disziplinen – »Geschichte, Sprachforschung, selbst Poesie« sowie »das der Geschichte anheim gefallene Recht und ein Urtheil der Jury« [also juridische Praxis] [14] – sind im Gegensatz zu den genauen Wissenschaften, den Formal- und Naturwissenschaften, *national*. Daß sie »auf dem Boden des Vaterlandes« stehen, besagt, daß sie in dreifacher Hinsicht *deutsch* sind: ihr Gegenstand ist deutsch; die, die sie betreiben, sind deutsch; und sie betreiben sie für Deutschland. In dieser dreifachen Bestimmung liegt aber zugleich auch ein zentrales politisches Problem beschlossen, das wir in diesem Buch noch vielfach zu beleuchten haben: das Problem nämlich, wie sich das Deutschland, das die Germanisten meinten, zu dem realen Deutschland ihrer Zeit verhielt. Die Auskünfte, die Grimm in dieser Rede an die Hand gibt, sind vage genug. Die Germanistik entspringt laut Grimm einem Vorrationalen, das sie zugleich befriedigt: »alle heimischen Gefühle«. Nur solche gefühlsbedingte Wissenschaft vermag, und darin sieht Grimm ihren Wert, »die Herzen« zu »ergreifen«. In diesem Gefühlssubstrat ist nun auch das besondere Verhältnis der Germanistik zur nationalen Poesie begründet. Die Poesie ist – im Grimmschen Verstande – nicht eigentlich oder zuvorderst Objekt der Germanistik, sondern eine besondere *Form* von Germanistik, von germanistischer Praxis, denn, wir zitierten das schon, »ein echter deutscher Dichter könnte sich gefallen lassen Germanist zu heißen«. Weil die Poesie »von der heimatlichen Sprache« ausgeht und »eigentlich nur in ihr verstanden sein« will, konvergiert sie mit der Wissenschaft vom »Vaterland«. Gerade wegen ihrer Verwurzelung im »Vaterland« ist sie aber nicht nur eine Disziplin unter den anderen germanistischen Disziplinen, sondern »entweder keine Wissenschaft [...] oder aller Wissenschaften Wissenschaft«. Als solche vermag sie den anderen germanistischen Wissenschaften zugleich sowohl als das ganz Andere gegenüberzutreten wie auch als Regulativ zu dienen. Das Verhältnis der Germanistik zur Poesie wird uns in diesem Buch noch vielfach beschäftigen, zumal unter Berücksichtigung der Tatsache, daß das Poesieverständnis der Germanistenindividuen dieser Zeit keineswegs ein einhelliges ist. Hier ging es vorab nur um die Herausstellung des Gefühlssubstrates, das für die Germanistik als »ungenaue« Wissenschaft und Poesie konstitutiv ist.

Es wäre nach alledem falsch, das »Ungenaue«, die Emotionsbezogenheit der Germanistik selbst als ein schlechthin Irrationales oder gar Antirationalistisches abzutun. Auch Gefühle haben ihre Geschichte, und insofern sind sie notwendige Faktoren *politischer* Praxis. Grimm, der mit diffusen Begriffen wie »heimisches Gefühl«, »Vaterland«, »Herz« und »Wiesenthal« hantiert, vertuscht doch andererseits nicht, daß Germanistik insofern, als sie sich auf »alle heimischen Gefühle« bezieht, zugleich auf konkrete *Bedürfnisse* eingeht, die eben nicht im Reich der puren Wissenschaft, im Reich des Geistes und des schönen Scheins entsprungen sind. In der »Ungenauigkeit« reflektiert diese Wissenschaft ihre sozialhistorische Bedingtheit. Vor aller Untersuchung darüber, ob sie diese sozialhistorische Bedingtheit *richtig* reflektiert, ist doch als Verdienst herauszustreichen, daß sie solche Probleme überhaupt sieht und den Schimpf des »Ungenauen« zu ihrem Ehrentitel macht. Diese Wissenschaftler engagieren sich im nationalpolitischen Rahmen zu einer Zeit, da die Nation keine politische Realität hat: »wir meinen, daß jede Entdeckung in der vaterländischen Geschichte dem Vaterland unmittelbar zu statten kommen werde.« Und hier lassen sich Grimms Ausführungen auch mit denen Menzels in Einklang bringen, der 1828 schrieb:

> »Nicht unwichtig ist der Umstand, daß die Romanisten immer *Cosmopoliten* oder Glieder einer allgemeinen Rechtskirche, die Germanisten immer Volksthümler oder Glieder einer *Nation* sind.« [15] »Wir wollen nicht im Dunkel bleiben, aber wie das Licht ursprünglich in Farben sich zersetzt, so werden wir das Licht des Rechts auch nur wieder aus den nationellen Farben uns zu läutern vermögen. Gesunde Entwicklung der Nation führt allein zur Cultur und Wissenschaft. Wo Wissenschaft und Sitte in gehässiger Trennung sich befinden, wird sie doppelte Zerstörung treffen.« [16]

Wir haben nun anhand einiger Zitate den Bedeutungshorizont des Germanisten-Namens in der ersten Hälfte des 19. Jahrhunderts angedeutet. Doch war dem zunächst kaum mehr zu entnehmen, als daß der Name damals durchaus eine andere Weite hatte als heute; daß er politische Dimensionen hatte, deren sozial- und wirtschaftsgeschichtliche Bedingungen der Ausleuchtung bedürfen; und daß die politischen Implikate dieser Namensgebung in der späteren Geschichte des Germanistik-Titels nicht mehr berücksichtigt wurden.

Nur sture Etymologen kann es nicht behelligen, daß der Germanisten-Titel in seiner kaum zweihundertjährigen Geschichte so außerordentlichen Bedeutungsschwankungen unterworfen war, wie sie kein anderer Wissenschaftsname aufzuweisen hat. Ursprünglich polemisch-programmatischer Name einer juristischen Fachrichtung ging er auf deutsche Historiker und deutsche Philologen, die vornehmlich Sprachhistoriker und Mediävisten waren, über, bis er heute umgangssprachlich fast nur noch für Lehrer und Studenten des Faches Deutsch verwendet wird, die zumeist die Fachrichtungen Neuere deutsche Literatur, Linguistik und Medienwissenschaft studieren und den Titel eher als obsoletes Kuriosum denn als sachbezogenen oder gar politisch programmatischen Namen mitschleppen. Die Geschichte des Germanistentitels belegt so einmal mehr, aber besonders kraß, daß Wissenschaftsgeschichte keine Sache der Etymologie sein kann.

Immerhin erlauben die an der Bedeutungsgeschichte des Namens »Germanistik« gewonnenen allgemeinen Erkenntnisse es doch, unsere Aufgabe in zweifacher Hinsicht genauer zu bestimmen:

– zum einen nämlich gilt es zu überprüfen, ob und inwieweit der Bedeutungswandel des Germanisten-Namens nicht selbst einem Wandel der realen politischen Interessen des deutschen Bürgertums entsprach;

– zum anderen gilt es, jenseits der Geschichte des Namens »Germanistik«, die Geschichte der deutschen Philologie als Wissenschaft von deutscher Sprache und Literatur zu verfolgen.

Zur ›Prähistorie‹ der Deutschen Philologie

Die Wissenschaft ›Deutsche Philologie‹ oder ›Wissenschaft von deutscher Sprache und Literatur‹ ist Jahrhunderte älter als der ›Germanistik‹-Titel, der ihr erst in den vierziger Jahren des 19. Jahrhunderts übertragen wurde. Aber erst zu Beginn des 19. Jahrhunderts wurden an den Universitäten Göttingen und Berlin die ersten Hochschullehrerstellen für Deutsche Philologie eingerichtet: in Göttingen nahm ab 1805 Georg Friedrich Benecke (1762–1844) einen Lehrauftrag »für Englisch und Altdeutsch« wahr, und im September 1810 erhielt Friedrich Heinrich von der Hagen (1780–1856) an der eben eröffneten Berliner Universität eine außerordentliche Professur »für deutsche Sprache und Literatur«. Von da griff die neue Universitätswissenschaft bald auf andere Universitäten über, bis sie sich Ende der vierziger Jahre nahezu allerorts eigene Lehrstühle oder, wie man damals sagte, „Lehrkanzeln“ erworben hatte (so ab 1811 in Breslau, ab 1818 in Bonn, 1827 in München, 1829 in Tübingen, 1830 in Jena, 1837 in Leipzig und Rostock, 1833 in Basel, 1839 in Heidelberg, 1843 in Kiel usw.).

Die Tatsache, daß die Deutsche Philologie erst so relativ spät den Sprung auf die universitären Lehrkanzeln schaffte, hat dem Mißverständnis Vorschub geleistet, alle früheren Studien zu deutscher Sprache und Literatur seien, wenn nicht unwissenschaftlich, so doch vorwissenschafttlich gewesen: sie gehörten der wissenschaftsgeschichtlichen Prähistorie an. Obwohl Raumer [17] und Lempicki [17a], die bislang gründlichsten Wissenschaftshistoriker unseres Faches, »Anfänge« und »Ansätze« schon im späten Mittelalter sahen, zementierten sie doch das Vorurteil von der Prähistorie der Germanistik, indem sie beide mit der Wende vom 18. zum 19. Jahrhundert eine wissenschaftsgeschichtliche Zäsur setzten, deren sozialgeschichtliche und politische Konstituentien sie nicht erfragten. Raumer etwa markiert die Differenz von vorgrimmscher und grimmscher Germanistik als »Gegensatz zwischen dem bisherigen Dilettantismus und der beginnenden Wissenschaft« [18] und spricht erst Romantikern wie Tieck eine »die Gründung der deutschen Philologie vorbereitende Tätigkeit« [19] zu, bis die Brüder Grimm als Väter und Begründer der eigentlichen Wissenschaft paradieren: »Kein Name steht so epochemachend in der Geschichte der deutschen Alterthumswissenschaft, wie der Name der Brüder Grimm.« [20] Auch für Lempicki steht fest, daß mit Beginn des 19. Jahrhunderts Germanistik als Wissenschaft erst begründet wird.

»Die dritte Epoche, umfassend die Kultur der Romantik, ist die Epoche der *Begründung* [der deutschen Literaturgeschichtsschreibung], doch kommen hier neben den Vertretern der romantischen und historischen Schule die Arbeiten anderer in Betracht, die zum Teil auf den Einsichten Herders fußend in vielfacher Hinsicht die neu aufstrebende Wissenschaft bereichert haben, so vor allem die der Göttinger Literaturhistoriker, die sich um Eichhorns großzügigen Plan gruppieren. Hier sollen auch die fruchtbaren literarhistorischen Einsichten Goethes und Schillers zur Erörterung gelangen.« [21]

Der Fortschritt der Wissenschaft erscheint bei Raumer und Lempicki als naturwüchsig-evolutionärer: ein Forscher lernt vom anderen, die besten setzen sich durch, das Richtige und die Wahrheit siegen. Somit wird suggeriert, die Germanistik habe mehrere Jahrhunderte in einer Art Embryonalzustand verharrt, bis sie so reif wurde, daß sie als eigene Wissenschaft sich selbst behaupten konnte und zum Lohn für ihre Selbstbehauptung in den Reigen der akademisch akkreditierten, der Universitätswissenschaften aufgenommen wurde. Nun ist zwar gewiß nicht zu bezweifeln, daß die Germanistik in der ersten Hälfte des 19. Jahrhunderts eine neue *Qualität* bekam. Diese Qualität läßt sich jedoch nicht wissenschaftsimmanent erklären, und mittels geistesgeschichtlicher Kriterien läßt sie sich nicht einmal hinlänglich beschreiben. Wie dürftig der Informationswert geistesgeschichtlicher Darlegungen zur Entstehungsproblematik der Germanistik ist, läßt sich erschreckend drastisch am Beispiel H. A. Korffs zeigen, der doch zu den renommiertesten Kennern der Goethezeit zählt. Das Interesse der Romantiker am deutschen Altertum erscheint ihm, so eine Zwischenüberschrift, als »Der Gang zu den Müttern«, und dementsprechend orakelhaft sind denn auch seine Aussagen zur Germanistik generell:

»Germanistik ist eine historische Wissenschaft. Sie ist die Wissenschaft von Sprache und Dichtung der deutschen Vergangenheit und alles dessen, was dazu gehört, um diese zu verstehen. Allgemein gesprochen daher: deutsche Altertumskunde. Sie hat ihrem Wesen nach ein rückwärtsgerichtetes Gesicht. Sie geht in Richtung auf alles Alte: das Altdeutsche, Altgermanische – ja dahinter zurück auf den indogermanischen Mythos. Diese Richtung entspringt praktisch aus mannigfachen Motiven: aus Stolz auf die nationale Vergangenheit, aus reiner Gelehrsamkeit, die nichts anderes will als Erweiterung unseres Wissens, und anderem. Tiefsten Grundes aber ist sie der Ausdruck eines romantischen Gefühls für die tiefe Bedeutung der Vergangenheit ganz allgemein. Zwar sicherlich immer, wenn auch in Zuständen verschiedener Wachheit, vorhanden, erfährt dieses Gefühl in der deutschen Romantik seine höchste Steigerung und findet darum bedeutsamen Ausdruck auch in der romantischen Geistesgeschichte, und ein besonderer Ausdruck von ihm ist die romantische Germanistik. Diese entspringt zwar nicht sichtbar überall darin, aber in immer stärkerem Maße wird sie von diesem romantischen Vergangenheitsgefühl getragen und durchdrungen, und ihre letzten wissenschaftlichen Gesichte sind Ausdrücke dieses romantischen Zeitgefühls. Es ist das entgegengesetzte Zeitgefühl wie dasjenige der Aufklärung.« [22]

Derlei Germanistengarn ist freilich nicht geeignet, Aufschluß darüber zu geben, warum denn die Deutsche Philologie früherer Jahrhunderte sich keinen Platz an den Universitäten erobern konnte. Bedenkt man indes, welche Rolle deutsche Sprache und Literatur im Bildungswesen früherer Jahrhunderte gespielt hatten, und berücksichtigt man weiter, welche sozioökonomischen Interessen damals die Bildungspolitik bestimmt hatten, so zeichnen sich Erklärungsmöglichkeiten ab.

Bekanntlich war im Mittelalter die deutsche Sprache weder *Medium* noch *Objekt* des Schul- und Universitätsunterrichts. Die klerikalen Dom- und Klosterschulen waren strikt lateinsprachig. Erst seit Ende des 15. Jahrhunderts – also etwa gleichzeitig mit dem ersten Erstarken des süd- und norddeutschen Handelskapitalismus, gleichzeitig mit der Verbreitung der Buchdruckerkunst und im Vorfeld der frühbürgerlichen Revolution, die im Bauernkrieg 1525 Höhepunkt und Ende fand – entstanden in den größeren deutschen Städten erstmals nichtklerikale Ratsschulen und vereinzelt auch Privatschulen, in denen die Bürgerkinder unter anderem auch Deutsch schreiben und lesen lernen konnten.

Obwohl die frühbürgerliche Revolution bald erstickt war und die Zersplitterungspolitik des deutschen Hochadels die weitere Entfaltung des Manufaktur- und Verlagskapitalismus wenn nicht vollends unterband, so doch unendlich verlangsamte, ließ sich die Entwicklung von Technik und Wissenschaft, zumal unterm Konkurrenzdruck der europäischen Nachbarstaaten, nicht unterdrücken. Auch die deutschen Duodezfürsten, von den reichsfreien Städten und Handelsmetropolen ganz abgesehen, brauchten Wissenschaftler, brauchten Techniker, brauchten Verwaltungsfachleute und nicht zuletzt – Lehrer. Und in diesem Zusammenhang mußte die Funktion der Nationalsprache, wenn nicht als Wissenschaftssprache, so doch als Wissen vermittelnder Sprache, neu bestimmt werden. Solche Bestimmungsversuche und Diskussionen über den Wert der deutschen Sprache fanden zunächst außerhalb der Universitäten statt, wobei akademisches Bürgertum und kleinabsolutistische Kulturpolitik zu einer Kooperation gelangten, die durch partielle Interessenübereinstimmung bedingt war.

In der Zeit des 16. und 17. Jahrhunderts büßte der niedere Adel, vor allem der Ritterstand, endgültig seine Macht ein, während zugleich das akademische Bürgertum in die wichtigsten Verwaltungsgremien, die Hofräte und Konsistorien, Gerichte und Stadtregimente einzog: die Beamtenschaft entstand. Die Ministerialbürokratie verdrängte den Ministerialadel. Die ständig wachsenden Verwaltungsapparate forderten eigene Rekrutierungsanstalten. Die Universitäten übernahmen zunehmend diese Funktion. Wenn Deutschland konfessionell und politisch nie stärker zersplittert war als Mitte des 17. Jahrhunderts – seit 1648, seit dem Westfälischen Frieden bestand das Reich aus ca. 300 Souveränitäten! – so hatte es auch zu keiner Zeit mehr Landesuniversitäten. Kaum ein Souverän mochte, wenn es nur irgend die Steuerpolitik erlaubte, auf eine eigne Universität verzichten, weil nur so gewährleistet war, daß ihm Verwaltungsbeamte, Pfarrer, Lehrer und Wissenschaftler erzogen wurden, die seinen politischen und konfessionellen Interessen gehorchten. Diese Landesuniversitäten waren klein, weil durch kleinliche Interessen behindert. Sie erlangten, da keine ausländischen Studenten und nur selten ausländische Gelehrte dort Zutritt fanden, keinen wissenschaftlichen Rang, der sich auch nur entfernt mit dem der norditalienischen oder niederländischen Universitäten vergleichen ließe. So weiß man heute kaum noch, daß Rinteln, Altdorf, Dillingen, Duisburg, Bamberg, Paderborn oder Olmütz – um nur einige zu nennen – in früheren Jahrhunderten einmal Universitätsorte gewesen waren.

Bis Ende des 17. Jahrhunderts gab es an den deutschen Universitäten keine Gelehrten, die vom Katheder *in* deutscher Sprache oder gar *die* deutsche Sprache lehrten. Außerhalb der Universitäten hatte es aber schon seit dem 16. Jahrhundert vereinzelt Versuche gegeben, die deutsche Sprache grammatisch und lexikographisch zu erfassen. Und in der ersten Hälfte des 17. Jahrhunderts bildeten sich dann schon akademieähnliche Gesellschaften, die sogenannten Sprachgesellschaften, in denen Probleme der deutschen Orthographie, Grammatik, Lexikographie und Poetik diskutiert wurden. Man darf sie als die ersten Germanisten-Vereinigungen bezeichnen. So unterschiedlich diese Sprachgesellschaften – die »Fruchtbringende Gesellschaft« in Anhalt-Köthen, die »Teutschgesinnte Genossenschaft« in Hamburg, der »Pegnesische Blumenorden« in Nürnberg u.a.m. – ihrer sozialen Zusammensetzung und kulturpolitischen Intention nach waren, ist doch festzuhalten, daß in ihnen das akademische Bürgertum, die höfischen und städtischen Beamten, die wichtigsten wissenschaftlichen und künstlerischen Köpfe stellte: die Birken, Buchholtz, Buchner, Gryphius, Gueintz, Harsdörffer, Klaj, Opitz, Rist, Schottelius, Zesen und wie sie alle heißen.

Im Großen und Ganzen kann man Jürgen Habermas zustimmen, wenn er darlegt:

»Im Deutschland dieser Zeit gibt es keine ›Stadt‹, die die repräsentative Öffentlichkeit der Höfe durch Institutionen einer bürgerlichen hätte ablösen können. Aber ähnliche Elemente finden sich auch hier, zuerst in den gelehrten Tischgesellschaften, den alten Sprachgesellschaften des 17. Jahrhunderts. Natürlich sind sie weniger wirksam und verbreitet als Kaffeehaus und Salon [im England und Frankreich der Zeit]. Sie sind von der politischen Praxis eher noch strenger abgeschlossen als die Salons; ihr Publikum rekrutiert sich jedoch wie in den Kaffeehäusern aus Privatleuten, die produktive Arbeit tun: nämlich aus der städtischen Ehrbarkeit der fürstlichen Residenz, mit einem starken Übergewicht der akademisch gebildeten Bürgerlichen. [...] Solche Orden, Kammern und Akademien widmen ihre Sorgfalt der Muttersprache, weil diese jetzt als das Medium der Verständigung zwischen den Menschen als Menschen begriffen wird. Über die Schranken der gesellschaftlichen Hierarchie hinweg treffen sich hier die Bürger mit den sozial anerkannten, aber politisch einflußlosen Adligen als ›bloßen‹ Menschen. Nicht sowohl die politische Gleichheit der Mitglieder als vielmehr ihre Exklusivität gegenüber dem politischen Bereich des Absolutismus überhaupt ist das Entscheidende: die soziale Gleichheit war zunächst nur als eine Gleichheit außerhalb des Staates möglich. Der Zusammenschluß der Privatleute zum Publikum wird deshalb im geheimen, Öffentlichkeit noch weitgehend unter Ausschluß der Öffentlichkeit antizipiert. [...] Solange die Publizität ihren Sitz in der fürstlichen Geheimkanzlei hat, kann sich Vernunft nicht unvermittelt offenbaren.« [23]

Allerdings wäre doch anzumerken, daß die bürgerlichen Mitglieder der Sprachgesellschaften – und gerade die der von nord- und mitteldeutschen Fürsten finanzierten »Fruchtbringenden Gesellschaft« – von der politischen Praxis insofern nicht abgeschlossen waren, als sie ja selbst in den höfischen und städtischen Regierungsgremien saßen, deren Politik sie zwar weder (im souveränen Sinne) bestimmten, noch (im parlamentarischen Sinne) mitbestimmten, aber doch aufgrund ihrer Sachkompetenz als Vermittler, als Zwischenträger (auch im intriganten Sinn) zwischen Volk und Souverän beeinflußten. Und übrigens widmen weder diese bürgerlichen Gelehrten noch gar deren fürstliche Gönner sich der Muttersprache einzig deshalb, »weil diese jetzt als das Medium der Verständigung zwischen den Menschen als Menschen begriffen wird.« Freilich wurde die Sorge um die Muttersprache abstrakt so »begriffen«, in der theologisch-anthropologischen Theorie vor allem; der Grund für diese Beschäftigung aber war sehr viel weniger abstrakt, und er wurde von einigen Gelehrten jener Zeit auch schon recht deutlich artikuliert. Das Deutsche müsse als Wissenschaftsssprache ausgebaut, geschmeidigt, potenziert und – in bestimmtem Maße – normiert werden, da, so argumentierte man, die neuen Wissenschaften (vor allem die naturwissenschaftlichen und technologischen Disziplinen: Physik, »Chymie«, Ingenieurwissenschaften, Fortifikationskünste u. dgl. m.) selbst keine antike und mittelalterliche

Tradition hatten, auch im Ausland in den jeweiligen Nationalsprachen vermittelt wurden und so die Latinität für die deutschen Adepten nur ein Umweg gewesen wäre. Ein französisches Buch über Fortifikationskunst, ein holländisches Buch über Segeltechnik oder Maschinenbau machte man für die deutschen Interessenten eben dadurch am besten verfügbar, daß man es nicht ins Lateinische (das freilich immer noch in den traditionellen Fakultäten als wichtigste Sprache festgehalten wurde), sondern ins Deutsche übertrug; zumal das traditionelle Latein kein Vokabular für die eben erst entdeckten Phänomene und Probleme bereitstellte. Einen weiteren Grund für die wissenschaftliche Beschäftigung mit deutscher Sprache darf man im Interesse an Nachrichtenvermittlung sehen, das sich im Aufkommen von gedruckten periodischen Zeitungen zu Beginn des 17. Jahrhunderts manifestiert. Die schnelle und möglichst reibungslose Informationsvermittlung war für die Fürsten ebenso eine pure Existenzfrage wie für die städtischen Handelsherren. Denn nur durch zuverlässigen Anschluß an das höfische und handelsstädtische Nachrichtennetz waren politische (auch militärische) und ökonomische Niederlagen und Bankerotte zu vermeiden. Diese Nachrichtenvermittlung war nationalsprachig, war deutschsprachig, und es bedurfte bestimmter Abmachungen unter Druckern und Nachrichtensammlern, daß die Nachrichten in einem Deutsch verfaßt waren, das in Norddeutschland ebenso oder doch nahezu so leicht verständlich war wie in Süddeutschland. Das Interesse an Orthographie, an Sprachnormierung hatte solch realen Boden. Und in dem nämlichen Zusammenhang wäre auch das merkantile Interesse des Buchhandels selbst in Rechnung zu stellen. Der hohe Absatz technisch reproduzierter Texte war ja doch nur garantiert, wenn sie in möglichst allen Zonen Deutschlands entzifferbar waren. Ähnliches gilt für die konfessionelle Propaganda: Proselyten in der breiten Bevölkerung konnte nur machen, wer ein überregional verständliches Deutsch schrieb. Schon für die Verbreitung der Lutherbibel war die optimale Lösung dieses Problems konstitutiv.

Unter Berücksichtigung aller dieser Momente, die hier nur angedeutet werden konnten, läßt sich erkennen, daß die deutsche Sprache immer zunächst als *Medium* von Informationen, die ökonomische, politische und allgemein ideologische Brisanz hatten, virulent wurde, und daß sie erst danach *Objekt* der wissenschaftlichen (gesetzsuchenden, d. h. potenzierenden und normierenden) Anstrengung wurde.

Nicht geklärt ist damit freilich die Frage, weshalb die deutsche *Poesie* zu Beginn des 17. Jahrhunderts in Theorie und Praxis ein so vitales Interesse fand. Wenn man so will, kann man in der Poetik des Metzgerssohns Martin Opitz das erste Manifest der Wissenschaft von der Neueren deutschen Literatur sehen. Konstitutive Momente lassen sich auch hier dingfest machen, wenn man die ökonomische und politische Realhistorie befragt. Wieder ist die innerdeutsche und internationale Konkurrenzsituation der vielen deutschen

Souveränitäten ebenso in Rechnung zu stellen wie die territorial immanente Spannung zwischen Hof und Stadt, zwischen Hochadel und handelskapitalistischem Bürgertum; wobei das akademische Bürgertum (die Ministerialbürokratie, die den Ministerialadel verdrängt hatte) eine zwiespältige Mittlerfunktion wahrnimmt. Im 30jährigen Krieg ist die nationale Identität Deutschlands in Frage gestellt wie nie zuvor, da es zum Schlachtfeld der verschiedensten europäischen Nationen wird. Unter Berücksichtigung dessen darf man sagen, daß die Gründung und das Gedeihen der wichtigsten überregionalen Sprachgesellschaften, die wie gesagt zugleich deutschphilologische und literarische Gesellschaften waren, im 30jährigen Krieg nicht trotz, sondern wegen der politischen und ideologischen Zerrüttung sich durchsetzte. In dem *Teutschen Palmenbaum* des Wolfenbüttelschen Hofmeisters Karl Gustav von Hille, dem wichtigsten Manifest der Fruchtbringenden Gesellschaft, heißt es (1647) denn auch ganz deutlich, daß die Gründer just 1617 die Gesellschaft ins Leben riefen, weil sie

»aus den zuwachsenden Blumen/ des annoch anhaltenden blutigen Krieges hochvermutlich ersehen können/ daß [...] die Teusche Heldensprache endlichen/ durch Vermischung vieler einbrechenden fremden Völker Zungen/ [...] in Unacht gebracht/ oder [...] ersterben würde«. [24]

Ein Gedicht feiert die Mitglieder der Gesellschaft als »Schirmer der Musen im Kriegesgewitter«. [25] Schirmer der Musen waren die Gesellschafter aber eben nicht nur als Philologen, sondern vor allem als Poeten. Die Tatsache, daß während des 30jährigen Krieges, nachdem Opitz 1624 den Anfang gemacht hatte, in allen Teilen Deutschlands so zahlreiche Poetiken entstanden, entsprach einem zwiefachen Bedürfnis: zum einen waren bürgerliche und adelige Kreise daran interessiert, das Verfassen von Gedichten oder auch theatralischen Werken zu erlernen, da diese – noch keineswegs esoterisch-elitäre – »Kunst« selbst wesentliches Moment des höfischen und städtischen Repräsentationsgebarens war, ebenso selbstverständlich wie etwa das Tanzen oder Musizieren. Zum andern aber wollte man in *deutscher* Sprache dichten, weil man anderer Sprachen nicht mächtig war, oder weil man sah, daß auch die romanischen und germanischen Nachbarvölker (unter letzteren vor allem die Niederländer) in ihren Nationalsprachen dichteten. Bruno Markwardt hebt denn auch mit Recht hervor, daß die deutsche Poetik- und Poesie-Begeisterung in der ersten Hälfte des 17. Jahrhunderts ein Ausdruck des »Kulturpatriotismus« war.

Dieser Kulturpatriotismus, der wie gezeigt realer Bedrohung der nationalen Identität, der Erschütterung des traditionellen Wertekanons und gesellschaftlicher und technischer Umwälzung entsprang, die ganz Europa ergriffen hatte, zeitigte – in Form der Sprachgesellschaften – zum erstenmal so etwas wie eine als Organisation greifbare ›germanistische Bewegung‹ [26], die übrigens auch schon eine Besinnung auf genuin deutsche Rechtsgeschichte (Conring, Schottelius, Goldast) und deutsche Literaturdenkmäler des Mittelalters mit sich brachte.

Wenn das theoretische Niveau der sprach- und dichtungswissenschaftlichen Diskussion in den Sprachgesellschaften auch unbestreitbar war; wenn in den bürgerlichen Ratschulen seit dem 16. Jahrhundert das Deutsche als Unterrichtsmedium und, seit Mitte des 17. Jahrhunderts, auch als Unterrichtsobjekt an Bedeutung gewann; ja wenn schließlich auf dem Buchmarkt die deutschsprachige Literatur kontinuierlich zunahm (zu Beginn des 17. Jahrhunderts 34%, zu Beginn des 18. Jahrhunderts 58%) [27], so blieben doch die deutschen Universitäten von diesen Fortschritten lange unberührt. Sie waren Bastionen der Scholastik und behielten weitgehend die Fakultäts- und Fächerhierarchie der spätmittelalterlichen Universitäten bei. Sie vermochten die neuen Wissenschaften und technischen Fächer nicht zu integrieren. Das Latein blieb die Sprache des Akademikertums; und auf die Einhaltung der Latinitas, die als eine Art Standessignum fungierte, wurde strikt geachtet. So strikt, daß Studenten, die dabei ertappt wurden, daß sie sich in ihrer Muttersprache unterhielten, mit Karzer- oder Prügelstrafen zu rechnen hatten.

Dies muß man berücksichtigen, wenn man ermessen will, welch unerhörte Tat es war, als der Jura-Professor Christian Thomasius im Wintersemester 1687/88 an einer deutschen Universität (Leipzig) eine Vorlesung in deutscher Sprache vortrug. Noch dreißig Jahre später erinnerte sich dieser »deutsche Gelehrte ohne Misere« (Bloch) an den Eklat, den allein schon die deutschsprachige Ankündigung der Vorlesung hervorgebracht hatte:

»Denckt doch! ein teutsch Programma an das lateinische schwartze Bret der löbl. Universität. Ein solcher Greuel ist nicht erhöret worden, weil die Universität gestanden. Ich muste damahls in Gefahr stehen, daß man nicht gar solemni processione das löbliche schwartze Bret mit Weywasser besprengte.« [28]

Erst im Verlauf des 18. Jh. setzte sich in etlichen Disziplinen Deutsch, wenigstens als Vorlesungssprache, durch. Prüfungssprache blieb aber weiterhin das Latein. Noch 1848 gehörte es in den Katalog revolutionärer Forderungen der deutschen Studentenschaft, die auf dem 2. Wartburgfest erstmals ein gesamtdeutsches Studentenparlament gründete, daß die deutsche Sprache als Prüfungssprache zugelassen werden solle.

Wenn im Verlauf des 18. Jahrhunderts an den deutschen Universitäten weitgehend die Bedenken und Widerstände ausgeräumt wurden, gegen die Thomasius noch einen einsamen Kampf hatte führen müssen; wenn also – durch die Vorlesungs- und Publikationspraxis überzeugt – kaum jemand noch bestritt, daß die deutsche Sprache durchaus geeignet sei, alle erdenklichen wissenschaftlichen Probleme adäquat zu formulieren, so mußte sie schließlich auch als *Objekt* universitätswissenschaftlichen Forschens interessant werden. So mehren sich denn seit Mitte des 18. Jahrhunderts Stimmen, die der Deutschen Philologie an Universitäten und Schulen einen offiziellen und öffentlichen Platz eingeräumt wissen wollen.

1752 schreibt J. Andreas Fabricius [29]:

»Es fehlet uns hier überhaupt eine *deutsche Bibliothek*, wie J. Alb. Fabricii griechische und J. Ch. Wolfs hebräische ist, und sonst gehöret zu einem deutschen Philologo gar viel, er muß den rechten Ursprung der Wörter, Provinzialwörter, Veränderungen, die eigenen Namen, ihre Erfindungen und Gebrauch, die Haupt- und Nebenbegriffe der Wörter, Partikeln, den Reichthum, die Schönheit, unterschiedenen Schreibarten, den Unterschied und die Übereinstimmung mit andern, ihre Rechtschreibung, Wortfügung, Redensarten, Mundarten, das Hoch- und Nieder-Deutsche oder Platt-Deutsche, Alt-Fränkische und andere alte und neue Dialectos, ihre Historie, Beschaffenheit, Seele oder Genium, Buchstaben, unterschiedene Characteres, Aussprache, Zierlichkeiten, Unreinigkeiten, Alterthümer, eigenthümliche Redensarten, Sprüchwörter, Dichtkunst, Zahlen, Schriftsteller und zwar die besten, die man als Auctores classicos ansehen kann, und auch alle schlechte, ihre Redekunst, ihre unterschiedenen Poeten, Meistersänger, und alles was zu diesen Dingen gehöret, kennen, verstehen, und in seiner Gewalt haben, so daß man fast erschrickt, wenn man nur einen Blick thut in das, was dazu gehöret, vor der Menge der Sachen, und es sich wohl der Mühe belohnte, wenn man dazu auf hohen Schulen eigene *Professores der deutschen Sprache* bestellete, die der Sache recht gewachsen wären, ihre Vollkommenheiten, Diplomata und alten und neuen Urkunden recht verstünden, und nicht ihre Mundart, oder die Mundart dieser oder jener Provinz, sondern die Vernunft und den unter Gelehrten nicht ohne Grund eingeführten Gebrauch, nebst den Regeln einer philosophischen Rede-, Dicht- und Sprachkunst zur Richtschnur machten, von welchen allen etwas mehrers beizubringen, die Weitläufigkeit der Sache, und die engen Schranken meines Vorhabens nicht erlauben.«

Dieser hilflos-verwirrte Aufgabenkatalog kommt hinsichtlich seines Problembewußtseins und seiner Breite nicht über das hinaus, was schon die Deutschen Philologen des 17. Jahrhunderts wußten. Die traditionellen artes Rhetorik und Grammatik und deren Derivatdisziplinen Poetik, Orthographie und Lexikographie bilden deutlich den Kern der Forderungen. Aufhorchen aber läßt das Verlangen nach philosophischer Begründung dieser überkommenen ›Künste‹, und noch erstaunlicher ist die Forderung, die deutschen »Schriftsteller und zwar die besten, die man als Auctores classicos ansehen kann«, aufzuarbeiten. Wer denn konnte vor der deutschen Klassik als deutscher Auctor classicus gelten? Fabricius selbst gibt keinen Hinweis, aber es waren zu seiner Zeit ja schon die Werke etlicher deutscher Autoren von Otfrid bis Gryphius durch – wie immer unvollständige oder doch ›unkritische‹ – Neueditionen zugänglich.

Der Aufgabenkatalog eines Deutschen Philologen scheint Fabricius so immens, »daß man fast erschrickt, wenn man nur einen Blick thut in das, was dazu gehöret«. Aber er weiß doch auch schon, wer geeignet sein könnte, solchen Schrecken zu bannen: der Hochschulprofessor, der Universitätsgermanist. Daß solche Hoffnungen in den mehr als zweihundert seither vergangenen Jahren wahr geworden seien, läßt sich nicht schlankweg bejahen. Auch Stammlers kompendiöse *Deutsche Philologie im Aufriß* und selbst Conradys

Einführung in die Neuere deutsche Literaturwissenschaft [30] sind heute wohl – und nicht nur für Studienanfänger – des Schreckens voll.

Neben und nach Fabricius gab es noch manchen, der in der zweiten Hälfte des 18. Jahrhunderts eine Institutionalisierung Deutscher Philologie im schulischen und universitären Bereich forderte. So Gottfried August Bürger, der seit 1784 als Privatdozent der Ästhetik an der Universität Göttingen lehrte und u. a. den jungen August Wilhelm Schlegel beeindruckte. Er machte sich 1787 *Über Anweisung zur Deutschen Sprache und Schreibart auf Universitäten* [31] Gedanken und klagte:

»So wächst denn nun der Knabe empor mitten in seiner Muttersprache, wie das dumme Feldküchlein in der umherrauschenden Saat, ohne, außer der nächsten und dringendsten Nothdurft, zu wissen, wozu alle, und wie am besten und zweckmäßigsten das herrlichste Geschenk Gottes anzuwenden sey. Freilich mag er zu einigen Deutschen Ausarbeitungen angehalten werden. Allein lernt er wohl dadurch den ganzen unedlichen Reichthum verarbeiten? [...] Mit dieser Bildung bezieht der Jünglich die Universität. Gesetzt, es gäbe daselbst einen gründlichen philosophischen Lehrer der Muttersprache, und des guten Geschmacks, wiewohl man bisher an vielen Orten nicht nur einen solchen für ziemlich überflüssig, sondern auch die für diese Gegenstände nebenher bestimmten Bemühungen anderer Lehrer für sehr entbehrlich gehalten zu haben scheinet, so haben doch nur die Wenigsten eine Ahndung davon, daß von einem solchen Lehrer noch etwas Nützliches und Nothwendiges für sie zu lernen sey.« [32] »Hieraus denke ich nun ist ersichtlich, daß Sprache und Schreibart, sammt allen denjenigen philosophisch-ästhetischen Kenntnissen, welche damit zusammenhängen, und ohne welche keine gründliche Sprach- und Styl-Theorie Statt hat, auf Universitäten eigene Lehrvorträge, so wie von Seiten der Studierenden ein eigenes ernstliches Hauptstudium erfordern. Es ist so wohl der classischen Vollkommenheit unserer Literatur, als überhaupt der Behandlung unserer Federgeschäfte im Staate sehr nachtheilig, daß man die Kenntnisse gleichsam als *niedere* betrachtet, mit welchen man schon auf den *niedern* Schulen fertig geworden seyn müsse, um sich hernach auf Universitäten lediglich *höhern* Wissenschaften widmen zu können.« [33]

Bürger fordert also ebenfalls die Aufnahme der Wissenschaft von deutscher Sprache und Literatur in die Universitäten; aber er meint damit weniger mediävistische Forschung und Lehre als vielmehr rhetorische und philosophisch-ästhetische Sprachschmeidigung zur Erzielung »der classischen Vollkommenheit unserer Literatur« und zur Verbesserung der »Federgeschäfte im Staate«. Es geht ihm demnach nicht um die Aufarbeitung der deutschen Sprach- und Literaturhistorie, sondern um ästhetische und rhetorisch-politische Praxis. Welche durchschlagende politische Kraft der Apologet der Aufklärung sprachwissenschaftlicher und rhetorischer Emanzipation beimißt, wird durch die weiteren Ausführungen deutlich, die verraten, daß er ein idealistischer Parteigänger der Französischen Revolution werden mußte:

»Wenn wir Sclaven sind, so sind wir's wahrlich nicht durch jene Stein-, Eisen-, Blei- und Fleischmassen der Tyrannen, denen wir nicht ähnliche Massen entgegen zu stellen haben; sondern darum sind wir's, weil wir die kraft- that- und siegreichsten Künste des Geistes, die Künste, zu reden und zu schreiben vernachlässigen. Die

Körper herrschen nicht über die Geister; sondern die Geister herrschen über die Körper. Und was sind die Evolutionen der Körper gegen die Evolutionen der Geister? Wahrlich, ich weiß nichts Besseres, den gehorchenden Theil des Staates gegen die stehenden Kriegsheere, gegen die Festungen und Kanonen des Gebietenden im nothwendigen Gleichgewichte zu erhalten, als Kraft des Geistes und Fertigkeit in seinen wichtigsten Künsten. Was in Athen und Rom Kraft hatte, das muß es auch noch heute und in allen Zeiten, unter allen Völkern haben. Der einzige Unterschied ist nur, daß nunmehr Feder und Presse die Stelle der Demosthene und Cicerone vertreten.« [34]

Kein Zweifel, die Wissenschaft, die Bürger fordert, ist nicht die, die dann die von der Hagen und Zeune, die Benecke, Grimm, Lachmann und Haupt, die Schmeller und Maßmann, Hoffmann von Fallersleben und Uhland tatsächlich an den Universitäten des deutschen Bundes heimisch machten. Und doch ist zu konstatieren, daß seine Forderungen, die, in der klassischen und humanistischen Rhetorik wurzelnd, die philosophisch-ästhetische Sprach- und Literaturexegese propagierten, von zahlreichen Literaten und Hochschullehrern des 19. Jahrhunderts weiter entfaltet und verwirklicht wurden. In gewisser Weise ist Bürger, ohne daß man sich seiner später noch erinnert hätte, schon in den achtziger Jahren des 18. Jahrhunderts zum Protagonisten einer germanistischen Disziplin geworden, die sich erst etwa hundert Jahre später von der Hegemonie der Mediävistik emanzipiert und eigene Lehrstühle gewann: der Neueren deutschen Literaturwissenschaft.

Wir werden die Aufspaltung der »Deutschen Philologie« oder »Germanistik« in verschiedene, auch universitätsinstitutionell getrennte Fachdisziplinen noch mehrfach zu erläutern haben. Vorab ist nur darauf hinzuweisen, daß die Neuere deutsche Literaturwissenschaft als mindestens so alt wie die mediävistisch bestimmte Deutsche Philologie gelten darf, wenn man die rhetorische und poetologische Tradition der deutschen Universitäten des 16. bis 18. Jahrhunderts für sie reklamiert. Wenn die Konstituierung der Neueren deutschen Literaturwissenschaft mit der Konstituierung der Ästhetik als eigenständiger philosophischer Disziplin im Gefolge der Lessing, Schiller, Kant, Schlegel, Hegel, Schleiermacher und Schelling bis hin zu Rosenkranz, Vischer und Moritz Carriere unlöslich verbunden ist, so ist die Gründung der Universitätswissenschaft Ältere deutsche Philologie mit der Konstituierung der Deutschen Rechtsgeschichte, der »Historischen Schule« und der unter dem Zeichen des Neuhumanismus wiedererstarkten »Classischen Philologie« (insbesondere der Graezistik) verquickt. Daß die Ältere deutsche Philologie früher als die Neuere deutsche Literaturwissenschaft sich Universitätslehrstühle erobern konnte, hängt wohl damit zusammen, daß an einigen Universitäten noch von altersher Planstellen für Lehrer der Poesie und Beredsamkeit oder auch neuere Stellen für philosophische Ästhetik bestanden, die Probleme der neueren deutschen Literatur mit erörtern konnten. Die Schaffung eigner Lehrstühle für Deutsche Philologie mit mediävistischem Schwerpunkt war also dringlicher, und sie war, dies zunächst nur als These, auch politisch und ideologisch brisanter.

1801 forderte eine anonyme Zuschrift im *Allgemeinen Litterarischen Anzeiger* unter Hinweis darauf, daß in Oxford »neulich ein Angel-Sächsischer Professor ernannt worden« sei, für deutsche Universitäten »die Errichtung einer Professur für die Teutsche Sprache«. Sie präzisiert:

»Eine solche Professur müßte auch die Kultur der alten Teutschen Sprachdialekte und die Bearbeitung der darin noch vorhandenen Denkmäler beabsichtigen, und weil sich dazu nicht leicht Verleger finden würden, so müsste auf der Universität, wo ein solcher Professor angestellt wäre, der dazu nöthige Fonds aus der landesherrlichen Kasse bewilligt werden.« [35]

Derlei Forderungen wurden zu Beginn des 19. Jahrhunderts Gemeingut der bürgerlichen Intelligenz; und im Zuge der generellen Universitätsreform, zu der die Gründung der Universität Berlin den Anstoß gab, ging man daran, sie zu verwirklichen.

Unser Rückblick auf die voruniversitäre ›germanistischen Bewegung‹ durch drei Jahrhunderte ließ gewissen Gesetzmäßigkeiten der Entwicklung erkennen:

– Deutsche Sprache und Literatur war zunächst immer *Medium* und danach erst *Objekt* der Didaktik und Wissenschaft.

– Die Beschäftigung mit deutscher Sprache und Literatur setzte sich ›von unten nach oben‹ durch; d. h. erst wurde sie Medium und Objekt des schulischen Unterrichts, dann der sozietätsgebundenen Diskussion und zuletzt erst der universitären Lehre und Forschung.

– Die Kommunikationsintensität und der Organisationsgrad (die institutionelle Absicherung) der ›germanistischen Bewegung‹ war von zwei politischen Faktoren abhängig, einem innenpolitischen und einem außenpolitischen. Innenpolitisch war das Kräfteverhältnis von stadtbürgerlichen und feudalabsolutistisch-höfischen Interessen bestimmend. Außenpolitisch war die ökonomische und militärische Bedrohung durch anderssprachige Völker bestimmend. Der innenpolitische Gegensatz von Stadt und Hof, von Stadtbürgertum und Hochadel, trat immer dann zurück, wenn eine akute außenpolitische Bedrohung gegeben war.

Diese beobachteten Gesetzmäßigkeiten berechtigen zu der generellen Feststellung, daß die ›germanistische Bewegung‹ mit der Emanzipationsbewegung des Bürgertums, mit der Entfaltung der kapitalistischen Produktion, des Handels-, Verlags- und Manufakturkapitalismus einherging. Wir haben demnach zu untersuchen, ob und in welcher Form diese Gesetzmäßigkeiten auch in der Phase 1806–1848 sich durchsetzten.

Versuch einer statistisch-typologisierenden Bestimmung der germanistischen Gelehrtenspezies

Ehe die realen gesellschaftlichen Bedingungen und deren spezifische Reflexion in der Germanistik der Phase 1806–1848 in Einzelaspekten vor Augen gestellt werden, soll anhand statistischer Daten eine erste Grobtypologie des ›homo germanisticus‹ versucht werden. Ein solches statistisch-typologisierendes Verfahren hat den Vorzug, daß es generelle Fragen stellen und Problemzusammenhänge sehen hilft, die bei einem sukzessiv-annalistischen universatäts-, publikations- oder auch personalgeschichtlichen Darstellungsverfahren leicht überspielt, wenn nicht gar rigoros ausgeblendet werden. Ein typologischer Bestimmungsversuch der Gelehrtenspezies, die im besagten Zeitraum eine Institutionalisierung und akademische Kanonisierung der Wissenschaft von deutscher Sprache und Literatur propagierte und – teilweise – durchsetzte, ist noch nie unternommen worden. Die Darlegungen der Scherer, Raumer, Lempicki, Dünninger u. a. boten allenfalls Einzelhinweise. Ihre mehr oder minder einhellige Vorstellung von Wissenschaftsgeschichte als Selbstentfaltung des Geistes hat verhindert, daß Fragen nach Form und Bedingung der Organisation und Publizität der Germanistik überhaupt in ihren Problemhorizont traten.

Wenn im folgenden versucht wird, dies sicher nicht zufällige Versäumnis wenigstens teilweise wettzumachen, so ist von vornherein auf Schwierigkeiten hinzuweisen, die ein solches Unternehmen beeinträchtigen. Die detailreichste und breiteste Vorarbeit für eine nichtgeistesgeschichtliche Wissenschaftsgeschichte der Germanistik liegt in den 56 Bänden der *Allgemeinen Deutschen Biographie* [36] vor, die auf Initiative des Rochus von Liliencron seit den siebziger Jahren des vorigen Jahrhunderts erschien. Aus den dort zusammengestellten mehr als 26 000 Einzelbiographien eminenter deutscher ›Persönlichkeiten‹ aller Zeiten und Sparten haben wir *einhundert* herausgegriffen, die Germanisten der ersten Hälfte des 19. Jahrhunderts präsentieren.

Als Germanisten gelten in diesem Rahmen nicht nur Hochschullehrer für deutsche Sprache und Literatur, sondern alle, die sich durch Publikationen über Probleme der deutschen Sprache und Literatur auszeichneten; wobei grundsätzlich davon abgesehen wurde, ob der wissenschaftliche Rang dieser Leute von der heute herrschenden Germanistik noch anerkannt wird oder nicht. Freilich ist dies Auswahlverfahren nicht unproblematisch. Es kann auf Vollständigkeit keinen Anspruch erheben; wir selbst erwähnen in anderen Kapiteln schon mehr Germanisten, als diese Statistik erfaßt (vgl. Namenregister im Anhang!). Zum andern kann es die unterschiedliche Datenfülle der Einzelbiographien, die selbst zumeist von jüngeren Germanisten wie Hettner oder Scherer verfaßt wurden, nicht wettmachen. Zu allseits stichhaltigen Aussagen legitimiert diese Datenbasis also nicht. Mancher Spezialhistoriker wird manchen Namen vermissen. Präzisere Auskünfte wird nur zusammenstellen können, wer die zahllosen Biographien, Autobiographien, Briefwechsel, Tagebücher und einschlägigen Fakultätsakten auswertet, die in Bibliotheken und Archiven schlummern. Zwar haben auch wir, wie zahlreiche Kapitel zeigen, derlei Dokumente zu berücksichtigen versucht, ohne jedoch auf Vollständigkeit dringen zu können. Immerhin bietet die relativ große Zahl der 100 hier erfaßten Germanisten doch Gewähr für die Kennzeichnung wesentlicher Trends und Generallinien.

Die Statistik erfaßt folgende Germanisten:

1. Adelung, Friedrich von (1768–1843)
2. Arndt, Ernst Moritz (1769–1860)
3. Barthel, Karl (1817–1853)
4. Bechstein, Ludwig (1801–1860)
5. Becker, Karl Ferdinand (1775–1849)
6. Benecke, Georg Friedrich (1762–1844)
7. Benfey, Theodor (1809–1881)
8. Bernhardi, August Ferdinand (1770–1820)
9. Böckh, August (1785–1867)
10. Böcking, Eduard (1802–1870)
11. Bopp, Franz (1791–1867)
12. Bouterwek, Friedrich (1766–1828)
13. Brentano, Clemens von (1778–1842)
14. Büsching, Johann Gustav Gottlieb (1783–1829)
15. Carriere, Moriz (1817–1895)
16. Conz, Karl Philipp (1762–1827)
17. Danzel, Theodor Wilhelm (1818–1850)
18. Diemer, Joseph (1807–1869)
19. Docen, Bernhard Joseph (1782–1828)
20. Ettmüller, Ernst Moritz Ludwig (1802–1877)
21. Fouqué, Friedrich Heinrich de la Motte- (1777–1843)
22. Freytag, Gustav (1816–1895)
23. Frommann, Georg Karl (1814–1887)
24. Geibel, Emanuel (1815–1884)
25. Gelzer, Johann Heinrich (1813–1889)
26. Gervinus, Georg Gottfried (1805–1871)
27. Glück, Christoph Wilhelm (1810–1866)
28. Goedeke, Karl (1814–1887)
29. Görres, Joseph von (1776–1848)
30. Göttling, Karl Wilhelm (1793–1869)
31. Graeter, Friderich David (1768–1830)
32. Graff, Eberhard Gottlieb (1780–1841)
33. Grimm, Jacob (1785–1863)
34. Grimm, Wilhelm (1786–1859)
35. Groth, Klaus (1819–1899)
36. Gruppe, Otto Friedrich (1804–1876)
37. Guhrauer, Gottschalk Eduard (1809–1854)
38. Hagen, Friedrich Heinrich von der (1780–1856)
39. Hahn, Karl August (1807–1857)
40. Hauff, Gustav (1821–1890)

41. Hauff, Wilhelm (1802–1827)
42. Haupt, Moriz (1808–1874)
43. Hermann, Gottfried (1772–1848)
44. Hettner, Hermann (1821–1882)
45. Heyse, Joh. Christian August (1764–1829)
46. Heyse, Karl Wilhelm Ludwig (17 7–1855)
47. Hildebrand, Rudolf (1824–1892)
48. Hillebrand, Joseph (1788–1871)
49. Hoffmann von Fallersleben, Heinrich (1798–1874)
50. Holtzmann, Adolf (1810–1870)
51. Horn, Franz Christoph (1781–1837)
52. Jacobi, Theodor (1816–1848)
53. Jahn, Friedrich Ludwig (1778–1852)
54. Kanne, Johann Arnold (1773–1824)
55. Karajan, Theodor Georg von (1810–1873)
56. Keller, Adelbert von (1812–1883)
57. Koberstein, August (1797–1870)
58. Koch, Erduin Julius (1764–1834)
59. Kuhn, Adalbert (1812–1881)
60. Kurz, Heinrich (1805–1873)
61. Lachmann, Karl (1793–1851)
62. Lassberg, Joseph von (1770–1855)
63. Loebell, Johann Wilhelm (1786–1863)
64. Maßmann, Hans Ferdinand (1797–1874)
65. Meinert, Johann Georg (1775–1844)
66. Menzel, Wolfgang (1798–1873)
67. Meusebach, Karl Hartwig Gregor von (1781–1847)
68. Mone, Franz Josef (1796–1871)
69. Müllenhoff, Karl (1818–1884)
70. Müller, Wilhelm (1812–1890)
71. Mundt, Theodor (1808–1861)
72. Palm, Hermann (1816–1885)
73. Pfeiffer, Franz (1815–1868)
74. Pott, August Friedrich (1802–1887)
75. Prutz, Robert (1816–1872)
76. Rapp, Moritz (1803–1883)
77. Rückert, Heinrich (1823–1875)
78. Schildener, Karl (1777–1843)
79. Schlegel, August Wilhelm (1767–1845)
80. Schlegel, Friedrich (1772–1829)
81. Schmeller, Johann Andreas (1785–1852)
82. Schmidt, Julian (1818–1886)
83. Schwab, Gustav (1792–1850)
84. Simrock, Karl (1802–1876)
85. Stahr, Adolf (1805–1876)
86. Tieck, Ludwig (1773–1853)
87. Tittmann, Friedrich Julius (1814–1883)
88. Uhland, Ludwig (1787–1862)
89. Viehoff, Heinrich (1804–1886)
90. Vischer, Friedrich Theodor (1807–1887)
91. Wachler, Ludwig (1767–1838)

92. Wackernagel, Wilhelm (1806–1868)
93. Wackernagel, Philipp (1800–1877)
94. Wilbrandt, Christian (1801–1867)
95. Zacher, Julius (1816–1887)
96. Zarncke, Friedrich (1825–1891)
97. Zeune, August (1778–1853)
98. Zeuss, Kaspar (1806–1856)
99. Zimmermann, Wilhelm (1807–1878)
100. Zingerle, Ignaz Vinzenz (1825–1892)

Soziale Herkunft

Obwohl die ADB bei einem Teil der Genannten (23) den Beruf des Vaters nicht angibt, läßt sich sagen, daß die weitaus größte Zahl aus Familien des *gehobenen Bürgertums* kommt. Dominant sind die Akademikersöhne (36) und unter diesen die Pfarrersöhne (13), dann die Juristensöhne (10); es folgen Söhne von Universitätsprofessoren (5), Lehrern (4) und Ärzten (4). Daß so viele Germanisten (und bekanntlich auch Poeten) aus Pfarrhäusern stammen, erklärt sich – entgegen häufiger Annahme – nicht aus dem Umstand, daß Pfarrerkinder von Jugend auf durch ihre Väter rhetorisch und textexegetisch geschult werden, sondern aus der baren Tatsache, daß an der Wende vom 18. zum 19. Jahrhundert noch wie in den Jahrhunderten zuvor die Theologie an allen Universitäten die stärksten Fakultäten stellte; weil durch das Theologiestudium nämlich nicht nur Pfarrer, sondern auch Lehrer ausgebildet wurden.

Zum gehobenen Bürgertum wären hier auch die Söhne von Verwaltungsbeamten (15, davon 7 Akademiker) zu zählen, die bei Hofe und in Kommunalverwaltungen tätig waren. Relativ groß ist auch noch die Gruppe derer, deren Väter selbständige Kaufleute und Fabrikanten (13) waren.

Wenn Söhne des Hochadels überhaupt nicht und Söhne des Ministerialadels und Landadels sowie Gutsherrensöhne (insgesamt 4) nur schwach vertreten sind, so deshalb, weil für den niederen Adel ja meist Offizierslaufbahnen oder wenn schon akademische Berufe, so primär juristische, interessant waren. Daß ein Angehöriger des niederen Adels Theologie oder Philologie studierte, war sehr ungewöhnlich.

Auffällig ist aber, daß neben dem gehobenen Bürgertum der Akademiker, Verwaltungsbeamten und selbständigen Kaufleute und Fabrikanten auch das mittlere und niedere Bürgertum einen Teil der Germanisten stellt: Handwerkersöhne (8) und Söhne von kleinen Berufskünstlern (3). Die große Masse der Landarbeiter und Tagelöhner, das Vorproletariat, stellt (wie heute noch das Proletariat) nur ganz wenige Germanisten (6): Arndt ist Sohn eines Leibeigenen, der nach der Bauernbefreiung zum Pächter aufstieg; Hillebrand ist Sohn eines kleinen Bauern, Hildebrand Sohn eines armen Schriftsetzers, Kanne Taglöhnerkind, Schmeller Sohn eines Korbflechters und Zimmermann Sohn eines ärmlichen Lackierers.

Man muß bei diesen sozialstatistischen Ermittlungen freilich erinnern, daß 1789 noch von den ca. 23 Millionen Einwohnern des Heiligen Römischen Reiches Deutscher Nation ca. 75–80% auf dem Lande wohnen, und ein Zugang zu höheren Bildungsanstalten für den größten Teil der Bevölkerung nicht besteht. Im Gegensatz zu Nachbarländern wie Frankreich und England, wo das Bürgertum die politische Macht erobert hat und die Industrialisierung sich durchsetzt, bleibt Deutschland noch lange Agrarland. Im Jahr 1800 gibt es unter den rund 23 Millionen Einwohnern des Reiches nur 85 000 nichtlandwirtschaftliche Arbeiter (davon 10 000 Handwerker, 50 000 Industriearbeiter, 25 000 Bergarbeiter) und 1848 gibt es unter den ca. 35 Millionen Einwohnern des Deutschen Bundes (außer Österreich) erst 900 000 nichtlandwirtschaftliche Arbeiter (davon 200 000 Handwerker, 600 000 Industriearbeiter und 100 000 Bergarbeiter). [37]

Konfessionelle Zugehörigkeit

Die Frage nach der Konfessionszugehörigkeit ist insofern von Belang, als die in der ersten Hälfte des 19. Jahrhunderts tätigen Germanisten zum größten Teil Bildungswege gegangen waren, deren organisatorische und geistig-programmatische Struktur noch weitgehend durch die Landeskirchen bestimmt war. Die Kirchen hatten ja bis ins 19. Jahrhundert hinein Kulturhoheit, sie hatten Aufsicht über das gesamte Schul- und Universitätswesen, nahmen also weitgehend Pflichten wahr, wie sie heute ein Kultusministerium hat. In Preußen wurde zuerst 1817 ein Kultusministerium als selbständige Zentralbehörde eingesetzt [38], und die anderen Bundesländer folgten dann mit z. T. recht erheblichen Verzögerungen. Welch beträchtlichen Unterschiede die Bildungspolitik etwa in Preußen und Österreich zeitigte, veranschaulicht drastisch der Befund, daß in Österreich im Jahre 1900 noch über 35%, in Preußen hingegen nur ca. 3% der Bevölkerung Analphabeten waren.

Obwohl ein beträchtlicher Teil (31) der ADB-Artikel die Konfessionszugehörigkeit unserer 100 Germanisten nicht ausweist, läßt sich, wenn 56 der verbliebenen 69 protestantischer Konfession, 10 katholischer Konfession, 2 jüdischer und einer griechisch-orthodoxer Konfession waren, doch schließen, daß mindestens 80% der Germanisten Protestanten und nur ca. 14% Katholiken waren. Die Katholiken waren in Germanistenkreisen demnach stark unterrepräsentiert, denn noch Ende 1848 stellte die katholische Bevölkerung in den dem Deutschen Bund angehörenden Ländern eine Mehrheit, vor allem dank des Einschlusses von Teilen des Habsburgerreiches: im Bund gab es 1848 etwa 24 Millionen Katholiken gegenüber rund 21 Millionen Protestanten und einer halben Million Juden. Die übrigen Konfessionsgruppen – Mennoniten, Zigeuner, Griechisch-Orthodoxe und Mohammedaner – zählten nur einige Tausend. In den österreichischen Teilen des Deutschen

Bundes stellten die Katholiken mit 12 Millionen eine erdrückende Majorität gegenüber den etwas mehr als eine Viertelmillion zählenden Protestanten und 120 000 Juden. In den nichtösterreichischen Bundesländern hingegen waren die Katholiken mit ca. 12 Millionen gegenüber 20,7 Millionen Protestanten in der Minderheit. [39]

Daß das konfessionelle Mißverhältnis innerhalb der Germanistenkreise der ersten Hälfte des 19. Jahrhunderts aus dem damaligen Verhältnis von Österreich und Preußen sich zum Teil erklärt, daß es Ausdruck der differenten Bildungspolitik beider Staaten ist, soll später noch mehrfach illustriert werden.

Wenn die Katholiken im Gesamtfeld der Germanisten unterrepräsentiert waren, die Protestanten hingegen eindeutig dominierten, so erlaubt das also nicht den Schluß, die Germanistik sei ihrer wissenschaftlichen Struktur nach eine genuin protestantische Wissenschaft. In diesem Sinne wäre denn auch Wolfgang Menzel zu kritisieren, der, wie zitiert, einen strikten Gegensatz von Katholizismus (-Romanistik-Absolutismus) und Protestantismus (-Germanistik-Demokratie) konstruiert. Denn da in allen kulturellen Bereichen die Protestanten überrepräsentiert waren und sind, müßte man dann auch behaupten, daß die kulturelle Entwicklung per se eine protestantische Sache sei. So unsinnig eine solche theologisch-idealistische Behauptung ist, hat sie ein Wahrheitsmoment jedoch insofern, als vielfach nachgewiesen ist – nicht zuletzt von Max Weber –, daß der Protestantismus (und insbesondere der Calvinismus) eine Ethik propagierte, die dem Handels- und Manufakturkapitalismus adäquat war und in dessen Interesse so rasche und weite Verbreitung fand. Dieser generelle Befund erlaubt es aber doch nicht, für die Phase 1806–48 die Behauptung aufzustellen, der Katholizismus sei damals durchgängig reaktionär oder konservativ, der Protestantismus durchgängig progressiv gewesen. Zum ersten wäre in diesem Zusammenhang nämlich darauf zu verweisen, daß die Kriege und revolutionären Kämpfe dieser Phase – im Gegensatz zu solchen früherer Jahrhunderte, etwa dem Großen deutschen Bauernkrieg des 16. oder dem sogenannten Dreißigjährigen Krieg des 17. Jahrhunderts – von den Kontrahenten selbst schon nicht mehr als »Glaubenskriege« interpretiert wurden; und zum andern wäre zu konstatieren, daß die protestantische Ethik, die der Frühkapitalismus, d. h. der deutsche Handels-, Verlags- und Manufakturkapitalismus des 16.–18. Jahrhunderts, gezeitigt hatte, durch die Industrielle Revolution, die seit den dreißiger Jahren des 19. Jahrhunderts auch auf Deutschland überzugreifen begann, außer Kurs gesetzt wurde.

Der Industriekapitalismus konnte durch die protestantische Ethik nicht mehr legitimiert werden. Max Weber hat die ideologische Differenz von Frühkapitalismus und Industriekapitalismus deutlich markiert:

»Die religiöse Wurzel des modernen ökonomischen Menschentums ist abgestorben. Heute steht der Berufsbegriff als caput mortuum in der Welt. [...] Mit dem völligen Zurücktreten aller Reste des ursprünglichen ungeheuren religiösen Pathos der Sekten hat der Optimismus der Aufklärung, der an die Harmonie der Interessen glaubte, das Erbe der protestantischen Askese auf dem Gebiet der Wirtschaftsgesinnung angetreten; er hat den Fürsten, Staatsmännern und Schriftstellern des ausgehenden 18. und beginnenden 19. Jahrhunderts die Hand geführt. Das Wirtschaftsethos war auf dem Boden des asketischen Ideals entstanden; jetzt wurde es seines religiösen Sinnes entkleidet. Das mußte zu schweren Folgen führen. Es war möglich, daß die Arbeiterklasse sich mit ihrem Los beschied, solange man ihr die ewige Seligkeit versprechen konnte. Fiel diese Vertröstung weg, so mußten allein daraus jene Spannungen innerhalb der Gesellschaft sich ergeben, die seitdem noch ständig im Wachsen begriffen sind. Damit ist der Zeitpunkt am Ende des Frühkapitalismus und beim Anbruch des eisernen Zeitalters im 19. Jahrhundert erreicht.« [40]

Webers generelle Erkenntnis erhält eine aspektspezifische Bestätigung durch die Tatsache, daß die mit Abstand reaktionärsten Germanisten des Vormärz, die Literaturhistoriker Vilmar und Gelzer, protestantische Theologen waren, während die Mehrheit der Germanisten dieser Phase liberal bis progressiv war und eine theologische Legitimation ihres Forschens und Argumentierens nicht für erforderlich hielt. Weiter wäre in diesem Zusammenhang auch anzumerken, daß es eine protestantische Burschenschaft, der »Wingolf«, war, die sich in der 48er Revolution strikt reaktionär-konterrevolutionär verhielt, während alle anderen burschenschaftlichen Gruppen die Revolution weitgehend unterstützten. Andererseits ist zu beobachten, daß die Katholiken des Deutschen Bundes weder im Vormärz noch in den Revolutionsjahren selbst eine einhellige politische Linie vertraten. Immerhin konfrontierte, wie Eyck darlegt, »der Schock der Revolution [...] die Katholiken mit der Notwendigkeit, in die politische Arena einzutreten«. [41]

Ein besonderes Konfliktpotential lag in dem Antagonismus von katholischem Internationalismus und deutschem Nationalismus. Katholische Theologen wie Beda Weber kämpften wider den »götzendienerischen Nationalismus« [42] und mußten demnach auch eine nationale Wissenschaft wie die Germanistik mit Argwohn betrachten. »Ihr Internationalismus wie ihre geistliche Wertordnung hinderten die Katholiken auch weiterhin daran, sich mit ganzem Herzen an der deutschen Einheitsbewegung zu beteiligen.« [43]

Wie stark dieser Widerspruch von klerikal-katholischem Internationalismus und laikal-katholischem Nationalismus war, läßt sich paradigmatisch am Auftreten der »Deutschkatholiken« ablesen. Diese katholische Dissidentengruppe hatte sich 1844 gebildet; äußerer Anlaß war die Ausstellung des ›Heiligen Rocks‹ zu Trier, die von vielen Katholiken als Rückfall in mittelalterlichen Fetischismus strikt abgelehnt wurde. Man benutzte diesen Anlaß, die endliche Lostrennung Deutschlands von Rom zu fordern und somit das Primat der nationalen Einigung gegenüber dem katholischen Internationalismus zu behaupten. [44] Derartige Forderungen fanden schließlich auch bei einigen Germanisten Beifall. Georg Gottfried Gervinus machte sich 1846 mit der Streitschrift *Mission der Deutschkatholiken* zum Fürsprecher der Bewegung und Jacob Grimm wurde durch diese Schrift ebenfalls bestimmt, für die Sache der Deutschkatholiken einzutreten. [45]

Regionale Herkunft

Macht man Geburtsort und Staatsbürgerschaft zu Kriterien, so stellten Nord- und Mitteldeutschland im besagten Zeitraum ein sehr viel größeres Germanistenkontingent als Süddeutschland und Österreich. Es versteht sich von selbst, daß es in unserem Fragenzusammenhang nicht um eine Wiederbelebung oder auch nur Modifizierung der Nadlerschen Thesen zur Kulturgeschichte der deutschen Stämme und Landschaften gehen kann. Um zu einigermaßen interpretablen Daten zu kommen, muß man sich die *politische* Landkarte des Deutschen Bundes vergegenwärtigen, denn nur so kann einsehbar werden, daß die enge Korrelation von konfessioneller und geographischer Zugehörigkeit unserer Germanisten territorialspezifisch politische Gründe hat.

Als 1815 das Territorium des Deutschen Bundes festgelegt wurde, gab es eine Gesamtbevölkerung von ca. 26 Millionen. In den dreiunddreißig folgenden Jahren vergrößerte sich diese Zahl auf ca. 45,5 Millionen. Bis 1806 hatte – wenigstens formal – das Heilige Römische Reich Deutscher Nation bestanden, das sich aus ca. 1800 mehr oder minder ›souveränen‹ Territorien (Königreichen, Kurfürstentümern, Herzogtümern, Markgrafschaften, Grafschaften, Erzbistümern, Bistümern, Abteien, Reichsritterschaften, Reichsdörfern, Reichsstädten usw.) zusammensetzte. Anstelle dieses Reiches, das Pufendorf schon 150 Jahre zuvor als ›Monstrum‹ charakterisiert hatte, trat mit dem Deutschen Bund nun eine Vereinigung von 41 (später 39) souveränen deutschen Staaten, die die Zersplitterung zwar erheblich reduzierte, gleichwohl aber nicht geeignet war, der absolutistischen Gewalt Abbruch zu tun. Im Gegenteil. Da die 41 Einzelstaaten volle außenpolitische Souveränität, Finanz- und Militärhoheit besaßen und das einzige Bundesorgan – die Bundesversammlung in Frankfurt a. M. – somit keine reale Einigungskraft entwickeln konnte, war der Bund kaum mehr als ein neoabsolutistischer Fürstenpakt, der den Interessen des Bürgertums an Ausweitung des Innen- und Außenhandels und industrieller Produktion strikt entgegengesetzt war; der die ökonomische Rückständigkeit Deutschlands gegenüber Nachbarnationen wie England und Frankreich perpetuierte; der garantierte, daß das Leben von ca. 70–80% der Gesamtbevölkerung strikt agrarwirtschaftlich bestimmt blieb; und der so jede innere Umwälzung verhindern sollte. Der Deutsche Bund war auch nur scheinbar ein Bund von gleichberechtigten Staaten ›deutscher Zunge‹, denn die beiden Großmonarchien Österreich und Preußen hegemonisierten das Bündnis, da sie zusammen 58% der Bevölkerung des Bundesgebietes stellten. [46]

Der Partikularismus drosselte die wissenschaftliche Kommunikation innerhalb Deutschlands. Besonders empfindlich mußte dadurch eine Wissenschaft getroffen werden, die die Identifikation der ›Nation‹ und der ›Deutschheit‹ sich zur Aufgabe machte. Der politische Impetus dieser Wissenschaft war, so wird noch ausführlich zu zeigen sein, gerade durch diesen Partikularismus provoziert. Wenn sich in einzelnen Bundesstaaten die Germanistik früher als Universitätswissenschaft etablieren konnte als in anderen, so deshalb, weil in diesen Ländern sehr unterschiedliche Vorstellungen hinsichtlich ›deutscher Einheit‹ und des Weges dorthin bestanden.

Nimmt man die Territorienlandkarte des Deutschen Bundes zur Folie, so ergibt sich aufgrund der Geburtsorte unserer hundert Germanisten folgendes Bild: 45 unserer 100 Germanisten stammen aus dem Königreich Preußen, davon aus dem rheinisch-westfälischen Preußen 8, aus Schlesien 8 und aus Berlin allein 6. Aus dem Kaiserreich Österreich stammen hingegen ganze 2 Germanisten. Aus den übrigen neunundreißig Bundesstaaten kommen insgesamt 50 Germanisten und 3 stammen aus Frankreich bzw. der Schweiz. Unter den nichtösterreichischen und nichtpreußischen Bundesländern stellt das Königreich Hannover 15 Germanisten. Die Geburtsorte von 8 Germanisten liegen im Großherzogtum Baden, die von 6 anderen im Königreich Württemberg, in Bayern und Sachsen sind jeweils 4 geboren, in Hessen-Kassel 3 und in den übrigen Ländern und Ländchen jeweils einer oder zwei. Das Gefäile von Nord nach Süd ist also unübersehbar. Deutlich wird auch, daß Stadtkinder leichter den Weg zur neuen Wissenschaft fanden: neben den sechs gebürtigen Berlinern drei aus Hannover, drei aus Braunschweig, vier aus Stuttgart, zwei aus Karlsruhe; ja es ist zu konstatieren, daß ca. 80% aus größeren und mittleren Städten stammen.

Universitätszugehörigkeit während des Studiums

Auf dem Territorium der im Deutschen Bund zusammengeschlossenen Länder gab es insgesamt 22 Volluniversitäten. Auch hier führt Preußen mit 5 Universitäten: Berlin, Bonn, Breslau, Halle und Greifswald. Österreich hat 4 Universitäten: Wien, Prag, Graz und Innsbruck. Das Königreich Bayern hat 3 Universitäten: München, Erlangen und Würzburg. Das Großherzogtum Baden unterhält zwei Universitäten: Heidelberg und Freiburg im Breisgau. Dann folgen acht Bundesmitglieder mit jeweils einer Landesuniversität: Kiel beherbergt die Universität des Herzogtums Holstein, Rostock die des Großherzogtums Mecklenburg-Schwerin, Göttingen die des Königreichs Hannover, Leipzig die des Königreiches Sachsen, Jena die des Herzogtums Sachsen-Altenburg, Marburg die des Kurfürstentums Hessen-Kassel, Gießen die des

Großherzogtums Hessen-Darmstadt und Tübingen die des Königreichs Württemberg. Daneben gab es noch eine Reihe von Hochschulen und Seminaren. Generell aber erhellt aus unserer Zusammenstellung, daß nur 12 der 39 bzw. 41 Bundesstaaten eigene Universitäten hatten.

Welche Universitäten bei Ausbildung unserer hundert Germanisten die größte Bedeutung hatten, zeigt folgende Erhebung: an der Berliner Universität studierten 27 unserer hundert Germanisten; in Göttingen studierten 26, in Halle 15, in Jena und Leipzig jeweils 13, in Tübingen 11, in Breslau 9, in Heidelberg und Bonn jeweils 7, in Erlangen und München jeweils 4, in Marburg, Gießen und Greifswald jeweils 2. Andere hatten an nichtbundesdeutschen Universitäten und Hochschulen wie Paris, Königsberg, Brixen oder Straßburg studiert. Sechs hatten überhaupt kein Universitätsstudium absolviert. Auch diese Ermittlung bestätigt wieder die überragende Bedeutung Preußens: an dessen Universitäten studierten etwa die Hälfte unserer hundert Germanisten.

Bemerkenswert ist, daß viele während des Studiums die Universität wechselten: 45 besuchten nur eine Universität, 34 besuchten zwei Universitäten, immerhin 13 studierten an drei Universitäten und zwei sogar an vier Universitäten. Welche Motive dabei bestimmend waren, läßt sich aufgrund des durch die ADB-Artikel gebotenen Datenmaterials nicht exakt sagen. Vermuten darf man aber wohl, daß bei vielen der Universitätswechsel durch den Umstand bedingt war, daß die germanistische Schulenbildung an einzelnen Universitäten noch nicht begonnen hatte; die hohe Studentenfrequenz der Universitäten Berlin und Göttingen läßt darauf schließen, daß diese Institute für die Etablierung der Germanistik als akademischer Wissenschaft besonders wichtig waren. Schließlich dürften bei vielen – in der Zeit der Karlsbader Beschlüsse, der ›Demagogen‹-Verfolgung, die besonders die national engagierten und in Turnerschaft und Burschenschaft organisierten Studenten traf – auch politische Gründe den Universitätswechsel bedingt haben.

Studienfächer

Da die ersten Hochschullehrerstellen für Deutsche Sprache und Literatur erst 1810 in Berlin und 1811 in Breslau eingerichtet wurden, ist es nicht erstaunlich, wenn nur eine recht geringe Zahl – 21 unserer 100 – Germanisten, die doch in der Phase 1806–48 der Deutschen Philologie zu Publizität und akademischen Ehren verhalfen, selbst als Studenten deutschphilologische Lehrveranstaltungen besucht hatten. Desto mehr muß interessieren, welche Studienfächer denn die vielen anderen (künftigen) Germanisten belegt hatten; weil so Hinweise dafür zu gewinnen sind, welche traditionellen Wissenschaftsdisziplinen bei Geburt der neuen Universitätswissenschaft Pate standen. So ist es denn aufschlußreich, daß 51 unserer einhundert Deutschen Philologen bei klassischen Philologen in die Schule gegangen waren, also Latinistik und Gräzistik studiert hatten. Ein Drittel (33) hatte Theologie studiert, davon drei katholische Theologie. Recht groß ist auch noch die Zahl (16) derer, die ein Jurastudium absolvierten; ebenfalls 16 studierten Philosophie, 12 Geschichte, 10 Naturwissenschaften, 9 Orientalistik, 6 neuere ausländische Philologien, 4 Medizin und 3 Archäologie. Bei dieser Zahlenzusammenstellung ist allerdings zu berücksichtigen, daß viele Studenten mehrere Fächer neben- oder nacheinander studierten. Die Fächerkombination Theologie/klassische Philologie oder auch Philosophie/klassische Philologie begegnet häufig, ein Faktum, das sich dadurch erklärt, daß in diesen Studiengängen traditionell die Gymnasiallehrerausbildung geleistet wurde. Friedrich Paulsen erklärt dazu am Beispiel Preußens:

»Von der ursprünglich vollständigen Zugehörigkeit der Schule zur Kirche waren am Anfang des 19. Jahrhunderts noch beträchtliche Überreste zurückgeblieben. Das ›Allgemeine Landrecht‹ hatte zwar die Schulen als Veranstaltungen des Staates proklamiert und das allgemeine Aufsichtsrecht ausgesprochen. Thatsächlich waren aber die Schulen, ausgenommen die Universitäten und die Landesschulen, wesentlich Gemeindeanstalten; übrigens nahm auch die Privatunternehmung neben der öffentlichen noch einen ziemlich breiten Raum ein; und die Verwaltung und Aufsicht lag thatsächlich in den Händen der Geistlichen aller Konfessionen, in der Lokal- wie in der Provinzialinstanz.« [47]

»Der Bewerber um eine Lehrerstelle an einer Lateinschule, in der Regel Kandidat der Theologie, wurde etwa einer Prüfung pro loco, das heißt seiner Tauglichkeit für diese bestimmte Stelle, durch einen der Schulverwaltung angehörigen Geistlichen unterzogen, hielt eine Probelektion und dann erfolgte die Anstellung.« [48]

Erst durch Einführung einer allgemeinen Lehramtsprüfung wurden seit Juli 1810 in Preußen die Bedingungen zur allmählichen Herausbildung eines eigenen Gymnasiallehrerstandes geschaffen. Es waren »zunächst die Philologen, denen so [sc. durch die Einrichtung von nichtgeistlichen Provinzialschulkollegien als einsetzenden und prüfenden Behörden] das Erbe der Theologen zufiel. Es entspricht dem Wandel in der Stellung der Wissenschaften zu einander: die Philologie, bisher die Vorschule der Theologie, war jetzt die hohe Schule der Bildung geworden.« [49]

Der relativ hohe Anteil von Absolventen eines Jurastudiums unter unseren hundert Germanisten erklärt sich aus der bereits angedeuteten zentralen politischen Bedeutung der ›Germanistik‹ (im ursprünglichen engeren Sinne der Deutschen Rechtsgeschichte) für die Emanzipation des deutschen Bürgertums und die nationale Einigung. In der ersten Hälfte des 19. Jahrhunderts war es für einen Jurastudenten obligat, neben Latein und römischer Geschichte auch deutsche Sprachgeschichte und deutsche Geschichte zu studieren. So werden in einem Bonner Studienplan von 1837 für Juristen »unter den allgemeinen Vorkenntnissen [...] als besonders wichtig bezeichnet: die Sprachen (Griechisch, Lateinisch, mit Einschluß der mittelalterlichen Latinität,

Deutsch, besonders auch Alt- und Mittelhochdeutsch), die Geschichte (besonders römische und deutsche), endlich die Philosophie.« [50] Wenn also von den Jurastudenten dieser Phase Kenntnis der deutschen Sprachgeschichte und Vertrautheit mit mittelalterlichen deutschen Texten verlangt wurde, so ist verständlich, wenn etliche von ihnen das nationalphilologische Interesse derart forcierten, daß die ursprüngliche juristische Hilfswissenschaft Deutsche Philologie nun zu ihrer Hauptwissenschaft wurde. Es ist hervorzuheben, daß die Deutsche Philologie also zunächst als juristisches Propädeutikum, als juristische Hilfswissenschaft an den Universitäten Aufnahme fand. Dem widerspricht nur scheinbar der Befund, daß die ersten Hochschullehrerstellen für deutsche Sprache und Literatur nicht in juristischen, sondern in philosophischen Fakultäten eingerichtet wurden. Der Widerspruch wird aber hinfällig, wenn man berücksichtigt, daß die philosophische Fakultät zu Beginn des 19. Jahrhunderts noch, wie in den Jahrhunderten zuvor, »die allgemeinwissenschaftliche Vorschule für das Fachstudium in den drei oberen Fakultäten« – Theologie, Jurisprudenz und Medizin – darstellte. [51] Gleichwohl ist anzumerken, daß die philosophische Fakultät in jener Phase sich weitgehend dieser traditionellen akademisch-propädeutischen Dienstfunktion entledigte, wie ja auch schon am Verhältnis von Theologie und klassischer Philologie dieses Zeitraums dargelegt werden konnte. Wenn die philosophische Fakultät in der ersten Hälfte des 19. Jahrhunderts zur Ausbildungsstätte von Gymnasiallehrern wurde, so darf man daraus doch nicht folgern, daß nun von den ersten deutschphilologischen Hochschullehrern gezielt die Deutschlehrerausbildung übernommen worden wäre. Jacob Grimm etwa vertrat bis an sein Lebensende strikt die Auffassung, daß weder an Gymnasien noch gar an Volksschulen deutsche Sprachgeschichte gelernt und mittelalterliche Literatur gelesen werden sollte.

Der hohe Anteil von 16 Philosophen unter unseren 100 Germanisten erlaubt es schließlich, ein anderes wichtiges Konstitutionselement der Deutschen Philologie anzudeuten: den Gegensatz von ästhetisch-philosophischer Literaturkritik zur Deutschen Philologie qua Mediävistik und Sprachgeschichte. Germanistische Ästhetiker wie Carriere, Danzel, Guhrauer, Hettner, Mundt oder Vischer vertraten ein weitgehend anderes Konzept von Literaturexegese und -traktation als die ›philologischen‹ Deutschen Philologen um die Brüder Grimm, die sogar eine gewisse Philosophiefeindlichkeit an den Tag legten. Man darf sagen, daß im Verhältnis der ›philosophischen‹ zur ›philologischen‹ Gruppe schon seit Beginn des Jahrhunderts jene Rivalität angelegt war, die in der 2. Jahrhunderthälfte sich nicht mehr verheimlichen ließ und schließlich zur Einrichtung von eignen Lehrstühlen für »Neuere deutsche Literatur« führte.

Lehrtätigkeit

Ein Überblick über die Lehrtätigkeit unserer hundert Germanisten kann manche Aspekte des bislang Angedeuteten konkretisieren. Lehrer waren sie alle, wenn man ihre publizistische, schulische und akademische Tätigkeit berücksichtigt.

Universitätslehrer für deutsche Sprache und Literatur waren 32; für Philosophie 9; für Geschichte 8; für Klassische Philologie 7; für Allgemeine Sprachwissenschaft 4; für Kunstgeschichte 3; für Eloquenz 3; für Jurisprudenz, für neuere ausländische Philologien und für Orientalistik jeweils 2; für Geographie einer. Dieser Gruppe von 73 Universitätslehrern folgt eine Gruppe von 11 Gymnasiallehrern oder ›Schulmännern‹; die 16 übrigen verdienten als Bibliothekare, Privatlehrer, Pfarrer oder Schriftsteller ihren Lebensunterhalt oder waren – wie Laßberg etwa – Privatiers.

Die 32 Universitätslehrer für deutsche Sprache und Literatur seien hier samt den Daten ihres Amtsantritts und den Universitäten, an denen sie arbeiteten, aufgeführt:

Benecke: 1805 Prof. f. Engl. u. Altdeutsch in Göttingen;
Ettmüller: 1833 Prof. a. Gymn. u. Univers. in Zürich;
Freytag: 1838 Privatdozent in Breslau;
Geibel: 1851 Prof. f. dt. Literatur u. Metrik in München;
Graff: 1824 Prof. in Königsberg;
Grimm, J.: 1830 Prof. in Göttingen, 1841 in Berlin;
Grimm, W.: 1831 ao. Prof., 1835 Ordin. in Göttingen; 1841 in Berlin;
Groth: 1858 Privatdozent in Kiel;
v. d. Hagen: 1810 ao. Prof. in Berlin, 1811 ao. Prof., 1818 Ordin. in Breslau, 1824 Ordin. in Berlin;
Hahn: 1839 ao. Prof. in Heidleberg, 1850 Ordin. in Prag, 1851 Ordin. in Wien;
Haupt: 1843 Ordin. in Leipzig, 1853 Ordin. in Brelin;
Hildebrand: 1869 ao. Prof., 1874 Ordin. in Leipzig;
Hoffmann v. Fallersleben: 1830 ao. Prof., 1835 Ordin. in Breslau;
Holtzmann: 1852 Prof. f. dt. Lit. u. Sanskrit in Heidleberg;
Jacobi: 1839 Privatdozent, 1842 Ordin. in Breslau;
Karajan: 1850 Ordin. in Wien;
Maßmann: 1827 Privatdozent, 1829 ao. Prof., 1835 Ordin. in München, 1846 ao. Prof. in Berlin;
Müllenhoff: 1843 Privatdozent, 1846 ao. Prof., 1854 Ordin. in Kiel, 1858 Ordin. in Berlin;
Müller, W.: 1841 Privatdozent, 1845 ao. Prof., 1856 Ordin. in Göttingen;
Pfeiffer: 1857 Ordin. in Wien;
Prutz: 1849 ao. Prof. »für Litteraturgeschichte« in Halle;
Rückert: 1845 Privatdozent »für dt. Gesch. u. Alterthumskunde« in Jena; 1852 ao. Prof. (»f. dt. Philologie«) in Breslau;
Schmeller: 1828 ao. Prof., 1846 Ordin. in München;
Simrock: 1850 ao. Prof., 1853 Ordin. in Bonn;
Tittmann: 1846 Privatdozent (»f. dt. Lit. u. Ästhetik«), 1848 Assessor in Göttingen;
Uhland: 1829 ao. Prof. in Tübingen;
Vischer: 1833 Repetent, 1835 Privatdozent (»f. Ästhetik u. dt. Litteratur«), 1837 ao.

Prof., 1844 Ordin. in Tübingen, 1855 Ordin. in Zürich, 1866 Ordin. in Tübingen;
Wackernagel, W.: 1833 Ordin. in Basel;
Wilbrandt: 1837 Ordin. (»f. Ästhetik u. neuere Litteratur«) in Rostock;
Zacher: 1853 Privatdozent, 1856 ao. Prof. in Halle; 1859 Ordin. in Königsberg, 1863 in Halle;
Zarncke: 1852 Privatdozent, 1854 ao. Prof., 1858 Ordin. in Leipzig;
Zingerle: 1859 Ordin. in Innsbruck.

Die häufigste Bezeichnung für die Hochschullehrerstellen dieser 32 lautete »für deutsche Sprache und Literatur«; daneben tritt auch die Bezeichnung »für Ästhetik und deutsche Literatur« noch relativ oft auf.

Von den 73 Universitätslehrern unter unseren 100 Germanisten lehrten 15 an der Universität Berlin, jeweils 10 an den Universitäten Breslau und Göttingen, 8 an der Universität München, 7 in Heidelberg, 6 in Jena, an den Universitäten Leipzig und Tübingen jeweils 5, an denen zu Halle und Bonn und Wien jeweils 3, in Erlangen, Giessen, Greifswald, Kiel, Königsberg, Prag, Basel und Zürich jeweils 2 und in Innsbruck, Marburg und Rostock jeweils einer.

Auch diese Zahlenreihe zeigt wieder recht deutlich, welche Universitäten für die Etablierung der Germanistik besonders wichtig waren. Dabei ist freilich zu berücksichtigen, daß ein Teil der Universitätslehrer die Universität einmal oder mehrfach wechselte: von den 32 Deutschen Philologen lehrten 22 nur an einer Universität, während die übrigen ein- bis zweimal ihren Arbeitsplatz wechselten. Einmal mehr erweist sich hier die hervorragende Bedeutung der preußischen Universitäten für die Institutionalisierung der neuen Wissenschaft. Berlin und Breslau allein verpflichteten mehr germanistische Universitätslehrer als die sieben österreichischen und bayrischen Universitäten zusammen. Doch ist auch nicht zu verkennen, daß das Gefälle zwischen verschiedenen Universitäten eines Bundeslandes oft beträchtlich ist. Ein enges Austauschverhältnis besteht zwischen den Universitäten Berlin und Breslau. Göttingen entläßt besonders viele Universitätslehrer an andere Universitäten. Ein enges Verhältnis besteht zwischen Heidelberg und den österreichischen Universitäten. Tübingen rekrutiert seine Universitätslehrer weitgehend aus den Reihen der eigenen Studenten.

Der Befund, daß unter den 73 Universitätslehrern nur 32 ex officio für die Beschäftigung mit deutscher Sprache und Literatur engagiert waren, ergänzt den oben gegebenen Hinweis auf die anderen Fächer und Wissenschaftsdisziplinen, die bei der Geburt der neuen Universitätswissenschaft Pate standen. Vergleicht man die Studienfächer unserer hundert Germanisten mit deren späterer Lehrtätigkeit, so ergeben sich gewisse Differenzen. Diese erklären sich aus dem Umstand, daß viele Absolventen von altphilologischen und theologischen Studienfächern eben nicht wieder Altphilologen und Theologen wurden, sondern neu errichtete Lehrstühle für Deutsche Philologie, daneben aber auch für Allgemeine Sprachwissenschaft, für Geschichte, für

Kunstgeschichte und neuere ausländische Philologien übernahmen. Was sich hier geltend macht, ist eine weitreichende Reform der Universitäten, die durch die Gründung der preußischen Hauptuniversität zu Berlin 1810 eingeleitet wurde und in den folgenden Jahrzehnten auf fast alle Universitäten des Deutschen Bundes übergriff. Daß etwa gleichzeitig mit der Deutschen Philologie sich mehrere andere Wissenschaften als Universitätsfächer etablieren konnten, besagt demnach, daß die Einrichtung von Lehrstühlen für deutsche Sprache und Literatur selbst Moment einer generellen Universitätsreform war; besagt aber weiter, daß die deutsche Philologie auf andere neue Universitätsfächer Rücksicht zu nehmen hatte, die hinsichtlich der ideologischen Integrationskraft ihrer Erkenntnisobjekte wie auch hinsichtlich der erkenntniskritischen Methodologie mit ihr sich überschnitten oder mit ihr konkurrierten.

Wenn wir die Theologie, die Altphilologie die Eloquenz und die Jurisprudenz als Patenwissenschaften der Deutschen Philologie kennzeichnen konnten, so wären die gleichzeitig mit der Deutschen Philologie neu auftretenden Universitätswissenschaften – vor allem Ästhetik, Geschichte, Kunstgeschichte, Allgemeine Sprachwissenschaft und neuere ausländische Philologien – als deren Schwesterwissenschaften zu bezeichnen. Die Leistungen der nationalen Historiographie, die grundlegenden geschichtstheoretischen und empirischen Werke der Joh. v. Müller, Luden, Rotteck, Gervinus oder Mone in diesem Zeitraum waren selbst für die wissenschaftliche Konsolidierung der Deutschen Philologie ebenso unabdingbar wie die der Allgemeinen und vergleichenden Sprachwissenschaft, die durch Gelehrte wie Benfey, Bopp, Humboldt, Kuhn, Pott, Rask und Zeuss vertreten wurde. Die Ästhetik, die seit Lessing immer deutlicher sich zu einer eigenständigen, zentralen philosophischen Disziplin entwickelt hatte, die durch Kants *Kritik der Urteilskraft,* durch Schelling und Schleiermacher und schließlich durch Hegel und seine Schüler in den Universitäten heimisch geworden war, bot in ihrer begrifflichen Differenziertheit und phänomenologischen Weite der Literaturwissenschaft als Wissenschaft von ›schöner‹ Literatur, von Poesie, ebenso neue Kriterien und Probleme wie der Kunstgeschichte und der Musikwissenschaft. Da Literaturwissenschaft und Kunstgeschichte in ästhetischen Fragestellungen konvergieren, ist es nicht erstaunlich, wenn 21 unserer 100 Germanisten auch kunstgeschichtliche Studien publizierten. [52] Daß Kunstgeschichte und Deutsche Philologie vor allem auch in jener Phase politisch im Nationalismus konvergierten, erhellt u. a. aus der Tatsache, daß der Propagator und spätere Gründer des Germanischen Nationalmuseums, Hans Freiherr von und zu Aufsess, 1846 auf dem ersten Germanistentag in Frankfurt a. M. erschien und dort Gesinnungsgenossen für sein Projekt suchte und fand; springt noch deutlicher aber in die Augen, wenn man die Denkmals- und Museumsvereine sowie die durch sie initiierte Kunst berücksichtigt, wie das ein eigner Beitrag dieses Buches tut. [53]

Unser skizzenhaftes Bild von der jungen Universitätswissenschaft von deutscher Sprache und Literatur bliebe freilich unvollständig, wenn nur der Kontext der Paten- und Schwesterwissenschaften vergegenwärtigt würde. Was in dieser Phase vielmehr den erkenntniskritischen Rang und den gesellschaftlichen Wert der Geschichts- und Geisteswissenschaften, der philosophischen, theologischen und juristischen Fakultäten in Frage stellt und zugleichderen Neudefinition verlangt, ist das Erstarken der Naturwissenschaft und Technologie, deren Erkenntnisprinzipien sich durch die sprunghaft steigenden Möglichkeiten der Naturbeherrschung verifizieren und ein Übergreifen der industriellen Revolution auch auf Deutschland gewährleisten. Das berühmte Diktum des Germanisten Wilhelm Scherer steht nicht allein:

»Dieselbe Macht, welche Eisenbahnen und Telegraphen zum Leben erweckte, dieselbe Macht, welche eine unerhörte Blüte der Industrie hervorrief, die Bequemlichkeit des Lebens vermehrte, die Kriege abkürzte, mit einem Wort die Herrschaft des Menschen über die Natur um einen gewaltigen Schritt vorwärts brachte – dieselbe Macht regiert auch unser geistiges Leben: sie räumt mit den Dogmen auf, sie gestaltet die Wissenschaften um, sie drückt der Poesie ihren Stempel auf. Die *Naturwissenschaft* zieht als Triumphator auf dem Siegeswagen einher, an den wir alle gefesselt sind.« [54]

Dichtergermanisten

Unser statistisch-typologischer Überblick bliebe unvollständig, wenn eine Merkwürdigkeit unerwähnt bliebe, die noch in keiner Wissenschaftsgeschichte der Germanistik berücksichtigt wurde: die Tatsache, daß ein beträchtlicher Teil der Germanisten nicht nur durch wissenschaftliche, sondern auch durch poetische Publikationen hervortrat. 44 unserer 100 Germanisten waren Dichter! – allerdings von sehr unterschiedlichen Gnaden. Und man muß dabei bedenken, daß zu jenen Zeiten – wie im 17. und 18. Jahrhundert schon – es kaum einen Studenten gab, der sich nicht auch einmal poetisch versuchte. Immerhin überdeckte bei etlichen unserer Germanisten der poetische Ruhm den wissenschaftlichen so sehr, daß man von ihrer Gelehrtentätigkeit kaum noch weiß; das gilt etwa für Ludwig Uhland, Klaus Groth, Heinrich Hoffmann von Fallersleben, Ludwig Tieck, Gustav Freytag, Adolf Stahr, Gustav Schwab, Karl Simrock u. a. m. Umgekehrt ist heute von vielen germanistischen Wissenschaftlern kaum noch bekannt, daß sie auch Dichtungen hinterlassen haben: Docen schrieb »bayrisch-patriotische Poesien«, Goedeke Novellen, Lustspiele und politische Lyrik, Bouterwek Romane, Schildener Lyrik, Bechstein gar Opernlibretti, Hillebrand und Horn Romane und Novellen, Zingerle und Graeter Lyrik, Schmeller Dramen und Gedichte und andere anderes. Dies Phänomen wäre eine eigne Untersuchung wert, die wir hier nicht einbringen können.

Und wer weiß schon daß Georg Gottfried Gervinus als Zwanzigjähriger Tragödien schrieb, der doch kaum zehn Jahre später konstatierte:

»Unsere Dichtung hat ihre Zeit *gehabt*; und wenn nicht das deutsche Leben still stehen soll, so müssen wir die Talente, die nun kein Ziel haben, auf die wirkliche Welt und den Staat locken, wo in neue Materie neuer Geist zu gießen ist. Ich, so viel an meinen kleinen Kräften gelegen ist, ich folge dieser Mahnung der Zeit. Von mir wird man es nach diesem Werk [der Literaturgeschichte] glauben, daß Sinn und Liebe für Kunst und Dichtung mit meiner ganzen Existenz verwachsen ist, und ich werde es wohl, ohne der Prosa beschuldigt zu werden, sagen dürfen, daß uns die inneren Nöthigungen unserer Zustände anrathen, uns fürderhin mit dem Genusse unserer alten Poesien zu begnügen, die ermattete Produktionskraft auf einen anderen Boden zu verpflanzen, wo sie neue Nahrung findet, und wenn wir das Alterworbene in der Literatur nicht mit dem Neuzuerwerbenden im Staate zugleich verbinden können, lieber jenes aufzugeben als dieses.« [55]

Freilich begriffen die meisten Literaturhistoriker der Zeit nicht wie Gervinus die Literaturgeschichtsschreibung zugleich als historisch notwendigen Abschied von poetischer Praxis und Übergang zu politischer Praxis. Indes ist hier zu erinnern, daß etwa gleichzeitig auch Hegels Ästhetik-Vorlesung erstmals im Druck (1835) erschien, in deren Einleitung es heißt:

»Die schönen Tage der griechischen Kunst wie die goldene Zeit des Spätmittelalters sind vorüber. Die Reflexionsbildung unseres heutigen Lebens macht es uns, sowohl in Beziehung auf den Willen als auch auf das Urteil, zum Bedürfnis, allgemeine Gesichtspunkte festzuhalten und danach das Besondere zu regeln, so daß allgemeine Formen, Gesetze, Pflichten, Rechte, Maximen als Bestimmungsgründe gelten und das hauptsächlich Regierende sind. Für das Kunstinteresse aber wie für die Kunstproduktion fordern wir im allgemeinen mehr eine Lebendigkeit, in welcher das Allgemeine nicht als Gesetz und Maxime vorhanden sei, sondern als mit dem Gemüte und der Empfindung identisch wirke, wie auch in der Phantasie das Allgemeine und Vernünftige als mit einer konkreten sinnlichen Erscheinung in Einheit gebracht enthalten ist. Deshalb ist unsere Gegenwart ihrem allgemeinen Zustande nach der Kunst nicht günstig. Selbst der ausübende Künstler ist nicht etwa nur durch die um ihn her laut werdende Reflexion, durch die allgemeine Gewohnheit des Meinens und Urteilens über die Kunst verleitet und angesteckt, in seine Arbeiten selbst mehr Gedanken hineinzubringen; sondern die ganze geistige Bildung ist von der Art, daß er selber innerhalb solcher reflektierenden Welt und ihrer Verhältnisse steht und nicht etwa durch Willen und Entschluß davon abstrahieren oder durch besondere Erziehung oder Entfernung von den Lebensverhältnissen sich eine besondere, das Verlorene wieder ersetzende Einsamkeit erkünsteln und zuwege bringen könnte. In allen diesen Beziehungen ist und bleibt die Kunst nach der Seite ihrer höchsten Bestimmung für uns ein Vergangenes. Damit hat sie für uns auch die echte Wahrheit und Lebendigkeit verloren und ist mehr in unsere Vorstellung verlegt, als daß sie in der Wirklichkeit ihre frühere Notwendigkeit behauptete und ihren höheren Platz einnähme. Was durch Kunstwerke jetzt in uns erregt wird, ist außer dem unmittelbaren Genuß zugleich unser Urteil, indem wir den Inhalt, die Darstellungsmittel des Kunstwerks und die Angemessenheit und Unangemessenheit beider unserer denkenden Betrachtung unterwerfen. Die *Wissenschaft* der Kunst ist darum in unserer Zeit noch viel mehr Bedürfnis als zu den Zeiten, in welchen die Kunst für sich als Kunst schon volle Befriedigung gewährte. Die Kunst ladet uns zur denkenden Betrachtung ein, und zwar nicht zu dem Zwecke, Kunst wieder hervorzurufen, sondern, was die Kunst sei, wissenschaftlich zu erkennen.« [56]

Von Gervinus' und Hegels Standpunkt aus erscheint sonach jedwede wissenschaftliche – sei's historische, sei's ästhetische (was für Gervinus wohl, nicht aber für Hegel ein Gegensatz ist) – Beschäftigung mit Poesie historisch nicht nur gerechtfertigt, sondern notwendig. Literaturwissenschaft wäre in solchem Verstande nicht, wie ehedem die Poetik, Dienerin der Poesie, sondern selbst Indikator und Vollstrecker von deren Untergang. Gervinus sah in der Literaturgeschichtsschreibung das wissenschaftliche Mittel, die historische Notwendigkeit der Überführung poetischer Energien (»Talente«) in politische nachzuweisen. In solcher Konsequenz gab er sein Dichten auf. Für andere Germanisten aber stellte sich die Frage anders: für die einen war *politische* Dichtung selbst ein Mittel, die nicht nur von Gervinus konstatierte Kluft zwischen Poesie und »wirklicher Welt« zu überwinden (so etwa für Arndt oder Hoffmann von Fallersleben); für andere war das Umdichten, Übersetzen, Modernisieren altdeutscher Dichtung, die ja in ihrer originalen Sprachform vielen unzugänglich war, ein Mittel, diese zu popularisieren und zu reaktualisieren (so etwa Tieck, Schwab, Simrock, Fouqué u.a.). Für wieder andere war die Dichtung ein Mittel, nationalhistorisch brisante Sujets zu beleben und die Historien-Dichtung als »wissenschaftliche Phantasie« (Scherer) in den Dienst der Historiographie zu stellen, die da ergänzen sollte, wo die empirisch-quellenpositivistische Forschung versiegte (so etwa Freytag, Schwab u.a.).

Die meisten Poeten unter den Germanisten dichteten in aktualpolitischem oder nationalhistorischem Interesse. Literatur und Literaturkritik waren – wie bis heute im romanischen und englischen Sprachraum – noch nicht strikt getrennt. Der *nationalistische* Impetus vereinte deutsche Dichter und Wissenschaftler der deutschen Dichtung so eng, daß Jacob Grimm, wie erwähnt, 1846 fordern konnte: »Ja ein echter deutscher Dichter könnte sich gefallen lassen Germanist zu heißen«. [57]

›Kriminelle‹ Germanisten

Was bei Musterung der ADB-Viten aber noch krasser ins Auge fällt als das nebenwissenschaftliche poetische Engagement eines großen Teils unserer Germanisten ist die Tatsache, daß ein Viertel – genau 26 – von ihnen politisch und juristisch verfolgt wurde.

Jeder vierte Germanist der ersten Hälfte des 19. Jahrhunderts ein Krimineller!? Einen so hohen Prozentsatz an Straffälligen, an im Sinne der offiziell-offiziösen Staatsmoral politisch (und also beamtenrechtlich) Unzuverlässigen, an Intellektuellen, die der politischen Insubordination überführt oder doch verdächtigt wurden –: einen so hohen Prozentsatz an ›kriminellen‹ Germanisten gab es sonst nie wieder. Die Wissenschaftshistoriographie sah sich bislang nicht gehalten, dies stupende Faktum zu erinnern, geschweige denn zu interpretieren. Die nach dem Scheitern der 48er Revolution erstarkende – weil politisch opportune – Ideologie, daß Wissenschaft per se *unpolitisch* sei, hat bewirkt, daß die politische Verfolgung und Kriminalisierung so vieler Germanisten als Moment der angeblich außerwissenschaftlich-biographischen Geschichte ausgeblendet wurde, damit die Wissenschaftsgeschichte, qua selbsttätige Geistes- und Methodengeschichte, desto reiner erstrahle. Die ›reine‹ Wissenschaftsgeschichte, Resultat einer Art Befleckungsangst, glaubte den ›Wert‹-Anspruch des Fachs nur über die Zeiten retten zu können, indem sie die Frage nach ihrer gesellschaftlichen Funktion und damit nach ihrem Sinn verdrängte oder unterschlug. Wir wollen die ›kriminellen‹ Germanisten und deren inkriminierte Taten hier zunächst nur tabellarisch vorstellen:

Arndt, Ernst Moritz: 1808 wegen Widerstandes gegen die Napoleonische Okkupation Preußens seiner Professur in Greifswald enthoben; 1820–1840 als ›Demagoge‹ seiner Professur in Bonn enthoben.

Gervinus, Georg Gottfried: Als Mitglied der ›Göttinger Sieben‹ 1837 von seiner Professur verjagt und aus dem Königreich Hannover gewiesen; 1853 durch die badische Regierung in einem Hochverratsprozeß wegen angeblicher Gefährdung der öffentlichen Ruhe und Ordnung (durch seine Schrift *Einleitung in die Geschichte des 19. Jahrhunderts*) verurteilt und u. a. mit Entzug der venia legendi bestraft.

Glück, Christoph Wilhelm: In den dreißiger Jahren wegen »demagogischer Umtriebe« verfolgt; flieht in die Schweiz, die er nach weiterer politischer Verfolgung verläßt; lebt anonym in Straßburg; 1845 Rückkehr nach Erlangen, wo ein Hochverratsprozeß gegen ihn eröffnet wird; 1846 Freispruch. 1866 Selbstmord.

Görres, Joseph von: Gründet 1797 Republikanischen Club in den Rheinlanden; wird 1819 wegen seiner Schrift *Teutschland und die Revolution* verfolgt, verliert seine Pension, flüchtet nach Frankreich. Konvertiert 1822 zum Katholizismus, vertritt ab 1826 als Professor für Geschichte an der Universität München einen mystisch-reaktionären kulturpolitischen Konservativismus.

Grimm, Jacob: Tritt 1814 als Korrespondent von Görres und Mitarbeiter am *Rheinischen Merkur* gegen »Souveränitätenwesen« und französische Okkupation und *für* eine ständisch- und territorialrepräsentative Bundesverwaltung ein. Verteidigt die Freiheit der öffentlichen Meinung. Verläßt 1829 Kassel, da er aus politischen Gründen keine Aussicht auf Beförderung im kurfürstlichen Staatsdienst hat. Wird 1837 als Mitglied der »Göttinger Sieben« seiner Professur enthoben und aus dem Königreich Hannover gewiesen. 1848 Abgeordneter in der Paulskirche.

Grimm, Wilhelm: Vertritt wie sein Bruder Jacob politisch-progressive Interessen, bekämpft das Spitzelwesen, verteidigt die Volkssouveränität nach Maßgabe eines nationalen »Volksgeistes«. Ist 1837 ebenfalls unter den »Göttinger Sieben«, wird seiner Professur enthoben und aus dem Königreich Hannover gewiesen.

Haupt, Moriz: Kämpfte 1831–37 in Zittau für eine progressive Verwaltungspolitik, deretwegen sein Vater 1830 sein Bürgermeisteramt verloren hatte; gründete 1848 (gemeinsam mit Th. Mommsen und O. Jahn) als Leipziger Ordinarius einen demokratischen »Deutschen Verein«; inszenierte eine Volksversammlung, die mit dem Dresdner Maiaufstand in Verbindung gebracht wurde; wurde 1850 des Hochverrats angeklagt, jedoch freigesprochen, und gleichwohl auf dem Disziplinarweg seines Amtes enthoben; geht 1853 als Lachmanns Nachfolger an die Universität Berlin.

Hillebrand, Joseph: War als katholischer Geistlicher seit 1815 Lehrer an der theologischen Hochschule zu Hildesheim; tritt 1816 zum Protestantismus über und verliert seine Stellung; wird 1847 (als Philosophieprofessor der Universität Gießen) Abgeordneter und Präsident der Kammer von Hessen-Darmastadt; steht in der 48er Revolution »fest und entschieden auf Seite der Liberalen« und wird deshalb nach Scheitern der Revolution 1850 seiner Professur enthoben und vorzeitig in den Ruhestand versetzt.

Hoffmann von Fallersleben, Heinrich: Vertritt in poetischen und wissenschaftlichen Schriften ein progressives bürgerlich-liberales Konzept nationaler Einigung. 1830 versucht die konservative philosophische Fakultät der Universität Breslau seine Berufung auf ein Extraordinariat, und 1835 auf ein Ordinariat für deutsche Sprache und Literatur zu hintertreiben. Wird 1842 wegen seiner *Unpolitischen Lieder* (1840) seiner Professur enthoben und zur Flucht gezwungen, bis er 1845 in Schwerin Heimatrecht erhält. Wird selbst 1848 nicht rehabilitiert, obwohl zahlreiche Gelehrte, Burschenschaftler und Zeitungen für ihn eintreten.

Horn, Franz Christoph: Propagiert als Lehrer am Grauen Kloster zu Berlin schon 1804/5 in öffentlichen Vorlesungen über die Geschichte der deutschen Poesie eine antiabsolutistische nationale Einigung. Eine Berufung auf eine Professur für Ästhetik und Geschichte der (damals preußischen) Universität Erlangen scheitert, da er (durch den Buchhändler Friedrich Nicolai) als »unruhiger Kopf mit gefährlichen Grundsätzen« denunziert wird. Wird als Neunundzwanzigjähriger aus dem Bremischen Schuldienst entlassen und arbeitet seitdem nur noch als Privatlehrer.

Jahn, Friedrich Ludwig: Initiator und Chefideologe der deutschen Turnerbewegung; tritt seit 1800 publizistisch für die »Beförderung des Patriotismus im deutschen Reiche« ein; 1813 im Freiheitskrieg Mitglied des Lützowschen Freicorps; Mitinitiator der Deutschen Burschenschaft; wird nach der Ermordung Kotzebues durch den Turnerstudenten Sand (23. III. 1819) verhaftet, wird nach sechsjähriger Untersuchungshaft 1825 teilweise freigesprochen, bleibt aber bis 1840 unter preußischer Polizeiaufsicht. 1848 Abgeordneter in der Paulskirche, wo er für eine gemäßigte konstitutionelle-monarchische Politik eintritt, die von der Linken und selbst vom linken Flügel der Centrums-Fraktion scharf kritisiert wird.

Koch, Erduin Julius: Vertrat schon seit 1790 (im 1. Band seines *Compendiums der deutschen Litteraturgeschichte*), u. a. als Lehrer Wackenroders, national-liberale Prinzipien; wurde 1815 »wegen unwürdigen Lebenswandels« seines Lehramtes am Pädagogium der Realschule und seines Predigeramtes an der Marienkirche zu Berlin enthoben; wurde im Arbeitshaus zur Creuzburg/ Schlesien interniert, wo er 1834 starb.

Kurz, Heinrich: Wurde schon Mitte der zwanziger Jahre als Theologiestudent in Leipzig wegen Burschenschaftszugehörigkeit relegiert; flüchtete nach Bayern und emigrierte 1827 nach Paris; kehrte, da er Hoffnungen in die Julirevolution setzte, 1830 nach München zurück, wo er Privatdozent für chinesische Sprache wurde und als Zeitungsredakteur parlamentarisch-demokratische Prinzipien vertrat. Siedelte nach Liquidierung des Landtages nach Augsburg über, wo er seit April 1832 ein oppositionelles Tageblatt (*Die Zeit*) herausgab. Wurde im Mai desselben Jahres vom bayrisch-königlichen Kreisgericht als »Staatsfeind« verhaftet und zu zweijähriger Festungsstrafe verurteilt. Emigrierte nach der Entlassung in die Schweiz, wurde aber auch dort auf

Betreiben der ultramontanen Partei weiter politisch verfolgt und in seiner Berufsausübung behindert.

Maßmann, Hans Ferdinand: 1815 im Freiheitskrieg Freiwilliger Jäger; einer der engsten Schüler Jahns und Propagator der Turner- und Burschenschaftsbewegung; als Mitinszenator des Wartburgfestes spielte er eine Hauptrolle bei der Bücherverbrennung vom 18. X. 1817, derentwegen er sich später in einem Prozess zu verantworten hatte; vertrat wie Jahn einen konservativ-chauvinistischen »deutschthümelnden« Patriotismus, der keine generelle Absolutismuskritik implizierte; Heine hat ihn als »Demagogen des Bier-Athens« (München) karrikiert.

Menzel, Wolfgang: Ab 1815 Turner und Mitbegründer der Deutschen Burschenschaft; erhielt als Burschenschafter nach Sands Attentat Studienverbot und wechselte deshalb von Jena nach Bonn; geriet aber auch mit den Bonner Behörden seiner burschenschaftlichen Aktivitäten wegen in Konflikt und emigrierte 1820 in die Schweiz; profilierte sich ab 1824 als Konservativer und als »Franzosenfresser«; bekämpfte progressive Publizisten wie Heine und Börne. Stellte sich – als Chefredakteur von Cottas Literaturblatt – auf die Seite der Konservativen Partei und unterlag, als er 1848 für die Nationalversammlung kandidierte, dem Kandidaten der Linken.

Mundt, Theodor: Seine Habilitation wird in den dreißiger Jahren abgelehnt, weil er seiner publizistischen Tätigkeit wegen als Parteigänger des Jungen Deutschland perhorresziert wird; seine progressiven Publikationen vereiteln oder hemmen seine akademische Karriere; wird 1848 von der Universität Berlin nach Breslau strafversetzt.

Pott, August Friedrich: Wird in den dreißiger Jahren wegen Burschenschaftszugehörigkeit in seiner akademischen Laufbahn behindert; die Mitarbeit an Ruges und Echtermeyers *Deutschen Jahrbüchern* und andere politisch-liberale Publikationen bringen ihn in den Verdacht des »Demagogentums«.

Prutz, Robert: War seit Ende der dreißiger Jahre aufgrund seiner politischen Dichtung und Zeitschriftenartikel (in Ruges *Hallischen Jahrbüchern*) den Zensurbehörden verdächtig; aus politischen Gründen hintertrieb die sächsische Regierung seine Dozentenlaufbahn an der Universität Jena; wurde 1843 wegen eines Tischliedes auf Dahlmann des Landes verwiesen; seine Komödie *Die politische Wochenstube* (Zürich 1845) trug ihm in Preußen einen Prozeß wegen Majestätsbeleidigung ein, der jedoch schließlich auf Betreiben A. v. Humboldts niedergeschlagen wurde; seine Kriegslyrik *Mai 1866* trug ihm einen Prozeß und drei Monate Gefängnisstrafe ein, er wurde aber begnadigt.

Simrock, Karl: Wurde 1830 aus dem preußischen Justizdienst entlassen, weil er in dem Gedicht *Drei Tage und drei Farben* den Sturz der Bourbonenherrschaft begrüßt hatte; wurde in der akademischen Laufbahn behindert und erlangte erst 1850 ein Extraordinariat für deutsche Sprache und Literatur (Univ. Bonn).

Uhland, Ludwig: Seit 1815 in den württembergischen Verfassungskämpfen auf der antifeudalen Seite; 1820–26 und 1833–38 Mitglied des Württembergischen Landtages; wird 1829 seiner demokratischen Gesinnung wegen in seiner akademischen Laufbahn behindert; quittiert 1833 als politischen Gründen den Staatsdienst.

Vischer, Friedrich Theodor: Wurde 1845–47 als Hegel-Anhänger und wegen seines aktiven Eintretens für die Turnerbewegung in Tübingen mit Vorlesungsverbot belegt; Mitarbeit an Ruges *Hallischen Jahrbüchern*; 1847 Major einer studentischen »Sicherheitswache« in Tübingen; 1848 als Kandidat der Liberalen Mitglied der Nationalversammlung; emigriert 1855 wegen politischer Nachstellungen von Tübingen nach Zürich.

Wachler, Ludwig: Wird in den achtziger Jahren des 18. Jahrhunderts wegen eines Duells in Jena relegiert und des Landes verwiesen; wird in den zwanziger Jahren als Turner der Demagogie verdächtigt und von seinen Breslauer Konsistorial- und Schulratsämtern suspendiert.

Wackernagel, Philipp: Jahn-Schüler und engagiertes Mitglied der Turnerbewegung; wird 1819 demagogischer Umtriebe (in Breslau) verdächtigt; flieht nach Oberschlesien; erhält nach seiner Rückkehr nach Breslau ein Jahr Stadtarrest; inszeniert 1848 den ersten Evangelischen Kirchentag.

Wackernagel, Wilhelm: Wird schon als dreizehnjähriger Gymnasiast aus den Grauen Kloster zu Berlin ausgeschlossen und zu dreitägiger Haft verurteilt, weil er in einem Brief an seinen Bruder Philipp den »Plan einer neuen Eintheilung und Verfassung Deutschlands« entwickelt hatte; finanziert seine Weiterausbildung als Vollwaise selbst unter kläglichsten Umständen; wird unter dem Einfluß Maßmanns Turner, geht 1833 in die Schweiz (Univ. Basel).

Wilbrandt, Christian: Artikuliert sich 1846/47 als Ordinarius für Ästhetik und neuere deutsche Literatur und Rektor der Universität Rostock in parlamentarisch-demokratischem Sinn; beteiligt sich 1848 an der »Mecklenburgischen constituierenden Versammlung« und ist 1850 Mitglied der Abgeordnetenkammer; verliert nach Wiederaufhebung der Constitution seine Professur und wird 1852 in den Rostocker Hochverratsprozeß verwickelt; verbüßt eine zweijährige Untersuchungshaft.

Zimmermann, Wilhelm: Mit F. Th. Vischer und D. F. Strauß u. L. Uhland befreundet; schon in den dreißiger Jahren wegen seiner poetischen und politisch-historischen Publikationen der Stuttgarter Regierung als »freisinnig« verdächtig; 1848 Abgeordneter in der Paulskirche; verliert 1849 wegen angeblicher »politischer Extravaganzen« in Stuttgart seine Studienratsstelle; wird bezichtigt, sich an dem Tumult bei der Stuttgarter Hauptwache (Frühjahr 1848) beteiligt zu haben und in Frankfurt Sympathien für die Gefallenen des Septemberaufstandes geäußert zu haben; 1850 württembergischer Landtagsabgeordneter der Volkspartei; bis 1854 Lehrverbot.

Diese skizzenhafte Zusammenstellung läßt schon erkennen, daß nicht alle Germanisten in gleicher Weise politisch engagiert waren. So wären etwa Deutschtümler (wie Jahn, Maßmann, Arndt, Zeune, Ph. Wackernagel, Menzel) durchaus von engagierten Publizisten und Parlamentspolitikern (wie Uhland, Vischer, Gervinus, Haupt, Wilbrandt und Zimmermann) zu unterscheiden. Sie differieren nicht nur wissenschaftlich und ideologisch, sondern auch in ihrer antifeudalen Kampfstrategie, ja sie sind in ihrer Haltung von sehr unterschiedlicher Konsequenz. Man weiß, daß Republikaner und begeisterte Anhänger der Französischen Revolution wie Görres, daß progressive Liberale wie die beiden Schlegel oder Menzel sich binnen weniger Jahre auf die Seite der Reaktion und Restauration stellten. Und es ist auch zu konstatieren, daß einige Germanisten immer Reaktionäre waren und blieben: so etwa der Marburger Literaturhistoriker, Theologe und Schulmann August Friedrich Vilmar, der in der 48er Revolution in Hetzartikeln erklärte, es sei nun an der Zeit

»blaue Bohnen ins rote Land« zu schicken, um die Revolution blutig zu ersticken; oder der aus Danzig stammende Otto Friedrich Gruppe, der sich in den dreißiger Jahren als Journalist der *Preußischen Staatszeitung* durch besondere beflissene Subordination auszeichnete, sich als willfähriges Instrument des reaktionären Kultusministers Eichhorn gegen die hegelianische Linke einsetzen ließ, sich Pamphlete wie *Die Winde oder ganz absolute Construction der neuen Weltgeschichte durch Oberon's Horn, gedichtet von Absolutus von Hegelingen* (1831) abrang, bis ihn die preußische Reaktion in Anerkennung seiner Verdienste 1844 zum Professor ernannte. Auch Heinrich Gelzer reihte sich in die kleine, aber militante Schar reaktionärer Germanisten ein, indem er sich als Spitzel der preußischen Krone gebrauchen ließ und 1847 – anonym – eine denunziatorische *Geschichte der geheimen deutschen Verbindungen in der Schweiz* [58] erscheinen ließ.

Es ist aber festzuhalten, und wir werden das später noch weiter veranschaulichen, daß die große Mehrheit der Germanisten der ersten Jahrhunderthälfte liberal bis demokratisch-progressiv eingestellt war. Einzelne versprengte Reaktionäre meldeten sich erst seit den späten dreißiger Jahren und kurz vor der 48er Revolution dezidiert politisch zu Wort, wohl wissend, daß ihre publizistische Tätigkeit bedroht wäre, wenn die revolutionäre Bewegung dominant würde. Trotz ideologischer und wissenschaftlicher Differenzen waren sich die meisten Germanisten in ihrem Ziel einig, und dieses Ziel hieß ›Deutsche Einheit‹. Den meisten unter ihnen blieb nicht verborgen, daß die Fürsten und deren Delegierte im Frankfurter Bundestag an ökonomischer, politischer und kultureller Einheit Deutschlands, mithin an bürgerlicher Emanzipation nicht interessiert waren. Und zugleich wurde unübersehbar, daß die fürstlichen Herren sich seit der Französischen Revolution und noch deutlicher seit den Freiheitskriegen gefährdet wußten; sie konnten auf die Gutwilligkeit, sprich resignative Politikverdrossenheit ihrer Untertanen – ja selbst ihrer akademischen Elite –, nicht mehr bauen. Wie kläglich muß es um die Selbstsicherheit eines preußischen Königs bestellt gewesen sein, wenn er sich nicht entblödete, selbst Kinder wie den dreizehnjährigen Wilhelm Wackernagel zu relegieren und zu inhaftieren, die von einem andern, bessern Deutschland phantasierten. Und andererseits: wie breit muß in der Bevölkerung der Wunsch nach einem bessern Deutschland gewesen sein, wenn schon Kinder davon phantasierten.

Wenn hier wiederholt von Germanistik als einer patriotisch-politischen bürgerlichen *›Bewegung‹* die Rede ist, so ist nach alle dem Gesagten schon deutlich, daß es sich nicht um eine ideologisch konsistente und organisatorisch geschlossene Gruppe handelte. Es war dies keine bewußte aktive Bewegung mit festem Ziel, sondern eher eine Strömung, die sich mit anderen patriotisch-bürgerlichen Strömungen mischte und überlagerte; so etwa mit denen der »Deutschen Gesellschaften«, der Burschenschaften und der Turnerschaft, mit verschiedenen regionalen Parlamentarismusbewegungen und mit publizistisch-politischen Bewegungen wie dem »Jungen Deutschland«. Politische Parteien gab es ja im Deutschland jener Zeit nicht, weil die Parteienbildung gesetzlich untersagt war und durch Hochverratsprozesse und polizeilichen Terror geahndet wurde. Gleichwohl läßt sich aber zeigen, daß die Bildung politischer Parteien, ja die Bildung von Parlamenten durch die Germanistische Bewegung in Verbund mit den genannten anderen, organisatorisch doch mitunter schon recht konsistenten Bewegungen selbst objektiv vorbereitet und – wenigstens zum Teil – auch subjektiv intendiert wurde. Gewiß waren die Germanisten keine Revolutionäre; die hohe Zahl der Berufsverbote, der Hochverratsprozesse und Relegationen, der Reglementierungen und Bespitzelungen zeigt aber doch, daß man die Männer des germanistischen Metiers fürchtete, weil man meinte, daß deren Gedanken, in anderen und vielen Köpfen weitergedacht, Konsequenzen zeitigen könnten, die schließlich das Ende des Absolutismus herbeiführen müßten. Daß solche Furcht übertrieben war, zeigte der Ausgang der 48er Revolution. Doch die Zahl der Prozesse lehrt, daß Germanistik nie politisch so gefährlich schien, – und tendenziell auch war – wie in der Phase 1806–1848; lehrt aber zugleich, daß Germanistik als nationalidentifikatorische Wissenschaft nie so progressiv war, wie in jener Zeit. Kraft und Schwäche, Aufstieg und auch schon Fall der Germanistik als ›deutscher Wissenschaft‹ sind damit vorgezeichnet. Die nicht existente nationale Einheit und damit die bürgerliche Freiheit durch Rekonstruktion deutscher Rechts-, Sprach- und Literaturgeschichte zu *konstruieren* –: unter diesem strikt bürgerlichen Auftrag wurde die Germanistik als Universitätswissenschaft etabliert und in der Öffentlichkeit mit größten Hoffnungen besetzt. Daß sie dem Auftrag nicht gerecht werden konnte, war nicht durch irgendwelche wissenschaftlichen Mängel, ja nicht einmal durch einen Mangel an politischem Engagement bedingt. Gewiß waren die Germanisten keine Revolutionäre. Und dennoch läßt sich zeigen, daß diese Germanistik mit der 48er Revolution scheiterte.

Hiermit endet unsere Grobtypologie des ›homo germanisticus‹, die mehr Daten als Erklärungen bot, mehr Fragen anriß als beantwortete. Auch wenn die Geduld manchen Lesers damit auf ernste Probe gestellt worden sein mag, weil nicht alles auf einmal gesagt werden konnte und die Mitteilung statistischer Fakten der stilistischen Beweglichkeit nicht eben zuträglich war, so wurde hier doch die Möglichkeit gewonnen, die sozialen und politischen Momente der Etablierungsgeschichte unserer Wissenschaft nun konsequent zu entfalten.

Germanistik und antifeudale Opposition 1806–1819

Der Zusammenhang von Germanistik und deutscher Einheitsbewegung wird nur begreiflich, wenn die Geschichte der antifeudalen Opposition und deren

Organisationsversuche in der 1. Hälfte des 19. Jahrhunderts in ihren wesentlichen Zügen berücksichtigt werden. Dies soll in den nächsten Kapiteln geschehen.

Zunächst vergegenwärtigen wir mittels der Schrift eines monarchietreuen Germanisten, wie sich die Entwicklung der antifeudalen Opposition in der Optik der Reaktion darstellte, um dann die germanistischen Momente dieser Opposition in verschiedenen Institutionen (Universitäten) und Organisationen (Turnerschaft, Burschenschaft, Deutsche Gesellschaften) vorzuführen.

Die Entwicklungsgeschichte der antifeudalen Opposition – in der Optik der Reaktion

Weshalb so zahlreiche Germanisten – und, wie gesagt, nicht nur sie – mit der Verfassung und den Aufsichtsbehörden in Konflikt gerieten, ließe sich anhand der jeweiligen Prozeßakten formaljuristisch zwar beschreiben, wäre damit aber doch nicht erklärt. Die feudalabsolutistischen Justiz- und Polizeiapparate reichten nicht hin, die politischen Bewegungen zu kontrollieren, in Schach zu halten oder gar zu zerschlagen. Auch die Reaktion bedurfte außerordentlicher Mittel, ja sie bedurfte selbst eines bestimmten politisch-historischen Erklärungsmodells, um Einsicht in Motivation und Strategie der antifeudalen Opposition und deren Kristallisationspunkte zu gewinnen, um sie konsequent bekämpfen zu können. Das Spitzelwesen war, neben groberen Unterdrükkungsinstrumenten wie Pressezensur und Versammlungsverbot, ein solches ›außerordentliches‹ Mittel, eine subtilere Waffe der Reaktion. Ein gewiß nicht einfältiger Mann wie der Basler Geschichtsprofessor, Theologe und Literaturhistoriker Heinrich Gelzer war sich nicht zu schade, im Dienste der preußischen Krone als Spitzel – als Verfassungsschutzagent – zu arbeiten. Und er entledigte sich dieses geheimen Auftrags mit Fleiß, ja mit Findigkeit, indem er jahrelang die deutschen Oppositionellen beobachtete, die in die Schweiz emigriert waren. Seinem schon erwähnten Bericht (der 1847 publiziert wurde, damit dessen Einsichten allen Demagogenjägern handhabbar würden) ist ein gewisser Scharfblick nicht abzusprechen. Einige Passagen aus seiner Einleitung seien hier zitiert, weil sie – wie im Fadenkreuz eines Zielfernrohrs – kenntlich machen, wie die Reaktion ihre Gegner anvisierte und aufgrund bestimmter politisch-historischer Kriterien ortete:

»Die deutsche Emigration und Propaganda« – und man darf ergänzen: die gesamte antifeudale Opposition Deutschlands – »weist in ihren ursprünglichsten und tiefsten Wurzeln auf die Stimmung nach den Befreiungskriegen zurück in den Jahren 1815–20. Das Schwerste in der Politik sind die plötzlichen Übergänge: aus großer nationaler und kriegerischer Aufregung sollte die Jugend in ein gewöhnliches bürgerliches und politisches Geleise zurückkehren; von der Höhe einer schwunghaften Poesie sollte sie wieder in die Blachfelder der täglichen Prosa, von großen schwärmerischen Hoffnungen nationaler deutscher Hoheit, Kraft und Einheit wieder in die bescheidene Wirklichkeit eines durch gegenseitige Verträge in der Eile geordneten Bundesstaates hinabsteigen. An diesem plötzlichen Übergange scheiterte ein Theil der deutschen Jugend und ihrer Lehrer.« [59]

Die Optik Gelzers ist hier insofern scharf, als sie die konstitutive Bedeutung der Freiheitskriege (1813–15) für die Bildung einer antifeudalen Opposition berücksichtigt. Unberücksichtigt bleiben allerdings die maßgebenden, realpolitisch maßstabsetzenden Impulse der Französischen Revolution, die schon 1793 die Gründung einer ersten bürgerlich-demokratischen Republik auf deutschem Territorium, der Mainzer Republik, ermöglicht hatten; Impulse, die ja doch in der Folgezeit, auch während der französischen Okkupation und der Freiheitskriege, nicht vollends erlahmten. Gänzlich ausgespart aber bleibt ein Hinweis auf das konkrete materielle und politische Elend der deutschen Bevölkerungsmassen, die in den Freiheitskriegen eben nicht nur – und hier verschwimmt die reaktionäre Optik bezeichnenderweise – »schwärmerische Hoffnungen nationaler deutscher Hoheit, Kraft und Einheit« hegten; sondern die, wenn Einheit, so ökonomische und politische Einheit, wenn Freiheit, so nicht nur ›Befreiung‹ von Fremdherrschaft, sondern in radikalem antiabsolutistischen Sinn meinten. Wenn der junge Friedrich Engels 1841 auf die »Verwandtschaft« der deutschen »Volkserhebung von 1813« mit der »ungeheuren Volkstat« der Französischen Revolution [60], also auf das innenpolitisch-antifeudale Insurrektionsmoment der Freiheitskriege hinwies, so markierte er damit einen Sachverhalt, der so offensichtlich war, daß er auch dem preußischen König Friedrich Wilhelm III. nicht entgehen konnte; und den dieser deshalb zu kaschieren suchte, indem er darauf hinwirkte, daß in den Geschichtsbüchern der Terminus »Freiheitskrieg« durch »Befreiungskrieg« ersetzt wurde. [61]

Aber lassen wir weiter Gelzer das Wort:

»Die Verstimmung und Enttäuschung« – die auf die Freiheitskriege folgte – »drückte sich in drei Richtungen aus:
I. als eine *monarchisch-centrale,* in der Sehnsucht nach dem alten *deutschen* Kaiserthum, einer starken Monarchie die vom freien Volksleben getragen, gebietend nach außen aufträte. – So besonders die alte Burschenschaft;
II. als eine *deutsch-ständische* und *französisch-constitutionelle*: So besonders die englische und die moderne französische Juristenschule;
III. als eine *republikanische* (bewußt oder unbewußt).

Die *burschenschaftliche* oder *alt-deutsche* Richtung ist gegenwärtig fast ganz zurückgetreten; am reinsten dürfte sie in Arndt fortleben, in dem sie aber das Gepräge des ständisch-nationalen Liberalismus angenommen. Bei Anderen (z. B. Jarcke und Görres) ist sie in Ultramontanismus umgeschlagen, wo an die Stelle des Kaisers der Papst getreten, der Ghibelline zum Guelfen geworden. Bei andern hat sie sich mit der republikanischen und ultra-demokratischen Richtung in verschiedenen Abstufungen vereint, so *Follen,* so später Ruge und Schulz, Snell u. a.

Die *ständische* und *französisch-constitutionelle* Richtung fand in Deutschland ihren Audruck in den Ländern mit ständischen Verfassungen; diese selbst sind meist von Männern dieses Geistes entworfen; und so fand diese Gesinnung entweder in der Ausbildung dieses Systems auf Seiten der Regierung, oder in der Opposition ihre Nahrung, so in Baden, Würtemberg, Baiern, Hessen, Sachsen, Hannover u.s.w. Diese Richtung hat ihre Rechte und Linke; jene mehr zu einer starken Monarchie hinstrebend, diese zur Republik hinneigend, nach Art der ersten französischen Verfassung von 1791 oder der vereinigten Staaten.

Die dritte von den bezeichneten Richtungen, die *republikanische,* wurzelte theils in Abstraktionen der deutschen (besonders Kantischen und Fichte'schen) *Philosophie,* theils in blinder Verehrung der *antiken Republiken* (Griechenlands und Roms), oder der französischen Revolution und Nordamerika's, theils endlich in der Verzweiflung an Deutschland, namentlich wegen seiner dynastischen Zertrenntheit. Diese Richtung mußte sich mit dem bestehenden am schneidendsten im Gegensatze fühlen und daher zur Auswanderung Zuflucht nehmen: meist nach Amerika, Frankreich oder der Schweiz.«

Nachdem Gelzer so mittels eines fast ausschließlich ideengeschichtlichen Schematismus drei »Richtungen« der Oppositionsbewegung unterschieden hat, wendet er sein Augenmerk den Gruppierungen der gegenwärtigen Opposition – man könnte sagen: der oppositionellen Avantgarde – der vierziger Jahre zu und schildert deren Entwicklungsetappen:

»Die geheimen Vereine zerfallen seit sieben Jahren [also seit 1840] in zwei Hauptrichtungen: eine ›*jung-deutsche*‹ und eine ›*communistische*‹; jene ist wesentlich republikanisch und atheistisch; sie erklärt den Krieg gegen die Monarchie und gegen die Kirche (weil diese jene stütze); ihr innerster Gedanke ist ein politischer. Diese (die communistische) ist wesentlich socialistisch und pantheistisch; sie erklärt den Krieg gegen die gegenwärtige Gesellschaft, gegen ihre Basis (Eigenthum und Familie) und erstrebt eine religiöse, moralische und physische Umgestaltung der menschlichen Zustände.

Wir halten uns zuerst an jene ältere politische ›jung-deutsche‹ Richtung. Schon in der alten Burschenschaft lagen Keime zu republikanischen Bestrebungen; die ganze Organisation der Vereine war republikanisch; die Bildung und Geistesrichtung mancher Mitglieder war am Anfang des 19ten Jahrhunderts aus dem philosophischen Idealismus (Fichte's) hervorgegangen, der auf republikanischen Voraussetzungen beruht; außerdem wirkte das blendende Vorbild Amerikas mächtig auf viele Phantasien. Ein Gegengewicht hatte aber die Burschenschaft anfangs in ihrem romantischen und ritterlichen Elemente; in den Erinnerungen Vieler an das alte deutsche Kaiserthum, an die ehrwürdige Überlieferung von Liebe und Treue zum angestammten Fürstenhause usw. Den entscheidenden Impuls zur Bildung einer deutsch-republikanischen Partei gab die Juli-Revolution 1830 und die aus ihr entsprungene Gährung. Die dreißig Friedensjahre 1815–1845 zerfallen demgemäß in zwei Hälften von sehr verschiedenem Charakter.

Die erste Hälfte 1815–30 (die Restaurations-Periode) stand noch überwiegend unter dem Eindrucke der Befreiungskriege und der damit verbundenen nationalen Ideen. In den geheimen Vereinen war das *burschenschaftliche* Element vorherrschend: Follen u. a. waren die Häupter, Gießen und Jena die Sitze; Arndt, Görres u. a. die Lieblingsschriftsteller. Die einzige größere Demonstration dieser Periode, das Wartburgfest, trug noch ganz diesen Charakter. (Begeisterung für das einige volksthümliche Deutschland, religiöser und sittlicher Idealismus; in Zwecken und Mitteln, in Form und Wesen ein specifisch deutscher Geist); nur Studierende und ihre Lehrer begingen das Fest. Erst mit der That *Sands* trat die offensive und dunklere Seite hervor: die Beschönigung und Rechtfertigung des Verbrechens durch phantastische Idealisierung des Zwecks; aber hinter dieser That standen schon einige Männer, die andere und praktischere Pläne verfolgten.

Die zweite Hälfte unserer Periode, die Jahre 1830–45 steht dagegen überwiegend unter dem Einflusse der Julius-Revolution und *französischer* Ideen. Hier lassen sich wieder drei verschiedene Stadien unterscheiden:

I. *In den Jahren 1830–32* so lange die revolutionaire Partei hoffte, die deutsche Bevölkerung in Massen zu bearbeiten und rasch einer deutschen Republik entgegen zu führen: durch die Presse, durch Volksversammlungen und durch einen Klubb-Organismus: Alle drei Hebel einer Revolution waren damals in Deutschland in Bewegung gesetzt. Das Hambacher Fest war die Spitze dieser Hoffnungen; hier hatte sich die erste Ausschreitung der constitutionellen und republikanischen Partei angekündigt, ein jüngeres Geschlecht stellte sich an die Spitze dieser Bewegung, die *Literaten* und *Advokaten,* Börne, Heine, Wirth, Siebenpfeifer usw. (wohl zu unterscheiden von den Arndt, Fries, Görres, Steffens usw.).

II. *In den Jahren 1833–40*: Gegen jene dreifache Agitation (der Presse, der Volksversammlungen und der Vereine) waren die Beschlüsse des Bundestages und die Polizei-Maaßregeln der einzelnen Regierungen eingeschritten. Rasch war jene Bewegung nach außen hin unterdrückt; der einzige Gewaltschritt, den sie versuchte: das *Frankfurter Attentat* (die zweite Gewaltthat seit Sands That) mißlang gänzlich (1833) sowie Alles, was sich hieran hätte knüpfen sollen (in Würtemberg, Baden, Rheinbaiern und Hessen). Nun warf sich der unterdrückte revolutionaire Trieb ins Ausland, um von dort auf die Heimath zurück zu wirken. Frankreich und die Schweiz boten sich als passende Asyle an, und wirklich waren es dort besonders Straßburg und Paris, hier Zürich und Bern, wohin die flüchtigen Deutschen sich warfen. [...] Diese zwei Jahre 1833 und 34 sind für die *deutsche* revolutionaire Partei im Ausland verhängnißvoll geworden; denn in dieser Zeit bildeten sich zwei Phasen aus, die in ganz neue Bahnen hineinreißen mußten. *Erstens* die förmliche Verbindung mit den Vereinen anderer Nationen, also die Aufgebung rein nationaler Zwecke. *Zweitens:* die politische Bearbeitung deutscher Handwerker; also ein Heraustreten aus dem Stande der Studirten und Gebildeten, ein Versuch zur Einwirkung auf die untern Volksklassen. Hierdurch war diesem ganzen Treiben ein anti-nationale und (wenigstens im Keime) ein communistischer Charakter eingeprägt. [...] Nach dem Mißlingen der öffentlichen Angriffe auf die bestehende Ordnung (Volksversammlungen, Frankfurter und Savoyer-Attentat usw.) zog sich die revolutionair deutsche Partei in das Dunkel geheimer Verbindungen zurück [...]

III. *In den Jahren 1840–45.* Zweierlei schien im Anfang dieser Periode höchst vortheilhaft auf die Emigration einzuwirken. *Zuerst* der edle Schritt der Begnadigung aller politisch Verurtheilten von Seiten Friedrich Wilhelm's IV., wodurch so manchen Irregeleiteten ein Rückweg möglich ward. *Sodann* der nationale Aufschwung Deutschlands den Eroberungsgelüsten Frankreichs gegenüber 1840, gleichzeitig mit den Hoffnungen, die sich (in der verschiedensten, zum Theil ausschweifendsten Form) an die Thronbesteigung des Königs von Preußen geknüpft hatten. Bald aber trat gegen diesen wohltätigen Einfluß eine zweifache Reaktion ein: *Einmal* erhob sich das *junge Deutschland* von neuem angefacht, sowohl durch die *getäuschten* Hoffnungen der Revolution in Betreff Preußens, als auch durch die Excentritäten der jung-hegelschen politischen Schule (Ruge, Herwegh, Dölecke usw.) die auf praktisches Handeln drang, und mit neuer Energie die jung-deutsche Propaganda in der Schweiz organisirte. *Sodann* traten erst in diesen Jahren, die seit 1840 gegründeten *communistisch*-deutschen Vereine ans Licht, die ebenfalls eine große propagandistische Thätigkeit entwickelten.« [63]

Obgleich die Skizze sich nur an der äußersten Erscheinungsebene festmacht (Attentats-, Volksversammlung- und Verfassungs-Genealogie) und allenfalls ideengeschichtliche Momente als selbsttätige hypostasiert (Fichtes und Hegels Philosophie), dürfte sie ihrem Zweck, der Handhabbarkeit für Oppositionellenhäscher, genügt haben. Gleichwohl bemüht sich Gelzer resümmierend um eine Erklärung, die über die Erscheinungsebene hinausgeht; aber dieser Erklärungsversuch bleibt hilflos: ein theologisch-fatalistisches »Entartungs«-Ideologem in Verbund mit der Vorstellung von einem mechanischen Umschlag eines zunächst nach außen gerichteten Befreiungs-»Strebens« in das innenpolitische »Streben« nach einer »deutschen Bundesrepublik« bildet das dürftige Interpretationssubstrat:

»So sehen wir durch den ganzen Verlauf dieser Geschichte einen unheimlichen Zug fortschreitender Entartung hindurchgehen:

I. Zuerst bildet sich gegen fremde (Napoleonische) Unterdrückung ein allgemeines geheimes Einverständniß, das sich im Tugendbunde auch einigermaaßen organisirt; aber schon jetzt blitzt aus dieser rein nationalen und sittlichen Vereinigung der Dolch des fanatischen Meuchlers hervor, bei dem Attentat von Schönbrunn. Das ganze Streben dieses Bundes fand in den Befreiungskriegen sein ersehntes Ziel.

II. Nach dem Kriege richtete sich dasselbe nun entbundene Streben auf die *innere Gestaltung* des Vaterlandes, das nach Meinung der Phantasten von der studirenden Jugend seine Regeneration erhalten sollte; aber von allen diesen Gedanken greifen nur zwei Thatsachen ins wirkliche Leben unmittelbar ein: Wartburgfest und Kotzebue's Ermordung.

III. Das innere Feuer scheint ausgelöscht, da giebt die Julius-Revolution die Losung zu populären Bewegungen in Deutschland, deren letzte Consequenz bewußt und unbewußt die Republik war. Das Wartburgfest wiederholt sich nun in viel größerm und extremern Styl im Hambacherfest; das Attentat auf Kotzebue steigert sich zum Frankfurter Attentat.

IV. Das gewaltsame halb erstickte Feuer wird in die Nachbarländer zurückgedrängt, wo es als geheimes Bündniß der Flüchtlinge fortglimmt. Das Frankfurter Attentat erneuert sich durch den Einfall nach Savoyen; das Wartburg- und Hambacherfest carrikirt sich in der Steinhölzli-Versammlung 1834; und Kotzebue's Ermordung findet in der Erdolchung Lessing's ihr Nachspiel.

V. Abermals griffen deutsche und schweizerische Regierungen ein mit Polizei-Maaßregeln. Da glauben auch die Clubbs, daß die Stunde der Emeuten und Attentate für einmal vorüber sei; sie entschließen sich vorerst nur als *Propaganda der Gesinnung* systematisch einzuwirken, um sich für den geeigneten Augenblick zum Handeln bereit zu halten.

Der Schwanz der Schlange berührt sich mit ihrem Haupte, die letzten Ausläufer dieser Verbindungen scheinen zu dem Gedanken der ersten Stiftungen zurückzukehren. Aber welche unausfüllbare Kluft liegt unter dem trügerischen Schein einer ähnlichen Oberfläche verborgen! *Dort* war die Seele des Ganzen die Befreiung vom ausländischen Joch, die Rettung aller höhern sittlichen und nationalen Güter, die würdigsten Männer der Nation in diesen Reihen. *Hier* die Seele des Ganzen entweder Wahnbild einer deutschen und einer allgemein europäischen Bundesrepublik oder das tausendjährige communistische Reich einer Schneider-Phantasie [Anspielung auf den Beruf des kommunistischen Agitators Wilhelm Weitling]; die Werkzeuge: exaltirte und verunglückte Studenten, verzweifelte Literaten, verführte Handwerker, und die Mittel: Meuterei, Fürstenmord, Entwurzelung des religiösen und sittlichen Glaubens.« [64]

Trotz der Unfähigkeit der Reaktion, das zu *erklären,* was sie als »unheimlichen Zug fortschreitender Entartung« nur dämonologisch perhorreszierte, ist nicht zu verkennen, daß die Beschreibung der Erscheinungsebene detailreich und scharfsichtig ist. Den Scharfblick verlieh, kurz vor Ausbruch der Revolution, die konkrete Bedrohung. Es ging da ja nicht um irgendwelche tiefergreifenden Interpretationen, sondern ums Ganze; und dies Ganze war, wie immer, die reale, die ökonomische und politische Macht. Wir zitierten Gelzer so ausführlich, weil seine Darlegungen just die Optik präsentieren, kraft deren so viele Äußerungen und Handlungen so vieler Germanisten inkriminiert wurden. Der Datenraster ist eng genug, um zu ermessen, in welchem Kontext, in welcher Phase welcher Germanist straffällig wurde. Daß der, der diesen Raster vorführte, daß Gelzer selbst germanistischer Literaturhistoriker war, bescheinigt einmal mehr, daß Germanistik in der ersten Hälfte des 19. Jahrhunderts eine eminent politische und darum von Reaktion und Opposition umkämpfte Wissenschaft war.

Gelzers Bericht zu korrigieren, d. h. vom Kopf auf die Füße zu stellen, bieten die folgenden Kapitel Material genug, wenn die unterschiedlichen institutionellen und organisatorischen Ansätze bürgerlicher Opposition und deren eminent ›germanistische‹ Argumentationslinien auf der realen Folie der napoleonischen Okkupation, der Freiheitskriege und schließlich der Restauration überprüft werden.

Germanistische Aspekte der Universitätsreform (1810)

Bei Musterung der ›Prähistorie‹ der Germanistik [65] hatte sich gezeigt, daß die deutsche Sprache als akademisches Wissenschafts*medium* sich im Verlaufe des 18. Jahrhunderts hatte durchsetzen können, und daß in der zweiten Hälfte desselben Jahrhunderts vielfach die Forderung laut geworden war, die deutsche Sprache und Literatur endlich auch zum *Objekt* akademischen Forschens zu machen. Dieser Forderung wurde bei der mit der Gründung der preußischen Hauptuniversität Berlin (1810) eingeleiteten *Universitätsreform* – der einschneidendsten deutschen Universitätsreform seit dem 16. Jahrhundert! – in doppelter Weise Rechnung getragen: zum einen maßen schon Mitglieder des von Wilhelm von Humboldt geleiteten Planungsgremiums der deutschen Sprache als Medium und Objekt des nationalen Wissenschaftsbetriebes zentrale Bedeutung bei; zum andern wurde in Berlin kurz nach Eröffnung des Vorlesungsbetriebes erstmals eine besondere Hochschullehrerstelle für deutsche Sprache und Literatur eingerichtet, die Friedrich Heinrich von der Hagen antrat.

Daß in akademischen Lehrveranstaltungen und Prüfungen »die *deutsche* Sprache gebraucht [werde], keineswegs etwa die lateinische«, war eine Grundforderung des Universitätsreformers Fichte. Er hielt dafür, daß die Vitalität wissenschaftlichen Denkens nur gewährleistet sei, wenn Wissenschaft sich der lebenden Sprache, der deutschen Muttersprache bediene:

»Lebendige Kunst [Kunst = Wissenschaft im Sinne der klassischen Artes-Lehre] kann ausgeübt und dokumentiert werden lediglich in einer Sprache, die nicht schon durch sich den Kreis einengt, sondern in welcher man *neu* und *schöpferisch* sein darf, einer lebendigen, und in welche, als unsere Muttersprache, unser eigenes Leben verwebt ist.« [66]

Ähnliche Forderungen formulierte 1808 auch Fichtes Kollege im Berliner Planungskollegium Friedrich Schleiermacher. Er wendet den Gedanken aber noch eindeutiger politisch, indem er auf das Verhältnis von Sprache und Staat eingeht und die lebende Sprache als Konstituens und Ferment der politischen Einheit begreift:

»Alle wissenschaftlichen Tätigkeiten, welche sich in dem Gebiet *einer* Sprache bilden, haben eine natürliche genaue Verwandtschaft, vermöge deren sie näher unter sich, als mit irgend anderen zusammenhängen, und daher ein eignes gewissermaßen abgeschlossnes Ganzes in dem größeren Ganzen bilden. Denn was in *einer* Sprache wissenschaftlich erzeugt und dargestellt ist, hat teil an der besonderen Natur dieser Sprache; [...] Für die Wissenden bleibt es allerdings eine notwendige Aufgabe, auch die Trennung zwischen diesen verschiedenen Gebieten wieder aufzuheben, die Schranken der Sprache zu durchbrechen, und, was durch sie geschieden zu sein scheint, vergleichend aufeinander zurückzuführen; eine Aufgabe, in welcher vielleicht die wissenschaftliche Beschäftigung mit den Sprachen ihr höchstes Ziel findet. Allein diese Aufgabe ist offenbar für die Gemeinschaft des Wissens die höchste, vielleicht nie aufzulösende, und eben dadurch bewährt sich nur desto mehr jene Absonderung als eine unumgängliche. Denken wir uns also auf allen Punkten aus freiem Triebe nach Erkenntnis wissenschaftliche Verbindungen entstehend, so werden sich diese zunächst so weit zu vereinigen streben, als das Gebiet einer und derselben Sprache reicht. Dies wird der engste Bund sein, und jede darüber hinausgehende Gemeinschaft nur eine weitere [...] Wenn nun der Staat das Gebiet seiner Sprache ganz erfüllt, so strebt auch die wissenschaftliche nähere Vereinigung nicht über seine Grenzen hinaus; und so geht die Verbindung zwischen beiden ohne allen Zwiespalt vor sich, schneller oder langsamer, je nachdem beide Teile lebendiger überzeugt sind, oder nur mangelhafter einsehen, wie sie einer des andern bedürfen, und was sie einander leisten können. Wenn aber der Staat dieses Gebiet nicht ausfüllt: so haben er und der wissenschaftliche Verein bei ihrer abzuschließenden Verbindung ein verschiedenes Interesse. Die wissenschaftlichen Männer wollen den Staat und seine Unterstützung nur gebrauchen, um in dem größeren Gebiet der Sprache recht kräftig wirken zu können zu ihrem Zwecke; die engeren Grenzen des Staates wollen sie nicht für die ihrigen anerkennen; und müssen sie ihm für seine Unterstützungen Dienste leisten, so sehen sie diese nur als etwas Untergeordnetes an. [...] Daß es unnatürlich ist, wenn ein Staat sich über die Grenzen der Sprache hinaus vergrößern will, hat neuerlich ein großer Herrscher selbst behauptet, so daß man sich nur wundern muß, was doch für eine dringenden Notwendigkeit selbst ein so klares Bewußtsein wie das seinige beherrschen konnte. Ob es ebenso unnatürlich ist, wenn das Gebiet einer und derselben Sprache sich in so viele kleine Staaten zerteilt, als Deutschland erleidet, das sei dahingestellt. Wenigstens scheint es ratsam, wenn sie in einer genauen Verbindung bleiben, und töricht, wenn jeder von ihnen seine wissenschaftlichen Einrichtungen abgeschlossen für sich besitzen will.« [67]

Die Universität »in deutschem Sinn«, die Universität als *nationale* Institution, die freie Wissenschaft garantiert, kann sich nicht an den Staatsgrenzen der zahlreichen deutschen Souveränitäten ausrichten. Sie steht über dem Staat, der sie »unterstützt«, und hält gegen die schlechte politische Wirklichkeit, gegen die deutsche Vielstaaterei am Prinzip der nationalen Einheit fest. Und sie kann an diesem Prinzip nur festhalten, sofern der Wissenschaftsbetrieb *deutschsprachig* ist. Nur vermöge der Deutschsprachigkeit vertritt sie gegenüber dem Staat das höhere Prinzip.

Es ist bemerkenswert, daß Schleiermacher die Einheit der Nation wie die Einheit der Wissenschaft durch die Einheit der Sprache garantiert sieht. Gewiß war es schon seit Jahrhunderten deutsche Tradition, die territoriale und ideologische Einheit der Nation mittels der Reichweite der deutschen Sprache zu definieren. Schon im griechisch-lateinisch-deutschen Lexikon des Straßburger Humanisten Petrus Dasypodius (gest. 1559) hieß es: »Germania, d. i. das gantz Teutschland, so weit die Teutsch Sprach gehet.« [68] Und auch in zahlreichen deutschen Urkunden und Chroniken des Spätmittelalters begegnet häufig die Gleichsetzung von deutschem Land und deutscher Nation mit ›deutscher Zunge‹ [69]; ja, der Sprachgebrauch der mittelalterlichen Rechtsbücher lehrt, »daß die Deutschen der verschiedenen Stämme zum Bewußtsein ihrer nationalen Einheit schneller inbezug auf die Sprache als auf das Recht gelangten, daß also das Bewußtsein der Sprachgemeinschaft entscheidend zur Formung der deutschen Nation beitrug.« [70]

Dieser hergebrachte Gedanke der *›Sprachnation‹* begegnet nun im Zeitalter des Verfalls des Heiligen Römischen Reiches Deutscher Nation, im Zeitalter der Freiheitskriege und im Vormärz mit auffälliger Häufigkeit, nicht nur bei Schleiermacher und in Fichtes *Reden an die deutsche Nation,* sondern auch in Gedichten, Reden und Aufsätzen der Arndt, Hoffmann von Fallersleben, Grimm, Zeune und vieler anderer: er ist der zentrale Gedanke der jungen Universitätswissenschaft Deutsche Philologie, genauer: er ist zentraler Gedanke jener bürgerlich-nationalen Bewegung, aus der die neue Wissenschaft erstand. [71] Wenn dieser Gedanke auch schon eine jahrhundertelange Tradition hatte, so wurde er doch erst in dieser Phase politisch praktisch. Denn mochte der Gedanke lange schon auf Verwirklichung gedrängt haben, so drängte doch jetzt erst die Wirklichkeit sich zum Gedanken.

Greifen wir nochmals auf das Schleiermacherzitat zurück. Man kann seine Forderung als abstraktes Programm der Germanistik, als philosophisch-konstruktive Definition ihrer gesellschaftlichen Funktion und ihres wissenschaftlichen Auftrags verstehen. Wenn nämlich die Wissenschaften, die an Universitäten und Akademien gepflegt werden sollen, »ein eignes gewissermaßen abgeschlossenes Ganzes« zunächst deshalb bilden, weil sie im Gebiet der einen deutschen Sprache entwickelt werden; wenn sie eine Einheit bilden, weil sie »an der besonderen Natur dieser Sprache« teilhaben: so besagt das doch zugleich, daß die wissenschaftliche Disziplin, die es sich zur vornehmsten Aufgabe macht, die ›Natur‹ dieser Sprache zu erforschen, den zentralen Platz im Kreise der Wissenschaften einnehmen muß. Man sieht, daß die akademische Institutionalisierung der Deutschen Philologie in dieser Sicht selbst zentrales, ja konstitutives Moment der gesamten Universitätsreform war.

Freilich wird man in Zweifel ziehen müssen, ob denn erkenntniskritischen und wissenschaftslogischen Forderungen letztlich noch Rechnung getragen werden kann, wenn die Einheit der Wissenschaften durch nichts anderes als die Einheit der Sprache, durch ›wissenschaftlichen‹ Nationalismus garantiert sein soll. Gegen Schleiermacher und gegen alle Germanisten jener Phase könnte man Arthur Schopenhauer ins Feld führen, der zornig einwand,

»daß der Patriotismus, wenn er im Reiche der Wissenschaften sich geltend machen will, ein schmutziger Geselle ist, den man hinauswerfen soll. Denn was kann impertinenter seyn, als da, wo das rein und allgemein Menschliche betrieben wird und wo Wahrheit, Klarheit und Schönheit allein gelten sollen, seine Vorliebe für die Nation, welcher die eigene werthe Person gerade angehört, in die Waagschale legen zu wollen und nun, aus solcher Rücksicht, abld der Wahrheit Gewalt anzutun, bald gegen die großen Geister fremder Nationen ungerecht zu seyn, um die geringeren der eigenen herauszustreichen.« [72]

Gewiß wird man von einem abstrakt erkenntniskritischen Standpunkt aus, der sich selbst als überhistorischen setzt, den Schopenhauerschen Einwand nicht entkräften können, aber den Darlegungen Schleiermachers war ja selbst schon zu entnehmen, daß für ihn und seine Mitstreiter der Nationalismus nicht nur keine strikte Alternative zum »rein und allgemein Menschlichen« war, sondern daß dieser Nationalismus als politisch pragmatisches und historisch notwendiges Durchgangsstadium, ein wissenschaftsstrategisch sinnvolles Etappenziel auf dem Weg zur übernationalen Wissenschaftlichkeit und zum »allgemein Menschlichen« galt. Schleiermacher ist durchaus realistischer als Schopenhauer, wenn er die nationale »Absonderung als eine unumgängliche« begreift; sein Realismus ist der des kämpferischen Bürgertums, das erst seine nationale Freiheit erkämpfen muß, wenn das »allgemein Menschliche« etabliert werden soll. Ganz deutlich wird diese Argumentation bei August Zeune, einem der rührigsten germanistischen Agitatoren der Freiheitskriege, der in einer Streitschrift sich mit den deutschen »Götzendienern« des Franzosentums auseinandersetzt: »Sie sagen weiter: ›Erst werde ich Mensch, dann Deutscher.‹ Ich antworte: Erst werde ich Thier, dann Deutscher. Nur durch die Sprache werde ich zum Menschen und durch das Volkstum wird das Menschtum eröffnet.« [73] Schon 1805 hatte Ernst Moritz Arndt die These, Kosmopolitismus sei edler als Nationalismus, mit dem Hinweis bestritten: »Diese Ideen sind hoch, aber sie sind nicht verständig und das Verständnis ist höher. Ohne das Volk ist keine Menschheit und ohne den freien Bürger kein freier Mensch.« [74]

In diesem Zusammenhang ist es notwendig, eine Darlegung des Politologen Kurt Lenk zu kritisieren. Er hat jüngst in einem Buch, dessen Thematik die unserer Untersuchungen überschneidet, das Verhältnis von Humanitäts- und Nationalitäts-Theorem folgendermaßen pointiert:

»Begriffsfetische wie Nation, Volk, Volkstum oder Volksgeist, in deren Bann ein großer Teil politischer Vorstellungen des 19. Jahrhunderts standen, traten an die Stelle von Vernunft, Humanität und Menschheit, die für das politische Denken des 18. Jahrhunderts charakteristisch waren, Vernunft wird zum Volksgeist, Humanität zur Nationalität, Menschheit zum Nationalstaat. Damit bahnte sich ein Schrumpfungsprozeß mit politischen Folgen an, der einer Mythologisierung des politischen Bewußtseins gleichkommt.« [75]

Kunststück! Das geht bruchlos auf. Aber nur dann, wenn Geschichte als Rangierbahnhof von Begriffen begriffen wird, die nichts Reales mehr begreifen. Denn wenn Begriffe wie Vernunft, Humanität und Menschlichkeit »für das politische Denken des 18. Jahrhunderts charakteristisch waren« (und waren sie das wirklich? auch für Friedrich II.?), so war doch deshalb nicht auch schon die soziale und politische Realität Deutschlands vernünftiger, humaner und übernationaler als im 19. Jahrhundert. Wurden Nation und Volk nicht vielleicht deshalb in der ersten Hälfte des 19. Jahrhunderts zu Zentralbegriffen bürgerlicher Ideologie, weil die Bourgeoisie ihre Emanzipation vom Absolutismus notwendig nur im *nationalen* Rahmen erkämpfen konnte? Daß die deutsche Bourgeoisie sich zum Sachwalter auch des ›Volkes‹ machte, war notwendig insofern, als diese bestimmte Klasse von ihrer besonderen Situation aus die allgemeine Emanzipation der Gesellschaft zu bewerkstelligen glaubte. [76] Schon Adelungs *Wörterbuch* veranschaulicht das 1780, wenn es – in bezeichnender Ambivalenz – als »Volk« definiert:

»das gemeine Volk, der große Haufe, gemeine Leute, die untersten Classen im Staat«; aber dann doch auch schon zu vermerken sich gedrungen sieht: »Einige neuere Schriftsteller haben dieses Wort in der Bedeutung des größten, aber untersten Theiles einer Nation oder bürgerlichen Gesellschaft wieder zu adeln gesucht, und es ist zu wünschen, daß solches allgemeinen Beyfall finde, indem es an einem Worte fehlet, den größten, aber unverdienter Weise verächtlichsten Theil des Staates mit einem edlen und unverfänglichen Worte zu bezeichnen.« [76a]

In Adelungs Wörterbuch-Artikel stoßen absolutistisch-traditionelle pejorative Definition und bürgerlich aufwertende Reklamation eines und desselben Begriffes deutlich aufeinander; – ein Aufeinanderstoßen, das durch die Französische Revolution 1789 bekanntlich auf nichtverbaler Ebene konkretisiert und für das Bürgertum (nur das französische freilich) entschieden wurde. Wenn der historische Begriff Volk und dessen Annexbildungen (Volkstum, Volksgeist, Volksdichtung u. a. m.) in der bürgerlich-revolutionären Phase solche Virulenz erhalten konnten, so deshalb, weil sie definitorisch nicht präzis und als Realbegriffe unaufgehobene wirkliche Verhältnisse bezeichneten. Obzwar im Begriff Volk die Produzenteneigenschaft der arbeitenden Bevölkerung nicht festgehalten war, so ist doch auch zu erinnern, daß es in Deutschland noch bis 1840 keine proletarische Öffentlichkeit gab, da es noch kein organisiertes Proletariat gab. Das antifeudale Bürgertum aber suchte für sich in der ersten Hälfte des 19. Ja rhunderts eine Öffentlichkeit zu erzwingen, die unter Inanspruchnahme des Volks-Begriffs (der Volks-Souveränität in politischem, des Volks-Geistes in idealistisch-depraviertem Sinne) eine enthusiastische Legitimationsfassade aufzubauen, die doch zugleich ob ihrer pauschalen Emphase dazu angetan war, die Legitimität proletarischer Öffentlichkeit auch fürderhin, weil grundsätzlich, zu bestreiten.

Unter Berücksichtigung aller dieser Momente darf man sagen, daß mit der – in den Berliner Plänen sich erstmals manifestierenden – generellen Reformierung des deutschen Universitätswesens ein Schritt zur Institutionalisierung bürgerlicher Öffentlichkeit getan wurde. Die Forderung nach Nationalisierung des Wissenschaftsbetriebes, nach Universitäten »in deutschem Sinn«, ergab sich aus dem realen Verfall des Absolutismus und dessen zentralisierender Kraft, der seit Zerschlagung des Reiches (1806) unübersehbar war, und aus dem gleichzeitigen Erstarken der deutschen Bourgeoisie. Die Nationalisierung des Wissenschaftsbetriebes äußerte sich aber nicht nur in Reklamationen der *einen* deutschen Sprache als einheitsstiftendem Band aller Wissenschaften; nicht nur die linguistische Argumentation begünstigte die Etablierung der Germanistik auf Universitätsebene.

Ein anderer wesentlich germanistischer Aspekt der Universitätsreform machte sich auf der institutionell-*korporationsrechtlichen* Ebene geltend. Friedrich Paulsen bemerkt dazu:

»Wichtig ist, daß die alte Form der einheitlichen, korporativen Universität mit vier Fakultäten erhalten blieb. [...] Der Gedanke der Zertrümmerung der Universität in isolierte Fachschulen verschwindet seitdem. Man darf die Erhaltung und Wiederherstellung der alten korporativen Universitätsverfassung zugleich als einen der ersten und schönsten Siege des neu erwachten historischen Sinnes betrachten. Es ist zugleich ein Sieg des organischen, genossenschaftlichen, deutschen Rechtsdenkens über das mechanistische, bureaukratische, romanische Prinzip.« [77]

Wenn in der neuen oder, laut Paulsen, wiederhergestellten korporativen Verfassung ein Sieg des deutschen Rechtsdenkens über das romanische, ein Sieg der Germanistik über die Romanistik sich manifestierte, so wäre freilich zu prüfen, was dieser Sieg realpolitisch bedeutete. Die korporative Selbstverwaltung der Wissenschaftsgremien war, so zeigte z. B. Schleiermachers Entwurf, freilich intendiert. Waren es republikanisch-parlamentarische Prinzipien, latent schon in der langen Tradition der res publica litterarum, die nun gegen die schlechte politische Wirklichkeit festgehalten oder wiederbelebt wurden? Gelzer jedenfalls, so hatten wir gesehen [78], war 1847 ganz entschieden der Auffassung, daß die neuere deutsche Philosophie, zumal die Fichtes, »auf republikanischen Voraussetzungen beruht«. Wenn nun aber gerade Philosophen wie Fichte und Schleiermacher die Universitätsreform selbst planten und trugen, mußte dann nicht auch diese Reform selbst durch »republikanische Voraussetzungen« bestimmt sein? Gelzer konstatierte, daß es »ein Theil der deutschen Jugend und ihrer Lehrer« war, der – »von der Höhe einer schwunghaften Poesie« der Freiheitskriege »in die Blachfelder der täglichen Prosa« des Deutschen Bundes geschleudert – die Kerngruppe der antifeudalen Opposition stellte. Und wenn hier noch erinnert wird, daß auch Wolfgang Menzel 1828 erklärte: »Sofern die Germanisten das Gewissen zum Rechtsprincip erheben, und die Öffentlichkeit zur Rechtsform, neigen sie sich zur Demokratie.« [79] Und wenn er folgerte, daß »das deutsche Recht nothwendig zur Republik führen« müsse, dann freilich mußte eine nach deutschen Rechtsprinzipien verfaßte Universität dem Absolutismus gefährlich sein. Auch Schleiermachers *Gelegentliche Gedanken über Universitäten in deutschem Sinn* waren ja nicht gerade politisch devot: da tritt die Universität als »wissenschaftlicher Verein«, als eigengesetzlicher, ja quasi als souveräner Kontraktpartner und tendenziell als Kontrahent dem Staate gegenüber; dem Staat, dessen »engere Grenzen« die Wissenschaftler »nicht für die ihrigen anerkennen« sollen, ja, dem zu *dienen* sie »nur als etwas Untergeordnetes« ansehen. Schleiermacher sah die Universität »im deutschen Sinn« nicht als Enklave oder Reservat, sondern als eine Institution, die als vom Staat »unterstützte« gegenüber diesem Staat das Prinzip der nationalen Einheit vertrat; die nicht Gegner des Staates, sondern sein institutionalisiertes Gewissen sein sollte.

Ob und inwiefern die Struktur der neuen Universität gleichwohl antifeudale Insurrektion begünstigte und als Institutionalisierungsversuch bürgerlicher Öffentlichkeit tatsächlich mit der repräsentativen Öffentlichkeit der absolutistisch verfaßten Staaten kollidieren mußte, wäre an der Geschichte der studentischen und wissenschaftlichen Vereine zu überprüfen.

Paulsen gibt einen Überblick über die Entwicklung des in der Universitätsreform angelegten Konflikts:

»Zum Dienst der Wahrheit zu führen, das ist ihre Idee, nicht zum Dienst des Geltenden. Kein Wunder, daß sich bald Konflikte mit den Mächten ergaben, die das Geltende vertreten, mit dem Staat und der Kirche. Das halbe Jahrhundert, das auf den Wiener Frieden folgt, ist voll von Versuchen, einer um die Ruhe und Ordnung besorgten Obrigkeit, die Freiheit der Forschung und der Lehre auf ein bescheidenes Maß zurückzuführen. Daß die Universitäten in dem Kampf um ihr Lebensprinzip aushielten, hat ihnen ein Ansehen und eine Volkstümlichkeit in unserem Lande verschafft, wie sie es nie und nirgend sonst besessen haben. Die einheitliche Gesamtheit unserer Universitäten steht in der ersten Hälftes des Jahrhunderts als das große nationale Institut da. Zu ihnen blickte das deutsche Volk auf, um sich von dorther seine Gedanken über Gott und Welt, über Staat und Kirche, über Natur und Geschichte formen zu lassen. Nach ihnen blickte es auch als nach seiner nationalen Selbstdarstellung, da es solche in politischen Intitutionen nicht fand. Daher empfing auch das politische Leben von den Universitäten seine Ideale und Antriebe. Die burschenschaftliche Bewegung, die in den 20er und 30er Jahren die ganze deutsche Welt aufregte, und das ›Professorenparlament‹ von 1848 kennzeichnen die Lage. Wie das Ansehen der Universitäten, so stellt sich darin zugleich die Unfähigkeit der Staatsmänner dar, den nationalen und politischen Instinkten des deutschen Volkes gerecht zu werden.« [80]

Am Beispiel der Institutionalisierungsgeschichte der Germanistik läßt sich aber zeigen, daß die Universitätsreform nicht eine selbsttätige Dynamik hatte, die sich, wie Paulsen doch nahelegt, als Selbstverwirklichung der reinen »Idee« des »Dienstes an der Wahrheit« durchsetzte.

Außeruniversitäre Vorlesungen

Es ist eine zwar verschiedentlich notierte, nicht aber hinlänglich reflektierte Tatsache, daß viele und nicht nur die ersten germanistischen *Vorlesungen* der Phase 1806–1848 – Vorlesungen über deutsche Sprache, Literatur und Kunst, über deutsches Volkstum, deutsche Geschichte und Rechtsgeschichte – *nicht* im Universitätsrahmen stattfanden und also keine akademischen Lehrveranstaltungen waren, die der Ausbildung von Germanisten (späteren Deutschlehrern, Juristen, Bibliothekaren u. dgl. m.) dienten. Nicht nur in Berlin war es so, daß schon Jahre vor Eröffnung der Universität Vorlesungen über deutsche Literatur und Kunst gehalten wurden. Auch in Heidelberg, Wien, Halle, Bonn, München und Marburg war es ähnlich. Zunächst gab es da außeruniversitäre Vorlesungen oder Vortragsreihen, und hernach erst wurden Hochschullehrerstellen für Germanisten geschaffen. Aber noch ein weiteres Phänomen ist häufig zu beobachten: Auch an Orten, wo es keine Universitäten gab, wurden in dieser Phase germanistische Vorlesungen gehalten. Und drittens ist auffällig, daß in späteren Jahren auch an Orten, wo es schon Germanistik-Dozenturen gab, noch außeruniversitäre Vorlesungen vor nichtakademischem oder doch nichtstudierendem Publikum gehalten wurden.

Einige Daten und Fakten: Schon 1792 begeisterte der Pfarrer und Realschullehrer Erduin Julius Koch in Privatvorlesungen Wilhelm Heinrich Wackenroder für die altdeutsche Literatur. In den Wintern 1801–1803, also immer noch etliche Jahre vor Eröffnung der Berliner Universität, hielt August Wilhelm Schlegel seine berühmten Vorlesungen über Literatur, Kunst und Geist des Zeitalters und über das Mittelalter vor großem bürgerlichen Auditorium zu Berlin. Diese Vorlesungen, die nach Anlage und Begrifflichkeit für die deutsche Literaturgeschichtsschreibung maßstabsetzend wurden [81], enthusiasmierten den jungen Kammergerichtsreferendar Friedrich Heinrich von der Hagen, den späteren ersten Germanistik-Hochschullehrer der Universität Berlin, dazu, sich ganz der Erforschung der mittelalterlichen deutschen Sprache und Literatur zu widmen. Gleichzeitig las August Wilhelms Bruder Friedrich in Paris vor nur vier jungen Hörern ein Privatkolleg über die Geschichte der europäischen Literatur von den Griechen bis zur Gegenwart. 1804 hält er vor nichtstudentischem Publikum in Köln philosophische Vorlesungen; 1805 findet ein Gesuch um eine Philologieprofessur an der 1803 neu organisierten Universität Würzburg kein Gehör. In Berlin hält derweil Franz Christoph Horn, ein Lehrer des Grauen Klosters, im Winter 1804/05 Vorlesungen über die Geschichte der deutschen Poesie und Beredsamkeit, die er 1805 drucken läßt. In Dresden hält Adam Müller 1805 freie *Vorlesungen über die deutsche Wissenschaft und Literatur*; die Begründung, mit der er sein Unternehmen rechtfertigt, galt damals mehr oder minder für alle anderen auch: »Denn nie ist die Anregung des Nationalgefühls und die Auffrischung vom Bewußtseyn der Nationalgrösse nothwendiger, als gerade in den Augenblicken der Erschütterung des Gemeinwesens.« [82] Und auch in Heidelberg regt es sich in diesen Jahren schon mächtig: seit 1803 bemühte man sich, Ludwick Tieck »eine Professur der schönen Wissenschaften« zu vermitteln; Tieck ging auf das Angebot ein: er »erklärte sich darüber umständlich und gab Kunde von seinen literarischen Arbeiten, z. B. den Nibelungen.« [83] Doch verlief die Sache im Sande. Joseph Görres kam dann im September 1806 als Gastdozent nach Heidelberg, und obgleich er nur einen Lehrauftrag für ein physiologisches Kolleg hatte, las er, auf Drängen von Freunden und Studenten, ab Januar 1807 über Ästhetik »mit einem ziemlich grossen Zulauf.« [84] Clemens Brentano, der unter den Hörern saß, schlug seinem Freunde vor, auch in Frankfurt/M. dergleichen »öffentliche Vorträge« zu halten. Auch dort war also mit Publikumserfolg zu rechnen, obwohl es dort keine Universität gab. Im Sommer 1808 las Görres in Heidelberg zugleich über Philosophie, Ästhetik und Experimentalphysik, und ab Juni begann er noch eine neue Vorlesung »über die altteutsche Literatur«, eine Veranstaltung, die er stolz als »die erste ihrer Art« bezeichnete. [85]

1808 hält auch August Wilhelm Schlegel in Wien seine berühmten Vorlesungen über die *Geschichte der dramatischen Kunst und Literatur,* und zwar, wie er notiert, »vor wirklich auserwählten Zuhörern, Fürsten, Grafen und Herren, Ministern, Generalen, Gelehrten und Künstlern sowie deren Frauen; die Damen nahmen die ersten Stühle ein, die Männer saßen dahinter oder standen in der Mitte.« [86] Eine Privataudienz bei Franz I. nutzt er, auch seinem Bruder »den Weg in die Kaiserstadt zu bahnen«. [87] Von Februar bis Mai 1810 hält Friedrich vor dem erlauchten Publikum Vorlesungen über neuere deutsche Geschichte und im Frühjahr 1812 Vorlesungen über die Geschichte der alten und neuen Literatur.

Ganz anderer Art sind die preußisch-patriotischen agitatorischen Vorträge, die Friedrich Ludwig Jahn, der ›Turnvater‹, seit 1800 schon allenthalben in Preußen hielt; der Zulauf zu seinen Vorlesungen, die er 1817 und 1818 öffentlich und auch privat (in seiner Wohnung) in Berlin über deutsches Volkstum [88], deutsche Geschichte und deutsche Sprache vortrug, und auch die Tatsache, daß die deutsch-wissenschaftliche Erheblichkeit seines Wirkens 1817 durch zwei Ehrendoktordiplome (der Universitäten Kiel und Jena) beglaubigt wurde, bewirkten, daß er sich bis 1819 noch ernsthafte Hoffnungen auf eine Professur für deutsche Sprache an der Berliner Universität machte. Riesiger Erfolg war auch den deutschtümelnd-agitatorischen Vorlesungen August Zeunes, der ex officio Geographieprofessor der Berliner Universität war, beschieden. Während der Freiheitskriege hielt er vor patriotisch-enthusiasmierten Zuhörermassen von bislang ungekannter Größe Vorträge über das Nibelungenlied und wider den »Götzendienst« der Französelei, nicht nur in Berlin, sondern auch außerhalb von Preußen, in Frankfurt, in Hessen-Nassau und in Mitteldeutschland. Zeunes Publikum unterschied sich beträchtlich von dem der Brüder Schlegel: »Sein Hörsaal war gefüllt von Jahn's Turnern.« [89] Dreihundert Hörer – die gesamte Universität hatte damals nur 600 Studenten – füllten im Winter 1812/13, als Zeune über das Nibelungenlied las, »nicht nur den größten Hörsaal, sondern auch die Vorsäle.« [90]

Die bisherigen Daten machen deutlich, daß eine erste Welle außeruniversitärer germanistischer Vorträge und Vorlesungen mit dem Zerbrechen des deutschen Reiches und den anschließenden Erhebungen gegen Napoleon einherging.

»So machte sich allmählich auch im politischen Leben Deutschlands die nationale Tendenz geltend, worin die Romantiker auf dem Gebiete der Literatur vorausgegangen waren; [...] Die führende Rolle im deutschen Geistesleben übernehmen nun jüngere Kräfte, die sich, wie im politischen Leben ganz der nationalen Idee, so in ihren literarischen Neigungen und Studien ganz der einheimischen Vergangenheit zuwenden. [...] Die Zeit dieser allgemeinen Teilnahme an den altdeutschen Bestrebungen, die Periode der pariotischen Germanistik [...] fällt in die Jahre der Reorganisation und Erhebung von Preußen und ganz Deutschland.« [91]

Wenn aber feststeht, daß diese frühen außeruniversitären Vorlesungen (oder vielmehr der politische Druck, der solche Veranstaltungen im Interesse einer patriotisch-ideologischen ›Mobilmachung‹ erzwang) der Einrichtung von germanistischen Universitätsdozenturen günstig war, so wäre allerdings doch auch zu fragen, ob nicht diese akademische Akkreditierung und offizielle Institutionalisierung zugleich der Versuch war, von staatlicher Seite dieser breiten Bewegung den politischen Stachel zu nehmen, der sich gegen den Fürstenstaat selbst hätte richten können. Wir werden auf diese Frage noch zurückkommmen müssen.

Eine zweite Welle von außeruniversitären germanistischen Vorträgen läßt sich seit den späten dreißiger Jahren bis zur 48er Revolution feststellen. Wir geben nur einige exemplarische Hinweise: Friedrich Heinrich de la Motte-Fouqué, der sich durch dichterische Reaktualisierungen altdeutscher Stoffe als Germanist qualifiziert hatte, obwohl er doch nie ein Universitätsstudium absolviert hatte, hielt in den dreißiger Jahren vor bürgerlichem Publikum in Halle Vorlesungen über deutsche Geschichte und Literatur. 1837 las der Historiker und Theologe Heinrich Gelzer vor »besten Kreisen der Berner Gesellschaft« und ab 1839/40 vor ebensolchem Publikum in Basel über »Geschichte und Ethik« und über deutsche Literaturgeschichte. [92] Anfang der vierziger Jahre hielt der Theologe und Gymnasialdirektor A. F. C. Vilmar in Marburg (dessen Universität derzeit noch keine Germanistikdozentur hatte) vor Stadthonoratioren- und Professorenfamilien in einer Konditorei Vorlesungen über die Geschichte der deutschen Literatur. [92a] Ebenso hielt der Pfarrer und Lehrer Karl Barthel seit 1845 in Braunschweig vor bürgerlichem Publikum Vorlesungen über *Die deutsche Nationalliteratur der Neuzeit*. Der Gervinus-Schüler Georg Karl Frommann hielt 1838/39 in Coburg und 1840 in Wien germanistische Vorträge vor Gesellen- und Handwerkervereinen.

Auch diese Daten zeigen wieder, daß die Publikumsstreuung in sozialer Hinsicht sehr breit war. Das germanistische Publikum reichte von der städtischen »Ehrbarkeit« bis zu den Angehörigen der Vororganisationen der Arbeiterklasse, der Handwerker- und Gesellenvereine, die bekanntlich in der 48er Revolution eine wichtige Rolle spielten. Auffällig ist auch der hohe Anteil von weiblichen Zuhörern in allen diesen Veranstaltungen, zu einer Zeit, da den Frauen der Zutritt zu den Hochschulen ja noch verwehrt war.

Anzumerken ist hier auch schon, daß die Entstehungsbedingungen der nationalen Literaturgeschichtsschreibung unter diesem Aspekt in ein besonderes Licht treten. Zahlreiche Literaturgeschichtskompendien wie die von J. E. Koch, Barthel, Gelzer, Vilmar sind aus Vortragszyklen, aus unakademisch-populären Vorlesungen entstanden. Die meisten Verfasser von Literaturgeschichten in der 1. Hälfte des 19. Jahrhunderts waren keine germanistischen Hochschullehrer und sie dozierten und schrieben nicht für Germanistikstudenten. Gerade wenn man die oft stupende Auflagenhöhe dieser Literaturgeschichten betrachtet, wird der Befund unabweisbar, daß das germanistische Publikum nie so groß war wie damals. Der Weg von Gervinus zu De Boor/Newald, von J. E. Koch zu Martini ist weit. [93]

Wer aber war es, der solche außeruniversitären Vorlesungen inszenierte? In welchem organisatorischen Rahmen fanden diese Veranstaltungen in der ersten Hälfte des 19. Jahrhunderts statt? Welchem Interesse entsprangen solche Unternehmungen und welches Bedürfnis befriedigten sie? Ein Blick auf das Vereins- und Bildungswesen kann darüber Aufschluß bieten.

›Deutsche Gesellschaften‹

Im 19. Jahrhundert und zumal in der Phase 1806–1848 gab es eine große Anzahl von »Deutschen Vereinen« und »Deutschen Gesellschaften«, die die Bezeichnung *»deutsch«* wie ein Panier vor sich herschleppten. Die nicht mehr und nicht weniger als eben »deutsch« sein wollten. Wenn »deutsch« sein, bleiben oder werden wollen aber damals schon Programm genug war, um zahllose regionale und überregionale Sozietäten zu gründen, so ist freilich zu fragen, wie dies Programm im einzelnen legitimiert und durch welche Aktivitäten es realisiert wurde. Die Menge der Vereinigungen, die sich – seit dem 17. Jahrhundert schon – als »deutschgesinnte« oder »deutsche« ausgaben, macht es nicht leicht, deren gemeinsame Prinzipien und deren reale Bedeutung festzustellen. Die Geschichte dieser Vereine ist nur sporadisch bekannt. Deshalb kann auch unser Überblick – der notgedrungen lückenhaft und grob ist – vorab nur den Sinn haben, einige Fragen aufzuwerfen, die wir selbst kaum mehr als hypothetisch beantworten können.

Es war oben in anderem Zusammenhang bereits darauf hingewiesen worden [94], daß es schon im 17. Jahrhundert deutsch-patriotische Sozietäten, die sogenannten Sprachgesellschaften, gab. Den ›deutschen‹ Anspruch in den Gesellschaftsnamen aufgenommen hatte insbesondere die »Deutschgesinnte Genossenschaft«, die durch Philipp von Zesen 1643 in Hamburg gegründet worden war. [95] 1679 formulierte Gottfried Wilhelm Leibniz seine berühmte *Ermahnung an die Deutschen, ihren Verstand und ihre Sprache besser zu üben,* eine Ermahnung, der er mit »Vorschlag einer deutschgesinnten Gesellschaft« Realität zu sichern suchte. [96] Zwar kam die Deutschgesinnte Gesellschaft Leibnizens nicht zustande; welche Fernwirkung sein Aufruf aber hatte, erhellt aus der Tatsache, daß auf dem ersten Germanisten-Tag 1846 in Frankfurt/Main die »Ermahnung« in der Grotefendschen Ausgabe unter die Versammelten verteilt wurde. [97] Die deutschen Gesellschaften des 17. Jahrhunderts, die Sprachgesellschaften und Dichterorden, die fast ausnahmslos während des 30jährigen Krieges gegründet worden waren, verloren in der zweiten Jahrhunderthälfte zunehmend an Bedeutung und zerfielen meist nach dem Tod ihrer Gründer; lediglich der Pegnesische Blumenorden konnte sich über die Jahrhunderte bis in unsere Gegenwart eine dürftige, kulturpolitisch marginale Existenz wahren. Die Tradition der einst so mächtigen Fruchtbringenden Gesellschaft wurde von einigen preußischen Freimaurerlogen des 18. Jahrhunderts adaptiert und modifiziert, wenn man den Darlegungen Ludwig Kellers glauben darf. [98] In den ersten Jahrzehnten des 18. Jahrhunderts entstanden dann erstmals poetologisch-wissenschaftlich engagierte Sozietäten, die den Namen »Deutsche Gesellschaft« führten: 1727 wandelte Johann Christoph Gottsched die einflußreiche »Poetische Gesellschaft« zu Leipzig in eine »Deutsche Gesellschaft« um, nach deren Vorbild bald auch in Königsberg eine Sozietät gleichen Namens eingerichtet wurde. [99]

Alle diese Vereins- und Organisationsinitiativen, die doch mehr oder minder kraftlos blieben, weil die akademisch-literarische Kultur regional begrenzt und die ökonomisch-politische Machterweiterung des deutschen Bürgertums durch den Duodezabsolutismus verhindert wurde, – alle diese »Deutschgesinnten« und »Deutschen Gesellschaften« des 17. und 18. Jahrhunderts kann man aufgrund ihres Mangels an zeitlicher und lokaler Kontinuität nur sehr bedingt als Vorläufer der Deutschen Gesellschaften des 19. Jahrhunderts ausgeben. Die Agonie des deutschen Duodezabsolutismus, die 1806 durch die offizielle Auflösung des Reiches ihren vorerst deutlichsten Ausdruck fand, brachte eine Flut von patriotischen Vereinsgründungen mit sich, in deren Rahmen der Name »Deutsche Gesellschaft« einen völlig neuen, einen politisch-kämpferischen Klang erhielt. Zunächst ein Überblick:

Im November 1810 gründeten in Berlin zwölf Männer – Lehrer, Regierungsbeamte und Offiziere, unter ihnen Friedrich Ludwig Jahn, Karl Friedrich Friesen, Christian Wilhelm Harnisch und August Zeune – eine patriotische Geheimgesellschaft, den »Deutschen Bund«. [100] Dieser »Deutsche Bund« bestand nur wenige Jahre, hatte neben Berlin auch Sektionen in Königsberg, Köslin, Marienwerder, Stargard, Gransee und Kolberg und außerhalb Preußens in Wertheim am Main, Weimar, Gotha und Erfurt; hatte aber kaum mehr als insgesamt 80 Mitglieder.

Im Winter 1813 korrespondierte Christian Gottfried Körner [101], damals Gouvernementsrat in Dresden, mit Ernst Moritz Arndt über die Möglichkeit, Freimaurerlogen als »Pflanzschulen« eines patriotischen »Bundes« zu benutzen. [102] Wenig später unterbreitete J. G. Ebel von Zürich aus Arndt den »Vorschlag zur Bildung einer allgemeinen deutschen vaterländischen Gesellschaft zur Pflege der deutschen Sprache.« [103] Und Arndt selbst propagierte die Einrichtung einer ›Deutschen Gesellschaft‹ im Frühjahr 1814 in den beiden Schriften *Noch ein Wort über die Franzosen und über uns* und *Entwurf einer teutschen Gesellschaft* (Frankfurt a. M.). Die letztgenannte Schrift zeitigte eine breite Nachfolgeliteratur; so ließ der Heidelberger Physikprofessor Kastner anonym ein Heftchen mit dem Titel *Von Bildung deutscher Gesellschaften als dem vorzüglichsten Mittel, Liebe zum Vaterlande und alle aus dieser Liebe entspringenden Tugenden, in allen deutschen Männern und Frauen, Jünglingen und Jungfrauen, Knaben und Mägdelein zu fördern, zu stärken und in kindlicher Reinheit auf die spätesten Zeiten zu vererben. Zum Besten der Waisen deutscher Landwehrmänner. Deutschland 1814* erscheinen. [104] Anfang 1815 publizierte der Justizrat Karl Hoffmann in Rödelheim bei Frankfurt a. M. eine Schrift mit dem Titel *Verfassungsurkunde und Gesetze der deutschen Gesellschaft zu* *. [105]

Und diese Programme blieben nicht Papier: in den Jahren 1814/15, also während der Freiheitskriege und während des Wiener Kongresses, entstanden »Deutsche Gesellschaften« in Idstein (Taunus), Wiesbaden, Butzbach, Gießen, Heidelberg, Langenschwalbach und Kreuznach, und auch in Laubach, St. Goar, Koblenz und Aachen sollen verwandte Sozietäten bestanden haben. [106] In Berlin riefen Jahn, Zeune, G. L. Walch, Franz Passow, Friedrich Lange und Giesebrecht am 15. Januar 1815 »Die Berlinische Gesellschaft für Deutsche Sprache und Alterthumskunde« ins Leben, die gemeinhin nur »Deutsche Gesellschaft« genannt wurde.

Als ›Deutsche Gesellschaften‹ im weiteren Sinne sind schließlich auch die Deutsche Turnerschaft und die Deutsche Burschenschaft zu bezeichnen. Die Turnerschaft entstand als öffentliche Gesellschaft im Frühsommer 1811, als Jahn und Friesen in der Hasenheide vor Berlin den ersten Turnplatz eröffneten. Bis 1818 wurden allein auf preußischem Territorium etwa hundert Turnplätze errichtet. Eine erste Gruppe der Deutschen Burschenschaft, die sogenannte ›Urburschenschaft‹, konstituierte sich am 12. Juni 1815 in Jena, nachdem Jahn und Friesen schon 1812 mit dem ersten Rektor der Berliner Universität, Fichte, eine Denkschrift zur »Ordnung und Einrichtung der Deutschen Burschenschaften« diskutiert hatten.

Nach Einsetzen der ›Demagogen‹-Verfolgung auf der Basis der berüchtigten Karlsbader Beschlüsse (August 1819) wurden alle diese Gesellschaften, die schon lange zuvor polizeilich bespitzelt worden waren, verboten. Das patriotische Gesellschaftswesen war damit aber doch nicht erstickt. Es lebte fort in verschieden modifizierten Formen, zum einen in politischen Geheimbünden und Emigrantenvereinigungen, zum andern in bildungsbürgerlich-vereinsmeierlichen Lokalsozietäten und schließlich in akademischen Institutionen. Geschichts-, Museums-, Denkmals- und Gesangsvereine, Lesegesellschaften und ›Kränzchen‹ sprossen auch nach 1819 allerorten im Deutschen Bundesland. Ein im engeren Sinne germanistisch-philologischer und historisch-wissenschaftlicher Verein, die bundesweite »Gesellschaft für ältere deutsche Geschichtskunde«, konstituierte sich am 20. Januar 1819 in Frankfurt a. M. unter dem Vorsitz des Freiherrn von Stein. Inwiefern diese Gesellschaft mit dem ebenfalls schon vor 1822 in Frankfurt a. M. gegründeten »Verein für deutsche Sprache und Litteratur« zusammenhing, konnten wir nicht ermitteln. Auch über die Statuten und Aktivitäten des »Deutschen Vereins«, den der Germanistikprofessor Moriz Haupt gemeinsam mit seinen Kollegen Theodor Mommsen und Otto Jahn 1848 in Leipzig gründete, war nicht mehr zu erfahren, als daß die Mitglieder dieses Vereins beim Dresdener Maiaufstand mitgewirkt haben sollen, was ihnen nach Scheitern der Revolution Hochverratsprozesse und Amtsenthebung eintrug.

In der zweiten Hälfte des 19. Jahrhunderts gab es dann an zahlreichen Universitäten »Deutsche Gesellschaften« oder »Deutsche Societäten«, so in Berlin, Halle, Kiel, Göttingen, Marburg, Leipzig und Jena. Doch handelte es sich hier nicht um jedermann zugängliche Vereine, sondern um Universitätsinstitutionen, aus denen sich später die germanistischen ›Seminare‹, ›Institute‹ oder ›Abteilungen‹ entwickelten. [107]

Deutschgesinnte und Deutsche Gesellschaften vom 17. bis zum 19. Jahrhundert! Wollten sie alle dasselbe und konnten sie alle dasselbe wollen? Die Vielgestalt allein der Deutschen Gesellschaften des 19. Jhs. erlaubt es nicht, sie alle unterschiedslos als *germanistische* Organisationen auszugeben. Germanistisch waren sie alle nur insofern, als Germanistik in dieser Zeit mehr war als Deutsche Philologie. Für uns aber muß es wichtig sein, zu ermitteln, welche Bedeutung deutsch-philologische Fragestellungen in diesen Organisationen hatten, und andererseits, welche Bedeutung diese Organisationen für die universitäre Institutionalisierung der Deutschen Philologie hatten.

Die Schriften Jahns und Arndts waren es vor allem, die im Kampf gegen die napoleonische Okkupation Teilen des deutschen Bürgertums bei einer ersten ideologischen und dann auch politisch-organisatorischen Selbstbehauptung hilfreich waren. Gewiß lassen sich diese Schriften hinsichtlich der rhetorischen Brillanz, intellektuellen Schärfe und begrifflichen Konsistenz nicht mit Fichtes *Reden an die deutsche Nation* vergleichen; gerade deshalb aber war ihre politische Breitenwirkung größer als die Fichtes. So ist es denn auch kein Zufall, wenn bei den Gründungen aller patriotischen Vereinigungen der Phase 1810 bis 1819 Jahn und Arndt, wenn nicht persönlich, so doch durch ihre Schüler und Schriften, die Hand im Spiel hatten; das gilt sowohl für den »Deutschen Bund«, wie die »Berlinische Gesellschaft für Deutsche Sprache und Alterthumskunde«, für die in Hessen-Nassau zentrierten »Deutschen Gesellschaften« wie die Deutsche Turnerschaft und die Deutsche Burschenschaft. Die Programme dieser Vereinigungen und die Leitgedanken der für sie konstitutiven Schriften Jahns und Arndts müssen Auskunft darüber geben, was an ihnen ›germanistisch‹ war.

Jahns Programm

Was der unruhige und beunruhigende Jahn mit seinen vielfachen Vereinsinitiativen bezweckte, hatte er schon als Zweiundzwanzigjähriger in einer Flugschrift zu Papier gebracht. *Über die Beförderung des Patriotismus im Preußischen Reiche* machte er da bereits im Jahr 1800 sich Gedanken. Sein Plan zielt auf eine Veränderung der preußischen Schulprogramme. Nicht das Schul- und Universitätswesen selbst wird kritisiert, sondern eigentlich nur *ein* inhaltlicher Punkt: Jahn sieht die »vaterländische« – und das heißt für ihn zunächst nur die preußische – Geschichte nicht gebührend berücksichtigt.

»Ohne die Geschichte des Vaterlandes, ohne die Kenntnis seiner Vorteile kann der Bürger sein Vaterland nicht lieben; ohne die Tugenden seiner Väter zu wissen, kann er ihnen nicht nachstreben; ohne von den Patrioten gehört zu haben, kann er ihnen nicht nacheifern; kurz, ohne die Kenntnis der vaterländischen Geschichte ist der Bürger ein Spielball in der Hand eines schlauen Betrügers.« [108]

So ehrerbietig, ja devot Jahn von den preußischen Fürsten und Königen sonst in diesem Schriftchen spricht –: der Hinweis auf den »schlauen Betrüger«, der der Selbstbestimmung »des Bürgers« Abbruch tun könnte, läßt aufhorchen. Was da gefordert ist, ist nicht eine Geschichte der preußischen Dynastie, sondern eine der preußischen Kriegstaten, an denen das »Volk« beteiligt war. Überhaupt ist Mündigkeit des »Volkes« oder der »Bürger« das Ziel dieses Erziehungsplans.

Sechs Jahre später präzisiert Jahn seine Forderung in deutsch-philologischer Hinsicht. In der Schrift *Bereicherung des Hochdeutschen Sprachschatzes, versucht im Gebiethe der Sinnverwandtschaft* (Leipzig 1806) [109] klagt er:

»Es wäre endlich wohl ein Mahl hohe Zeit, daß ein Gelehrtenverein sich der Herausgabe einer Zeitschrift für Deutsche Sprache unterzöge, einer Unternehmung, die das Ganze der Sprache umfaßte. Daß auf ein Paar hundert Schulen Deutsch gelehrt, von einigen Tausenden Deutsch geschriftstellert, von Millionen Deutsch gesprochen wird, kann die Sprache nicht allein fortbilden.«[110]

Und dann folgt sein patriotisch-philologisches Credo:

»In seiner Muttersprache ehrt sich jedes Volk, in der Sprache Schatz ist die Urkunde seiner Bildungsgeschichte niedergelegt, hier waltet wie im Einzelnen das Sinnliche, Geistige, Sittliche. Ein Volk, das seine eigene Sprache verlernt, giebt sein Stimmrecht in der Menschheit auf, und ist zur stummen Rolle auf der Völkerbühne verwiesen. Mag es dann aller Welt Sprachen begreifen, und übergelehrt bei Babels Thurmbau zum Dollmetscher taugen, es ist kein Volk mehr, nur ein Mengsel von Staarmenschen.« [111]

Weiter gefächert hat Jahn die Vorschläge seiner früheren Flugschriften und Vorträge in dem Buch *Deutsches Volkstum* (Lübeck 1810). [112] Diese Schrift war für die ideologische Ausformung des deutschen Nationalismus mindestens ebenso wichtig wie Fichtes nur wenig älteren *Reden an die deutsche Nation,* und auf die Germanistik und vor allem auf die später sich von ihr abspaltende Volkskunde übte es eine weitreichende Wirkung aus, auch wenn zahlreiche akademische Germanisten schon seit den dreißiger Jahren des 19. Jahrhunderts den Volks- und Deutschtümler Jahn nicht mehr zu den ihren zählen wollten. Auch in dieser Schrift springt die Fixierung auf Preußen gleich wieder in die Augen, die hier jedoch weniger historische Feier als aktualpolitisches Programm ist:

»Auch ich sah niemals in dem Preußischen Staat das höchste schon Gewordene menschlicher Regierkunst; aber ich entdeckte in ihm eine Triebkraft zur Vollkommnung und einstigen Vollendung. Er war mir der Kern vom zersplitterten Deutschlande – der jüngste schnellwüchsige Schößling aus der alten Reichswurzel.« [113] An Preußen feiert er: »Deutsch ist der Stamm und die überwiegende Mehrzahl des Volkes« [114], dagegen ist ihm Österreich nur »ein zu großer Völkermang« [115], Und: »So ahndete ich in und durch Preußen eine zeitgemäße Verjüngung des alten ehrwürdigen Deutschen Reichs und in dem Reiche ein Großvolk, das zur Unsterblichkeit in der Weltgeschichte menschlich die hehre Bahn wandeln würde.« [116]

Bewiesen und deduziert wird hier nichts. So ist denn auch die wortreiche Definition seines Volkstum-Begriffs eine Leerformel:

»Was Einzelheiten sammelt, sie zu Mengen häuft, diese zu Ganzen verknüpft, solche steigernd zu immer größern verbindet, zu Sonnenreichen und Welten eint, bis alle sämtlich das große All bilden – diese *Einungskraft* kann in der höchsten und größesten Menschengesellschaft, im Volke, nicht anders genannt werden als – *Volkstum*. Es ist das Gemeinsame des Volks, sein innewohnendes Wesen, sein Regen und Leben, seine Wiedererzeugungskraft, seine Fortpflanzungsfähigkeit. Dadurch waltet in allen Volksgliedern ein *volkstümliches* Denken und Fühlen, Lieben und Hassen, Frohsinn und Trauern, Leiden und Handeln, Entbehren und Genießen, Hoffen und Sehnen, Ahnen und Glauben. Das bringt alle die einzelnen Menschen des Volks, ohne daß ihre Freiheit und Selbständigkeit untergeht, sondern gerade noch mehr gestärkt wird, in der Viel- und Allverbindung mit den übrigen zu einer schönverbundenen Gemeinde.« [117]

Diese nun nur umschreibbare, nicht begriffs- und dingfest zu machende »Einigungskraft Volkstum« ist für das deutsche Volk, immer laut Jahn, die »Deutschheit«. Er bietet einen Tugendkatalog zur Bestimmung dieses spezifisch deutschen Volkstums, der »Deutschheit«, auf: »Vollkraft, Biederkeit, Gradheit, Abscheu der Winkelzüge, Redlichkeit und das ernste Gutmeinen waren seit einem Paar Jahrtausenden die Kleinode unsers Volkstums.« [118] Aber diese Kriterien der Deutschheit sieht er in der Gegenwart nicht mehr erfüllt, und so fragt er, fordert er:

»Aber dennoch wird es, nach zweitausend Irrjahren, endlich einmal hohe Zeit, daß wir, das menschenreichste Volk Europas, uns mit einander für Zeitwelt und Nachwelt verständigen: Was gehört zu einem folgerechten Volk? was waren wir vormals? was sind wir nun? wie kamen wir dahin? was sollten wir sein? wie können wir es werden und, wenn wir es geworden sind, bleiben?« [119]

Jahn weiß auf alle diese Fragen Antwort, und er gibt sie in seinem Buch seltsam klappernd mit autodidaktenstolzer Belehrsamkeit, die mit akademischer Gelehrtheit nichts gemein haben will. Aber die Virulenz seiner Fragen lag darin, daß sie nicht mit Worten, sondern nur mit Taten zu beantworten waren. Mag Jahn in seiner pädagogischen Zielsetzung – als Konzeptor der ›Nationalerziehung‹ – dies selbst verschwommen reflektiert haben: Ruhm und Kläglichkeit des ›Turnvaters‹ waren dadurch begründet, daß die, die seine Fragen als die ihren erkannten, bei Präzisierung und Lösung dieser Fragen über die von ihm gesteckten Antwortmöglichkeiten hinausgehen mußten und hinausgingen. Gerade an der politischen Ambivalenz des Volkstum-Begriffs läßt sich das zeigen. Jahns Volkstum-Begriff impliziert eine Kritik am Nation-Begriff. Zwar gesteht er zu: »Mit Recht nennt uns Herder ›die ungewordene Nation‹. Aber es gab auch Zeiten, wo dieser Zustand uns weniger drückte. Leider können wir uns an das mehr wie jetzt *Volkgewesensein*, an das inniger und einiger *Nationausgemachthaben* kaum zurückerinnern, wie der abgelebte Greis an seine Jugendkraft.« [120] Er lehnt den Begriff »Nation« jedoch als »Zuflucht zur Ausländerei«, als Fremdwort mithin, ab. [121] Und tatsächlich hat sein Volks- und Volkstums-Begriff dem Nation-Begriff voraus, daß er den binnenstaatlichen *sozialen* Gliederungsaspekt – die Differenz von Volk und Herrscher, Volk und Fürst – noch reflektiert, auch wenn er ihn zugleich zu eliminieren sich anschickt. Gewiß, ›Volk‹ ist für Jahn die diffuse Einheit aller ›Deutschen‹, seien das nun Bauern, Lohnarbeiter, Bürger, Adelige oder Hochadelige. Aber das ›Volkstum‹ setzt er doch zugleich als eine Art Gewissen, das die soziale und politische Binnenstruktur der deutschen Staaten kritisieren und reformieren soll. Der Nation-Begriff hat in der aktuellen politischen Situation gerade nicht diesen Differenzierungswert, da er nur außenpolitische, negativ abgrenzende Kraft hat. Zwar ist in der Volkstumsideologie das Volk zwar auch nur emphatisch-pauschal als geschichtsmächtige Größe angesprochen, aber eben doch angesprochen.

Die mannigfachen Vereinsinitiativen Jahns sind als immer neue Versuche zu verstehen, die Volkstums-Lehre auf verschiedenen Ebenen, in verschiedenen Bevölkerungskreisen zu propagieren und in politische Praxis umzusetzen. Schon im September 1807 vermerkt er in einem Brief: »Ich lebe jetzt in einem Gewirr von Plänen für unser Vaterland, in einem Gewühle selbstauferlegter Arbeiten, in einem Geflechte von großen Gesellschaften; und das alles aus Hoffnungen.« [122] Aus solchen Hoffnungen schritt Jahn mit wenigen Gesinnungsgenossen im November 1810 zur Gründung des ›Deutschen Bundes‹, der sich jedoch nie zu einer »großen Gesellschaft« auswuchs. Um was es dieser Geheimgesellschaft ging, die, abenteuerlich genug, im nächtlichen Walde vor dem Halleschen Tor zu Berlin konstituiert worden war, wird aus den Statuten deutlich, wo es heißt:

»Des Deutschen Bundes Zweck ist Erhaltung des deutschen Volkes in seiner Ursprünglichkeit und Selbständigkeit, Neubelebung der Deutschheit und aller schlummernden Kräfte, Bewahrung unseres Volkstums, Schutz und Schirm wider heimliche Verderbung von innen, wider offene Knechtschaft von außen und alle Eingriffe, Listen und Betörungen der Ein- und Umschmelzung, Hinwirken zur endlichen Einheit unseres zersplitterten, geteilten und getrennten Volkes.« [123]

Mitglieder des Deutschen Bundes waren Lehrer, Regierungsbeamte und Offiziere, also Angehörige des mittleren Bürgertums und des niederen Adels, die als »Eidgenossen« bezeichnet wurden und sich duzten. Die Gesellschaft war nach demokratischen Prinzipien organisiert: alle waren gleichberechtigt, Ämter wurden durch Wahlen besetzt, Beschlüsse nach Mehrheitsprinzip gefaßt. Die Mitglieder des Bundes sahen in dessen Verfassung und Organisation ein Vorbild für das zukünftige einige Deutschland; und dies war wohl der Grund dafür, daß man dem Bund später in den Demagogenprozessen republikanische Tendenzen vorwarf, die indes von Jahn nie vertreten wurden, der auch

1848 noch das Prinzip einer konstitutionellen Erbmonarchie vertrat. Gewiß ist der Deutsche Bund nicht als Germanistenverein zu bezeichnen; das verbietet schon seine personelle Zusammensetzung. Die Mitglieder des Bundes, der wie gesagt auch außerhalb Berlins mehrere Sektionen gründete, kamen mehrmals monatlich zu Vollversammlungen zusammen, auf denen über nationale Belange debattiert wurde. So verhandelte man im Februar 1812 über die Errichtung einer deutschen Burschenschaft, und man wird wohl auch gelegentlich über deutsche Geschichte, Sprache und Literatur verhandelt haben. Ziel dieser Zusammenkünfte war es, die Mitglieder zu Agitatoren für die nationale Einheit und Freiheit zu bilden, die militärisch erkämpft werden mußte. Demgemäß verlangten die Statuten von jedem Mitglied, es solle »wider alle und jede Ausländerei reden, lehren und handeln, das Volksgefühl beleben, die Willenlosigkeit benehmen und alle Hirngespinste von Volksohnmacht und Feindes Übermacht.« [124] Obwohl der Deutsche Bund eine Geheimgesellschaft war, arbeitete er nicht illegal, denn er war den preußischen Regierungsbehörden bekannt; und die Mitglieder hofften denn auch »bei allem Vertrauen in die Volksbewegung [...] doch auf ein gemeinsames Vorgehen mit der Regierung.« [125] Mag man den Bund als einen Vorläufer der politischen Parteienbildung in Deutschland bezeichnen, so waren seiner Tätigkeit doch wegen der Geheimhaltung – und gelegentlich an Freimaurertum gemahnenden Geheimnistuerei – deutliche Grenzen gesetzt.

Diese Grenzen zu überwinden war die Deutsche Turnerschaft weit eher geeignet, die sich nach Eröffnung des Turnplatzes in Berlin rasch über ganz Deutschland verbreitete, und die Angehörige aller sozialen Schichten erfaßte:

»Mit seinem Turnen und den Turnspielen« – so erklärt Euler [126] – »verband Jahn einen tieferen Zweck. Er wollte die Jugend erkräftigen zum künftigen, von ihm heißersehnten, Kampf gegen den Feind, der in Deutschland und besonders in Preußen übermütig waltete und schaltete; [...] So galt auch seine ganze Thätigkeit neben seinem Unterricht und dem Turnen diesem Ziele: Deutschland auf die Erhebung gegen die Franzosen vorzubereiten.«

Für uns nun ist die Tatsache wichtig, daß die frühe Berliner Germanistik eine turnerische war. Und auch umgekehrt: die frühe Turnerei war eine physisch-gymnastische Germanistik, eine Germanistik, die in die Glieder und schließlich in die Kleider fuhr. Schon Rudolf von Raumer weist auf die Verquickung von Germanistik und Turnerei in Berlin hin:

»Deutsche Jünglinge und Männer wollte er [Jahn] bilden rüstig an Seele und Leib und erfüllt von Begeisterung für das deutsche Vaterland. Wie er selbst, so sollten seine Turner ihr Vaterland kennen lernen in seiner thatenreichen Geschichte, in seinen Sitten und Einrichtungen, in der uralten Herrlichkeit seiner Sprache und seiner Geisteserzeugnisse. Die Eröffnung des Berliner Turnplatzes im Frühling 1811 steht deshalb in engster Beziehung zu der warmen Aufnahme, welche damals die altdeutschen Studien in Berlin fanden. [...] hier trat an der eben gegründeten Universität im Jahr 1810 F. H. von der Hagen als Lehrer der altdeutschen Sprache und

Literatur auf. Friedrich Friesen, Jahn's reichbegabter Genosse bei der Ausbildung des Turnwesens war bei Fichte ein fleißiger Zuhörer gewesen, und bei Hagen in der Altdeutschen Sprache. Als dann Hagen im Jahr 1811 nach Breslau versetzt wurde, trat statt seiner August Zeune mit seinen Vorlesungen über das Nibelungenlied auf. Sein Hörsaal war gefüllt von Jahn's Turnern, und die kleine Handausgabe des Nibelungenliedes, die Zeune einige Jahre später (Berlin 1815) herausgab, ist neben anderen ›Richterstimmen‹ durch Jahn's Worte eingeführt: ›Der Nibelungenhort ist das Nibelungenlied.‹« [127]

In Ergänzung zu Raumers Mitteilungen ist darauf hinzuweisen, daß unter den Germanisten der ersten Hälfte des 19. Jahrhunderts neben Jahn und Zeune noch viele andere Turner waren: berühmt-berüchtigt ist Jahns enger Schüler Hans Ferdinand Maßmann; als Jahnschüler ließ sich auch Philipp Wackernagel zum Turnlehrer ausbilden; Wilhelm Wackernagel wurde durch Maßmann für die Turnerei gewonnen; Wolfgang Menzel gehörte ab 1815 zu den wichtigsten Propagandisten der Turnerbewegung in Jena; der mit Jahn schon früh befreundete Arndt setzte sich ebenso wie der Literaturhistoriker Wachler für die Turnersache ein, und der Ästhetiker Friedrich Theodor Vischer war längere Zeit Turnlehrer und trat auch publizistisch für die Turnsache ein. Dieser Namenskatalog ließe sich noch vervollständigen. Fast alle genannten wurden wegen ihrer Zugehörigkeit zur Turnerschaft in Prozesse verwickelt.

Durch die Karlsbader Beschlüsse war der Turnerbund zur staatsgefährdenden weil antiabsolutistischen Sache erklärt worden. Wieso es dazu kommen konnte, werden wir noch zeigen. Vorab ist nur zu konstatieren, daß das volkstümelnd-patriotische Vereinswesen der Turner für die organisatorische Konsolidierung und personelle Rekrutierung der frühen Universitätsgermanistik konstitutiv war. Ehe wir aber die weiteren Etappen der germanistischen Bewegung, für die neben der Turnerschaft bald auch die Burschenschaft von höchster Bedeutung war, kennzeichnen, ist es nötig, einen Blick auf die »Deutschen Gesellschaften« außerhalb Preußens zu werfen, und zu prüfen, inwiefern sie germanistische Interessen vertraten.

Arndts Programm

Der *Entwurf einer deutschen Gesellschaft*, den Ernst Moritz Arndt 1814 in Koblenz niederschrieb, ist ähnlich vage wie die Entwürfe Jahns. Er gleicht ihnen in der biderb-altertümelnden Diktion, sein Nerv ist wie bei Jahn blindwütiger Franzosenhaß. Und trotzdem ist er nicht nur chauvinistisch. Der Stoß geht nicht nur gegen die Franzosenherrschaft, sondern auch gegen die deutsche Fürstenwirtschaft. Nach der Schlacht bei Leipzig sieht Arndt die deutsche Einheit, die nicht nur Napoleon, sondern seit dem 16. Jahrhundert schon die deutschen Potentaten verhindert hatten, immer noch nicht realisiert.:

»Bei dieser traurigen Erfahrung der letzten Monate, wodurch die Erfahrungen von drei Jahrhunderten nur bestätigt werden, fragt man sich billig, woher kömmt dies immer wiederholte Unglück der Deutschen? Die Antwort ist leicht: Dies Unglück kömmt daher, weil sie kein in Einheit zusammenhangendes Volk sind, weil sie keine Fürsprecher und Vertreter haben, und weil sie das Eigene verachten und mit dem Fremden buhlen.« [128]

Die Fürsten als »Vertreter« der Deutschen haben in den letzten Jahren versagt. Deshalb brauchen sie »Vertreter aus dem Volke« [129] Aber wie wären die zu gewinnen, wenn nicht aus dem Volk selbst. Das Volk ist aber noch kein Volk. Und damit die Deutschen ein Volk werden, bedarf es eines nationalen Erziehungsprogramms, das »öffentliche Meinung« herstellt und garantiert: »Daß wir noch kein Volk sind, wird am besten bewiesen durch die Unwirksamkeit der öffentlichen Stimme, was man die öffentliche Meinung zu nennen pflegt. [130] Um die »Willkür und Selbstgewalt der Fürsten einzuschränken« [131], um den Fürsten, die »in dem Kleinlichen und in den Lüsten kleinlicher Herrschaft immer mehr verstockt« sind [132], entgegenzuwirken, empfiehlt Arndt die Einrichtung »Deutscher Gesellschaften«:

»Damit ein Volk werde, damit die öffentliche Meinung allmächtig wirke, damit alle, vom Fürsten bis zum Bettler, von dem großen Gefühl, das Vaterland gehört allen und alle gehören dem Vaterlande, durchdrungen werden, dafür müssen in Deutschland tugendliche, kräftige und einsichtige Männer geschlossen zusammentreten, und jeder in seinem Kreise und nach seinen Gaben wirken, daß das Kleinliche und Fremde vertilgt und das Großartige und Heimische belebt werde.« [133]

Zwei bürgerlich-progressive Forderungen, erstens die Durchsetzung des Willens der Gesamtbevölkerung gegen den Willen einzelner (»öffentliche Meinung«) und zweitens die Durchsetzung nationaler Einheit gegen den fürstlichen Separatismus, zeichnen Arndts Entwurf aus. Über die praktischen Mittel, vermöge deren diese Forderungen eingelöst, über den gangbaren Weg, auf dem die »Deutsche Gesellschaft« gegründet werden soll, sagt Arndt aber herzlich wenig. Der Entwurf bleibt da appellativ-abstrakt. Die »Deutsche Gesellschaft« soll »für alle Deutsche, ohne Unterschied der Religion und Regierung« zugänglich sein, und sie soll sich, »soweit der schirmende Reichsadler seine mächtigen Flügel spreitet« [134] ausbreiten. Wie sie aber zu installieren sei, sagt Arndt nicht; nur: »Diese deutsche Gesellschaft bildet und versammelt sich in allen größeren Städten des Vaterlandes, wo sich eine hinreichende Zahl gebildeter Männer findet, welche leiten und führen und die Menge befeuern und beleben können.« Das Programm ist ein nationalpädagogisches: »Also Erziehung und Unterweisung des Volks durch Tat und durch Beispiel, Richtung und Wendung aller edelsten und lebendigsten deutschen Kräfte dahin, daß die welsche Art und Sprache bei uns verachtet und ausgerottet und die deutsche Art und Sprache geehrt und gepflegt werde.« Es sind demnach stadtbürgerlich-lokale Vereine, von denen Arndt politisch-moralische Besserung erhofft, Vereine, deren Reglement Arndt mit vereinsmeierlich-akribischer Freude am Perfektionismus festlegt (fünfköpfiger Vorstand, der

Sittenrichterfunktion haben, aber immerhin gewählt werden soll; zwei Mitgliederversammlungen pro Monat, die »in den öffentlichen Blättern der Landschaft« angekündigt werden sollen, »weil die deutsche Gesellschaft keine geheime Gesellschaft sondern eine volkliche ist«), ohne doch näher anzugeben, was in den Vereinssitzungen getrieben werden soll. Auf den Mitgliederversammlungen soll, in Vorträgen und Diskussion, erörtert werden, »was dem Herzen jedes Deutschen das Nächste sein muß.« Dabei aber – und das gilt es hier hervorzuheben – sollen deutsche Geschichte und deutsche Sprache besondere Berücksichtigung finden:

»Denn die deutsche Geschichte, die fast niemand mehr kennt und fühlt, muß wieder lebendig in das Leben hineingesprochen und hineingelebt werden.« [138] Und: »Die einzige Sprache, die in der deutchen Gesellschaft gesprochen werden darf, ist die deutsche Sprache; denn auch dahin zielt sie vorzüglich, daß die unmittelbare Kraft des Lebens und die große Gewalt der Seele lebendig werde, daß die Menschen aus Schreibern Sprecher und aus Träumern Täter werden [...] Wer seine Sprache nicht achtet und liebt, kann auch sein Volk nicht achten und lieben; wer seine Sprache nicht versteht, versteht auch sein Volk nicht und kann nie fühlen, was die rechte deutsche Tugend und Herrlichkeit ist; denn in den Tiefen der Sprache liegt alles innere Veständnis und alle eigenste Eigentümlichkeit des Volkes verhüllt. Darum, deutsche Männer, sprechet Deutsch, und recht gut und echt Deutsch, und ihr werdet durch eine stille, geistige Verwandlung, die von selbst in euch vorgeht, bald ganz andre Männer sein, als ihr jetzt seid.« [139]

Solche geschichts- und sprachbezogenen Maximen erlauben es wohl, Arndts Gesellschaftsprogramm als ein germanistisches zu bezeichnen. Die Praxis der Lokalvereine, der regionalen »Deutschen Gesellschaften« aber, die sich 1814 und 1815 – vor allem in Hesen-Nassau – unter Berücksichtigung des Arndtschen Entwurfes konstituierten, war keine vordringlich germanistische, zumindest keine akademische. Die Tatsache, daß sich überhaupt solche Gesellschaften konstituierten, daß Arndts vager Aufruf ein Echo fand, läßt erkennen, daß er schon in Kenntnis der realen Erwartungen bestimmter Adressaten konzipiert worden war.

Die Brüder Ludwig und Wilhelm Snell aus Idstein, der eine Gymnasiallehrer, der andere Jurist, veranlaßten im Sommer 1814 in Usingen, nachdem sie zuvor Arndt kontaktiert hatten, eine Zusammenkunft von 7 oder 9 Männern, unter ihnen Karl Theodor Welcker und der Butzbacher Konrektor Friedrich Ludwig Weidig, die über die Einrichtung »Deutscher Gesellschaften« berieten. [140] In ihrem Heimatstädtchen Idstein gründeten die Brüder Snell kurz darauf schon eine solche Gesellschaft, in deren Statuten (vom 24. 8. 1814) festgelegt war, daß pro Jahr zwölf Sitzungen stattfinden sollten, auf denen über »einzelne Züge deutscher Tugenden und vaterländischen Geistes« Vorträge gehalten werden sollten. [141] Der Verein hatte sich kaum um behördliche Anerkennung bemüht – eine Eingabe im September 1814 war, von 35 Bürgern (Lehrern, Pfarrern, Juristen und einigen Handwerkern und Gewerbetreibenden) unterzeichnet, an das Nassauische Staatsministerium abgegangen –; die patriotisch-pädagogische Tätigkeit war kaum aufgenommen – mit Vorträgen über die Schlacht bei Lützen, über Palms Tod, über Karl den Großen und über das Verhältnis von Humanität und Patriotismus [142] –, da wurde die Gesellschaft von Seiten der Regierung, am 7. 2. 1815, schon wieder aufgelöst. Die Mitglieder trafen sich seitdem aber insgeheim weiter. [143]

Ähnlich war das Schicksal anderer Lokalsektionen der Deutschen Gesellschaft in Butzbach, Kreuznach, Wiesbaden und anderswo. Die Brüder Snell und Weidig waren meist die Initiatoren, Welcker, Mühlenfels und die Brüder Follen aus Gießen waren als Propagatoren unermüdlich tätig. Meist rekrutierten sich die Gesellschaften aus den ortsansässigen Konsistoriumsmitgliedern, also Pfarrern und Lehrern und daneben aus wenigen Handwerkern. Nur die Gesellschaften zu Gießen und Heidelberg bestanden fast ausnahmslos aus Studenten, und so war es kein Zufall, daß diese Sektionen bald wichtige Keimzellen der deutschen Burschenschaft, in Gießen der »Unbedingten« oder »Schwarzen« und in Heidelberg der »Teutonen«, wurden.

Weshalb die »Deutschen Gesellschaften« den Regierungen der Klein- und Mittelstaaten des mit Napoleons Fall zerfallenden Rheinbundes so gefährlich erscheinen mußten, daß sie sie verboten, erhellt aus der realen Lage der Bevölkerung, die nach den Freiheitskriegen keine materielle und politische Besserung kommen sah. Im Auftrag der Nassauischen Regierung schrieb Harscher von Almendingen, Geheimer Staatsreferendar in Wiesbaden, 1815 einen Aufsatz *Über die teutschen Gesellschaften,* in dem es hieß: »Vereine, welche über alle öffentlichen und Privatgebrechen Protokoll führen, Ehre und Schande austeilen, bewaffnet einherschreiten, durch alle Staaten einander die Hand reichen, welch furchtbareren Staat im Staate als diese ›bureaux de médisance‹ hätte es je gegeben!« [144] Dem nassauischen Herzog war – wie es anläßlich des Verbots der Wiesbadener Gesellschaft hieß – »das Mißfälligste an den deutschen Gesellschaften, daß sie konkurrieren zu wollen schienen mit der Thätigkeit des Staates« [145], und daß die »Deutschen Gesellschaften« kleinstaatliche Souveränitäten zu negieren und eine Hegemonie Preußens zu fördern schienen.

Germanistischer Enthusiasmus während der Freiheitskriege

Über die mannigfachen volkstümelnden und deutschtümelnden Organisationsversuche im Kontext der Freiheitskriege und des Wiener Kongresses mußte hier Auskunft gegeben werden, weil nur so verständlich werden kann, welche Erwartungen an die Germanistik als Wissenschaft von deutschem Recht, deutscher Geschichte, Sprache und Literatur geknüpft wurden. Aus allen Germanistenviten der Zeit wird immer wieder deutlich, daß die politische Tätigkeit dieser Männer nicht berührungslos neben ihrer wissenschaftlichen einherging. Auch Jacob Grimm trat schon 1811 – in einer Schrift *Über den altdeutschen Meistergesang* – für das Recht bürgerlicher Gesellschaften gegenüber dem Staat ein, ohne freilich an ›Deutsche Gesellschaften‹ im strikten Sinne zu denken:

»In den Gesellschaften herrschen eigentlich zwei Elemente, das gute ist ein inneres, die Liebe, welche bindet und hält, das andere ein äußeres und böses, wenn der Eingang ohne Weihung ist und sich die Zeichen zu sehr erheben. So wie der Staat einzig und allein in dem Worte: Vaterland, verstanden wird, und ohne die Einheit der bis zum Tod bereiten Herzen alles Recht und alle Sicherheit eine elende Einrichtung bleibt, so stirbt alle Verbindung oder hat nie gelebt ohne jenen befruchtenden Thau. Je mehr wahrer Gesellschaften ein Staat zählt, desto glückseliger ist er zu preisen, weil da kein Staat im Staate ist, wo Liebe in Liebe wohnt.« [146]

Daß Jacob Grimm mit den Volkstums-Vorstellungen Arndts und dessen Hoffnungen auf die Durchsetzung öffentlicher Meinung, »Volksmeinung«, sich in Einklang befand, wird aus seiner Mitarbeit am *Rheinischen Merkur* erkennbar, der das mächtigste Sprachrohr der antifeudalen Opposition in den Rheinlanden war. Am 18. Juli 1814 schreibt Jacob an Görres, den Herausgeber des *Rheinischen Merkur:*

»Man wird Ihnen nach und nach aus allen Orten her Beiträge, die die Volksmeinung siegen machen werden, zuschicken [...] In der Hauptsache sind alle Guten einig und das allein verbürgt, daß sie sich nicht niederdrücken lassen wird. [...] Am nöthigsten war hier wieder der offene Kampf gegen die rheinischen Bundgründer und das schändliche Souveränitätswesen, [...]!« [147]

In einem Artikel J. Grimms, der am 4. 1. 1815 im *Rheinischen Merkur* erscheint, wird das noch deutlicher:

»blosz das reich ist das höchste, sonst keiner souverän, welche ein undeutsches, schändliches wort ist. unsere fürsten sind keine obersten, sondern vornstehende, vorsteher, die unter dem reiche stehen sollen, von dessen licht leben und es austheilen.« [148] Und weiter: »allein es soll jetzo mehr auf die rechte der völker, als der fürsten gesehen werden. die fürsten werden sich bessern und sterben ab, aber kein volk und keiner darunter mag sich ein unrecht eindrücken lassen.« [149]

Inwiefern die Freiheitskriege eine ›germanistische‹ Angelegenheit waren, läßt sich an Indizien ablesen: August Zeune, der rührige Berliner Geographieprofessor, Freund von der Hagens und Jahns, gab eine »Feld- und Zeltausgabe« des *Nibelungenliedes* heraus, die die Freiheitskämpfer in die Schlacht begleiten sollte; und die Brüder Grimm, damals Bibliothekare in Kassel, widmeten den hessischen Kriegsfreiwilligen ihre Ausgabe des *Armen Heinrich*; denn, so ließen sie in einem Subskriptionsaufruf wissen:

»In der glücklichen Zeit, wo jeder dem Vaterland Opfer bringt, wollen wir das altdeutsche, schlichte, tiefsinnige und herzliche Buch vom armen Heinrich, worin dargestellt ist, wie kindliche Treue und Liebe Blut und Leben ihrem Herrn hingibt und dafür herrlich von Gott belohnt wird, neu herausgeben.« [150]

Nibelungenlied und *Armer Heinrich,* altdeutsche Dichtung mithin sollte und mußte es sein, die die deutsche Jugend zur Befreiung des Vaterlandes begeisterte. Feldmann erklärt, »die altdeutschen Studien konnten jetzt ganz konkret in den Dienst des Vaterlandes gestellt werden.« [151] und Josef Körner behauptet sogar, in Berlin seien seit 1806 »die altdeutschen Studien die einzig mögliche Opposition gegen die Franzosen« [152] gewesen. Daß etwa Goethes Dichtung den nämlichen ›deutschen‹ Zweck nicht hätte erfüllen können, wird schon daraus ersichtlich, daß der junge Napoleon den *Werther* auf den Ägyptenfeldzug mitgenommen hatte. Was damit aber zugleich sichtbar wird, ist eines der zentralsten und verhängnisvollsten Axiome, das viele Germanisten bis zum Nationalsozialismus hin festhielten: das Axiom, daß Sprache, Literatur und Recht um so reiner, schöner, kraftvoller und eben ›deutscher‹ seien, je *älter* sie sind. Über dem historischen Regreß geriet so der politische Progreß oft und weitgehend aus dem Blick. Und gewiß war dies ideologische Axiom mit ein Grund dafür, daß lange an den Universitäten keine eignen Lehrstühle für Neuere deutsche Literatur eingerichtet wurden; so klagt noch 1857 Hermann Hettner, »daß es Professoren genug gebe, ordentliche und sogar außerordentliche, welche Goethe, wenn sie es auch nicht offen bekennen, doch eigentlich als ›Litteraten‹ über die Achsel ansehen.« [153]

Die Freiheitskriege mobilisierten die deutschen Universitäten. Jahn war einer der ersten, die von den Meldungen über den mißlichen Ausgang von Napoleons Rußlandfeldzug Kenntnis erhielten, und er sorgte dafür, daß sie sich in Windeseile verbreiteten: »Schon zu Weihnachten 1812 erfuhren seine Turner und die Studierenden zu Halle, Göttingen, Jena usw. durch besondere Sendboten, daß es bald losgehen werde.« [154] Die Turner und Studenten verfügten 1812 also schon über ein eigenes überregional weitgespanntes Nachrichtennetz. Die organisatorische Selbständigkeit, die sich darin manifestierte, erschien den deutschen Potentaten damals nur deshalb noch nicht bedenklich, weil die Mobilmachung gegen Napoleon von vordringlichem Interesse war. Die Fürsten riefen das Volk für die Freiheit des Vaterlandes zuhilfe. Als aber die Schlachten der Freiheitskriege geschlagen waren, mußten die meisten Patrioten erkennen, daß wohl die Fürsten befreit waren, nicht aber das Vaterland.

Man muß sich den Enthusiasmus dieses Krieges, der sehr wohl Züge eines Volksaufstandes hatte, recht verdeutlichen: Ein Breslauer Professor, der Norweger Henrik Steffens, konnte im Frühjahr 1813 durch eine Ansprache 200 Studenten zum Eintritt in ein Jägerkorps mitreißen. [155] Über die Hälfte der Jenaer Studenten nahm an den Feldzügen der Freiheitskriege teil. [156] In Berlin meldeten sich innerhalb von drei Tagen allein 9000 Freiwillige, darunter 258 Studenten und 135 Schüler der preußischen Musterschule, des Grauen Klosters. [157] Jahn trat, und die preußische Regierung sah das mit Wohlgefallen, als einer der ersten in das im Februar 1813 gegründete Lützowsche Freikorps ein, und viele Studenten und Turner folgten ihm. Er konnte sie anwerben, weil die französischen Kontributionen und Plünderungen seit der Niederlage bei Jena und Auerstedt (14. Oktober 1806) Preußens Bevölkerung ausgesaugt hatten. Selbst in der preußischen Generalität waren seit 1811 schon Pläne aufgetaucht, mittels freiwilliger Landwehren und eines Landsturms einen »Aufstand in Masse« (Gneisenau) gegen die Franzosenherrschaft zu entfachen. Im Frühjahr 1813 reaktualisierte Scharnhorst, der Chef des preußischen Generalstabs, diese der Französischen Revolution abgesehenen Landsturm-Pläne. Doch wurden sie, da die Regierung eine totale Mobilmachung der Bevölkerung nicht ohne Grund fürchtete, nicht ausgeführt. Immerhin, die patriotischen Akademiker und Bürger eilten in die Landwehren. Jedes Infanterieregiment und jedes Kavallerieregiment erhielt eine Jägerabteilung, die nur aus Freiwilligen bestand. [158]

Die Akademiker und Künstler Berlins aber bildeten ihren eignen theatralisch-patriotischen ›Landsturm‹, dessen Aufzug ein Augenzeuge, der Historiker Karl Friedrich Köppen, geschildert hat:

»Die Professoren der Universität Berlin bildeten einen eigenen Trupp und übten sich häufig in den Waffen, der kleine bucklige Schleiermacher, der kaum die Pike tragen konnte, auf der äußersten Linken, der baumlange Savigny auf dem rechten Flügel; der lebhaft knirpsige Niebuhr exerzierte, daß die nur federgewandten Hände dicke Schwielen bekamen; der ideologisch tapfere Fichte erschien bis an die Zähne bewaffnet, zwei Pistolen im breiten Gürtel, einen Pallasch hinter sich herschleppend, in der Vorhalle seiner Wohnung lehnten Ritterlanze und Schild für sich und seinen Sohn. Der alte Schadow führte die Schar der Künstler, Iffland die Helden der Bühne; diese wie jene meist abenteuerlich-mittelalterlich und phantastisch-theatralisch kostümiert und bewehrt: Sturm- und Pickelhaube, Flamberge und sogar Morgensterne kamen zum Vorschein; man sah auf dem Übungsplatz den Waffenschmuck Talbots und Burgunds, Wallensteins und Richards des Löwenherzen. Iffland selbst erschien einst mit dem Brustharnisch und dem Schilde der Jungfrau von Orleans, was große Heiterkeit erregte.« [159]

Das ›germanistische‹, das altdeutsch-ritterliche Gehabe des patriotischen Akademikertums wird in dieser Schilderung recht drastisch Bild. Einen anderen Aspekt desselben Phänomens, des unvermittelten Zusammentretens von ›Germanistik‹ und aktueller politischer Situation, reflektiert Johann Andreas Schmeller (einer der liebenswertesten Germanistik-Professoren) in einer Tagebuchnotiz am 2. März 1813:

»Nun haben wir bald 5 verschiedene Bearbeitungen des Nibelungenliedes, zwei von Hagen, eine Übersetzung von Büsching, eine erklärende Ausgabe von Zeune, und eine versprochene von A. W. Schlegel. Und vor hundert Jahren, wer ließ sich auch nur so was träumen.

Alle Jünglinge der preußischen Universitäten seien zu den Waffen geeilt. Recht so.

Deutschlands Heldenzeit sucht ihr in verschollenen Reimen,
Besser, greifet zum Schwert, lasset die eure sie sein!« [160]

Und ein paar Tage später, am 24. März, notiert er, der bayerische Korbflechterssohn, sein bayerisches ›ça ira‹: »Die Maurer klopfen an der Thür!

Auf! es geht ans Hausabreissen.« [161] Daß es gewiß nicht nur Napoleons Haus war, das ihm abreißenswert erschien, sondern daß es ihm um die Errichtung von Republiken, ja um Gütergleichheit und die Abschaffung von Erb- und Familienrecht ging, kann man zahlreichen anderen Tagebuchnotizen der Jahre 1812/13 entnehmen. [162] Schmeller wurde im Januar 1814 endlich »Oberlieutenant bei dem freiwilligen JägerBataillon des Illerkreises«, und auch viele andere, später als Germanisten berühmte Männer, Fouqué und Maßmann, Goettling und Lachmann meldeten sich freiwillig unter die Waffen; Lachmann »aber [...] kam nicht an den Feind«, wie Scherer in der ADB mitteilt.

Der politische Enthusiasmus der Erhebungsjahre wich bitterer Ernüchterung. Nach der endgültigen Vertreibung und Verbannung Napoleons (15. Juli 1815) und nach der Gründung des Deutschen Bundes, der zunächst aus 41, später aus 39 Bundesstaaten sich zusammensetzte, machten Turner und Mitglieder der Deutschen Gesellschaften und des aus ihnen hervorgehenden geheimen »Hoffmannschen Bundes« [163] zwar noch verzweifelte Anstrengungen, ein einiges liberales Deutschland – und sei's unter der einen Krone Preußens – zu erzwingen. Aber sie wurden von den durch den Wiener Kongreß legitimierten Regierungen der Bundesstaaten beargwöhnt, bespitzelt und zunehmend unterdrückt, in den Untergrund gezwungen und in die Emigration verjagt. »Man könnte eine Maus in Deutschland laufen hören – so still ist es,« schrieb Ludwig Snell 1816 an einen Freund. [164]

Deutsche Burschenschaft, Wartburgfest und Karlsbader Beschlüsse

Die politisch progressive und strategisch richtige Intention von Turnerschaft und Deutschen Gesellschaften hatte darin bestanden, daß sie – als bewußt nichtakademische Vereinigungen – *alle* Volksschichten in einem, freilich vagen, Streben nach deutscher Einheit und ›öffentlicher Meinung‹ hatten organisieren wollen. Mit der Gründung der Deutschen Burschenschaft zeichnete sich dann schon objektiv ab, daß die antifeudale Opposition an Breite und Macht verloren hatte. Sie zog sich, auch wenn die Burschenschafter das nicht durchweg wollten, in die Universitäten und Universitätsstädte zurück.

Am 12. Juni 1815 konstituierten 143 Studenten der Universität Jena (mehr als die Hälfte der dort Immatrikulierten) die sogenannte Urburschenschaft. Maßgebliche Initiatoren waren aus dem Krieg in die Hörsaalbänke zurückgekehrte Lützowsche Jäger. Die Versammlung erklärte die alten Landsmannschaften und andere Studentenvereinigungen für aufgelöst. Die Statuten berücksichtigten programmatische Gedanken der Jahn, Fichte und Arndt. Als ihr Symbol wählten die Burschenschafter die schwarz-rot-goldene Fahne, die bald, in Analogie zur Flagge der Französischen Revolution, als ›deutsche

Trikolore‹ bezeichnet wurde. Diese Fahne, deren Farben man dem alten deutschen Reichswappen entnommen hatte und die, nach Jahns Wunsch, auch schon die Fahne des Lützowschen Freikorps hatte werden sollen, wehte am 18. und 19. Oktober 1817 auf der Wartburg.

Dort waren über 450 Studenten aus fast allen Staaten des deutschen Bundesgebietes zusammengekommen, um den dreihundertsten Jahrestag der Reformation und den vierten Jahrestag der Völkerschlacht bei Leipzig zu feiern. Was jeden zwanzigsten der damals ca. 8500 deutschen Studenten bewog, am Wartburgfest teilzunehmen, ist in den dokumentenreichen Darlegungen Günter Steigers [165] und Willi Schröders [166] genauer nachzulesen. Den Studenten ging es um mehr als ein Einigungs- und Erinnerungsfest. Was da zusammentraf, waren die beiden Hauptoppositionsformen des deutschen Bürgertums: die burschenschaftliche Einheits- und Reformbewegung und die ›Adressenbewegung‹, d. h. jene Bewegung, die auf eine Erfüllung des in Artikel 13 der Bundesakte gegebenen Versprechens auf »Landständische Verfassung« durch schriftliche Eingaben an die Bundesversammlung drang. Der wesentliche Erfolg des Wartburgfestes war, daß sich im darauffolgenden Jahr die allgemeine deutsche Burschenschaft (an 14 Universitäten von 14 Bundesstaaten) etablieren konnte. Die deutsche Einheit war so auf studentisch-akademischer Ebene manifestiert, die reale Einheit Deutschlands, die wirtschaftliche und politische Einheit aber blieb ein Wunschtraum. Was wenig später den deutschen Bundesregierungen äußeren Anlaß gab, das Wartburgfest als Analogon der ›crise francaise‹ von 1788, als »Brutanstalt des Jakobinismus« und »Hexensabbath« zu verschreien [167], war vor allem ein Akt, der gerade Germanistik-Historiker interessieren muß: die von dem späteren Germanistik-Ordinarius Hans Ferdinand Maßmann inszenierte Bücherverbrennung.

Der damals zwanzigjährige Maßmann, Lieblingsschüler Jahns und als solcher rühriger Turner und Burschenschafter – »Burschenturner«, wie Jahn zu sagen liebte –, ahnte schwerlich, was er mit seiner theatralischen Aktion auslöste. Unter Berufung auf Luthers Verbrennung der päpstlichen Bulle und der kanonischen Rechtsschriften brachte er in der Nacht des 18. Oktober auf dem Wartenberg eine Liste von etwa 25–30 Schriften zur Verlesung und ließ dazu Makulaturpapierbündel, die mit den entsprechenden Buchtiteln beschriftet waren, mit einer »Heu- und Höllengabel« ins Feuer werfen. Die Schriften, die da symbolisch verbrannt wurden, waren zum einen solche von Gegnern des Turnwesens, der Burschenschaft und der ›akademischen Freiheit‹; dann solche, die den Absolutismus und feudale gesellschaftliche Zustände rechtfertigten [168]; ferner der von dem Berliner Polizeidirektor Christoph Karl Heinrich von Kamptz zusammengestellte *Kodex der Gendamerie* (1815); aber schließlich auch der *Code Napoléon*, der doch fortschrittlicher war als alle damals in deutschen Bundesländern gültigen Gesetzbücher, und die mutige Schrift Saul Aschers *Germanomanie, Skizze zu einem Zeitgemälde* (1815), die von der Position der bürgerlichen Aufklärung aus die christlich-deutschtümelnde Beschränktheit des Nationalismus kritisierte. Den Buchattrappen folgten abschließend noch drei Gegenstände ins Feuer, die als Symbole der absolutistischen Gewalt verhaßt waren: ein preußischer Ulanenschnürleib, ein »Pracht-, Prahl- und Patentzopf« [169] und ein (österreichischer) »großmächtiger Corporalstock«. Maßmann sah sich ein Vierteljahr später gezwungen, dies emphatisch-blinde Unternehmen in einer Schrift zu verteidigen; dort heißt es:

»Wir wollten verbrennen und haben verbrannt [...]: die Grundsätze und Irrlehren der Zwingherrschaft, Knechtschaft, Unfreiheit und Ungerechtigkeit, Unmännlichkeit und Unjugendlichkeit, Geheimniskrämerei und Blindschleicherei, des Kastengeistes und der Drillerei (Leibes und der Seele), die Machwerke des Schergen-, Hof-, Zopf-, Schnür- und Perrückenteufels, der Unschönheit und Untugend – alle Schmach des Lebens und des Vaterlandes.« [170]

Der Verbrennungsakt war in allen Momenten eine diffuse Ersatzhandlung. Die feudale Allegorie behauptete gegen die bürgerliche Allegorese ihre Macht durch die Karlsbader Beschlüsse. Oder anders gesagt: der objektiv gerechtfertigte bürgerlich-emanzipative Anspruch auf Beseitigung »aller Schmach des Lebens und des Vaterlands« wurde verspielt und eben theatralisch-spielerisch verniedlicht durch Handlungen, die in den Insignien, Indizien und Symbolen die Sache selbst zu treffen meinten. Daß die bürgerlich-akademische Opposition ihren Gegner nicht recht kannte, bewies die Verbrennung des *Code Napoléon*. Daß aber die feudalabsolutistische Klasse ihren Gegner kannte, bewiesen die Karlsbader Beschlüsse. Maßmanns Feuerwerk und dann noch das Attentat des Burschenturners Karl Ludwig Sand auf Kotzebue (23. März 1819) nahm die Reaktion zum äußeren Anlaß, die gesamte antiabsolutistische Bewegung durch umfassenden Polizei- und Gesetzesterror zu unterdrücken.

Die Karlsbader Beschlüsse (gefaßt auf der Konferenz der zehn bedeutendsten deutschen Bundesstaaten zu Karlsbad, 6.–31. August 1819) bestanden im wesentlichen aus vier sich gegenseitig ergänzenden Gesetzen: dem Universitätsgesetz, dem Pressegesetz, dem Untersuchungsgesetz und der Exekutivordnung. Durch das Universitätsgesetz wurde die strenge politische Überwachung der Universitäten eingeführt, die durch ständige aufsichtsführende Beamte, sog. Kuratoren, gewährleistet wurde. Das Gesetz bot Handhabe, politisch unliebsame Hochschullehrer ohne Gerichtsverfahren fristlos zu entlassen und ihre Anstellung an Universitäten anderer Bundesstaaten zu verhindern. Die Burschenschaft wurde verboten mit dem Hinweis, daß »diesem Verein die schlechterdings unzulässige Voraussetzung einer fortdauernden Gemeinschaft und Correspondenz zwischen den verschiedenen Universitäten zum Grunde liegt.« [171] Künftig sollten Burschenschaftsstudenten exmatrikuliert und an keiner deutschen Universität aufgenommen werden; öffentliche und Staatsämter sollten ihnen nicht zugänglich sein. Auch das Pressegesetz war zur Unterdrückung der bürgerlichen Opposition konzipiert: jede Schrift unter 20 Bogen (320 S.) mußte vor der Publikation einer Zensurbehörde vorgelegt werden; größere Publikationen wurden einer Nachzensur unterworfen. [172] Vermöge des Untersuchungsgesetzes wurde eine ›Zentral-Untersuchungskommission des Deutschen Bundes‹ in Mainz geschaffen, die Untersuchungen über die – wie es offiziell hieß – »in mehreren Bundesstaaten entdeckten revolutionären Umtriebe« anzustellen hatte und die Materialien für die sog. Demagogen-Prozesse zusammenstellte. »Die historische Stellung dieser Zentral-Untersuchungskommission wird in ihrer ganzen Tragweite sichtbar, wenn man weiß, daß es die *einzige* gesamtdeutsche Institution war, die das deutsche Volk von seiner herrschenden Klasse als Frucht der so hart erkämpften Siege von Leipzig bis Belle-Alliance vorgesetzt erhielt.« [173] Die Exekutionsordnung schließlich perfektionierte diese reaktionäre Gesetzestrias, indem sie dem Bund das Recht zusicherte, militärisch in die inneren Angelegenheiten der angeblich doch souveränen deutschen Einzelstaaten einzugreifen, »und zwar vor allem bei Volksbewegungen«. [174]

Deutschtümelei

Die Karlsbader Beschlüsse lieferten die Hebel, die bürgerliche Opposition zu unterdrücken. Daß sie unterdrückt werden konnte, lag wesentlich aber an der politisch-ideologischen Konzeption der patriotischen Bewegung selbst, lag an ihrer *Deutschtümelei.* Friedrich Engels hat 1841, anläßlich des Erscheinens von Arndts *Erinnerungen aus dem äußeren Leben,* »die retrograden Seiten der Deutschtümelei« in einer Zeitungsartikel-Reihe vor Augen gestellt. [175] Er weist zunächst auf das revolutionäre Insurrektionsmoment der Freiheitskriege hin, das durch Wiener Kongreß und Bundesversammlung bald zum Erliegen kam, und fährt dann fort:

»Wem die alte Strebenslust noch nicht vergangen war, wer sich noch nicht entwöhnen konnte, auf die Nation zu wirken, den jagten alle Gewalten der Zeit in die Sackgasse der Deutschtümelei. Nur wenige ausgezeichnete Geister schlugen sich durch das Labyrinth und fanden den Pfad, der zur wahren Freiheit führt.

Die Deutschtümler wollten die Tatsachen des Befreiungskrieges ergänzen und das materiell unabhängig gewordene Deutschland auch von der geistigen Hegemonie des Fremden befreien. Aber eben darum war sie Negation, und das Positive, mit dem sie sich brüstete, lag in einer Unklarheit begraben, aus der es nie ganz erstand; was davon ans Tageslicht der Vernunft kam, war meist widersinnig genug. Ihre ganze Weltanschauung war philosophisch bodenlos, weil nach ihr die ganze Welt um der Deutschen willen geschaffen war und die Deutschen selbst die höchste Entwicklungsstufe längst gehabt hatten. Die Deutschtümelei war Negation, Abstraktion im Hegelschen Sinne. Sie bildete abstrakte Deutsche durch Abstreifung alles dessen, was nicht auf vierundsechzig Ahnen rein deutsch und aus volkstümlicher Wurzel entsprossen war. Selbst ihr scheinbar Positives war negativ, denn die Hinführung Deutschlands zu ihren Idealen konnte nur durch Negation eines Jahrhunderts und seiner Entwicklung geschehen, und so wollte sie die Nation ins deutsche Mittelalter oder gar in die Reinheit des Urdeutschtums aus dem Teutoburger Walde zurückdrängen. Das Extrem dieser Richtung bildete Jahn. Diese Einseitigkeit machte denn die Deutschen zum auserwählten Volk Israel und mißkannte alle die zahllosen weltgeschichtlichen Keime, die außerdeutschem Boden entsproßt waren. Namentlich gegen die Franzosen, deren Invasion zurückgedrängt war, und deren Hegemonie in Äußerlichkeiten darin ihren Grund hat, daß sie die *Form* der europäischen Bildung, die Zivilisation, jedenfalls von allen Völkern am leichtesten beherrschen, gegen die Franzosen wandte sich der bilderstürmende Grimm am meisten. Die großen, ewigen Resultate der Revolution wurden als ›welscher Tand‹ oder gar ›welscher Lug und Trug‹ verabscheut; an die Verwandtschaft dieser ungeheuren Volkstat mit der Volkserhebung von 1813 dachte niemand; was Napoleon gebracht hatte: Emanzipation der Israeliten, Geschworenengerichte, gesundes Privatrecht statt des Pandektenwesens, wurde allein um des Urhebers willen verdammt. Der Franzosenhaß wurde Pflicht; der Fluch der Undeutschheit fiel auf jede Anschauungsweise, die sich einen höheren Gesichtspunkt zu erobern wußte. So war auch der Patriotismus wesentlich negativ und ließ das Vaterland ohne Unterstützung im Kampfe der Zeit, während er sich abmühte, für längst eingedeutschte Fremdwörter urdeutsche, schwülstige Ausdrücke zu erfinden. Wäre diese Richtung konkret deutsch gewesen, hätte sie den durch zweitausendjährige Geschichte entwickelten Deutschen genommen, wie sie ihn fand, hätte sie das richtigste Moment unserer Bestimmung, die Zunge zu sein an der Waagschale der europäischen Geschichte, über die Entwicklung der Nachbarvölker zu wachen, hätte sie das nicht übersehen, sie würde alle ihre Fehler vermieden haben. – Es darf auf der andern Seite aber auch nicht verschwiegen werden, daß die Deutschtümelei eine notwendige Bildungsstufe unseres Volksgeistes war und mit der ihr folgenden den Gegensatz bildete, auf dessen Schultern die moderne Weltanschauung steht.

Dieser Gegensatz gegen die Deutschtümelei war der kosmopolitische Liberalismus der süddeutschen Stände, der auf die Negation der Nationalunterschiede und die Bildung einer großen, freien, alliierten Menschheit hinarbeitete. Er entsprach dem religiösen Rationalismus, mit dem er aus der gleichen Quelle, der Philanthropie des vorigen Jahrhunderts, geflossen war, während die Deutschtümelei konsequent zur theologischen Orthodoxie hinführte, wohin fast alle ihre Anhänger (Arndt, Steffens, Menzel) mit der Zeit gelangt sind. [...] Die faktische Vernichtung der Deutschtümelei oder vielmehr ihrer Zeugungskraft datiert von der Julirevolution und war in ihr gegeben.« [176]

Die frühe Hochschulgermanistik ist gezeichnet durch diese Deutschtümelei. Die ›Deutschheit‹ sollte in die Augen springen: die Turner und Burschenschafter – und auch Germanisten wie Maßmann, Hoffmann von Fallersleben (s. Abb. 3), Büsching, die Wackernagel, Laßberg u. a.m. – trugen den ›deutschen Rock‹, ein meist schwarzes Jackengewand, über das ein weißer offener Hemdkragen geschlagen wurde. Dazu barettartige Kopfbedeckungen, wie man sie von Bildern des Mittelalters und der Dürerzeit kannte, langes in der Mitte gescheiteltes Haar und auch Bärte. Die Gießener Burschenschafter wurden wegen dieser Tracht die ›Schwarzen‹ genannt. Auch Sand trug bei seinem Attentat auf Kotzebue den deutschen Rock.

Diese Kostümierung war zunächst »Ausdruck eines alle feudalen Konventionen angreifenden Rebellentums«. Denn:

»Jede bürgerlich-nationale Aufstiegsbewegung hat im Kampf um den Fortschritt ihre Helden und Vorbilder aus der Vergangenheit entlehnt. Zur Zeit der englischen Revolution waren es biblische Gestalten, in Frankreich hüllte sich der bürgerliche Emanzipationskampf in die Toga der Antike. Die burschenschaftlichen Enthusiasten suchten die Geschichte der Freiheit in der Reformationszeit, im deutschen Mittelalter oder gar in den germanischen Urwäldern.« Nicht umsonst war denn wohl auch nach den Freiheitskriegen »der Polizei und der Bürokratie die ›Altdeutsche Tracht‹ vor allen deshalb ein Anstoß [...], weil in ihr eine deutsche Abart der Sansculotten-Tracht der Französischen Revolution gesehen wurde.« [177]

Hoffmann von Fallersleben hat in einem seiner *Unpolitischen Lieder* auf dies politische Kleidersignalement hingewiesen:

Die deutschgesinnte Polizei

Weg mit welschem Ungeschmack
Und dem schamlos offnen Frack!
Deutscher Rock und deutsch Barett,
Ei, wie steht's so fein und nett!

Also sprach man Tag und Nacht
Nach der Leipziger Freiheitsschlacht,
Doch behielt im ganzen Land
Stets der Frack die Oberhand.

Bald auch hing man an den Pflock
Hie und da den deutschen Rock;
Nur der Bruder Studio
Machte noch damit Hallo.

Und nun kam die Polizei,
Und sie sprach: ›Es ist vorbei!
Deutsche Tracht ist Tand und Schein,
Deutsch von Herzen sollt ihr sein!‹ [178]

Heinrich Heine konnte noch 1828 Maßmann, derzeit schon Privatdozent für deutsche Sprache und Literatur an der Universität München, in ›altdeutscher‹ Tracht ertappen, als die Deutschtümelei längst ihre progressiven Momente verloren hatte:

»Seine Bedeckung bestand aus einer Tuchmütze, in der Form ähnlich dem Helm des Mambrin, und steifschwarze Haare hingen lang herab und waren vorn à l'enfant gescheitelt. [...] Die Bekleidung war ein altdeutscher Rock, zwar schon etwas modificiert nach den dringendsten Anforderungen der neueuropäischen Civilisation, aber im Schnitt noch immer erinnernd an den, welchen Arminius im teutoburger Walde getragen, und dessen Urform sich unter einer patriotischen Schneidergesellschaft eben so geheimnisvoll traditionell erhalten hat, wie einst die gothische Baukunst unter einer mystischen Maurergilde. Ein weißgewaschener Lappen, der mit dem bloßen, altdeutschen Halse tiefbedeutsam kontrastierte, bedeckte den Kragen dieses famosen Rockes, [...]. Dazu repräsentiert er die Vaterlandsliebe, ohne im mindesten gefährlich zu sein. Denn man weiß sehr gut, daß er sich von den altdeutschen Demagogen, unter welchen er sich mal zufällig befunden, zu rechter Zeit zurückgezogen, als ihre Sache etwas gefährlich wurde, und daher mit den christlichen Gefühlen seines weichen Herzens nicht mehr übereinstimmte.« [179]

In diesem Zusammenhang wäre auch der *Eichenkult* der Turner, Burschen, Poeten, Sänger und Maler dieser Phase einer Betrachtung wert. Marx warnte noch 1843 vor den »Deutschtümlern«, die »unsere Geschichte der Freiheit jenseits unserer Geschichte in den teutonischen Urwäldern« suchen, während Heinrich Heine 1830, angesichts der Julirevolution, fragt: »Und Deutschland? Ich weiß nicht. Werden wir endlich von unseren Eichenwäldern den rechten Gebrauch machen, nämlich zu Barrikaden für die Befreiung der Welt?« [180]

Da die Deutschtümelei freilich nicht nur in die Glieder, Kleider und Wälder, sondern auch in die Köpfe fuhr, haben wir zu prüfen, ob nicht die ›deutsche Wissenschaft‹, die Germanistik, zum bleibenden Reservat der Deutschtümelei wurde. Oder ob es dieser Wissenschaft gelang, sich aus der von Engels gekennzeichneten Negation, Abstraktion und Unklarheit der Deutschtümelei zu befreien.

Aspekte der Universitätsgermanistik

Berlin

Als Friedrich Heinrich von der Hagen in einer Eingabe an das preußische Ministerium am 11. August 1810 für sich und sein Fach, die Deutsche Philologie, eine Professur an der eben gegründeten Universität Berlin fordert und zugleich »ein weitschauendes programm der deutschen studien entwikkelt, die nicht nur die geschichte der deutschen sprache und mundarten, sondern auch die vergleichung der verwandten idiome umfassen sollten, ferner die deutsche poesie und prosa und die altertümer im weitesten sinne«, erhält er zunächst die Antwort, »der staat dürfe in solchen dingen nur der öffentlichen meinung folgen und ein neues studiengebiet nicht eher als akademischen lehrgegenstand aufstellen, als bis die allgemeine stimme sich schon durch die tat dafür erklärt habe.« [181]

Die Antwort des Ministeriums ist wunderlich. Es war ja sonst nicht eben die Art der preußischen Monarchie und ihrer Ministerialbürokratie, ihre Entscheidungen und Handlungen von der öffentlichen Meinung abhängig zu machen. Eine institutionalisierte Öffentlichkeit in Form eines Parlamentes, das als Organ der Selbstvermittlung der bürgerlichen Gesellschaft mit einer ihren Bedürfnissen entsprechenden Staatsgewalt hätte fungieren können, gab es ja überhaupt nicht. Zwar verhieß der Staatskanzler Hardenberg im Oktober 1810 »der Nation eine zweckmäßig eingerichtete Repräsentation«, die sich im Februar 1811 als »Landesdeputiertenversammlung« (bestehend aus 8 Beamten, 18 Rittern, 11 Stadtvertretern und 8 Bauern) auch tatsächlich niedersetzte; für wen aber dies famose Parlament »zweckmäßig eingerichtet« war, erhellt aus dem Umstand, daß die Deputierten nicht gewählt, sondern vom König ernannt wurden und überdies nur beratende Stimme hatten. [182] Der Bescheid, mit dem von der Hagen vertröstet wurde, kann also sicher nicht als Anspielung auf parlamentarische Initiativen verstanden werden. Eine bessere Interpretationsmöglichkeit bietet sich indes, wenn man Josef Körners schon zitierten Hinweis berücksichtigt, »altdeutsche Studien« seien im damaligen Preußen »die einzig mögliche Opposition gegen die Franzosen« [183] gewesen. Wenn Körners Behauptung auch insofern übertrieben ist, als ja, wie gezeigt, Teile der preußischen Generalität damals mit Landwehr-, Freikorps- und Volkssturm-Plänen sehr viel handfestere Formen der antinapoleonischen Opposition propagierten, so ist doch wohl richtig, daß die altdeutschen Studien progressiven Teilen der Ministerialbeamtenschaft als ideologische Waffe innerhalb des antinapoleonischen Oppositionsprogramms wertvoll erscheinen konnten; so wertvoll jedenfalls, daß man an die Selbsttätigkeit der Bürger appellierte und die »allgemeine stimme [...] durch die tat« erwiesen wissen wollte. Für das Ministerium war es – das ist hier zu unterstreichen – keine wissenschaftliche, sondern eine dezidiert politische Frage, ob die Deutsche Philologie zur Universitätsdisziplin avancieren solle oder nicht.

Und von der Hagen ließ nicht locker: »Auf eine erneute eingabe ernannte ihn die einrichtungskommission am 21. september 1810 zum außerordentlichen professor der deutschen sprache, zunächst ohne gehalt.« [184] Daß die Deutsche Philologie gerade an der neugegründeten Universität Berlin als eigne Disziplin – wenn auch unter dürftigsten finanziellen Bedingungen – erstmals institutionell verankert wurde, war ein Signal. Das Berliner Modell war in den folgenden Jahrzehnten ja nicht nur für die preußischen Universitäten exemplarisch. Gleichwohl darf man die Kraft dieses Signals nicht überschätzen, denn schon ein Jahr später gab es an der Berliner Universität keinen offiziellen Fachvertreter der Deutschen Philologie mehr: von der Hagen war, auf Betreiben Friedrich von Raumers, zum Wintersemester 1811 an eine andere preußische Universität, nach Breslau, berufen worden, wo man ihm immerhin ein besoldetes Extraordinat eingerichtet hatte, dessen Einkünfte er noch durch Wahrnehmung einer Bibliothekarsstelle verbessern konnte. [185] Das Berliner Extraordinariat blieb fast 13 Jahre unbesetzt; erst Ostern 1824 kehrte von der Hagen auf die nun zum Ordinariat erhobene Fachprofessur zurück. [186] Daß während der Vakanzzeit in Berlin die altdeutschen Studien nicht unterblieben, war vor allen den Deutschtümlern um Jahn zu verdanken. Weinhold deutet diesen Tatbestand – mit merklicher Zurückhaltung – in folgenden Worten an:

»blieb das Deutsche nun länger als zwölf Jahre August Zeune überlassen, der eigentlich Geographie zu lehren hatte, so war auch das nicht ganz fruchtlos. Das nationale Studium lebte mit der denkwürdigen Zeit. An den altdeutschen sagenhaften Helden erbauten sich unsere jungen Helden jener Jahre«. [187]

Daß die altdeutschen Studien in Berlin auch nach dem Weggang von der Hagens nicht zum Erliegen kamen, gewährleistete vor allem die am 5. Januar 1815 gegründete »Berlinische Gesellschaft für deutsche Sprache und Alterthumskunde«, die bis in die zweite Hälfte des Jahrhunderts große Bedeutung hatte. Zur Gründung dieser ersten philologischen Germanistenvereinigung des 19. Jahrhunderts hatten sich sieben Männer zusammengetan: Karl Heinrich Ludwig Giesebrecht (1787–1832) [188], Karl Wilhelm Göttling (1793–1869) [188a], Friedrich Ludwig Jahn, Friedrich Lange, Franz Passow (1786–1833) [189], Georg Ludwig Walch (1785–1838) [190] und August Zeune (1778–1853). [191] Sie wollten zunächst gemeinsam das *Nibelungenlied* studieren: »Wöchentlich einmal versammelten sie sich zu gegenseitiger Mittheilung und Prüfung ihrer Ansichten und Resultate und wollten später die wesentlichen Ergebnisse ihrer gesellschaftlichen Bestrebungen öffentlich machen.« [192] Daß dieses Gründungskollegium keinem politischen Agnostizismus huldigte, wird deutlich, wenn man berücksichtigt, daß drei der sieben Initiatoren – Jahn, Lange und Zeune – 1810 schon Gründungsmitglieder des geheimen preußisch-patriotischen »Deutschen Bundes« gewesen waren. [193] Aber die Berlinische Sprachgesellschaft war keine bloße Filialorganisation des »Deutschen Bundes«; ihre Mitglieder waren – – im Gegensatz zu denen des »Deutschen Bundes« und der »Deutschen Gesellschaften« in Hessen-Nassau und anderen nichtpreußischen Bundesstaaten – allesamt Akademiker; die meisten von ihnen waren Gymnasial- und Hochschullehrer. Euler berichtet:

»Der Grammatiker Heinsius, Zeune, Prediger Pischon, der später die Denkmäler der deutschen Sprache herausgab, Dr. Karl Müller, der ein dickes Verdeutschungswörterbuch der Kriegssprache herausgab, Dr. W. Müller, der spätere Sänger der Griechenlieder, ferner der ehemalige Mitarbeiter Campes, der hochbetagte russische Hofrath und Professor Chr. Heinr. Wolke, namhafte Berliner Professoren und Schulmänner wie von der Hagen, Otto Schulz, Giesebrecht, Ribbeck, jüngere Männer wie Bonnet, August, Fr. Förster, Kuhn, Köpke I. und II., aber auch Männer aus dem Bürgerstande traten der Gesellschaft bei. Ein Hauptförderer derselben war aber der später in Göttingen lebende Philosoph Professor Dr. K. Krause, der an einem großen Werk, einem Wörterbuch der Wurzeln der deutschen Sprache, arbeitete. Die Gesellschaft versammelte sich im ›deutschen Hause‹ auf dem Hausvogteiplatz Mittwochs Abends von 6–8 [...] Die ›Gesetzesurkunde‹ der Gesellschaft wurde am 20. Dezember 1815 einstimmig als gültig angenommen, und am 27. Dezember auf einer ›Rathsversammlung‹ in Kraft gesetzt. Am 18. Januar 1816 wurde sie, wie wir aus der uns vorliegenden Originalurkunde ersehen, von den ›Beamten‹ der Gesellschaft in Jahn's Wohnung, Friedrichstraße 208, unterzeichnet. ›Ordner‹ war Prof. Krause, daneben steht, in Klammern eingeschlossen, offenbar als dessen Stellvertreter, Fr. L. Jahn. ›Älterer Pfleger‹ war Prof. Aug. Hartung, ›jüngerer Pfleger‹ der Universitätslehrer Dr. Fr. Aug. Wernicke, ›Schreiber‹ Ribbeck, Oberlehrer am Friedrichsgymnasium, ›Schriftwart‹ Stadtrath Klein, ›älterer Schaffner‹ Marggraff, ›jüngerer Schaffner‹ der königl. preuß. Hofrath F. H. Du Bois,

›Ältester‹ der alte Wolke. ›Ehrenmitglieder‹ waren E. M. Arndt und L. Uhland. Die überaus paragraphenreiche Gesetzurkunde bezeichnet als ›ausschließlichen Zweck die wissenschaftliche Erforschung der deutschen Sprache nach ihrem ganzen Umfange. Sie gebraucht bei allen ihren mündlichen und schriftlichen Verhandlungen lediglich die deutsche Sprache. Alle fremden Sprachen kommen nur in sofern in Betracht, als sie auf die geschichtliche Kenntniß von der Ausbildung unserer Muttersprache Einfluß haben.‹ Als Ergebniß der Arbeiten wird hingestellt: ›Vorarbeiten für ein Wörterbuch, für eine Sprachlehre und eine Geschichte der deutschen Sprache zu liefern.‹ Es wurde auch ein Jahrbuch der Gesellschaft ins Auge gefaßt.« [194]

Dieser Publikationsplan wurde aber erst, nachdem von der Hagen längst wieder nach Berlin zurückgekehrt war, verwirklicht: ab 1836 erschien regelmäßig die *Germania. Neues Jahrbuch der Berlinischen Gesellschaft für Deutsche Sprache und Alterthumskunde* unter Herausgeberschaft von der Hagens. [195] Daß Jahnsche und Arndtsche Vorstellungen in das Konzept auch dieser ›Deutschen Gesellschaft‹ eingingen, läßt sich nicht nur aus der persönlichen Anteilnahme der beiden ›Volksmänner‹ erschließen; noch 1850, in den anläßlich des 35. Stiftungsfestes der Gesellschaft abgegebenen Grundsatzerklärungen des neuen ›Ordners‹ Kläden, schlagen deutschtümelnde Terminologie und Argumentationsraster der beiden deutlich durch:

»Unsere Gesellschaft nennt sich im Allgemeinen die deutsche Gesellschaft, im Besonderen die Gesellschaft für deutsche Sprache und Alterthumskunde. Damit ist ihr Wesen und Zweck hinreichend ausgesprochen. Sie hat ihr innerstes Leben in der Erforschung deutscher Art, deutschen Wesens und ihren höchsten Zweck darin, daß sie immer mehr und mehr die deutsche Volkstümlichkeit sich zum Bewußtsein und zur Darstellung bringe. So darf denn von ihr billig Nichts als völlig fremd zurückgewiesen werden, was entweder rein aus deutschen Lebenskeimen hervorgewachsen ist oder doch deutsches Gepräge erhalten hat, von welchem Gebiete aus es ihrer Kenntnißnahme dargeboten werden mag. Auch ist dies thatsächlich nie geschehen. Ganz unmöglich freilich würde es einer Gesellschaft, wie der unsrigen, sein, allen Richtungen, in die das deutsche Leben sich ergossen, und allen Gestaltungen, die es angenommen oder umgebildet hat, auf dem Wege selbständiger Erforschung gleichmäßig nachzugehen, wie das zu Tage liegt. Auch ist dies zum Glücke nicht nöthig, und würde, wäre es möglich, kaum ersprießlich sein. Des Menschengeistes wunderbarste Schöpfung, gefügigstes Werkzeug und klarster Spiegel ist die Sprache, und des Volksgeistes eigenthümliche Schöpfung, Werkzeug und Spiegel die besondere Sprache seines Volkes; und kaum möchte eine eigenthümliche Gestaltung des Lebens eines gebildeten Volkes gefunden werden, welche sich nicht in seinem Schriftenthum angedeutet, erklärt oder dargestellt fände.« [196]

Auch die Tatsache, daß viele der ersten Mitglieder ehemalige Lützower und andere Jäger, Turner und Burschenschafter waren [197], bestätigt, daß die Gesellschaft ›deutsch‹ im Sinne der Arndt und Jahn war. Unübersehbar – gerade auch für Preußens Konservative und Reaktionäre – wurde der politische Anspruch der Gesellschaft in einer Festversammlung am 13. November 1817. [198] Die Gesellschaft hatte die »namhaftesten Männer der Stadt« zu einer »Nachfeier zu Ehren Luthers und der Reformation« in den

Berliner Börsensaal geladen. Die Feier blieb aber kein akademischer Festakt; sie wuchs sich zu einer Nachfeier des Wartburgfestes aus. Da Jahn töricht genug war, in Anwesenheit der Stadthonoratioren diesen Bezug durch einen Toast auf die, »die auf der Wartburg ein so herrliches Beispiel gegeben«, herauszustreichen, geriet die Gesellschaft in eben den Verdacht, dem nach 1819 die Turner und Burschenschafter zum Opfer fielen. Varnhagen hat dies frühe Germanisten-Fest, dem er selbst beigewohnt hatte, geschildert:

»Hier war alles in altdeutscher Tracht, und Jahn und seine Turnbrüder hatten das Übergewicht. Die Lieder, welche gesungen wurden, die Trinksprüche, die ihnen folgten, der laute und kräftige Jubel, welcher sie begleitete, setzten die Haltung mancher steifen Herren auf harte Proben. Die ganze Versammlung, in der, wie gesagt, die Turner sich in der Mehrzahl sahen, und daher mit größter Zuversicht ihre Stichwörter auswarfen, eines rauschenden Beifalls im Voraus gewiß, – hatte etwas Herausforderndes und Kriegerisches, das den Sinn mächtig ansprach, aber freilich auch erschrecken konnte. Schon waren wilde Äußerungen genug vorgekommen, allein der besonnene Ordner der Gesellschaft, Dr. Karl Müller, wußte immer wieder das Feuer zu dämpfen, und leitete zuletzt durch eine längere, gediegene und wohlgesprochene Rede die Aufgeregten zur Mäßigung zurück, worauf er sein Amt niederlegte und das Festmahl für geendigt erklärte. Doch die Gesellschaft wollte darum noch nicht auseinandergehen, im Gegentheil, jetzt der bindenden Ordnung entledigt, nahm der Taumel erst rechten Aufschwung. Die Sitze wurden verlassen, Arm in Arm verschlungen wandelten Gruppen singend auf und ab, in der großen Gesellschaft bildeten sich kleinere, jede hatte ihre Gespräche und Gesundheiten für sich; nirgends aber, das verdient bemerkt zu werden, war eine Spur von Trunkenheit. Da versuchte Jahn nochmals mit gewaltiger Stimme durchzudringen und brachte das Wohl derer aus, die auf der Wartburg ein so herrliches Beispiel gegeben. Die Gläser klangen und heller Jubel, aber gleich darauf erfolgte eine große Stille; man besann sich, bedachte die Umstände, und viele selbst der näheren Freunde Jahn's tadelten seinen Uebermuth, denn sie fühlten, daß aus dem Wartburgfest viel Unheil hervorgehen könne, sahen sich und ihre Sache nicht wenig bedroht, und glaubten, daß die Umstände eher Klugheit als Trotz anrathen müßten. Jahn selbst wollte das nicht in Abrede stellen, meinte aber, was für die Andern gelte, gelte noch nicht für ihn, und zu allem, was er schon zu verantworten habe, könne er auch das, was er eben gesagt, noch nehmen. Zuletzt, als der Saal schon leerer geworden, rief er die Uebriggebliebenen noch zusammen und hielt aus dem Stegreife eine Rede zu Ehren Luthers und der deutschen Sprache so kräftig, frisch, kurz und rasch, und so zweckmäßig und unverfänglich, daß alle Hörer entzückt und auch die schüchternen befriedigt waren, denn das ganze Fest empfing dadurch einen so harmlosen als glänzenden Schluß, zu dem sich jedermann bekennen durfte.« [199]

Wenn die Berlinische Gesellschaft nach 1819 nicht aufgelöst wurde, obwohl einige ihrer Mitglieder als ›Demagogen‹ verfolgt wurden, so war das wohl dem Umstand zu danken, daß sie – im Unterschied zu anderen ›Deutschen Gesellschaften‹ – lokal beschränkt und philologisch-akademisch blieb. Immerhin gab es Zerreißproben, über die Kläden Andeutungen macht:

»Es gab eine Zeit, wo auch unter uns die Wogen hoch giengen und das Alte hinwegzuschwemmen drohten, damit Neues, natürlich Besseres, aufgebaut werden könne. Da mußte man hören, mehr thäte es Noth in unserem Kreise über die Handelsverhältnisse des nordamerikanischen Freistaates, als über die kümmerlichen deutschen Lebensgestaltungen in der Wüste des Mittelalters sich zu belehren.« Und angesichts solcher radikalen Kritiker ruft er die Mitglieder auf, »dafür zu sorgen, daß es der Gesellschaft nie an den Bedingungen ihres eigenen Lebens fehle, daß sie nie aufhöre eine Gesellschaft ür deutsche Sprache und Alterthumskunde, eine deutsche Gesellschaft zu sein.« [200]

Wenn die Berlinische Gesellschaft als einzige von den aus dem bürgerlichen Enthusiasmus der Freiheitskriege geborenen Deutschen Gesellschaften bestehen blieb, so deshalb, weil sie ein relativ konkretes Arbeitsfeld zu dem ihren erklärt hatte. Die politischen Programme der Turner und Burschenschafter waren, so sehr sie durch die realen Gegebenheiten gerechtfertigt waren, doch darum noch nicht richtig. Sie waren enthusiastisch abstrakt und diffus putschistisch; sie konnten gegen das strikte Konzept der Reaktion ihr bürgerliches Einigungs- und Freiheitsprojekt nicht durchsetzen, weil es praxisfern und strategisch blind war und in dieser Blindheit die reale Diffusion der deutschen Bourgeoisie spiegelte. Gleichwohl wäre es unzulässig, der Berlinischen Gesellschaft – und mit ihr der damaligen Germanistik – größeren politischen Scharfblick zuzusprechen. Die Eingrenzung des Arbeitsbereiches – und damit des politischen Aktionsfeldes – war zugleich ein Akt der Resignation und der partiellen Konkretisierung. Die Deutschtümelei verlor durch diese Konkretisierung ihre Negativität wenigstens insofern, als die Wendung zur akribischen Aufarbeitung der Rechts-, Sprach-, Literatur-, Kunst- und tendenziell auch der Sozialgeschichte pädagogische Implikationen hatte, die dem Konsolidierungsinteresse der Bourgeoisie und der dann mit ihr sich entwickelnden Arbeiterklasse entsprachen. Die Akkreditierung der Deutschen Philologie als Universitätswissenschaft stellt sich insofern objektiv zugleich als eine Drosselung und Kanalisierung des bürgerlich-nationalen Emanzipationsstrebens wie auch als dessen Etappensieg dar. Die Erfordernisse der industriellen Revolution taten ein übriges: Deutschunterricht wurde für Bürger- und Arbeiterkinder (in Preußen seit den 30er Jahren) zu einem wichtigen und in der zweiten Hälfte des 19. Jahrhunderts zum wichtigsten Schulfach.

Breslau

Folgen wir von der Hagen nach Breslau, so eröffnet sich hier in den Jahren 1811–1823 erstmals ein breites Panorama germanistischer Hochschullehre, wie es damals sonst keine andere Universität im deutschen Sprachraum anbieten konnte. Die Universität Breslau, neben Berlin (und ab 1818 Bonn) die bedeutendste preußische Hochschule, war erst 1811 als Volluniversität eröffnet worden, nachdem die alte Viadrina von Frankfurt/Oder hierher verlegt und mit den schon länger ortsansässigen theologischen und philosophischen Fakultäten vereinigt worden war. [201] Breslau spielte in den folgenden Jahrzehnten mehrfach die Rolle einer akademischen Experimentieranstalt, und zwar in der Weise, daß Wissenschaftsdisziplinen, die noch keine akademische Tradition hatten, hier zunächst eine Bewährungschance erhielten, ehe sie dann auch an der Berliner Universität als der preußischen Musteranstalt eingeführt wurden. Personal gewendet sah das oft so aus, daß Universitätslehrer, die in Berlin politisch gefährlich erschienen, in das ruhigere Breslau versetzt wurden, denn in Breslau gab es weit geringere Möglichkeiten, in der bürgerlichen Öffentlichkeit und in Verbindung mit außeruniversitären Beamten- und Intellektuellenzirkeln politisch zu wirken als in der Machtzentrale Berlin. Man darf annehmen, daß solche Überlegungen auch schon bei der Versetzung von der Hagens eine Rolle spielten.

Von der Hagen nahm im Sommersemester 1811 seine Breslauer Lehrtätigkeit mit einem Kolleg »Über die ältere deutsche Sprache und das Nibelungenlied« vor acht Hörern auf. [202] In den fünfundzwanzig Semestern (Sommersemester 1811–Wintersemester 1822/23), die er insgesamt in Breslau verbrachte, las er achtmal über das Nibelungenlied, achtmal auch »Deutsche Sprachlehre«, fünfmal über »Altdeutsche und altnordische Götterlehre«, viermal »Literaturgeschichte« und je einmal über Gottfried von Straßburgs »Tristan«, die »Volsungasaga« und »Altnordische Sprache und Literatur«. Die äußeren Bedingungen, unter denen von der Hagen lehrte, waren – zumal im Vergleich zu den heutigen – idyllisch, denn der Extraordinarius und spätere (ab November 1817) Ordinarius hielt gewöhnlich pro Semester nur ein Kolleg [203], das durchschnittlich zwölf Hörer fand. [204] Allerdings darf man diese Fakten nicht zum Indiz dafür nehmen, daß die Veranstaltungen oder gar das Fach selbst nur geringes Interesse gefunden hätten. Denn in Breslau gab es 1811–16 insgesamt nur etwa 300, 1817–22 auch erst etwa 600 Studenten, von denen ca. 40 (1817–22 ca. 100) der Philosophischen Fakultät angehörten. Und Breslau war damals eine der größeren Universitäten, denn 1817 gab es im gesamten Gebiet des Deutschen Bundes nur ca. 8500 Studenten, deren Zahl sich bis 1835 etwa verdoppelte. [205] Immerhin hörten also 9–30% der Studenten der Philosophischen Fakultät bei von der Hagen. Übrigens fanden auch die Vorlesungen Jacob Grimms während der dreißiger Jahre in Göttingen (vgl. Abb. 1) und die Schmellers in München keinen größeren Zulauf. [206]

Der Themenkatalog des Hagenschen Lehrangebots dokumentiert zugleich Breite und Enge der Wissenschaft von deutscher Sprache und Literatur in dieser akademischen Frühphase. Breite insofern, als ja germanische Mythologie, Sprachlehre, Nordistik, Mediävistik, Literaturgeschichte und exemplarische Literaturexegese selbst sehr verschiedene historische und methodologische Kenntnisse voraussetzen. Enge aber insofern, als das Nibelungenlied, und immer wieder das Nibelungenlied das Hauptobjekt der wissenschaftlichen Anstrengung war, wohingegen nachmittelalterliche Sprach- und Literaturgeschichte nicht berücksichtigt wurden. Das Nibelungenlied war Zentrum der deutschen Literaturgeschichte, war Kristallisationspunkt des nationalen poetischen ›Vermögens‹, war Ausgangspunkt und Ziel alles sprachhistorischen und mythologischen Bemühens: es war schlechthin das Identifikationsobjekt der Deutschen Philologie.

Aber von der Hagen war ja in Breslau nicht allein. Sein Lehrangebot wurde, wenn es auch weiter keine beamteten Hochschullehrer für deutsche Sprache und Literatur gab, ›germanistisch‹ ergänzt: vor allem durch Johann Gustav Gottlieb Büsching (1783–1829) [207] und Ludwig Wachler (1767–1838). [207a] Büsching sichtete und sammelte seit 1810 im Auftrag der preußischen Regierung die Archivalien und Kunstgegenstände der säkularisierten Klöster Schlesiens und gründete das Provinzialarchiv, das Akademische Museum schlesischer Altertümer und den Verein für schlesische Geschichte in Breslau. Nach seiner Habilitation (November 1815) las er an der Breslauer Universität über »Mittelalterliche Kunstgeschichte«, »Altdeutsche Baukunst«, »Ritterleben und Ritterwesen«, »Deutsche Altertümer« u. dgl. m. Daß er trotz dieses Lehrangebots im Bereich der »Alterthumskunde« auch philologisch tätig war, beweist der umfangreiche *Literarische Grundriß zur Geschichte der Deutschen Poesie von der ältesten Zeit bis in das sechzehnte Jahrhundert* (Berlin 1812), den er gemeinsam mit von der Hagen publizierte; beweist aber auch seine Zeitschrift *Wöchentliche Nachrichten für Freunde der Geschichte, Kunst und Gelahrtheit des Mittelalters,* die er ab Januar 1916 in Breslau herausgab. Die Vorrede zum *Literarischen Grundriß* zeigt, daß von der Hagens und Büschings Poesiegeschichtsbild deutlich *romantisch* geprägt war, denn die Beschränkung auf den mittelalterlichen Zeitraum wird durch den Hinweis gerechtfertigt, daß dieser Zeitraum – im Unterschied zur Neuzeit – der »vorzugsweise poetische« sei. [208]

Daß aber auch die nachmittelalterliche deutsche Literatur nicht vernachlässigt wurde, dafür sorgte vor allem der Geschichts-Ordinarius Ludwig Wachler, der zuvor (1801–1814) an der Universität Marburg Philosophie-, Theologie- und Geschichts-Ordinarius gewesen war. Ab 1815 las er in Breslau »Neuere Literaturgeschichte«, »Geschichte der deutschen Nationalliteratur«, »Allgemeine Literaturgeschichte der neueren Zeit vom 16. Jahrhundert an«, »Geschichte der europäischen Nationalliteraturen«, »Literaturgeschichte des 16. Jahrhunderts«, »Geschichte der deutschen Literatur seit Lessing«, »Lessings Leben und geistige Wirksamkeit« u. a. m. Auffällig ist, daß seine Lehrveranstaltungen weitaus größeren Zulauf fanden als die von der Hagens. Zu seinen Privatvorlesungen fanden sich 50–100 Hörer ein; und seine öffentlichen Vorlesungen konnten 1816/17 bereits 133, 1826/27 sogar über dreihundert Studenten anziehen. [209] Ähnlichen Erfolg hatte sonst nur der Philosophie-Extraordinarius Hermann Friedrich Wilhelm Hinrichs, dessen

Vorlesung über Goethes *Faust* im Sommer 1823 350 Studenten hörten. Man sieht hier deutlich, daß sich die Wissenschaft von der Neueren deutschen Literatur – als Epiphyt quasi – in traditionellen Fächern ansiedelte. Aber das gilt mehr oder minder auch für andere germanistische Disziplinen. So entsprach es germanistischem Bedürfnis, wenn der Ordinarius für Klassische Philologie Franz Passow, den wir schon als Gründungsmitglied der Berlinischen Deutschen Gesellschaft kennengelernt haben, verschiedentlich in Vorlesungen seit 1815 die *Germania* des Tacitus erklärte. [210] Und den rechtshistorischen Aspekt der Germanistik deckte der Jura-Ordinarius Ernst Theodor Gaupp (1796–1859) ab, der seit 1826 in mehreren öffentlichen Vorlesungen den *Sachsenspiegel*, die *Lex Frisionum*, die *Lex Saxonum* und den *Schwabenspiegel* erklärte. Komplettiert wurde das germanistische Programm schließlich noch durch ›Schulmänner‹ wie Karl Friedrich Ludwig Kannegießer, der als Gymnasialdirektor gelegentlich Vorlesungen über ausgewählte Dichtungen Klopstocks, Schillers und Goethes hielt, und durch den Jahn-Freund Wilhelm Harnisch, der als Leiter des Breslauer Schullehrerseminars seit 1815 mehrfach Kollegs »Über den Unterricht in der deutschen Sprache« anbot. [211] Die Germanistik war im zweiten und dritten Jahrzehnt des 19. Jahrhunderts in Breslau also schon breit und facettenreich vertreten, obwohl es offiziell nur einen Fachvertreter für ›deutsche Sprache und Literatur‹ gab. Gerade dieser Sachverhalt war der formalen Institutionalisierung der Deutschen Philologie nicht förderlich. Als von der Hagen 1823 nach Berlin zurückberufen wurde, übernahm Büsching wohl dessen etatmäßige Professur, nicht aber den Lehrauftrag für deutsche Sprache und Literatur. Noch deutlicher wurde das Desinteresse an Deutscher Philologie, als Büsching 1829 starb. Da nämlich

»war das kuratorium der ansicht, dass man überhaupt auf eine professur für deutsche sprache und literatur verzichten und das frei werdende gehalt lieber zur aufbesserung anderer professoren verwenden solle. Die germanistische wissenschaft ward hier als noble passion des dilettantismus angesehen; allenfalls könne ja, heisst es einlenkend, der bibliothekskustos dr. Hoffmann [Hoffmann von Fallersleben] als privatdozent das fach vertreten. Die fakultät war aber anderer ansicht und beantwortete jenes schreiben am besten, indem sie (am 25. juni 1829) an erster stelle Jakob Grimm vorschlug, nächst ihm August Koberstein in Schulpforta und den privatdozenten Karl Rosenkranz in Halle. [...] Die vorschläge der fakultät fanden kein gehör: am 14. september 1829 teilt der minister mit, daß ›wegen so vieler anderer dringender universitätsbedürfnisse die anstellung eines besonderen professors für deutsche sprache und literatur noch lange ausgesetzt bleiben müsse‹; alsbald aber ward für die germanistische wissenschaft dadurch gesorgt, dass Hoffmann durch ministerielles schreiben vom 18. märz 1830 zum ausserordentlichen professor ernannt wurde.« [212]

Wenn also manchen Regierungskreisen und Behörden die Deutsche Philologie noch entbehrlich erschien, so ließ sich doch deren Aufnahme unter die Universitätsfächer auf Dauer nicht mehr verhindern, da viele Hochschullehrer im Rahmen traditioneller Fächer – vor allem Historiker, Philosophen, Juristen, aber auch Theologen – ihre Lehraufträge extensiv ›germanistisch‹ interpretierten; und da sich an zahlreichen Universitäten – trotz der Karlsbader Beschlüsse – recht selbstbewußte Wissenschaftlergruppen gebildet hatten, die dem Prinzip der Wissenschaftsautonomie gemäß die Institutionalisierung der ›deutschen Wissenschaft‹ forderten.

Weitere Ausdehnung (Schmellers und J. Grimms Antrittsvorlesungen)

In den zwanziger Jahren faßte die Deutsche Philologie an vielen – auch außerpreußischen – Universitäten Fuß; so in Königsberg, wo Karl Lachmann, der sich 1816 mit einer Schrift *Über die ursprüngliche Gestalt des Gedichts von der Nibelungen Noth* in Berlin habilitiert hatte, 1818–1825 als Extraordinarius Vorlesungen über deutsche und klassische Philologie hielt, und wo ab 1824 auch Eberhard Gottlieb Graff [213], der seit 1821 den *Althochdeutschen Sprachschatz* lexicographisch zusammentrug, als Professor wirkte; so auch endgültig in Berlin, wohin von der Hagen 1824 als Ordinarius zurückkehrte, und wo Lachmann ab 1825 als Extraordinarius, 1827 als Ordinarius seine Schule begründen konnte. Auch in Bonn waren germanistische Studien möglich, denn dort lehrten seit Eröffnung der Universität (1818) August Wilhelm Schlegel als Professor »der Litteratur und Kunstgeschichte« und E. M. Arndt als Professor der Geschichte; im Zuge der ›Demagogen‹-Verfolgung wurde Arndt allerdings im Februar 1820 für viele Jahre die Lehrberechtigung entzogen. In Tübingen hatte schon seit 1804 der Ordinarius für klassische Philologie Karl Philipp Conz [214] gelegentlich Vorlesungen über »Deutsche Litteraturgeschichte« gehalten; erst 1829 aber wurde ein eignes Extraordinariat »für deutsche Sprache und Litteratur« eingerichtet, auf das Ludwig Uhland berufen wurde, dem 1833 Friedrich Theodor Vischer, zunächst als Repetent, 1835 als Privatdozent »für Ästhetik und deutsche Litteratur« folgte. An den österreichischen Universitäten sollte es noch Jahrzehnte dauern, bis die Deutsche Philologie auch dort ihren Einzug halten konnte, der unter der Regierung Metternichs schlechterdings unerwünscht sein mußte. [215] Bayern aber suchte durch Einrichtung seiner neuen Zentraluniversität in München (1826) [216] den Anschluß an die norddeutsche Universitätsreform und richtete zwei Planstellen für Deutsche Philologie ein, die 1827 mit Schmeller und Maßmann besetzt wurden. Auch Ludwig Tieck hatte man 1826 in München auf eine Professur »für schöne Literatur« zu berufen versucht; er nahm den Ruf aber nicht an. Einen erfahrenen germanistischen Kollegen fanden Maßmann und Schmeller in Bernhard Joseph Docen, der in der Münchener Staatsbibliothek (schon seit 1804) beschäftigt war.

Welche Art von Germanistik mit Schmellers Berufung ›universitätsfähig‹ wurde, muß uns deshalb interessieren, weil Schmeller mit der deutschtümelnden preußischen Germanistik nie in Berührung gestanden hatte, obwohl in Maßmann dann ja einer der Hauptvertreter der Deutschtümler sein nächster Kollege wurde. 1785 als Sohn eines oberpfälzischen Gelegenheitsarbeiters geboren, der mit »Straßeneinschäufeln« und Korbflechterei eine vielköpfige Familie zu ernähren hatte, war Schmeller der Weg zur Universität nicht leicht gemacht worden. Nachdem hilfreiche Bauern und Pfarrer ihm für ein paar Jahre den Besuch von Klosterschulen und Gymnasien ermöglicht hatten, fand der Neunzehnjährige keine weiteren Förderer mehr, die ihm ein Universitätsstudium finanziert hätten. So diente er vier Jahre in einem Schweizer Regiment in Spanien, gründete dann nach Pestalozzis Vorbild eine Privatlehranstalt in Basel und wurde, da diese nicht florieren wollte, 1814 wieder Soldat, diesmal Offizier in bayrischen Diensten – vierzehn saure Jahre lang! –, bis er 1827 an die Universität München als Privatdozent berufen wurde. Und dann dauerte es nochmals neunzehn Jahre, bis ihm ein Ordinariat zugestanden wurde. Schon als Soldat und Offizier aber hatte Schmeller, dem es doch nie möglich gewesen war, eine Universitätsvorlesung zu besuchen, philologische Studien getrieben. Edward Schröder hebt zu Recht hervor:

»Ein denkwürdiges Bild, dieser Jägerlieutenant mit der Brille, der seinen Tacitus und Homer im Tornister mit sich führt, deutsche und französische Dialekte mit aufmerksamem Ohre studirt und bei allem patriotischen Eifer bereits ein geheimes Sehnen nach den Schätzen der inzwischen mächtig anwachsenden Münchener Bibliothek niederkämpfen muß.« [217]

Schon in Spanien hatte Schmeller die »erste Idee« [217a] zu einem bayrischen Idiotikon, für das er mit der an Grimms Grammatik orientierten Schrift *Die Mundarten Bayerns grammatisch dargestellt* (1821) die Grundlage schuf. Als Offizier vernahm er die bayrischen Rekruten planmäßig zur Komplettierung seiner Dialektkenntnisse, die in den vier Bänden seines *Bayrischen Wörterbuchs* (1827–37) zu Buch schlugen. Daß es Schmeller bei allen seinen philologischen Arbeiten nicht um die Schließung irgendwelcher ›Forschungslücken‹ ging, sondern um die Reflexion seiner eignen – als repräsentativ begriffenen – Herkunft und sozialen Stellung, wird schon aus frühen Tagebuchnotizen deutlich. So 1812:

»Was ist uns gewöhnlich ein Fürst und sein Treiben; uns, die wir keine Hof- und Staatsleute sind. Der Kern des Volkes lebt ohne Fürsten, seinen Gang. Der Bauer, der Handwerker, der Künstler ist um die Staatsverhältniße nicht bekümmert, wenn ihn ein böser Fürst durch außerordentliche Abgaben, durch Soldaterei nicht darauf aufmerksam macht. Die Geschichte des Bauers und seines Treibens in Feld und Scheune, die des Handwerkers in seiner Werkstätte, seiner Freuden und Leiden, seines Glaubens und Hoffens (zu jeder Zeitung) in jedem Zeitraum sollte Stoff der Geschichte sein. Dann wäre sie menschlich, so ist sie vornehm-gassenbubisch. Wir haben Reisen verschiedner Art, werden wir auch ›Reisen zur Beobachtung des Landbaus, des Handwerks an verschiednen Orten‹ haben? [...] Wie verachten wir die Menschen in ihrer Gesammtheit, da wir die Geschichte von ein Paar Hundert oder meinetwegen tausend Menschen, Weltgeschichte nennen.« [218]

Die Beschäftigung mit der Muttersprache ist ihm zugleich Kompensatorium ökonomischer Benachteiligung und Medium sozialpolitischer Selbstbestimmung: »Mir ward menschlicher Besitzthümer keines, nicht Ahnen, nicht Gold, nicht Äcker – nur die Sprache. Die Worte sind mein Grund und Boden, die mir Brod, vielleicht gar Ehre ertragen soll. Nur für des Vaterlands Worte kann ich wirken.« [219] Aber diese Selbstbestimmung wird ihm nicht leicht: »Ich bin nun einmal zum Urberuf verdorben, der Rückenlahme, Handarbeitsscheue muß sich halt als ein überflüßiger Auswuchs durch die Welt schwätzen und schreibeln. Immer mehr möchte ich mich überzeugen, daß auch die Geistesgenüße und blos Geistnährende Hervorbringungen etwas der Menschheit wesentliches.« [220]

Diese Frage bewegt ihn auch noch, als er am 8. Mai 1827 an Münchens Universität seine Antrittsvorlesung hält: *Ueber das Studium der altdeutschen Sprache und ihrer Denkmäler.* [221] Die Frage nach dem Sinn dieses Studiums beantwortet Schmeller, indem er das »subjektive und nationale« Interesse des Gegenstandes hervorhebt. [222] Er weist darauf hin, daß die Deutsche Philologie erst »ein kleiner junger Zweig des Wissens« ist, »dem bisher außerhalb einiger Universitäten des nördlichen Deutschlands unter den Gegenständen des höhern Unterrichts noch gar kein Platz angewiesen war«, bestreitet aber, daß sie »als ein Ausbruch der Nationalkrankheit« zu erklären sei, »die nach der Gallo-, Anglo-, Gräco- und Hispanomanie uns beschlichen habe, nemlich der Deutschthümeley.« [223] Da die Wissenschaft »noch so neu und so wenig bekannt« sei, sei eine Darlegung ihres *objektiven* Wertes mittels »Hinweisung auf sie selbst und ihre Früchte« noch nicht möglich, zumal sie »nicht auf die entfernteste Weise zu irgend einem Brote führt.« [224] Aber das »subjective und nationale« Interesse gebe der neuen Wissenschaft Berechtigung. Und daß das subjektive Interesse mehr ist als ein zufällig individuelles, erweist sich, wenn es zugleich als nationales definiert wird. Die Identifizierung, das Ineinssetzen von subjektivem und nationalem Interesse ist notwendiges Moment der bürgerlichen Emanzipation. Die Entschiedenheit, ja Sicherheit, mit der hier die Identität von nationalem und subjektivem Interesse als Axiom einer Wissenschaft gesetzt wird, ist erstaunlich gerade angesichts der immer noch nicht erkämpften politischen und ökonomischen Emanzipation des deutschen Bürgertums. Schmellers Wissenschaftsbegründung ist entschieden politisch, weil sie sozialpsychologisch argumentiert:

»Unbekümmert um das objective Interesse, welches dem Gegenstande etwa vindiciert werden möchte, trage ich daher kein Bedenken, ganz allein auf dieses subjective und nationale zu bauen. [...] Manchem unter uns wird eine Anekdote aus dem Leben seines Urgroßvaters wichtiger seyn, als das Leben einer ganzen

Reihe chinesischer oder mexicanischer Kaiser, manchem die Umstände, unter denen sein väterliches Haus, sein Dorf, seine Stadt angelegt worden, interessanter, als die, welche die Gründung des babylonischen Reiches begleitet haben. Und wahrlich, nicht mit Unrecht. Denn die wohlverstandenen Beziehungen, die Jeder auf sein Ich macht, sind der letzte Grund all der schönen Gefühle, die wir als persönliche, als Familien-, als Vaterlands-Liebe und Ehre so hoch zu halten gewohnt sind. Diese subjective Wichtigkeit ist es, welche uns die Geschichte des eigenen Vaterlands, wäre sie auch ärmer an objectiv-wichtigen Momenten, dennoch so nahe stellt, wie keine andre, ja sie uns zum wahren Bedürfnisse macht. Ist uns nun in subjectiver Hinsicht die Geschichte unsrer Familien [...] so wichtig, wie sollte es nicht auch die Geschichte dessen seyn, das mehr als alles dieses einen Theil unserer innern geistigen Existenz ausmacht, von dem wir, auch wenn wir wollten, uns nicht lossagen können, das uns unter alle Himmels-Striche begleitet, unsre Sprache? Der Glanz der Familien, ganze Geschlechter selbst schwinden dahin, Institutionen gehen unter, Burgen und Thürme und Städte fallen in Trümmer; aber die Gebäude, die der Geist aufgebaut mit den ewigen Werkstücken der Sprache, sie überdauern alles dieses. [...] Das dauerndste, das schönste Besitzthum einer Nation ist seine Litteratur.« [225]

Die Deutschtümelei, gegen die Schmeller sich ja wendet, ist hier insofern überwunden, als keine Ausfälle gegen das ›Franzosentum‹ und auch keine formelhaft moralisch-emphatische Feier von ›Deutschheit‹ mehr im Programm stehen. Gegen die Abstraktheit und Negativität der Deutschtümelei setzt Schmeller ein konkretes Programm: die Selbsterforschung des Subjekts, das in der Identifizierung mit der Nation politisches Subjekt wird. Ihren Leitfaden gewinnt solche Selbsterforschung in der Sprach- und Literaturgeschichte. Daß das Studium der nationalen Sprach- und Literaturgeschichte *frei* mache, ist denn auch nicht von ungefähr die These, in der Schmellers Vortrag gipfelt:

»Und so finde ich denn in dem berührten Studium nicht lauter todtes Buchstabenwesen; ich finde in seiner Atmosphäre auch dasjenige Element, ohne welches eine freye Seele sich wie ihres innersten Lebensprincips beraubt fühlt, das, was, je fester es auf den treuen deutschen Boden der Thatsachen gegründet ist, um so mächtiger uns über die materiellen Schranken der Zeiten und Räume hinaus zu den höchsten Aufgaben und Genüssen unsers geistigen Selbstes erhebt.« [226]

Es ist wohl kein Zufall, wenn Jacob Grimm in seiner Göttinger Antrittsvorlesung *De desiderio patriae* am 13. November 1830 ganz ähnlich argumentiert wie Schmeller. [227] Er unternimmt, wie schon der Titel verrät, ebenfalls eine psychologische Begründung seiner Wissenschaft, die politische Implikationen hat. Nachdem er – wie übrigens schon siebzehn Jahre zuvor Zeune in seiner Agitationsrede *Der fremde Götzendienst* [228] – die Redensart »ubi bene, ibi patria« kritisiert hat, legt er die »eigenthümlichen vortheile, die wir dem väterlichen boden verdanken«, und die »durch nichts anderes ersetzt werden mögen« [229] dar: »unsere phantasie ist von kindesbeinen an mit vaterländischer sage und geschichte genährt worden, unsere unauslöschlichsten erinnerungen haften daran, [...]. in keinem stück aber zeigt sich das band der vaterlandsliebe stärker, als in gemeinsamkeit der sprache.« [230]

Die Vaterlandsliebe wird also wie bei Schmeller aus den subjektiven Erfahrungen – modern gesprochen aus der ›Sozialisation‹ – der Bürger deduziert und findet in der *Gemeinsamkeit* der Sprache ihren politischen Trost. Aber diese Gemeinsamkeit der Sprache ist nicht nur Kompensatorium des Mangels an politischer Einheit, sondern zugleich wenn nicht Rechtstitel so doch Versprechen politischer Einheit. Grimm selbst referiert:

»es war hauptzweck der rede, darzuthun, wie sich durch entfaltung und ausbreitung der hochdeutschen mundart über unser gesamtes volk das bewustsein unserer deutschheit, unbekümmert um die inneren grenzen unserer landschaften erhoben, erwärmt und gekräftigt hat, und wie jetzt jeder Deutsche von heimweh befallen wird, wenn er seiner ausgebildeten schriftsprache entbehren sollte.« [231]

Dies Heimweh ist kein sentimental-individuelles; es ist nicht »retrograd« wie die Deutschtümelei, und es ist nicht bloße Erinnerung an schönere zurückliegende Zeiten. Das ›Heim‹, nach dem Grimm ›weh‹ ist, ist eines, das noch zu bauen ist: »jedes volk, dem in der weltgeschichte eine gröszere rolle zugedacht ist, musz sich aus jenen engeren stamm und familienbanden lösen und nach einer höheren einheit ringen.« [232] Ansätze zu dieser Einheit sieht er schon:

»darin wird man sich leicht vereinigen, dasz durch die deutsche literatur in einheimischer sprache seit der mitte des vorigen jahrhunderts dem festen und unverbrüchlichen bestand der verbindung zwischen allen Völkern, die sich zu unserer zunge bekennen, ein unberechenbarer dienst geleistet worden ist. Deutschland erhalten heiszt also auch, alles auf die pflege und ausbildung deutscher sprache wenden.« [233]

Mit der Berufung der Brüder Grimm wurde 1830 also auch in Göttingen, der Landesuniversität des Königreiches Hannover, die Deutsche Philologie offiziell als akademische Wissenschaft akkreditiert, wo zuvor nur Georg Friedrich Benecke einen kombinierten Lehrauftrag »für Englisch und Altdeutsch« (seit 1804) wahrgenommen und wo seit 1791 bis in die zwanziger Jahre des 19. Jahrhunderts der Philosophieprofessor Friedrich Bouterwek [234] gelegentlich Kollegs über die Geschichte der deutschen Poesie und Beredsamkeit gehalten hatte. Göttingen war seit der zweiten Hälfte des 18. Jahrhunderts eine Hochburg der Klassischen Philologie, denn dort lehrte Christian Gottlob Heyne (1729–1812) [235], dessen Schüler in der ersten Hälfte des 19. Jahrhunderts die philologische – und damit zugleich die germanistische – Diskussion weitgehend bestimmten: Wolf, Voss, Kanne, Lachmann, Docen, Hillebrandt, die Brüder Schlegel, Tieck, W. v. Humboldt, W. Müller, Benecke und viele andere. Was die Deutsche Philologie an wissenschaftlich-methodologischer Präzision – besonders der Textkritik, aber auch der Poetologie und der Linguistik – in der ersten Hälfte des 19. Jahrhunderts gewann, ist undenkbar ohne diese Göttinger Schule. Noch 1893 erklärt Karl Weinhold, mit deutlichem Stich gegen Wilhelm Scherers naturwissenschaftlich-positivistische Versuche, emphatisch:

»Losgelöst hat sich die deutsche von der klassischen Philologie noch nicht, wenigstens bei denen nicht, die nach Schulung und Methode Philologen sind. Geschähe solche Lockerung jemals, und wollte man z. B. eine rein naturwissenschaftliche Disciplin, die Lautphysiologie, als den Schwerpunkt germanistischen Wissens und Könnens ausgeben, wie wohl versucht ward, so hiesse das die Wurzeln des Baumes abhauen und er bräche zusammen.« [236]

Erste Inventur

Bis Anfang der dreißiger Jahre hatte die Deutsche Philologie so viele Bastionen – nicht nur in Universitäten und Schulen, sondern auch auf dem Buch- und Zeitschriftenmarkt – gewonnen, daß zum erstenmal eine Inventur möglich und nötig war. Diese Inventur leistete Heinrich Hoffmann von Fallersleben, seit 1835 Ordinarius für deutsche Sprache und Literatur an der Universität Breslau, mit seinem Buch *Die Deutsche Philologie im Grundriß*. [237] Der Aufgabe, »einen bibliographischen Umriss dieses ganzen sich jetzt erst systematisch gestaltenden Studiums zu entwerfen« [238], wird er gerecht, indem er 1813 – in Worten: eintausendachthundertunddreizehn! – Literaturtitel nach Sachgebieten zusammenstellt, mithin das, was ein deutscher Philologe des Jahres 1836 überblicken konnte und, nach Publikation dieses Buches, wohl überblicken mußte. Der Namenindex im Anhang verzeichnet 1158 Autoren, allein unter dem Sachtitel »Geschichte der Deutschen Philologie« werden über vierhundert ›germanistische‹ Autoren vom Jahre 1000 (»Notker Labeo«) bis zum Jahr 1836 (»August Geyder, Docent in der jurist. Facultät zu Breslau«) zusammengestellt. Selbst wenn man unterstellt, daß ein Deutscher Philologe damals Tag für Tag eine der von Hoffmann verzeichneten Schriften hätte durcharbeiten können, so hätte er für das Gesamtpensum (1813 : 360) mindestens fünf Jahre benötigt. Dabei ist Hoffmanns Bibliographie, wie er selbst eingesteht, nicht einmal vollständig:

»Theils in der Unmöglichkeit, alles bisher Erschienene und hieher Gehörige zu kennen, theils in der sicheren Erwartung, dass die Lücken sich immer mehr füllen und an die Stelle schlechter oder unbedeutender Schriften bessere treten werden, ist [...] überall für Ergänzung Raum gelassen worden.« [239]

Aus dem unterschiedlichen Umfang der unter den einzelnen Sachtiteln gebotenen Angaben läßt sich gut erkennen, wo die Schwerpunkte der deutschphilologischen Arbeit bis dahin gelegen hatten: bei der Linguistik und bei der Quellensammlung. Unter dem Sachtitel »Sprache« (mit den Untertiteln »Grammatik«, »Etymologie«, »Lexicographie« und »Mundarten«) verzeichnet Hoffmann 738 Schriften [240], unter dem Sachtitel »Quellensammlungen« verzeichnet er 309 Schriften [241], während er unter dem Sachtitel »Litteraturgeschichte« [242] lediglich 82, unter »Poetik und Prosodie« [243] 78, »Styl« [244] 28 und »Hermeneutik und Kritik« nur 15 Titel anführen kann. Inventarisiert ist hier das germanistisch-philologische Schrifttum seit dem 17. Jahrhundert; nur ein kleiner Teil davon (ca. 10%) stammt aus der Feder von Hochschullehrern. Insofern liefert Hoffmann ein Resümee der nichtakademischen, der voruniversitären Wissenschaft und bietet zugleich einen Grundriß »des sich jetzt erst systematisch gestaltenden Studiums«. Das Buch ist ja für den Universitätsunterricht, als »Leitfaden zu Vorlesungen«, wie der Untertitel sagt, gedacht. Diesem Zweck konnte es lange genügen, so lange mindestens, bis Hermann Paul 1891 den ersten Band seines voluminösen Werkes *Grundriß der germanischen Philologie* publizierte; und seit 1952 legte Wolfgang Stammler das dreibändige Sammelwerk *Deutsche Philologie im Aufriß* vor, das als »Standardwerk unserer Wissenschaft« [245] gilt. Hoffmanns Buch ist heute, auch in Fachkreisen, weitgehend vergessen; nur in den Titeln der Paulschen und Stammlerschen Werke wurde sein Titel – leicht modifiziert – weitergereicht. Aber gleichwohl reicht die Wirkung des Hoffmannschen Buches nicht nur durch diese Titeltradition bis in unsere Gegenwart. Es gibt noch ein anderes – ein ›unterirdisches‹ – Traditionselement, das hier ans Licht gezogen werden soll, weil daran deutlich wird, welch merkwürdig unphilologisches Verhältnis heute einige bekannte Deutsche Philologen zur Geschichte ihrer Wissenschaft haben.

Vom ›geistigen Leben des deutschen Volkes‹

Wolfgang Stammler hat im Vorwort zum 3. Band seines *Aufrisses* 1962 [246] eine formelhafte Kurzdefinition von ›Germanistik‹ eingebracht, die Aufsehen erregte. Sie lautet: »Die Wissenschaft vom geistigen Leben des deutschen Volkes – so darf man füglich die Germanistik interpretieren – [. . .].« Eberhard Lämmert hielt diesen Satz für denkwürdig-bedenklich und kommentierte ihn 1966 anläßlich des Deutschen Germanistentages in München:

»In dieser einfachen Formel treten die besonderen Auflagen der deutschen Germanistik unverhofft klar zutage. Der Gedanke nämlich, daß aus Sprache und Dichtung der Deutschen der ihnen eigene und sie auszeichnende Geist am sichersten zu erschließen sei, und der zweite Gedanke, daß die Germanistik vor allem anderen zu dieser Aufgabe berufen sei, bilden seit der Etablierung dieser Wissenschaft eine so feste Einheit, daß nur Denkgewohnheiten von ungewöhnlicher historischer Gewalt für sie verantwortlich gemacht werden können.« [247]

Unter dem Eindruck der Lämmertschen Rede ging im selben Jahr auch Hans Glinz in seiner Aachener Antrittsvorlesung auf die Formel Stammlers ein; er wies darauf hin, daß Stammler in der Erstauflage (1952–1957) noch geschrieben hatte: »Die deutsche Philologie, die Wissenschaft vom deutschen Geist in Wort und Wesen, steht an dienender und bedeutender Stelle als mitverantwortliche Kraft mitten im geistigen Neuaufbau des deutschen Volkes.« [248] Und er kommentiert dann, unter Berücksichtigung Lämmerts, den er als Stammler-Apologeten mißversteht:

»Man kann also offenbar der Germanistik nicht vorwerfen, sie lebe in einem Elfenbeinturm und verschließe sich vor den Tagesfragen: sie *sieht* eine Aufgabe in der Einwirkung auf die geistige Gegenwart, sie hat diese Aufgabe seit je gesehen, ja sie hat den *Anspruch* erhoben, diese geistige Gegenwart energisch mitzugestalten. Sie hat dabei vielleicht auch manches mitgestaltet, was sich später als verhängnisvoll erwies, und sie schickt sich darum heute an, die Geschichte ihrer Einwirkung auf geistige Gegenwarten von früher kritisch in den Blick zu nehmen.« [249]

Daß die »geistigen Gegenwarten von früher« noch nicht gegenwärtig sind, dokumentiert schließlich auch die neueste Ausgabe der *Brockhaus Enzyklopädie,* in der unter dem Stichwort »Germanistik« die Stammlersche Formel als jüngste Selbstdefinition des Fachs zitiert wird. [250]

Sicherlich wäre die Formel nicht in ein auf Aktualität bedachtes Lexikon eingewandert, und gewiß auch wären die Kommentare von Lämmert und Glinz anders ausgefallen, wenn Stammler bei Niederschrift seines Satzes nicht eine Kleinigkeit vergessen hätte: zwei winzige Gänsefüßchen und die Angabe ›vgl. Hoffmann von Fallersleben, Die Deutsche Philologie im Grundriß. Breslau 1836. S. V.‹ Dort, im ersten Satz der Vorrede, heißt es nämlich: »Die deutsche Philologie ist das Studium des geistigen Lebens des deutschen Volkes insofern es sich durch Sprache und Litteratur kundgiebt.«

Stammler hat Hoffmann auf leisen Sohlen beerbt. Denn daß *er* zumindest den Erblasser kannte, deutet er mit dem Zusatz, daß man die Germanistik »füglich« so interpretieren dürfe, zaghaft an. Ob dies Wörtlein »füglich« ihn befugte, den Hinweis auf Hoffmann von Fallersleben zu unterlassen, ist angesichts der Furore, die die Formel machte, allerdings fraglich. Vielleicht überschätzte Stammler die wissenschaftshistorischen Kenntnisse seiner Fachkollegen. Noch wahrscheinlicher ist aber, daß er den Erblasser gar nicht ausdrücklich kenntlich machen wollte. Denn dann hätte man seine Formel an der Hoffmannschen Definition messen können, und da hätte sich denn ergeben, daß Stammler – und freilich nicht nur er – das Erbe auf eine Weise bereichert hat, die der Hoffmannschen Intention nicht mehr entspricht. Hoffmann nämlich gibt eine Realdefinition, eine *inhaltliche* Aufgaben- und Objektbestimmung der Deutschen Philologie, während Stammler – besonders drastisch in der Erstfassung seines Vorworts – eine floskelhaft-emphatische Hohlformel bietet. Für Hoffmann ist Deutsche Philologie keineswegs »Studium des geistigen Lebens des deutschen Volkes« *schlechthin*, sondern nur »*insofern* es sich durch Sprache und Litteratur kundgiebt.« Und er fährt fort:

»Es gehört also in seinen Bereich die ganze deutsche Literaturgeschichte, Grammatik, Lexicographie, Etymologie, Hermeneutik und Kritik. Aus der wissenschaftlichen Begründung aller dieser einzelnen Theile ist endlich eine Wissenschaft hervorgegangen, deren Werth sehr späte eingesehen worden und deren Nothwendigkeit für höhere deutsche Schulbildung keinem Zweifel mehr erliegt.«

Hoffmann meldet keineswegs den Totalitätsanspruch der Germanistik an, den Lämmert ihr flink pauschalisierend »seit der Etablierung dieser Wissenschaft« zudichtet. Nicht »Denkgewohnheiten von ungewöhnlicher historischer Gewalt« sind hier – wie Lämmert meint – für die Stammlersche Formel und die vermeintlich immergleichen »besonderen Auflagen der Germanistik« verantwortlich zu machen, sondern situationsbedingte Geschichtsklitterung und schlichte Unkenntnis.

Was sich in der – gemessen an Stammler – deutlich reservierten Definition Hoffmanns von Fallersleben anmeldet, ist die historische Notwendigkeit von Arbeitsteilung. Der Deutschunterricht wurde mit Anbruch der Industriellen Revolution, die von England und Frankreich nun endlich auch auf Deutschland, vor allem auf Preußen, überzugreifen begann, in Schulen jeden Typs berufskonditionierendes Fach. Seit den dreißiger Jahren gehörte es zunehmend zu den Amtsobliegenheiten germanistischer Hochschullehrer, Deutschlehrer auszubilden und zu examinieren. [251] Gewiß ging es Deutschen Philologen damals um das »Studium des geistigen Lebens des deutschen Volkes«, aber sie wußten, daß dies geistige Leben nicht nur in Sprache und Poesie, sondern auch in ›öffentlicher Meinung‹, in Recht und Rechtsfindung und in Politik wirksam ist; und sie wußten auch, daß es neben dem »geistigen« Leben ein anderes gibt: Gerade Hoffmann von Fallersleben und die Grimms konnten sich darüber keine Illusionen machen, weil sie die materiellen Auswirkungen politischer Gewalt am eigenen Leibe zu spüren bekamen. Wenn Deutsche Philologie damals nicht mehr gewesen wäre als heute, wenn die Hoffmann und Grimm lediglich der Auffassung gewesen wären, »daß aus Sprache und Dichtung der Deutschen der ihnen eigene und sie auszeichnende Geist am sichersten zu erschließen sei«, und wenn sie sich mit solchem Erschließen begnügt hätten, dann wären sie nicht von ihren Professuren verjagt worden. In ihnen kehrte die ›deutsche Wissenschaft‹ sich gegen die deutschen Zustände.

Wissenschaft, ›wahre Politik‹ und ›Unpolitische Lieder‹

So unterschiedlich, obenhin besehen, die Anlässe waren, aufgrund deren die Grimms in Göttingen und Hoffmann von Fallersleben in Breslau ihrer Professuren enthoben wurden, so verwandt waren sie doch in ihrem politischen Nerv. Beide Fälle belegen, daß die Germanistik auch nach ihrer Etablierung an der Universität eine Form bürgerlicher Opposition blieb.

Bei Einschätzung der objektiven Möglichkeiten und ideologischen Grenzen der in die weitere antifeudale Bewegung eingebundenen germanistisch-akademischen Opposition ist zu berücksichtigen, daß die innenpolitische Situation des Deutschen Bundes seit 1830 insofern eine neue war, als die Julirevolution trotz ihres äußerlich recht kläglichen Verlaufes zunächst eine Stärkung der antifeudalen Kräfte bewirkt hatte. Diese zweite Oppositionswelle hatte sich im Herbst 1830 und Frühjahr 1831 zunächst in lokalen Aufständen – in Kassel, Hanau, Leipzig, Dresden, Göttingen, Braunschweig vor allem – geäußert. Unter dem Druck der Bevölkerung wurden in vielen

Bundesländern neue – ständisch-konstitutionelle – Verfassungen erzwungen. Daß die antifeudale Bewegung eine Volksbewegung geworden war, zeigte sich am deutlichsten bei dem sogenannten Hambacher Fest, einer Massendemonstration auf der Maxburg bei Hambach in der Pfalz (27.–30. Mai 1832), die etwa 30000 Teilnehmer aus kleinbürgerlichen, bäuerlichen und nur zu geringem Teil studentischen Kreisen hatte. Der kaum ein Jahr später (3. April 1833) von Burschenschaftsstudenten initiierte Frankfurter Wachensturm, der eine Volkserhebung hatte nach sich ziehen sollen, scheiterte jedoch, weil der Kontakt zwischen Burschenschaftskader und Bevölkerung nicht genügend breit war. Angesichts solch unterschiedlich effektvoller Taten und Fanale sammelte sich die absolutistische Reaktion unter Führung Metternichs. Schon im Juni 1832 trat sie unter Rückgriff auf die Wiener Schlußakte und die Karlsbader Beschlüsse den Ansprüchen der Ständevertretungen entgegen. Das liberale badische Pressegesetz, das die bürgerliche Opposition unter Führung der Freiburger Professoren Rotteck und K. Th. Welcker 1830 erzwungen hatte, wurde wieder aufgehoben, die Oppositionsblätter wurden verboten, die beiden Professoren entlassen, die Universität Freiburg i. Br. vorübergehend geschlossen. [252]

Noch rigoroser waren die Maßnahmen, die die Ministerkonferenz deutscher Staaten im Juni 1834 zu Wien beschloß. Sie erstellte ein lückenloses System geheimer Anweisungen zur Unterdrückung der Presse, Überwachung der Universitäten und Beschränkung der Rechte der Landtage. An dieser Mauer zerbrach die zweite Welle der antifeudalen Opposition: zwischen 1832 und 1838 wurden Untersuchungen und Hochverratsprozesse gegen mehr als 1800 Personen, darunter ca. 1200 Burschenschaftsstudenten und zahlreiche Handwerksgesellen, durchgeführt. [253]

Auf diesem Hintergrund muß man die Tat der Göttinger Sieben sehen. Es war ein Etappensieg der antifeudalen Opposition, daß im Königreich Hannover 1833 eine neue Verfassung in Kraft getreten war. Sie war im wesentlichen von dem altliberalen Politiker Johann Bertram Stüve ausgehandelt worden, »der einen gemäßigten, vom Geist der historischen Rechtsschule durchdrungenen, auf korporative Freiheit gerichteten Liberalismus vertrat.« [254] Dies ›Staatsgrundgesetz‹ basierte auf einem Zweikammersystem, wobei die 1. Kammer eine »fast reine Adelsvertretung« war, die 2. Kammer aber »dem bürgerlichen und bäuerlichen Elemente überwiegenden Einfluß« gab, indem es dessen Kompetenzen auf Gesetzgebung und Budgerecht erweiterte. [255] Als nach dem Tod Wilhelms IV. dessen Bruder Ernst August im Juni 1837 König von Hannover wurde, begann er seine Regierung damit, daß er das im Kontext der Julirevolution ausgehandelte Grundgesetz wieder aufhob. Das Patent vom 1. November 1837, das die Gesetzesaufhebung verfügte, erklärte die »sämmtlichen königlichen Diener« und damit auch die Professoren der Landesuniversität Göttingen, »ihrer auf das Staatsgrundgesetz ausgedehnten, eidlichen Verpflichtungen vollkommen enthoben«. [256] Sieben Göttinger Professoren – Dahlmann, die beiden Grimm, Gervinus, der Jurist Eduard Albrecht, der Orientalist Heinrich Ewald und der Physiker Wilhelm Weber – waren nicht bereit, diesen Akt königlicher Willkür hinzunehmen. Sie protestierten öffentlich in einem Schreiben und wurden prompt suspendiert. Jacob Grimm, Dahlmann und Gervinus wurden darüber hinaus sofort des Landes verwiesen, weil sie für die Verbreitung der Protestationsschrift gesorgt hatten. Und die hannoversche Regierung fand bei den Regierungen der anderen Bundesländer so viel ›Verständnis‹, daß auf Jahre hin keiner der Sieben an einer anderen Universität Anstellung fand. [257]

Wir müssen den Protestakt der Göttinger Sieben hier näher betrachten, weil an ihm das damalige Verhältnis von Universität und Staat generell und die Relevanz der Germanistik als politischer Wissenschaft insbesondere zu erläutern ist. Schon vorab ist anzumerken, daß es kein Zufall gewesen sein kann, wenn vier der sieben 1846 zum Initiativgremium des 1. Germanistentages gehörten. Da vielfach behauptet wird, gerade von den Grimms sei der Göttinger Protest nicht als politischer Akt aufgefaßt worden und damit die Legende genährt wird, die Germanistik sei damals schon eine unpolitische Wissenschaft gewesen, werden wir zur Einschätzung der Protestation besonders die Selbstdarstellung Jacob Grimms – *Über meine Entlassung* [258] – heranziehen.

Wir hatten gesehen, daß die Grimms schon während der Befreiungskriege auf Seiten der bürgerlichen Opposition publizistisch aktiv gewesen waren. In den Jahren danach hatten sie unter dem Absolutismus, der sich in Kurhessen in besonders drückender Form hatte restaurieren können, zu leiden: ihre wissenschaftliche Arbeit wurde nicht unterstützt, sie wurden bei Beförderungen übergangen, ja, sogar ihre Privatpost wurde überwacht; und gerade letzteres wird man berücksichtigen müssen, wenn man die Korrespondenz ihrer Kasseler Jahre auf politische Stellungnahmen hin überprüft. [259] So war es schon eine Art Emigration, als die beiden 1830 dem Ruf an die Universität Göttingen Folge leisteten. Als im Herbst 1830 Volksaufstände ausbrachen, auch in Kassel und Göttingen, begrüßten die Brüder diese revolutionären Akte, allerdings nur insoweit, als sie wirklich als Volkserhebungen kenntlich waren. Die Anfänge des Göttinger Aufstandes, der zunächst nur von Burschenschaftsstudenten getragen wurde, fand eben deshalb nicht ihren Beifall. Wilhelm Grimm schildert in einem Brief (30. Dezember 1830) die Polizeistaats-Atmosphäre Kassels, unter der sie ja lange hatten leiden müssen, und feiert den Aufstand von 1830:

»Sie müszten die Verhältnisse genau kennen, wenn ich deutlich seyn sollte, aber eine so unglaublich sittliche Veränderung ist auch nur in dieser Zeit möglich und nach so lange ängstlich verschlossenen Lippen eine so freie und offene Sprache kaum begreiflich. Sonst sah sich jeder um, wenn er das unschuldigste Wort laut auf der Strasze gesprochen hatte, daß jemand hinter ihm hatte hören können und wenn er einen Bonbon in den Mund steckte, warf er das Papier, worin er gewickelt war, nicht weg, weil es ein Polizeidiener aufhob und eine geheime Nachricht darin zu finden hoffte.« [260]

Es ist bemerkenswert, daß Jacob Grimm in demselben Zusammenhang gerade in einem Brief an den strikt antirevolutionären Lehrer und Freund Savigny (29. September 1830) seine Sympathie mit den Aufständischen erklärt:

»Sage man nicht, die unzufriedenheit, wie sie an allen ecken in Deutschland ausbricht, sei unpolitischer art und werde vom bloßen pöbel angefacht. Dem gesindel das sich zuerst hervorwagt sehen auch die guten bürger mit innerem, ihnen selbst unerwartetem behagen zu. Die klage über das bestehende ist tief verbreitet. Wie haben aber auch fürsten und regierungen die zeit verkannt! 1814.1815 stand der deutsche name in hoher ehre, was ist seitdem geschehen um ihn auf der höhe zu halten? Die regierungen haben immer nur verneint und nur eine unmäßige furcht antag gelegt, sobald sie ihr system gefährdet glaubten, aber nie verstanden, das volk nationell zu begeistern, nicht einmal in wissenschaftlichen dingen, z. b. wie lumpig sind die monumenta hist. germ. und was sich daran hätte schließen können unterstützt worden, während ungeheueres geld für theater, militair weggeworfen wird. Abgaben, zölle sind auf das höchste gestiegen. Ich kann von Hessen reden wo das treueste gutmütigste volk unverantwortlich gedrückt und verhöhnt worden ist und die regierung schamlos verfuhr. Die petition der casseler bürger vom 15. d. m., welche gewirkt hat, ist unbeholfen, aber aus tiefer bewegung hervorgegangen. Viele bürger haben tags vorher ihr testament gemacht; es war verabredet daß von der deputation, wenn sich der Kurfürst weigern würde, ein schwarzes zeichen am fenster aufgesteckt und das schloß alsogleich angezündet werden sollte. Wer bezweifelt, daß in Braunschweig und Dresden weniger heftig und weniger begründet war? Wo dergleichen möglich wird kann nicht von pöbel sondern nur vom volke selbst die rede sein. Hier sind auch keine anstifter, keine partei im spiel wie in den Niederlanden, (dieser Brüsseler aufruhr scheint der schlechteste und widrigste unter allen.) Es ist der lang verhaltne allgemeine unwille über den mißbrauch des fürstlichen rechts, der sich nur zuerst luft macht an bäckerläden und licenthäusern, der aber mehr will. Merkwürdig an allen diesen orten ist das benehmen der soldaten, die dem volk kein leid tun mögen.« [261]

Welch seltsam emotionalen Zugang Jacob zur Politik hat, erhellt aus dem ersten Teil des Briefes:

»Wie erklärt es sich, daß man den liberalen, wenn Sie wollen, den revolutionären gesinnungen weniger abgeneigt wird, sobald sie uns näher rücken? Ich bin von natur und von kindesbeinen an der monarchischen und der fürstlichen sache getreu, alle meine studien und erfahrungen führen mich darauf, daß sie die meiste sicherheit und ruhe gewährt, daß sie, wenigstens lange zeiten hindurch den völkern ein glück verschafft hat, das freilich wie alles irdische unvollkommen war, aber dessen maß doch von dem nicht erreicht werden wird, was eine freiere verfassung an seine stelle setzen soll. In dieser scharfen ungleichheit der stände, in diesem unbedingten befehlen und gehorchen erkenne ich eine sanfte und wohltätige kraft, alles ist mannigfaltig und jugendlich gestaltet, voll farbe, phantasie, poesie und glauben, während was die gegenwart verlangt, eintönig prosaisch und nüchtern ist. Und dennoch liegt in dem verlangen eine unabwendliche über uns alle hereinbrechende gewalt, eine macht derjenigen vergleichbar, die auch zur zeit der reformation gewirkt hat, ein festhalten an der helle des tageslichts und verwerfen aller dämmerung. Was mich betrifft, ich gestehe, daß ich zu Paris entschieden es mit den bürgern gehalten hätte, wie ich zu Luthers zeit dem glauben meiner väter abtrünnig und protestant geworden wäre. Ich hätte beides in dem ergreifenden moment für recht gehalten und die weitere entwickelung dem himmel anheimgestellt. Es gibt augenblicke wo man bloß zu handeln hat, ohne rücksicht auf vergangenheit oder zukunft.« [262]

Wohl in keinem der Briefe Jacob Grimms treten die Schwierigkeiten seiner politischen Selbstidentifikation krasser hervor als in diesem. Er bietet Passagen, die, jeweils isoliert genommen, es ermöglichten, ihn einmal als devoten Feudalismusapologeten und ein andermal als Parteigänger der bürgerlichen Revolution zu reklamieren. Aber da läßt sich nichts retuschieren. Man muß beides zusammensehn, dann erst hat man das Grimmsche Dilemma, das doch nicht nur seines war, sondern das des deutschen Bürgertums zwischen Absolutismus und Revolution. Das »Glück«, das Grimm den monarchisch-fürstlichen Verhältnissen germanischer Frühe und deutschen Mittelalters imputiert, ist gewiß zuvorderst das Glück dessen, der die Möglichkeit hat, im Studium der Geschichte, zwischen Handschriften und Buchdeckeln, der schlechten Gegenwart immer wieder zu entkommen. Aber es ist kein reines Glück, da es sich immer wieder an der Gegenwart messen muß. Mag Grimm im rückwärtsgewandten Traum vom guten Fürst und König seine eigne Sozialisation unterm Raster kleinbürgerlich-zünftlerischer Familienidyllik reflektieren, so macht doch solche Reflexion ihn noch nicht frei. Aber daß er auch das noch sieht, macht ihn wiederum auch noch nicht zum Revolutionär. Immerhin, das Vertrauen auf den »ergreifenden moment« der Sache des »Volkes« hat ihn 1812/15, 1830, 1837 und schließlich auch 1848 immer auf die antifeudale Seite gedrängt. Und es läßt sich zeigen, daß dies Vertrauen auch seine Wissenschaft bestimmte, die als »ungenaue« ihre sozialhistorische Bedingtheit reflektierte und den Eingriff in die politischen Auseinandersetzungen der Gegenwart suchte.

Als der König von Hannover 1837 das Grundgesetz aufhob, sahen die Göttinger Sieben den »ergreifenden moment« gekommen, der sie zum Eingriff zwang. Unverständlich ist da zunächst, wenn Jacob Grimm in Rechtfertigung dieses Aktes, der vom König ja sogleich durch die Suspendierung und Landesverweisung als politischer Aufruhr geahndet worden war, erklärt: »wer verabscheut mehr als ich alles was man politisches treiben nennt? es hat mich nie aus der ferne berührt.« [263] Und Scherer interpretiert denn auch behend: »Nicht als eine politische Tat wollte er den Schritt angesehen wissen: das leuchtet aus allen seinen Worten hervor.« [264] Scherer hat indes hier in die Grimmschen Worte – und etliche Germanisten taten's ihm nach – mehr hineingeleuchtet, als aus ihnen ›hervorleuchtet‹. Denn daß für Grimm »politisches treiben« und politisches Handeln nicht nur nicht identisch waren, sondern in seiner Vorstellung sich gegenseitig ausschlossen, erweist schon der oben zitierte Brief an Savigny, in dem Grimm sich als Verteidiger der Volkserhebungen von 1830 ja ausdrücklich gegen Versuche verwahrt, die Unzufriedenheit der Aufständischen als solche »unpolitischer art« zu diskreditieren. Grimm fragt wiederholt und sehr nachdrücklich nach rechtlichen, sozialen und ethischen Prinzipien, die für »wahre politik« nicht aber für »politisches treiben« konstitutiv sind. In diesem Sinne verteidigt er etwa gegenüber Lachmann die Göttinger Protestation als politische: »die handlung ist mir zur zeit des ereignisses viel unbedeutender vorgekommen, aber natürlich und recht; ich glaube auch, daß den menschen und ganzen völkern nichts anders frommt, als gerecht und tapfer zu sein; das ist das fundament der wahren politik.« [265] Feldmann führt noch zahlreiche ähnlich lautende Äußerungen Jacobs an. [266] Noch deutlicher sich zu erklären zwang ihn ein berühmter Göttinger Kollege, der Philosoph und Pädagoge Johann Friedrich Herbart, der in einer Schrift *Erinnerung an die Göttingische Katastrophe im Jahre 1837* [267] die Sieben scharf kritisierte, indem er erklärte, akademische Lehrer hätten sich jeglicher politischer Aktivitäten zu enthalten; der Wissenschaftler dürfe nie vergessen, »daß nicht die Zeit, sondern das Unzeitliche, sein eigentlicher Gegenstand ist.« Die Universität müsse »ein von der Politik unberührtes Asyl« sein. [268] Jacob Grimm konterte: »Eine saubere Politik, die bloß unter den Händen unsrer sogenannten Staatsmänner, ohne Teilnahme der Wissenschaft und des Publikums, gedeihen sollte.« [269]

Tatsächlich war für Jacob Grimm und auch die sechs anderen der Protestakt gegen die königliche Willkür einer, der zwischen politischer und wissenschaftlicher Redlichkeit keine Differenz zuließ; »sie wollten« – kommentiert Gerstner [270] – »vor ihren Studenten, denen sie wissenschaftliche Grundsätze eingeprägt hatten, nicht unglaubwürdig werden.« Gerade da, wo Jacob Grimm den politischen Akt als Konsequenz wissenschaftlicher Tätigkeit darlegt, ist das Zentrum seiner Rede zu sehen. Nicht umsonst nahm Herbart just an dieser Forderung, daß wissenschaftliche Erkenntnis in politische Praxis zu überführen sei, besonderen Anstoß. [271] Grimms Argumentation lautet:

»Kein anderer bestandtheil des ganzen königreichs konnte von dieser begebenheit [nämlich dem Verfassungsbruch des Königs] lebhafter und tiefer ergriffen werden, als die universität. die deutschen hohen schulen, solange ihre bewährte und treffliche einrichtung stehn bleiben wird, sind nicht blosz der zu und abströmenden menge der jünglinge, sondern auch der genau darauf berechneten eigenheiten der lehrer wegen, höchst reizbar und empfindlich für alles, was im lande gutes oder böses geschieht. wäre dem anders, sie würden aufhören, ihren zweck, so wie bisher, zu erfüllen. der offne, unverdorbne sinn der jugend fordert, dasz auch die lehrenden, bei aller gelegenheit, jede frage über wichtige lebens- und staatsverhältnisse auf ihren reinsten und sittlichsten gehalt zurückführen und mit redlicher wahrheit beantworten. da gilt kein heucheln, und so stark ist die gewalt des rechts und der tugend auf das noch uneingenommene gemüth der zuhörer, dasz sie sich ihm von selbst zuwenden und über jede entstellung widerwillen empfinden. da kann auch nicht hinterm berge gehalten werden mit freier, nur durch die innere überzeugung gefesselter lehre über das wesen, die bedingungen und die folgen einer beglückenden regierung. lehrer des öffentlichen rechts und der politik sind, kraft ihres amtes, angewiesen die grundsätze des öffentlichen lebens aus dem lautersten quell ihrer einsichten und forschungen zu schöpfen; lehrer der geschichte können keinen augenblick verschweigen, welchen einflusz verfassung und regierung auf das wohl oder wehe der völker übten; lehrer der philologie stoszen allerwärts auf ergreifende stellen der classiker über die regierungen des alterthums, oder sie haben den lebendigen einflusz freier oder gestörter volksentwicklung auf den gang der poesie und sogar den innersten haushalt der sprachen unmittelbar darzulegen. alle diese ergebnisse rühren aneinander und tragen sich wechselseitig. [...] wie allseitig musz also die universität von der kunde ergriffen werden, dasz die verfassung des landes dem umsturz ausgesetzt sei.« [272]

Solche Sätze machen deutlich, weshalb es gerade Universitätslehrer – und gerade germanistisch engagierte – sein mußten, die gegen den Willkürakt des Königs aufzutreten den Mut hatten. Die Protestation war kein bloßer Akt der »Zivilcourage« – wie Wolfgang Emmerich [273] unterstellt –, sondern einer, der sich aus ihrer Wissenschaftsauffassung zwingend ergab. Im Akt der Sieben bewährte sich die Universität als in politischen Dingen »höchst reizbar und empfindlich«, als Gewissen des Staates also. Indem Grimm der Universität und Wissenschaft derart regulative politische Bedeutung beimißt, isoliert er sie aber auch zugleich. Die Universität ist ja kein Parlament, Studenten und Hochschullehrer sind ja keine gewählten Volksvertreter. Die idealistischen Erwartungen, die Grimm in die politische Macht der Wissenschaft setzt, werden nirgends deutlicher als in den Passagen seiner Rede, wo er sich von dem Kampf der »parteien« [274] absetzt; wobei freilich zu erinnern ist, daß es damals noch in keinem deutschen Bundesland eine organisierte politische Partei gab und der Bundesregelung nach ja auch nicht geben konnte. Grimm mag sich weder auf die Seite der »servilen« noch der »liberalen« stellen, und hier wird wieder sein Dilemma deutlich: seinem idealistischen Konzept nach müßte Wissenschaft, indem sie politisch wird, das Parteiungswesen aufheben. Die »liberalen« und »servilen« Parteigänger bescheidet er deshalb mit den nachgerade sibyllischen Sätzen:

»ihr konntet waffen holen aus meinen büchern, wenn ihr, nach euerm zweck, die gegenwart durch die vergangenheit herabwürdigen oder bestätigen, wenn ihr dem könig, dem volk, der kirche bald geben, bald nehmen wolltet. schriftsteller die sich einem verlassnen felde widmen, pflegen ihm vorliebe zuzuwenden; ich hoffe, wer meine arbeiten näher kennt, dasz er mir keine art geringhaltung des groszen rechts, welches der waltenden gegenwart über unsere sprache, poesie, rechte und einrichtungen gebührt, nachweisen könne. denn selbst wo wir sonst besser waren, müssen wir heute so sein, wie wir sind.« [275]

Einen anderen Weg bürgerlich-akademischer Opposition beschritt der Breslauer Ordinarius für deutsche Sprache und Literatur Heinrich Hoffmann von Fallersleben, der vier Jahre nach der Göttinger Protestation der preußischen Regierung nicht mehr tragbar schien. Die Waffen, deren er sich im antifeudalen Kampf bediente, waren Lieder; Lieder, die er – einer der bedeutendsten Liedforscher des Jahrhunderts – selbst verfaßte; *politische* Lieder, die er ironisch-dreist als »unpolitische« ausgab. In solcher Poesie schuf er sich das Identifikationsmedium seines wissenschaftlichen und politischen Engagements.

Freilich war der Dichtergermanist ein anderes Temperament als die Brüder Grimm, denen er doch freundschaftlich verbunden war. Wo deren Zunge bedächtig und schwer blieb und mitunter pathetisch wurde, da wurde seine spitz und wohl auch leicht, so daß sie gelegentlich ins Trällern geriet.

Hoffmann von Fallersleben ist heute vor allem noch als Dichter des Deutschlandliedes bekannt, das, nachdem schon die Freiwilligen von Langemarck es 1914 zu ihrem Sturmlied erkoren hatten, 1922 vom Reichspräsidenten Ebert zur Nationalhymne erklärt wurde; das auch die Hymne des nationalsozialistischen Deutschland blieb und dessen dritte Strophe 1952 durch Heuss zur Hymne der Bundesrepublik Deutschland erklärt wurde. Die Entstehungsumstände dieses Liedes, unter dessen Worten und Klängen so viel deutsche Politik gemacht wurde und wird, sind allerdings weniger oder garnicht bekannt; auch wenn der Hoffmann-Forscher Heinrich Gerstenberg 1933 (!) eine Monographie zur Geschichte des Liedes vorlegte. [276] Wer weiß schon noch, daß gegen Hoffmann, als er am 26. August 1841 als Feriengast auf dem damals englischen Helgoland dies Lied zu Papier brachte, in Preußen schon polizeilich ermittelt wurde? Denn ein Jahr zuvor war der Erste Teil seiner *Unpolitischen Lieder* im Druck erschienen und in wenigen Wochen ausverkauft worden; und der Zweite Teil wurde gerade ausgeliefert – in Breslau an die Polizei. [277] Zwei Monate später wurde gegen ihn in Breslau der Staatsprozeß eröffnet; im April 1842 wurde ihm die Ausübung seines Lehramtes untersagt, und im Dezember desselben Jahres beschloß das preußische Staatsministerium – im Beisein des Kronprinzen – seine Amtsenthebung. Er wurde davongejagt. Keine deutsche Universität wagte es fortan mehr, den Germanistikprofessor, der so ›unpolitisch‹ gewesen war, den Absolutismus lächerlich zu machen, zu berufen.

Das Deutschlandlied ist gewiß, wie seine Adaptionsgeschichte lehrt, nicht das politischste Lied, das Hoffmann verfaßte. Wenn man aber alleweil berücksichtigt hätte, in welchem Kontext es entstand, hätte mancher deutsche Mann es nicht so lauthals intoniert. Man muß das zusammensehen, daß der Dichtergermanist Hoffmann zugleich dies unpolitisch-emphatische Deutschlandlied und die politischen *Unpolitischen Lieder* schrieb. Der Bezug läßt sich rasch herstellen: Joseph Haydn – der während eines Englandaufenthaltes »die tiefe Wirkung, die bei vaterländischen Feiern das ›God save the King‹ auf das englische Volk ausübt, kennen und bewundern« gelernt hatte [278]

– hatte 1797, nach einem Text von Lorenz Leopold Haschka, eine Kaiserhymne komponiert. Die schlichten monarchiefrommen Reime Haschkas

»Gott! erhalte Franz den Kaiser,
Unsern guten Kaiser Franz!
Lange lebe Franz der Kaiser
Zu des Glückes höchstem Glanz! (usw.)«

denen Haydn zum Klingen verhalf, hatten nach 1806 und in der Metternich-Ära den »Glanz« nicht recht wahren können. Wenn sie noch intoniert wurden, mußten sie in antifeudal sensibilisierten Ohren zum Klingeln kommen; so auch in den Ohren Hoffmanns. Am 3. Juli 1841, also nicht einmal zwei Monate vor Niederschrift des Deutschlandliedes, verfaßte Hoffmann unter dem Titel *Syracusaise* drei Strophen, die – so merkte er wohlbedacht treuherzig an – »in ihrer eigenen Melodie« zu singen seien. Die *Syracusaise* beginnt:

»Gott erhalte den Tyrannen,
Den Tyrannen Dionys!
Wenn er uns des Heils auch wenig
Und des Unheils viel erwies,
Wünsch' ich doch, er lebe lange,
Flehe brünstig überdies:
Gott erhalte den Tyrannen,
Den Tyrannen Dionys!« [279]

Diese *Syracusaise,* die übrigens im Zweiten Teil der dann als staatsgefährdend kassierten *Unpolitischen Lieder* publiziert wurde, sollte man beim Erklingen des Deutschlandliedes im Ohr behalten; und vielleicht auch – die Titelassonanz ist deutlich – die Marseillaise, das Lied der Französischen Revolution. Die Beziehung zur Marseillaise läßt sich indes nicht nur über die *Syracusaise* herstellen. Hoffmann verfaßte, wie gesagt, das Deutschlandlied auf der Insel Helgoland. Er hatte sich dort im August 1841 mit etlichen Gleichgesinnten – »lauter Oppositionsmännern« [280] – aus dem Königreich Hannover getroffen, mit Akademikern und Beamten, die in Hannover für eine ständisch-konstitutionelle Verfassung kämpften – und vielleicht auch für mehr? Jedenfalls führte man politische Unterredungen, die *Unpolitischen Lieder* wurden »fleißig gelesen« [281] und wohl auch gesungen. Hoffmann berichtet: »Es ging recht munter her. Damit wir aber nicht dächten, daß es in dem freien Helgoland keine Polizei gäbe, so mußten wir auf die Marseillaise verzichten, denn dieMusicanten durften sie nicht spielen.« [282] Als wenige Tage später die Hannoverschen Freunde abgereist waren, mit denen der preußische Professor die Marseillaise nicht hatte singen dürfen, ging ihm wieder die Haydnsche Kaiserhymnen-Melodie durch den Kopf, und diesmal dichtete er darauf keine *Syracusaise*. Hoffmanns Autobiographie meldet:

»Den ersten Augenblick schien mir Helgoland wie ausgestorben, ich fühlte mich sehr verwaist. Und doch that mir bald die Einsamkeit recht wohl: ich freute mich, daß ich nach den unruhigen Tagen wieder einmal auch mir gehören durfte. Wenn ich dann so wandelte einsam auf der Klippe, nichts als Meer und Himmel um mich sah, da ward mir so eigen zu Muthe, ich mußte dichten und wenn ich es auch nicht gewollt hätte. So entstand am 26. August das Lied: ›Deutschland, Deutschland über Alles!‹« [283]

In der Folge hat man nurmehr erinnert, daß das Lied »einsam auf der Klippe« zwischen Meer und Himmel entstanden ist. Daß Hoffmann wenige Tage zuvor die Marseillaise hatte singen wollen und nicht hatte singen dürfen, erwähnt kein deutsches Lesebuch. Und fragt man heute, was das Deutschlandlied wert sei, so muß man wissen, daß Hoffmann seinen Preis taxierte. Der Verleger Campe, mit dem Hoffmann ewig Honorarhändel hatte, war am 28. August mit dem Stuttgarter Buchhändler Paul Neff angereist, um den Zweiten Teil der *Unpolitischen Lieder* zu überbringen. Hoffmann berichtet:

»Am 29. August spaziere ich mit Campe am Strande. ›Ich habe ein Lied gemacht, das kostet aber 4 Louisd'or.‹ Wir gehen in das Erholungszimmer. Ich lese ihm: ›Deutschland, Deutschland über Alles‹ und noch ehe ich damit zu Ende bin, legt er mir 4 Louisd'or auf meine Brieftasche. Neff steht dabei, verwundert über seinen großen Collegen. Wir berathschlagen, in welcher Art das Lied am besten zu veröffentlichen. Campe schmunzelt: ›Wenn es einschlägt, so kann es ein Rheinlied werden. Erhalten Sie drei Becher, muß mir Einer zukommen.‹ Ich schreibe es unter dem Lärm der jämmerlichsten Tanzmusik ab, Campe steckt es ein, und wir scheiden.« [284]

Die Art, in der *Syracusaise* und Deutschlandlied gedichtet sind, ist charakteristisch für Hoffmanns agitatorische Liederschmiede: er nimmt Melodie und Reimschema oder auch Refrains und Titel bekannter – oft reaktionärer oder religiöser – Lieder und macht sich seinen eignen Vers drauf. So war gewährleistet, daß seine Texte leicht in aller Mund kamen. Ein Beispiel: Als Nikolaus Becker 1840 durch sein militant antifranzösisches *Rheinlied* berühmt wurde – Campe erwähnte es bei Ankauf des Deutschlandliedes (s. o.) – dessen erste Strophe lautet

»Sie sollen ihn nicht haben,
Den freien deutschen Rhein,
Ob sie wie gier'ge Raben
Sich heiser danach schrein . . .«

antwortete ihm Hoffmann mit einem seiner *Unpolitischen Lieder* strikt antiabsolutistisch und antimilitaristisch und markierte so, daß der wirkliche Feind nicht am Rheinufer stand:

»*Wir wollen es nicht haben.*

Wir sollen hübsch im Paradiese bleiben
Und uns, wie's Adam tat, die Zeit vertreiben
Und keine Bücher lesen, keine schreiben –
Wir sollen hübsch im Paradiese bleiben.

. . .

Du Paradies der Diener und Soldaten,
Leb' wohl, du Jagdrevier der Potentaten,

Wir wollen dein auf ewig nun entraten,
Du Paradies der Diener und Soldaten!« [285]

Solche Lieder nun mochten der König von Preußen und, wie dann die bundesweite Verbotsregelung zeigte, auch seine außerpreußischen ›Kollegen‹ nicht hören. Und gänzlich unleidlich war der Majestät, daß einer ihrer Diener, ein Lehrer der Jugend, ein Professor für deutsche Sprache und Literatur, solche ›Literatur‹ produzierte. Hoffmann hatte, mit dichterischer ›Sehergabe‹, auch das schon vorausgesehen, denn im Zweiten Teil der *Unpolitischen Lieder* findet sich auch das Gedicht:

»*Der Dichter ein Seher*
Mel.: Es war ein König in Thule.

Der Dichter ist ein Seher,
Er sieht gar gut und weit;
Wer sieht so gut und eher
Das große Spiel der Zeit?

Doch will man nur *den* Seher,
Der nach dem Munde spricht;
Zum andern sagt man: Geh' Er!
Zu uns hier paßt er nicht!« [286]

Der gegen Hoffmann ermittelnde Beamte Heinke, der – das schien der Regierung weise – zugleich Universitätskurator und Polizeipräsident von Breslau war, begann im Oktober 1841 den Staatsprozeß mit mehreren Verhören. [287] Besonders fragwürdig erschien ihm unter anderem ein *Kriegslied* [288], in dem »Alle« begeistert singen:

»Wir ziehen hinaus, hinaus in die Schlacht
Mit Gott für König und Vaterland.«

Doch tritt den Kriegsbegeisterten *Ein Nachtwächter von 1813* entgegen; und dieser Nachtwächter gefiel Heinke ganz und gar nicht, denn er fragt:

»O Gott! wofür? wofür?
Für Fürstenwillkür, Ruhm und Macht
Zur Schlacht?
Für Hofgeschmeiß und Junker hinaus
Zum Strauß?
Für unsers Volks Unmündigkeit
Zum Streit?
Für Most-, Schlacht-, Mahl- und Klassensteuer
Ins Feuer?
Und für Regal und für Zensur
Nur
Ganz unterthänigst zum Gefechte?
Ich dächte, dächte –«

Ähnliche Töne werden, vielfach moduliert, in vielen anderen *Unpolitischen Liedern* angeschlagen, die wir hier leider nicht zitieren können. Insgesamt bieten sie eine Art Generalkatalog der Forderungen der bürgerlichen Opposition; da geht es um Presse- und Lehrfreiheit, um Militarismus, Zoll- und

Steuerunwesen, Klerikalismus, höfisches Gehabe, Demagogenriecherei, Deutschtümelei, akademisches Getue und Denkmalskult und etliche Zeit- und Modefragen. Man sollte da ruhig mal nachschlagen. Es gibt unter den deutschen Dichtern nicht eben viele – und unter den Dichtergermanisten keine –, die solche Saiten auf ihre Leier ziehen konnten.

Man wird fragen, was derlei *Unpolitische Lieder* mit Germanistik, mit Hochschulwissenschaft zu tun haben. Auch der ermittelnde Polizeibeamte Heinke fragte so. Hoffmanns Antwort, er sei »hier nicht als Professor, sondern als Dichter aufgetreten« [289], befriedigte Heinke nicht und kann auch uns nicht befriedigen. Als in weiteren Verhören nachgebohrt wurde, weigerte sich Hoffmann, den Bezug der Lieder zu seiner akademischen Tätigkeit selbst darzulegen: »In wie weit meine schriftstellerische Thätigkeit zu meiner akademischen in Beziehung steht, ergiebt sich aus dem Verzeichnisse meiner Schriften, das oft genug gedruckt ist.« [290] Und freilich, wenn die Richter das überprüft hätten, so hätte ihnen klar werden können, daß die *Unpolitischen Lieder* die politische Reflexion eines der bedeutendsten Liedforscher des Jahrhunderts waren. Seine Sammlung *Horae Belgicae* (12 Bde., 1831 bis 1862) beweist das ebenso wie seine *Geschichte des deutschen Kirchenliedes bis auf Luther* (Breslau 1832) und zahllose kleinere Volksliedersammlungen. 1843 ließ er in einer Anthologie *Politische Gedichte aus der Vorzeit* (Leipzig 1843) zu seiner Verteidigung Walther von der Vogelweide, Freidank, Luther, Sachs, Fischart, Opitz, Logau und viele andere als seine geistigen Ahnen paradieren.

Aber nicht nur durch den Hinweis, daß es für Hoffmann vom Lieder*sammeln* zum Lieder*machen* kein weiter Schritt war, läßt sich zeigen, daß es sich hier um einen spezifisch germanistischen Protest handelte. Das beweist vielmehr auch die Thematik und Stoßrichtung vieler der *Unpolitischen Lieder* selbst. Mehrfach greift er gegenwartsfremde Philologie [291], die Historische Schule [292] oder teutomanischen Denkmalskult [293] an. Ein rechtes Germanistenepos aber ist seine Nibelungenlied-Parodie, mit der er den Trubel um die Errichtung des Armin- oder Hermann-Denkmals im Teutoburger Wald karrikierte, an dem sich auch etliche Professoren – Maßmann, W. Wackernagel, Dahlmann, die Grimms, Gervinus u. a. [294] – beteiligt hatten. [295] Hoffmann suchte durch seine Lieder seine Wissenschaft in Politik zu überführen. Daß ihm das gelang, zeigte der Erfolg seiner Publikation: sie brachte ihm ja nicht nur die Amtsenthebung, sondern machte ihn, wie nicht zuletzt das weite Echo in der liberalen Presse und Untergrundliteratur erwies [296], zu einem Leitbild der bürgerlichen Opposition, die sich – nun schon gelegentlich mit Handwerker- und Arbeitervereinigungen gemeinsam – zu ihrem größten Sturmversuch, der Revolution von 1848, zu sammeln begann. Ein Flugblatt des Vormärz (s. Abb. 2) hat die Amtsenthebung in allegorisierter Form festgehalten: Hoffmann von Fallersleben, die Leier im Arm, ein Vorhängeschloß vor dem Mund, wird samt einem anderen Hochschullehrer (vermutlich David Friedrich Strauß, aber damals wurden ja auch viele andere Professoren mit Berufsverbot belegt) durch einen Polizisten zum Verlassen des Katheders gezwungen, während ihr burschenschaftlich-studentisches Publikum durch Peitschenschläge ›beruhigt‹ wird. [297]

Durch Proteste, wie sie die Sieben in Göttingen und Hoffmann von Fallersleben in Breslau wagten, wurde, das veranschaulicht das Flugblatt und das notierte auch schon Treitschke, die »politische Autorität des deutschen Professorentums begründet«. [298] Weshalb so viele der Professoren, die diese politische Autorität begründeten, Germanisten – Lehrer »des deutschen Rechts, deutscher Geschichte und Sprache« – waren und sein mußten, dürfte nach allen unseren umständlichen Ermittlungen deutlich sein. Wenn der Professorenstand in den nichtprivilegierten Teilen der deutschen Bevölkerung ein außerordentliches Ansehen genoß – und heute noch weithin genießt –, so deshalb, weil einige Hochschullehrer einmal mehr zu sein wagten als – ›Fachvertreter‹. Und doch: daß sie gerade als Fachvertreter, als Vertreter der »deutschen Wissenschaft« gegen den Absolutismus auftraten; daß sie sich nicht ausreden ließen, daß auch die deutsche Gegenwart und Zukunft ihr ›Fach‹ sei, bedingte den Rang ihrer Wissenschaft.

Zum Verhältnis von Deutscher Rechtsgeschichte und Deutscher Philologie

Jutta Strippel

Einleitung

Es war oben in generellem Zusammenhang [1] darauf hingewiesen worden, daß der Germanistentitel ursprünglich der polemisch – programmatische Name einer juristischen Fachrichtung oder Schule war, ehe er, in den vierziger Jahren des vorigen Jahrhunderts, auch den deutschen Philologen übereignet wurde. Aufgrund welcher realen Bedingungen diese Namensübertragung möglich war und welche im weitesten Sinne ideologisch-politischen und im engeren Sinne methodologisch-wissenschaftlichen Hypotheken damit auf die deutsche Philologie kamen, soll im Folgenden, wenn nicht vollends geklärt, so doch fragend markiert werden.

Die juristische Germanistik, die akademische Wissenschaft vom germanischen und deutschen Recht entstand zu Beginn des 19. Jahrhunderts als »Zweig der Historischen Rechtsschule«. [2] Ihre Geschichte ähnelt der der deutschen Philologie und ist gar – in der Personalbiographie Jacob Grimms etwa – partiell mit ihr identisch. Wie nämlich die deutsche Philologie im 16. bis 18. Jahrhundert außerhalb der Universitäten schon von einzelnen und assoziierten Wissenschaftlern realisiert wurde, so gab es seit dem 17. Jahrhundert auch schon Juristen, die den Objektbereich der deutschen Rechtsgeschichte beachteten. Und wie die deutsche Philologie als »Deutschkunde« für den Nationalsozialismus ideologische Steigbügelhalter- und Apologetenfunktion übernahm, so nährte auch die deutsche Rechtsgeschichte »in der Zeit der Hitlerherrschaft [. . .] eine verschwommene Germanenbegeisterung«, die dazu diente, »aus grauer Frühzeit Brücken zur Gegenwart zu schlagen.« [3] Für unseren historischen Problemzusammenhang ist Kroeschells Hinweis wichtig, daß die deutsche Rechtsgeschichte wie die deutsche Philologie in der akademischen Etablierungsphase durch ein deutschtümelndes Moment bestimmt war, wie ein vergleichender Blick auf die Wissenschaftspraxis der Rechtsgeschichte anderer europäischer Länder zeigt: »Auch dort kennt man die römische Rechtsgeschichte als die Geschichte des antiken römischen Rechts, aber man stellt ihr nicht die Geschichte eines Rechts von nationalem Ursprung gegenüber. Englische, französische, spanische oder italienische Rechtsgeschichte ist vielmehr die Geschichte allen Rechts in diesen Ländern, einschließlich des römischen oder des kirchlichen Rechts. Der deutschtümelnde Charakter der deutschen Rechtsgeschichte ist also nicht durch ihren Gegenstand vorgegeben, sondern ist zumindest auch in ihrem eigenen wissenschaftlichen Ansatz begründet. Deutsche Rechtsgeschichte – das ist also eine bestimmte Art, sich dem Gegenstande des Rechts der Vergangenheit in Deutschland zuzuwenden. Vielleicht ist sogar das Bild von Gegenstand und Betrachter überhaupt unangemessen; man würde dann besser sagen: Rechtsgeschichte und zumal deutsche Rechtsgeschichte, ist eine bestimmte Weise, sich zur Vergangenheit des Rechts zu verhalten.« [4] Wie und wodurch die Weise, sich zur Vergangenheit des Rechts zu verhalten, in der ersten Hälfte des 19. Jahrhunderts *bestimmt* war, das ist eben die Frage, der wir zunächst nachzugehen haben.

Daß die wissenschaftliche Beschäftigung mit der Geschichte des germanischen Rechts Ende des 18. Jahrhunderts – und unter »germanischem« Recht verstand man damals das Recht der germanischen Völker bis zum Ausgang des Mittelalters (!), weil man der Ansicht war, »daß das deutsche Recht im germanischen Recht wurzele und daß die deutsche Rechtsgeschichte bis zum Ausgang des Mittelalters germanische Züge trage« [5] – zunehmend an Breite gewann, hat seine Ursache in den rechtlichen Verhältnissen der damaligen deutschen Realität. Die wesentlichen Fakten dieses Rechtszustandes zu erinnern, scheint uns dringlich. Denn im Gegensatz zu den bislang vorliegenden Wissenschaftsgeschichten der deutschen Philologie, die diesen Fragenkomplex übergehen, wollen wir zeigen, daß das anfängliche Ineinandergreifen von Rechtswissenschaft und deutscher Philologie konkret politisch und dann auch methodologisch motiviert war.

Der Rechtszustand in Deutschland zu Beginn des 19. Jahrhunderts

Der Rechtszustand in Deutschland um das Jahr 1806 war, bedingt durch den Partikularismus und die Niederlage des deutschen Kaisertums, uneinheitlich, ja völlig verworren. Nicht nur die territorialen Differenzen des einheimischen Rechts und dessen Vermischung mit römischem und kanonischem bestimmten dieses Bild, sondern die Unüberschaubarkeit wurde noch erhöht durch die partielle Einführung des Code Napoléon in einigen süddeutschen Staaten und Hessen. »In den beiden deutschen Hauptstaaten Preußen und Österreich hatte sich im Laufe des 18. Jahrhunderts der Absolutismus so weit durchgesetzt, daß das traditionelle Recht der Stände, die dementsprechende Organisation des Gerichtswesens und damit die traditionalistische Rechtsauffassung weitgehend beseitigt waren«. [6] Während in England und Frankreich der Aufbau eines einheitlichen Territorialstaates gelungen war, der die Entwicklung der kapitalistischen Wirtschaft und des Bürgertums beschleunigte, war unter dem Absolutismus im Deutschen Reich keine starke bürgerliche Klasse entstanden. »Diese Ausgangslage prägt den politischen

Emanzipationskampf des deutschen Bürgertums im 19. Jahrhundert und die bürgerliche politische Theorie und Rechtstheorie, in der sich dieser Kampf ausdrückt.« [7] Durch die Rezeption des römischen Rechts [8] und dessen Zusammenfließen mit dem ›Volksrecht‹ zum gemeinen Recht, wie auch durch die Ersetzung der traditionellen Gerichtsorgane durch fürstliche Beamtenjustiz war die Kontinuität des traditionellen ›Volksrechts‹ gestört worden. Auch die Übernahme des Naturrechts blieb in dieser politischen Situation ausgeschlossen, zum einen aufgrund der Ablehnung der Französischen Revolution, zum anderen aufgrund des Unvermögens des deutschen Bürgertums, eine der Naturrechtstheorie entsprechende politische Ordnung, in der das Bürgertum sich politisch selbst organisiert und regiert, zu errichten. Deshalb blieb der monarchische Staat, in dem das Bürgertum durch eine Verfassung abgesicherte Kontroll- und Mitwirkungsrechte hatte, weitgehend unbestrittener Bezugspunkt der bürgerlichen politischen Programme.

Die Darstellung dieser Phase der deutschen Rechtsgeschichte, also einer bestimmten Phase der Emanzipation des Privateigentums vom Gemeinwesen, stößt allerdings auf Schwierigkeiten, die einerseits aus der Notwendigkeit resultieren, die mit der Emanzipation des Privateigentums einhergehende Entwicklung des Staates aufzuzeigen und andererseits darin bestehen, die durch die fortschreitende Emanzipation des Privateigentums sich ständig verändernden Produktionsverhältnisse zu kennzeichnen. Denn mit zunehmender Arbeitsteilung tritt die ursprüngliche Einheit von Recht und Gesetz in dem Maß auseinander, in dem sich das Privateigentum herauslöst aus dem Gemeineigentum, je mehr also die Interessen der einzelnen in Widerspruch geraten zu den Interessen der Allgemeinheit. »Und eben aus diesem Widerspruch des besonderen und gemeinschaftlichen Interesses nimmt das gemeinschaftliche Interesse als *Staat* eine selbständige Gestaltung, getrennt von den wirklichen Einzel- und Gemeinschaftsinteressen.« [9] Die Gesetzgebung wird zum politischen Instrument der Herrschenden und Ausdruck ihrer ökonomischen Macht.

Es ist nun aber ein wesentliches Charakteristikum des Rechts, daß es zeitlich nach den es schaffenden ökonomischen Veränderungen in Erscheinung tritt, was eine chronologische Darstellung der Rechtsgeschichte äußerst schwierig macht, zumal der Durchsetzungsprozeß rechtlicher Veränderungen nicht unmittelbar und auch nicht in gleicher zeitlicher Abfolge wie die Veränderungen an der Basis sich vollziehen muß.

Demgegenüber darf allerdings die Wirkung der Gesetzgebung, die bis ins 19. Jahrhundert vornehmlich auf dem Weg über Verordnungen vor sich ging, auf die Basis auch nicht unterschätzt werden, zumal in ihr die Interessen des Staates, d. h. zur Zeit der Rezeption die Interessen des Reichs- und später des Landesfürstentums, ihren politischen Ausdruck fanden.

Hatten die zwischen der Reformation und der Französischen Revolution stattgehabten ökonomischen Veränderungen die praktische Rezeption des römischen Rechts im Gefolge, so wurden die politischen Gegebenheiten nach 1806 Auslöser für die bewußte Neugestaltung der staatsrechtlichen Verhältnisse. Bis dahin existierte der Staat vornehmlich als fürstliche Machtorganisation, was sich verfassungsrechtlich als primäres Herrenrecht und sekundäres Vertragsrecht, auf das sich der Freiheitsbereich der Stände stützte, niederschlug. Die ständische Gliederung, die sich durch die wirtschaftliche Umstrukturierung und Neuverteilung der ökonomischen Macht in Auflösung befand, zog im Verlauf des Übergangs der ständisch gegliederten Gesellschaft zur Klassengesellschaft die Loslösung des Privatrechts von seiner ständischen Grundlage nach sich.

Die Gründung des Rheinbundes, die Niederlegung der Kaiserwürde durch Franz II. und die vernichtende Niederlage der preußischen Armeen bei Jena und Auerstedt kennzeichnen auf politischer Ebene die Auflösung des Deutschen Reiches.

Unter dem Einfluß des bürgerlichen Frankreichs sahen sich die deutschen Territorialfürsten des Rheinbundes gezwungen, Reformen durchzuführen, die die politische Position des Bürgertums gegen die eigenen feudal-reaktionären Interessen stärkten, denn sie beabsichtigten, »auf dem Umweg über die Reformen eine vernünftige Rangordnung, eine neue staatliche Organisation zu begründen, ohne daß die alte Ordnung, die wesentlich auf der Bindung an und durch Grundbesitz beruhte, vollkommen aufgelöst würde.« [10] Also versuchte die fürstliche Propaganda wenigstens politischen Profit aus ihrer mit diesen Reformen verbundenen Machteinbuße zu schlagen, indem sie die Fortschrittlichkeit der Regierungen als lobenswerte Konzession von oben, ja als Motivation für den Abfall vom Reich darstellte.

Bezeichnend dafür sind einige Sätze aus einer anonymen Flugschrift *Sibyllinische Blätter,* die bald nach der Gründung des Rheinbundes erschien und in der es von Napoleon heißt: »Er erspart uns blutige Revolutionen, die der fortschreitende Zeitgeist notwendig gemacht hätte, indem er den deutschen Fürsten Beispiel und Hilfe bietet, sie selbst, ohne Einwirkung der rohen Menge, zu bewerkstelligen, und sie eben durch ihre Leitung so segensvoll für ihre Völker zu machen, als nach Napoleon die schreckliche französische Revolution, diesen Anfang der großen europäischen, für Frankreich machte.« [11]

Daß eine solche Propaganda jedoch die wahre Situation dieser Staaten nicht zu kaschieren vermochte, wird deutlich am Fall der stellvertretenden (für den flüchtigen Autor Yellin) Erschießung des Nürnberger Buchhändlers Johann Philipp Palm am 26. 8. 1806, dem die Verbreitung einer Flugschrift *Deutschland in seiner tiefsten Erniedrigung* angelastet wurde, eine Flugschrift, die sich gegen die napoleonische Willkürherrschaft und die deutschen Fürsten wandte. Das Todesurteil wurde bezeichnenderweise von einem außerordentlichen französischen Militärgericht gefällt.

Auf dem Hintergrund der Unterjochung Deutschlands und dem wachsenden Widerstand gegen Napoleon wie auch auf dem der von oben eingeleiteten Reformen, die keinen gesamtgesellschaftlichen Fortschritt intendierten, sondern ausschließlich der Freisetzung ökonomischer Potenzen in Hinblick auf eine rasche Restauration dienten, wird die Zwieschlächtigkeit der nationalen Frage deutlich. Denn beide, die reaktionär-feudalen wie die fortschrittlich-bürgerlichen Kräfte, hatten ein gemeinsames Interesse: die Reichseinheit. Insofern sich aber die Überlegenheit des zu bekämpfenden Frankreich auf seine bürgerliche Gesellschaftsordnung gründete und es gerade diese Überlegenheit zu zerstören galt, mußte die nach 1806 rasch anwachsende nationale Befreiungsbewegung notwendig antifeudal ausgerichtet sein. Das allerdings stand in direktem Widerspruch zu den Interessen der Feudalaristokratie, denn der Kampf um die Befreiung Deutschlands richtete sich nicht nach außen, sondern mußte zunächst innenpolitisch vorbereitet werden. Es war ein Kampf, der letztlich die Feudalaristokratie selbst treffen konnte. »So sehr sich die preußischen Reformer gezwungen sahen, die Bevölkerung aus feudalen Beschränkungen zu befreien und wirtschaftlich zu aktivieren, so wenig dachten sie daran, einen bürgerlich-konstitutionellen Staat zu errichten. Sie sahen allerdings, daß der Staat und auch die Zukunft des Feudaladels nur durch Reformen zu retten waren. Während sich der preußische Monarch leicht ausschalten ließ, hatte die Bürokratie ihre eigentlichen Gegner in großen Teilen des Adels. Ihm gegenüber mußte sie, wollte sie sich überhaupt halten, erhebliche Kompromisse machen.« [12]

Der gegen die Fremdherrschaft anwachsende Patriotismus, der das Problem der nationalen Einheit konkret werden ließ, entfaltete sich in allen gesellschaftlichen Bereichen, so daß auch die Universitäten in unmittelbare Verbindung traten zur aktuellen politischen Praxis und schließlich zur treibenden Kraft der Befreiungskriege wurden. Bei ihnen lag die Aufgabe, Konzepte für die gesellschaftliche und staatliche Neugliederung Deutschlands zu entwickeln, die die aus ihnen hervorgehenden Beamten in die politische Praxis einzubringen hatten. Die Notwendigkeit einer Umstrukturierung der alten Gesellschaft ergab sich primär aus dem Umstand, daß die finanzielle Notlage Preußens nur durch Verfassungsänderungen zu beheben war. »Die außerordentlichen Lasten, die nicht durch die laufenden Jahreseinnahmen gedeckt werden konnten, wuchsen durch die Befreiungskriege und den Neuaufbau des Staates bis 1820 auf rund 288 Millionen Taler an.« [13] Es ging vornehmlich um die Freisetzung ökonomischer Potenzen, was durch Reformmaßnahmen bezüglich der staatlichen Finanz- und Wirtschaftspolitik geschehen sollte. »Die ständisch und regional verteilten Schuldenmassen wurden zu einer Staatsschuld zusammengefaßt, ein Konzentrationsprozeß, dem zugleich die Freisetzung einer vom Staat unabhängigen Wirtschaftsgesellschaft korrespondierte«. [14] Das bedeutete gleichzeitig zunehmende Rechtsunsicherheit, bzw. einschneidende Eingriffe in das Privatrecht.

Sprach man im Zuge der Rezeption, die, und das muß man sich dabei immer vergegenwärtigen, das materiale Recht betraf, von der Verwissenschaftlichung des Rechts, insofern den laienhaften Schöffen ein ausgebildeter Juristenstand gegenübertrat und jene schließlich verdrängte, so war diese ›wissenschaftliche‹ Handhabung des Rechts unmittelbar praktisch, insofern die Universitäten die Aufgabe hatten, komplizierte Streitfälle in letzter Instanz aufgrund ihrer wissenschaftlichen Kompetenz zu lösen, d. h. in den Quellensammlungen diejenigen Fälle aufzufinden, die als Muster für die jeweils anhängige Streitsache gelten konnten. Solche Rechtswissenschaft an den Universitäten betrieb keine Rechtstheorie. Die theoretische Beschäftigung mit Recht und Gesetz trat erst mit Abschluß der Rezeption in den Vordergrund des wissenschaftlichen Interessen. Die formale Ein- und Anordnung der Rechtsquellen in ein geschlossenes System bedurfte einer Theorie, die es ermöglichte, aus dem vorhandenen Stoff allgemeine Grundsätze herzuleiten, die das Recht über die historischen Bedingungen seines Entstehens hinaus anwendbar machten. Stand ehedem die Sammlung aller möglichen Qellen im Vordergrund, die durch den kasuistischen Charakter der Rechtssprechung ihre Bedeutung gewannen, so wurde nun die mit der Rechtsphilosophie verbundene Rechtstheorie zur systematischen Universitätswissenschaft.

Es ist demnach kein Zufall, daß, als das politische Versagen des Kaiserreiches offenbar wurde und seine Unzulänglichkeit in seiner mangelhaften staatlichen Organisation begründet zu sein schien, Philosophen wie Fichte, Schelling, Schleiermacher, Feuerbach und Hegel der Zeit mit ihren staatsphilosophischen Gedanken zur Verfügung standen. Ihre Ideen entstammen nicht ausschließlich der aktuellen politischen Situation, sondern müssen auch im Zusammenhang der gesamten Rechtsentwicklung gesehen werden, insofern ein systematisiertes Privatrecht eine geschlossene Staatstheorie zwangsläufig nach sich zieht. Nicht zuletzt darin, wie auch aus dem aktuellen Bedürfnis nach nationaler Einheit, ist der Grund zu suchen für die zu diesem Zeitpunkt an den juristischen Fakultäten einsetzende intensive wissenschaftliche Aufarbeitung des Staatsrechts. [15]

Da, wie oben gezeigt, das deutsche Bürgertum aufgrund seiner Unfähigkeit, die politischen Implikationen der Naturrechtstheorie in die Praxis umzusetzen, das Naturrecht ablehnen mußte, die durch die Rezeption des römischen Rechts unterbrochene Kontinuität des deutschen Rechts einen Rückgriff auf die einheimische Rechtstradition aber nicht gestattete, entstand in dieser Lage »im 19. Jahrhundert in Deutschland zuerst ein konservativer, dann ein bürgerlich-liberaler Historismus, der die Besonderheit eines jeden Volkes, dessen »Volkscharakter« und geschichtliche Tradition zum Maßstab für die politische und gesellschaftliche Gestaltung erhob. Er wandte sich damit gegen den absoluten Anspruch des Naturrechts, das der menschlichen Natur schlechthin entsprechende Gesellschaftsideal zu vertreten. Wenn das Naturrecht nicht überhaupt als unhistorisch und damit »unmenschlich« abgelehnt wurde, wurde es relativiert: es hat eine begrenzte Gültigkeit für bestimmte Völker in bestimmten geschichtlichen Situationen. In Deutschland trat in der Rechts- und Staatstheorie an die Stelle des »Menschen« der Naturrechtstheorie das »deutsche Volk«. Das »deutsche Volk« verstand man als eine historisch gewordene geistig-kulturelle Einheit, die durch das Volk und den Monarchen gebildet wurde. Daraus folgt, daß in der Staatstheorie die Konstruktion der »Staatssouveränität« den Gedanken der Souveränität des Volkes ersetzte. Dieses unpolitisch-idealistische und historisch-relativistische Verständnis des politischen Akteurs erleichterte nach der Niederlage des Bürgertums in der Revolution von 1848 den Übergang der Rechts- und Staatstheorie zum »Positivismus.« [16]

In dem durch die Rechtstheorie erstellten abstrakten Rechtsbegriff, der sich nicht am einzelnen Recht orientierte, sondern am Recht als dem allgemeinen Gesetz, zeigte sich ein die nationale Einheit konstituierendes Moment: allen Deutschen gemeinsam war ihr Recht. Wenn es diesem durch die Jahrhunderte partikularistisch gegliederten Deutschland auch an einer gemeinsamen Geschichte gebrach, insofern deutsche Geschichte sich vornehmlich als Geschichte europäischer Fürstenhäuser darstellte, so war diesen voneinander getrennten und verschiedenen Territorialstaaten eins gemeinsam: die deutsche Rechtsgeschichte. Aus ihr heraus schien es möglich, den nationalen Einheitsgedanken argumentativ herzuleiten und abzudecken, in ihr fand sich anscheinend die nationale Identität.

Aus dem bisher Gesagten wird deutlich, daß die Beschäftigung mit germanischem Recht für das deutsche Bürgertum nach der Französischen Revolution und erst recht nach dem endgültigen Zerfall des Heiligen Römischen Reiches Deutscher Nation eine wichtige Doppelfunktion hatte: die Legitimation von – zumindest tendenziell-demokratischen Forderungen gegen den immer noch dominanten und dann unter dem Schutz der Heiligen Allianz zusehends genesenden Territorialabsolutismus auf eigenem Boden zum einen und die ideologische Abwehr der napoleonischen Okkupation wie auch der französischen und englischen Handelskonkurrenz zum andern. Diese Doppelfunktion, die Ausdruck eines Zweifrontenkampfes war, bedeutete objektiv von vornherein eine Schwächung, weil innere Zersplitterung, der germanistisch-nationalen Einigungsbewegung des deutschen Bürgertums. Wenn man (angeblich genuin) germanische Rechtstraditionen gegen die deutsche Fürstenherrschaft geltend zu machen suchte; wenn man durch Rückgriff auf germanische Frühzeit und deutsches Mittelalter ein »Volksrecht« zu rekonstruieren und damit schließlich gar Volk souveränität zu etablieren suchte; wenn man das germanische Wahlkönigtum als Vorwurf einer in der Gegenwart zu errichtenden konstitutionellen Monarchie nahm; wenn man Schöffengerichtsbarkeit, mithin *Öffentlichkeit* der Jurisdiktion und Transparenz der gesamten Legislative und Exekutive als genuin deutsche Rechtsqualitäten reklamierte; wenn man in Konsequenz dessen Versammlungsfreiheit, Zensurfreiheit und Volksbewaffnung mit deutscher Rechtstradition legitimierte: so zeigt das die eminent *progressive* Funktion der deutschen Rechtsgeschichte in der Phase der bürgerlichen Revolutionen.

Die juristische Germanistik war keineswegs eine rein akademisch-elitäre Bewegung; sie fand in der Turnerbewegung und in der Burschenschaft ihre Entsprechung und Unterstützung. Aber diese juristische Germanistik oder germanistische Jurisprudenz war in sich nicht einheitlich, und sie war – wie an ihren Wortführern zu zeigen wäre – nicht einhellig progressiv. Warum sie das nicht sein konnte, wird begreiflich, wenn man sich den uneinheitlichen Stand der Rechtskodifizierung in den verschiedenen deutschen Territorien genauer vor Augen führt und von daher die Durchsetzbarkeit rechtlicher Neuerungen ermißt.

Die deutschen Rechts- und Staatswissenschaftler standen zu Beginn des Jahrhunderts vor der schwierigen Aufgabe, ein wenigstens für die Territorialstaaten verbindliches Recht zur Verfügung zu stellen, das es ermöglichte, die aus dem Partikularismus resultierende Desorganisation des Gesamtstaates so weit zu überwinden, daß Deutschland sich gegen die Unterdrückung durch Napoleon effektiver zur Wehr setzen könnte, was gleichzeitig bedeutete, die innere Sicherheit der Nation durch die Erstellung von Verfassungen zu gewährleisten. Das setzte allerdings als ersten Schritt die Kodifizierung des vorhandenen Rechts- und Gesetzesmaterials voraus.

Wenn auch im 18. Jahrhundert die Rezeption des römischen Rechts bereits weitgehend vollzogen war, so fehlte jedoch die Veröffentlichung der Gesetze, der landesherrlichen Ordnungen und der Landtagsbeschlüsse. Ebenso dic Sammlung des Gesetzesmaterials, die man bis dahin Gelehrten oder Buchhändlern überlassen hatte. Die erste Sammlung von Regierungs wegen mit authentischem Text wurde 1790 in Österreich veranstaltet.

Unter der Kodifizierung, die um die Wende zum 19. Jahrhundert betrieben wurde, darf man sich allerdings kein bloßes Kompilieren vorstellen, sondern bereits im 18. Jahrhundert beschritt die Rechtsbildung den grundsätzlichen Weg der bewußten Rechtsgestaltung von Staats wegen. Es begann die Vormacht des Gesetzes als Folge der Allgewalt des Staates. Dadurch wurde es möglich, vom Recht als dem Gesetz zu sprechen. [17]

Die Welle von Kodifikationen, die ihren Anfang um die Jahrhundertwende nahm, scheint vordergründig immanent logische Konsequenz des vollzogenen Rezeptionsprozesses zu sein, insofern die Rechtsquellen verschiedenster Provenienz ausgeschöpft, übertragen und integriert waren in die deutschen Rechtsverhältnisse und nur noch der Zusammenfassung und schriftlichen Fixierung bedurften. Solche Argumentation übersieht aber die wesentlichen Gründe, die bei zunehmender Komplexität der privaten Beziehungen eine Kodifikation notwendig und folgenreich für das öffentliche Recht machten, das zunächst nur partiell betroffen war von der Rezeption, die vornehmlich im Bereich des Privatrechts stattfand.

Indem das Privatrecht nämlich die Rechtsverhältnisse der einzelnen Menschen zueinander regelt und dementsprechend vor allem Familien- und Vermögensrecht umfaßt, dient es als Ausdruck konkreter Besitzverhältnisse der Sicherung des Privateigentums. Das läßt sich deutlich an seiner Entwicklung aufzeigen, da es zu gleicher Zeit mit dem Privateigentum, hervorgehend aus der Auflösung des naturwüchsigen Gemeinwesens, entsteht. Deshalb ist es kein Zufall, daß die Rezeption des römischen Rechts, dem Feudalverhältnisse fremd waren und das das moderne Privateigentum vollständig antizipierte [18], dann in ihre praktische Phase eintritt, wo Industrie und Handel das Privateigentum so weit entwickelt haben, daß die Rechtsverhältnisse des mittelalterlich-feudalen Gemeinwesens den daraus entstandenen neuen Eigentumsverhältnissen und Produktionsweisen nicht mehr adäquat sind.

Ein ausgebildetes Privatrecht, dessen Funktion es ist, einen gegebenen Besitzstand zu wahren, das also konservativen Charakter hat, fordert ein ihm entsprechendes öffentliches Recht, das immanent im Privatrecht bereits enthalten ist.

Das öffentliche Recht, das Strafrecht, Prozeßrecht und Staatsrecht, regelt die Rechte des einzelnen gegenüber dieser Gesamtheit, die sich dem einzelnen darstellt als Staat, der die Funktion hat, das Allgemeininteresse wahrzunehmen. Insofern besitzt der Staat selbst einen doppelten Charakter, nämlich einmal als »die aus der Produktion und dem Verkehr sich entwikkelnde gesellschaftliche Organisation« [19] und zum anderen als eine den Individuen entfremdete Macht, deren sich die Herrschenden mit Hilfe von Recht und Gesetzen zur Unterdrückung der Beherrschten bedienen.

Der Prozeß der Rezeption fällt also nicht zufällig zusammen mit der Herausbildung des Bürgertums zur herrschenden Klasse, also mit ihrer allmählichen Herauslösung aus der ehemals festgefügten Ständehierarchie. Nicht zufällig auch entsteht die europäische Rechtswissenschaft im 11. und 12. Jahrhundert in der Lombardei. Die oberitalienischen Städte, die auf dem

Wege arbeitsteiliger Spezialisierung und Differenzierung von Handel und Gewerbe ihre Produktivität immens gesteigert hatten, vergrößerten proportional ihrer ökonomischen Entwicklung ihre politische Macht gegenüber der Reichsgewalt. Diese durchzusetzen und zu behaupten, erforderte neue und differenzierte Organisationsformen von Kapital und Arbeit, wozu sich das Corpus Iuris als geeignetes Mittel anbot.

Zu Beginn des 19. Jahrhunderts, als mit abgeschlossener Rezeption ein ausgebildetes Privatrecht zur Verfügung stand, wurde es zur politischen Notwendigkeit, dieses Privatrecht in ein System zu bringen, das als abstraktes Recht dauerhaft anwendbar und dem nationalen Aufschwung nützlich werden sollte. So schloß man in Preußen bereits 1794 die Kodifizierung in Form des *Allgemeinen Landrechts für die preußischen Staaten* ab (der Titel Gesetzbuch wurde als anstößig abgelehnt), welche Rechtsaufzeichnung beispielhaft demonstriert, wie unmittelbar ökonomische und politische Macht die Rechtsnorm bestimmen. Das Interesse des preußischen Monarchen lief darauf hinaus, ein Rechtssystem als Gesetz zu erlassen, das eine zentrale Rechtspflege ermöglichte. »Wenn Ich [. . .] Meinen Endzweck [. . .] erlange, so werden freylich viele Rechtsgelehrten bey der Simplifikation dieser Sache ihr geheimnißvolles Ansehen verlieren, um ihren ganzen Subtilitäten-Kram gebracht, und das ganze Corps der bisherigen Advokaten unnütz werden. Allein Ich werde dagegen [. . .] desto mehr geschickte Kaufleute, Fabrikanten und Künstler gewärtigen können, von welchen sich der Staat mehr Nutzen zu versprechen hat.« [20]

Das jedoch stieß auf den Widerstand des Adels, der durch sein Monopol im Getreidehandel, seine Steuerfreiheit und andere Privilegien seine Interessen, die denen des Monarchen entgegenstanden, behaupten konnte, da der Monarch, um die notwendigen Gelder für Heer und Verwaltung aufzubringen, die übrige Bevölkerung durch ständige Erhöhung der Steuerlasten unterdrückte und somit keine Mehrheit auf seine Seite bringen konnte. So wurde zwar die Kodifikation des Allgemeinen Landrechts möglich, jedoch hat es keine »der wesentlichen Rechte des Adels zugunsten bürgerlicher oder bäuerlicher Freiheit geschmälert. Insbesondere wurden weder die Leibeigenschaft noch die Patrimonialgerichtsbarkeit abgeschafft. Aufklärerische Einflüsse zeigte das Moral- und Sittenstrafrecht, insofern es wesentlich liberaler war als das vorangegangene Recht. Dafür wurde das Militär- und politische Strafrecht verschärft.« [21]

Während in Preußen ein kodifiziertes Recht zur Verfügung stand, wurde die Gesetzgebungsfrage für die süddeutschen Staaten um die Jahrhundertwende aufgrund der Verträge zwischen Frankreich und Österreich aktuell. Der Frieden von Lunéville, geschlossen am 9. Feb. 1801 zwischen Frankreich und Österreich, das auch für das Deutsche Reich unterzeichnete (Zustimmung dazu vom deutschen Reichstag am 7. März), ermöglichte der französischen Legislative die offizielle Annexion der linksrheinischen deutschen Gebiete. Eine Neuordnung Deutschlands wurde in Angriff genommen und am 25. Feb. 1803 durch die Annahme des Reichsdeputationshauptausschusses rechtskräftig. »Die teilweise vorher schon eingeleitete Verwirklichung der Bestimmungen dieses Dokuments gab der Länderkarte Deutschlands ein stark verändertes Aussehen. 112 Reichsstände verschwanden, etwa 3 Millionen Menschen wechselten ihre Staatsangehörigkeit. Depossediert wurden sämtliche geistlichen Fürsten, mit Ausnahme der zwei Mitglieder der Reichsdeputation, des Hoch- und Deutschmeisters und des Kurfürsten von Mainz, der fortan, ausgestattet neben Aschaffenburg mit der protestantischen Stadt Wetzlar und Fürstbistum und Stadt Regensburg, als Kurerzkanzler und Primas seinen Sitz in Regensburg haben sollte. Mit der Säkularisation wurde die Mediatisierung vieler kleinerer Fürsten und Grafen und der zahlreichen Reichsstädte verbunden, von denen nur sechs, die Hansestädte Hamburg, Bremen und Lübeck sowie Augsburg, Frankfurt und Nürnberg, ihre Unmittelbarkeit behaupteten. Die Gewinner waren die größeren und mittleren weltlichen Staaten, die meist mehr erhielten, als sie links des Rheins verloren hatten oder rechts des Stromes um einer vernünftigen Arrondierung willen aufgaben.« [22]

Rheinpreußen, Rheinhessen und Rheinbayern unterlagen napoleonischer Gesetzgebung: Zivilrecht 1804, Zivilprozeß 1806, Handelsrecht 1807, Strafprozeß 1808, Strafrecht 1810.

Im Code civil, in den das nordfranzösische Gewohnheitsrecht, bestehend aus römischen, germanischen und kanonischen Elementen und aus Verordnungen der Könige, Aufnahme fand, wodurch nicht wenige deutsche Rechtsgedanken wieder zurück nach Deutschland kamen, schlug sich ein aus der Revolution hervorgegangenes bürgerliches (gegensätzlich zum Allgemeinen Landrecht) Bewußtsein nieder, was z. B. in der bürgerlichen Rechtsgleichheit der Personen zum Ausdruck kam. Der Code civil fand Aufnahme rechts des Rheins vorübergehend im Königreich Westfalen (1808), dauernd in Baden (1809) samt seinem Anhang »Von den Handelsgesetzen« und trat dort auch an die Stelle des *Römisch-kanonischen Gesetzbuches, aller Land- und Stadtrechte und aller Rechtsgewohnheiten.* Hessen-Darmstadt wollte ihn einführen, Bayern arbeitete an einem Entwurf.

Ebenfalls ein Ergebnis der monarchischen Bemühungen um die Zentralisation des Staates war das, verglichen mit dem *Allgemeinen Landrecht* wesentlich progressivere *Allgemeine bürgerliche Gesetzbuch* (1811) Österreichs. »Die dafür notwendige Rückdrängung der Macht des Adels hatte in Österreich etwas mehr Erfolg als in Preußen, weil der Adel hier ökonomisch nicht derart dominierte und die bäuerlichen und bürgerlichen Gegenkräfte etwas stärker waren. Mit mehr Recht als Friedrich II. kann Joseph II. als ›aufgeklärter‹ Monarch bezeichnet werden, weil er ernsthaft versuchte, den Staat zu modernisieren, den Adel zurückzudrängen und das bürgerliche Gewerbe von Beschränkungen zu befreien und zu fördern. Insbesondere hob er 1781 für die österreichischen Erblande die Leibeigenschaft auf.« [23]

Mit der Ausschließung des gemeinen Rechts in Preußen, Österreich, den Rheinlanden und Baden (später noch im Königreich Sachsen 1863) entstand der das ganze 19. Jahrhundert beherrschende Gegensatz von Ländern des kodifizierten und Ländern des gemeinen Rechts.

Während die bürgerlichen Reformen in den Rheinbundstaaten den Zweck hatten, die wirtschaftlichen und militärischen Potenzen dieser Länder im Dienste Napoleons zu vergrößern, wurde die bürgerliche Umwälzung in Preußen eingeleitet mit dem Ziel der Vernichtung Napoleons, zumal sein Sieg die Rückständigkeit des absolutistischen Staates nur zu deutlich hatte werden lassen. Der Widerstand gegen Napoleon war nur möglich, und diese objektive Notwendigkeit sah auch die Aristokratie, durch eine gründliche Umorganisierung des Staatsapparates. Aber es gab nach dem Zusammenbruch des preußischen Staates »keine ausreichend starke und politisch organisierte bürgerliche Klasse, die diesen Staat hätte übernehmen können. Die Reorganisation wurde vielmehr von der Bürokratie des monarchischen Staates in Angriff genommen. Dazu mußte zunächst der Verwaltungsapparat rationalisiert und alle Formen irrationaler Eingriffe des Monarchen in Bürokratie und Justiz zurückgedrängt werden. Der Ausbau von Verwaltung und Heer erforderte Steuermittel, die nur dann gesichert waren, wenn die Schranken, die einer Entfaltung der gewerblichen Wirtschaft entgegenstanden, beseitigt wurden. Nur dann waren auch die Kontributionen an Frankreich aufzubringen und damit die französische Besetzung zu beenden.« [24] Unter dieser Zielsetzung gelang es 1806/07 einigen liberal eingestellten Beamten, eine Reihe bürgerlicher Reformen im Bereich der Gesellschaft, Wirtschaft, der Staatsverwaltung, Wehrverfassung und Bildung einzuleiten. »In Preußen begann eine starke fortschrittliche Bewegung. Viele waren empört über das Versagen der Verantwortlichen. An die Spitze der Reformbewegung stellten sich Männer wie Stein und Scharnhorst, Schleiermacher und die Brüder Humboldt, Hardenberg und Gneisenau, Fichte und Arndt. Sie alle waren erbitterte und offene Gegner der Vergangenheit, der Reaktion, des Feudalismus, schärfste Kritiker des friderizianischen Staates, voll Verachtung für die Fürsten und den sie umgebenden Klüngel, wahre Patrioten, die eine gründliche Erneuerung ihres Landes wünschten und deren Pläne auch durchaus in der richtigen Linie lagen.« [25]

Ihren konkreten Niederschlag fanden diese Reformansätze zunächst bezüglich der Bauernbefreiung und der Einführung der Gewerbefreiheit.

Aber wie in den linksrheinischen Gebieten werden auch in Preußen die Reformen von oben dekretiert, und wie sie in den Rheinbundstaaten in erster Linie den Interessen der napoleonischen Machtpolitik dienen, so haben sie in Preußen das Ziel, die politischen und ökonomischen Machtpositionen des Adels zu retten. »Statt der Reaktion den Boden und damit die Grundlage ihrer verderblichen Machtposition zu nehmen, wurden Edikte erlassen, die den Bauern die persönliche Freiheit gaben, aber nicht die materiellen Mittel, etwas mit dieser Freiheit anzufangen. Die Produktionsmittel blieben in den Händen der herrschenden Klasse und somit auch die politische Macht. Das Land im Besitz des Adels war die Basis, auf der dann Preußen von 1816 bis 1848 beherrscht wurde, auf der die Demagogenverfolgungen, die Schaffung eines ländlichen Proletariats und die Hemmung der bürgerlich-industriellen Entwicklung der deutschen Wirtschaft erfolgten. Das war so in Preußen und das war so mit wenigen Ausnahmen im übrigen deutschen Reich.« [26]

Nach wie vor war die in Preußen geltende Verfassung das Allgemeine Landrecht, das zwar dem »theoretischen Entwurf einer sich auflockernden sozialen Wirklichkeit weit vorauseilte, in der Durchführung aber diese Wirklichkeit durch eine Fülle von Bestimmungen kodifizierte, die dem geplanten Rechtszustand hinderlich waren, ja ihm widersprachen.« [27] So behielt das Allgemeine Landrecht auch nach der Bauernbefreiung und der Einführung der Gewerbefreiheit die Ständeordnung mit ihren verschiedensten Privilegien bei und hatte gegenüber den herrschenden Provinzialgesetzen nur subsidiäre Geltung.

Dieser Rechtszustand war einer freien wirtschaftlichen Entwicklung der einzelnen Produktionszweige hinderlich, zumal nicht nur innerhalb Preußens aufgrund der rechtlichen Eigenständigkeit der Provinzen, sondern wegen der rechtlichen Verschiedenheit auch in den anderen deutschen Ländern, kein gemeinsamer Markt entstehen konnte. Die politische und wirtschaftliche Scheidung der Teilstaaten blieb bestehen, die Märkte unterschieden sich voneinander in Münze, Maß und Gewicht, waren eng begrenzt und obendrein versperrt durch zwischenstaatliche Zollschranken. Dazu kam das stetige Wachstum der englischen Konkurrenz, die die deutschen Märkte mit billigen Industrieprodukten versorgte. »Demzufolge wurde die Schaffung eines einheitlichen Wirtschaftsgebietes immer mehr Notwendigkeit. Es bedurfte einer Handelspolitik, die durch Aufhebung der inneren Zollschranken und durch Schaffung eines großen Nationalmarktes das Aufblühen der deutschen Industrie sicherte.« [28] Diese vornehmlich die Nationalökonomie und Rechtswissenschaft betreffenden Fragen zu lösen, war der nach den Befreiungskriegen aktuelle politische Auftrag der Universitäten.

Den Vertretern nationaler, germanisch-germanistischer Rechtsprinzipien konnte es in der ersten Hälfte des 19. Jahrhunderts nach Lage der Dinge, wie wir sie skizzierten, nicht eben leicht fallen, die aus den deutschen Rechtsquellen destillierten politischen Qualitäten in der Kodifizierungsbewegung konsequent festzuhalten. Zwar war die Einsicht allgemein, daß die deutsche Misere beendet werden müsse. An der Frage aber, wer denn die deutsche Misere verschuldet habe – ob die eigenen Fürsten und deren absolutistische Verfassung, ob die Okkupationstruppen Napoleons und der Code Civil – schieden sich schon die Geister. Da aber Geister sich immer nur aufgrund sehr leiblicher, nur aufgrund materieller Interessen scheiden, wäre zu fragen, wo die denn lagen. So war die Divergenz solch berühmter Rechtshistoriker und Rechtstheoretiker wie Anton Friedrich Justus Thibaut (1772–1840), Friedrich Carl von Savigny (1779–1861) und Jacob Grimm (1785–1863) nicht Resultat des einsamen Kampfes einsamer Geister. Ihre einschlägigen Publikationen wurden ja nur in dem Maß berühmt, wie sie den Interessen konkreter politischer und sozialer Parteiungen entsprachen.

Die Historische Rechtsschule hatte an Preußens Universitäten seit Beginn des Jahrhunderts, aber zunehmend auch an denen anderer Staaten des Deutschen Bundes Fuß gefaßt. Der Titel »Historische Rechtsschule« war kaum mehr als ein fadenscheiniger Deckmantel, unter dem sich der Kampf zwischen Romanisten und Germanisten abspielte, den auch die von Savigny und Eichhorn getragene gemeinsame Herausgabe des wichtigsten Publikationsorgans der Historischen Rechtsschule *Zeitschrift für geschichtliche Rechtswissenschaft* (1. Bd. 1815) nicht zu entschärfen vermochte, wenn auch die Gemeinsamkeit beider Richtungen immer wieder betont wurde. Beide Parteien, Romanisten wie Germanisten, war gemein, daß sie die Legitimation der aktuellen Gesetzgebung aus der Geschichte zu gewinnen suchten. Für beide war somit der Aufweis rechtshistorischer *Quellen* eine Art Existenzfrage; und zwar verselbständigte sich dies Interesse an historischen Rechtsquellen bei etlichen akademischen Forschern so sehr, daß sie die Gegenwart, in deren Auftrag sie die Suche doch unternahmen, darüber vergaßen. Karl Marx konnte demnach 1842 spotten: »Die historische Schule hat das Quellenstudium zu ihrem Schiboleth gemacht, sie hat ihre Quellenliebhaberei bis zu dem Extrem gesteigert, daß sie dem Schiffer anmutet, nicht auf dem Strome, sondern auf seiner Quelle zu fahren.« [29] Wenig später – 1844 – präzisierte Marx seine generelle Kritik an der Historischen Rechtsschule, indem er nun deren beide Parteiungen gesondert angeht und einmal den reaktionären Zynismus der einen Partei (wie sie sich etwa um den 1842 zum preußischen Minister für die Revision der Gesetzgebung avancierten Savigny geschart hatte) und zum andern den rückwärts gewandten utopistischen Enthusiasmus der germanistischen Deutschtümler vorführt: »Eine Schule, welche die Niederträchtigkeit von heute durch die Niederträchtigkeit von gestern legitimiert, eine Schule, die jeden Schrei des Leibeigenen gegen die Knute für rebellisch erklärt, sobald die Knute eine bejahrte, eine angestammte, eine historische Knute ist, eine Schule, der die Geschichte, wie der Gott Israels seinem Diener Moses, nur ihr a posteriori zeigt, die historische Rechtsschule, sie hätte [. . .] die deutsche Geschichte erfunden, wäre sie nicht eine Erfindung der deutschen Geschichte. [. . .] Gutmütige Enthusiasten dagegen, Deutschtümler von Blut und Freisinnige von Reflexion, suchen unsere Geschichte der Freiheit jenseits unserer Geschichte in den teutonischen Urwäldern. Wodurch unterscheidet sich aber unsere Freiheitsgeschichte von der Freiheitsgeschichte des Ebers, wenn sie nur in den Wäldern zu finden ist?« [30] Solche Kritik zeigt schon, daß es unzulässig ist, die beiden Hauptkontrahenten innerhalb der Historischen Rechtsschule, die Romanisten und Germanisten, mit Prädikaten wie ›reaktionär‹ und ›progressiv‹ abzustempeln, wie das etwa Wolfgang Menzel – freilich in einer früheren Phase – in idealistisch-strikter Antithetik tat. [31] Die deutsche Wirklichkeit des Vormärz jedenfalls kannte solch strikte Unversöhnlichkeit nicht, wie drastisch am Ausgang der 48er Revolution abzulesen ist.

Aber auch die immanenten politischen Tendenzen der verschiedenen Parteiungen innerhalb der Historischen Rechtsschule erlaubten eine strikt antithetische Charakterisierung nicht. War das römische Recht im Reichsgebiet nämlich im Zeitalter der Reformation, mithin im Kontext und im Interesse des deutschen Handelskapitalismus, adaptiert worden, so läßt sich daraus ja ersehen, daß dies Recht alles andere als kapitalismusfeindlich oder bourgeoisiefeindlich war. Keine Frage, das römische Recht war ›moderner‹ als das germanische oder deutsch-mittelalterliche. Warum aber wurde gleichwohl von großen Teilen innerhalb der deutschen Bourgeoisie seit Ende des 18. Jahrhunderts die Berufung auf das vorkapitalistische germanische Recht als ideologische Waffe im Kampf gegen den Absolutismus eingesetzt? Und war denn schließlich auch der Kampf gegen den Code civil per se im Emanzipationsinteresse der deutschen Bourgeoisie progressiv, wenn doch der Code civil in den annektierten und okkupierten deutschen Gebieten Aufhebung der Leibeigenschaft, Befreiung der Bauern, Beseitigung der Steuerfreiheit des Adels und des Klerus und schließlich die Einführung der Gewerbefreiheit und Ansätze zu einer Ständevertretung mit sich brachte?

Man darf also nicht die Menzelsche Dichothomie von Romanistik und Germanistik als die des Klassenantagonismus von Feudaladel und Bourgeoisie, von Absolutismus und Demokratie akzeptieren. Und noch weniger geht es an, den Sieg über Napoleon als Emanzipationstat ›des deutschen Volkes‹ zu interpretieren.

Wir werden an den differenten staats- und rechtstheoretischen Vorstellungen der Thibaut, Savigny und Grimm zu zeigen haben, welchen Identifikationswert die germanistische Jurisprudenz für das deutsche Bürgertum haben konnte.

Methode und politische Intention der Rechtswissenschaft zu Beginn des 19. Jahrhunderts

Die Darstellung der Rechtskodifizierungen in Preußen, Österreich und den Rheinbundstaaten hat bisher noch nicht in den Blick gerückt, daß die Rechtsunsicherheit im Gesamtterritorium der deutschen Bundesstaaten durch die ungleich größere Anzahl der Länder mit unkodifiziertem Recht erheblich verstärkt wurde. Wenn schon die drei Kodifikationen einander in vielen Punkten widersprachen, so war der Widerspruch, den sie durch die Rechtsrealität der nichtkodifizierten Länder erhielten, noch grundsätzlicherer Art. Was damit aber gänzlich ausgeschlossen schien, war die nationale Einheit, die doch im materiellen Interesse des Bürgertums lag, nämlich in der überregionalen Ausweitung von Handel und Industrie. Die Forderung des Bürgertums nach nationaler Einheit war im Unterschied zum Zentralisationsinteresse des dynastischen Absolutismus, der seit dem 16. Jahrhundert auf Wahrung und Erweiterung seines territorialen Besitzstandes aus war, grundlegend bestimmt von dem Bedürfnis nach Erweiterung des Kommunikations- und Verkehrswesens, und somit an einer Verbesserung der gesamtdeutschen Infrastruktur. Dieses bürgerliche Bestreben fand, bedingt durch die politische Situation, seinen Ausdruck im Postulat einer auf dem Wege über die Gesetzgebung herbeizuführenden Rechtseinheit und zugleich in der abstrakten Negation alles ›Fremden‹, insbesondere dessen, was man als *fränzisch* und *welsch* bezeichnete. Diese abstrakte Ablehnung alles ›Fremden‹, auf das Recht selbst gewendet, mußte aber auf eine entschiedene Bemühung um den Aufweis gemein-germanischer Rechtstraditionen hinauslaufen.

Als am 19. Juni 1814 Thibaut die Vorrede zu seiner Flugschrift *Über die Notwendigkeit eines allgemeinen bürgerlichen Rechts für Deutschland* schrieb, hatte die Auseinandersetzung um dieses Problem bereits eine ansehnliche Tradition. Die wichtigsten Vertreter seien genannt: im 17. Jahrhundert Conring, Leibniz, Thomasius; im 18. Jahrhundert z. B. Chr. Gottlob Biener, der in seinen *Bedenklichkeiten bei der Verbannung der ursprünglichen fremden Rechte aus Deutschland und Einführung eines allgemeinen deutschen National-Gesetzbuches* in § 6 »Von der Notwendigkeit eines allgemeinen Gesetzbuches im heiligen römischen Reiche« handelt. Das waren jedoch immer nur einzelne, die sich mit dieser Materie beschäftigten, während zu Beginn des 19. Jahrhunderts die Auseinandersetzung um ein allgemeines bürgerliches Gesetzbuch einen erheblichen Grad an Öffentlichkeit erlangte. Als einer von »Teutschlands Ansprüchen«, als Forderung der »künftigen teutschen Verfassung«, als Verlangen der »Volksstimmung« kommt eine »gleiche Gerechtigkeitspflege«, ein »gleiches Recht« z. B. im Rheinischen Merkur wiederholt zum Ausdruck. [32]

Groß war auch die Zahl der ohne Nennung des Verfassers erschienenen, außer anderen Reformen auch ein einheitliches Recht erstrebenden Flugschriften und Bücher. [33]

Thibauts Flugschrift nimmt unter all diesen Veröffentlichungen eine exponierte Stellung ein nicht nur wegen ihrer die bis dahin geführte öffentliche Diskussion zusammenfassenden Funktion, sondern vor allem deshalb, weil in ihr das spezifisch bürgerliche Interesse an nationaler Einheit dezidiert zum Ausdruck gebracht wurde, nämlich die rechtliche Absicherung eines gemeinsamen deutschen Marktes.

Er artikuliert mit seiner Flugschrift den im gemeinsamen Patriotismus der Befreiungskriege offenbar gewordenen Willen des deutschen Volkes, Deutschland in nationaler Einheit neu zu organisieren, und meint, seine Realisierung sei zu erreichen über eine nationale Gesetzgebung. Ein solches Programm würde grundsätzliche Eingriffe in den territorialen Partikularismus überflüssig machen, verbände es doch die einzelnen Länder zu nationaler Rechtseinheit.

Thibaut ist realistisch genug, um zu erkennen, daß die unbedingte, d. h. politische Einheit der Nation, zum gegebenen historischen Zeitpunkt nicht herstellbar ist. Er geht sogar so weit zu behaupten, sie sei gegenwärtig auch nicht wünschenswert, insofern die politische Einheit dem allgemeinen Aufschwung Deutschlands hinderlich sei. Dieser Aufschwung könne nur einsetzen auf der Grundlage des Konkurrenzkampfes der einzelnen Länder. Ein solcher Konkurrenzkampf bedarf allerdings der Organisation, allgemeiner Grundregeln, um der gesamten Nation zum Nutzen zu gereichen. Diese Organisation kann geleistet werden über die nationale Rechtseinheit, die geschaffen sei zu verhindern, daß ein einzelnes deutsches Land sich auf Kosten oder unabhängig von anderen entwickele, wodurch das Gesamtinteresse Deutschlands Schaden litte, das darin besteht, sich nach außen darzustellen als starker, national geeinter Staatenbund, der durch sein ihn nach innen stabilisierendes Nationalbewußtsein seine unabhängige Stellung gegenüber den übrigen europäischen Staaten zu bewahren und zu verteidigen weiß. Die Implikate dieser Schrift, die Thibaut selbst nicht differenziert vorstellt, bestehen im unhinterfragten Rekurrieren auf einen nicht näher definierten deutschen Nationalcharakter. Und trotzdem tritt Thibaut nicht als historischer Germanist auf, fordert also nicht den Rückgriff auf das germanische Recht als auf das die Idee der nationalen deutschen Einheit legitimierenden Ideologem, sondern sein Maßstab bleibt durchgehend die Funktionalität des aus verschiedenen Quellen zusammengeflossenen deutschen Rechts, soweit es der angestrebten Prosperität Deutschlands dienlich sein kann. Der Akzent seiner Überlegungen liegt demgemäß nicht auf der Betrachtung und kritischen Prüfung der etwa vorhandenen germanischen Rechtstradition, sondern sein Begriff des Deutschen ist am gegenwärtigen Zustand der Nation festgemacht und richtet sich auf deren zukünftige Gestaltung. Thibaut unterläßt den Versuch, die Neugestaltung der Nation auf dem Wege der Anpassung an eine doch letztlich nur unsicher verfügbare historische Vergangenheit zu erreichen.

So bleibt die die Deutschen als Volk verbindende Vernunft bei ihm eine rein formale Bestimmung, was ihn einer intensiveren Auseinandersetzung mit der Naturrechtstheorie enthebt. Auf der praktisch-politischen Ebene stellt sich ihm Vernunft als pragmatisches Handeln dar, was letztlich seine Progressivität ausmacht. Mit seinen Vorschlägen vertritt er die generellen Interessen der »Unterthanen«, nicht etwa die der Fürsten, und wird so zum Apologet des Bürgertums. »Der Wunsch, ein sicheres Eigenthum zu haben, die häuslichen Verhältnisse und Intestat-Erbrechte nach den überall im Ganzen gleichen verwandtschaftlichen und ehelichen Neigungen eingerichtet zu sehen; sich auf den Fall der Zahlungsunfähigkeit des Schuldners fester Rechte zu erfreuen; an allen Seiten Sicherheitsformen zu haben, aber lästiger Formalien überhoben zu seyn, – über diese und tausend andere Dinge des bürgerlichen Rechts werden die Einwohner Deutschlands nur Eine Stimme haben, wenn sie gehörig angeregt und belehrt werden!« [34]

Thibaut hat richtig erkannt, was K. F. von Savigny dann umzukehren gedenkt, daß nämlich die notwendigen und nicht aufzuhaltenden gesellschaftlichen Veränderungen, die Deutschland im 19. Jahrhundert zu gewärtigen hat, nicht von oben nach unten dekretiert werden können, sondern sich »von unten nach oben« durchsetzen. Das bedeutet für ihn die Notwendigkeit, gegen einen zweifachen Gegner zu argumentieren. Indem er alles Revolutionäre ablehnt und sich auf den »gediegenen Teil der Nation« als seinen Adressaten beruft, scheint er die Gefahr, die ein stetig wachsendes Proletariat für die bürgerliche Klasse darstellt, erkannt zu haben. Gleichzeitig wendet er sich gegen den Teil des Adels, der sich der Verbürgerlichung entzieht, weil dessen vom Grundbesitz geprägte Interessen einer handels- und industriekapitalistischen Orientierung zuwiderlaufen.

Thibaut sieht demnach in der Vereinheitlichung des deutschen Rechts das politische Mittel, die wirtschaftliche Einheit zu erreichen. Nicht nur die Ansicht, daß die Herstellung eines Nationalmarktes dem nationalen Reichtum förderlich sei, liegt dem Gedanken zugrunde, sondern auch die Überlegung, daß ein solcher gemeinsamer Markt bestimmte ideologische Konsequenzen nach sich zieht. Der Hebung des allgemeinen Wohlstandes dieser zunächst ökonomisch verbundenen Nation, wird die Hebung des individuellen Wohlstandes ihrer Bürger vorausgehen. Diese wechselseitige Abhängigkeit wird den Bürgern bewußt werden und das individuelle Interesse sich aufheben im nationalen. So wird die Rechtseinheit, die zunächst die Verkehrseinheit ermöglichen sollte, schließlich zwangsläufig die politische Trennung der einzelnen deutschen Länder beseitigen, denn »gleiche Gesetze erzeugen aber gleiche Sitten und Gewohnheiten.« Der von Thibaut apostrophierte »zauberische Einfluß« dieser Gleichheit, ist demnach ein genau überlegtes politisches Programm, das den Aufbau einer Nationalökonomie in Deutschland intendiert.

Aufgabe der Rechtswissenschaft ist es, eine von der Theorie durchdrungene Rechtspraxis herzustellen, deren pragmatischer Charakter durch den Anspruch der gesellschaftlichen Praktikabilität geprägt sein sollte. Daher zielen Thibauts Vorschläge zur nationalen Gesetzgebung in erster Linie auf die Umstrukturierung der juristischen Studiengänge und die Umorganisierung der Universitäten. Ihnen obliegt es, aus der Perspektive der Berufspraxis, Forschung und Lehre in ein vernünftiges Verhältnis zu bringen, die Lehrinhalte zu bestimmen in Hinblick auf die gesellschaftliche Praxis. Nicht die auf der Aufarbeitung der Stoffmengen fußende abstrakte Rechtstheorie könne zur Lösung der gesellschaftspolitischen Situation seiner Zeit beitragen, sondern nur eine pragmatische an der gesellschaftlichen Praxis orientierte Rechtswissenschaft, die sich ihrer wirtschaftsgeschichtlichen Determiniertheit bewußt ist und Ökonomie und Rechtstheorie nicht als voneinander unabhängig behandelt. Thibaut hatte begriffen, daß das Recht keine unabhängige Geschichte hat und die Rechtseinheit nur Ausdruck sein konnte einer einheitlichen ökonomischen Basis. Diese herzustellen, war die wichtigste Aufgabe seiner Zeit. [33]

Thibauts Vorschläge provozierten entsprechend ihrer bürgerlich-liberalen Zielsetzung den heftigsten Widerspruch der Reaktion, als deren Sprachrohr Karl Fr. von Savigny fungierte und der mit seiner Programmschrift *Vom Beruf unserer Zeit für Gesetzgebung und Rechtswissenschaft* (1814) alle der Restauration zur Verfügung stehenden ideologischen Geschütze auffahren mußte, um die mit vernünftigen Mitteln kaum zu widerlegende Argumentation einer Einheitsgesetzgebung an ihrer Wurzel zu treffen.

Lediglich in der Forderung nach Vereinheitlichung des juristischen Studiums und der Freizügigkeit zwischen den Universitäten, verstanden als antizipierte Einheit der gesamten deutschen Nation, trafen sich die Vorschläge Thibauts und Savignys, wenn auch aus völlig entgegengesetzten Motivationen. Während nämlich Thibaut im Recht den abstrakten Ausdruck einer bestimmten Form der Austauschverhältnisse zwischen den Individuen sieht, betrachtet Savigny das Recht als eine mit Sprache, Sitte und Verfassung untrennbar verbundene Kraft und Tätigkeit eines Volkes. Das Recht repräsentiert somit lediglich eine durch das Bewußtsein des Volkes, d. i. seine gemeinsame Überzeugung, getragene Erscheinung des einheitlichen Wesens dieser übrigen Eigenschaften. Im Verlauf der historischen Entwicklung widerfahren den in Recht, Sitte, Sprache und Verfassung sich einzeln darstellenden Erscheinungen des grundsätzlich einheitlichen Bewußtseins neben ihrer Abspaltung in scheinbar selbständige Bereiche zusätzlich noch die verschiedensten Modifikationen. So ist schließlich die wesentliche Einheit des deutschen Volkes, die nach Savigny nicht mit der baren Summe ihrer Teile, sondern mit dem durch Recht, Sitte, Sprache etc. konstituierten gemeinsamen Bewußtsein als deren Ursprung, nicht mehr zu erkennen. Die Uneinheitlichkeit der deutschen Nation läßt sich von diesem Standpunkt aus als Schein entlarven. Das kann historisch so hergeleitet werden: Die rechtsbildende Kraft frühester Zeiten war das Volk, verbunden durch sein gemeinsames Bewußtsein, das Sitte und Volksglaube in sich aufhob. Auf dieser Stufe trat das Recht noch nicht gesondert in Erscheinung, sein konkreter Ausdruck, wie der von Sitte und Glaube, waren symbolische Handlungen. Mit zunehmend sich entfaltender Arbeitsteilung verdeckten die komplizierter werdenden sozialen Bezüge die ursprüngliche Einheit des Volksganzen, das sich aufspaltete in Stände, deren einer, die Juristen, zum Sachwalter des Rechts und ihre Wissenschaft zur neuen Rechtsquelle wurde. Da allein diese die Kenntnis des wahren Zusammenhangs besaßen, wurden sie gleichzeitig zum einzig möglichen Repräsentanten des ganzen Volkes, und zwar nicht der auf einer bestimmten historischen Stufe in spezifischer Art und Weise sich darstellenden Gesellschaft, sondern eben des Volkes, das in seiner ursprünglichen Einheit das unveränderlich einheitliche Wesen dieser Gesellschaft ausmachte. Nur über die Juristen war also die Vermittlung zum Ursprünglichen herstellbar. Deshalb scheidet Savigny das Recht auf der Ebene der Erscheinung in ein technisches, das ist das durch die Wissenschaft der Juristen geschaffene, und in ein politisches, das ist das, welches, weil es teilhat am gesamten Volksleben, gegenwärtig nicht mehr unmittelbar in Erscheinung treten kann.

Während der von Thibaut intendierte Sinn der Gesetzgebung die wirtschaftliche Einheit Deutschlands ist, wobei er davon ausgeht, daß dieser Zweck dem gemeinsamen Interesse der durch den Warenaustausch verbundenen Individuen angelegen sei, entzieht Savigny das Recht jeglicher grundsätzlichen Änderung, sei sie historischer, ökonomischer, politischer oder sozialer Natur. Das, was sich verändert, sind bloße Erscheinungen des Rechts, und diese bewirken seine zunehmende Abstraktion. Deshalb scheint das Recht ebenso komplex und kompliziert zu sein wie die sozialen Bezüge; wesenhaft ist es das jedoch nicht.

Bei Thibaut soll ein juristischer Gesamtwille die gesellschaftlichen Verhältnisse bestimmen, indem er die Rechtsverhältnisse, obwohl sie nur juristischer Ausdruck der ökonomischen Verhältnisse sind, für mehr oder weniger willkürlich veränderbar hält. Darin besteht seine Fiktion.

Wenn Savigny allerdings dem Recht seiner Zeit abspricht, wahres Recht zu sein, insofern es die durch die Geschichte bis zur Unkenntlichkeit entstellte Transformation seines wirklichen Wesens ist, dann impliziert dieser Standpunkt die Notwendigkeit einer Methode, die es ermöglicht, diese Transformation zurückzuführen, um das seiner jeweiligen Erscheinung zugrunde liegende wesentliche Recht überhaupt erkennen zu können. Dazu scheint das kritische Verfahren der Quellenforschung geeignet. Folgerichtig lautet Savignys Hauptforderung an die Universitäten, die Quellen in den Mittelpunkt des Unterrichts zu stellen. Um aber die Rechtsquellen, nämlich das gemeine Recht und die Landrechte, überhaupt als Quellen benutzen zu können, bedarf die Rechtswissenschaft einer strengen historischen Methode, deren Bestreben dahin geht, »jeden gegebenen Stoff bis zu seiner Wurzel zu verfolgen, und so seyn organisches Princip zu entdecken, wodurch sich von selbst das, was noch Leben hat, von dem absondern muß, was schon abgestorben ist, und nur noch der Geschichte angehört.« [35] Die Geschichte selbst also stellt den Zusammenhang her mit dem Ursprünglichen, wodurch ihr gleichzeitig das Amt zukommt, die Späteren den für die Erkenntnis dieses Zusammenhangs notwendigen historischen Sinn zu lehren. Im Unterschied zu Thibaut dringt Savigny demnach auf die Begründung einer neuorientierten Rechtswissenschaft, nicht, um wie Thibaut das Rechtsmaterial einer einsehbaren praktikablen Gesetzgebung verfügbar zu machen, sondern um mit Hilfe einer historischen und systematischen Rechtswissenschaft die Quellen des deutschen Rechts zu heben, zu reinigen vom Ballast der Jahrhunderte und um auf diesem Wege der deutschen Nation das Bewußtsein der Gemeinsamkeit zurückzugeben.

»In dem Zweck sind wir einig: wir wollen die Grundlage eines sicheren Rechts, sicher gegen Eingriffe der Willkür und ungerechter Gesinnung; desgleichen Gemeinschaft der Nation und Concentration ihrer wissenschaftlichen Bestrebungen auf dasselbe Object [...] Ich sehe das rechte Mittel in einer organisch fortschreitenden Rechtswissenschaft, die der ganzen Nation gemein seyn kann«. [36] Der Inhalt dieser Rechtswissenschaft ist für Savigny »selbst nichts Anderes [...] als Rechtsgeschichte« [37], denn die Vorzeit bestimme den gegenwärtigen Rechtszustand, wobei die Frage nach der Vergangenheit bei der Untersuchung des Rechts unausweichlich sei.

Wenn man nun »jedes Factum in seiner historischen Eigenthümlichkeit« anschauen will, muß man die Quelle kennen, weshalb »die Bekanntmachung der Quelle in einer historischen Wissenschaft durchaus das erste Verdienst« [38] ist. Sodann müssen die Quellen nach ihrem Ursprung getrennt werden, konkret das römische Recht vom deutschen, um jeglicher Vermischung entgegen zu wirken.

Rechtsgeschichte und Quellenkritik, die beiden Hauptträger der historischen Rechtswissenschaft, müssen einander ergänzen, um in die die Gegenwart beherrschende Vergangenheit des deutschen Volkes zurückzufinden, eine Vergangenheit, in der die Einheit der Nation, die von der Verworrenheit der Gegenwart verdeckt und verschleiert wird, nicht abstrakt, sondern konkret und unmittelbar erlebbar war.

Die ideologische Funktion der Rechtsgeschichte als Ersatz für die nicht existente kontinuierliche politische Geschichte Deutschlands, die der Findung nationaler Identität hätte dienlich sein können, wird durch die historische Methode Savignys wissenschaftlich abgedeckt. Savigny zieht unmittelbare Einwirkungsmöglichkeiten auf die gesellschaftliche Praxis seiner Zeit erst gar nicht in Erwägung, sondern sein Konzept der Herstellung nationaler Einheit zielt ausschließlich auf die Herstellung bloßen Bewußtseins dieser nationalen Einheit, eine Ideologie also, die mit Hilfe der Wissenschaft die Wirklichkeit zu verändern fähig sein will.

Die Methode der Rechtswissenschaft bestimmt sich dabei einmal historisch-philologisch und zum anderen philosophisch-systematisch, um die Einheit des Einzelnen herzustellen. Die äußere Rechtsgeschichte soll zu einer inneren führen, Staat, Volk und Gesetzgebung in einem inneren Zusammenhang gesehen werden. Das juristische Studium soll dementsprechend Rechtsgeschichte und die darin enthaltene vollständige Quellenkunde umfassen, wonach die Kenntnis der Resultate aus den Quellen, worunter Savigny das System versteht, mit der Textexegese in Verbindung gebracht werden.

Dieses Studium besteht aus Interpretation, Geschichte und System. Alle diese müssen getrennt vorgetragen werden. »Savignys Schüler machten sich dieses Prinzip zu eigen. Es begann eine emsige Erforschung historischer Einzeltatsachen auf dem Gebiet des Rechts ohne praktischen Zweck. Eine andere Forschungsrichtung vertiefte sich in die historische Begründung des geltenden Rechts, wandelte allmählich Savignys Grundanschauung vom Wesen des Rechts um und wurde zum Rechtspositivismus.« [39]

Das wesentlich neue Element, das Savigny in die Rechtswissenschaft hineintrug, war die Theorie der genetischen Entwicklung des Rechts und die von dieser Theorie bestimmte historisch-kritische Quellenbehandlung. Das mußte innerhalb der Jurisprudenz zu heftigem Widerspruch führen, zumal Savigny mit der Annahme der Entstehung des Rechts als Gewohnheitsrecht der Naturrechtstheorie jegliche Wahrscheinlichkeit abgesprochen hatte. Ein solches Gewohnheitsrecht in nahezu jedem Fall nachweisen zu können, glaubte er sein quellenkritisches Verfahren in der Lage. Dieser Nachweis bildete für Savigny die Basis der Ablehung jeglicher Kodifikationsbestrebung und lieferte nicht nur nationalistische, sondern auch durch undifferenziertes Ineinssetzen von napoleonischer Willkür und Revolution auch strikt antirevolutionäre Argumente, die sich die Reaktion als propagandistische Waffe zunutze machen konnte. Die historisch-philologische Methode gewann demgemäß mit der Restauration allmählich in allen Geisteswissenschaften an Einfluß und spielte eine bedeutende Rolle in der Entwicklung der älteren deutschen Philologie, nachdem von J. Grimm, der aus der Historischen Schule hervorging und dessen sämtliche Forschungen die historische Methode bestimmt, der Grundstein zur Spaltung der Historischen Rechtsschule gelegt wurde.

Es wird im Folgenden zu zeigen sein, wie sich die von J. Grimm vertretenen bürgerlichen Interessen in seinen Arbeiten niederschlagen und wie der Kampf zwischen Reaktion und gemäßigtem Fortschritt sich widerspiegelt auf wissenschaftlicher Ebene im Konflikt der konservativen romanistisch-juristischen und der progressiveren germanistisch-philologischen Richtung; wie das innerhalb der Germanistik zur Umkehrung des Verhältnisses von Philologie zur Jurisprudenz als deren Hilfswissenschaft führte, indem J. Grimm aufgrund der von Savigny behaupteten und von ihm auf genetischem Wege schließlich nachgewiesenen Analogie zwischen Recht und Sprache die Philologie, bzw. Sprachgeschichte in den Vordergrund geschichtswissenschaftlichen Interesses hob, insofern sich zu zeigen schien, daß das Erfassen des deutschen Rechts nur mit philologischen Mitteln möglich sei und auf keinem anderen Weg für die Gegenwart verfügbar werden könnte.

Jacob Grimms Wissenschaftsbegriff

Savigny, der Vater der Historischen Rechtsschule, war Romanist, und J. Grimm, der hervorragendste Vertreter der Germanistik im 19. Jh., sein Schüler und als solcher wird er in der Sekundärliteratur ausnahmslos apostrophiert. Diese Feststellung suggeriert die Annahme, J. Grimm habe sich mit dem gleichen Gegenstand wie die Historische Rechtsschule beschäftigt und deutet außerdem seine methodische Abhängigkeit von Savigny an.

Zwar entwirft Savigny eine Methode der Rechtsgeschichte, die über das bloße Sammeln von Rechtsquellen hinausgeht, entwickelt werden konnte sie jedoch nur auf dem Hintergrund des römischen Rechts mit Rücksicht darauf, daß es eine kontinuierliche deutsche Rechtsgeschichte nicht gab und deren Konstruktion deshalb der Unterstützung durch akademischen Einfallsreichtum bedurfte. Es war dies eine Methode, die über die abstrakte Gleichsetzung von Recht und Recht das Wesen des Rechts im allgemeinen zu begreifen vorgab, um zu kaschieren, daß ihr nicht unwesentlichstes Motiv in der politischen Intention lag, die im bürgerlichen Interesse liegende notwendige Herstellung der deutschen Rechtseinheit zu sabotieren.

Sich in der durch die Franzosen verursachten ›schwersten Zeit des Vaterlandes‹ allerdings mit dem römischen Recht zu beschäftigen, war für einen deutschen Patrioten, und ein solcher war J. Grimm, unmöglich. Und Patriotismus war auch die Motivation für seinen Studienfachwechsel im Jahre 1807 von der Jurisprudenz zum Studium der deutschen Sprache und Literatur, den er Savigny in einem ausführlichen Brief begründet.

Die Jurisprudenz, so kritisiert er, könne keinen Anspruch erheben, Wissenschaft zu sein, denn »wörtlich genommen müßte es so viele Jurispr. geben, als es Gesetzgebungen gegeben hat, und selbst die nur einigermaßen zu einem System gebildete Kenntnis einer rohen und unergründlichen Legislation könnte diesen Namen erhalten. Die Gesetzgebung ist aber keineswegs wie die Philosophie, Poesie etwas unerschöpfliches, unergründliches« [40], was J. Grimm aber notwendige Voraussetzung jeglichen Forschens überhaupt zu sein scheint. Zu dieser Ansicht führt ihn die Annahme, »daß jede Wissenschaft, die auf Leben und Anwendung Bezug hat, sich so klar und bestimmt aussprechen kann, daß von der Zeit an, wo sie dies einmal getan, die Anwendung selbst bloß ein gesundes und vernünftiges Urteil erfordert, sie also weiter keine Wissenschaft mehr ist. Denn bloß das Erfinden, Erforschen und Darstellen des Erforschten kann diesen Namen verdienen, nicht die Erkennung eines Gelösten und Klaren.« [43]

Diese Wissenschaft habe sich aufgrund der geschichtlichen Entwicklung immer weiter von ihrem eigentlichen Gegenstande entfernt und sich der Philologie immer mehr angenähert, d. h. ihr Anspruch, eine Wissenschaft zu sein, gründe sich nur in der notwendigen philologischen Behandlung ihres Gegenstandes, wobei dieser sich wiederum strikt begrenzt darstelle als römische Rechtswissenschaft. »Auf jeden Fall hat sich nunmehr die Sache abgeändert. Für uns ist dieses Studium schon dadurch zur Wissenschaft geworden, daß viele Data verloren gegangen sind, deren Dasein die Erkenntnis der Jurisprudenz erleichtert hätte, deren Abwesenheit oder Verunstaltung sie erschwert. Dadurch hat eben das Studium eine complizierte und wissenschaftlichere Ansicht gewonnen, als sie es bei den Römern selbst jemals haben konnte, eine besondere Kunst der Kritik ist hinzugekommen, so wie sie ungefähr auch einen Hauptbestandteil der Philologie ausmacht. Studium der Jurisprudenz kann mithin gar nichts anderes bedeuten als Erforschung des Geistes und Wesens der römischen J.« [42]

Seine Neigung aber führe ihn zum Studium der Geschichte der Poesie und Literatur und außerdem gestatte seine materielle Situation es ihm nicht, die kostspieligen Lehrbücher der Jurisprudenz anzuschaffen.

Aus all den angeführten Erwägungen zieht er den Schluß einer möglichen doppelten Ansicht des Rechtsstudiums:

»1. Es könnte durch eine gründliche Erforschung und Darstellung der Jurisprudenz irgend ein Staat bewogen werden, dieselbe, mit den geringen Modifikationen, welche die Sitten des Volks an die Hand geben, legislatorisch zu constituieren. Ohne Zweifel muß es vielen Gemütern als das Höchste vorkommen, auf dieses Ziel hinzuarbeiten, ich glaube aber, daß die zweite Ansicht ebenso hoch und noch reiner ist;

2. Man kann die Jurisprudenz allein um ihrer selbst willen und lediglich als einen Teil der römischen Geschichte studieren, ohne die Hoffnung zu hegen, daß jener Gebrauch im wirklichen Leben jemals stattfinde. Gewiß einer der aller interessantesten Teile der Geschichte, in welcher doch immer das Erfreulichste bleibt, was den Menschen in allen Zeiten als das Höchste gelungen ist, hervorzuheben und besonders zu untersuchen.« [43]

Demnach sieht J. Grimm bei einem derartigen Studium keine Alternative, die es ihm erlauben würde, sich nicht ausschließlich und einseitig nur mit dem römischen Recht zu beschäftigen, zumal diese Wissenschaft Gefahr laufen könne, bezüglich ihrer praktischen Konsequenzen dahin zu tendieren, das römische Recht legislatorisch konstituieren zu wollen. Das allerdings ist ihm, wie aus seiner anschließenden wissenschaftlichen Tätigkeit ersichtlich wird, ein unerträglicher Gedanke.

Der andere Weg, das römische Recht als Teil der römischen Geschichte zu studieren, erscheint ihm dagegen akzeptabler, nur impliziert das den apriorischen Verzicht auf jegliche Praxisbezogenheit dieser Wissenschaft, insofern das Recht der Römer ebenso wenig das der Deutschen ist wie seine Geschichte deutsche Rechtsgeschichte. Für den Gebrauch im wirklichen Leben, d. h. hier für die deutsche Realität des frühen 19. Jahrhunderts, eignet sie sich tatsächlich nicht. Und doch scheint gerade die Praxisunbezogenheit den Grimmschen Wissenschaftsbegriff auszumachen: das Erforschen eines Gegenstandes – der Vorgang des Forschens selbst – gilt ihm als Wissenschaft, nicht die Anwendung des Erforschten, nicht also der zweckgerichtete Gebrauch des Erforschten für die Gesellschaft. Daraus folgert die Beliebigkeit des Forschungsobjekts, das allein bestimmt wird von der individuellen Neigung des Forschenden. Diese scheint auch für J. Grimm das einzige Kriterium seiner Studienwahl zu sein, sagt er doch selbst von sich, er habe aufgrund seiner Neigung zu Sprache und Literatur der Juristerei den Abschied gegeben, zumal es auch in der Philologie möglich sei, »einen solchen consequenten Scharfsinn zu entwickeln, als in dieser Wissenschaft!« [44]

Als Jurist wäre er, so fürchtet J. Grimm, gezwungen, die von ihm betriebene Rechtswissenschaft in einen Bezug zur Rechtspraxis zu bringen, sei es als Professor in Hinblick auf die für die Praxis auszubildenden Studenten, sei es als selbst praktizierender Jurist. Das widerspricht seinem Wissenschaftsbegriff, insofern dieser, eingegrenzt auf Forschung und deren Darstellung, die Reflexion praktischer Konsequenz wissenschaftlichen Handelns auszuklammern scheint. Würde er entgegen dieser Ansicht dennoch den Praxisbezug einschließen, so bedeutete das die Beschränkung seiner Rechtspraxis auf das römische Recht. Und das widerstrebt ihm, weil, so begründet er es wenigstens an dieser Stelle, die Erforschung des römischen Rechts bereits so weit abgeschlossen sei, daß sie letztlich wegen der daraus erwachsenen Systematik als Wissenschaft in Frage gestellt werden kann. Anders ausgedrückt: die Wissenschaft vom römischen Recht sei bereits Produkt von Wissenschaft und könne insofern nur noch Wissenschaft genannt werden innerhalb der Wissenschaft von der römischen Geschichte. Das bedeutet, daß es im Grunde ohnehin nicht möglich sei, die Wissenschaft vom römischen Recht zu studieren, da es diese gar nicht mehr gibt und der Grund für seine literarische Neigung in der Unerforschtheit der Geschichte der Poesie und Literatur zu suchen ist. Nun hat allerdings auch die Philologie bereits eine lange Tradition, so daß die These vom noch zu erschließenden Neuland eines wissenschaftlichen Gebiets (was ja notwendige Voraussetzung seiner Definition von Wissenschaft ist) auch nur sehr vage zu sein scheint.

Mehr Klarheit aber läßt sich offensichtlich aus diesem Brief über die wirklichen Motivationen seines Studienfachwechsels nicht gewinnen. Die erhalten wir erst, wenn wir zwei spätere autobiographische Stellungnahmen zu diesem Schritt von 1807 mit in die Interpretation einbeziehen.

1838 schreibt J. Grimm in seinem Rechtfertigungsbericht bezüglich der Entlassung der Göttinger Sieben: »meine gedanken, sobald ich sie sammeln, meine arbeiten so lange ich sie richten konnte, kehrten sich auf die erforschung unscheinbarer, ja verschmähter zustände und eigenthümlichkeiten Deutschlands, aus welchen ich haltepuncte zu gewinnen trachtete, stärkere, als uns oft die beschäftigung mit den fremden zu wege bringt. schon der beginn dieser studien war hart aber trostreich. mit herbsten schmerz sah ich Deutschland in unwürdige fesseln geschlagen, mein geburtsland bis zur vernichtung seines namens aufgelöst. da schienen mir beinahe alle hoffnungen gewichen und alle sterne untergegangen; nur erst mühevoll und langsam gerieth es mir die faden des angelegten werkes wieder zu knüpfen und dann wehmütig festzuhalten. es war nicht umsonst, ich hatte mich heimlich emporgerichtet, und meine arbeiten gewannen fortgang. nach Deutschlands befreiung und Hessens wiederherstellung sollten sie mir den großen lohn tragen, dasz für den gegenstand ihrer forschungen die ihnen vorher abgewandte öffentliche meinung empfänglich und günstig wurde.« [45]

1850 in einer linguistischen Abhandlung über *Das Wort des Besitzes* mit dem Untertitel »Heil dem fünfzigjährigen Doctor Juris Friedrich Carl von Savigny« heißt es: »zwar das römische recht hätte mich länger angezogen, doch eine innere stimme und der drang äuszerer ereignisse lenkten mich von ihm ab. es waren meines lebens härteste tage, dasz ich mit ansehen mußte, wie ein stolzer, höhnischer feind in mein vaterland einzog und die mutigen Hessen, die damals noch stark an ihrem fürsten hiengen, das gewehr, dessen rechter gebrauch ihnen unvergönnt war, nieder auf die pflastersteine warfen: noch in diesem augenblick bewährt ein so treuer volksstamm seinen hasz gegen unbil, frevel und verrat. damals, weil uns die übermacht erdrückte und selbst unsern namen mit einem andern zu vertauschen zwang, der uns gar nichts angieng, wurde alles römische und deutsche recht mit einem streich aufgehoben und der code Napoléon als gesetz eingeführt, wie hätte mir das die rechtsstudien überhaupt nicht verleiden sollen? ich tröstete und labte mich immer stärker am alterthum unserer edlen sprache und dichtkunst, aus welchen auch seitenpfade in das altheimische recht einschlugen, zu welchem Sie mich nicht hingeführt hatten, dem Sie selbst sich erst später näherten; von dieser deutschen grundlage meines erworbenen wissens bin ich hernach auch wieder freudig auf die zustände der classischen literatur und sprache eingegangen.« [46]

Demnach war es die politische Situation Deutschlands, die seine Neigung zur Poesie erweckte. Sie bot ihm Trost in der Zeit des politischen Zusammenbruchs seines Vaterlandes und bewahrte ihn vor der politischen Resignation, indem sie ihm den Weg zum vaterländischen Recht wies, das nur aus der Geschichte gehoben zu werden brauchte, um als Waffe gegen Napoleon eingesetzt werden zu können. Die altdeutschen Studien waren sein Beitrag zur Solidarität mit seinen ebenfalls unter der Besetzung leidenden Landsleuten, sein Beitrag zum ideologischen Widerstand.

Was liegt nun näher als die Annahme, die Kraft und Zuversicht, die er selbst aus der Beschäftigung mit dem deutschen Altertum gewonnen hatte, sei übertragbar auf alle Deutschen, und daß diese Wissenschaft einen wesentlichen Beitrag zur Befreiung des Vaterlandes von der Fremdherrschaft leisten könne.

Eine solche Einschätzung politischer Wirksamkeit von Wissenschaft steht jedoch in eklatantem Widerspruch zum definierten Wissenschaftsbegriff J. Grimms. Dieser Widerspruch bleibt durchgängig nachweisbar innerhalb seiner gesamten Schriften und ist nicht zuletzt ein wesentlicher Grund für die Ambivalenz seiner politischen Äußerungen. Denn gerade das, was sein Wissenschaftsbegriff auszuschließen scheint, macht seinen Wissenschaftsbegriff aus: er ist *unmittelbar politisch*. Der von ihm geleugnete Praxisbezug von Wissenschaft ist seiner wissenschaftlichen Beschäftigung immanent, ja ist sogar ihre Funktion, nur daß er sie für unpolitisch halten kann, insofern sie auf Veränderung des politischen Bewußtseins zielt und nicht konkret anwendbar scheint, was z. B. deutlich wird in seiner Ablehnung der deutschen Literatur als Unterrichtsfach in den Schulen. »Das Lernen und das Leben können sich auf keine so grobe Weise nahegebracht werden, sondern ihr Zusammenhang löst sich in ein unbeschreibliches Geheimnis auf. Darum sollen wir das römische Recht als einen sehr hellen Punkt in der Geschichte lernen und treiben, ohne daran zu denken, wofür wir es brauchen werden, ob für unsere Rechtspflege oder zu vielem andern; es zuschließen wollen, hieße den Homer verbieten und die Nibelungen in die Schule einführen, da wir gerade durch jenen erst diese völliger begreifen und gerade in aller Schuleinrichtung etwas abstractes, entferntes sein muß, aus dem begreiflichen Grunde weil das Lernen von außen zu uns kommt, das Einheimische aber kein Wissen und Lernen, sondern eine angeborene und angeatmete Liebe ist. Die vaterländische Geschichte ist daher nur als wirkliches Hörensagen, als Tradition lebendig, wenn sie Kinder zu Hause und auf der Gasse hören, ohne zu wissen, von wem und wie und ich halte aus dem Grund für widersinnig, daß auf unsern Schulen deutsche Sprache und Religion gelehrt wird, oder gar ein altdeutsches Gedicht zu vaterländischer Ermunterung getrieben werden soll. Kindern, die die Muttersprache nach der Regel lernen, geht sie gerade unter, und sie verlernen ihren Dialect, an dessen Lebendigkeit sich eigentlich schließen soll, was sie nach und nach ungemerkt hören, und sehen.« [47]

J. Grimms Wissenschaft erfüllt ihre politische Intention auf dem Felde der Ideologie, und Ideologiebildung hält Grimm für unpolitisch, weil ihm nationale Gesinnung etwas angeborenes, natürliches zu sein scheint, die zu stärken zwar zeitweise notwendig ist, mit politischer Überzeugung aber, die man sich aneignen könnte, jedoch nichts zu tun hat. Politik, was z. B. deutlich wird in seiner Rede zum 1. Germanistentag, in der er darauf dringt, es sei im Interesse der Versammlung, jegliche Politik fernzuhalten, woraufhin fast ausschließlich die schleswig-holsteinische Frage zur Debatte steht, Politik also bedeutet für ihn Pragmatik. Reflexion über politische Probleme oder Evokation von bestimmtem Bewußtsein ist ihm Wissenschaft, also Theorie und insofern in seinen Augen unpolitisch.

Es gilt demnach zwei Determinanten seiner Forschung festzuhalten:

1. durch sein Studium bei Savigny ist er diesem methodisch verpflichtet,
2. stellt er sich die Aufgabe, politische Wissenschaft zu betreiben, ohne diese Wissenschaft selbst für politisch zu halten.

Was J. Grimm und Savigny unterscheidet, ist zunächst der Gegenstand ihrer Forschungen, denn nicht mehr das Recht steht im Mittelpunkt der Betrachtung J. Grimms, sondern die deutsche Sprache und Literatur, wobei aber hinsichtlich der Methode wieder ein inniger Zusammenhang zwischen beiden konstatierbar ist. Daß die Anwendung der historischen Methode allerdings bei J. Grimm zu nicht unwesentlich modifiziertem Ergebnis führt, muß in Zusammenhang mit dessen geschichtstheoretischem Konzept gebracht werden, das sich, zumindest was dessen praktische Konsequenz angeht, grundsätzlich von dem Savignys unterscheidet. Denn während Savigny die gesellschaftsverändernde Kraft in der juristischen Wissenschaft sieht, die über die Universitäten und die Administration an die Basis (das Volk) vermittelt wird, nachdem das Volk seine rechtsschöpfende Kraft abgegeben hat an die Juristen und es ihm in zunehmendem Maße gebricht an der Fähigkeit, sein Recht überhaupt nur zu erkennen, stellt bei Grimm das Volk selbst die verändernde Kraft dar und Schöpfen und Erkennen von Recht fallen in eins. Dabei macht er allerdings zur Voraussetzung, daß der desolate politische Zustand des partikularistisch desorganisierten Deutschland auf dem Weg der nationalen Einigung aufgehoben und in einen einheitlichen, dem Heiligen Römischen Reich Deutscher Nation nachgebildeten Zustand überführt werden könne.

Nimmt man also an, J. Grimm behandle seinen Forschungsgegenstand mit der gleichen oder einer der historischen Schule ähnlichen Methode, stellt sich die Frage, was das bei unterschiedlichem Erkenntnisinteresse für Konsequenzen hat. Die unterschiedlichen Erkenntnisobjekte sind Recht und Sprache. Es muß also danach gefragt werden, wie sich deren Zusammenhang bei J. Grimm darstellt, wobei die kritische Verfolgung der historischen Methode im Vordergrund stehen soll. Es gilt also, die politischen Implikationen des Grimmschen Geschichtsmodells zu überprüfen bezüglich der methodischen Behandlung seines Gegenstandes Sprache, um herauszuarbeiten, ob er diesem Gegenstand tatsächlich gerecht wird oder wie weit die vorgegebene Methode den Gegenstand seiner politischen Intention verfügbar macht.

Der dabei notwendigen Ausführlichkeiten inhaltlicher Beschäftigung mit den Arbeiten J. Grimms wird kein Abbruch getan durch die Beschränkung auf im wesentlichen zwei Vorträge (*Über die deutschen Rechtsalterthümer,* 1841, und *Über den Ursprung der Sprache,* 1851) da sich beide dezidiert mit den zu problematisierenden Gegenständen befassen und zusammenfassende Funktionen haben innerhalb der kontinuierlichen Forschungen J. Grimms auf dem Gebiet sowohl des deutschen Rechts wie auch der deutschen Sprache.

Die Chronologie der Arbeiten J. Grimms ist dabei kaum relevant, berücksichtigt man zwei Punkte: in den frühen Schriften (bis zur Deutschen Grammatik 1819) beschäftigt sich J. Grimm hauptsächlich mit der Abgrenzung von Mythos, Sage, Recht und Poesie auf der einen und Geschichte auf der anderen Seite, wobei er jeweils das Verhältnis der einzelnen Bereiche zueinander zu bestimmen sucht, um sich dann vornehmlich mit der historischen Entwicklung von Sprache (auf der Ebene von Etymologie und historischer Grammatik) zu beschäftigen. Dabei gelangt er schließlich wieder zu der Ausgangsfrage nach dem Verhältnis von Recht und Sprache, bei deren Beantwortung er sich dann allerdings auf eine wesentlich breite Materialbasis stützen kann. Diese Forschungen veranlassen ihn jedoch, seine Ansichten über den Ursprung der Sprache zu revidieren, insofern er die Sprache nun nicht mehr wie in seinen frühen Schriften, als eine von Gott dem Menschen anerschaffene, sondern als eine vom Menschen erfundene ansieht. Unter Berücksichtigung dieses Unterschiedes, halte ich es für opportun, wenn man sich den Umfang der Grimmschen Schriften vor Augen hält, sich vornehmlich auf die relativ späten Vorträge zu beschränken und nur zum Zwecke der Erläuterung auf andere Arbeiten zurückzugreifen, zumal es hier ja primär darum gehen soll, die Grimmsche Methode zu beleuchten und nicht darum, die Richtigkeit seiner Forschungsergebnisse detalliert zu untersuchen.

Jacob Grimms Weg zu den deutschen Quellen

J. Grimm war seit dem 5. Juli 1808 als Bibliothekar zu Kassel-Wilhelmshöhe in der ›Bibliotheque particuliere du Roi‹ tätig und wurde am 17. 2. 1809 zum Auditeur au Conseil d'Etat ernannt. Beide Ämter bekleidete er bis zur Rückkehr des alten Kurfürsten Ende 1813. Seit dem 23. 12. 1813 Legationssekretär des hessischen Gesandten Keller, reist er mit diesem 1814 nach Paris, das er bereits von einer Studienreise mit Savigny im Jahre 1805 her kannte. Im Sommer kehrte er kurz nach Kassel zurück und hielt sich anschließend vom Okt. 1814 bis Juni 1815 in Wien als Beobachter des Kongresses auf. J. Grimm erlebte die heftige Auseinandersetzung um die Gesetzgebungsfrage in Deutschland also von Östreich aus, wohin Savigny ihm seine Schrift über den »Beruf« geschickt hatte mit der Bitte um seine genaue Stellungnahme. Grimm antwortet ihm am 29. Okt. 1814 in einem ausführlichen Schreiben, das er nach wenigen, Familienangelegenheiten betreffenden Sätzen so beginnt: »nunmehr gleich tausend Dank für Ihre herzliche Schrift, die mir wohlgetan hat 1.) als von Ihnen kommend und ganz wie Sie sind ist, mich aber in einer schweren, sorgen und mühevollen, einsamen Zeit noch einmal so stark freuen und trösten mußte, als sie sonst getan hätte. 2.) weil es mir ganz besonders wert und recht ist, Ihre Stimme in einer vaterländischen Sache jetzt öffentlich zu hören. 3.) schlägt sie in Arbeiten, die mir nahe liegen und ich in der Letzte vielmal bedacht habe, ein und bestärkt mich in einigen meiner liebsten Gedanken. Ich brauche Ihnen nicht zu sagen, wie doppelt meine Freude wird, daß ich hoffen kann, Ihnen auf diesem früher ungeahnten Weg wieder zu begegnen, der ich von Ihnen abgegangen war und, ich darf es jetzt einmal gestehen, mir noch immer zu Zeiten heimliche Vorwürfe machte (versteht sich, nicht wegen meines Geschickes zur Jurisprudenz, das ich sogar bezweifle, sondern wegen meiner persönlichen Anhänglichkeit an Sie und Ihre Lehre, die ich überwinden mußte.) Wenn ein und dasselbe auf ganz verschiedenem Wege und mit anderen Mitteln erkannt wird, so kann einem nichts erwünschter sein und es steht schon darum als etwas rechtes sicher.« [48]

J. Grimm stellte, als er 1807 den »Makel der Religionsveränderung«, der ihm aus dem Wechsel von einer Wissenschaft zur anderen, anhaften könnte, zurückwies, die verschiedenen Inhalte der Rechts- und Sprachwissenschaft gegeneinander, während er in diesem Brief in einem weiteren Schritt die »ganz verschiedenen Wege und Mittel« als zusätzliches Unterscheidungskriterium hinzunimmt: offenbar sieht er inzwischen neben der inhaltlichen auch eine methodische Differenz zu Savigny. Wenn nun, so folgert J. Grimm, trotz dieser völligen Verschiedenheit der Behandlung verschiedener Objekte das gleiche Ergebnis gezeitigt wird, so müsse das als unwiderlegbarer Beweis für die Richtigkeit des Ergebnisses gewertet werden. Es gilt also die Unterschiede sowohl der Inhalte als auch der Methode ihrer Erforschung zu überprüfen, was anhand von J. Grimms Stellungnahme zu Savignys Programmschrift geschehen soll, weil er hier seine von Savigny abweichende Position diesbezüglich deutlich klarlegt. Dabei beabsichtigt er, vorzugsweise auf das zweite Kapitel der Schrift Savignys einzugehen, welches sechs grundsätzliche Behauptungen beinhaltet, die das Verhältnis von Recht und Sprache betreffen und hier in Form von Thesen zusammengefaßt seien:

1. Das bürgerliche Recht, Sprache, Sitte und Verfassung, deren untrennbarer Zusammenhang durch die gemeinsame Überzeugung des Volkes hergestellt wird, haben einen bestimmten, dem Volk eigentümlichen Charakter.
2. Über die Entstehung der Völker läßt sich auf geschichtlichem Wege nichts sagen.
3. Der Körper der geistigen Funktionen eines Volkes ist seine Sprache.
4. In früher Zeit (der Jugendzeit der Völker) sind symbolische Handlungen die Grammatik des Rechts.
5. Das Recht erhält doppeltes Leben, insofern bei steigender Kultur und Sonderung aller Tätigkeiten des Volkes Stände entstehen, wobei das sich nun in Sprache ausbildende Recht dem Bewußtsein des Juristenstandes anheim fällt.
6. Das Recht entsteht als Gewohnheitsrecht, d. h. es wird zunächst durch Sitte und Volksglaube, dann durch die Jurisprudenz erzeugt.

Der entscheidende Punkt des zweiten Kapitels sei, meint J. Grimm, die völlig zutreffende »Gleichstellung und Vergleichung des Rechts mit der Sitte und der Sprache«, was die Annahme eines Naturrechts fürderhin unmöglich mache. Dann heißt es: »Das Recht ist wie die Sprache und Sitte *volkmäßig*, dem Ursprung und der organischen lebendigen Fortbewegung nach. Es kann nicht als getrennt von jenen gedacht werden, sondern diese alle durchdringen einander innigst vermöge einer Kraft, die über dem Menschen liegt.« [49] Dieser Passus, der Kernsatz Grimmscher Rechtstheorie überhaupt, ist eine verkürzte Zusammenfassung der entsprechenden Ausführungen bei Savigny, so verkürzt allerdings, daß man ihn ohne genaue Kenntnis jener kaum verstehen kann, zumal es sich dabei um die für die historische Methode grundlegenden Gedanken handelt.

»Wo wir zuerst urkundliche Geschichte finden, hat das bürgerliche Recht schon einen bestimmten Charakter, dem Volk eigenthümlich, so wie seine Sprache, Sitte, Verfassung. Ja, diese Erscheinungen haben kein abgesondertes Daseyn, es sind nur einzelne Kräfte und Thätigkeiten des einen Volkes, in der Natur untrennbar verbunden, und nur unsrer Betrachtung als besondere Eigenschaften erscheinend. Was sie zu einem Ganzen verknüpft, ist die gemeinsame Überzeugung des Volkes, das gleiche Gefühl innerer Nothwendigkeit, welches allen Gedanken an zufällige und willkührliche Entstehung ausschließt. Wie diese eigenthümlichen Functionen der Völker, wodurch sie selbst erst zu Individuen werden, entstanden sind, diese Frage ist auf geschichtlichem Wege nicht zu beantworten.« [50]

Die Verständnisschwierigkeiten, die dieser Abschnitt unserem modernen Sprachgebrauch entgegenstellt, haben in der Sekundärliteratur gründliche Verwirrung gestiftet, was dazu führte, daß man z. B. in dem Ausdruck »die gemeinsame Überzeugung des Volkes« den auch von Savigny später gebrauchten Begriff des Volksgeistes entdecken zu können glaubte. Denn, meinten verschiedene Vertreter der Wissenschaft vom Geiste, es sei doch ein unerklärliches Kuriosum, daß Thibaut den ›Volksgeist‹ zitiere und Savigny nicht, zumal der doch als Schöpfer der Volksgeisttheorie, wie man die historische Schule auch nannte, zu gelten hätte. Nach langem Suchen fand man den Volksgeist dann an eben dieser Stelle und die Welt des Geistes schien wieder in Ordnung.

Übersetzt man den Abschnitt jedoch in unseren Sprachgebrauch, so benimmt ihm das zwar nicht das geringste seiner Wichtigkeit, nur erübrigt sich die Bemühung des Volksgeistes, um seinen Sinn zu verstehen: Wo wir zuerst durch Urkunden belegte historische Fakten finden, d. h. mit dem Auftreten des ersten Quellenmaterials, hat das bürgerliche Recht, was hier den Unterschied zum öffentlichen Recht meint, schon einen bestimmten Charakter, d. h. es ist bereits auf eine bestimmte Weise geprägt, es hat schon eine historische Entwicklung erfahren: seine Geschichte beginnt nicht mit Erscheinen der Quellen. Diese bestimmte Prägung ist dem Volk »eigenthümlich«. Das meint nichts anderes als, sie ist dem Volk eigen, ihm zugehörig wie seine Sprache, Sitte und Verfassung. Recht, Sprache, Sitte und Verfassung haben, wo sie zuerst durch Urkunden erscheinen, einen dem jeweiligen Volk gemäße Gestaltung erfahren und eine volksmäßige (J. Grimm) Form angenommen. So ist das Recht dem Volk zugehörig, auf eben die gleiche Weise wie seine anderen geistigen Funktionen.

Als seine geistigen Funktionen also sind Recht, Sprache, Sitte und Verfassung mit dem Volk verbunden, sie sind seine einzelnen Kräfte und Tätigkeiten. »In der Natur untrennbar verbunden« heißt (entsprechend dem lat. *natura)* ihrem Wesen nach untrennbar verbunden, nämlich als geistige Funktionen, und nur der Erscheinung nach besondere, d. h. voneinander gesonderte Eigenschaften. Das meint hier aber wiederum nicht Qualitäten, sondern die einzelnen Besitztümer des einen Volkes. Was diese einzelnen Besitztümer untereinander zum allgemeinen Eigentum verbindet, ist »die gemeinsame Überzeugung des Volkes«, was nichts anderes bedeutet, als sein Glaube, seine Religion. Daß das die einzig richtige Interpretation dieses Ausdrucks ist, geht aus den anschließenden Erläuterungen zur Jugendzeit der Völker, also der Periode, in der das Bewußtsein des Volkes mit seinem Mythos identisch war, deutlich hervor. So z. B., wenn Savigny sagt, »so ist es aus gleichem Grund möglich, daß die Regeln des Privatrechts selbst zu den

Gegenständen des Volksglaubens gehören« [51], oder wenn er die Rolle der symbolischen Handlungen darlegt, die in unmittelbarer Beziehung zum allgemeinen Volksglauben stehen. Dieser Glaube besteht, deutet Savigny an, in der Annahme, daß das Leben sich gemäß einer ihm innewohnenden Notwendigkeit vollziehe, wodurch bereits mit dem Entstehen menschlichen Lebens (allgemein und individuell) ein sinngebendes Ziel impliziert sei; somit kann auch die Entstehung selbst nicht zufällig sein, sondern muß wohl als Schöpfungsakt gedacht werden.

J. Grimm zieht in seiner Paraphrase dieses Abschnittes die Konsequenz aus Savignys negativem Schluß, indem er den Ursprung als bekannt in seine Zusammenfassung mit einbezieht und zum Movens des ganzen Prozesses eine »Kraft, die über dem Menschen liegt« erklärt. Während Savigny die Frage der Entstehung dieser »eigenthümlichen Functionen der Völker«, die diese von einander als durch diese Funktionen spezifizierte unterscheiden, (wobei er jetzt eigenthümlich in seiner doppelten Bedeutung verstanden wissen will) mit der historischen Methode für unlösbar erklärt, die Evolutionstheorie als mögliche Erklärung aber ausklammert, überläßt J. Grimm die Beantwortung dieser Frage der Theologie, indem er bemerkt: »ich wünschte, daß Sie die Meinung von dem tierischen Urzustand lieber gar nicht berührt oder sich genauer dazu geäußert hätten. An seine Göttlichkeit und sein Wunder lernt man immer fester glauben, je mehr man lernt, einerlei wo.« [52]

Savigny erläutert seine These der wesensmäßigen Zusammengehörigkeit von Recht, Sitte und Sprache anhand der Darstellung der vorschriftlichen Zeit und deren Rechtspraxis, wohingegen J. Grimm sie ausführt am Beispiel von Sprache und Poesie. Es sei unsinnig, eine Sprache oder Poesie erfinden zu wollen, ebenso unsinnig wie der Versuch mittels der Vernunft ein Recht finden zu wollen. Mithin sind Sprache, Poesie und Recht von der Vernunft nicht setzbar. Ausgehend von dieser Gemeinsamkeit unternimmt J. Grimm die direkte Gleichsetzung von Recht und Sprache, wobei er den jeweils nicht urkundlich belegten Zustand dem schriftlich fixierten entgegenstellt: die Geschichte verhalte sich zur Volkssage wie das Gesetz zur ungeschriebenen Gewohnheit. Geschichte und Volkssage gebühre aufgrund ihrer Lebendigkeit und Wahrheit der Vorzug vor allen anderen, denn bei der Volkssage und Volkspoesie seien alle Stücke »die sich für uns erhalten haben aus der Wärme und Mitte des Ganzen gesprungen und lassen also immerfort ihre Tiefe nachspüren« [53] im Gegensatz zu Gedicht und Roman, die nur dann gelängen, »wenn der Dichter beschreibt, was er erlebt hat, und fühlt, wie er wahrhaftig im Herzen gefühlt hat. Da aber diese Erfahrungen und Gedanken zu verschiedener Zeit und an verschiedenen Orten in den Menschen eingehen, so ist es nur großen Menschen wie dem Göthe gegeben, das einzelne Lebendige auch in ein ganzes Leben zu versammeln, und gerät dennoch nie so völlig.« [54].

Savigny kommt zu dem Schluß: »Aber dieser organische Zusammenhang des Rechts mit dem Wesen und Charakter des Volkes bewährt sich auch im Fortgang der Zeiten, und auch hierin ist es der Sprache zu vergleichen. Sowie für diese, giebt es auch für das Recht keinen Augenblick eines absoluten Stillstandes, es ist derselben Bewegung und Entwicklung unterworfen, wie jede andere Richtung des Volkes, und auch diese Entwicklung steht unter demselben Gesetz der inneren Nothwendigkeit, wie jene früheste Erscheinung. Das Recht wächst also mit dem Volke fort, bildet sich aus mit diesem, und stirbt endlich ab, so wie das Volk seine Eigenthümlichkeit verliert.« [55]

Das kommentiert J. Grimm, indem er abermals die Volkspoesie an die Stelle des Rechts treten läßt. »Das Wachsen, Sichausbilden und Absterben des Rechts und sein Sitz im Bewußtsein des Volks paßt pünctlich auf die alte Volkspoesie, und beide erläutern sich einander. Das politische und technische Element (...) ist ganz gewiß nicht anders, als was ich fühlte und wollte mit dem Gegensatz der alten Volkspoesie zu der späteren meistersängerischen (wo Stand und Schule war.) Man darf daher letztere eine *Kunst,* jene eine *Natürlichkeit* nennen.« [56]

Nach einer kritischen Prüfung des Terminus ›Gewohnheitsrecht‹ nimmt er auch in der Frage der Gesetzbücher den Vergleich zur Sprache auf und ersetzt die Gesetzbücher durch Wörterbücher. »Die glückliche Bemerkung, daß der Unterschied einer Rechtssammlung insofern sie Privatarbeit, oder Beschluß der Staatsgewalt ist, dem altdeutschen Recht völlig unverständlich gewesen sein müsse, könnte nicht besser angebracht sein. Mit den Wörterbüchern sind wir noch nicht so weit und sie gelten als Privatsammlungen, wogegen jedermann auftreten und reclamieren darf, die Franzosen haben zuerst das allgemeine Landrecht in ihrer Academie eingeführt; was könnte trefflicher das obige Bedürfnis allgemeiner deutscher Gesetze neben besodern ausdrücken, als das, was schon für unsere Sprache gilt, nämlich eine gemeinsame alle Deutsche bindende Büchersprache neben den lebenfrischen Mundarten, deren jedwede Recht und Hoffnung hat die gemeinsame Sprache zu tränken und zu beleben?« [57]

Das heißt für J. Grimm jedoch nicht, daß das Streben nach empiristischer Vollständigkeit das höchste Anliegen eines Wörterbuchs, ebenso wenig wie für ein Gesetzbuch, sei. »Die technische Auffindung des verlorenen aus dem gegebenen gilt ebenso völlig in der Geschichte der Sprache und Poesie, darf aber nicht in die Materialien eingreifen. Aufgeschrieben und in Sammlungen gebracht kann zudem nicht alles werden und die Grenzen des fixierten Rechts von der Sitte ist ebenso unmöglich zu ziehen (...) als wenn man alle Zusammensetzungen in die Wörterbücher bringen oder zum Beispiel die Interjectionen darin aufnehmen wollte, die von einigen Grammatikern aus der Sprachlehre gänzlich gesondert werden.« [58]

In den übrigen Punkten hat er Savigny nichts wesentliches hinzuzufügen und kommt zu dem Schluß: »Sobald die Jurisprudenz wieder einmal wirklich lebt, wird die Sprache nachfolgen.« Das beinhaltet die Aufforderung, das Jurastudium an den Universitäten im Sinne Savignys neu zu bestimmen, d. h. das historische Quellenstudium in seinen Mittelpunkt zu rücken, was, wie J. Grimm erläutert, eine andere Auffassung von Theorie und Praxis mit sich bringen würde. Zunächst aber faßt er noch einmal zusammen, was über das Verhältnis von Recht und Sprache bisher gesagt worden ist. »Wir haben das Recht mit der Sprache und Sage verglichen, die Sprache wird gesprochen, die Sage gesagt und gesungen, Sitte und Recht werden gehalten und gepflogen. Der Richter, Pfleger ist wie der Sänger und waltet über das gemeine Gut, Greise und Älteste sind dazu berufen, wie zum alten Königtum. Allmählig tut sich aber das technische Element auf und das Verhältnis wird anders; obenan steht der Bewahrer und Sammler der Gesetze, der sie bindet, wie der Dichter die Lieder (in der Sprache ist Gesetz, Band, Wahl pp. für Recht und Poesie bedeutend eins) wie unter dem Dichter der Sänger, so steht unter dem Finder oder König der Richter. Sänger und Richter vermitteln jene mit dem Volk, allein der Sänger spielt bloß ab und singt und findet nicht selbst, der Richter teilt bloß. Ein ähnliches Verhältnis kennt die Kirche zwischen Bischof und Clerus, in wichtigen Fällen können und müssen Bischof, König und Dichter auch eine Stufe herabsteigen und opfern, richten und singen. Bis jetzt aber ist das künstliche Element immer noch mit der Natur (dem Volksmäßigen) vermischt und jene beiden heraustretenden Stufen hangen noch leiblich mit der Wurzel zusammen. Nacher aber löst sich die Technik ganz ab (natürlich nicht gleichzeitig und auf eine Weise in allen den verglichenen Ständen und zwar so, daß die erste Stufe bloß künstlich wird, in der zweiten der künstliche und natürliche Teil, doch jeder geschwächter, zusammenstoßen.« [59]

Es ist das die Grimmsche Theorie von der Differenzierung des Überbaus. Es ist dies weiterhin implizit die Begründung für seine Neigung zur konstitutionellen Monarchie [60], und nicht zuletzt läßt sich aus diesem Passus ableiten, warum Grimm der Sprache und der Literatur, dem Dichter und dem Sprachhistoriker die wichtigste Funktion im Staat einräumt, wenn es darum geht, die nationale Einheit Deutschlands herzustellen. Das soll im Folgenden deutlicher gezeigt werden.

Recht, Sitte, Sprache also sind »geistige Funktionen« eines Volkes und als solche ist ihr Charakter »volksmäßig«. Ihre Äußerungsformen sind verschieden: die Sitte wird gepflogen, das Recht gehalten, die Sprache gesprochen, die Sage gesagt. Anfänglich, d. h. in der Urgemeinschaft der Menschen, waren sie gemeines Gut, unterlagen jedoch proportional zur Differenzierung der gesellschaftlichen Verhältnisse der Verwaltung durch einzelne. Die »geistigen Funktionen« verkörperten sich allmählich in ihren Sachwaltern, als da wären Pfleger, Richter, Sänger und Klerus. Das vormals gemeine Gut wurde zu ständisch verwaltetem und damit seinem ursprünglichen Besitzer, dem Volk als Allgemeinheit, entzogen. Die Sachwalter, die zwar einen vom Volk gesonderten Stand bilden, gehören diesem aber weiterhin an (Grimm nennt das »leiblich verbunden sein«), insofern sie als Teil des Ganzen nur partiell, nämlich in ihrer Eigenschaft als Verwaltende, etwas besonderes darstellen. »keinem dichter gehörte das lied; wer es sang wuste es blosz fertiger und treuer zu singen; eben so wenig gieng das ansehen der gesetze aus von dem richter, der kein neues finden durfte. sondern die sänger verwalteten das gut der lieder, die urtheiler verweseten amt und dienst der rechte.« [61]

Diese Sonderung hat zur Folge die Ausbildung bestimmter Techniken, d. h. Fertigkeiten, im Umgang mit dem Objekt, so daß die »geistigen Funktionen« des Volkes dem Volk selbst nur noch über die Vermittlung des Standes der Sänger, Richter oder Priester zur Erscheinung kommen. Das ehedem intuitiv Begriffene muß nunmehr erlernt werden, die Intuition wird abgelöst von der Kunst. Das heißt außerdem, daß das Volk seine »geistigen Funktionen« nicht selbst weiter entfalten kann, sondern die Rechtsbildung über die Gesetzgebung und die Sprachbildung über die Dichtung von statten geht, und so das Volk gezwungen ist, die Weiterbildung seiner geistigen Kräfte zu delegieren. Auf diesem Wege entsteht der »blosz künstliche« Stand der Dichter, Finder oder Könige und Bischöfe. »Blosz künstlich« deshalb, weil sein Standescharakter auf der Fähigkeit zu individueller Kreativität bezüglich Recht und Sprache besteht, einer Kreativität, die keinen direkten Bezug mehr zum Volksganzen hat, sondern der über die Vermittlung der Sänger und Richter (im Falle der Religion des Bischofs über den Klerus) hergestellt wird. »Blosz künstlich« ist dieser Stand aber auch hinsichtlich der Produkte seiner Kreativität. Diese sind artifizielle, sind ars (im Gegensatz zur techne des zweiten Standes), denn der Dichter und Finder-König schöpfen aus sich selbst und stellen damit ihre Schöpfungen der Natur entgegen. Ihre Kunst ist individuelles Produkt individueller Intuition, die keine Verbindung mehr hat zur »Wurzel«.

Eine Nahtstelle der beiden Extreme findet sich lediglich im zweiten Stand, wo der »künstliche und natürliche Teil« zusammenstoßen. »Daraus entspringt nun die *mittelmäßige Praxis* des Richteramtes, und der *Schüler* geht nun nicht mehr aus, das Ganze unzertrennlich zu lernen und sich durch sich selbst das Maaß geben zu lassen, bis wie weit er kommen kann, oder nicht, sondern er richtet sich mit Bewußtsein auf das Halbe. Diesen Zustand meinte ich, wenn ich sagte, daß Theorie und diese Praxis nicht auf einander berechnet werden sollen; etwas anderes ist die Bestimmung der wahren Praxis und Th. für einander. Denn dem römischen Recht steht unter den Einflüssen unserer mannichfaltigen Zeit eine offenbar weitere, nicht auf die Rechtspraxis zu beschränkende Bestimmung zu, sie gehört mit zum philologischen Studium, wie andrerseits die altdeutsche Sprache auf das deutsche Recht, ohne eine Absicht zur Praxis führen kann. In diesen Einflüssen sich frei und ungestört zu bewegen und zu finden ist also der Hauptzweck des Universitätslebens. Der Richter und Pfarrer können aber mit bloßem Menschenverstand ohne technische Lehre Gesetz und Bibel ihrer Gemeinde nicht anwenden noch auslegen, weil die Trennung der beiden Elemente macht, daß die Kunde des Rechts und Glaubens nicht wie im Altertum aus der Mitte zu jedem geht, sondern gelernt und geübt sein muß.« [62]

Wenn es in dem Brief an Savigny weiter heißt: »Obenan steht der Bewahrer und Sammler Gesetzte, der sie bindet«, so meint das doch wohl für seine in heilloser Auflösung begriffenen Gegenwart, die gerade des Gesammelt-, des Bewahrt- und Gebundenwerdens bedarf, den Geschichtsforscher an die Spitze der Nation zu stellen, um auf dem Wege des »zurücklernens« [63], dem Volk als Ganzem wieder zum Bewußtsein seiner selbst zu verhelfen durch die Zurückgabe seiner »geistigen Funktionen«.

Während Savigny auf die sich selbst vorantreibende Entwicklung der Geschichte, auf die innere Notwendigkeit dieses Prozesses der sich dem Willen des Menschen entzieht, vertraut, also in rein organizistischem Denken verharrt, versteht J. Grimm sich als historisches Subjekt und seine Wissenschaft von der Geschichte als zur Veränderung der geschichtlichen Situation befähigten Kraft.

Wie aber kommt dieser modifizierte Wissenschaftsbegriff trotz nahezu identischem Geschichtsmodell und gleicher Methodik zustande?

Zunächst haben wir gesehen, lehnt J. Grimm die Beschäftigung mit dem römischen Recht deshalb ab, weil er darin in Hinblick auf die politische Situation weder für sich noch für Deutschland einen praktischen d. h. auf Veränderung zielenden Nutzen erkennen kann. Deutschland muß sich hinsichtlich seiner nationalen Gemeinsamkeiten und Eigenheiten selbst bewußt werden, um nicht von den fremden Mächten auch geistig-kulturell annektiert und endgültig aufgelöst zu werden. Demnach galt es, dem deutschen Volk die Identifizierung mit seiner eigenen nationalen Geschichte zu ermöglichen. Eine auf diesem Wege betriebene Bewußtseinsbildung zum einheitlichen Nationalstaat, stieß jedoch auf verschiedene Schwierigkeiten, insofern es keine gemeinsame politische Geschichte des partikularistischen Deutschland gab, zum anderen die deutsche Rechtsgeschichte keine, oder doch nur äußerst schwierig zu rekonstruierende Kontinuität aufwies, da das deutsche Recht durch die Rezeption des römischen und kanonischen mit diesen im gemeinen Recht untennbar zusammengeflossen war. Die einheitliche Rechtsnation konnte höchstens den Historikern zur nationalen Identifikation dienen und blieb damit wiederum an einen einzelnen Stand gebunden. Diese Vorstellung kennzeichnet Savignys Position. J. Grimm geht, indem er nicht nur das Recht, sondern auch die Sprache reflektiert, einen wesentlichen Schritt über diesen Standpunkt hinaus: die historische Forschung kann über die Stufe der urkundlich belegten Geschichte nicht zurückgreifen. Sie beginnt mit den Quellen, die sich immer in Sprache äußern, sei es in schriftlicher Form (Urkunden, Diplome etc.) oder in mündlicher Tradition (Sage, Märchen). Sprache ist eine der »geistigen Funktionen« eines Volkes wie Sitte, Religion und Recht, wobei ihr im Gegensatz zu den anderen jedoch ein zwieschlächtiger Charakter eigen ist: sie ist einerseits selbst »geistige Funktion« und andererseits die Erscheinungsform der übrigen »geistigen Funktionen«, welche sich in ihrer eigenen Gegenwart zwar averbal (z. B. als symbolische Handlungen) äußern können, jedoch der sprachlichen Vermittlung bedürfen, sobald sie zum historischen Erkenntnisobjekt werden. Innerhalb des Grimmschen Geschichtsmodells wäre daraus zu folgern, daß Sprache dem Volk als dem dritten Stand im Laufe der historischen Entwicklung ebenso wie Recht und Sitte nur über die ständische Vermittlung verfügbar zu machen sei. Das gilt für die Neuzeit zwar für Recht und Religion, nicht jedoch für die Sprache, da sie in ihrer Eigenschaft als allgemeines Kommunikationsmittel die ständisch gesonderten Funktionsträger miteinander verbindet. [64]

Die Sprache ist folglich das allgemein Verbindende zwischen den Ständen, d. h. allen Menschen eines Volkes Gemeinsame und stellt gleichsam die ursprünglich ungesonderte Allgemeinheit des Volkes wieder her, wenn auch in durch den historischen Prozeß bedingter neuer Qualität.

Sprache als allgemeines Kommunikationsmittel steht dem gesamten Volk zur Verfügung und somit ist es vornehmlich die Sprache, die die Nation konstituiert und als deutsche Nation ausweist. Gleichzeitig zielt eine derartige Funktionsbestimmung von Sprache konsequent auf die Ablehnung einer in Stände gegliederten Gesellschaft. Denn Sprache als nationales Charakteristikum eines Volkes setzt ihre von der ständischen Hierarchie unabhängige Verfügbarkeit aller zu dieser Nation gehörenden Menschen voraus. In ihrer gemeinsamen Sprache besteht deren Gleichheit.

»Von allem, was die menschen erfunden und ausgedacht, bei sich gehegt und einander überliefert, was sie im verein mit der *in* sie gelegten und geschaffenen natur hervorgebracht haben, scheint die sprache das größte, edelste und unentbehrlichste besitzthum, unmittelbar aus dem menschlichen denken empor gestiegen, sich ihm anschmiegend, mit ihm schritt haltend ist sie allgemeines gut und erbe geworden aller menschen das sich keinem versagt, dessen sie gleich der luft zu athmen nicht entrathen könnten, ein erwerb, der uns zugleich leicht und schwer fällt. leicht, weil von kindes beinen an die eigenheiten der sprache unserm wesen eingeprägt sind und wir unvermerkt der gabe der rede uns bemächtigen, wie wir gebärden und mienen einander absehen, deren abstufung endlos ähnlich und verschieden ist gleich der sprache.«

Indem J. Grimm die Sprache zum allgemeinen Besitz erklärt, und damit das ganze Volk und jeden einzelnen zu Besitzenden, stellt er die sich am Grundbesitz orientierende Privilegierung eines Standes infrage. Hinzukommt, daß das wesentliche Kriterium dieses allgemeinen Besitzes Sprache das ist, vom Menschen selbst geschaffen zu sein; sie wird ihm nicht gegeben. Sprache ist mithin menschliche Arbeit und gehört all denen, die Sprache denkend und sprechend gebrauchen, wobei der Gebrauch der Sprache deren kollektive Weiterentwicklung impliziert.

Er fährt fort: »poesie, musik und andere künste sind nur bevorzugter menschen, die sprache ist unser aller eigenthum, und doch bleibt es höchst schwierig sie vollständig zu besitzen und bis auf das innerste zu ergründen.« [65]

Zu dieser These gelangt J. Grimm in seinem Vortrag *Über den Ursprung der Sprache,* der, am 9. Jan. 1851 in der Akademie der Wissenschaften zu Berlin gehalten, Schlüsselfunktion hat bezüglich seiner gesamten Forschung.

Methodisch grenzt er sich hier zunächst gegen jene Philologen ab, »die classische [n] denkmäler um ihnen critische regeln für die emendatio beschädigter und verderbter texte abzugewinnen erforschten« [66], ähnlich den Botanikern und Anatomen, also den Naturwissenschaftlern. Die Konsequenz eines derartig pragmatischen Erkenntnisinteresses hätte notwendig die sein müssen, daß »die stoffe als ein mittel« und »nicht für sich selbst« anzogen. [67] Allmählich, meint J. Grimm, habe aber eine Änderung der Ansicht und des Verfahrens stattgefunden. Durch den sich über die nationalen Grenzen immer weiter ausdehnenden Verkehr und die dadurch mögliche Konfrontation mit Unbekanntem, sei den Wissenschaften ein anderes, nämlich ein nicht mehr auf die praktischen Zwecke ausgerichtetes Gepräge aufgedrückt worden, wodurch die Wissenschaften wissenschaftlicher, d. h. ihre Untersuchungen »unbefangener« geworden wären. »denn das ist eben wahres zeichen der wissenschaft, dasz sie ihr netz auswerfe nach allseitigen ergebnissen und jede wahrnehmbare eigenheit der dinge hasche, hinstelle und der zähesten prüfung unterwerfe, gleich viel was zuletzt daraus hervor gehe.« [68] Auch die Sprachwissenschaft habe endlich eine durchgreifende Umwälzung erfahren, dadurch daß sie komparativ verfahren wäre und eine indogermanische Sprachkette aufgedeckt werden konnte. »diese indogermanische sprache musz nun zugleich durch ihren innern bau, der sich an ihr in unendlichen abstufungen klar verfolgen läszt, wenn es irgend eine andere sprache im stande ist, auch über den allgemeinen gang und verlauf der menschlichen sprache, vielleicht über den ursprung die ergibigsten aufschlüsse darreichen.« [69] Dieser Ursprung kann theoretisch aber nur begriffen werden unter der Voraussetzung, daß die Sprache nichts dem Menschen anerschaffenes sei, da »die erste schöpfung durch eine auszerhalb dem erschafnen waltende macht geschah. die zeugung ruft, wie das schlagen des stahls an den stein schlafenden funken weckt, neues dasein hervor, dessen bedingung und gesetz bereits dem zeugenden anerschaffen war.« [70] Die Naturwissenschaft kann also nicht über die Frage der Zeugung hinaus. Anders die Sprachwissenschaft, weil sie »ein menschliches, in unserer geschichte und freiheit beruhendes, nicht plötzlich sondern stufenweise zu stande gebrachtes werk seiner betrachtung unterwirft, da im gegentheil alle erschafnen unfreien wesen gar keine geschichte kennen und bis auf heute beinahe noch ebenso sich verhalten, wie sie aus des schöpfers hand hervor gegangen sind.« [71] Grimm unterwirft die für eine Offenbarung der Sprache sprechenden Argumente einer kritischen Prüfung und kommt zu dem Schluß: »die besonderheit jeder einzelnen sprache ist also abhängig von dem raum und der zeit, in welcher die sie übenden geboren und erzogen werden, raum und zeit sind anlasz aller veränderungen der menschensprache, aus ihnen allein läszt sich die mannigfaltigkeit und abweichung der einem quell entstammenden völker begreifen.« [72]

Doch es bleibt noch die Möglichkeit, daß die Sprache dem Menschen anerschaffen sei, was sich aber unter Hinweis auf die verschiedensten theologischen Überlegungen auch als unwahrscheinlich zurückweisen läßt. Beide Argumentationsweisen resümiert J. Grimm: »Ich habe, worauf mein ziel sich beschränkte, dargethan, dasz die menschensprache so wenig eine unmittelbar geoffenbarte sein könne, als sie eine anerschafne war. eine angeborne sprache hätte die menschen zu thieren gemacht, eine geoffenbarte in ihnen götter voraus gesetzt. es bleibt nichts übrig, als dasz sie eine menschliche, mit voller freiheit ihrem ursprung und fortschritt nach von uns selbst erworbne sein müsse: nichts anders kann sie sein, sie ist unsre geschichte, unsre erbschaft.« [73]

Der erste Beweis für diese These scheint ihm im Wort Mensch selbst zu liegen, denn »der mensch heiszt nicht nur so, weil er denkt, sondern ist auch mensch weil er denkt und spricht, weil er denkt, dieser engste zusammenhang zwischen seinem vermögen zu denken und zu reden bezeichnet und verbürgt uns seiner sprache grund und ursprung.« [74] Deshalb haben auch die Menschen mit den tiefsten Gedanken, Weltweise, Dichter, Redner die größte Sprachgewalt. »die kraft der sprache bildet völker und hält sie zusammen, ohne solches band würden sie sich versprengen, der gedankenreichthum bei jedem volk ist es hauptsächlich was seine weltherschaft festigt.« [75] Sprache tritt auf als von einander unterschiedene Nationalsprachen; diese alle »sind eine in die geschichte gegangene gemeinschaft und knüpfen die welt aneinander.« [76]

Den Vorgang der Erfindung menschlicher Sprache erklärt er anhand der alten Sprachtypen Sanskrit, Zend, Griechisch, Latein. Drei Staffeln der Entwicklung menschlicher Sprache lassen sich erkennen, wobei die erste (die Periode »des schaffens, gleichsam wachsens und sich aufstellens der wurzeln und wörter«) uns unsichtbar bleibt, die zweite (»des emporblühens einer vollendeten flexion«) und die dritte (»des triebes zum gedanken, wobei die flexion als noch nicht befriedigend wieder fahren gelassen und [. . .] die verknüpfung der worte und strengen gedanken abermals mit hellerem bewustsein bewerkstelligt wird«) sichtbar sind. Movens dieses Prozesses ist ein »unbewust waltender sprachgeist« [77], wobei der Begriff »sprachgeist« nicht ein vom Menschen getrennt zu denkendes Wesen, sondern die in der Sprache und ihrer Bewegung zur Erscheinung kommende menschliche Freiheit bezeichnet. Der Sprachgeist, der unabhängig vom menschlichen Wollen die Sprache organisiert, ist gleichzeitig die der Sprache innewohnende Gesetzlichkeit, denn »nichts in der sprache [. . .] geschieht umsonst« [78], was J. Grimm an mehreren Beispiel (von den Lauten aufsteigend zu den Tempora) deutlich zu machen sucht. Aus dieser Aufstellung der sprachlichen Entwicklung kann er die allgemeine These ableiten: »es ergibt sich, dasz die menschliche sprache nur scheinbar und von einzelnem aus betrachtet im rückschritt, vom ganzen her immer im fortschritt und zuwachs ihrer innern kraft begriffen angesehen werden müsse. Unsere sprache ist auch unsere geschichte.« [79]

Es gilt hier das progressive Element der Grimmschen Sprachtheorie festzuhalten.

Grimm ging aus von der Sprache als kollektiver Arbeit der Menschen, die ihrem Bedürfnis nach Kommunikation ein Ausdrucksmittel schaffen, welches sich bei seinem Gebrauch immer wieder reproduziert in ständiger qualitativer Veränderung gemäß den sich mit den äußeren Bedingungen verändernden Kommunikationsbedürfnissen.

Als kollektive Arbeit ist Sprache selbsterworbener kollektiver Besitz und, Besitz vorausgesetzt als Legitimation für Freiheit, die Begründung für die Gleichheit und Freiheit aller der diese Sprache sprechenden Menschen.

Mit seiner These der vom Menschen geschaffenen Sprache als allgemeinem nationalen Besitz, erklärt er den Menschen zum Subjekt der nationalen Geschichte und kann behaupten, daß die Sprache Geschichte sei, ohne die qualitativen Unterschiede beider in platter Ineinssetzung zu verwischen.

J. Grimm kann mit seiner sprachwissenschaftlichen Argumentation die Sprachgeschichte zur Geschichte überhaupt erklären, während Savigny dem Recht ein »doppeltes Leben« konzedieren muß (als Juristenrecht auf der einen und Volksrecht auf der anderen Seite, wobei es interessant sein könnte, die mögliche Analogie zwischen Gewohnheitsrecht und Sprache näher zu untersuchen [80] und deshalb die deutsche Geschichte sich nur gebrochen in der Rechtsgeschichte widerspiegelt.

Bei J. Grimm wird die Rechtsnation zur Sprachnation, deren Geschichte die nationale Identifikation der Gegenwart ermöglichen soll. Denn mit Hilfe der sprachwissenschaftlichen Forschung läßt sich zeigen, daß die gegenwärtige Geschiedenheit der deutschen Territorialstaaten keine absolute, sondern eine vorübergehende Erscheinungsform der wesensmäßig gemeinschaftlichen

Gesamtnation ist. Zwischen Recht und Sprache, stellt er 1841 in seiner Vorlesung *Über die deutschen Rechtsalterthümer* fest, bestehe insofern eine Analogie, als sie alt und jung zugleich seien. »sie beruhen auf einem alten undurchdringlichen grund und auf dem trieb, sich ohne aufhören neu zu erfrischen und wiederzugebären. dieses neue hängt aber fest zusammen mit dem alten, und ebenso wenig könnte das alte in seiner anfänglichen oder früheren gestalt verharren, als das neue von vornen herein aus eigener kraft errichtet werden. sprache und recht haben eine geschichte, d. h. es beseht zwischen ihnen ein band, welches alterthum und gegenwart, nothwendigkeit und freiheit miteinander verschmilzt. wer blosz die forderungen der gegenwart stillen möchte, ohne auf die vergangenheit zu hören, der vergibt gerade dem rechte der gegenwart, indem er die zukunft ermächtigt dereinst ebenso mit ihm zu verfahren. wer dagegen starr die vergangenheit festzuhalten sucht, der entzieht auf das seltsamste der gegenwart, was dieser die zukunft ja wieder zuerkennen müste und haut den ast, auf dem er selbt fuszt, thörichterweise ab!« [81] Während die Sprache in ihren Fundamenten nicht zu erschüttern sei, könne man aber bezüglich Recht und Sitte feststellen, daß manches ihrem ursprünglichen Wesen Fremde in sie Eingang gefunden habe, was ihnen teilweise sogar widerspreche. Und doch seien Sitte und Sprache nicht unvernünftig, »sondern es ist ihnen, kann man sagen, vernunft angeboren, weil sich in beiden ein geheimnisvoller ursprung mit den unaufhörlichen einwirkungen der menschlichen freiheit vereinbart.« [82] Hatte schon der Hinweis auf die Unzulässigkeit unhistorischer Behandlung des Rechts der Ablehnung des gesetzgeberischen Konzepts Thibauts gegolten, so nimmt J. Grimm im Folgenden explizit Stellung zu dieser bereits im Jahre 1814 aktuellen Frage, wobei er sich allerdings auch von Savigny distanziert. »wenden wir alles dies auf eine noch gegenwärtig unbeschwichtigte frage an, auf die nach dem berufe unserer zeit zur gesetzgebung, so spreche ich weder unsrer zeit noch einer andern die fähigkeit ab, angemessene und aus der höhe oder oberfläche ihrer standpunkte hervorgehende verbesserungen der gesetze vorzunehmen und damit neue rechtssitten einzuführen, denn zu diesen versuchen treibt uns die menschliche freiheit und das recht der gegenwart an. halten sich aber solche neue gesetzgebungen nicht in die schranke des bedürfnisses, so stiften sie den schaden, den die versuche einzelner grammatiker bringen, welche mit kaltem eifer die gesetze der sprache meistern wollen. nur der wärme der poesie ist es verliehen sie zu bereichern, so wie die lebendige einsicht und erfahrung politischer dinge zu erfassen vermag, was dem recht des volkes gebricht.« [83] Das impliziere aber die notwendige Voraussetzung, daß »sprache und recht, d. h. volkssitte« einheimisch zu sein hätten. In der Gegenwart allerdings erfülle nur die Sprache diese Bedingung und nicht das Recht, dessen dürftigen und zerrissenen Quellen die Wissenschaft bisher nicht die angemessene Aufmerksamkeit entgegengebracht habe. »aus den bruchstücken des altdeutschen rechts athmet noch ein roher und ungebändigter, aber edler geist der freiheit. wir dürfen mit stolz und bescheidenheit hinzusetzen: es ist darin noch unser fleisch und blut, das wir fühlen. die heimliche, aber ergreifende stimme der vergangenheit ruft uns mahnend zu, dasz wir durch die erforschung des alten rechts uns selbst, unsre gegenwart und vergangenheit besser verstehen lernen werden.« [84] Deshalb muß die Rechtswissenschaft es sich angelegen sein lassen, die durch die Rezeption des römischen Rechts entstandene Überfremdung des einheimischen aufzuheben, um so der Nation das ihr gebührende nationale Recht zugänglich zu machen, zumal das römische Recht bereits so verwissenschaftlicht sei, daß es keiner besonderen wissenschaftlichen Behandlung mehr bedarf. »das römische recht ist ein ungeheurer geistreicher commentar ohne text, das deutsche recht ein tüchtiger text, der noch nicht commentiert worden, wie er es werth ist.« [85] Diesen Kommentar gilt es aber erst noch zu erstellen, bevor das Recht in der Intensität der nationalen Identität verfügbar gemacht werden kann wie die Sprache.

Bestechend an der Idee, die Einheit der Nation wieder herzustellen mittels einer vereinheitlichten Rechtspraxis, bzw. eines einheitlich nationalen Rechtsbewußtseins, war deren scheinbar mögliche Verifizierung entweder über ein nationales Gesetzbuch oder über eine national vereinheitlichte Rechtswissenschaft. Bewußten Sprachgebrauch der nationalen Sprache zu evozieren, stellte dem gegenüber weitaus größere Probleme bezüglich der Durchführbarkeit. J. Grimm versucht diese zu lösen einmal für den Bereich der Wissenschaft und Forschung mit seiner Grammatik und zum anderen für die Allgemeinheit mit seinem Deutschen Wörterbuch. Die Grammatik hat für die Sprachwissenschaft und deren Studium die Funktion, wie die Sammlung der einzelnen Rechtssymbole, Bräuche und Gesetz für die Rechtswissenschaft. Sie stellt das verfügbare Material zusammen, von dem aus allgemeine Aussagen über das Wesen der Sprache gemacht werden können. Die einzelnen Laute, Wörter und Formen werden untersucht und verglichen, ihre historische Veränderung festgestellt und in Gesetzen verallgemeinert. Wodurch allerdings diese Veränderungen der Sprache bewirkt werden, bleibt hier noch unhinterfragt. Über die organizistische Vorstellung von der selbständig fortschreitenden Entwicklung der Geschichte geht J. Grimm erst in den bereits angeführten späteren Arbeiten hinaus.

Der Grundgedanke seiner Grammatik (1819) sei ein Versuch, schreibt J. Grimm in der Widmung an Savigny, »bahn zu brechen in das alterthum« in der Absicht, »einmal aufzustellen, wie auch in der grammatik die unverletzlichkeit und nothwendigkeit der geschichte anerkannt werden müsse.« [86] Die zu diesem Ziel führende Quellenforschung könne aber nur sinnvoll sein, wenn es gelingt, die ursprüngliche Gestalt der überlieferten Denkmäler wieder herzustellen und zu sichern, denn »was die vorzeit hervorgebracht hat, darf nicht dem bedürfnis oder der ansicht unserer heutigen zeit zu willkürlichem dienste stehen, vielmehr hat diese das ihrige daran zu setzen, dasz es treulich durch ihre hände gehe und der spätesten nachwelt ungefälscht überkomme. es würde uns wenig damit geholfen sein, irgend ein altes gedicht in dem zustande zu finden, der es etwa für das siebzehnte jahrhundert hätte allgemein lesbar machen sollen.« [87] Diesem Anspruch wird nur äußerste Gründlichkeit mit dem überlieferten Material gerecht, was zu Entdeckungen führen könnte, »neben denen an sicherheit, neuheit und reiz etwa nur die vergleichende anatomie in der naturgeschichte stehen.« [88]

Demnach versteht J. Grimm die Grammatik als die Anatomie der Sprache. Deren Kenntnis ist unabdingbare Voraussetzung zum Verständnis der ganzen Sprache, d. h. zum Verständnis ihres Wesens und ihrer Geschichte. Der Vergleich liegt zwar nahe bei einer alles zum körperlichen Leben erweckenden organizistischen Grundkonzeption, und doch heißt das nicht, daß J. Grimm wegen einiger Koinzidenz der methodischen Behandlung der Gegenstände, die Sprachwissenschaft für eine Naturwissenschaft hielte. Er rechnet seine Forschungen sogar mit Stolz zu den »ungenauen Wissenschaften« [89], denn diese stünden »viel fester auf dem boden des vaterlandes und schlieszen uns inniger an die heimischen gefühle.« [90] Die notwendig international arbeitenden Naturwissenschaften, deren Gegenstand nicht national gebunden sei, (»der chemische tiegel siedet unter jedem feuer« [91]) und deren Begrenzung auf den nationalen Raum sogar schädlich wäre, sind dem entgegengesetzt.

Trotzdem bleiben auch die Naturwissenschaften von der Sprache abhängig, denn »neue erfindungen, die das menschengeschlecht entzücken und beseligen, sind von der schöpferischen kraft darstellender rede ausgegangen.« [92] Die Sprache wird beidem, dem internationalen und dem nationalen Anspruch gerecht, insofern sie einerseits das allen Menschen gemeinsame Vermögen, ihr Denken auszudrücken, ist wobei sie eine völkerverbindende Funktion erfüllt, und andererseits in bestimmter nationaler Prägung die Einheit der sie hervorbringenden Volksgruppe manifestiert. Diese zweite, das Nationalbewußtsein stärkende Funktion scheint J. Grimm die ungleich wichtigere zu sein. »wir aber freuen uns eines verschollenen ausgegrabenen deutschen worts mehr als des fremden, weil wir es unserem land wieder aneignen können, wir meinen, dasz jede entdeckung in der vaterländischen geschichte dem vaterland unmittelbar zustatten kommen werde. die genauen wissenschaften reichen über die ganze erde und kommen auch dem auswärtigen gelehrten zugute, sie ergreifen aber nicht die herzen. die poesie nun gar, die entweder keine wissenschaft genannt werden darf oder aller wissenschaften wissenschaft heiszen musz, weil sie gleich der leuchtenden sonne in alle verhältnisse des menschen dringt, die poesie fährt nicht auf brausender eisenbahn, sondern strömt in weichen wellen durch die länder, oder ertönt im liede, wie ein dem wiesenthal entlang klingender bach; immer aber geht sie aus der heimatlichen sprache und will eigentlich nur in ihr verstanden sein.« [93] Um dieses Zitat aus dem Jahr 1847, besonders aber die Vorstellung von der Poesie als Wissenschaft aller Wissenschaften zu verstehen, bedarf es zunächst einmal der Klärung des Begriffes Poesie. Denn wie die Sprache eine Erscheinungsform von Recht ist, ist eine Erscheinungsform der Sprache die Poesie. Als solche unterliegt sie ebenso wie die übrigen »geistigen Funktionen« eines Volkes der historisch bedingten Sonderung, was erlaubt, Sprache als Poesie und Recht wissenschaftlich analog zu behandeln.

Es gilt demnach zu fragen, wie sich diese Analogie zwischen Recht und Poesie inhaltlich bestimmt und wie sie sich methodisch niederschlägt.

Die Antwort findet sich in zwei zeitlich weit auseinanderliegenden Arbeiten Grimms; einmal in dem Aufsatz *Von der Poesie im Recht* (1815), wo er den Zusammenhang von Poesie und Recht aufzeigen will durch den Nachweis der poetischen Form des altdeutschen Rechts, und zum andern in seiner Vorlesung *Über die Alterthümer des deutschen Rechts,* gehalten in Berlin am 30. April 1841, in der er die seinen Forschungen zugrunde liegende Methode am Beispiel des Forschungsgegenstandes Recht offenlegt.

Die Verbindung von Poesie und Recht, meint J. Grimm 1815, wissenschaftlich zu demonstrieren, erfordere das deutsche Altertum selbst, das sich gerade zum gegenwärtigen Zeitpunkt in ungeheurer Materialfülle wieder in Erinnerung bringe und dem römischen Recht in seiner Bedeutung ohne Zögern an die Seite gestellt werden könne. Dieser jetzt augenscheinlich gewordene breite Grund des vaterländischen Rechts erfordere die Besinnung auf die nationalen Traditionen, zumal ein Hauptzug der Nation diese »anhänglichkeit an dem vaterländischen« sei. »eine lange thörichte zeit hatte uns geübt und beinahe gewöhnt, dasjenige zu verwahrlosen, was mitten bei und neben uns geblieben war, woraus die treuen augen unserer guten ehrlichen vorfahren hervorzublicken und die frage an uns zu thun scheinen: ob wir sie endlich auch wieder grüszen wollen?« [94] Der Ursprung von Recht und Poesie sei ein gemeinschaftlicher, denn »dasz recht und poesie miteinander aus einem bette aufgestanden waren, hält nicht schwer zu glauben.« [95] Doch stößt man, will man sie analysieren, bei beiden auf etwas »auszergeschichtliches«, das J. Grimm das »wunderbare« und »glaubreiche« nennt. »unter wunder verstehe ich hier die ferne, worin für jedes volk der anfang seiner gesetze und lieder tritt; ohne diese unnahbarkeit wäre kein heiligthum woran der mensch hangen und haften soll, gegründet; was ein volk aus der eignen mitte schöpfen soll, wird seines gleichen, was es mit den händen antasten darf, ist entweiht. glaube hingegen ist nichts anders als die vermittlung des wunders, wodurch es an uns gebunden wird, welcher macht, dasz es unser gehört, als ein angebornes erbgut, das seit undenklichen jahren die eltern mit sich getragen und auf uns fortgepflanzt haben, das wir wiederum behalten und unsern nachkommen hinterlassen wollen.« [96] Glaube und Wunder seien der himmlische Stoff, der sich mit irdischem mische, was in der Gewohnheit des Gesetzes und des Epos zur Anschauung gebracht sei. »was aber aus einer quelle springt, das ist sich jederzeit auch selbst verwandt und greift in einander; die poesie wird folglich das recht enthalten wie das gesetz die poesie in sich schlieszen.« [97] Die heutige Wissenschaft pflege alles zu trennen und haarklein zu spalten, das sei auch die Ursache dafür, daß uns das Bewußtsein für die Gemeinschaft von Recht und Poesie abhanden gekommen sei. Anders sei das jedoch bei unsern Vorfahren gewesen, denn »alles war ihnen nur für die geradeste, lebendigste anwendung vorhanden, eben deshalb auch alles gemeines gut und eigenthum jedermanns.« [98] Weil in diesem frühen Zustand der Gesellschaft die auf dem Privileg des Eigentums beruhende ständische Aufgliederung noch nicht fortgeschritten war, ist es also möglich, daß »unbedenklich [...] die poesie und das recht der alten zeit als für einander beweisend und gültig angenommen werden und beide als mit sitten und festen des volks eng zusammenhängend.« [99] Wenn es also gelänge, die Züge der Gesetzgebung, die durch jedes Volk hingehen, in ihrer Einfachheit und Poesieähnlichkeit zu erkennen, so »müssen sie zur unmittelbaren wiederfindung und aufdeckung mancher, im wust der späteren wissenschaft vielleicht untergegangener oder verhüllter rechtsbegriffe dienen.« [100]

Für diese These tritt er den Beweis an aus der Sprache. »Alles was anfänglich und innerlich verwandt ist, wird sich bei genauer untersuchung als ein solches stets aus dem bau und wesen der sprache selbst rechtfertigen lassen, in der immerhin die regste, lebensvollste berührung mit den dingen, die sie ausdrücken soll, anschlägt. und so reicht die aufgestellte verwandtschaft zwischen recht und poesie schon in die tiefsten gründe aller sprachen hinab.« [101]

Hinter diesem methodischen Vorwurf steht die offensichtlich materialistische Auffassung, die Sprache sei der abstrakte Ausdruck der Dinge und das Recht der abstrakte Ausdruck der gesellschaftlichen Zuordnung dieser Dinge. Damit distanziert J. Grimm sich, wie bereits mit seinem Begriff vom Wunder als der historischen Ferne, von der Annahme der Göttlichkeit des Rechts, d. h. der Annahme eines absoluten, unabhängig von den gesellschaftlichen Verhältnissen existierenden Rechts. Da das deutsche Recht, und um dieses Problem geht es ihm hier, gegenwärtig aber nicht mehr in klarer Abgrenzung zu den anderen mit ihm zu gemeinsamem Recht zusammengeflossenen Rechten verfügbar ist, die deutsche Sprache sich durch die Jahrhunderte aber erhalten hat, wenn auch in modifizierter Form, die jedoch nicht in Überfremdung gründet, so folgert J. Grimm, könne man, um aus dem gemeinen Recht das deutsche zu eruieren, das deutsche Recht finden, indem das, was ›deutsch‹ ist, bestimmt wird anhand dessen, was deutsch ist an der deutschen Sprache.

Indem er das Deutsche als gemeinsames Charakteristikum von Recht und Sprache seines Volkes setzt, muß er, um diese rein formale Bestimmung inhaltlich zu füllen, die gesellschaftlichen Verhältnisse erforschen, die den jeweiligen Rechtsverhältnissen zugrunde liegen. Nur so kann er bestimmen, was der Unterschied des einen nationalen Rechts zum anderen nationalen Recht ausmacht. J. Grimm muß mithin soziologisch verfahren.

Aber nicht nur aus der Sprache selbst läßt sich seiner Meinung nach der Zusammenhang von Recht und Poesie beweisen, sondern auch aus der äußeren, nämlich poetischen Form der Gesetze. Diese wird geprägt von Alliteration, Reim und Tautologie, womit einmal das formale Verhältnis der Wörter, zum anderen das formale Verhältnis der Inhalte zu einander bestimmt wäre. Wenn J. Grimm allerdings argumentiert, daß die alten Gesetze am häufigsten in Form von Tautologien festgehalten wurden, und diese Stilfigur Zeichen der ihnen innewohnenden Poesie sei, diese Form auch in den Volksliedern vorherrsche und deshalb die Poesie »zwei glieder in ihrer förmlichen zeile« habe, dann sagt er nichts anderes als, die Gesetze seien poetisch, weil die Poesie poetisch sei. Trotz diesem im Grimmschen Sinne poetischen, weil tautologischen Zirkelschluß bleibt er schließlich die Antwort, was man unter »poetisch« zu verstehen habe, doch nicht schuldig: poetische Sprache ist metrisch in Liedern gebundene Sprache. Aber auch inhaltlich lasse sich in den einzelnen Rechtswörtern Poesie festmachen, denn »die deutschen gesetze enthalten eine menge der schönsten, in denen jedesmal die bedeutung der sache innerlichst mit einem reinen bild erfaszt und ausgedrückt wird.« [102] Poetisch auf der inhaltlichen Ebene ist ein Ausdruck demnach dann, wenn er unmittelbar konkret bezogen, seine Bedeutung zur Anschauung zu bringen vermag. Die Synonyme, die J. Grimm in diesem Zusammenhang für »poetisch« einsetzt, sind: »frisch und der sitte und sache durchaus angemessen« [103]; »sinnlicher ausdruck und von einem tiefen gefühl ergriffene worthäufende anschaulichkeit« [104]; »die sach bildlich und sinnlich ausdrücken.« [105]

Aber auch ganze Sätze (Rechtsphrasen) zeigen deutlich das poetische Element der alten Gesetze, was J. Grimm am Beispiel einiger Sprichwörter des germanischen Rechts demonstriert. Sie seien »gewisz nicht blosze versuche, die lehre desto leichter einzuprägen, sonder vielmehr stetes steben nach gleichnissen, um die sache selbst desto fester zu fassen und auszusagen.« [106]

Schließlich tritt er den Beweis aus den poetischen Bestimmungen selbst an. »Bisher haben wir gesehen, dasz das recht mit der poesie entsprungen ist, dasz es in seiner gestalt poetisch gebunden gewesen zu sein scheint, dasz es gleich den gedichten voll lebendiger wörter und in seinem gesamten ausdruck bilderreich. damit bleibt aber diese verwandtschaft unter beiden nur zur hälfte erkannt, und uns übrig, die andere, so zu sagen, practische ebenfalls zu betrachten. denn es folgt, die poesie müste sich nicht auf das wort beschränken, sondern damit tiefer wirken und den inhalt auf das mannichfaltigste mit bestimmen, hieraus wird sich nun auch klärer darthun, dasz die vorwaltende sinnlichkeit sich auf den innern geist zurück bezieht, von dem sie ausgieng, das frische aussehen keine tünche, das gleichnis kein hohles war, vielmehr sie die sache selbst zu umschreiben und umgrenzen suchen. später entfernt sich die bildlichkeit aus der gesetzgebung, sie scheint zwar gerade auf die sachen zu gehen, allein man könnte fragen: ob diese immer so genugthuend umfaszt werden? das neue gesetz möchte gern vollständig zugreifen und stellt lieber die entscheidung in etwas natürliches, zufälliges, es ehrt auch heilige zahlen, während jenes todte und weltliche zahlen vorzuschreiben und damit zu messen pflegt.« [107]

Zunehmende Abstraktion, was schließlich zum völligen Verlust des unmittelbaren sinnlichen Bezugs zu den Gegenständen führen muß und woraus der Hang zur Vollständigkeit und Systematisierung der neuen Gesetze zu erklären ist, während das alte Recht sich auf Rechtsprinzipien stützend die Entscheidungen unmittelbar und aus der konkreten Situation ableitete, kennzeichnet die Entwicklung des Rechts und damit auch die der Sprache. Ein Zeichen dafür ist der allmähliche Verlust der Rechtssymbole, die mehr als nur formaler Rechtsbrauch waren, weil in ihnen der noch direkte Bezug der Menschen zu einander und zur Natur zum Ausdruck kam. »Es ist eine unbefriedigende ansicht, welche in solchen symbolen blosze leere erfindung zum behuf der gerichtlichen form und feierlichkeit erblickt. im gegentheil hat jedes derselben gewisz seine dunkle, heilige und historische bedeutung. mangelte diese, so würde der allgemeine glaube daran und seine herkömmliche verständlichkeit fehlen. die meisten symbole unseres alten rechts sind höchst einfach und lösen sich, gleich denen der kirche, in die letzten elemente: erde, wasser und feuer zurück auf. nicht also in todten büchern und formeln lag ihre kraft, sondern in mund und herzen waren sie gewaltig. man vergleiche den alten gebrauch bei übergabe des eigenthums an grund und boden, wo beide theile hin zur stelle giengen und die weise des ehrwürdigen brauchs vollbrachten, mit einem jetzigen notariatsinstrument; dazumal scheinen die menschen ordentlich die sachen lieber gehabt zu haben, sie galten ihnen nicht für todt und fühllos, sondern als solche, die ihren abschied und empfang haben musten.« [108]

Zu dieser Zeit war der Bezug der Menschen zu den Dingen noch konkret, die Dinge stellten sich dem einzelnen noch in ihrer sinnlichen Konkretheit als Gebrauchswerte dar, seine Produkte als seiner eigenen Arbeit zugehörig und das Produzierte als sein Eigentum. Das aber wurde anders mit dem sich allgemein ausbreitenden Geldverkehr. »durch das unendlich klein zu theilende und zu rechnende münzgeld das in sich selbst fast keinen werth hat, sondern nur zum handel taugt, sind die meisten geschäfte kälter geworden und doch vervielfältigt. geben, zahlen und schätzen in naturalien beförderte und erregte eins der angenehmsten geschäfte: den tausch, wo beide theile vergnügt sind, weil jedes die ihm fehlende sache am sinnlichsten und klarsten auf sein persönliches verhältnis beziehen kann. auch haben einkünfte, gefälle und zinsen, die aus solchen dingen bestehen, offenbar das vor den geldeinnahmen voraus, dasz sie, indem ihr werth bald ab- bald zunimmt, im einzelnen ertrag weit mehr erfreuen können, als gelderlös; im ganzen pflegt sich schaden und gewinn meistenstheils auszugleichen [...] Das alles liegt nicht blosz am recht, sondern auch in der anders gewordenen lebensart und gewohnheit, deren unzertrennliches eingreifen in das recht bewiesen werden soll [...] durch ihre allmählige auflösung und abkäuflichkeit in geld sind auch viele sitten im volk gestört oder eingeschränkt worden.« [109]

Was J. Grimm hier beklagt, ist die seit dem Mittelalter sich stets verändernde Form des Zirkulationsprozesses. In dem von ihm beschriebenen direkten Austausch von Naturalien werden Gebrauchswerte gehandelt, wobei der Bezug vom Produzenten zum auszutauschenden Produkt als seiner darin vergegenständlichten eigenen Arbeit noch unmittelbar einsichtig ist. In dieser Form konnte der Tausch deshalb ›Vergnügen bereiten‹ (vorausgesetzt man besaß zum Tausch verfügbare und geeignete Ware, was für J. Grimm selbstverständlich zu sein scheint), weil bei diesem Austausch von Gebrauchswerten die konkrete Befriedigung von Bedürfnissen im Vordergrund stand. Mit der sich ausbreitenden Geldwirtschaft jedoch wurde dieser ursprünglich sinnlich-konkrete Tauschakt zunehmend abstrakter, ›kälter‹, wie J. Grimm das nennt. Nicht der Mensch und seine konkreten Bedürfnisse stehen länger im Mittelpunkt des Tauschaktes, sondern das Geld. Dabei sieht J. Grimm im Geld ein bloßes Zahlungsmittel, das durch jede andere Ware beliebig ersetzbar und dessen Wert im Gegensatz zum konstant bleibenden Wert der Ware instabil sei. Hätte J. Grimm den Unterschied zwischen Gebrauchs- und Tauschwert gekannt, wäre ihm dieser Unsinn sicherlich nicht unterlaufen. Er verkennt, daß diese Form der Zirkulation keine zufällige ist, sondern dem Kapitalismus eignet.

J. Grimm schneidet hier wesentliche Fragen der Ökonomie an, die zu lösen er nicht imstande war. Er gelangt über die Deskription der Phänomene nicht hinaus. Zwar erkennt er sehr richtig, daß nicht das Recht verantwortlich gemacht werden kann für eine derartige Entwicklung der Austauschverhältnisse, sondern der Grund dafür in der gesellschaftlichen Organisation selber (er nennt das Lebensart und Gewohnheit) zu suchen ist. Es ist deshalb falsch zu folgern, der frühe Zustand könne wiederhergestellt werden, indem man überholte Produktionsverhältnisse unabhängig von der fortgeschrittenen Entwicklung der Produktivkräfte restauriert. Nicht durch die Abschaffung des Geldes wäre eine Veränderung der gesellschaftlichen Verhältnisse zu erreichen, sondern nur durch die Abschaffung der die von J. Grimm beklagte Entfremdung des Menschen verursachenden Klassengesellschaft.

Wenn J. Grimm behauptet, die Poesie sei die Wissenschaft aller Wissenschaften zu nennen oder überhaupt keine, so tendieren wir spontan zu der Annahme des letzteren. Vergegenwärtigen wir uns allerdings das Grimmsche Geschichtsmodell, so müssen wir seine Einschätzung der übergeordneten Position der Poesie akzeptieren. Denn wie sich eine Hierarchie der Stände im Laufe der Geschichte über der Wurzel in aufsteigender Linie etabliert, so entsteht durch den Prozeß der Verstofflichung eine entsprechende Fächerung in einzelne »geistige Funktionen« der alles in sich begreifenden Urquelle. Aus ihr fließen Recht und Poesie, deren Gemeinsamkeit je weiter sie sich von ihrem Ursprung abstrahieren, immer schwerer einsehbar wird. Die Distanz wird allmählich so groß, daß sich Recht und Sprache dem Bewußtsein schließlich als völlig gesondert darbieten. Die Veränderung ihrer Erscheinung bedeutet aber nicht auch die Veränderung ihres Wesens, denn das bleibt sich durch die Jahrhunderte stets gleich: das Wesen der Sprache bleibt die Poesie und die Poesie wiederum ist die unmittelbarste Erscheinung des Ursprungs. So kann der Begriff Poesie niemals zur formalen Kategorie verflachen, sondern bezeichnet die erste erkennbare Äußerung der Quelle alles geschichtlich Gewordenen. Sich wissenschaftlich mit Poesie und Sprache zu beschäftigen, heißt demnach, sich mit allen Erscheinungsformen des ursprünglich Gemeinsamen beschäftigen, insofern die Poesie als ursprüngliche Erscheinung alle andere Individuationen des Ursprungs in sich begreift. In dieser Konstruktion liegt auch der Grund dafür, warum J. Grimm die Poesie nicht auf die gleiche »anatomische« Weise seziert wie die Sprache, d. h. keine detaillierte Untersuchung der poetischen, bzw. rhetorischen Formen unternimmt, sondern die Geschichte der Poesie zu rekonstruieren sucht, und das beschränkt auf den Bereich der Naturpoesie, da er bei der Beurteilung der Kunstpoesie auf die formalen Kriterien nicht verzichten könnte. Seine Ästhetik ist die der Ursprungsnähe und kann bei seinem Geschichtsmodell auch keine andere sein.

Nun aber ist die Poesie zum Privileg der Dichter geworden und das Volk, das ehedem in seinen frühen Äußerungen die Poesie zur Anschauung brachte, partizipiert kaum noch oder nur zögernd an den Bewegungen, in die die Dichter die Sprache mit ihren Dichtungen versetzen und so die Entwicklung der Sprache weitertreiben. Deshalb muß dem Volk seine Sprache wieder nahe gebracht werden über alle Trennungen der Stände hinweg. Das Volk soll durch die Wiedererweckung der Literatur der Vergangenheit selbst erweckt werden und sich seiner Poesie, d. h. sich seiner Geschichte erinnern. Das ist die von J. Grimm intendierte Funktion der Geschichte der deutschen Poesie und Sprache.

Und das wiederum hat seine politischen Implikationen, denn die deutsche Geschichte auf diesem Wege rekonstruieren zu wollen, heißt zunächst, das Deutsche an dieser Geschichte zu zeigen und begreifbar zu machen. Das reinste Deutschtum findet sich, und das scheint unschwer einsehbar, unbestreitbar an seiner Quelle. Und als eben diesen Urquell hat J. Grimm mit seiner Theorie von Recht und Sprache die Poesie aufgefunden, wie sie sich darstellt in ihrer ältesten Form und Inhaltlichkeit. Das heißt, daß nicht das Recht eine Nation konstituiert, sondern deren Poesie, und die kann sich nur national äußern, insofern sie immer an die eigene Sprache gebunden bleibt. Ein deutsches Epos in französischer Sprache ist und bleibt ein Unding.

Indem J. Grimm die historische Methode konsequenter anwendet als ihr Begründer, der sich beim Erforschen der Rechtsquellen mit den »Eigenthümlichkeiten des Volkes«, dem Produkt von dessen »gemeinsamer Überzeugung« also, begnügt, hebt J. Grimm diesen Volksglauben auf die gleiche Stufe von Recht und Sprache und nimmt als deren Ursprung die Poesie an. So gelingt es ihm, die politisch brisante, wissenschaftlich aber nicht zu lösende Frage der deutschen Rechtsgeschichte vom Tisch zu bringen und die Aufmerksamkeit auf die Geschichte der deutschen Sprache zu lenken. Deren Nachweis scheint wissenschaftlich exakt möglich zu sein. Zudem hat die Verschiebung des Interesses von der Bildung einer Rechtsnation zur Kenntnisnahme der Sprachnation, die schon gebildet ist und lediglich intensiverer Aufmerksamkeit bedarf, den Vorteil, vom parteipolitischen Standpunkt aus neutral zu sein.

Einen Widerspruch innerhalb seines geschichtstheoretischen Konzepts hat J. Grimm allerdings nicht lösen können. Er betrifft seine Definition des Begriffes Volk. Denn einerseits stellt sich ihm das Volk dar als einer von drei Ständen, nämlich als der Stand, der als eigentlicher Sprachschöpfer fungiert, andererseits aber auch als die durch ihre gemeinsame Sprache verbundene, wenn auch ständisch gegliederte Allgemeinheit. Das Volk, betrachtet als Stand, bedarf der Bevormundung seiner Sachwalter, die sich die Produkte dieses Standes angeeignet haben, um deren Erhaltung und Verwertung zu garantieren, welche Fähigkeit dem ›Volk‹ selbst abgesprochen wird.

Dieser Widerspruch darf allerdings nicht dem Grimmschen Denkunvermögen angelastet werden, sondern es widerspiegelt sich hier ein Widerspruch der gesellschaftlichen Realität seiner Zeit. Denn wie die Befreiungskriege in Wirklichkeit gewonnen wurden von den Volksschichten, die J. Grimm auf einen Stand reduziert, nämlich von den Volksmassen und nicht von deren »Sachwaltern«, so kaschierten diese ihre spezifischen machtpolitischen Interessen durch die Betonung der von ihrem gesellschaftlichen Stand unabhängigen Gemeinsamkeit aller Deutschen, nämlich ihrer Deutschheit. Indem in diesem Sinne vom deutschen Volk gesprochen wurde, wurde die objektive Ausbeutung der armen Klassen retuschiert und deren Aggressivität auf einen äußeren Feind kanalisiert.

J. Grimm behandelt diesen Widerspruch innerhalb seines Volksbegriffs mehr schlecht als recht, nämlich nicht, indem er ihn löst, sondern akademisch: er behält ihn bei und legitimiert ihn durch das organische Prinzip, aufgrund dessen die Sprachentwicklung fortschreitet, und Fortschritt, d. h. organisches

Sichweiterentwickeln ist gut. Also ist auch die neuere Sprache gut, sie ist nur anders als die älteste, die deshalb als die beste zu gelten hat, weil dem Ursprung am nächsten und somit von höchster Reinheit.

»allein auch sie [die Gegenwartssprache, J. S.] weisz schon ihren anspruch zu erheben und verborgene anziehungskräfte auf uns auszuüben. nicht nur ist der neue grund und boden viel breiter und fester als der oft ganz schmale, lockere und eingeengte alte, darum aber mit sichererem fusze zu betreten, sondern jener einbusze der form gegenüber steht auch eine geistigere ausbildung und durcharbeitung. was dem alterthum doch meistens gebrach, bestimmtheit und leichtigkeit der gedanken, ist in weit gröszerem masze der jetzigen zu eigen geworden, und musz auf die länge aller lebendigen sinnlichkeit des ausdrucks überwiegen.« [110] Bei aller Verschiedenheit walte demnach eine »beträchtlich durchblickende Gemeinschaft« zwischen alter und neuer Sprache, die sich wechselseitig erhellen.

Was aber soll ein Volk mit seiner Literatur beginnen, wenn es ihm an den Möglichkeiten, diese zu verstehen, gebricht, da es eine Sprache abstrakter Begrifflichkeit spricht, die den Zugang zur Sinnlichkeit der alten Texte nicht gestattet?

Es soll seine klassischen Dichter lesen, denn in ihrer Sprache ist die alte deutsche Sprache, wie auch in der Umgangssprache, »aufgehoben«. Sich mit der Gegenwartssprache zu beschäftigen, heißt sich mit der vergangenen zu befassen. Die jüngste politische Geschichte habe das Interesse für das alte Erbe erweckt, und dieses Interesse ist in J. Grimms Augen ein unmittelbar politisches.

»seit den befreiungskriegen ist in allen edlen schichten der nation anhaltende und unvergehende sehnsucht entsprungen nach den gütern, die Deutschland einigen und nicht trennen, die uns allein den stempel voller eigenheit aufzudrücken und zu wahren im stande sind. der groszen zahl von zeitgenossen, vor deren wachem auge die nächsten dreiszig jahre darauf sich entrollten, bleibt unvergessen, wie hoch in ihnen die hoffnungen giengen, wie stolz und rein die gedanken waren; wenn nach dem gewitter von 1848 rückschläge lang und schwerfällig die Luft durchziehen, können sprache und geschichte am herrlichsten ihre unerschöpfliche macht der beruhigung gewähren.« [111]

Die Dichter, im Verlauf der Historie zu Sachwaltern der Sprache des Volkes geworden, sollen ihr Amt wieder an die Basis zurückgeben, das Volk seine Sprache sich wieder aneigenen. Funktion der Wissenschaft ist es, diesem Prozeß die Grundlage zu liefern, indem sie die Details systematisiert (Grammatik), um den Sprachschatz der Deutschen (Wörterbuch) kontrolliert zu bestimmen, zu sammeln, zu erklären und der Allgemeinheit verfügbar zu machen.

»seiner dichter und schriftsteller, nicht allein der heutigen, auch der früher dagewesenen will das volk nun besser als vorher teilhaft werden und sie mit genieszen können; es ist recht, dasz durch die wieder aufgethanen schleuszen die flut des alterthums, so weit sie reiche, bis hin an die gegenwart spüle. zur forschung über den verhalt der alten, verschollenen sprache fühlen wenige sich berufen, in der menge aber waltet das bedürfnis, der trieb, die neugier, den gesamten umfang und alle mittel unsrer lebendigen, nicht der zerlegten und aufgelösten sprache kennen zu lernen. die grammatik ihrer natur nach ist für gelehrte, ziel und bestimmung des allen leuten dienenden wörterbuchs, wie hernach noch entfaltet werden soll, sind neben einer gelehrten und begeisterten grundlage nothwendig auch im edelsten sinne practisch.« [112]

Und da es nicht die christliche Religion ist, die die Deutschen von anderen europäischen Völkern unterscheidet, sondern die deutsche Sprache, so kann J. Grimm sich dazu versteigen, ein deutsches Wörterbuch als Hausbuch der deutschen Familie an die Stelle der Bibel treten zu lassen: die deutsche Sprache zu erlernen wird zum sakralen Akt.

»Es soll ein heiligthum der sprache gründen, ihren ganzen schatz bewahren, allen zu ihm den eingang offenhalten. das niedergelegte gut wächst wie die wabe und wird ein hehres denkmal des volks, dessen vergangenheit und gegenwart in ihm sich verknüpfen. Die sprache ist allen bekannt und ein geheimnis. wie sie den gelehrten mächtig anzieht, hat sie auch der menge natürliche lust und neigung eingepflanzt [. . .] Diese neigung kommt dem verständnis auf halben wege entgegen. das wörterbuch braucht gar nicht platter deutlichkeit zu ringen und kann sich ruhig alles üblichen geräths bedienen, dessen die wissenschaft so wenig als das handwerk entbehrt und der leser bringt das geschick dazu mit oder erwirbt sichs ohne mühe [. . .] leser jedes standes und alters sollen auf den unabsehbaren strecken der sprache nach bienenweise nur in die kräuter und blumen sich niederlassen, zu denen ihr hang sie führt und die ihnen behagen [. . .] fände bei den leuten, die einfache kost der heimischen sprache eingang, so könnte das wörterbuch zum hausbedarf, und mit verlangen, oft mit andacht gelesen werden. warum sollte sich nicht der vater ein paar wörter ausheben und sie abends mit den knaben durchgehend zugleich ihre sprachgabe prüfen und die eigne auffrischen? die mutter würde gern zuhören. frauen, mit ihrem gesunden muterwitz und im gedächtnis gute sprüche bewahrend, tragen oft wahre begierde ihr unverdorbenes sprachgefühl zu üben, vor die kisten und kasten zu treten, aus denen wie gefaltete leinwand lautere wörter ihnen entgegenquellen: ein wort, ein reim führt dann auf andere und sie kehren zurück und heben den deckel von neuem. man darf nur nicht die fesselnde gewalt eines nachhaltigen füllhorns, wie man das wörterbuch zu nennen pflegt, und den dienst, den es thut vergleichen mit dem ärmlichen eines dürren handlexicons, das ein paarmal im jahr aus dem staub unter der bank hervor gelangt wird, um den streit zu schlichten, welche von zwei schlechten schreibungen den vorzug verdiene oder die steife verdeutschung eines geläufigen fremden ausdrucks aufzutreiben.« [113]

Solcher Gebrauch des Deutschen Wörterbuchs dient der Stabilisierung des deutschen Selbstbewußtseins, wird mit Hilfe der deutschen Literatur Nationalstolz evoziert, der Deutschland gegen den äußeren Feind stärkt. Konsequent übersetzt J. Grimm diese Funktion des Deutschen Wörterbuchs denn auch in militärische Terminologie. »das wörterbuch gleicht einem gerüsteten schlagfertigen heer, mit welchem wunder ausgerichtet werden und wogegen die ausgesuchteste streitkraft im einzelnen nichts vermag« [114], und schließt seine Vorrede mit dem Aufruf: »Deutsche geliebte landsleute, welches reichs, welches glaubens ihr seiet, tretet ein in die euch allen aufgethane halle eurer angestammten uralten sprache, lernet und heiliget sie und haltet an ihr, eure volkskraft und dauer hängt in ihr. noch reicht sie über den Rhein in das Elsasz bis nach Lothringen, über die Eider tief in Schleswigholstein, am ostseegestade hin nach Riga und Reval, jenseits der Karpaten in Siebenbürgens altdakisches gebiet. auch zu euch, ihr ausgewanderten Deutschen, über das salzige meer gelangen wird das buch und euch wehmüthige, liebliche gedanken an die heimatsprache eingeben oder befestigen, mit der ihr zugleich unsere und eure dichter hinüber zieht, wie die englischen und spanischen in Amerika ewig fortleben.« [115]

Die Entstehung der deutschen Literaturwissenschaft als Literaturgeschichte

Vorgeschichte, Ziel, Methode und soziale Funktion der Literaturgeschichtsschreibung im deutschen Vormärz

Karl-Heinz Götze

Die gesellschaftliche Funktion der Literaturgeschichtsschreibung im Vormärz

In einer Publikation über »Germanistik 1806–1848« hat ein Kapitel über die Literaturgeschichtsschreibung streng genommen keinen legitimen Platz. Auf der ersten Germanistenversammlung in Frankfurt bestimmte der zum Vorsitzenden gewählte J. Grimm »die gegenstände [...], um deretwillen wir hier versammelt sind«, als Sprache, Recht und Geschichte des deutschen Altertums. [1] Die Germanisten waren also diejenigen, die sich innerhalb der Sprachwissenschaft mit der germanischen Sprache, innerhalb der Rechtswissenschaft mit germanischem Recht und innerhalb der Geschichtswissenschaft mit germanischer Geschichte beschäftigten. Im deutschen Altertum lagen die »wechselseitigen beziehungen und verbindungen der drei in der versammlung vertretenen wissenschaften« [2], das deutsche Altertum konstituierte den Gegenstandsbereich der Germanistik. Die neuere deutsche Literatur lag außerhalb dieses Objektbereiches. Als A. H. Korff die frühe Germanistik als »Wissenschaft der Sprache und Dichtung der deutschen Vergangenheit und alles dessen, was dazugehört, um diese zu verstehen, [...] als deutsche Altertumskunde« [3] definierte, hatte sich der spätere Wandel des Charakters der Germanistik hinterrücks in seine Formulierung eingeschlichen: Sprache und vor allem Dichtung rücken in den Mittelpunkt, Geschichte und Rechtsgeschichte werden zu Hilfswissenschaften.

Korffs Bestimmung gibt nur die eine Seite der Veränderung an, die die Germanistik erfuhr, die Einengung ihrer Gegenstände auf Sprache und Literatur. Die andere Seite ist die Ausweitung des Zeitraums, auf die sich germanistische Forschung erstreckt. Germanist ist heute, wer deutsche Sprache und Literatur, gleich welchen Zeitraums, studiert. [4] Die Untersuchung der deutschen Literatur der letzten drei Jahrhunderte rückte immer mehr ins Zentrum, das, was früher allein beanspruchen durfte, Germanistik zu sein, wurde an die Peripherie gedrängt und ist froh, wenn ihm wenigstens hier die Berechtigung auf bescheidene Existenz nicht bestritten wird. [5] Doch es gibt Anzeichen dafür, daß die Altgermanistik selbst diesen Status verlieren, daß sich die Germanistik auflösen wird in Sprachwissenschaft einerseits, Literaturwissenschaft andererseits [6], die, endgültig emanzipiert von der nationalhistorischen Beschränkung ihrer Objektbereiche, der Erforschung des »deutschen Altertums« kaum mehr Gewicht beimessen werden als die Rechtswissenschaft der Erforschung des germanischen Rechts.

Damit ist der Kreis geschlossen: Die Germanistik assoziierte sich zunächst aus Elementen der Sprach-, Rechts- und Geschichtswissenschaft, zu der bald die Literaturwissenschaft kam, um, wie es Wilhelm Grimm 1843 blumig seinen studentischen Zuhörern begründete, »den Baum des deutschen Lebens zu tränken aus eignem Quell«. [7] Als sich das deutsche Leben aus anderen, zwar kaum klareren, aber ergiebigeren Quellen zu tränken begann, begann auch der Dissoziationsprozeß der Germanistik, die bald Geschichte und Rechtsgeschichte nicht mehr mit einschloß, zur Wissenschaft von deutscher Sprache und Literatur wurde, die ihrerseits auch die Beschränkung auf die deutsche Sprach- und Literaturgeschichte zunehmend aufgibt, also das Element eliminiert , das einst Germanistik konstituierte und damit die Dissoziationsbewegung vollendet.

Dieser Prozeß kann hier natürlich in seiner Gesamtheit nicht verfolgt werden, weil das die deutsche Geschichte der letzten 150 Jahre verfolgen hieße, denn er hat seine Ursachen und Triebkräfte nicht aus sich selbst heraus entwickelt. Für die Germanistik gilt, was für die Wissenschaften allgemein gilt: »Sie haben keine Geschichte, sie haben keine Entwicklung, sondern die ihre materielle Produktion und ihren materiellen Verkehr ändernden Menschen ändern mit dieser ihrer Wirklichkeit auch ihr Denken und die Produkte ihres Denkens.« [8] Die Metamorphosen der Germanistik verfolgen hieße somit ihren gesellschaftlichen Funktionswandel über mehr als ein Jahrhundert verfolgen. Der Anspruch, der hier gestellt werden soll, ist weit bescheidener: beschrieben und erklärt werden soll die Herausbildung der Literaturwissenschaft in Deutschland als eine zentrale Stufe des Konstitutions- und Zerfallsprozesses der Germanistik zugleich.

Bei der Lösung dieser Aufgabe bietet die Universitätsgeschichte kaum Hilfe, denn selbständiges Lehrfach war die Wissenschaft von der deutschen Literatur zwischen 1806 und 1848 nicht. Zwar wurde die Forderung nach eigenen Lehrstühlen für deutsche Literaturgeschichte schon seit Ende des 18. Jahrhunderts erhoben, breite Resonanz fand sie aber erst nach 1848. »Sie hat ihre besondere Aufgabe, ihren besonderen Stoff, ihre besondere Methode und somit begründete Ansprüche, als besondere Wissenschaft anerkannt zu werden« [10] begründete 1865 – ungefähr zur gleichen Zeit, als an der letzten deutschen Universität, in Jena, ein Lehrstuhl für germanische Philologie eingerichtet wurde – das *Jahrbuch für Literaturgeschichte,* die erste Zeitschrift, die als Fachzeitschrift für neuere deutsche Literaturwissenschaft gelten kann, die Forderung nach Aufnahme der Literaturgeschichte in den akademischen Fächerkanon. Als H. Paul seinen *Grundriß der germanischen Philologie* herausgibt, existieren bereits Lehrstühle für neuere deutsche Literatur: »Die Pflege der neueren deutschen Literatur wurde von den eigentlichen Germanisten, auch im akademischen Unterricht, lange vernachlässigt und blieb dem Zufall, vielfach dem Dilletantismus anheimgegeben. Nicht selten war sie ein Nebenwerk der Philosophen. Seit etwa 15 Jahren hat sich hier ein wesentlicher Umschwung vollzogen. Geschulte Germanisten haben ihre Unterrichtstätigkeit auf die neuere Literatur ausgedehnt. Bald aber ist auch der Anfang zur Abzweigung besonderer Professuren für dieses Gebiet gemacht.« [11]

Nicht jedoch die Literaturwissenschaft in Deutschland nach 1875, sondern die vor 1848 ist der Gegenstand unseres Interesses. Und Literaturwissenschaft existierte in Deutschland bereits zu dieser Zeit, wenn auch auf der Universität nur mit Gästestatus. Daß sie existierte, beweist der 1836 von Hoffmann von Fallersleben herausgegebene *Grundriß zur deutschen Philologie.* [12] Dieser bibliographische Grundriß verzeichnet neben der Literatur zur Geschichte der deutschen Philologie, neben den Quellensammlungen, Grammatiken, Wörterbüchern, Stilistiken, Poetiken auch eine stattliche Anzahl von Schriften zur Geschichte der deutschen Literatur. Hier macht die Germanistik zum ersten Male Inventur, so gründlich, daß eine zeitgenössische Rezension bescheinigt, »daß man nicht leicht eine Schrift von einiger Bedeutung anführen könnte, die dem Vf. entgangen wäre« [13], so gründlich auch, daß fortan beinahe alle repräsentativen Gesamtdarstellungen der Germanistik sich zumindest im Titel auf das Werk Hoffmanns beziehen. Das gilt für den bereits erwähnten *Grundriß der germanischen Philologie,* das repräsentative Werk der Germanistik am Beginn der imperialistischen Epoche in Deutschland, wie für die von W. Stammler herausgegebene *Deutsche Philologie im Aufriß* [14], in der sich die führenden westdeutschen Germanisten der Periode nach dem II. Weltkrieg 1952 bespiegelten. Hoffmanns Systematik zeigt, daß auch vor 1848 die Meinungen über das, was deutsche Philologie oder Germanistik ausmacht, durchaus geteilt waren. Für ihn ist die Geschichte der neueren deutschen Literatur integraler Bestandteil der Germanistik. Sein Buch ist der beste, aber keineswegs der einzige Beweis für die Existenz der Literaturwissenschaft in Deutschland vor 1848. Der Terminus »Literaturwissenschaft« erscheint auch keineswegs, wie Conrady vermutet [15], zum ersten Male 1853 in der zweiten Auflage von Th. Mundts *Geschichte der Literatur der Gegenwart [16],* sondern bereits 1843 veröffentlicht Karl Rosenkranz eine Übersicht mit dem Titel *Die deutsche Literaturwissenschaft von 1836 bis 1842* [17], in der er wie Hoffmann sowohl über im engeren Sinne germanistisches, also die ältere deutsche Literatur Behandelndes, als auch über Werke zur neueren deutschen Literatur berichtet.

Literaturwissenschaft gibt es also in Deutschland auch schon vor 1848, wenn auch an den Universitäten nicht institutionell verankert. Ihre Geschichte ist jedoch noch nicht geschrieben worden, es existieren kaum Ansätze dazu. Seit Franz Schultz 1930 seinen Aufsatz über *Die Entwicklung der deutschen Literaturwissenschaft von Herder bis W. Scherer* mit der Feststellung einleitete: »Die Literaturwissenschaft hat noch keine zusammenhängende Darstellung ihrer Entwicklung im 19. Jahrhundert gefunden« [18], hat sich an der Forschungssituation wenig geändert. Die Germanistik hat ihre Vergangenheit verdrängt, hat sie selbst aus den Festreden eskamotiert, in denen die Geschichte wissenschaftlicher Disziplinen beim nachrevolutionären Bürgertum seinen gesellschaftlichen Ort zu finden pflegt. Das hat seine unmittelbare Ursache darin, daß die Germanisten an ihre Haltung gegenüber dem Faschismus lange Zeit aus gutem Grund nicht erinnert werden wollten, wichtiger dürfte aber der Grund sein, daß die Söhne und Enkel sich sehr wohl bewußt sind, das Erbe der Väter und Großväter der Literaturwissenschaft keineswegs vollstreckt zu haben. Erst die Studentenbewegung hat die Germanisten zur Reflektion auf ihre eigene Vergangenheit zwingen können [19], sie hat gleichzeitig in einer relativ breiten Öffentlichkeit Interesse an der Wissenschafts- und Methodengeschichte der deutschen Literaturwissenschaft geweckt, dessen Umfang an der großen Zahl von Publikationen ablesbar ist, die in der letzten Zeit zu dem Thema erschienen sind. Diese Publikationen haben fast alle einen didaktischen Anspruch, sie leiden aber darunter, daß sie diesen Anspruch zu kurz fassen und ihrem Gegenstand Gewalt antun, indem sie nicht »nur« Geschichte sein wollen, sondern dem Leser gleichzeitig nach der Art eines Kochbuchs Modelle für die Interpretationspraxis glauben versprechen zu müssen und somit suggerieren, man könne sich nach Belieben für eine der dargestellten Methoden entscheiden oder sich gar aus Elementen der verschiedenen Modelle eine neue Methode komponieren. So löst sich Geschichte in Typologie auf, Gegenstand des bornierten Interesses wird die »geistesgeschichtliche Methode«, die »positivistische Methode«, die »werkimmanente Methode«. [20] Ursache für die meist wohlgemeinten Aktualisierungsversuche ist das Mißverständnis, vom Studium der Geschichte des Faches habe man nichts Nützliches zu gewärtigen. Die Fixierung auf den Versuch, ehemals herrschende Methoden oder Techniken für die heutige Literaturwissenschaft unmittelbar fruchtbar zu machen, verhindert eine Form der Forschung und Darstellung, die durchschaubar macht, daß Wissenschaftsgeschichte Teil der allgemeinen Geschichte, der wissenschaftliche Produktionsprozeß Teil des allgemeinen Produktionsprozesses ist und verändert werden kann, sie evoziert eine schlechte Abstraktheit, die meint, sich aufs Historisch-konkrete nicht einlassen zu müssen.

Das Interesse an der Literaturwissenschaft vor 1848 bleibt also verwiesen auf das, was sich in den jeweiligen Aufsätzen über die Geschichte der Germanistik in H. Pauls *Grundriß,* in Stammlers *Aufriß* sowie vor allem auf das, was sich in Rudolf von Raumers 1870 erschienener *Geschichte der germanischen Philologie* [22] findet. Was sich dort findet, ist allerdings ebenfalls nicht sehr informativ und kann kaum darauf Anspruch erheben, Geschichte genannt zu werden. Raumer verwendet auf die Darstellung der Altgermanistik von der Zeit des »Auftretens der Brüder Grimm« bis zu ihrem Tod 330 Seiten, auf die »Bearbeitung der deutschen Literaturgeschichte« während des gleichen Zeitraums 26 Seiten [23]. Die Proportionen in den beiden anderen Darstellungen sind ähnlich. Die Wissenschaft von der neueren deutschen Literatur wird von allen Wissenschaftshistorikern als Teil der »deutschen Philologie« oder Germanistik betrachtet, aber nur als ein untergeordneter, unwesentlicher Teil. Sie wird noch nicht eigentlich als Wissenschaft angesehen, sie ist etwas, womit sich, wie H. Paul rückblickend feststellte, »geschulte Germanisten [. . .] nur vereinzelt abgegeben hatten«. [24] Die kurzfristige Liaison eines Germanisten mit der neueren deutschen Literatur wird mit dem gleichen Terminus bezeichnet,mit dem man auch das Verhältnis eines Professors für germanische Philologie zu einer Dame vom Theater belegt hätte: man »gab sich ab«, mit der einen wie anderen, beides galt als Seitensprung, dessen Produkte in der Familienchronik eigentlich nur deshalb erwähnt wurden, weil sie später die Familie mindestens ebenso repräsentieren wie die legitimen Erben. Mehr, als daß die Literaturwissenschaft vor 1848 entweder »nebenwerk« von Philosophen, Philologen oder Historikern, oder aber »dem Zufall, vielfach dem Dilletantismus anheimgegeben« [25] war, läßt sich über ihren Charakter in den prominenten Wissenschaftsgeschichten kaum ausmachen. Der Rest sind Namen, Daten, Titel, der Rest ist Chronologie.

Freilich fällt auf: Geschichte der Literaturwissenschaft wird von Raumer wie von Paul und Dünninger nahezu identisch gesetzt mit Literaturgeschichte. Wo über Literaturwissenschaft geschrieben wird, wird über Literaturgeschichte geschrieben. Raumer behandelt auf den 26 Seiten seines Werkes, die der Literaturwissenschaft eingeräumt sind, fast ausschließlich Schriften, die die Geschichte der deutschen Literatur von den Anfängen bis zur Gegenwart oder zumindest einzelner Epochen zum Gegenstand haben. Diejenigen Schriften, die »sich die Darstellung einzelner bedeutender Dichter oder Prosaiker zur Aufgabe machen« [26], die einzelne Werke, Stoffe, Motive und literarische Problemkreise zum Gegenstand haben, behandelt er auf sechs Seiten. Dünninger erwähnt keinen Literaturwissenschaftler, der nicht mindestens eine ein Jahrhundert umfassende Literaturgeschichte verfaßt hat. Auch die vor 1848 erschienenen Übersichten über den Stand der Literaturwissenschaft beschäftigen sich fast ausschließlich mit Literaturgeschichten [27] bzw. annoncieren sich bereits als Übersicht über »Neue Erscheinungen auf dem Gebiete deutscher Literaturgeschichte« [28] oder »Übersicht der seit 1840 erschienenen vorzüglichsten Schriften über deutsche Literaturgeschichte« [29], damit naiv kundtuend, daß sich ihre Verfasser eine nicht-historische Art von wissenschaftlicher Beschäftigung mit deutscher Literatur nicht vorstellen konnten – zweifellos der Grund dafür, daß der Terminus »Literaturwissenschaft« in der ersten Hälfte des 19. Jahrhunderts in Deutschland nicht weit verbreitet war.

Der Eindruck, den die Wissenschaftsgeschichten und zeitgenössischen Literaturübersichten wecken, läßt sich objektivieren: im *Bibliographischen Jahrbuch für den deutschen Buch-, Kunst und Landkartenhandel* von 1853 [30] finden sich unter der Rubrik »Allgemeine und spezielle Literaturgeschichte«, also der Rubrik, die das, was auf dem Gebiet der Beschäftigung mit der deutschen Literatur publiziert worden war, fünfzehn Literaturgeschichten unter insgesamt 24 verzeichneten Büchern, im Messekatalog zur Michaelis-Buchmesse des gleichen Jahres [31] finden sich unter dieser Rubrik neben neun romanistischen und fünf anglistischen Titeln zehn deutsche Literaturgeschichten gegenüber nur sieben literaturhistorischen Monographien. Werkinterpretationen im heutigen Sinn wurden auf dem Buchmarkt offensichtlich überhaupt nicht angeboten.

Daß die Literaturgeschichte, daß die Gesamtdarstellung der deutschen Literatur zumindest zwischen 1830 und 1850 die deutsche Literaturwissenschaft ausmacht und nicht nur einen kleinen Teilbereich von ihr bildet, ist von der Wissenschaftsgeschichtsschreibung der Germanistik bislang als selbstverständlich, als natürlich angesehen und deshalb nicht reflektiert worden. Dabei ist es, vom gegenwärtigen Standpunkt aus betrachtet, alles andere als selbstverständlich, denn in der gegenwärtigen westdeutschen Literaturwissenschaft ist die Literaturgeschichtsschreibung gänzlich bedeutungslos geworden. Schon 1930 resümiert W. Muschg in einem der repräsentativen Werke der geistesgeschichtlich orientierten Literaturwissenschaft: »Der Glaube an den Sinn einer Gesamtdarstellung ist dem heutigen Geschlecht in hohem Maße verloren.« [32] Wolfgang Kayser zog aus dieser Situation die radikalsten Konsequenzen: er schloß die Literaturgeschichte aus dem Kreis der Literaturwissenschaft aus. [33] Sicherlich haben sich die Verhältnisse innerhalb der westdeutschen Literaturwissenschaft seither geändert, sicherlich waren auch damals nicht alle mit Kayser einer Meinung, aber ebenso sicher ist auch, daß die wenigen zeitgenössischen Darstellungen der deutschen Nationalliteratur oder einzelner ihrer Epochen für die Wissenschaftssituation der Germanistik kaum von Bedeutung sind. H. R. Jauss resümiert durchaus zutreffend den gegenwärtigen Status von Literaturgeschichten: »Literaturgeschichten [sind] allenfalls noch in Bücherschränken des Bildungsbürgertums zu finden, das es in Ermangelung eines besser geeigneten Wörterbuchs der Literatur vornehmlich aufschlägt, um literarische Quizfragen zu lösen.« [34] Spätestens seit der Jahrhundertwende gründet sich die Position eines Professors für Neuere deutsche Literatur nicht mehr auf das Ansehen seiner Literaturgeschichte, im Gegenteil, die Ankündigung, eine Gesamtdarstellung der deutschen Literatur schreiben zu wollen, würde ihn unweigerlich in den Geruch des Dilletantismus bringen.

Mit dem Verfall der Literaturgeschichtsschreibung geht der Verfall des Publikumsinteresses an Literaturgeschichten einher. Die Zeiten, in denen man, wie Rosenkranz 1832 sicher sein konnte, mit einem Handbuch der Literaturgeschichte »brauchbare Ware für den Büchermarkt« [35] produziert zu haben, sind längst vorüber, für literarische Quizsendungen reichen schließlich auch die vorhandenen älteren Werke längst hin. Die Disziplin der Literaturgeschichtsschreibung »beschreibt in den letzten 150 Jahren unverkennbar den Weg eines stetigen Niedergangs. Ihre Gipfelleistungen gehören allesamt ins 19. Jahrhundert«. [36] Nur mit Mühe sind im gegenwärtigen germanistischen Universitätsbetrieb noch Spuren der Verhältnisse auszumachen, in denen ihr Name als Synonym für den der Literaturwissenschaft galt, allenfalls noch in den Prüfungsordnungen für das erste Examen der Deutschlehrer, die in vielen Ländern noch einen Gesamtüberblick über die Geschichte der deutschen Literatur verlangen, der doch selbst von keinem der prüfenden Hochschullehrer mehr in Lehre und Publikationen angeboten wird.

Der Blick auf den radikal gegenüber dem 19. Jahrhundert veränderten gegenwärtigen Status der Literaturgeschichtsschreibung hat der Tatsache, daß die Literaturwissenschaft in Deutschland in Form historischer Gesamtdarstellungen entstand, den Schein der Selbstverständlichkeit geraubt und die Erklärung dieser Form zu einem Problem gemacht, das notwendig geklärt werden muß, bevor sinnvoll über die einzelnen Varianten dieser Form, auch über ihre einzelnen Inhalte, also über die einzelnen Literaturgeschichten gehandelt werden kann. Die Wissenschaftsgeschichten der Germanistik zeigen, daß dieses Problem nicht gelöst werden kann, wenn man die Wissenschaftsgeschichte isoliert vom gesellschaftlichen Gesamtprozeß behandelt. Bereits ein flüchtiger Blick auf die gesellschaftliche Gesamtentwicklung Deutschlands bringt der Lösung des Problems näher.

Deutschland – dieser Begriff war zwischen 1806 und 1848 eine Abstraktion, denn politisch existierte Deutschland nicht. Während England und Frankreich ihre nationale Freiheit schon unter der absoluten Monarchie erreicht hatten, sich also schon am Eingang der Neuzeit als Nationen konstituierten, blieb Deutschland gespalten in eine Vielzahl von Duodezfürstentümern, in eine Vielzahl autonomer Kleinstaaten. Damit fehlte hier die wichtigste Voraussetzung zur Entwicklung eines starken, unabhängigen Bürgertums, die Voraussetzung für einen entscheidenden ökonomischen Aufschwung. Existierte Deutschland Ende des 18. und am Beginn des 19. Jahrhunderts auch nicht politisch und ökonomisch, so doch ideologisch. Deutsche

Politiker gab es nicht, aber deutsche Dichter und Denker. Diese Situation hat 1843 noch der junge Marx im wesentlichen unverändert vor Augen, wenn er über die deutschen Zustände schreibt: »Sie stehen unter dem Niveau der Geschichte, sie sind unter aller Kritik [. . .]. Der Kampf gegen die deutsche politische Gegenwart ist der Kampf gegen die Vergangenheit der modernen Völker.« Gleichzeitig sieht er aber auch, daß sich zwar nicht das politische Deutschland, sehr wohl aber das philosophische und literarische Deutschland auf dem Niveau entwickelter kapitalistischer Staaten befindet: »Wir sind philosophische Zeitgenossen« – man könnte ergänzen: auch literarische Zeitgenossen – »der Gegenwart, ohne ihre historischen Zeitgenossen zu sein.« [37] Obgleich diese pointierte Formulierung dem Mißverständnis Raum läßt, die deutsche Philosophie wie die deutsche Literatur seien davon unberührt geblieben, daß die gesellschaftlichen Zustände in Deutschland weit hinter denen Englands und Frankreichs zurückgeblieben waren, charakterisiert sie treffend die deutschen Zustände im Vormärz.

Übrigens war Marx keineswegs der einzige, der die Situation so einschätzte, diese Einschätzung war auch keineswegs nur Bestandteil oppositioneller Anschauungen, sondern sie war durchaus Teil des »allgemeinen Bewußtseins«. So heißt es etwa in einer Rezension zu Laubes Literaturgeschichte, die 1840 in den Blättern für literarische Unterhaltung erschien: »So wie man sagen kann, daß in jedem Spanier der Anfang eines Guerillachefs, in jedem Italiener ein Kunstkenner, in jedem Engländer ein Kaufmann und Gesetzgeber, in jedem Franzosen ein Soldat und Führer socialer Zustände gegeben ist, so verbirgt sich hinter jedem Deutschen ein angehender Literator, ein beginnender Kritiker [. . .] Unser Weltruf ist es ja, zu schreiben und für die anderen Völker zu denken, wie es der Beruf der Franzosen ist, für die Menschen in socialen Zuständen zu experimentieren. That ist That, und eine ist so gut wie die andere, wenn sie die Weltzwecke fördert.« [38]

Hier liegt – sieht man davon ab, daß der Rezensent zu Eigenschaften des Nationalcharakters ontologisiert, was bei Marx als Stufe historischer Entwicklung gefaßt wird – in platter Form die gleiche Beurteilung der Situation Deutschlands, gemessen an der Entwicklung in anderen europäischen Staaten vor wie bei Marx, aber es werden andere Konsequenzen gezogen. Erklärt der eine den deutschen Zuständen den Krieg, will er die versteinerten Verhältnisse zum Tanzen bringen, weil er sie als zurückgeblieben begreift, so zielt der andere mit seinem Vorschlag der internationalen Arbeitsteilung zwischen Handelnden und Denkenden gerade auf die Perpetuierung des status quo, indem er das Denken als Tat ausgibt, statt es zur Tat zu treiben. Indem die Verhältnisse in Deutschland als denen in den anderen Ländern zwar nicht gleichartig, aber gleichwertig betrachtet werden, bereitet sich die Apologie politischer Zurückgebliebenheit als »Eigentümlichkeit deutschen Wesens«

vor. Heinrich Heine hat in satirischer Form schon vor Marx und Engels diese Position angegriffen:

> Franzosen und Russen gehört das Land,
> das Meer gehört den Briten,
> wir aber sitzen im Luftbereich des Traums
> Die Herrschaft unbestritten.
> Hier üben wir die Hegemonie,
> Hier sind wir unzerstückelt
> die anderen Völker haben sich
> auf platter Erde entwickelt. [39]

Vor 1848 waren jedoch diejenigen, die naiv glaubten, der deutsche Nationalcharakter verbürge die ewige Blüte der Philosophie und Literatur in Deutschland, eine Minderheit. Gerade die Dichter und Denker zweifelten daran, daß die Kunstperiode, wie man, Heine folgend, die Periode von Goethes Geburt bis zu seinem Tod zu bezeichnen sich angewöhnt hat [40], unendlich andauern werde. Goethe selbst schrieb schon 1825 an Zelter: »Laß uns soviel als möglich an der Gesinnung halten, in der wir herankamen; wir werden, mit vielleicht noch Wenigen, die letzten sein einer Epoche, die so bald nicht wiederkehrt.« [41] Auch Hegels letzte Publikationen sind vom Bewußtsein der Zeitenwende geprägt. [42] Friedrich Schlegel hatte schon Jahre früher öffentlich davon gesprochen, »daß wir in unserer Zeit gegenwärtig, etwa von den letzten vierzig Jahren an zu rechnen, an einer großen und entscheidenden Welt-Epoche, und auf einem kritischen Übergangspuncte aus einer Welt-Periode in die andere stehen.« [43] Nach dem Tode derjenigen, die hier die Zeitenwende antizipierten, verstärkte sich das Bewußtsein der Nachgeborenen, an der Schwelle einer neuen Epoche zu stehen, deren Inhalt aber noch im Dunkeln lag. Literarisch spiegelt sich die Situation z. B. in der außerordentlich häufigen Verwendung des Bildes der Dämmerung in der deutschen Literatur dieser Zeit [44], spiegelt sich auch in Romanen wie Immermanns *Die Epigonen*, deren Titel schon charakteristisch für das Bewußtsein eines großen Teils der Literaten der Zeit waren. In einem Schauspiel, das Karl Rosenkranz über die Situation der deutschen Philosophie nach Hegels Tod verfaßte, tritt der Chor, auf Hegels Wort von der Eule der Minerva, die erst in der Dämmerung ihren Flug beginne, anspielend, als Eulen kostümiert auf. [45]

Über der Kunstperiode war die Dämmerung hereingebrochen und niemand wußte, wo die neue Morgenröte zu erwarten war. Daß sie zu erwarten war, dessen war sich allerdings die deutsche Intelligenz, dessen war sich das deutsche Bürgertum, das um 1830 an der Schwelle der industriellen Revolution stand, völlig sicher. Das Junge Deutschland, die junghegelianischen Philosophen, also die Erben der Kunstperiode, waren keineswegs bereit, sich den ganzen Nachlaß anzueignen, eines jedoch wurde immer übernommen:

die Vorstellung eines allgemeinen Fortschritts, der Entwicklung der Menschheit zu immer höheren Formen. »Nirgens stimmten die Jungdeutschen Hegelschem Philosophieren zu als an der Stelle, wo ihnen ein unendliches Progressieren geistiger Elemente erkennbar scheint.« [46] Glaube an den Fortschritt war jedoch nicht nur ein Glaube an den geistigen Fortschritt, sondern bezog sich auf den gesamten gesellschaftlichen Bereich. Er manifestierte sich vor allem in der Form des Saint-Simonismus, der in Deutschland weiteste Verbreitung fand: »Der Saint-Simonismus war um 1830 Mode geworden, nahm das Interesse breitester Kreise in Anspruch und diente allen möglichen Lehren liberaler Färbung als dernier cri der Religionskritik und als unerschöpfliches Argumentenreservoir.« [47] Saint-Simon betrachtete die Naturgeschichte wie die Menschheitsgeschichte als zusammenhängenden Prozeß der Selbstvervollkommnung. Dieser Prozeß wurde von ihm als Stufenfolge gesehen, als dessen wesentliche Stufen er den Kannibalismus, die Sklaverei und die Leibeigenschaft ansah. Jede dieser Stufe bedeutete ihm einen objektiven Fortschritt gegenüber der vorhergehenden. Seiner Theorie gesellschaftlichen Fortschritts verdankt Saint-Simon seine Popularität in Deutschland nach 1830. Das leidenschaftliche Bekenntnis Rahel Varnhagens zum Saint-Simonismus steht für die Auffassung eines großen Teils der fortschrittlichen Intelligenz jener Zeit: »Ich bin tiefste Saint-Simonistin. Mein ganzer Glaube ist die Überzeugung des Fortschreitens, der Perfektibilität, der Ausbildung des Universums zu immer mehr Verständnis und Wohlstand im höchsten Sinn.« [48] Heine betrachtet den Glauben an den Fortschritt als ein zentrales qualitativ neues Moment, das die Schriftsteller seiner Zeit von denen vergangener Epochen unterscheidet. Sie seien von einer Leidenschaft besessen, »von welcher die Schriftsteller der früheren Periode keine Ahnung hatten. Es ist der Glaube an den Fortschritt, der Glaube, der dem Wissen entsprang.« [49]

Für die Philosophen gilt ähnliches wie für die Schriftsteller in den dreißiger Jahren des 19. Jahrhunderts. Theodor Wilhelm Danzel charakterisierte 1849 in einem Vortrag, der eigentlich der »Behandlung der Geschichte der neueren deutschen Literatur« galt, die »gegenwärtig sogenannte neuere Philosophie« als eine Wissenschaft, die in »ihren verschiedenen Schulen den Geist als eine Reihenfolge von Standpunkten betrachtet, die sich einer aus dem anderen entwickelt und in der Gegenwart ihren Gipfel haben. Der Einfluß dieser Auffassungen, »so fährt Danzel fort, habe auch diejenigen ergriffen, »die mit der Philosophie als solcher nichts zu tun haben wollen und diese Grundanschauungen derselben nur aus der allgemeinen Atmosphäre der Bildung eingesogen haben, oder weil freilich auch dieses, daß sie in der Philosophie gang und gäbe geworden sind, auf allgemeineren Verhältnissen beruht, deren Wirkungen sich auch über die Wissenschaft hinaus erstrecken mußten.« [50]

Danzels Ausführungen bestätigen, daß die Idee des Fortschritts nicht nur eine Grundauffassung der Schriftsteller des Jungen Deutschland war, sondern auch eine Grundfassung der »sogenannten neueren Philosophie«, ja, daß sie auch die Anschauungen der nicht-wissenschaftlichen Öffentlichkeit bestimmten. Die breite Resonanz der Fortschrittsidee in Deutschland war das qualitativ Neue nach der Julirevolution, nicht ihre Existenz an sich, denn Schriftsteller früherer Perioden wie Lessing, Kant, Herder und Schiller faßten durchaus die Geschichte bereits als Entwicklungsprozeß zu höheren Formen auf. [51] Der zitierte Satz aus der Danzelschen Rede ist aber nicht nur interessant, weil er diesen Aspekt beleuchtet, sondern auch deshalb, weil er einen charakteristischen Bruch aufweist: Zunächst erscheint die Philosophie als eigentliche Quelle, von der die massenhafte Verbreitung der von ihm skizzierten Geschichtsauffassung ausgeht, dann erkennt Danzel, daß die Fortschrittsgläubigkeit ihren Weg nicht aus der Philosophie in die anderen gesellschaftlichen Bereiche genommen hat, sondern von den »allgemeineren Verhältnissen« unter anderem auch in die Philosophie. Daß diese allgemeineren Verhältnisse ihre Ursache im zunehmenden Wohlstand, aber nicht dem »im höheren Sinn«, von dem Rahel Varnhagen sprach, sondern im zunehmenden Wohlstand der Bourgeoisie, in der weitgehenden Beseitigung der ökonomischen Zersplitterung, in der Sicherung eines breiten nationalen Marktes, im Zollverein, im ersten nennenswerten kapitalistischen Aufschwung Deutschlands hatten [52], liegt auf der Hand. Was Iring Fetscher über das frühe oberitalienische, englische und holländische Bürgertum sagt, gilt – mit spezifischen Einschränkungen, die aus der historischen Verspätung der kapitalistischen Entwicklung in Deutschland resultieren – auch für das deutsche Bürgertum und seine Ideologen zwischen der Julirevolution und der Revolution von 1848: »Wie sollte ein Stand nicht an den Fortschritt glauben, [. . .] der so sichtbar gedieh und voranschritt?« [53] Zur Klärung der Frage, weshalb die Literaturwissenschaft in Deutschland in der Form der Literaturgeschichte entstand, ist das Problem der ökonomischen Ursachen der Fortschrittsgläubigkeit nebensächlich, entscheidend ist vielmehr, daß diese Fortschrittsgläubigkeit existierte und ebenso wie das Bewußtsein vom Ende der Kunstperiode, von der Zeitenwende, die Auffassungen einer breiten Öffentlichkeit wesentlich bestimmte. Setzt man diese beiden zentralen Momente in Verhältnis zueinander, so ergibt sich folgendes Bild der ideologischen Situation der bürgerlichen Intelligenz in Deutschland um 1830: Die Mehrheit der deutschen Intelligenz wußte, daß die Goethe- und Hegelzeit vorbei war, daß die Dämmerung über die Kunstperiode hereingebrochen war, man war aber sicher, am Anfang einer neuen Periode, einer neuen Stufe der fortschreitenden Entwicklung des historischen Prozesses zu stehen, wußte hingegen nicht, welchen Charakter diese Stufe haben würde. Was Marx 1843 für die Reformer um Ruge konstatiert, gilt nicht nur für diese: »Denn wenn auch kein Zweifel über das ›Woher‹, so herrscht desto mehr Konfusion über das ›Wohin‹. Nicht nur, daß eine allgemeine Anarchie unter den Reformern ausgebrochen ist, so wird jeder sich selbst gestehen müssen, daß er keine exakte Anschauung von dem hat, was werden soll.« [54]

Auf der Grundlage eines Geschichtsbildes, das von einer Stufe auf Stufe, Epoche auf Epoche fortschreitenden historischen Entwicklung ausgeht, in der jede Periode Resultat der vorhergehenden und Voraussetzung der folgenden ist, gab es für dieses Dilemma nur eine Lösung: das Wohin mußte erkannt werden auf der Grundlage der Analyse des Woher. Heinrich Heine nacherzählt in seiner Schrift über die romantische Schule den Bericht aus den *Deutschen Sagen* nach dem Kaiser Otto III. die Gruft Karls des Großens aufbrechen ließ: »Die Leiche lag nicht«, heißt es da, »wie andere Tote, sondern saß aufrecht, wie ein Lebender, auf einem Stuhl. Auf dem Haupte war eine Goldkrone, den Zepter hielt er in den Händen, die mit Handschuhen bekleidet waren, die Nägel der Finger hatten aber das Leder durchbohrt und waren herausgewachsen. Das Gewölbe war aus Marmor und Kalk sehr dauerhaft gemauert. Um hereinzugelangen, mußte eine Öffnung gebrochen werden; sobald man hineingelangt war, spürte man einen heftigen Geruch. Alle beugten sogleich die Knie und erwiesen dem Toten Ehrerbietung. Kaiser Otto legte ihm ein weißes Gewand an, beschnitt ihm die Nägel und ließ alles Mangelhafte ausbessern. Von den Gliedern war nichts verfault, außer von der Nasenspitze fehlte etwas; Otto ließ sie von Gold wiederherstellen. Zuletzt nahm er aus Karls Munde einen Zahn, ließ das Gewölbe wieder zumauern und ging von dannen. – Nachts darauf soll ihm im Traum Karl erschienen sein und verkündet haben, daß Otto nicht alt werden und keinen Erben hinterlassen werde.«

Heine kommentiert diese Sage: »Sonderbar schauerliche Neugier, die oft die Menschen antreibt, in die Gräber der Vergangenheit hinabzuschauen! Es geschieht dies zu ausserordentlichen Perioden, nach Abschluß einer Zeit oder kurz vor einer Katastrophe.« [55] So wie Otto III. Kaiser Karl seine Zukunft ablauschen wollte, so wollte man in Deutschland »nach Abschluß einer Zeit« und relativ »kurz vor einer außerordentlichen Periode«, der bürgerlichen Revolution in Deutschland, die »katastrophal« endete, mit Hilfe des Studiums der Vergangenheit in die Zukunft sehen. »In solchem Übergangspunkte fühlen wir uns gedrungen, mit dem Adlerauge des Gedankens das Vergangene und das Gegenwärtige zu betrachten und so zu Bewußtsein unserer wirklichen Stellung zu gelangen.« [56] Von der politischen Geschichte Deutschlands war ein solches Bewußtsein nicht zu erwarten, weil es keine Kontinuität politischer Entwicklung in Deutschland gegeben hatte, weil Deutschland als Staat nicht existierte. Die Kontinuität der deutschen Entwicklung ließ sich nur nachweisen anhand der Sprach-, Kunst- und Wissenschaftsgeschichte. Das hatte zur Folge, daß Historiker wie Gervinus, die

Gesamtdarstellungen der deutschen Entwicklung verfassen wollten, sich die Literaturgeschichte zum Gegenstand wählten: »Wir haben keine fürstlichen Dynastien, welche uns die Geschichte der deutschen Nation überhaupt reflektierten. An ihre Stelle treten bei uns die Helden der Intelligenz. Wir orientieren uns an einem Luther, Hutten, Keppler, Herder, Schiller, Pestalozzi, Fichte usw.« [57] Wer Aufschluß über die Tendenzen der Entwicklung der Gegenwart suchte, war somit auf die »Literärgeschichte« verwiesen, ein Begriff, der lange Zeit nicht nur die Geschichte der Dichtung meint, sondern die Geschichte aller Kunst- und Wissenschaft, aller ideologischen Produkte einer Zeit. [58] Erst eigentlich nach dem Ende der Kunstperiode wird der Objektbereich der Literaturgeschichten weitgehend auf die Dichtung beschränkt. Aber nicht nur, wer Aufschluß über die Tendenzen der Entwicklung der Gegenwart suchte, sondern vor allem auch jeder, der seine eigene Praxis historisch zu legitimieren trachtete, mußte das tun auf dem Hintergrund der jüngsten Geschichte Deutschlands, das hieß: auf dem Hintergrund der neueren deutschen Literatur.

Aufschluß über die Gegenwart und Zukunft zu bekommen und den eigenen Standpunkt zu legitimieren, das war das Interesse, von der die Literaturgeschichtsschreibung von 1848 ausging. In dieser Weise charakterisiert auch Th. W. Danzel in seiner schon erwähnten Rede, in der er ein Resümme der deutschen Literaturgeschichtsschreibung zieht, den Charakter der bis 1849 erschienenen Geschichten der neueren deutschen Literatur: »Die Geschichte der neueren deutschen Literatur ist eigens in dem Sinne behandelt worden, daß ihr Verlauf über die Aufgabe der Gegenwart aufklären, ja mit Notwendigkeit auf diese hinweisen sollte. Das Entstehen einer neuen Nationalliteratur mitten im 18. Jahrhundert, dessen Sinn allem Nationalen und Ursprünglichen abgewendet zu sein schien, ist jedenfalls ein bedeutendes, ja ein großes Ereignis zu nennen: die soeben berührte Auffassung erblickte darin eine jener Taten des Geistes der Menschheit oder wenigstens einer Nation, welche, indem sie totale Äußerungen derselben sind, eine eigene Stufe in der Geschichte desselben ausmachen; das deutsche Volk sollte im 18. Jahrhundert im wesentlichen die Aufgabe gehabt haben, sich eine Literatur zu geben, nun sollte also die Frage entstehen: welche Stufe sachgemäß hierauf folgen, welches also die Aufgabe der Gegenwart sein müsse. Die Antwort richtete sich danach, was ein jeder ohnehin für die Aufgabe der Gegenwart hielt, oder gehalten zu wissen wünschte, weil es ihm besonders am Herzen lag: sie ist in doppeltem Sinne gegeben worden. Die Ermannung des deutschen Geistes im vorigen Jahrhundert war zum großen Teil eine Vertiefung, ein Wiedererwachen von Anschauungen, welche den spekulativ-religiösen wenigstens verwandt sind und auf sie hinführen können, wie denn auch eine neue Blüte der spekulativen Philosophie selbst diese Entwicklung abschließt. Daraus haben diejenigen, welche das Heil der Gegenwart in der Rückkehr zu einer gewissen obligaten Christlichkeit erblicken wollen, den Schluß gezogen, die eben sei es, worauf die Geschichte der Literatur des vorigen Jahrhunderts uns hinweise. Andere, welche ganz den politischen Bestrebungen unserer Tage leben, haben zu finden geglaubt, die Entwicklung im vorigen Jahrhundert weise darauf hin, daß den literarischen Bestrebungen solche folgen müßten, die auf die Neugestaltung des Staates gerichtet seien, der Zeit der Dichtung eine Zeit der Tat.« [59] Das Zitat bestätigt die bisher gewonnene Funktionsbestimmung der Literaturgeschichtsschreibung in Deutschland zwischen 1830 und 1848, es macht deutlich, welche zentralen ideologischen Auseinandersetzungen auf dem Feld der Literaturgeschichte ausgetragen wurden. Danzel nennt die Antagonisten dieser Auseinandersetzung: auf der einen Seite die christliche Literaturgeschichtsschreibung, die in dieser Periode das Geschäft der feudal-reaktionären Klasse besorgt [60], auf der anderen Seite diejenigen, die ideologisch die Intentionen der aufstrebenden Bourgeoisie vertreten, die der ästhetischen Praxis die politische folgen lassen wollen, die vor allem eine Neugestaltung des Staates gemäß ihren Interessen wünschen. Sicher gibt es nicht nur diese beiden Standpunkte innerhalb der Literaturgeschichtsschreibung vor 1848, sondern es existieren, wie H. Marggraf 1855 in den *Blättern für literarische Unterhaltung* aufzählt, »Literaturgeschichten vom pietistischen und antipietistischen, vom protestantischen und catholischen, vom liberalen und ultraliberalen, vom konservativen und ultrakonservativen, vom philosophischen und nicht-philosophischen, vom deutsch-patriotischen und universell-kosmopolitischen Standpunkt« [61], aber es lassen sich schließlich alle diese Standpunkte als Varianten der beiden von Danzel genannten Grundpositionen erkennen.

Alle politischen Gruppierungen im vormärzlichen Deutschland, die konservativen wie die fortschrittlichen, bedienten sich des Mediums der Literaturgeschichte zur Propagierung ihrer Absichten. Es ist, natürlich in abgeschwächter Form, ähnlich wie in der Zeit des Bauernkrieges: Während dort alle Positionen, die der Bauern wie die des Adels, die Münzers wie die Luthers im religiösen Kostüm auftraten, so gewandeten sich die politischen Auffassungen vor der bürgerlichen Revolution in Deutschland literaturhistorisch. Die Literatur tritt in vieler Hinsicht an die Stelle der Religion. Der Herausgeber einer *Concordanz der poetischen National-Literatur der Deutschen* von 1847 bekennt im Vorwort, ihn habe eine biblische Konkordanz dazu angeregt, »in ähnlicher Weise die [...] Sentenzen und Urtheile, die Ansichten und Aussprüche unserer Classiker zu ordnen« [62], ein zwar marginales, aber doch charakteristisches Beispiel für die Stellung, die die Literatur und damit auch ihre Geschichte in Deutschland einnahm. Diese später nie wieder erreichte prominente Stellung der Literaturgeschichtsschreibung, die zentrale Position, die sie in den ideologischen Auseinandersetzungen einnahm, machen sie zu einem wichtigen Objekt des Studiums der unterschiedlichen Strömungen des Bewußtseins der verschiedenen Klassen und Schichten zwischen Julirevolution und bürgerlicher Revolution 1848. Niemals spiegelte die Geschichte der Literaturwissenschaft, der Germanistik insgesamt, die allgemeine Geschichte so direkt wie in diesem Zeitraum, oder: *niemals war sie in höherem Maße allgemeine Geschichte.*

Damit ist erklärt, weshalb die Wissenschaft von der neueren deutschen Literatur als Literaturgeschichte ihren Anfang nahm, es ist jedoch keineswegs erschöpfend die Gesamtfunktion der Literaturgeschichtsschreibung, sondern nur ihre Hauptfunktion beschrieben. Nicht vergessen werden darf, daß die Literaturgeschichten mittelbar und unmittelbar Medium der Verbreitung antifeudaler Auffassungen waren. Mittelbar deshalb, weil sie im wesentlichen die Ideen der deutschen Schriftsteller von Lessing bis Goethe verbreitete, Ideen, die trotz ihrer Zwiespältigkeit gegen den Feudalismus gerichtet waren und von den feudalen Klassen auch so eingeschätzt wurden. Am berühmten Gymnasium in Pforta konnte erst auf Betreiben Kobersteins, des Verfassers einer der verbreitesten Literaturgeschichten des 19. Jahrhunderts, das generelle Verbot der Lektüre von Werken der deutschen Literatur gelockert werden, galt aber immer noch für einen beträchtlichen Teil der Romane, natürlich auch für Journale und Zeitungen. [63] Überhaupt wurde der Deutschunterricht zwischen 1806 und 1848 in den Zeiten der drückensten Reaktion fast völlig abgeschafft, weil man fürchtete, seine Gegenstände und die Methode der Behandlung, die diese Gegenstände nahelegen – der Deutschunterricht war nicht soweit zu formalisieren wie der Unterricht in den alten Sprachen und in der Religion, die den Schwerpunkt des Schulsystems bildeten – könnten oppositionellen Geist in die Schulen hineintragen. [64] Der neben R. H. Hiecke einflußreichste Theoretiker des Deutschunterrichts während der ersten Hälfte des 19. Jahrhunderts, Rudolf v. Raumer, wollte den Deutschunterricht auf das Verlesen von Dramen beschränken, um die Gefahr, daß die Schüler durch die Lektüre der klassischen deutschen Literatur zum »raisonieren« angeleitet würden, völlig auszuschließen. [65] Charakteristisch für die Haltung der Obrigkeit zum Deutschunterricht ist ein Vorfall, der sich 1843 unter dem Ministerium Eichhorn ereignete: Schulrevisor Eilers kontrollierte den Unterricht von Ludwig Giesebrecht, einem der bekanntesten Schulgermanisten jener Zeit. Bei der Kontrolle der Aufsatzhefte stellte Eilers fest, daß Giesebrecht Sätze aus Herders *Ideen zur Philosophie der Geschichte der Menschheit* zur Diskussion gestellt hatte. Er mißbilligte das scharf mit der Bemerkung, im rheinischen Teil Preußens habe ebenfalls ein Lehrer den Unterricht in der Art Giesebrechts gehalten, »die lautesten unter den rheinischen Zeitungsschreibern sind seine Schüler«. Giesebrecht über die weiteren Folgen der Schulrevision Eilers: »Einige Monate später kam jedoch eine Verfügung des Ministers, welche mit Bezug auf den Revisionsbericht die Rüge aussprach, daß ich in meinem Unterricht vorzugsweise nur die kritische Entwicklung des Verstandes zu erzielen suche und mich nicht dabei beruhige, das Positive auf dem Gebiet der Religion und die Tatsachen der Geschichte sowie die Erscheinungen der Literatur auf das Gemüt und den Geist der Zöglinge unmittelbar wirken zu lassen, sondern ihnen über alles ein Verständnis zu eröffnen bemüht sei, vermöge dessen sie darüber ein fertiges Urteil abgeben könnten.« [66] Konsequenterweise gehörte die Forderung nach Ausweitung des Deutschunterrichts, vor allem des Unterrichts in der neueren deutschen Literatur, zu den Losungen der Lehrer im Revolutionsjahr. [67] Nach dem Sieg der Konterrevolution wurde der Deutschunterricht jedoch weiter abgebaut. [68] Die berüchtigten Stiehlschen Regulative bezüglich der Ausbildung an Volksschulen und Volksschullehrerseminaren, die auf dic Unterdrückung der in der Revolution von 1848 besonders aktiven Volksschullehrer gerichtet waren, enthielten die Bestimmung: »Ausgeschlossen von der Privatlektüre muß die sogenannte klassische Literatur bleiben.« [69] Die Belege für die Abneigung der deutschen Fürsten und Könige und ihrer Statthalter gegen die neuere Literatur ließen sich beliebig vermehren. In dieser Periode herrschte bei der Reaktion noch die Angst vor der Verbreitung antifeudaler Ideen vor, die ornamentale Indienstnahme der neueren deutschen Literatur erfolgt in breitem Umfang erst nach der Gründung des Deutschen Reiches.

Die Literaturgeschichtsschreibung trug jedoch nicht nur mittelbar antifeudalen Charakter, indem sie die Vorstellungen der klassischen deutschen Literatur verbreitete und indem sie *deutsche*, nicht preußische, hannoversche, österreichische usw. Geschichte war und somit direkt oder indirekt den Kampf für die deutsche Einheit, der ja im Interesse des Bürgertums, nicht der feudalen Schichten lag, unterstützte, sondern häufig auch unmittelbar als Form der Kritik an den miserablen Zuständen unter den Bedingungen der Zensur. »Die literaturhistorischen Werke waren eine zeitlang, wie Goethe von Byrons Gedichten sagt, verhaltene Parlamentsreden« [70], stellt Danzel in seinem Resümee der ersten Entwicklungsphase der Literaturgeschichtsschreibung fest. Ein Beispiel dafür ist die Literaturgeschichte von Mundt, der Lorenzo de Medici als ästhetischen Despoten schildert, der hinter seinem Geschmack an Prosa und Kunst ein schlechtes politisches Gewissen verborgen, der Baupläne gemacht, die Anlage zum Bonmot gehabt und sich in seiner Travestie des Dante den Weg zum Weinkeller habe zeigen lassen, »den er selbst sehr gut zu finden gewußt«, schließlich sei er auch religiös gewesen. [71] Jeder Zeitgenosse sah bei dieser Schilderung nicht Lorenzo von Medici vor sich, sondern Friedrich Wilhelm IV. In einer Rezension des Mundtschen Werkes wird festgestellt: »Hier ist es nur die Furcht vor Confiscation, die Hrn. M. verhindert, statt Lorenzo von Medici geradezu einen anderen zu nennen.« [72] Weit mehr noch als die gedruckten Literaturgeschichten dienten die Vorlesungen, aus welchen jene meist hervorgingen, als politisches Agitationsmittel. So hielt etwa R. E. Prutz, dem in Halle die Habilitation wegen seiner politischen Ansichten verweigert wurde, in Berlin vor einem großen Auditorium Vorlesungen über die deutsche Literatur, die bald verboten wurden und erst dann fortgesetzt werden durften, als sich Prutz verpflichtete, sich jeder Stellungnahme zu politischen Fragen zu enthalten. Prutz faßte das so auf, daß er sich jeder Stellungnahme zu politischen Tagesfragen enthalten solle, nicht aber »daß man damit gemeint hätte, er solle auch von der Entwicklung unseres Volkslebens, von der Gestaltung unserer öffentlichen Zustände abstrahieren, er solle mit einem Worte Literaturgeschichte lesen ohne Geschichte, darauf war er nicht gefaßt, daher trug er auch keine Bedenken, in der ersten Vorlesung zu erörtern, wenn die Literatur in Verfall geraten sei, so komme das nur daher, daß auch die Gesamtheit unseres öffentlichen Lebens in Verfall geraten sei, daß auch unser öffentliches Leben einer Wiederherstellung, einer Erneuerung bedürfe.« [73]

Die Literaturgeschichtsschreibung verfügte, entsprechend ihren Funktionen, über eine große Öffentlichkeit. Diese Öffentlichkeit war allerdings fast niemals eine Universitätsöffentlichkeit. Hoffmann von Fallersleben mußte seine Universitätsvorlesungen über die neuere deutsche Literatur ausfallen lassen, weil kein Interesse vorhanden war. [74] Schon A. W. Schlegels Vorlesungen über schöne Kunst und Literatur fanden nicht in Jena statt, wo Schlegel eine außerordentliche Professur bekleidete, sondern in Berlin, wo eine große Öffentlichkeit garantiert war. Von 1801 bis 1804 hielt er jeweils im Wintersemester zweimal wöchentlich Vorlesungen vor einem großen Kreis von Privatleuten. [75] Leider wird nur wenig über Größe und Zusammensetzung des Publikums der zahlreichen Vorlesungen berichtet. Eines der wenigen Dokumente ist ein Polizeibericht über die Wiener Vorlesungen Friedrich Schlegels, die ein gesellschaftliches Ereignis ersten Ranges waren. [76] Eine solche Aura konnte sich bei den Vorlesungen August Vilmars »für das Publikum beiderlei Geschlechts im großen Saal der Markeesschen Konditorei« [77] in Marburg nicht entfalten, aber auch sie hatten ein Publikum, das das der Universitätsvorlesungen weit überschritt. Der unterschiedliche Rahmen beider Veranstaltungen bezeichnet den Weg der Literaturgeschichte aus den Salons in die Öffentlichkeit von »Volkshochschulen« des Bürgertums, aus denen das unerwünschte Volk schon deshalb ausgeschlossen blieb, weil Hörergelder entrichtet werden mußten. [78] In die germanistischen Institute jedoch fand die Geschichtsschreibung der neueren deutschen Literatur ihren Weg zunächst noch nicht, allenfalls, wie in Pressburg, waren sie der Ort, an dem die Vorlesungen »vor einem gemischten Zuhörerkreis« [79], gehalten nicht von Germanisten, sondern von Dillettanten, stattfanden. Eine solche direkte Öffentlichkeit garantierte den Büchern über die Literaturhistorie einen großen Markt. Für den Zeitraum zwischen 1830 und 1855 sind mir 46 Gesamtdarstellungen der deutschen Literatur bekannt geworden – die Geschichte einzelner Epochen, einzelner Gattungen, die zahlreichen Literaturgeschichten und tabellarischen Übersichten über die Literaturgeschichte für den Schulgebrauch nicht eingerechnet – für den Zeitraum zwischen 1750 und 1830 nur 16, die zudem höhere Auflagen auch erst nach 1830 erzielten. Über die Auflagenhöhe sind leider kaum Daten auszumachen, als Beispiel für die Anzahl der Auflagen mag die Literaturgeschichte August Vilmars gelten, die bis zu Vilmars Tod dreizehn, bis 1913 27 Auflagen erlebte. [80] Außer der Bibel dürften wenige Bücher jener Zeit solche Auflagen erzielt haben.

Die Literaturwissenschaft, die Germanistik insgesamt ist als eine in hohem Maße öffentliche Angelegenheit entstanden. Der objektive Status dieser Wissenschaft drückte ihrer Form und ihren Agenten den Stempel auf. »Wen man auch nennen mag, die Joseph Hillebrand, Heinrich Gelzer, Biedermann, Cholevius, Loebell, um nicht weiter hinabzusteigen [...], sie besaßen einen Halt und Mittelpunkt in dem Bewußtsein, in ihren literaturhistorischen Darstellungen der ›Wirklichkeit‹ zu dienen, mit der geistigen und politischen Lage ihrer Epoche übereinzustimmen, in wechselseitig förderlichen Beziehungen zum Publikum zu stehen.« [81] Die von allen Wissenschaftshistorikern der Germanistik einhellig als Blütezeit der Literaturgeschichte bezeichnete Zeit deckt sich mit der Zeit des bewußten, in der Wissenschaft entfalteten politischen Engagements der Literaturgeschichtsschreiber. Diese Wissenschaft war sich der Einheit von literarischer Vergangenheit und Gegenwart noch bewußt. Im Übermaß erfüllte sie Benjamins Forderung, »die Werke des Schrifttums nicht im Zusammenhang ihrer Zeit darzustellen, sondern in der Zeit, da sie entstanden, die Zeit, die sie erkennt – das ist die unsere – zur Darstellung zu bringen. Damit« – so fährt Benjamin fort – »wird die Literatur zum Organon der Geschichte und sie dazu – nicht das Schrifttum zum Stoffgebiet der Geschichte zu machen – ist die Aufgabe der Literaturgeschichte.« [82] Benjamins Forderung an die Literaturgeschichtsschreiber wurde in der ersten Hälfte des 19. Jahrhunderts überreichlich erfüllt, so überreichlich, daß das Genre häufig genug und häufig auch nicht ohne Grund in den Verdacht des Dilletantismus geriet. Im Gegensatz zu Autoren jedoch, die später das Studium der Vergangenheit aus Desinteresse an der Gegenwart betrieben, interessierte Historiker wie Gervinus nicht primär der »Gehalt des Rezipierten, sondern die Haltung des Rezipienten«. [83] Auf der Grundlage dieser wissenschaftlichen Haltung entstand die Blütezeit der Literaturgeschichtsschreibung. Objektivität und Parteilichkeit schließen sich nicht aus, wenn richtig Partei ergriffen wird. Nicht obwohl, sondern weil z. B. Gervinus von einem explizit politischen Standpunkt aus die Geschichte der Literatur betrachtete, konnte er sie besser erkennen als seine Vorgänger, denn er rekonstruiert den Geschichtsprozeß aus der Position einer Klasse, die damals in Deutschland die fortschrittlichste eigenständige Klasse war. Es ist mit der Literaturgeschichtsschreibung so wie mit der Politischen Ökonomie: solange das Bürgertum glauben konnte, auf dem Gipfelpunkt des historischen Prozesses zu stehen, die Krone der Geschichte zu sein, verbesserte es, bis zum Zynismus – wie Ricardo – um Objektivität bemüht, Stufe um Stufe seine historische Erkenntnis, ist es interessiert an Geschichte, weil sie offensichtlich die Heilsgeschichte der Bourgeoisie ist. In dem Moment, in dem ihm dieser Anspruch bestritten wird, in dem es selbst Geschichte zu werden droht, verliert das Bürgertum auch das Interesse an der Geschichtsforschung. Literaturgeschichte wird zur »Kunde von dem, was gewesen ist« [84], die sich im Gegensatz zur Literaturkritik der Wertung zu enthalten hat. Mit der Ignorierung der Dialektik von Vergangenheit und Gegenwart in der Literaturgeschichtsschreibung verkommen die germanistischen Institute zu Museen. So heißt es denn in der am weitesten verbreiteten Einführung in die Neuere deutsche Literaturwissenschaft: »Die Universität und die hier besorgte Literaturgeschichte sind eine Stätte der Bewahrung dessen, was war und ist, ein Ort der möglichen Erinnerung. Es muß einen solchen Ort geben, damit nicht beliebig vergessen wird.« [85] Aus Forschern, aus Publizisten, die ihre Tätigkeit in die politischen Bestrebungen ihrer Zeit hineinstellten, die sich bemühten, einen Beitrag zur Neugestaltung des Staates zu leisten, sind die Verwalter des Vergessens, die Friedhofswärter der Literatur geworden.

Der Verfall der Literaturgeschichtsschreibung in Deutschland nach der Niederlage der Bürgerlichen Revolution 1848

Was bisher über die Literaturgeschichtsschreibung, ihren Charakter und ihre gesellschaftliche Funktion gesagt wurde, gilt für die Periode zwischen 1830 und 1850. Nach dem Scheitern der bürgerlichen Revolution in Deutschland beginnt sich schrittweise ihr Charakter zu ändern. Hans Mayer hat das am Verhältnis von Gervinus, Hettner und Danzel demonstriert. [86] Bereits an den Titeln ihrer Hauptwerke wird ein wichtiger Aspekt der weiteren Entwicklung der Literaturwissenschaft in Deutschland deutlich. Gervinus schrieb 1836–1842 eine Geschichte der deutschen Literatur von den Anfängen bis zur Gegenwart, während Hettner einige Jahre später sich auf die Literaturgeschichte des 18. Jahrhunderts beschränkte und Danzel als Hauptwerk eine Lessing-Monographie hinterließ. Die Verlagerung des thematischen Schwerpunktes ist exemplarisch für die Verlagerung des Schwerpunktes der Literaturwissenschaft insgesamt von der Geschichte zur Monographie. Als Ursache für diese Entwicklung wird in den Publikationen um 1850, die diese offensichtliche Entwicklung reflektierten, meist die große Menge der vorhandenen Gesamtdarstellungen, vor allem aber ihre Qualität genannt, die weitere Arbeiten auf dem Gebiet überflüssig machten: die Herausgeber des 1855 erschienenen *Jahrbuches für deutsche Literaturgeschichte* stellten ihr Organ vor als ›Stapelplatz‹ geschichtlicher Monographien. [87] Sie setzten sich die Förderung und Veröffentlichung von genauen Einzeldarstellungen, von Dichtermonographien zum Ziel, weil nur so der erreichte Forschungsstand auf dem Gebiet der Literaturwissenschaft verbessert werden könne. Gervinus', Wakkernagels und Kobersteins Literaturgeschichten seien auf ihre Art nicht zu übertreffen. Diese Begründung klingt einleuchtend, umsomehr, als die geforderten Monographien dazu dienen sollen, das Material für spätere, bessere Gesamtdarstellungen bereitzustellen. Tatsächlich aber verbirgt sich hinter der Intension, die Literaturgeschichten durch Monographien abzulösen, eine andere, viel weitergehende, die Intention einer generellen Umorientierung der Methoden der Literaturwissenschaft und der Wunsch, sie ihrer praktisch-politischen Intentionen zu berauben. Abermals wird das deutlich in Danzels Resumee der Entwicklung der deutschen Literaturgeschichtsschreibung in der ersten Hälfte des 19. Jahrhunderts. Auch Danzel vertritt die Auffassung, Literaturgeschichte könne nicht anders zur Wissenschaft werden, als »durch eine Reihe von Monographien, welche sich nicht werden scheuen dürfen, die Masse der Leser durch Zitate und Einzeluntersuchungen abzuschrecken; [. . .] erst wenn auf diese Weise vorgearbeitet ist, wird eine prompte Geschichte der deutschen Literatur des achtzehnten Jahrhunderts möglich sein.« [88] Dieses Plädoyer für eine neue Literaturgeschichtsschreibung verbindet er mit einer Polemik gegen die alte, um deutlich zu machen, wie diese neue Literaturwissenschaft beschaffen sein sollte: die bisherige Literaturgeschichtsschreibung sei durch ihre politischen Ambitionen häufig beinahe allen wissenschaftlichen Werts verlustig gegangen, denn »was haben aber die Bedürfnisse der Gegenwart mit der geschichtlichen Darstellung der Verhältnisse der Vergangenheit zu tun?« [89] Aus der Retrospektive läßt sich leicht feststellen, daß die Masse der Monographien, der Einzeluntersuchungen und der Zitate die Verbesserung der Literaturgeschichtsschreibung nicht verbürgen konnte. Der Weg, den Danzel ihr aus der Öffentlichkeit heraus wies, führte in die Unverbindlichkeit und Isolation des Elfenbeinturms, der einen Ausgang nur nach der rechten Seite läßt. Wenn Danzel auch das berechtigte Mißtrauen gegen die bisweilen gewaltsame Aktualisierung der Literaturgeschichte die Feder führte, so trifft er doch den Lebensnerv aller – auch gerade der wissenschaftlichen – Literaturgeschichte. Wo die Einheit von Gegenwart und Vergangenheit aufgekündigt ist, wo nicht mehr begriffen wird, daß das Interesse an der Literaturgeschichte mit den Interessen derjenigen zusammenhängt, die sie rezipieren, muß auch der Zerfallsprozeß der Literaturgeschichtsschreibung in Deutschland, für die ja gerade diese Momente konstitutiv waren, seinen Anfang nehmen. Der Übergang zu Einzeldarstellungen in der zweiten Hälfte des 19. Jahrhunderts ist somit nicht Folge der Überproduktion von Literaturgeschichten, sondern Ausdruck einer grundlegend anderen Geschichtstheorie, die sich in Opposition zu der Fortschrittsgläubigkeit während der Vorbereitungsperiode der bürgerlichen Revolution in Deutschland herausbildet.

Nach der Niederlage der Revolution von 1848, dem Klassenkompromiß zwischen Bürgertum und Adel, war die Bourgeoisie nicht mehr wie in der ersten Hälfte des Jahrhunderts dazu in der Lage, ideologisch die Konzeption eines allgemeinen gesellschaftlichen Fortschritts zu vertreten. Allgemeiner Fortschritt: das hieß vor 1848 nicht nur Progression des Reichtums, sondern auch politischer Progreß, also Anpassung des feudal bestimmten Staatsapparates, des politischen Überbaus generell an die bürgerlichen Bedürfnisse. Dieses Ziel war in der deutschen bürgerlichen Revolution nur mit Hilfe des Proletariats, das heißt aber gleichzeitig: nur durch die Stärkung des potentiellen Hauptgegners der Bourgeoisie zu erreichen, ein Preis, der dem deutschen Bürgertum zu hoch sein mußte. »Wie immer feig, opferten die deutschen Bourgeois ihre gemeinsamen, d. h. politischen Interessen, damit jeder sein Privatinteresse, sein Kapital rette. Lieber Rückkehr zum alten bürokratisch-feudalen Absolutismus als ein Sieg der Bourgeoisie als Klasse, als ein moderner Bourgeoisiestaat, erkämpft auf revolutionärem Wege, unter Stärkung der revolutionären Klasse, des Proletariats. Das war der Angstruf der deutschen Bourgeoisie, unter dem die Reaktion auf der ganzen Linie siegte.« [90] Der Fortschritt wurde aus Politik und Gesellschaft vertrieben und in der Börse sistiert. Die politische Macht der feudalen Klassen und Schichten blieb weitgehend erhalten, der Schritt fort vom Feudalismus zum Bourgeoisstaat wurde in Deutschland nicht getan; deshalb war auch ideologisch kein Platz mehr für geschichtsphilosophische Konzeptionen, die die Annahme eines allgemeinen gesellschaftlichen Progresses zur selbstverständlichen Voraussetzung hatten. Mit dem Schwund des Fortschrittsenthusiasmus aus dem bürgerlichen Bewußtsein, mit dem Verlust der Überzeugung, daß die »Kunstperiode« Stufe auf der Leiter des Geschichtsprozesses sei, schwand auch die Bedeutung der Literaturgeschichte für das bürgerliche Publikum, denn nun wurde von ihr nicht mehr historische Standortbestimmung auf der Grundlage der Analyse der Vergangenheit erwartet; sie war nun auch zur Legitimation solcher Standortbestimmungen nicht mehr notwendig. Die Gesamtdarstellungen der deutschen Literatur verloren ihre zentrale ideologische Funktion, die Spezialstudie wurde zunehmend zur Sache der Literaturwissenschaft, vor allem jene Art von Spezialstudie, der der Sinn für das Ganze verlorengegangen ist. Damit wurde die Literaturwissenschaft »universitätsfähig«, allerdings nur um den Preis ihrer gesellschaftlichen Folgenlosigkeit.

Die beschriebene Entwicklung hatte natürlich nicht nur innerhalb der Wissenschaft von der neueren deutschen Literatur statt, sondern sie war allgemein in der Periode nach der bürgerlichen Revolution in Deutschland. Georg Lukács hat beschrieben, wie dieser Prozeß die Methodologie der Gesellschafts- und Geschichtswissenschaft, ja auch weit darüber hinaus das ganze gesellschaftliche und geschichtliche Denken in Deutschland beeinflußte. »Kurz zusammengefaßt kann man sagen: nach den Versuchen der Zeit vor 1848, Gesellschaft und Geschichte in ihrer vernunftgemäßen Gesetzlichkeit zu begreifen [...], entsteht eine neue Welle des historisch-sozialen Irrationalismus.« [91] In den Konzeptionen, die auf dieser neuen Grundlage entstehen, »ist eine Polemik gegen den allgemeinbürgerlichen Fortschrittsbegriff der westlichen Demokratie enthalten; die Ablehnung des Gedankens, daß die Herausentwicklung von Staat und Gesellschaft aus den feudalen Formen, ihre zunehmende Anpassung an die Forderung des Kapitalismus (man denke an die Soziologie Herbert Spencers), einen Fortschritt bedeute.« [92]

Die Literaturgeschichtsschreibung in Deutschland bis zur Julirevolution 1830

Damit ist die obere Grenze für diese Darstellung der Entwicklung der Literaturgeschichtsschreibung fixiert und ausgewiesen. Schwieriger als der Zeitpunkt, an dem ihre Nachgeschichte beginnt, ihre Nachgeschichte als bürgerliche Wissenschaft, ist der Zeitpunkt zu bestimmen, an dem ihre Geschichte bzw. Vorgeschichte beginnt. Auch in dieser Frage hat sich innerhalb der Wissenschaftsgeschichtsschreibung kein einheitlicher Standpunkt herausgebildet. Werner Mahrholz beginnt seine Darstellung der »Begründung der wissenschaftlichen Literaturgeschichte« mit der Beschreibung von Goethes literaturhistorischen Ansätzen im siebenten Buch von *Dichtung und Wahrheit* [93], Franz Schultze stellt an den Anfang seiner Studie über die Entwicklung der literarhistorischen Methode ein Kapitel über Herder [94], Gisela Knoop nennt in ihrer Dissertation über die »Gesamtdarstellungen der deutschen Literatur von August Wilhelm Schlegel bis zu Wilhelm Scherer« die Gebrüder Schlegel als »Begründer der wissenschaftlichen Literaturgeschichte« [95]. Alle diese Darlegungen verfahren geistesgeschichtlich. Unsere Analyse des Charakters der Literaturgeschichtsschreibung in ihrer Blütezeit hat gezeigt, daß diese eine Theorie gesellschaftlichen Fortschritts und gleichzeitig das allgemeine Bewußtsein vom Ende der Kunstperiode zur Voraussetzung hatte und daß sich nur unter Berücksichtigung dieser Tatsache auch Form und Inhalt der Gesamtdarstellungen der deutschen Literatur erschließen lassen. Diese Voraussetzungen sind aber allgemein erst ab etwa 1830, seit der Julirevolution gegeben. Zwar war die Julirevolution in Deutschland nur die Travestie einer Revolution, aber sie wurde doch als das Siegel auf eine vergangene Epoche aufgefaßt. Ähnliches läßt sich für die gleichzeitig auftretende Choleraepedemie sagen, die auf die deutsche Intelligenz die gleiche ideologische Auswirkung hatte wie das Erdbeben von Lissabon auf die Zeitgenossen Voltaires: »So wirkte die Cholera in jener Zeit nicht wie eine gewöhnliche Krankheit, sondern mehr dämonisch, durch Furcht und Schrecken, im wahren Sinne eines Zeitteufels, dessen Plagen man zugleich in einem unerklärlichen Bangigkeitsgefühl wie Bußen hinnimmt.« [96] Eine politische Sintflut fand in Deutschland 1830 nicht statt, aber immerhin wurde doch, wie es in der Literaturgeschichte Th. Mundts heißt, auf der historischen Bühne die Typen des behaglichen Altdeutschen mit langflatternden Locken und weiten Turnerhosen abgelöst durch »die Liberalen, die bei der Eile, zu der sie durch die Umstände gedrängt wurden, kaum Zeit hatten, den französischen Bart ordentlich zu besorgen.« [97] Die totale politische Friedhofsruhe in Deutschland war vorbei, das Hambacher Fest und der Frankfurter Wachensturm kündigten sich an. Erst seit diesem Zeitpunkt bildeten sich »zwei Gegensätze in einer unter den Deutschen noch nicht gekannten Weise zu förmlichen Parteirichtungen aus. Diese eine Nachgeburt der Julirevolution war der Liberalismus [...], die andere Nachgeburt der Julirevolution war der Reaktionarismus.« [98] Erst seit 1830 schieden sich die politischen Gegensätze in Deutschland eindeutig, erst seit diesem Zeitpunkt tritt auch die Parteiung in einen fortschrittlichen und einen christlich-reaktionären Flügel in der Literaturgeschichtsschreibung, die Danzel 1847 als charakteristisch für die ganze seitherige Geschichte dieser Disziplin bestimmte [99], zum ersten Male an die Oberfläche; deshalb, weil auch die sozialen Träger dieser Ideen sich sichtbar politisch gruppierten.

Die eigentliche Geschichte der Literaturgeschichtsschreibung beginnt in Deutschland also mit dem vierten Jahrzehnt des 19. Jahrhunderts, was früher geschrieben wurde ist Vorgeschichte im doppelten Sinn: die Darstellungen, die bis zu dieser Periode entstanden, sind nicht Teil der Geschichte der Literaturgeschichtsschreibung, weil sie noch nicht eigentlich geschichtlich verfuhren. Diese Einschätzung ist das Resumée von drei Bestandsaufnahmen der Literaturgeschichtsschreibung in Deutschland, die 1833 entstanden. Die eine findet sich am Rande des Heineschen Buches über die romantische Schule, die beiden anderen entstanden als Rezensionen der Literaturgeschichte von August Bohtz, die 1832 erschienen war.[100] Die erste dieser beiden entstammte der Feder von G. G. Gervinus, der drei Jahre später zum berühmtesten deutschen Literaturhistoriker wurde, die andere von Karl Rosenkranz, dem bekanntesten Literaturgeschichtsschreiber der Hegelianischen Schule.

Diese drei Bestandsaufnahmen so verschiedener Schriftsteller weisen in den zentralen Punkten eine verblüffende Übereinstimmung auf. Einhellig sind sie der Auffassung, daß die bisherigen Literaturgeschichten nicht den Namen einer Geschichte verdienen. Gervinus schreibt über die Situation der Literaturgeschichtsschreibung um 1833: »Nicht leicht wird sich eine Materie unter unseren literarischen Erscheinungen auffinden lassen, die häufiger und eintöniger, mit mehr Liebe und mehr Inkompetenz, bei gleich großen Vorarbeiten im Einzelnen mit gleich kleinem Erfolge im Ganzen wäre behandelt worden als die Geschichte unserer Nationalliteratur. Die Bücher mögen allerhand Verdienste haben, allein geschichtliche haben sie fast gar keine. Sie verfolgen chronologisch die verschiedenen Dichtungsarten, sie setzen in chronologischer Reihe die Schriftsteller hintereinander, wie andere die Büchertitel und charakterisieren dann, wie es auch sei, Dichter und Dichtung. Das aber ist keine Geschichte, es ist kaum das Gerippe zu einer Geschichte.« [101] Vom hegelianischen Standpunkt aus stellt sich die Situation der Literaturgeschichtsschreibung in ähnlicher Weise dar: »Unsere individuelle Kritik über einzelne Dichter und Dichtwerke ist bedeutend; an Skizzen dieser oder jener Periode in ihrem allgemeinen Geiste fehlt es auch nicht; allein gerade eine Einigung des Universellen mit dem Individuellen, die Erzeugung des Einzelnen durch das Besondere und Allgemeine, das Hervorgehen des einen aus dem anderen, das Werden der Kunst mangelt noch.« [102] Gervinus wie Rosenkranz geht es um die Darstellung der Totalität der literarischen Entwicklung, der allgemeinen Gesetze dieses Prozesses, denen in der Darstellung die einzelnen Individuen und Werke untergeordnet werden sollen. Beide – und das ist interessant im Vergleich zu den häufigen Klagen um 1850, es entständen zu viele Literaturgeschichten und zu wenig Spezialuntersuchungen – konstatieren, daß es genügend Einzelstudien gäbe, aber keine befriedigende Gesamtstudie. Die eigentliche Ära der Literaturgeschichtsschreibung bricht erst an. Gervinus präzisiert seine Kritik der bisherigen Literaturgeschichtsschreibung in der Kritik an der Methode der bisher erschienenen Gesamtdarstellungen der deutschen Nationalliteratur: »Wir reißen einzelne Dichter und Literaten auseinander und schreiben statt einer Geschichte eine Reihe von Biographien; wir geben ästhetische Kritiken und lassen den geschichtlichen Zusammenhang liegen; wir meinen alles getan zu haben, wenn wir einen großen Poeten notdürftig charakterisiert haben, wir vergessen aber, daß in der Geschichte alles aneinanderhängt und niemand etwas ist außer durch das Ganze und in dem Ganzen, dem er angehört.« [103] Ebenso stellt Heine die bisherige literarhistorische Methodik dar: »Die meisten Literaturhistoriker geben uns eine Literaturgeschichte wie eine wohlgeordnete Menagerie, und immer besonders abgesperrt zeigen sie uns epische Säugedichter, lyrische Luftdichter, dramatische Wasserdichter, prosaische Amphibien, die sowohl Land- als auch Seeromane schreiben, humoristische Molluskeln usw. [...]«. [104]

Der Vorwurf ist stets der gleiche: die Literatur werde in den bisherigen Darstellungen isoliert vom historischen Gesamtprozeß betrachtet, ihr Sinn erschlösse sich gerade jedoch erst bei der Betrachtung des einzelnen Werkes und des einzelnen Dichters aus der Optik dieses Gesamtprozesses. Die Kritik, die Rosenkranz an den bis 1833 gebräuchlichsten Literaturgeschichten, der von Franz Horn, von Henzel, von Bouterwek und Koberstein übt, ist nur eine Konkretisierung dieses Grundvorwurfs, daß die bisherige deutsche Literaturgeschichtsschreibung eigentlich nur Literaturchronologie sei. Heinrich Heine nennt jedoch zwei Schriftsteller, die er von diesem Vorwurf unhistorisch zu verfahren und damit die Möglichkeiten der Gattung zu verspielen, ausnimmt: »Friedrich Schlegel übersieht hier [in seinen Vorlesungen, K. H. G.] die ganze Literatur von einem hohen Standpunkte aus, aber dieser hohe Standpunkt ist doch immer nur der Glockenturm der katholischen Kirche. Und bei allem was Schlegel sagt, hört man diese Glocken läuten; manchmal sogar die Turmraben krächzen, die ihn umflattern. Indessen, trotz dieser Gebrechen, wüßte ich kein besseres Buch dieses Fachs. Nur durch die Zusammenstellung der Herderschen Arbeiten könnte man sich eine bessere Übersicht der Literatur aller Völker beschaffen.« [105] Schlegel und Herder – das sind diejenigen Schriftsteller, die auch die Wissenschaftshistoriker der Literaturgeschichtsschreibung neben Goethe im allgemeinen an den Anfang ihrer Darstellungen rücken. Es ist zu untersuchen, mit welchem Recht das getan werden kann, zumal bekannt ist, daß zumindest Herder kein Werk verfaßt hat, das als Literaturgeschichte anzusprechen wäre, allenfalls als Bruchstück einer solchen Literaturgeschichte. Selbst bei dem von Heine vorgeschlagenen Verfahren, diese Bruchstücke zusammenzustellen, blieben auf einer solchen Herderschen Landkarte der deutschen Literatur mehr weiße Stellen als erforschte Gebiete. Auf der anderen Seite wäre aber auch zu untersuchen, inwiefern wirklich die 1833 zeitgenössischen Literaturgeschichtsschreiber von Heine, Gervinus und Rosenkranz verläßlich beurteilt worden sind. Das kann nicht anders geschehen als durch eine Musterung dieser Werke.

Die Vorgeschichte der Literaturwissenschaft scheint also in zwei Typen zu verfallen: In einerseits die literaturgeschichtlichen Bemühungen derjenigen, denen das Bewußtsein der Nachwelt einen Platz auf dem Parnaß eingeräumt hat, die Bemühungen Herders, Goethes und der Schlegel, die – so Heines These – zwar methodisch geschichtlich verfahren, dafür aber mehr oder minder fragmentarisch sind bzw. nur einen relativ kleinen Zeitraum der deutschen Literaturgeschichte ausführlich untersuchen, und in andererseits die literaturgeschichtlichen Werke, die sich zwar in den Daten, Biographien, Werkverzeichnissen und Inhaltsangaben exakt und auf Vollständigkeit bedacht präsentieren, die aber jegliche historische Gesamtkonzeption vermissen lassen.

Ziel der Untersuchungen der Vorgeschichte der Literaturwissenschaft soll und kann es allerdings nicht sein, nach geistesgeschichtlichem Muster diejenigen theoretischen Elemente herauszupräparieren, die zusammenkommen mußten, damit Literaturgeschichtsschreibung entstehen konnte. Ein charakteristisches Beispiel für dieses Verfahren bietet Gisela Knoop, für die sich – den Blick nur auf die erhabensten Geister gerichtet – die Vorgeschichte der Literaturwissenschaft recht einfach darstellt: »Herder schuf das Bild von mehreren Kulturen und Literaturen, deren jede ihren Schwerpunkt in sich selbst hat. Dieser Gesichtspunkt Herders, verbunden mit der durch Winckelmann eingeführten entwicklungsgeschichtlichen Ordnung der überlieferten Denkmäler, ergab die methodischen Gesichtspunkte, aus denen die deutsche Literaturgeschichte entstehen konnte. Aber es fehlt noch ein drittes Element: Die Kenntnis der einzelnen Literaturdenkmäler und deren bibliographische Zusammenstellung. Auch diese Arbeit wurde jetzt geleistet. Nachdem Gottsched Vorarbeiten geliefert hatte, zumal für die Bibliographie des deutschen Dramas, gab Erduin Julius Koch eine Quellenkunde zur deutschen Literaturgeschichte (1790). So waren alle Elemente beieinander, aus denen die deutsche Literaturgeschichte entstehen konnte. Es fehlte nur noch ein bedeutender Kopf, der aus ihnen schöpferisch die neue Wissenschaft entwickelte. Dieser kam mit August Wilhelm Schlegel.« [106] Die geistesgeschichtliche Verkehrung der Sache spiegelt sich bis in die Formulierung hinein: nicht August Wilhelm Schlegel kam, um mit der Arbeit seines Kopfes die neue Wissenschaft zu begründen, sondern der Kopf kam mit August Wilhelm Schlegel. So wie hier sprachlich der Kopf des August Wilhelm Schlegel von seinem Rumpf getrennt wird, so wird durch die geistesgeschichtliche Methode die Kopfarbeit bzw. ein Teil der Kopfarbeit von der Bein- und Handarbeit in der Geschichte getrennt. Nicht um solch dubiose Synthesen kann es einer wissenschaftlichen Untersuchung der Vorgeschichte der Literaturwissenschaft gehen, auch nicht darum, einen historischen Vaterschaftsnachweis zu führen, sondern nur darum, im Rückgriff auf die Untersuchung der Form, in der im 18. Jahrhundert und Anfang des 19. Jahrhunderts die Beschäftigung mit der neueren deutschen Literatur statthatte, das historisch Spezifische der Literaturgeschichtsschreibung in ihrer Blütezeit herauszuarbeiten, ebenso wie die Beschäftigung mit der Literaturwissenschaft zwischen 1830 und 1850 dazu dienen kann, den Charakter der gegenwärtigen Literaturwissenschaft transparent zu machen.

Herders Traum von einer deutschen Literaturgeschichte

Herders Geschichtstheorie ist es, die ihn nach Heines Auffassung zum besten ihm bekannten Geschichtsschreiber der Literatur macht: »Denn Herder saß nicht wie ein literarischer Großinquisitor zu Gericht über die verschiedenen Nationen und verdammte oder absolvierte sie nach dem Grade ihres Glaubens. Nein, Herder betrachtete die ganze Menschheit als eine große Harfe in der Hand des großen Meisters, jedes Volk dünkte ihm eine besonders gestimmte Saite dieser Riesenharfe, und er begriff die Universalharmonie ihrer verschiedenen Klänge.« [107] Der Mangel an einer solchen Methode erschien 1830 sowohl Heine als auch Gervinus und Rosenkranz als das Grundübel der bisherigen Literaturgeschichtsschreibung. Zweifellos hat Heine damit ein konstitutives Moment der Herderschen Geschichtsauffassung erkannt. Er lobt an ihr – und polemisiert damit gleichzeitig indirekt gegen Friedrich Schlegels

Literaturgeschichtsschreibung vom katholischen Standpunkt – ihren historischen, nicht-normativen Charakter. Wie Heine die Methode Herders gegen die Friedrich Schlegels absetzt, so setzte sich Herder gegen Winckelmann ab: »Der beste Geschichtsschreiber der Kunst des Altertums, Winckelmann, hat über die Kunstwerke der Ägypter offenbar nur nach griechischem Maßstab geurteilt, sie also verneinend sehr gut, aber nach eigener Natur und Art so wenig geschildert, daß bei jedem seiner Sätze in diesem Hauptstück das offenbar Einseitige und Schielende hervorleuchtet.« [108] Ägyptische Mumien nach den gleichen Kriterien zu beurteilen wie griechische Plastiken, bzw. den ägyptischen Mumien vorzuwerfen, daß sie keine griechischen Plastiken sind, das erschien Herder illegitim. Weil er sich weigerte, wie die Aufklärung mit »der Kinderwaage« seines eigenen Jahrhunderts in der Hand die gesamte bisherige Geschichte zu wägen und als zu leicht zu befinden, weil er seine Geschichtsauffassung in organischen Methaphern versinnbildlichte, meinte die geistesgeschichtliche Literatur- und Geschichtswissenschaft ihn als Ahnherr ihrer Genealogie für sich vereinnahmen zu können, einer Genealogie die von Herder und Goethe über die historische Schule, über Ranke und Scherer direkt zu Dilthey führen soll. Die Geschichte dieser Fehlinterpretation, exakt verfolgt in der Habilitationsschrift von Claus Träger [109], fand ihren Höhepunkt in Ungers Buch über Hamann [110] und Friedrich Meineckes *Die Entstehung des Historismus.* [111] In Sigmund von Lempickis *Geschichte der deutschen Literaturwissenschaft bis zum Ende des 18. Jahrhunderts* wird der Kern der geistesgeschichtlichen Herder-Rezeption auf die Formel gebracht: »Jedes Zeitalter hat seinen eigenen Wert für sich und in sich. Damit ist der Fortschrittsgedanke endgültig überwunden und der Entwicklungsgedanke anerkannt. Diese Entwicklung vollzieht sich organisch.« [112] Herder als Vorläufer Rankes – zu diesem Ergebnis kann man nur kommen, wenn man es zu seiner Methode erklärt, »eine Art Gratwanderung durch das Gebirge anzutreten und von einem der hohen Gipfel zum anderen hinüberzustreben.« [113] Wer das »Gebirge« der philosophischen und literarischen Produktionen des menschlichen Geistes auf so luftigen Pfaden durchwandert, bleibt vor luftigen Schlüssen nicht verschont: Herder war weit davon entfernt, mit dem Hinweis auf vergangenes Unrecht das gegenwärtige zu legitimieren, wie es das Geschäft der historischen Schule war. »Eine Schule, welche die Niederträchtigkeit von heute durch die Niederträchtigkeit von gestern legitimiert, eine Schule, die jeden Schrei des Leibeigenen gegen die Knute für rebellisch erklärt, sobald die Knute eine bejahrte, angestammte, eine historische Knute ist, eine Schule, der die Geschichte wie der Gott Israels seinem Diener Moses, nur ihr a posteriori zeigt, die historische Rechtsschule, sie hätte daher die deutsche Geschichte erfunden, wäre sie nicht eine Erfindung der deutschen Geschichte.« [114] Das zeigt nicht zuletzt die Tatsache, daß er den letzten, seine Gegenwart behandelnden Teil der *Ideen zur Philosophie der Geschichte der Menschheit* gesondert und in Briefform herausgeben mußte, damit dieser nicht der Zensur zum Opfer fiel [115], während die *Historisch-politische Zeitschrift* L. v. Rankes zu dem Zweck gegründet und unterstützt wurde, »gleichsam das Wort zu der That der Preußischen Regierung [...] zu seyn.« [116] Herder kleidet zwar seine Geschichtsauffassung in organische Methaphern – die morgenländische Blütezeit bezeichnet er als Kindesalter, die ägyptische und phönizische als Knabenalter, die griechische als Jünglingsalter und die römische als Mannesalter des welthistorischen Prozesses; häufig verwendet er auch die Entwicklung vom Samen über den Sprößling zum Baum als Sinnbild historischer Entwicklung – beurteilt aber keineswegs nur das »organisch« im Sinne der Historischen Rechtsschule, also das evolutionär, gewaltlos, ohne gesellschaftliche Umwälzung Entstandene positiv. Die Verwendung der Pflanzenmetapher an prominenter Stelle in der Vorrede zu Hegels *Phänomenologie des Geistes* [117], wo die Dialektik der Entwicklung philosophischer Systeme veranschaulicht werden soll, beweist schon, daß organische Methaphorik keineswegs automatisch den Rückschluß auf undialektisch-evolutionäre Geschichtstheorien zuläßt. Im Gegenteil, auch Herder sieht den welthistorischen Prozeß gerade als bewegt durch den Kampf der Gegensätze: die Ägypter haßten und bekämpften die morgenländischen Völker, ebenso die Griechen ihrerseits die Ägypter, »im Ganzen aber gehörten alle drei auf- und nacheinander. Der Ägypter ohne morgenländische Kindesunterricht wäre nicht Ägypter, der Grieche ohne ägyptischen Schulfleiß nicht Grieche – eben ihr Hass zeigt Entwicklung, Fortgang, Stufen einer Leiter.« [118] Wie wenig Herders frühe geschichtsphilosophische Schrift *Auch eine Philosophie der Geschichte der Menschheit* [119] als das »großartige Grundbuch des Historismus« angesehen werden darf, zeigt sich vollends in seiner Antwort auf die Frage, warum die Umwälzungen der Reformation gewaltsam und nicht evolutionär vonstatten gegangen sind: »›Warum nicht, ruft der sanfte Philosoph, jede solcher Reformationen lieber ohne Revolution geschehen? Man hätte den menschlichen Geist nur sollen seinen stillen Gang gehen lassen, statt daß jetzt die Leidenschaften im Sturme des Handelns neue Vorurteile gebaren und man Böses mit Bösem verwechselte – – –‹ Antwort! weil so ein stiller Fortgang des menschlichen Geistes zur Verbesserung der Welt kaum etwas anderes als Phantom unserer Köpfe, nie Gang Gottes in der Natur ist [...]. Der Grund einer jeden Reformation war allemal eben solch ein kleines Samenkorn, fiel still in die Erde, kaum der Rede wert: die Menschen hattens schon lange, besahen und achtetens nicht – aber nun sollen dadurch Neigungen, Sitten, eine Welt von Gewohnheiten geändert, neugeschaffen werden – ist das ohne Revolution, ohne Leidenschaft und Bewegung möglich?« [120] Nicht auf den Nenner »Entwicklung statt Fortschritt« sondern allenfalls auf den Nenner »fortschreitende Entwicklung« läßt sich die Herdersche Geschichtsphilosophie bringen, fortschreitende Entwicklung – und das ist der neue Akzent des Ideenwerks gegenüber dem geschichtsphilosophischen Frühwerk – zur Humanität, die ihm als Ziel des Geschichtsprozesses wie der individuellen menschlichen Praxis erscheint. [121] Herder ist somit alles andere als Stammvater geistesgeschichtlicher Methodik und Geschichtsbetrachtung. Welche Verfahrensweisen letztlich notwendig sind, um ihn in diese Genealogie zu pressen, zeigt sich in dem berühmten Vortrag Ungers über *Literaturgeschichte und Geistesgeschichte*. Dort bestimmt er den Zeitpunkt der Entstehung der Literaturgeschichte wie der Geistesgeschichte: »Ja, man kann hier dieses Geburtsdatum fast auf Jahr und Ort festlegen. Am Eingang der 3. Sammlung der Literaturfragmente von 1767 stellt Herder, indem er nach einem ›Winckelmann in Absicht der Dichter‹ einen ›historisch-philologischen Scheidekünstler‹ des Geschmacks ruft, die Forderung auf: ›Er forschte nur, wie nach den verschiedenen Wanderungen und Verwandlungen der Geist der Natur seine gegenwärtige Gestalt angenommen. Solch ein Werk würde den entweihten Namen: histoire de l'esprit humain und Geschichte des menschlichen Verstandes wieder adeln.‹ Damit ist das Problem Literaturgeschichte als Geschichte des Geistes der Literatur und sonach als Teil, Funktion und Einzelanwendung geistesgeschichtlicher Betrachtung überhaupt, wenigstens als Forderung, schon klar formuliert.« [122] Das Zitat erweckt den Eindruck, daß die Literaturgeschichte entstanden sei mit der geisteswissenschaftlichen Methode, mithin, daß Literaturgeschichte nicht anders als geistesgeschichtlich verfahrend vorgestellt werden könne. Dieser Eindruck kann nur erweckt werden um den Preis der Unterschlagung zentraler Seiten der Herderschen Auffassung. Aufgabe des »Winckelmann der griechischen Literatur« wäre es nach seiner Auffassung nicht nur, wie er gerade an der von Unger unvollständig und damit sinnentstellend zitierten Stelle deutlich macht, den »Wanderungen des Geistes« nachzuspüren, sondern ihm würde sich in bezug auf die Literatur »ein Ocean von Betrachtungen darbieten, inwiefern ihr Himmel, ihre Verfassung, Freiheit, Leidenschaften, Regierungs-, Denk- und Lebensart, die Achtung ihrer Dichter und Weisen, die Anwendung, das verschiedene Alter, ihre Religion und ihre Musik, ihre Kunst, ihre Sprache, Spiel, Tänze usw. sie zu der hohen Stufe erhoben haben, auf der wir sie bewundern.« [123]

Der Beweis für die These, Herder sei der Stammvater der geistesgeschichtlichen Literaturgeschichtsschreibung, ist offensichtlich nur mit unwissenschaftlichen Mitteln zu führen. Herder ist so wenig Stammvater der geistesgeschichtlich verfahrenden Literaturwissenschaft wie Stammvater des Historismus, der Beweis hingegen, daß Herder das erste umfassende Programm einer wirklichen Geschichte der Literatur aufgestellt hat, ist leicht anhand seiner Einleitung der ersten Sammlung seiner Fragmente *Über die neuere deutsche Literatur* [124] zu führen. Ergänzend zu der dürren Überschrift

»Einleitung« setzt Herder, quasi als Inhaltsangabe in Klammern, hinzu: »Die einen Traum von einem allgemeinen Gemählde der Deutschen Literatur enthält und Anlass gibt, die Allgemeine deutsche Bibliothek, die Bibliothek der schönen Wissenschaften, und die Literaturbriefe zu prüfen.« Das Ergebnis dieser Überprüfung ist leicht absehbar, es unterscheidet sich kaum vom Ergebnis der Überprüfung, die Gervinus, Rosenkranz und Heine um 1830 an den Literaturgeschichten ihrer Zeit vornahmen. Interessant ist hingegen Herders »Traum von einem allgemeinen Gemählde der Deutschen Literatur«. Dieser Traum ist der erste Plan zu einer Literaturgeschichte, die wirklich Geschichte und nicht nur Lexikon ist. Unter dem »Begriff ›Literatur‹ verstand Herder wie seine Zeitgenossen nicht nur Dichtung, sondern für ihn erstreckte sich ganz selbstverständlich das Gebiet der Literatur »von den ersten Buchstabierversuchen [...] bis auf die schönste Blütenlese der Dichtkunst«. Ausgangspunkt für Herders Traum ist seine Kritik an der Seichtigkeit der zeitgenössischen »Journäle«, deren Verfasser glauben, »urtheilen zu können, ohne denken zu dürfen«, deren Leser die Rezensionen statt der Werke selbst zu lesen sich angewöhnt hätten, eine Kritik, die er zusammenfaßt in dem Satz: »[...] Je mehr Ehebruch, desto weniger Kinder; je mehr Journäle, desto minder wahre Gelehrsamkeit.« Herder träumt hingegen von einem Journal, »das mehr als Briefe, Auszüge und Urtheile zu Zeitvertreibe enthielte: ein Werk, das sich den Plan vorzeichnete zu einem ganzen und vollendeten Gemälde über die Literatur, wo kein Zug ohne Bedeutung für das Ganze wäre [...]«. Totalität der Betrachtung, nicht Eklektizismus ist es, was Herder von einer Darstellung der Literatur seiner Gegenwart erwartet. Eine solche Darstellung selbst betrachtet er aber nicht als Literaturgeschichte, sondern diese setzt Literaturgeschichte voraus: »Man lasse mich meinen Traum verfolgen! Diesem allgemeinen und einzigen Werke müßte eine Geschichte der Literatur zum Grunde liegen, auf die es sich stützte. Auf welcher Stufe befindet sich diese Nation? und zu welcher könnte und sollte sie kommen? Was sind ihre Talente, und wie ist ihr Geschmack? Wie ist ihr äußerer Zustand in den Wissenschaften und Künsten? Warum sind sie bisher nicht höher gekommen und wodurch könnte ihr Geist zum Aufschwung Freiheit und Begeisterung erhalten? Als dann rufe der Geschichtsschreiber der Literatur aus: ›Wohlan! Landsleute, diese Bahn laufet, und jene Abwege und Steine vermeidet: so weit habt ihr noch, um hierin den Kranz des Zieles zu erreichen!‹ [...] Kurz! eine solche Geschichte suche das, was sie bey den Alten war, zu werden: die Stimme der patriatischen Weisheit und die Verbesserin des Volks.« Hier erweist sich endgültig, daß Herder nicht als Programmatiker der geistesgeschichtlichen Literaturgeschichtsschreibung in Anspruch genommen werden kann, denn wo hat diese je Interesse eingestanden am Zustand der Nation insgesamt, nicht nur des Nationalgeistes, wo hat sie Interesse am äußeren Zustand der Wissenschaften und Künste gezeigt?

Wo hat sie schließlich je als Ziel ihre wissenschaftliche Praxis proklamiert, Verbesserin des Volkes zu sein? Hier erweist sich andererseits, daß in Herders Überlegungen alle die Momente bereits angelegt sind, deren Entfaltung die Blütezeit der bürgerlichen deutschen Literaturgeschichtsschreibung markiert: Herders Programm ist im besten Sinn pragmatisch, es lehnt Werke über Literatur ab, »die Urtheile zum Zeitvertreib«, als unverbindliches Ornament feudalen wie bürgerlichen Repräsentationsgebarens anbieten, und fordert statt dessen einen Typus von Literaturgeschichtsschreibung, die ihr Ziel nicht in sich selbst hat, sondern auf die Orientierung der Praxis seiner »Landesleute« abzielt. Der kürzeste Nenner, auf den er seine Funktionsbestimmungen der Literaturgeschichtsschreibung bringen kann, ist der, sie müsse »Verbesserung des Volkes« sein. Die Untersuchung der Ursachen für das große öffentliche Interesse an Literaturgeschichten zwischen Julirevolution und der Revolution von 1848 in Deutschland hat ergeben, daß dieses Interesse sich gründet auf der Intention, die Zukunft der Nation aus ihrer Geschichte abzuleiten. Da diese Geschichte der Nation als politische nicht existierte, weil nur eine sprachliche, literarische und philosophische Einheit der Nation bestand, nicht aber eine politische und ökonomische, kam der Literaturgeschichtsschreibung zwischen 1830 und 1848 bei dieser Aufgabe eine, gemessen an ihrer Bedeutung in späteren Perioden, relativ große Bedeutung zu, deren Schwund konsequent just dann beginnt, als die Theorie eines allgemeinen gesellschaftlichen Fortschritts ihre Selbstverständlichkeit verliert und nicht mehr die allgemeine Basis literarhistorischer Praxis bildet. Gemessen an diesen Positionen zeigt sich am deutlichsten, daß Herder Vorläufer des progressiven Strangs der Literaturgeschichtsschreibung im vierten und fünften Jahrzehnts des 19. Jahrhunderts und nicht Vorläufer des später in der Literaturwissenschaft herrschenden Relativismus ist, der notwendig den Verzicht auf Funktionalisierung der Wissenschaft im Dienste gesellschaftlicher Praxis zur Folge hat. Für Herder ist die Vorstellung selbstverständlich, daß es Stufen in der Entwicklung einer Nation gibt, für ihn ist es auch selbstverständlich, daß es höhere und niedere Stufen gibt, er ist sich also der Implikationen seiner Metapher bewußt und für ihn ergibt sich daraus als selbstverständliche Aufgabe des Literaturgeschichtsschreibers, auf der Grundlage der Erforschung der Stufen der Nationalentwicklung den Progreß der Nation zu höheren Stufen zu befördern.

Herder hat also zentrale methodische Probleme der Literaturwissenschaft theoretisch gelöst, aber eben fast nur theoretisch und bloß in sehr begrenztem Umfang praktisch. Obwohl Herder das Projekt einer allgemeinen Geschichte der Dichtkunst während seines gesamten Lebens verfolgte [125], sind von diesem Werk nur einige Kapitel, vor allem das über die hebräische Poesie, ausgearbeitet worden. Die Ursache dafür, daß Herder seinen Traum nie in die Realität umsetzen konnte, sind nicht primär subjektiver, sondern objektiver Natur. Er selbst nennt diese Ursachen an der Stelle, an der er von seinem Programmentwurf zur Reflektion über die Bedingungen seiner Verwirklichung übergeht: »Wo ist nun ein hundertäugiger Argos, um dies alles zu übersehen? Wo ein Brigreus mit hundert Händen, um es auszuführen? Und wo ein Gesetzgeber, gegen den auch die eigenwilligsten Genies, die ziegenbärtigen Grammatiker und der Pöbel von Übersetzern und Systemschreibern keine Widerrede hätte? Wir arbeiten in Deutschland wie in jener Verwirrung Babels; Sekten im Geschmack, Partheien in der Dichtkunst, Schulen in Weltweisheit streiten gegeneinander: keine Hauptstadt, und kein allgemeines Interesse; kein großer allgemeiner Beförderer und allgemeines gesetzgeberisches Genie.« [126] Herders Analyse ist genuin soziologisch: Er erkennt, daß die Einheit der Nation – sonst kann es keine Hauptstadt geben – damals Voraussetzung einer großen Literaturgeschichtsschreibung gewesen wäre, die die Geschichte dieser Nation zu beeinflussen in erster Linie sich zur Aufgabe gemacht hätte, er konstatierte weiterhin, daß kein feudaler Mäzen existiert und scheint sich auch nicht viel Hoffnung auf zukünftige Unterstützung von dieser Seite zu machen, sicher deshalb, weil er selbst Erfahrungen mit dem feudalen »Mäzenatentum« gemacht hatte, vielleicht aber auch deshalb, weil er ahnt, daß die möglichen »Beförderer« kein Interesse an der Subventionierung einer Geschichtsschreibung haben, in der sie nicht selbst im Mittelpunkt stehen. Interesse an der Literaturgeschichtsschreibung hatte in erster Linie die bürgerliche Klasse in der Periode ihres Aufstiegs in Deutschland. Zum Zeitpunkt, an dem Herder seinen »Traum« niederschrieb, war dieses Interesse allerdings nicht »allgemein«, weil das Bürgertum zu schwach war, um seine Interessen als allgemein, also als »allen gemeinsam« setzen zu können – was freilich eine Fiktion gewesen wäre –, aber nicht einmal die war 1867 möglich. Demzufolge war auch das Interesse an Literaturgeschichten denkbar gering. Johann Nicolaus Meinhard mußte z. B. seinen Plan, einen »Generalabriß von der schönen Literatur der berühmtesten älteren und neueren Nationen zu liefern«, wegen des Desinteresses des Publikums aufgeben, obgleich er zu den bekanntesten Literaturgeschichtsforschern des 18. Jahrhunderts gehörte und durch ein Werk über die italienischen Dichter, das Lessing im 332. Literaturbrief zustimmend rezensiert hatte, wissenschaftlich ausgewiesen war. [127] Nach 1830 veränderten sich diese Bedingungen: Zwar gab es noch immer keine Hauptstadt, aber Deutschland war – man denke an die ideologische Wirkung der »Befreiungskriege« und an den Zollverein – in ungleich höherem Maße Nation als 1767. Innerhalb dieser Nation begann sich das Bürgertum als relevante politische Kraft zu formieren, hatte deshalb Interesse an der Begründung und Legitimation seiner Forderungen und damit Interesse an der Begründung seiner Genealogie in der deutschen Literaturentwicklung. Nun fand auch die schlechteste Literaturgeschichte noch ihren Verleger.

Literaturgeschichtsschreibung als Dichter- und Gelehrtenbiographie – Die Literaturgeschichtsschreibung des 18. Jahrhunderts

Herders Programm der Literaturgeschichtsschreibung, Herders literaturhistorische Studien haben im 18. Jahrhundert in Deutschland kein Pendant. S. v. Lempicki hat in seiner *Geschichte der deutschen Literaturwissenschaft* die bis zum Ende des 18. Jahrhunderts entstandenen »ersten Versuche der literarhistorischen Synthese« [128] ausführlich untersucht und sagt vom gelungensten dieser Versuche, Mansos *Kurze Übersicht der Geschichte der deutschen Poesie,* daß er »noch keine Geschichte« [129] im eigentlichen Sinne sei. Schon in den Titeln der in der zweiten Hälfte des 18. Jahrhunderts in Deutschland erschienenen literaturhistorischen Werke wird deutlich, daß ihre Verfasser mehr auf Geschichten denn auf Geschichte aus sind. So veröffentlichte Ch. H. Schmid 1769 eine zweibändige *Biographie der Dichter* [130], von August Küttner erschien 1781 ein Band mit dem Titel *Charaktere teutscher Dichter und Prosaisten von Kaiser Karl dem Großen bis aufs Jahr 1780* [131] und auch Mansos Aufsatz über die Geschichte der deutschen Poesie erschien in einem Sammelband unter dem Titel: *Charaktere der vornehmsten Dichter aller Nationen nebst kritischen und historischen Abhandlungen über Gegenstände der schönen Künste und Wissenschaften.* [132] Über eine Reihe willkürlich zusammengestellter Charakteristiken, über unausgewiesene Geschmacksurteile und wahllose biographische Daten, bestenfalls noch über Nacherzählungen der aufgezählten Werke kamen alle diese ersten literaturhistorischen Versuche nicht hinaus. Sie erwecken heute fast den Eindruck, als seien sie das Gemeinschaftswerk einer schlechten Feuilletonredaktion und eines guten Einwohnermeldeamtes. So findet man etwa in Schmids 1781 erschienener *Anweisung der vornehmsten Bücher in allen Teilen der Dichtkunst* im elften Kapitel »Abteilung I. Kritische Schriften und II. Dichter, Teutsche« auf Seite 63 folgende Angaben über Goethe: »Herr Joh. Wolfgang Goethe (Weimarischen Geheimrats) Lieder [. . .]. Natur und Kraft und Originalität sind ihre Vorzüge.« Ihre eigene Karikatur hat diese Art von Literaturwissenschaft sich in C. F. D. Schubarts *Kritische[r] Skala der vorzüglichsten deutschen Dichter* [133] geschaffen: Schubart stellt einen Katalog von Eigenschaften auf, die einen Dichter ausmachen – Genie, Urteilsschärfe, Literatur, Tonfülle oder Versifikation, Sprache, Popularität, Laune, Witz, Gedächtnis, mißt die Dichter an diesem Katalog und erstellt am Ende eine Tabelle, die dem Leser eine schnelle Übersicht darüber verschaffen soll, welche Dichter welche dichterischen Eigenschaften in welchem Maße haben – Literaturgeschichte als Dichtertest. Sicher ist das nicht das allgemeine Verfahren der Publikationen über Dichtung und Dichter, das Beispiel ist jedoch insofern typisch, als es zeigt, wie weit alle diese literaturhistorischen Charakteristiken, Dichterbiographien und Literaturskizzen von Geschichtsschreibung entfernt waren.

Was hier geschrieben wurde, war allenfalls der Anmerkungsapparat zu einer wirklichen Geschichte der Literatur. Doch selbst dieser Anmerkungsapparat war häufig ungenau und falsch. Nicht nur der Mangel an historischer Methode, seinerseits wieder begründet in den deutschen Verhältnissen, sondern auch der mangelhafte Stand der Erforschung weiter Teile der deutschen Literaturgeschichte verhinderte die Entstehung einer Literaturwissenschaft. In Schmids *Skizze einer Geschichte der deutschen Dichtkunst* wird Konrad von Würzburg als Verfasser des Nibelungenliedes aufgeführt, von Wolfram v. Eschenbach werden ganze elf Gedichte genannt. [134] Zentrale Werke und Perioden der älteren deutschen Literatur waren noch nicht erforscht, zentrale der neueren deutschen Literatur noch nicht geschrieben – auf diesem Boden konnte keine Literaturgeschichtsschreibung gedeihen.

Viele, die über deutsche Dichter und Dichtung publizierten, waren sich der Grenzen ihrer Arbeit durchaus bewußt. Schmid schrieb über seine Arbeit: »Ich sammle von jedem, was ich weiß und führe dem Geschichtsschreiber so viel Materialien zu, als nur möglich ist.« [135] Auch Küttner weiß, daß sein Werk aus einer Reihe von Charakteristiken in chronologischer Folge besteht, das es in Deutschland eine Geschichte der Literatur noch nicht gibt. Er zweifelt auch daran, daß es sie im 18. Jahrhundert noch geben wird: »Vielleicht ist ein Geschichtsschreiber von Wartons oder Crescimbens Geiste dem künftigen Jahrhundert vorbehalten?« [136]

Am allerwenigsten dürfen die »Litterärgeschichten« beim Wort genommen werden. Sie waren Chrestomatie, Lexikon, Bibliographie, Quellenkunde, aber nicht Geschichte. Mit dem Terminus »Litterärgeschichte« wurden von den Verfassern solcher Geschichten wie von ihrem Publikum durchaus sehr verschiedene Formen und Inhalte bezeichnet [137], zumeist waren diese »Litterärgeschichten« primär Chronologien der Wissenschaftsgeschichte aller Disziplinen, verbunden mit Gelehrtenbiographien und erst in zweiter Linie Chronologie der Poesie und der Dichter. So war C. J. Bouginé, der Verfasser eines *Handbuch[s] der Litterärgeschichte* Professor für Gelehrtengeschichte. Die bekannte *Geschichte der Litteratur* von J. G. Eichhorn [138], die zwischen 1805 und 1810 entstand, versteht sich als Geschichte aller Literatur und aller Literaturproduzenten, nicht nur und nicht primär als Geschichte der poetischen Literatur. Diese Wortbedeutung erhielt sich bis weit in das 19. Jahrhundert. Z. B. Grässes *Lehrbuch einer allgemeinen Litterärgeschichte,* deren erster Band 1836 erschien, hat zum Gegenstand die Schriftwerke aller Völker in allen Zeiten. [139] Wer hingegen eine Literaturgeschichte im heutigen Wortsinn verfaßte, mußte diese ausdrücklich als Geschichte der poetischen Literatur, wenn er sich dabei auf ein Land beschränkte, als Geschichte der poetischen Nationalliteratur deklarieren. Die Litterärgeschichten gleichen der Gellertschen Geschichte vom Hut, d. h. ein Geschichtsschreiber hat gewöhnlich das Buch, das er bespricht, gelesen und die anderen haben wie die Erben des Huterfinders nur seinem Urteil ein paar Sätze oder Worte hinzugefügt. So haben sich über Jahrzehnte, sogar über Jahrhunderte die Aufbauprinzipien und der Inhalt dieser Werke nicht wesentlich verändert. So waren auch die Abschnitte über diejenigen Dichter und Gelehrten am längsten, über die die meisten Fakten bekannt waren: In Ludwig Wachlers *Handbuch der Geschichte der Literatur* [140] nimmt der Historiker Gregorius Abu-Ipharag Barhebräus dreimal soviel Raum ein wie Sophokles, in Eichhorns Litterärgeschichte findet sich Ausführlicheres über Scapi, Trissiono und Thümmel als über Platon, Dante und Shakespeare. Grundsätzlich wäre freilich auch gegen eine solche Gewichtung, wenn sie ausgewiesen wäre, nichts einzuwenden, sie gründet sich jedoch bei Wachler und Eichhorn nur in der Quantität des vorgefundenen Datenmaterials.

Auch Wachlers Kapiteleinteilung bleibt dem untersuchten bzw. dem beschriebenen Gegenstand völlig äußerlich. Die Gliederung des Stoffes erfolgte bei ihm wie bei den Verfassern der anderen Litterärgeschichten nach der Überlieferung. Wie Lambeck seine *Prodomu Historiae Literarie* 1659 [141] mit einem Kapitel über die »historia a creatione Mundi usque ad Moysen« beginnt, so Wachler seine Litterärgeschichte von 1793 mit einem Kapitel »Vom Anfang der Welt bis auf Noah« bzw. »von Noah bis auf Moysen«. [142] Die Litterärgeschichten des ausgehenden 18. Jahrhunderts unterscheiden sich zwar insofern von den Gelehrtenlexika des 16. Jahrhunderts, als sie chronologisch und nicht alphabetisch geordnet sind, wie diese konnten sie aber nicht eigentlich gelesen, sondern, wie es von Fabricius' Bibliotheca Graeca berichtet wird [143], nur über das Register erschlossen werden. Auf das methodische Verfahren dieser Werke bezieht sich ein Aufsatz *Über das Studium der Litteraturhistorie* in der Berlinischen Monatsschrift von 1783, der die methodische Qualität der Literaturgeschichtsschreibung jener Zeit realistisch einschätzt. Es heißt dort: »In der Tat pflegt kein Studium elender betrieben zu werden als das der Literaturhistorie. Denn worin besteht die Weisheit der meisten Litteratoren? [. . .] sie wissen, wann und wo jeder Schriftsteller geboren ward, wer die Taufzeugen waren, wo er Mensa deklinieren lernte und wo und bei wem er den Duft der akademischen Weisheit zuerst und zuletzt einsog, durch welche Stufen er vom Kandidaten zum Konkretor oder Superindendenten gestiegen, wieviele Frauen er nahm und wieviel Bücher er schrieb, kurz sie sind auch im Stande, jedem längst vermoderten Gelehrten auf der Stelle eine Leichenpredigt zu halten [. . .].« [144] Dieses Verfahren, daß in erster Linie auf die Kompilation von Namen, Zahlen und Tatsachen abzielte, schloß trotzdem natürlich Wertungen nicht aus. Franz Finke hat das methodische Verfahren der Litterärgeschichten am Beispiel ihrer Darstellungen und Beurteilungen des Sophokles, Aristophanes, Dante und Calderon untersucht und dabei festgestellt, daß die Literaturgeschichtsschreiber sehr wohl werteten, aber nur indem sie Einzelphänomene aus Gesamtwerken oder aus Gesamtepochen herausgriffen und dann je nach Geschmack lobten oder verurteilten, nicht aber nach der Funktion fragten, die einzelne Teile innerhalb des Gesamtwerks, die das Gesamtwerk innerhalb der Dichtung der jeweiligen Zeit im Zusammenhang der gesamten gesellschaftlichen Entwicklung hatten und erst auf der Grundlage einer solchen Funktionsbestimmung ihr Urteil abgaben. [145] Dieses Verfahren hatten Gervinus, Rosenkranz und Heine im Auge, als sie am Beginn des vierten Jahrzehnts des 19. Jahrhunderts in ihrer Bestandsaufnahme der Literaturgeschichtsschreibung den auf dem Gebiet bis zu diesem Zeitpunkt erschienenen Werken die Wissenschaftlichkeit absprachen und endlich statt Geschmacksurteilen Geschichtsschreibung forderten, Geschichtsschreibung auf der Grundlage einer Theorie der gesellschaftlichen Entwicklung.

Literaturgeschichte als Vehikel der Kritik – Die Literaturgeschichtsschreibung der Brüder Schlegel

Die Gebrüder Schlegel stellten ihre literaturhistorischen Werke nicht in den Traditionszusammenhang der Litterärgeschichten, sondern definierten ihre eigene literaturhistorische Praxis gerade in Abgrenzung zu dieser Tradition. Am Anfang von A. W. Schlegels *Vorlesungen über schöne Literatur und Kunst* [146], die er 1801/02 in Berlin begann und bis 1804 jeweils in den Wintermonaten fortsetzte, stehen keine Daten über Adams und Evas literarische Leistungen setzte, sondern eine Kritik der bisherigen Grundlegungen zur Ästhetik von der romantischen Position aus, die hier zum ersten Male in systematischer Form vor einer größeren Öffentlichkeit entwickelt und dargelegt wird. Der zweite Zyklus behandelt die griechische und römische Dichtungsgeschichte, der dritte die Geschichte der romantischen Literatur, die von Schlegel verstanden wurde als Geschichte aller poetischen Literatur seit dem Untergang des Römischen Reiches. Beim Übergang vom theoretischen zum historisch-kritischen Teil seiner Vorlesungen grenzt sich Schlegel ab von der bisherigen Literaturgeschichtsschreibung. »Mit der Geschichte der schönen Literatur wollen wir uns beschäftigen. Nach der toten Art, wie sie meist von geistlosen Buchstabengelehrten behandelt wird, besteht sie in einem Titelverzeichnis einer Unsumme von Büchern, höchstens mit einer materiellen Beschreibung ihres Inhalts. Nachrichten vom Leben des Autors und anderen dergleichen löblichen Notizen begleitet [...] Es fehlt ihnen [den Autoren der bisherigen Literaturgeschichten, K. H. G.] ganz an den prophetischen Blicken, welche Zukunft und Vergangenheit verknüpfen, an echtem historischen Geist.« [147] Schlegels Kritik an den enzyklopädischen Litterärgeschichten gleicht der Herders, als dessen Schüler er sich betrachtete. [148] Im Gegensatz zu Herder hat er jedoch seine Auffassungen vom methodischen Verfahren, das bei der Literaturgeschichtsschreibung anzuwenden ist, nicht nur in einzelnen Bruchstücken oder Skizzen praktisch realisiert, sondern in einer umfassenden Darstellung der Geschichte der Weltliteratur innerhalb seiner Berliner Vorlesungen. Im 19. Jahrhundert fanden diese Vorlesungen Schlegels über seinen unmittelbaren Zuhörerkreis hinaus kaum Resonanz. Wo die Verfasser der bald massenhaft entstehenden Literaturgeschichten sich ihrer Tradition versichern, werden die Schlegel nur in den seltensten Fällen genannt. Wahrscheinlich war ein großer Teil von ihnen nicht einmal mit den Berliner Vorlesungen A. W. Schlegels vertraut, denn sie wurden zum ersten Male 1884 gedruckt. Erst die geisteswissenschaftlich ausgerichtete Literaturwissenschaft hat die literaturhistorischen Leistungen der Romantik wiederentdeckt und im Zuge dieser Wiederentdeckung die Brüder Schlegel zu den Vätern der Literaturwissenschaft stilisiert. Die von R. Unger 1907 vertretene Position, die Schlegel seien die »eigentlichen Begründer der Literaturgeschichte« [149], ist seither herrschende Lehrmeinung der Germanistik. [150] Der geistesgeschichtlich orientierten Germanistik erscheint die Geschichte der Literaturwissenschaft im 19. Jahrhundert als Verfallsgeschichte Schlegelscher Einsichten, die erst mit W. Dilthey ihr Ende und damit einen neuen Aufschwung genommen habe. [151] Hans Mayer hingegen resümiert seinen Überblick über die Berliner Vorlesungen A. W. Schlegels: »[Das ist] alles von höchster Bedeutung für den Prozeß einer literarischen Selbstverständigung in Deutschland: aber eigentliche Literaturwissenschaft ist dies alles nicht.« [152] Die Romantiker hätten mit ihren literaturwissenschaftlichen Forschungen nur ihre eigene ästhetische Praxis legitimieren, sich selbst als das logische Ergebnis der Geschichte der Weltliteratur stilisieren wollen, deshalb seien sie zu einer wirklichen Erfassung der historischen Zusammenhänge außerstande gewesen.

Für die Mayersche Argumentation spricht vor allem, daß die entstehende deutsche Literaturwissenschaft – sie entstand, wie gezeigt, notwendig in der Form der Literaturgeschichte – dadurch gekennzeichnet ist, daß sie, um welche Position es sich auch immer handelt, auf außerästhetische Praxis abzielt bzw. diese legitimieren soll. Konstitutives Merkmal der entstehenden Literaturwissenschaft war ihr praktisches, im weitesten Sinne didaktisches Interesse. Genau dieses Interesse verfolgt die romantische Literaturgeschichtsschreibung jedoch nicht, sondern das Interesse an der Grundlegung ihrer ästhetischen Normen in geschichtlichen Stoff. Literaturgeschichte ist somit weitgehend Vehikel der Literaturkritik. Was Wellek für die frühen literaturhistorischen Bemühungen Friedrich Schlegels festgestellt: »Schlegel betrachtet vielmehr die Literaturgeschichte als einen [...] integralen Bestandteil der Kritik« [153], gilt auch für die Reflektionen, die A. W. Schlegel über das Verhältnis von Theorie, Geschichte und Kritik im Rahmen seiner Berliner Vorlesungen anstellt. Die romantische Kritik will zeigen, wie Kunst sein soll; sie will nicht nur Kommentar vergangener Literatur, sondern vor allem Organon einer sich gerade bildenden sein [154], ja sie will das Werk vollenden und somit selbst Poesie, Poesie in höchster Potenz sein. Im romantischen Begriff der Kunstkritik ist, wie Walter Benjamin nachgewiesen hat, der Unterschied zwischen Kritik und Poesie aufgehoben, denn: »Poesie kann nur durch Poesie kritisiert werden.« [155] Zweck der Kritik ist die Vollendung des Werkes, sie hat keinen didaktischen oder auch nur informatorischen Zweck außer ihr. Die Beziehungen von Kunst, Kunstkritik und Publikum, die später im Zentrum der Literaturgeschichtsschreibung stehen, liegen außerhalb des Schlegelschen Interesses: »Der Zweck der Kritik, sagt man, sei Leser zu bilden – Wer gebildet sein will, mag sich doch selber bilden. Dies ist unhöflich: es steht aber nicht zu ändern.« [156] Wenn Walter Benjamin später bedauert, »daß die Literaturgeschichte die wichtigste Aufgabe – mit der sie als »Schöne Wissenschaft« ins Leben getreten ist, – die didaktische nämlich, ganz aus den Augen verloren hat« [157], so wird deutlich, daß er, der sich mit der romantischen Kunstkritik in seiner Dissertation auseinandergesetzt hat, die Gebrüder Schlegel nicht an den Anfang der Geschichte der Literaturgeschichtsschreibung setzt. Die Literaturgeschichtsschreibung wird erst mit der Überwindung romantischer Positionen möglich.

Andererseits jedoch haben die Brüder Schlegel literaturhistorische Verfahren entwickelt und angewendet, die gegenüber der Methode der »Litterärgeschichten« des 18. Jahrhunderts und beginnenden 19. Jahrhunderts einen enormen Fortschritt bedeuten. Die »Litterärgeschichten« bis hin zu Friedrich Bouterweks *Geschichte der Poesie und Beredsamkeit seit dem Ende des 13. Jahrhunderts,* die von 1801 bis 1819 erschien, beurteilen Dichtung – wenn sie überhaupt beurteilen, fragmentarisch, d. h., sie stimmen einzelnen Gestalten, einzelnen Handlungen, einzelnen Auffassungen innerhalb eines Werkes zu, empfehlen dem Leser Einiges zur Nachahmung, sind aber an einer Erfassung der Werke in ihrer Totalität, in der Beziehung von Form und Inhalt, der Beziehung der einzelnen Teile und einzelnen Gestalten zueinander nicht interessiert. So ist für Friedrich Bouterwek Dantes *Göttliche Komödie* »eine poetische Gallerie; eine Reihe von Gemälden verschiedenen Inhalts, vereinigt durch nichts weiter als durch einen grotesken Rahmen.« [158] Wie durch eine Galerie gingen auch die Literaturgeschichtsschreiber durch die Literaturgeschichte: Hier wird ein Pinselstrich, da eine schöne Farbkomposition und dort ein Portrait bewundert, der Hintergrund, der Zusammenhang jedenfalls kommt niemals in den Blick. Der Autor gibt dem Leser Informationen und preist ihm allenfalls noch »schöne Stellen« an, er geht, wie Friedrich Schlegel kritisiert, in den Werken »gleichsam botanisieren«. [159] Meist würden – so Schlegel – nicht wirkliche Beurteilungen verfertigt, sondern »deklamierter Enthusiasmus, der sich über einzelne Stellen vernehmen läßt, und ignoranter Witz, der polemisch über das Ganze herfällt.« [160] Die Literaturgeschichten ließen außer acht, daß »die erste Bedingung alles Verständnisses, und also auch des Verständnisses eines Kunstwerks, die Anschauung des Ganzen« [161] ist. Auch A. W. Schlegel insistiert darauf, daß die Einheit und Unteilbarkeit des Kunstwerks im Verfahren der Kritik ihren Ausdruck findet, daß »die innere Wechselbestimmung des Ganzen und der Teile« [162] nicht durch geschmäcklerischen Eklektizismus auseinandergerissen wird. Er rezipiert im Rahmen seiner Vorlesungen die Dantesche *Göttliche Komödie* als Einheit, versucht die Prinzipien ihres Aufbaus und ihrer Gestaltung insgesamt zu erfassen und zu erklären. Zur Erklärung rekurriert er sowohl auf Parallelen in der zeitgenössischen Malerei als auch – deutlicher noch in seinen frühen Dante-Aufsatz in Bürgers »Akademie der schönen Redekünste« auf die politischen und wissenschaftlichen Verhältnisse im Italien des 13. Jahrhunderts. [163] Die Methode der Literaturgeschichtsschreibung der Brüder Schlegel unterscheidet sich also durch die Reflektion auf die Totalität des untersuchten Werkes, durch ein charakterisierendes Verfahren, das sich auf die genaue Interpretation des einzelnen Werkes einläßt und durch den Versuch, die Dichtung nicht isoliert, sondern als Teil des historischen Gesamtprozesses zu beschreiben von den Literaturgeschichten, die sie vorfanden. Sie unterscheidet sich aber auch darin von diesen, daß nicht mehr auf Vollständigkeit, auf möglichst umfassende Erfassung aller über alle Schriftsteller bekannten Daten abgezielt wird, sondern nur diejenigen Dichter behandelt werden, denen ein besonderer Rang zugemessen wird. Man darf Exzesse, zu denen dieses Prinzip der Gipfel-Geisterschau in der Germanistik später geführt hat, nicht pauschal der romantischen Literaturgeschichtsschreibung anlasten, denn damals bedeutete dieses Verfahren zweifellos einen methodischen Fortschritt. So liegt die Stärke der literaturgeschichtlichen Abrisse der Brüder Schlegel in der Kritik und Interpretation der einzelnen Werke, sie sind aber nicht Literaturgeschichten in dem Sinne, daß hier der reale Geschichtsprozeß durchgehend in seinen literarischen Reflexen nachgebildet würde. Ihnen kommt es auf die Charakterisierung der Begebenheiten an, nicht aber auf deren Erklärung. Vom Standpunkt der Schlegel ist eine solche Erklärung letzten Endes ohnehin nicht möglich, weil sie im Geschichtsprozeß keinen Fortschritt zu erkennen in der Lage waren, [164] ein weiteres Moment, das zeigt, wie weit sie von den Positionen der nach 1830 in breitem Umfang entstehenden Literaturgeschichtsschreibung entfernt standen.

Für die Vorlesungen über die *Geschichte der alten und neuen Literatur*, die Friedrich Schlegel 1812 in Wien hielt, gilt freilich nicht mehr, daß sie nach dem Wunsch ihres Autors jedes politischen, religiösen und didaktischen Zweckes entbehren sollten. Aus dem Fichteaner war ein Katholik geworden, aus dem begeisterten Anhänger der Französischen Revolution ihr erbitterter Gegner und ein Parteigänger Metternichs. Metternich ist denn auch die erste Buchausgabe der Vorlesungen aus dem Jahre 1815 gewidmet. In der Widmung beteuert Schlegel, daß es sein vorzüglichster Wunsch« sei, »der großen Kluft, welche immer noch die literarische Welt und das intellektuelle Leben des Menschen von der praktischen Wirklichkeit trennt, entgegenzuwirken [. . .].« [165] Entgegengewirkt werden konnte dieser Trennung allerdings kaum vom Standpunkt des reaktionären Katholizismus, und wenn doch, so nur um den Preis der Vergewaltigung geschichtlicher Tatsachen. So wird Christi Geburt als zentrales Datum in der Geschichte der Poesie bezeichnet, ohne daß auch nur der Versuch unternommen worden wäre, dieses Datum als literarisch zentral auszuweisen, so findet von der gesamten zeitgenössischen englischen Literatur nur Burke aus durchsichtigen Gründen Erwähnung, so wird Bossuet höher gestellt als die »größten unter den französischen Dichtern, welche seine Zeitgenossen waren.« [166] Solche krassen Fehlurteile, solche offensichtliche Überschätzung von Gesinnungsgenossen sind jedoch auch in den Wiener Vorlesungen nicht die Regel. Häufig war Schlegel gezwungen, die Qualitäten von Dichtern anzuerkennen, deren politischen, religiösen und ästhetischen Standpunkt er verurteilte. Gerade eben aber weil er seine eigenen Auffassungen aus der Geschichte nicht bruchlos legitimieren konnte, weil seine eigene Position nicht Resultat aller Geschichte war, sondern ihr im Wege stand, konnte er seine Tendenz nicht aus der Sache selbst heraus entwickeln, sondern mußte er »Literaturgeschichte und Kritik [. . .] durch salbungsvolle Ermahnungen« [167] unterbrechen und verdrängen.

So wird verständlich, daß seine Vorlesungen schon bei seinen Hörern zum Teil auf heftige Kritik gestoßen sind. W. v. Humboldt kritisierte an den Vorlesungen eine »sophistische Rhetorik, die, von höchst einseitigem Standpunkt aus, Philosophie und Kunst in eine bestimmte Form zu zwingen versuchte«. [168] Der Vorwurf, willkürlich zu konstruieren statt zu analysieren und zu beschreiben, den Schlegel gegen andere Geschichtsdarstellungen erhoben hatte, fällt jetzt auf ihn zurück. In der Presse wird ihm nicht zu Unrecht vorgeworfen »dem krassesten Aristokratismus und Obskurismus Riegel und Tor zu öffnen«, »die Ansicht und die Formen einer längst zu Grabe getragenen Zeit in unseren Tagen wieder geltend zu machen und damit einem »Adels- und Pfaffen-Regiment« den Weg zu bahnen.« [169] E. M. Arndt resümiert die Tendenz von Schlegels Vorlesungen: »Immer wird nur rückwärts geschaut und auf die Vergangenheit hingewiesen, als wenn in ihr eitel Menschlichkeit, Gesetzlichkeit und Frömmigkeit gewesen wäre.« [170] Er verbindet diese Kritik mit dem Hinweis auf Schlegels Wiener Publikum, in dem »die höheren und bevorrechtigten Klassen der Gesellschaft einen großen Bestandteil ausmachten« [171], mit dem Hinweis darauf also, daß hier Literaturgeschichte zur Apologie der herrschenden Verhältnisse geworden war. Auch spätere prominente Literaturgeschichtsschreiber wie Gervinus und J. Schmidt haben die Wiener Vorlesungen nicht geschätzt: Gervinus aus wissenschaftlichen wie politischen Gründen, Julian Schmidt deshalb, weil sie unwissenschaftlich seien. [172] Die Unwissenschaftlichkeit, die Schmidt meinte, nämlich die mangelhafte Kenntnis von Quellen und Grundlagenliteratur, die sich etwa in Schlegels Darstellung des Mittelalters, vergleicht man sie mit Werken, die kaum zwei Jahrzehnte später entstanden, überaus deutlich zeigt, hat allerdings weniger subjektive als objektive Gründe: zwar hatte sich Schlegel den avanciertesten Stand der Forschung auf diesem Gebiet nicht angeeignet, aber andererseits gab es zu diesem Zeitpunkt auch noch nicht viel anzueignen, viele wichtige Quellen waren noch nicht erschlossen.

Trotz alledem weisen die Wiener Vorlesungen Friedrich Schlegels eine solche Überlegenheit gegenüber ähnlichen, zeitgenössischen Werken auf, daß man Heines Urteil versteht, er kenne bis dato trotz Schlegels religiöser Marotte kein besseres Buch des Faches. [173] Wenn auch der Blick vom Glockenturm der katholischen Kirche begrenzt ist, so ist er doch noch weiter der des »Müllerthiers«, über den nach Herders Meinung die »gemeine Litteraturgeschichte« verfügt. [174] Das zeigt sich vor allem dort, »wo die Schönheiten eines Kunstwerks veranschaulicht werden, wo es auf feines Herausfühlen der Eigentümlichkeiten ankommt, wo diese zum Verständnis gebracht werden müssen, da«, so schreibt Heine in seinem Buch über die romantische Schule, in dem er sich von der ästhetischen und politischen Doktrin der Romantik scharf abgrenzt, »sind die Herren Schlegel dem alten Lessing« [175] – dem Heines politische und auch ästhetische Sympathie galt – »ganz überlegen«. Heine hat damit die Stärke der literaturhistorischen Methode der Schlegel präzis erfaßt. Sie liegt in der charakterisierenden Einzelinterpretation, die notwendige, aber nicht hinreichende Voraussetzung der Literaturgeschichte ist. Die historische Synthese hingegen, die adäquate Darstellung des allgemeinen Geschichtsprozesses in der Geschichte der Dichtung wurde zwar versucht, war aber von den Schlegelschen Prämissen her nicht möglich.

Literaturgeschichte als Mittel der Bildung von Nationalbewußtsein – Ludwig Wachler und die deutsche Literaturgeschichtsschreibung während der Befreiungskriege

Gemessen an ihrer methodischen Qualität, gemessen an der Resonanz, die wenige Jahre später auch der schlechtesten Geschichte der deutschen Dichtung sicher war, fanden die literaturhistorischen Arbeiten der Brüder Schlegel sehr wenig Echo. Sie fanden nicht einmal Aufmerksamkeit bei den Literaturhistorikern der nächsten Jahrzehnte, geschweige denn, daß ihre methodischen Ansätze diskutiert oder bewußt korrigiert worden wären. Wolfgang Menzel, der Verfasser der prominentesten Literaturgeschichte der zwanziger Jahre des 19. Jahrhunderts in Deutschland, die »zumindest eine Zeitlang als *das* Buch, als die kritische Leistung angesehen wird« [176], zählt in der Einleitung seiner *Deutschen Literatur* die Werke auf, die seiner Meinung nach zum Thema Vorarbeit geleistet haben: Friedrich Schlegels Wiener Vorlesungen finden überhaupt keine Erwähnung, von August Wilhelm wird nur die *Geschichte des Dramas* erwähnt. Als relevante Vorarbeit sieht Menzel nur die Werke L. Wachlers an, die seiner Meinung nach »höchste Auszeichnung verdienen.« [177]

Wachler, Professor der Theologie, Geschichte und Philosophie, hatte bereits 1804/05 ein *Handbuch der allgemeinen Geschichte der literarischen Cultur* publiziert, das zwar romantische Einflüsse spüren läßt, ansonsten aber in Form, Aufbau und Struktur deutlich in der Tradition der »Litterärgeschichten« des 18. Jahrhunderts steht. Ein größeres Publikum erreichten jedoch erst seine *Vorlesungen über Geschichte der teutschen Nationalliteratur* [178], die er in Breslau vor einem großen Auditorium hielt und die bald darauf (1818) gedruckt wurden. Der Unterschied zwischen dem Werk von 1805 und 1818 macht die Richtung deutlich, in die sich die Literaturgeschichtsschreibung insgesamt entwickelte: die Perspektive engt sich ein auf die Geschichte der deutschen Literatur – eine Beschränkung, die für Goethe oder die Schlegel völlig inakzeptabel gewesen wäre –, Ziel der Werke ist nicht mehr die Sammlung und Zusammenfassung von Informationen, sondern wie Wachler 1818 schreibt, die Verallgemeinerung der vaterländischen Gesinnung, die Volkserziehung, ein Ziel, das alle anderen möglichen zurücktreten läßt und Wachler auch zum gänzlichen Verzicht auf den wissenschaftlichen Apparat veranlaßt.

Das Nationale zu fördern ist aber nicht nur die wichtigste Funktion der Wachlerschen Vorlesungen, sondern das Nationale wird auch zum obersten Wertungskriterium bei der literaturhistorischen Darstellung, das Nationele wird schließlich zum obersten Prinzip der Kunst erklärt. Die völlige »Richtung auf das Vaterländische, das höchste Ziel aller Anstrengungen der Kunst« [179] ist das eigentlich Neue an den Wachlerschen Arbeiten. Diese Ausrichtung ist Teil der allgemeinen ideologischen Situation in Deutschland vor, während und unmittelbar nach den »Befreiungskriegen« gegen das napoleonische Frankreich. Die allgemeine nationale Begeisterung während dieser Zeit hatte zwiespältigen Charakter: Einerseits war sie Vorbedingung für die nationale Einheit Deutschlands, die ihrerseits wiederum die conditio sine qua non relevanter politischer Fortschritte in Richtung auf einen modernen bürgerlichen Staat bildete, einerseits war sie Ausdruck einer selbständigen Volksbewegung, die, nachdem sie ihren Zweck, den Sturz Napoleons, erreicht hatte, von den deutschen Fürsten und Königen auch schleunigst unterdrückt wurde; andererseits war sie fast immer, wie es exemplarisch deutlich wird in den Reden Fichtes wie in den Gedichten und Liedern Arndts und Körners, gemischt mit Chauvinismus, zum dritten wurde in Napoleon auch immer der Repräsentant der Französischen Revolution, des bürgerlichen

Staats bekämpft. Die Berufung auf die Einheit des Volkes diente sowohl als Impuls für die politische Einheit des Volkes als auch dazu, unter Berufung auf den ontologisch gesetzten »Volksgeist« und den »Nationalcharakter« den Beweis zu versuchen, daß Freiheit, Gleichheit und Brüderlichkeit den Deutschen art- und wesensfremd sei. Die reaktionäre Valenz der Berufung auf das »Vaterländische«, die antirevolutionäre Tendenz im Kampf gegen die Heere Napoleons zeigt sich auch in den Wachlerschen Vorlesungen zur deutschen Literatur. Wachler wendet sich ausdrücklich gegen alles »Neufranzösische und Revolutionäre«, denn »keiner, der wahre Teutschheit ehret und liebet, [wird] beabsichtigen, irgend etwas in Verfassung und Einrichtungen des teutschen Vaterlandes zu angeblich vortrefflichen Zwecken plötzlich umwandeln zu wollen. Alle rechtsgesinnten Teutschen verabscheuen Gleichmacherey im gesellschaftlichen Leben, wenn sie gewaltsam eingeführt werden soll und werden keine solche Schwachköpfe seyn, um sie auf mildem Wege erwarten und wünschen zu wollen.« [180] An diesem Satz ist nicht mehr richtig als die Feststellung, daß 1818 wirklich nur noch Schwachköpfe daran glauben konnten, daß der preußische König freiwillig auch nur einen Schritt in Richtung auf die Gleichstellung auch nur der Bourgeoisie, geschweige denn derjenigen, die den Krieg wirklich gewonnen hatten, zu tun bereit war.

Nationalismus – durchaus in des Wortes heutiger Bedeutung – ist also das konstitutive Moment der Wachlerschen Literaturgeschichtsschreibung. Daß etwas »teutsch« sei, wird zum höchsten Prädikat, ansonsten aber kommt Wachler nicht über die Methode seiner Vorgänger hinaus.

Bleibt er qualitativ in vieler Hinsicht der Tradition der »Litterärgeschichten« des 18. Jahrhunderts verhaftet, so fällt er quantitativ hinter die Normen, die diese Tradition gesetzt hat, zurück: er verzeichnet weniger Daten, seine Biographien und Inhaltsangaben sind weniger informativ. Das gegenüber den »Litterärgeschichten« Neue seiner Darstellungsweise, die kommentierenden Charakteristiken, sind unpräzis und drängen den Eindruck auf, daß sie ohne jegliche Kenntnis des beschriebenen und kritisierten Werkes verfaßt sind. Die sechs Zeilen z. B., die Wachler über Hölderlin verfaßt hat, würden in ihrer Allgemeinheit auf mindestens zwanzig andere Dichter auch passen. [181] Wäre zufällig im Druck der Name »Hölderlin« unleserlich, so ergäb sich durch den Text keinerlei Anhaltspunkt für seine Identifikation. Zu den präzisesten Dichtungscharakteristiken gehört die der Lessingschen *Minna von Barnhelm,* die hier exemplarisch zitiert werden soll: »Reicher an eigenthümlichen Gehalte ist *Minna von Barnhelm* (1767) teutsch in Erfindung, Anlage und geselligem Tone; durch anschauliche Wahrheit der Lebenserfahrung, durch besonnene Nutzung gründlicher Kenntnis einer enger begrenzten Welt und durch die auch bei veränderten Zeitverhältnissen nicht ganz verwischte vaterländische Farbe behauptet sich dieses Schauspiel mit seiner rasch verlaufenden anziehenden Handlung und seinem Leben abgelauschten Dialog noch immer von Rechts wegen auf unseren Bühnen.« [182] Der Leser bekommt über die *Minna* hier eigentlich nur die Information, daß sie 1767 geschrieben wurde und daß der Handlungsablauf des Dramas rasch ist; die restlichen Aussagen sind unausgewiesene Geschmacksurteile: daß alles sehr deutsch sei und nimmer verblassende vaterländische Farbe habe, daß die Handlung anziehend und die zur Anschauung gebrachte Lebenserfahrung wahr sei. Wer von Lessing auch nur eine Seite gelesen hat, der weiß mehr als diese Literaturgeschichte; wer nichts von ihm gelesen hat, der wird von seinen Werken nicht einmal eine vage Vorstellung durch dieses Buch bekommen. Der Versuch, Geschichte der Poesie für die Gegenwart fruchtbar zu machen wird in der Weise verkürzt, daß nicht die Vergangenheit in ihrem realen Bezug auf die Gegenwart analysiert wird, um dann daraus praktische Konsequenzen zu ziehen, sondern indem ahistorisch mit Maßstäben in der Geschichte hantiert wird, die selbst erst Resultat dieser Geschichte sind und deshalb früheren Werken nicht adäquat sein können. Wachler analysiert also im allgemeinen nicht die Funktion, die die Literaturproduzenten und ihre Produkte in ihrer Zeit hatten – zur Analyse, die einer solchen Beurteilung vorausgehen müßte, ist er außerstande – sondern er beurteilt, ob er diese Dichter, wenn sie Zeitgenossen wären, sympathisch fände und ihre Auffassungen teilen könnte. Menzel kritisiert deshalb zu recht an Wachler, er sage »zuwenig über die jedesmal eine eigenthümliche Richtung der Literatur veranlassenden Zeitumstände. Endlich aber ist er bloß Sammler, zuwenig Kritiker.« [183] Mit Menzels Literaturgeschichte vollzieht sich zumindest in Bezug auf das Verhältnis von Sammlung und Kritik ein grundlegender Wandel. Zeigen Wachlers Vorlesungen noch überall Muttermale der Herkunft ihrer Methode aus dem 18. Jahrhundert, sind sie noch weitaus eher Lexikon als Kritik oder gar historisch verfahrende Kritik, so ist Menzels Literaturgeschichte nichts als Kritik.

Die literaturhistorische Liquidation der Kunstperiode – W. Menzels Geschichte der deutschen Dichtung

Menzel verbindet mit Wachler die Orientierung auf das Nationale, das auch nach seiner Auffassung den Kern aller Literaturgeschichte bildet. Ihn interessiert, wie der damals noch ungebräuchliche Titel deutlich machen soll, die »deutsche Literatur«, nichts sonst. Sie interessiert ihn vor allem deshalb, weil in ihr der Nationalcharakter am deutlichsten zur Anschauung komme: »Die Teutschen haben eine angeborene Neigung zur Poesie, ja man kann ihren Nationalcharakter vorzugsweise einen dichterischen nennen, da er so schwärmerisch, gutmüthig, phantastisch, abergläubisch, warm und gewissenhaft ist.« [184] Menzel ist geprägt durch den nationalen Enthusiasmus der Zeit der »Befreiungskriege«, durch seine Erlebnisse als Burschenschaftler.

Die Anschauungen, die sich bei ihm in dieser Zeit ausgeprägt haben, blieben für seine gesamte spätere literaturhistorische und literaturkritische Praxis bestimmend. A. W. Schlegel hat ihn treffend in seinem *Porträit ohne Namen* charakterisiert:

> Absprechen über alles; naseweis;
> ein kleiner litterarischer Scherwenzel;
> ein Springinsfeld, der, was er irgend weiss,
> bequemlich trägt in seinem Burschen-Ränzel;
> So drängt er sich in edler Meister Kreiss;
> und zupft aus ihren Loorbeern sich ein Kränzel.
> wie heißt er doch. ›Der Nam‹ entfiel mir. [185]

Seine Lorbeeren hat Menzel sich aus dem größten Lorbeerkranz gerupft, dessen er am Anfang des 19. Jahrhunderts in Deutschland habhaft werden konnte: aus dem Goethes. Goethe war für ihn die Inkarnation der Unmoral, des Atheismus, der Verweichlichung und der Vaterlandslosigkeit, deshalb hat er ihn mehr als ein Jahrzehnt öffentlich und durchaus nicht erfolglos bekämpft. Anhand des Kapitels über Goethe in seiner Literaturgeschichte läßt sich auch am deutlichsten seine literaturhistorische Methode, seine Art der Literaturkritik zeigen, weil sie hier am deutlichsten auftritt. Vom *Faust* etwa erfährt der Leser nicht den Inhalt, erfährt er auch nicht die Entstehungsgeschichte und ihren Zusammenhang mit der Biographie des Dichters, er erfährt also all das nicht, was der Hauptgegenstand der traditionellen Literaturgeschichtsschreibung gewesen wäre, sondern er erfährt, was Wolfgang Menzel zu Goethes *Faust* meint. Er erfährt vor allem, wie Goethe den *Faust* geschrieben haben sollte. Etwa die himmlische Vermählung Fausts mit Gretchen findet er abgeschmackt, denn entweder, so meint er, hätten sie sich gleich kriegen sollen oder gar nicht, aber all das, was zwischen Marthens Garten und der himmlischen Vermählung statthatte, die »kollosale Sodomieterei mit antiken Gespenstern« sei ebenso unmoralisch wie überflüssig. Ein anderer Faust soll es sein: »der Dichter hätte das menschliche Herz mehr befriedigt, wenn er Faust in Gretchens einsamer Hütte hätte sterben lassen.« [186] Zumindest aber soll es ein anderer Himmel sein, denn der goethesche paßt ihm nicht, weil dort die Männer fehlen. Über dem Ewig-Weiblichen habe Goethe das Ewig-Männliche vergessen. Menzel schaut sich in Goethes Himmel um und ist entsetzt: »Wo ist Gott? Ist denn kein Mann mehr im Himmel?« [187] In diesem Ausruf hat er den Kern seiner Goethe-Kritik zusammengefaßt: Goethe sei gottlos, seine Helden seien Weiberhelden, die über ihren Liebespflichten ihre vaterländischen Pflichten vergäßen. So bezeichnend für Wachler die zitierte Charakteristik der *Minna von Barnhelm* ist, so bezeichnend ist für das Menzelsche Verfahren der Abschnitt seiner Literaturgeschichte, die den *Wilhelm Meister* zum Gegenstand hat: »Im Wilhelm Meister bezeichnete Goethe sein Verhältnis zu dieser, im Faust zu jener Welt wie es sein Egoismus und seine blinde Eitelkeit ihm eingab.

Der Meister ist nur eine poetische, sogar bescheiden seyn sollende Umschreibung seines eigenen Lebens. Er selbst spielte sich durch das Schauspiel des Lebens zur Rolle des Aristokraten durch. Geadelt zu werden, im Reichtum zugleich den haut gout der Vornehmheit in behaglicher Sicherheit zu genießen, war ihm für dieses Leben das Höchste, und er unterschied sich hierin wenig von einer Theaterprinzessin, die zuletzt für den Rest ihrer Reize und für ihre gesammelten Schätze einen gräflichen oder gar fürstlichen Bewerber findet, der ihr die Ehre des Tabourets anschafft, so wenig, daß er eben darum den Wilhelm Meister zu einem Schauspieler machte.« [188]

Die Literaturgeschichtsschreibung ist mit Menzel an einem Übergangspunkt angelangt. Der Bruch mit der Tradition der Wissenschaftsgeschichten und Schriftstellerlexika ist konsequent vollzogen. Insofern ist Heine zuzustimmen, der in einer frühen Rezension Menzels *Deutsche Literatur* als ein »würdiges Seitenstück« zu F. Schlegels Wiener Vorlesungen bezeichnet. Es verwundert jedoch sein fast enthusiastisches Lob, Menzels Buch sei vom »Streben nach Wissenschaftlichkeit« durchdrungen, enthalte »auf jeder Seite etwas Geistreiches, Tiefgedachtes und Anziehendes« und versuche »das Verhältnis des Lebens zu den Büchern aufzufassen«. [189] Menzels programmatisch formulierter Anspruch, die Literatur zunächst in ihrer Wechselwirkung mit dem Leben, sodann als ein Kunstwerk betrachten zu wollen [190], wird nirgends eingelöst, weil er das Leben, die Geschichte konstruiert statt analysiert. Eine Anschauung davon vermittelt seine Epochen- und Kapiteleinteilung: da stehen Kapitel über »Gallomanie« neben Kapiteln über »Poetische Philisterei«, Kapitel über »Lessing« neben Kapiteln über »Die Vermischung der Geschmäcke«, da folgen auf die »Frivolität« die »Stürmer und Dränger«. Menzel behandelt die Geschichte wie das einzelne Werk: er schilt sie, sagt ihr, wie sie hätte verlaufen sollen und läßt sie bisweilen so verlaufen, wie er es lieber gesehen hätte. Jeder Ansatz der Reflektion auf die Totalität des Geschichtsprozesses, die Gesetzmäßigkeit seines Verlaufs wird erschlagen durch die Gier nach Polemik gegen das Einzelne.

Literaturgeschichte als Medium bürgerlicher Politik – Die Literaturgeschichte von G. G. Gervinus

Die wenigen Publikationen zur Geschichte der Literaturwissenschaft im 19. Jahrhundert sind sich, so sehr sie auch ansonsten von verschiedenen Standpunkten ausgehen, in einem Punkt einig: die Wissenschaftswerdung der Literaturgeschichte beginnt mit G. G. Gervinus' *Geschichte der poetischen Nationalliteratur der Deutschen,* die zwischen 1836 und 1841 in Leipzig erschien. [191] Hans Mayer formuliert apodiktisch: »Mit Georg Gottfried Gervinus (1805–1871) beginnt in Deutschland die Fachwissenschaft der Literaturhistorie« [192], bei W. J. Dünniger heißt es: »Und ein Historiker ist es nun, der der wissenschaftliche Begründer der Literaturhistorie wird. Zu Jacob Grimm und Karl Lachmann tritt Georg Gottfried Gervinus.« [193] P. G. Völker beginnt seinen Überblick über die Methodengeschichte der Germanistik mit einem Überblick über die Tätigkeit der Gebrüder Grimm und über die Methoden Lachmanns und Gervinus. [194]

In fast allen Publikationen erscheint Gervinus nicht nur als der wichtigste Repräsentant der Literaturgeschichtsschreibung in der ersten Hälfte des 19. Jahrhunderts, sondern als diese Literaturwissenschaft selbst. Aus der Perspektive von Franz Mehring betrachtet, steht Gervinus unter den Literaturhistorikern »wie ein Riese da« [195], er sieht aber immerhin noch die Zwerge neben dem Riesen, die aus noch größerem Abstand überhaupt nicht mehr in den Blick geraten. Neuere Publikationen zur Geschichte der Literaturwissenschaft setzen Gervinus mit der Literaturgeschichtsschreibung vor 1848 so selbstverständlich gleich wie den literaturwissenschaftlichen Positivismus mit W. Scherer und die geistesgeschichtlich verfahrende Germanistik mit W. Dilthey. Diese Gleichsetzung hat so sehr den Charakter der Selbstverständlichkeit angenommen, daß sie kaum irgendwo begründet wird; die Begründung scheint sich zu erübrigen, weil die Literaturgeschichte von G. G. Gervinus als einzige aus der Zeit des Vormärz nicht der Vergessenheit völlig anheimgefallen ist.

Über Gervinus' Literaturgeschichte sind zahlreiche Dissertationen erschienen [196], als einzige Literaturgeschichte des Vormärz erlebte sie im letzten Jahrzehnt eine – wenn auch stark gekürzte – Neuauflage. [197]

Der Eindruck, daß neben der literaturhistorischen Leistung von Gervinus alle anderen Literaturgeschichten seiner Zeit verschwinden, ist allerdings nicht – wie häufig in der Wissenschaftsgeschichte der Germanistik – post festum produziert durch die Verwalter des Vergessens, sondern ist der Tenor schon der zeitgenössischen Äußerungen zu dieser Literaturgeschichte. In allen Rezensionen wird Gervinus' Werk als eine neue Stufe der historischen Beschäftigung mit Literatur angesehen. Rosenkranz begründet diese Auffassung durch einen Überblick über die der Gervinusschen vorausgehenden Literaturgeschichten: »Bei Bouterwek war der feine Geschmack das leitende Prinzip, welches in seinen Urtheilen nicht über die Relativität hinaus kommt; er repräsentiert die eklektische Ästhetik am Ende des vorigen Jahrhunderts. Bei Wachler liegt der Accent auf dem Nationellen; die Seele seiner Literaturgeschichte ist die Begeisterung für das deutsche Volk; im Einzelnen wiederholt er nicht selten Bouterweksche Urtheile. Er repräsentiert die Stimmung, welche sich während der Unterdrückung unserer Nation durch die Franzosen während der Freiheitskriege entwickelte [...]. Menzel greift in die Vergangenheit nur so weit, als daraus die Gegenwart erklärt werden kann; der Nerv seines vielseitigen Strebens ist die unmittelbare Wirkung auf die Parteimassen des Tages.«

Dieser Überblick über die stufenweise Entfaltung der Literaturgeschichtsschreibung, der in knappster Form Bouterwek, Wachler und Menzel treffend charakterisiert, kulminiert in der Feststellung: »Das Werk des Herrn Gervinus wird für die Geschichtsschreibung unserer poetischen Literatur eine der denkwürdigsten Epochen bilden, denn es nimmt seinen Standpunkt in einer Höhe, welche ihr bis jetzt, für ihren gesamten Umfang, fremd geblieben ist.« [198] Auch J. G. Th. Grässe, der ebenso wie Rosenkranz selbst Literaturhistoriker war, stellte in seiner Rezension die bisherige Literaturgeschichtsschreibung neben das Gervinussche Werk und kam zu dem Ergebnis, daß »dieser Geschichte gewiß der Name einer classischen Arbeit nicht entgehen kann.« [199] In einer Rezension der *Allgemeinen Litteraturzeitung* heißt es sogar: »Es gewährt einen seltenen Genuß, einem Werke zu begegnen, in dem sich nicht nur Gelehrsamkeit, Geist, Tiefe und Klarheit des Gedankens und Sicherheit des Urteils, sondern auch ein durchgebildeter Charakter und eine entschiedene Gesinnung ausspricht. Seit Lessing und Fichte ist es uns nicht mehr so gut geworden [...]« [200] Alle Rezensionen, die bis 1843 über Gervinus' Literaturgeschichte geschrieben wurden, sind mehr oder weniger enthusiastische Akklamationen. 1843 muß ein Anonymus seine Kritik an der Gervinusschen Literaturgeschichte in den *Blätter[n] für literarische Unterhaltung* mit der Feststellung einleiten, daß »von Gervinus noch immer keine anderen Beurteilungen erschienen sind als lobpreisende.« [201] Doch selbst diese Kritik in den *Blättern für literarische Unterhaltung,* die Gervinus vorwirft, die Geschichte des »Schönen« und des »Wahren« in der Literatur nicht getrennt zu haben von seinen politischen Auffassungen und von der politischen Geschichte insgesamt, stellt die herausragende Qualität des Werkes insgesamt nicht in Frage. Vor allem ist aufschlußreich, daß der Rezensent resignierend bemerkt, Gervinus' Versuch, durch die Literaturgeschichtsschreibung auf die Politik der Gegenwart einzuwirken, sei keine Ausnahmeerscheinung, sondern repräsentiere die »herrschende Parteirichtung« [202] innerhalb der Literaturgeschichtsschreibung. Auch Erich Rothacker, der Gervinus' Literaturgeschichte als »doktrinär im bösesten Sinne« völlig ablehnt, weiß dennoch, daß sie die »Ideale dieser Jahre«, die Ideale des deutschen Vormärz formulierte. [203]

Welches waren die Ideale, als deren prominentester Repräsentant im Bereich der Literaturgeschichtsschreibung Gervinus hier erscheint? Gervinus hat kurz vor seinem Tode, in seiner »Selbstkritik« retrospektiv diese Ideale, nach denen er seine wissenschaftliche wie politische Praxis ausgerichtet hat, auf den Begriff zu bringen versucht: »Es ist der Mittelpunkt ihres ganzen Lebens und Wirkens« – so spricht Gervinus sich selbst an – »daß sie, auf die Schwelle des Übergangs vom geistigen zum tätigen Leben gestellt, ihr deutsches Volk selber, nach der Epoche der ausschließlichen Geistespflege im vorigen Jahrhundert, seit der Französischen Revolution und Militärherrschaft mit Gewalt auf diese gedrängt, aber schwankend zwischen Tür und Angel stehen sahen und ungeduldig zu entschlossenem Durchgang spornen zu sollen glaubten. Und das durchzieht wie ein roter Faden, in grellem Durchschlag, all ihr schriftstellerisches Gewebe von Jugend auf. Sie wollen ihre Deutschen vorwärtstreiben vom Dichten zum Trachten, vom Schreiben zum Handeln, von gedankenlosen Kunstgenüssen und abstruser Wissenschaftspflege zu den Werken des Staates, der Politik und des Volkslebens«. [204] Die Intentionen des Wissenschaftlers wie des Politikers Gervinus sind damit exakt formuliert, die Intentionen, die er von seinen frühen Arbeiten – bezeichnenderweise über Machiavelli – bis zu seinem Tode verfolgte. Für ihn war Wissenschaft Medium der Politisierung, Aufgabe des Wissenschaftlers demzufolge, die Politik auf wissenschaftliche Grundlage zu stellen, und das hieß für ihn, sie auf geschichtliche Grundlage stellen. »Politik auf geschichtlicher Grundlage« war denn auch ein zentrales Vorlesungsthema des Geschichtsprofessors Gervinus, ein Vorlesungsthema, das weit über die Universität hinaus Resonanz fand. [205] Ein Werk über die Politik auf geschichtlicher Grundlage bot er auch dem Leipziger Verleger Engelmann an, als dieser ihn bat, sein nächstes Werk verlegen zu dürfen. Alternativ erklärte er sich bereit, ein Werk über die Geschichte der deutschen Literatur zu verfassen. Engelmann entschied sich für die Literaturgeschichte, deren erster Band dann 1836 im Druck erschien und mit vier Auflagen innerhalb relativ kurzer Frist sicherlich einer seiner größten Publikationserfolge war, zumal wenn man in Rechnung stellt, daß sie sich aufgrund ihres großen Umfangs und ihres demzufolge relativ hohen Preises nur an ein kleines Publikum wandte.

Diese Entstehungsgeschichte einer der prominentesten Geschichten der deutschen Literatur wirkt auf den ersten Blick befremdlich, weil Gervinus es dem Zufall bzw. dem Verlagskalkül anheimgestellt hatte, welches Forschungsobjekt er zur Realisierung seiner politischen Absichten wählen sollte, weil er diese Frage offenbar nicht nach politischen Kriterien entschied, wie es seinem Anspruch entsprochen hätte. Bei näherem Hinsehen stellt sich jedoch heraus, daß Gervinus Engelmann eigentlich – von seinem wissenschaftspolitischen Anspruch her betrachtet – keine Alternativen anbot, denn er glaubte, wie L. v. Ranke in seinem Nekrolog sagte, »beinahe die deutsche Geschichte zu schreiben, indem er der Bewegung folgte, welche die literarische Produktion bei uns genommen hat.« [206] Ob er deutsche Geschichte als Geschichte der deutschen Politik oder als Geschichte der deutschen Literatur schrieb, war ihm einerlei, denn sie diente ihm nicht als Selbstzweck, sondern im einen wie im anderen Falle nur als Beweismaterial für die Richtigkeit seiner Aufforderung, die »deutsche Nation« solle ihre Kräfte statt aufs Dichten und Philosophieren aufs Handeln verlegen. So ist denn das Werk über die Geschichte der Literatur ein Werk über die Politik der Gegenwart. Nicht statt eines

Buches über Politik auf geschichtlicher Grundlage schrieb Gervinus seine Literaturgeschichte, sondern er schrieb das Buch über die geschichtliche Grundlegung gegenwärtiger Politik als Buch über die Literaturgeschichte.

Gervinus glaubte nicht nur, wie Ranke meint, »beinahe« deutsche Geschichte zu schreiben, »indem er den Bewegungen der Literatur folgt«, sondern er glaubte sogar, deutsche Geschichte anhand des dafür am besten geeigneten Objekts zu schreiben. Der Historiker Gervinus nahm sich des Themas nicht wegen seiner eigenen poetischen Neigungen an, nicht deshalb, weil er sich von der Erforschung dieses Themas Impulse für die eigenen literarischen Versuche erhoffte, die er – wie viele Hochschullehrer jener Zeit – häufig veröffentlichte und für einen wesentlichen Teil seiner Produktion hielt, nicht, wie er beteuert, weil sie sein »Lieblingsfach« [207] gewesen wäre, sondern weil es ihm zur Propagierung seiner politischen Auffassungen am geeignetsten erschien, denn die Literaturgeschichte scheint ihm zu einem Ende gekommen zu sein, »von wo aus man mit Erfolg ein Ganzes überblicken, ja einen erhebenden Eindruck empfangen und die größten Belehrungen ziehen kann.« [208] Die politische Geschichte befinde sich hingegen in einem Stadium der Gährung und Umwälzung, sie befinde sich noch viel zu sehr in Bewegung, als daß aus ihr bereits Belehrungen zu ziehen wären, und sie sei zu allerletzt geeignet zur Erweckung eines »erhebenden Eindrucks«. »Die Geschichte der deutschen Literatur dagegen schien mir ihrer inneren Beschaffenheit nach ebenso wählbar, als ihrem Werte und unserem Zeitbedürfnis nach wählenswert. Sie ist, wenn anders aus der Geschichte Wahrheiten zu lernen sind, zu einem Ziel gekommen.« [209] Gervinus formuliert die schärfste Variante der These vom Ende der Kunstperiode in Deutschland. Für ihn heißt Ende der Kunstperiode nicht Funktionsänderung bzw. auch partieller Funktionsverlust der Kunst, sondern Tod der Kunst. Die Literatur habe ihre Zeit gehabt, sie sei mit der Romantik und dem »Jungen Deutschland« der »Entartung und Nichtigkeit« [210] anheimgefallen; die Schriftsteller sollten also die Feder beiseitelegen und sich der Politik widmen. Nicht mehr die Literatur selbst könne auf die Politik einwirken, sondern nur noch die Darstellung ihrer Geschichte. Der »Umweg durch Kunst und Wissenschaft« erschien Gervinus keineswegs verloren »für des Vaterlands Geschicke« [211], wenn es gelingt, sie in die politische Praxis hinein zu vermitteln. Der Literaturgeschichtsschreiber wird hier als Mittler zweier historischer Epochen angesehen, angesehen nicht nur von Gervinus, sondern von allen, die die Auffassung teilten, daß man an der Schwelle einer neuen Epoche stehe, also von der Mehrheit der literarischen Intelligenz, von der Mehrheit auch des literarischen Publikums in Deutschland. So erklärt sich die Tatsache, daß Literaturwissenschaft vor 1848 im wesentlichen als Literaturgeschichte betrieben wird. So erklärt sich auch das außerordentliche öffentliche Interesse an der Literaturgeschichtsschreibung. Unbestreitbar formulierte Gervinus die in der bürgerlichen Intelligenz des deutschen Vormärz vorherrschende Auffassung, wenn auch in einer Form, die in ihrer Zuspitzung nicht mehr von der Mehrheit, vor allem natürlich nicht von der Mehrheit der Schriftsteller, geteilt wurde. Die Produzenten der poetischen Literatur reagierten auf die Einsicht in die Notwendigkeit politischer Veränderungen mit dem Versuch, ihre Produkte in den Dienst der Veränderungen zu stellen. Das hatte eine umfassende Veränderung der Form ihrer Dichtung zur Folge, ließ bestimmte Gattungen in den Hintergrund und andere, vor allem die politische Lyrik, in den Vordergrund treten. »Zwei Erscheinungen sind es, welche bei der Betrachtung des Gattungsmäßigen des Zeitraums überhaupt augenblicklich entgegentreten«, so beschreibt der Hegelianer L. Rinne in seiner Literaturgeschichte 1842 die zeitgenössische literarische Szene, »eben so augenblicklich aber auch durch den Charakter des realen Bewußtseins der Zeit ihre Erklärung geben, nämlich das zurücktreten der Bedeutung der Poesie gegen die Wissenschaft oder der poetischen Gattungen gegen die prosaischen einerseits und die Neigung aller Gattungen nach dem Historischen andererseits [...]. Im allgemeinen Sinne könnte man sagen, daß die ganze neueste Poesie, weil sie, wie namentlich die allerneuste, politische Tendenzen verfolgt, einen didaktischen Kern in sich hatte.« [212] Rinne konstatiert im Grunde eben die Phänomene, von denen auch Gervinus ausgeht. Er mißversteht sie jedoch nicht als das Ende der Literatur, sondern als Ausdruck ihres Funktionswandels. Er ist demzufolge nicht wie Gervinus gezwungen, ihre Existenz zu leugnen oder ihre Bedeutung gänzlich zu negieren, sondern kann Veränderungen der Literatur als Ausdruck des »realen Bewußtseins der Zeit« erklären. [213]

Gervinus hingegen interessiert nicht die Gegenwart der Literatur – denn seiner Meinung nach hat sie nur eine Vergangenheit – sondern ausschließlich die gegenwärtige Politik. Seiner politischen Zielsetzung gemäß wählte er die Form seiner Literaturgeschichte, dieser Zielsetzung gemäß strukturiert er auch ihren Inhalt. So erklärt sich die für ein wissenschaftliches Werk äußerst nachlässige Form der *Geschichte der Poetischen Nationalliteratur der Deutschen,* so kommt es, daß er auf Quellennachweise und Zitate nahezu völlig verzichtet. Sein Werk sollte nicht Grundlage für die literaturwissenschaftliche Erforschung einzelner Epochen der deutschen Literaturgeschichte sein, sondern es beanspruchte, als Ganzes gelesen zu werden, weil sich nur so seine Tendenz wirklich entfalten konnte. Auf die von vielen Seiten geäußerten Vorwürfe, sein wissenschaftlicher Apparat sei mangelhaft, antwortete Gervinus: »[...] ich schäme mich jetzt fast, daß ich in Verleugnung der gelehrten Ostentation nicht soweit ging, daß ich die Citate ganz vermieden hätte.« [214] Seine Absicht ist, politisch-pädagogisch zu wirken, er »will nicht für die Bearbeiter und gelehrten Kenner dieser Literatur schreiben, sondern, wenn es [...] gelingen möchte, für die Nation«. [215]

Seine Literaturgeschichte sollte, ähnlich wie es J. Grimm mit seinem Wörterbuch später beabsichtigte, zum Hausbuch der Nation, nicht zum Standardbuch der Literaturwissenschaftler werden. Für *die* Nation konnte man freilich im deutschen Vormärz so wenig schreiben wie im gegenwärtigen Deutschland, geschrieben werden konnte immer nur gegen die einen und für die anderen Teile der Nation. Auf die Begriffe »Nation«, »Volk« trifft zu, was Karl Marx für den Begriff »Bevölkerung« feststellt: »Die Bevölkerung ist eine Abstraktion, wenn ich die Klassen, aus denen sie besteht, weglasse.« [216] Welche Interessen Gervinus als das Interesse der gesamten Nation ausgibt, ist nicht schwer festzustellen, da er nicht nur wissenschaftlich, sondern auch politisch eindeutig Position bezogen hat. Die politische Bewegung, die er in Gang setzen oder doch mit seiner Literaturgeschichte mindestens unterstützen will, soll keine revolutionäre Bewegung sein, sondern sich innerhalb der Vorstellungen einer konstitutionellen Monarchie bewegen. Ein konstitutionelles Kleindeutschland mit Preußen an der Spitze, das war das politische Ziel der Aktivitäten von G. G. Gervinus. Dieses Ziel hat er auch in der einzigen persönlichen Begegnung mit Friedrich Engels vertreten: Engels berichtet über diese Begegnung: »Gervinus sagte mir schon im Sommer 1843 in Ostende: Preußen muß an die Spitze Deutschlands treten; dazu ist aber dreierlei nötig; Preußen muß eine Verfassung geben, es muß Pressefreiheit geben, und es muß eine auswärtige Politik annehmen, die Farbe hat.« [217] Die Ursachen dafür, weshalb Gervinus sich eindeutig gegen alle radikalen politischen Bestrebungen des deutschen Vormärz wendet, weshalb er eine evolutionäre, allmähliche, gewaltlose Veränderung der politischen Zustände in Deutschland anstrebte, liegen in der widersprüchlichen Haltung seiner Klasse. Einerseits war die deutsche Bourgeoisie daran interessiert, daß dem ökonomischen Fortschritt auch der politische folge, daß der Staat dem veränderten Kräfteverhältnis zwischen den feudalen Schichten und dem Bürgertum angepaßt wurde; andererseits wurden in Deutschland die Verhältnisse für die bürgerliche Revolution erst reif, als sich die Entstehung einer proletarischen Bewegung abzeichnete, die bereits eigene Interessen zu vertreten begann und damit in Widerspruch zu bürgerlichen Interessen geriet – ein Interessenwiderspruch, von dem absehbar war, daß er nach der Zurückdrängung des Feudalismus zum bestimmenden werden würde. Aus der Angst vor der Transformation der bürgerlichen in die proletarische Revolution kämpfte die deutsche Bourgeoisie nicht konsequent für die Beseitigung des Feudalismus. Aus Angst davor, daß sie die Geister, die sie zur gewaltsamen Revolution notwendig hätten rufen müssen, nicht wieder loswerden würde, strebte sie die evolutionäre Veränderung der Verhältnisse an. Als die Massen ungebeten in Bewegung gerieten, ließen sich Politiker wie Gervinus in die Frankfurter Nationalversammlung wählen, stellten sich scheinbar an die Spitze der Bewegung, um sie desto besser umbiegen zu können. So forderte er als Abgeordneter, daß alle Maßnahmen des Parlaments nur im Einverständnis mit den Regierungen getroffen werden sollten [218], mit eben den Regierungen, die zu stürzen Aufgabe der Revolution gewesen wäre. Zahlreiche Aufsätze in der von ihm herausgegebenen »Deutschen Zeitung« illustrierten die zweispältige Haltung, die Gervinus in den politischen Kämpfen des deutschen Vormärz einnahm. Am 26. 4. 1848 schrieb er: »Fahre man fort, wohltätige Maßnahmen zu ergreifen, volkstümliche Ordnungen zu schaffen, freisinnige Gesetze zu geben mit vollen Händen; aber in derselben Faust, die Spenden auswirft, halte man die Zügel gepackt, die jetzt zu verlieren Führer und Fahrzeug verdirbt.« [219] Veränderungen, die er begrüßt, sollen Veränderungen sein, die »gegeben«, also vom Monarchen gnädigst zugestanden werden. Gervinus empfiehlt hier kaum verhohlen den durch die Revolution bedrohten Monarchen, dem Volk etwas mehr Zucker aufs Brot zu streuen, vor allem aber die Peitsche kräftiger zu verwenden – ein typisches Beispiel für die Haltung der Mehrheit der deutschen Bourgeoisie in der Revolution von 1848.

So typisch Gervinus' Haltung 1848 war, so untypisch ist seine weitere politische Entwicklung für die der Ideologen des deutschen Bürgertums, denn nach der gescheiterten Revolution wurde Gervinus zum überzeugten Demokraten. Schon Ende 1848 schrieb er, daß letztlich eine Revolution unvermeidbar sei, zwei Jahre später wurde ihm der Hochverratsprozeß wegen seiner *Einleitung in die Geschichte des 19. Jahrhunderts,* die, wie der Ankläger richtig erkannte, zum Zweck hatte »auszuführen, daß die demokratischen Grundsätze in ständigem Fortschritt begriffen seien.« [220] Gervinus ist nach der bürgerlichen Revolution, an deren Scheitern er Anteil hatte, zum Demokraten geworden. Die Weltgeschichte schien ihm auf die Herrschaft der Vielen zuzudrängen, die er sich nur in der Form der bürgerlichen Republik nach dem Vorbild der Vereinigten Staaten vorstellen konnte. Er selbst hat sich durch diese Auffassung wissenschaftlich wie politisch weitgehend isoliert. So erklären sich auch die distanzierten bis hämischen Nekrologe, die ihm von Seiten der deutschen Geschichtswissenschaftler gehalten wurden. Als G. G. Gervinus 1871 starb, repräsentierte er nicht mehr die Ideale jener Zeit. Seine Zeit war vorbei und seine Grabredner beschäftigten sich längst damit, die letzten Spuren der liberalen Phase des deutschen Bürgertums aus der Wissenschaft zu tilgen. Franz Mehring kommentiert die Nekrologe auf G. G. Gervinus: »Um der Philosophie der bürgerlichen Rendite und der Philosophie des ausbeuterischen Kapitalismus freie Bahn zu schaffen, mußte der letzte Rest des bürgerlichen Idealismus mit Knüppeln totgeschlagen werden.« [221]

Als Gervinus seine Literaturgeschichte verfaßte, zeichnete sich seine Entwicklung zum Demokraten noch nicht ab. Vielmehr ging in diese Literaturgeschichte die Haltung des gemäßigten Konstitutionalisten ein. Diese Haltung schlägt sich nieder in der Polemik gegen solche Schriftsteller, die radikale politsche Veränderungen für notwendig hielten, vor allem in der Polemik gegen Heine und Börne. Er wirft ihnen vor, daß sie nicht »mit Besonnenheit den ringenden und werdenden Dingen unter die Arme greifen« [222], daß sie die Umwälzung der Verhältnisse wollen, statt sich mit ihrer Reform zufriedenzugeben. Es ist Gervinus nicht nur darum zu tun, daß die Dichter das Dichten beenden und zum Trachten übergehen, daß sie den Parnaß verlassen und sich am Forum ansiedeln, sondern vor allem auch darum, daß sie auf dem Forum keine revolutionären Reden halten. Nicht die Interessen der Nation, sondern die Interessen der größten Fraktion des Bürgertums im deutschen Vormärz artikulieren sich in der Gervinusschen Literaturgeschichte. Trotz aller Widersprüchlichkeit der Gervinusschen Position und der Gervinusschen Literaturgeschichte ist die einhellige Auffassung der zeitgenössischen Kritik, die Geschichtsschreibung der deutschen Literatur erreiche bei Gervinus eine neue Stufe, völlig berechtigt. Mit der *Geschichte der poetischen Nationalliteratur der Deutschen* entstand die erste Gesamtdarstellung der deutschen Literatur, die ihren Anspruch, Geschichte zu sein, methodisch einzulösen versuchte. Die früheren Werke zu diesem Thema waren entweder Chroniken, d. h. sie verzichteten von vornherein auf die Erklärung des Beschriebenen, verzichteten darauf, die Geschichte als Einheit zu fassen, sondern präsentieren sie als Panoptikum von Schriftstellern oder sie stellten diese Einheit in der Subjektivität her. Zum ersten Typus sind die Literaturgeschichten des 18. Jahrhunderts zu rechnen; der zweite Typus wird in der ausgeprägtesten Form durch Menzel repräsentiert, der sich die Geschichte so konstruiert, wie er sie seinen politischen Zwecken entsprechend benötigt. Gervinus grenzt sich in seinen Reflexionen über die verschiedenen möglichen Methoden der Geschichtsschreibung sowohl gegen den »gewöhnliche[n] geistlose[n] Faktensammler, der chronikartig bloß zusammenträgt«, ab, der nie den weiteren, sondern nur immer den allerengsten Zusammenhang der Dinge darstellt, der nie das »Ganze als Ganzes, sondern nur von Teil zu Teil« [223] behandelt, als auch gegen das Verfahren der pragmatischen Geschichtsschreibung. »Diese Gattung bestimmt man gewöhnlich nach dem Vorbild des Polybus als Geschichtswerke, die nach subjektiven eingeschobenen Ideen entworfen, nach bestimmten Absichten geschrieben sind, in moralischen oder politischen Zwecken, zur Besserung der Menschheit oder zur Bildung von Geschäftsmännern und dergleichen.« [224] Diese Charakterisierung der pragmatischen Geschichtsschreibung bestätigt im Detail der Formulierung die Feststellung, daß Gervinus nicht der Interessenvertreter der Nation ist, der zu sein er vorgibt, sondern der Propagandist des Bürgertums: dem Zweck der Menschheitsverbesserung stellt er den Zweck der Bildung von »Geschäftsleuten« gleichberechtigt zur Seite. Der Klassencharakter seiner scheinbar klassenspezifischen Zielsetzung, die Nation der Dichter und Denker zur

Nation der Staatsmänner zu machen, schimmert durch, es deutet sich an, daß Weltverbesserung hier verstanden wird als Verbesserung der Position der »Geschäftsmänner« in dieser Welt. Gervinus kritisiert an der pragmatischen Geschichtsschreibung nicht ihre praktische Zielsetzung, erst recht nicht *diese* praktische Zielsetzung, sondern die Form, in der sie sie verfolgt. Ihre Realisierung erscheint ihm nicht durch die Methode gewährleistet, »[...] den Geschichtsvortrag [...] subjektiv mit unseren Nutzanwendungen und Gedanken zu begleiten.« [225] Die politische Tendenz müsse vielmehr aus der Darstellung des Gegenstands selbst unmittelbar deutlich werden, der Geschichtsschreiber habe sie als Resultat historischer Gesetzmäßigkeit auszuweisen. So steht sein Bekenntnis zur »leidenschaftslosen Kälte wissenschaftlicher Betrachtung, die nicht aus Parteisucht aus Wünschen sofort Überzeugungen macht« [226] nicht im Widerspruch zu seiner Bestimmung, der Literaturhistoriker müsse »Parteimann des Schicksals« [227] sein. Gervinus kritisiert die Methode der Geschichtsschreibung, die z. B. Wolfgang Menzel verwendet, mit den gleichen Argumenten, die Karl Marx gegen den bürgerlichen Ökonomen Malthus einwendet: »Einen Menschen aber, der die Wissenschaft einem nicht aus ihr selbst (wie irrtümlich sie immer sein mag) sondern von außen, ihr fremden, äußerlichen Interessen entlehnten Standpunkt zu akkomodieren sucht, nenne ich ›gemein‹.« [228] Diese Marxsche Kritik an Malthus bedeutet nicht, daß er der Meinung wäre, Wissen und Wissenschaft seien wert- und klassenneutral. Vielmehr ist wissenschaftliche Erkenntnis der Realität Karl Marx nur möglich, indem er sich auf den Standpunkt des »werdenden Allgemeinen«, auf den Standpunkt des Sozialismus stellt und so den Kapitalismus als »Noch-nicht-Sozialismus« wissenschaftlich adäquat zu analysieren imstande ist. [229] Dieser Standpunkt wiederum ist historisch erst möglich, als das Zukünftige im Gegenwärtigen durch die Kämpfe des Proletariats sichtbar wird. Diese Analogie leistet Bedeutsames für die Erklärung der qualitativen wie quantitativen Blütezeit der deutschen Literaturgeschichtsschreibung im Vormärz: die Erkenntnis der Geschichte vergangener literarischer Epochen wurde erst ansatzweise möglich, als aus der historischen Entwicklung selbst deutlich wurde, daß eine neue historische Periode anbrach. Gervinus' Werturteile wurzeln in der Sache selbst, er will mit seinen wissenschaftlichen Publikationen Geburtshelfer einer neuen, bürgerlich bestimmten Phase der deutschen Geschichte sein.

Die Überzeugung, daß objektive Erkenntnis der Realität von einer parteilichen Position aus möglich ist, ja, daß sie nur von dieser möglich ist, teilt G. G. Gervinus mit Karl Marx, ansonsten aber sind ihre methodischen Positionen diametral entgegengesetzt: Wo der eine Partei nimmt für die Interessen des Proletariats, stilisiert der andere die Interessen der Bürger zu denen der Nation, wo der eine die Geschichte der Ideen als Resultate letztlich der Geschichte der materiellen gesellschaftlichen Verhältnisse zu begreifen versucht, erklärt der andere die politische Geschichte wie die Geschichte der Literatur aus der Geschichte der Ideen.

Die Methode der Geschichtsschreibung, die G. G. Gervinus für die allen anderen überlegene hält und die er in seiner *Geschichte der poetischen Nationalliteratur* exemplarisch anzuwenden bemüht ist, sieht er vor allem in der Form des »darstellenden Kunstwerks« realisiert. Ein darstellendes Kunstwerk entsteht, »sobald der Geschichtsschreiber das Werden und Wachsen solcher Ideen [gemeint ist z. B. die »Idee« der Reformation, K. H. G.] zum Faden seines Geschichtswerks nimmt.« Wenn nämlich der Geschichtsschreiber in den historischen Begebenheiten, «[...] in dem verwirrten Gang der Dinge die Pläne der Weltregierung ahnen lernt, und auf sie zurückdeutet, ohne die die Weltgeschichte nicht verstanden werden kann, so ordnet sich von selbst die chaotische Masse in gewisse Gruppen, [...] die von historischen Ideen zusammengehalten werden, an denen sich die Vorsehung gleichsam offenbart.« [230] Hier offenbart sich – deutlicher als die Pläne der Weltregierung in der Weltgeschichte – die erkenntnistheoretische Grundlage des Gervinusschen Geschichtsbildes. Diese erkenntnistheoretischen Grundlagen, die er freilich nirgends systematisch reflektiert hat, weil er die Klärung philosophischer Fragen für überflüssig, ja für verwerflich hielt, da sie von politischer Praxis ablenken, sind objektiv-idealistisch. Nicht zufällig ähnelt seine Übersicht über die verschiedenen Behandlungsarten der Geschichte der, die Hegel seiner *Philosophie der Geschichte* vorausschickt. Hegel kritisiert wie Gervinus »die Weise, Gegenwart in der Geschichte zu gewinnen, indem man subjektive Einfälle an die Stelle geschichtlicher Daten setzt [...]« [231] und anerkennt wie Gervinus nur diejenige Art der Geschichtsschreibung, die bestrebt ist, anschaulich zu machen, daß die »Idee das Wahre, das Ewige, das schlechthin Mächtige ist, daß sie sich in der Welt offenbart und nichts in ihr sich offenbart als sie [...].« [232] Diese Geschichtsauffassung macht, obgleich sie die Welt auf den Kopf stellt, in Deutschland wissenschaftliche Literaturgeschichtsschreibung erst möglich. Die Fakten werden nicht mehr nur kompiliert oder zusammenkonstruiert, sondern einheitlich entfaltet. Freilich vermag Gervinus sein objektiv-idealistisches methodisches Verfahren nicht immer durchzuhalten, sondern gleitet in subjektiven Idealismus ab. An einigen Stellen unterscheidet er wieder zwischen den Ideen, die in den Köpfen der Literaturhistoriker quasi außerhalb der Wirklichkeit angesiedelt werden und den Ideen, die ihm als Offenbarung der Vorsehung in der Geschichte erscheinen. [233] Die Widersprüche in den erkenntnistheoretischen und methodologischen Positionen von G. G. Gervinus haben ebenso wie die Widersprüche seiner politischen Position in den Auseinandersetzungen des deutschen Vormärz wichtige Konsequenzen für seine literaturhistorische Praxis. Besonders deutlich wird das an der Stelle der *Geschichte der poetischen Nationalliteratur*, an der Gervinus eine Parallele zwischen der bürgerlichen Revolution von 1789 in Frankreich und der literarischen Bewegung in Deutschland zu ziehen versucht. Diese Parallele, der Versuch, die verschiedenen literarischen und politischen Einflüsse, die auf die deutsche Literatur am Ende des 18. Jahrhunderts eingewirkt haben, in ihrem Verhältnis zueinander zu bestimmen, um so die Entstehung und Form der deutschen Klassik zu erklären, zählt sicherlich zu den besten Partien des Buches. Am Ende findet sich jedoch der Satz: »Wem dieser Faden durch den labyrinthischen Gang unserer Literaturgeschichte nicht sicher genug erscheint, dem lassen sich zahllose andere von einfacherem Gespinste anbieten.« [234] Nicht nur eine Alternativerklärung offeriert Gervinus hier, sondern zahllose; welcher Faden der Leitfaden sein soll, überläßt er dem Geschmack des Lesers; denjenigen, die komplizierte Erklärungen nicht mögen, bietet er einfache an, unbekümmert darum, ob es nun in der Geschichte einfach oder kompliziert zugegangen ist.

Die hier zutage tretende Nachlässigkeit in methodologischen Fragen hat Gervinus von der Seite der hegelianischen Kritik den Vorwurf eingetragen, er sei eigentlich Positivist, der die literarischen Erscheinungen miteinander vergleiche, Parallelen zur Literatur anderer Jahrhunderte und anderer Länder ziehe, Analogien zu den politischen Ereignissen aufzudecken versuche, nicht aber die innere Notwendigkeit der Entwicklung der Literatur als Teil der Selbstbewegung der Idee darstelle. Dieser Vorwurf ist nicht unberechtigt. Gervinus hält sich in seiner literaturhistorischen Praxis nicht überall an das, was er als Prinzip seiner Literaturgeschichtsschreibung formuliert hat. Inkonsequenz läßt seine Literaturgeschichte einerseits hinter das methodische Niveau der besten vom hegelianischen Standpunkt zurückfallen, sie hat vor allem die dominierende Rolle von Analogien zur Folge, die meist nicht sehr weit tragen und sich an Oberflächenerscheinungen festmachen, andererseits macht sie aber auch Abschnitte möglich, die literarische Formen und Stoffe nicht aus der Idee, sondern aus den gesellschaftlichen Verhältnissen erklären und damit alle anderen Literaturgeschichten der ersten Hälfte des 19. Jahrhunderts weit überragen. So demonstriert Gervinus am Beispiel des Freidank den Zusammenhang zwischen der zunehmenden Verbreitung volkstümlicher Schriften mit gesellschaftskritischen Tendenzen und der politischen und ökonomischen Erstarkung des selbständigen Stadtbürgertums [235], so macht er am Beispiel Lessings deutlich, daß poetische Formen geprägt sind von den gesellschaftlichen Intentionen derer, die sie verwenden. Lessings Ablehnung des Lehrgedichts erklärt Gervinus daraus, daß es nur Bedeutung für die oberen Stände hatte, die Lessing sich nicht zu Publikum wünschte, seine Vorliebe für das Theater, »das konstitutionelle Gebäude im Reiche der Poesie«, aus dem Bestreben propagandistisch für die antifeudale Einheit der Nation zu wirken. [236]

Sein anspruchsvolles Ziel, »die Entstehung der Kunstwerke aus ihrer Zeit« [237] zu zeigen, kann Gervinus nur in Einzelfällen einlösen. Die durchgängige Realisierung dieses Ziels war auf seiner methodologischen Grundlage nicht möglich. Sie war nicht zuletzt auch wegen seiner schematischen Geschichtsauffassung ausgeschlossen. Gervinus teilt die deutsche Geschichte, wie die Geschichte der Völker allgemein in eine religiöse, eine literarisch-künstlerische, eine staatlich-politische und eine philosophische Epoche ein. Diese Stufen müsse der Geist der Nation durchlaufen. Den Höhepunkt der religiösen Periode fixiert er in der Reformationszeit, den Höhepunkt der literarischen in der deutschen Klassik, auf den politischen Höhepunkt versuchte er hinzuwirken. [238] Dieses schematische Geschichtsmodell, das Vicoschen Vorstellungen sehr ähnelt [239], wird von Gervinus durchaus ernst genommen, so ernst, daß er die Existenzberechtigung von Dichtung in der politischen Periode bestreitet und die Dichter zu Politikern oder Staatsbeamten »umschulen« möchte. Es beraubt ihn der Möglichkeit, systematisch das Problem des Zusammenhangs von allgemeinem und ästhetischem Produktionsprozeß zu erfassen und zur Grundlage seiner Analyse und seiner Darstellung zu machen. Die Geschichtstheorie G. G. Gervinus' ist in diesem Punkt der Hegelschen, vor allem was die Tauglichkeit für die Erklärung der Literatur anbelangt, völlig unterlegen, weil sie nicht Politik, Philosophie, Literatur und Religion in ihrem wechselseitigen Verhältnis zueinander bestimmt, sondern jeweils eines dieser Elemente der gesamten gesellschaftlichen Verhältnisse nicht nur zum dominierenden erklärt, sondern allen anderen die Existenzberechtigung bestreitet oder doch konsequenterweise bestreiten müßte. Hegel hingegen bestimmt: »Festhalten muß man hier, daß es nur ein Geist, ein Prinzip ist, welches sich im politischen Zustande ebenso ausgeprägt, wie es sich in Religion, Kunst, Sittlichkeit, Geselligkeit, Handel und Industrie manifestiert, so daß also diese verschiedenen Formen nur Zweige eines Hauptstammes sind.« [240] Auf dieser methodischen Basis sind selbst bei idealistischer Ausgangsposition relevante Ergebnisse über den Zusammenhang von Literatur und anderen Momenten des Geschichtsprozesses möglich, auf der Basis der Gervinusschen Geschichtsttheorie sind sie eigentlich nur gegen seine Ausgangstheoreme möglich. Die Folge des Verzichts auf die Reflektion dieses Zusammenhangs ist die Begriffslosigkeit der *Geschichte der poetischen Nationalliteratur der Deutschen* in allen ästhetischen Fragen. Gervinus behauptet zwar, die ästhetische Beurteilung völlig ausgeklammert zu haben [241], aber die ästhetischen Werturteile, die demonstrativ an der Vordertür abgewiesen wurden, schleichen sich durch die Hintertür zahlreich wieder ein, meist in Form der unreflektierten Übernahme von Anschauungen W. v. Humboldts. [242] Der Unfähigkeit zur methodisch adäquaten Reflexion des Zusammenhangs von allgemeiner Geschichte und Literaturgeschichte ist auch in erster Linie die Uneinheitlichkeit der Wertungskriterien geschuldet, auf deren Grundlage Gervinus die dargestellten Werke beurteilt. Den positiven Momenten seiner Geschichtstheorie und Methodologie entspricht das zentrale Wertungskriterium der »Zeitgemäßheit«: der Dichter wird danach beurteilt, ob er die Ideen seiner Zeit aufgenommen und vorangetrieben hat, oder ob er ihnen zu weit vorausgeeilt bzw. hinter ihnen zurückgeblieben ist. Zu der Kategorie derjenigen, die die Idee ihrer Zeit aufgenommen haben, rechnet er z. B. Goethe, Hans Sachs und Klopstock, zu denjenigen, die ihrer Zeit vorausgeeilt sind, Hus und Hutten, zu denjenigen, die hinter den Ideen ihrer Zeit zurückgeblieben, ja diesen sogar diametral entgegengesetzt seien, die Romantiker. Als die größten literatur- und welthistorischen Persönlichkeiten sieht Gervinus diejenigen an, »die Kind der Zeit und [...] ihr Mentor zugleich« [243] gewesen sind wie z. B. Luther, Lessing und Forster. Nach diesem Kriterium der »Zeitgemäßheit« beurteilt er im wesentlichen nur die politische Haltung der Autoren, nicht aber die ästhetische Qualität ihrer Werke, eben deshalb, weil er vom Zusammenhang von Politik und Ästhetik, von Form und Inhalt keinen Begriff hat. Er muß sich deshalb einerseits damit behelfen, Werke durch »Vergleichung« mit anderen zu kritisieren, andererseits damit, daß er weitere, von der »Zeitgemäßheit« unabhängige Kriterien anlegt. Vor allem das Gegensatzpaar »epikureisch-stoisch« und das Kriterium der »Deutschheit« finden in seiner literarischen Wertung Verwendung. [244] Als Epikureer bezeichnet er die »Genußmenschen«, als Stoiker die »Tatmenschen«, denen natürlich seine Sympathie gilt. Wie in Schillers Schrift über die naive und sentimentalische Dichtung gehen in der Gervinusschen Literaturgeschichte ahistorische Typologisierungsversuche, die alle Dichter einer von zwei diametral entgegengesetzten Kategorien zuschlagen mit der Einsicht einher, daß bestimmte Dichtung nur zu bestimmten Zeiten möglich ist, daß sich auch die Literatur im Zusammenhang des geschichtlichen Gesamtprozesses zu immer neuen Formen weiterentwickelt und nicht durch die periodische Wiederkehr des kaum variierten Immergleichen bestimmt ist. In Gervinus' Literaturgeschichte steht die historisch-parteiliche Methode noch neben der ahistorisch-typologisierenden. Die geistesgeschichtlich verfahrende Germanistik hat die fortschrittlichen Elemente der Gervinusschen Methode der Literaturgeschichtsschreibung zugunsten durchgängiger Typologisierung eskamotiert, Fortschritt wird von ihr nicht mehr wahrgenommen, die Entwicklung ist keine Fortentwicklung mehr, sondern Scheinbewegung zwischen zwei Polen, dem klassischen und dem romantischen, dem dionysischen und dem apollinischen, dem gotischen und dem romanischen. In Gervinus' *Geschichte der poetischen Nationalliteratur der Deutschen* dominiert noch das historische Moment, sie läßt trotz ihrer methodischen Naivität ihre Nachfolger weit hinter sich zurück.

Die Literaturgeschichte von G. G. Gervinus wie die Literaturgeschichten des deutschen Vormärz allgemein sind eingreifende Werke, sie zielen auf außerliterarische Praxis und sind sich andererseits bewußt, Resultate dieser Praxis zu sein. Der Erfolg nicht nur einzelner Literaturgeschichten, sondern der ganzen Gattung in der Zeit vor der bürgerlichen Revolution in Deutschland macht sie zum wichtigen Spiegel der im gesamten gesellschaftlichen Bereich verbreiteten Tendenzen. Die Nachfrage nach ihnen ist »viel zu allgemein und konstant [. . .], als daß ihre Richtung durch private Neigungen oder bloße Suggestion bedingt sein könnte. Sie muß auf den sozialen Verhältnissen der Konsumenten beruhen.« [245] Die Möglichkeiten der Erforschung dieser sozialen Verhältnisse im Vormärz mittels Erforschung der Literaturwissenschaft sind bei weitem nicht mit der Analyse der Gervinusschen Literaturgeschichte ausgeschöpft. Erst wenn nicht nur diese eine, sondern alle wichtigen Darstellungen der Entwicklung der deutschen Literatur, die zwischen 1830 und 1848 entstanden, daraufhin analysiert worden sind, für wen sie wie eingreifend Partei nehmen, sind die Chancen, durch dieses wichtige Medium Aufschlüsse über einen zentralen Abschnitt deutscher Geschichte und damit auch über deutsche Gegenwart zu erhalten, adäquat genutzt.

Aspekte reaktionärer Literaturgeschichtsschreibung des Vormärz. Dargestellt am Beispiel Vilmars und Gelzers

Reinhard Behm

Einleitung

Die Widersprüche innerhalb der bürgerlichen Klasse, wie sie in der Zeit des Vormärz und während der Kämpfe des Jahres 1848 manifest wurden, spiegelten sich insofern in der deutschen Literaturgeschichtsschreibung, als das Medium Literaturgeschichte zumindest mittelbar zur Propagierung politischer Ansichten eingesetzt wurde. So gab es neben der progressiven Mehrheit der Literaturhistoriker jener Epoche eine politisch reaktionäre Minderheit, die – wie Theodor Wilhelm Danzel ausführte – »das Heil der Gegenwart in der Rückkehr zu einer gewissen obligaten Christlichkeit erblickte« [1] und keineswegs, wie die progressive Mehrheit, ihre Bemühungen »auf die Neugestältung des Staates« [2] richtete. Jene Minderheit, die zumeist in politisch-literarischen Zeitschriften wie der *Süddeutschen Warte* oder den *Janus Jahrbüchern deutscher Gesinnung, Bildung und Tat* in Erscheinung trat, bediente sich auch vereinzelt des Mediums Literaturgeschichte, um ihre antiliberalen und antidemokratischen Vorstellungen zu verbreiten. Die beiden extremsten Vertreter dieser Richtung waren die protestantischen Theologen August Friedrich Christian *Vilmar* (1800–1868) und Heinrich *Gelzer* (1813–1889), deren Literaturgeschichten in der Germanistik von heute zwar keine Rolle mehr spielen, die aber in der Zeit des Vormärz ein breites Publikum an sich ziehen konnten, wie die Auflagen ihrer Literaturgeschichten zeigen: wurde Gelzers *Geschichte der neueren Deutschen Nationalliteratur* in deutscher Sprache nur zweimal aufgelegt, dafür aber in mehrere Sprachen übersetzt, so dürfte die Auflagenhöhe von Vilmars *Geschichte der deutschen Nationalliteratur*, die bis zum Jahr 1913 siebenundzwanzigmal erschien, von keiner anderen Literaturgeschichte vor 1848 übertroffen worden sein. Beide Arbeiten [3] finden in einer Darstellung der Germanistik zwischen 1815 und 1848 insofern ihren Platz, als sie objektiv die Ideologie der antirepublikanischen Fraktion des deutschen Bürgertums explizieren. Wurde diese Ideologie bis zum Scheitern der Revolution von 1848 nur von einer Minderheit der deutschen Bourgeoisie getragen, so gehörte ihr nach 1848 die Zukunft, soweit sie sich in Imperialismus, Chauvinismus und schließlich – unter veränderten gesellschaftlichen Bedingungen im Faschismus realisierte. Das Scheitern des Emanzipationskampfes der deutschen Bourgeoisie bedeutete für die Germanistik Einbuße ihrer progressiven Funktion: gab es nach 1848 noch einige Vertreter des Faches, die die progressiven Traditionen aus der Zeit des Vormärz festzuhalten und zu entwickeln suchten, so gelang es ihnen nicht, das »Ghetto wissenschaftlicher Subkultur« [4], in das sie gezwungen waren, zu verlassen. Zwar stießen die Arbeiten von Vilmar und Gelzer auch noch in der zweiten Hälfte des 19. Jahrhunderts vereinzelt auf Kritik der Fachwissenschaftler, dennoch war es im Verlauf der allgemeinpolitischen Entwicklung unvermeidbar, daß Vertreter solcher Extrempositionen an den Universitäten Fuß fassen und sich in letzter Konsequenz im Faschismus als einzig legitime Vertreter der Germanistik aufspielen konnten.

Weder Vilmar noch Gelzer waren Germanisten im heutigen Sinn, sie waren es auch nur bedingt im Sinne Wilhelm Grimms, für den als Germanist galt, wer sich mit der Erkenntnis des deutschen Altertums, der deutschen Sprache, deutscher Poesie, deutschen Rechts und deutscher Sitte befaßte [5], Disziplinen, die Grimm als untrennbare Einheit ansah. Gemessen an diesem Anspruch befaßten Vilmar und Gelzer sich nur mit einem Teilbereich der Germanistik vor 1848, da sie ihr Interesse ausschließlich auf die deutsche Sprache und die deutsche Literatur richteten. Der Stand der Literatur über beide Autoren ist äußerst dürftig. Zunächst fällt auf, daß ihre Literaturgeschichten von der Hochschulgermanistik der zweiten Hälfte des 19. Jahrhunderts geächtet wurden: sie wurden als dilettantisch abgetan und es wurde kritisiert, sie reflektierten nicht einmal den Stand der Wissenschaft jener Zeit, in der sie entstanden. Selbst die bis heute umfassendste Wissenschaftsgeschichte der Germanistik im 19. Jahrhundert, die Rudolf von Raumer im Jahr 1870 unter dem Titel *Geschichte der Germanischen Philologie* [6] veröffentlichte, schenkt den Arbeiten Vilmars und Gelzers kaum Beachtung. Raumer nimmt zwar Anstoß daran, daß Vilmar »hin und wieder« das rechte Maß der Beurteilung literarischer Phänomene vermissen lasse, bescheinigt ihm aber dennoch »unbefangenen und für alles Schöne empfänglichen Sinn« [7], ohne die politischen Implikationen der Vilmarschen Literaturgeschichte zu erkennen. Gelzers Arbeit hingegen, deren Titel Raumer nicht einmal zitiert, wird gerade noch in drei Zeilen erwähnt. Sigmund von Lempickis *Geschichte der deutschen Literaturwissenschaft bis zum Ende des 18. Jahrhunderts,* in der einleitend auch auf Literaturgeschichten des 19. Jahrhunderts verwiesen wird, klammert die hier behandelten Autoren ganz aus. Die einzige Arbeit jüngeren Datums, die sich mit der Literaturgeschichtsschreibung des 19. Jahrhunderts befaßt, ist die von Gisela Knoop. [8] Sie bietet jedoch nicht mehr, als einen unkritischen und in seiner Aufteilung problematischen Gesamtüberblick und führt Gelzers Schrift lediglich im Literaturverzeichnis an. Befindet sich die Autorin einerseits oftmals in Übereinstimmung mit jenen, die die politische Einstellung der bürgerlich-liberalen Literaturhistoriker attackieren, so bescheinigt sie andererseits der Vilmarschen Schrift einen »menschlich warmen Zug« [9] und versichert, Vilmar

Abb. 1. Ludwig Emil Grimm: Jacob Grimm bei der Vorlesung in seiner Göttinger Wohnung an der Allee am 28. Mai 1830

Abb. 2. Anonym: Satire auf die Verfolgung und Unterdrückung der Intellektuellen im Vormärz. (D. F. Strauß und H. Hoffmann von Fallersleben werden mit Polizeigewalt vom Katheder getrieben.)

Abb. 3. Carl Schumacher: Jugendporträt Heinrich Hoffmann von Fallersleben. Öl auf Leinwand (114×88 cm)

Abb. 4. Friedrich Overbeck: Italia und Germania

Abb. 5. Ludwig Schwanthaler: Südgiebel der Walhalla bei Regensburg

Abb. 6. J. L. Deifel: Dürers Denkmal im Jahre 1840

Abb. 7. Anonym: Proklamation König Ludwigs I. von Bayern mit dem Angebot einer bürgerlichen Verfassung

Abb. 8. Anonym: Karikatur auf die Schiller-Feiern 1859

Abb. 9. Leo von Klenze: Inneres der Walhalla bei Regensburg

Abb. 10. Edward von Steinle und Philipp Veit: Germania

Abb. 11. Julius Schnorr von Carolsfeld: Wandentwurf mit einer Szene aus dem Nibelungenlied für die Münchener Residenz

Abb. 12. Julius Schnorr von Carolsfeld: Kriemhild und Hagen an Siegfrieds Leichnam. Entwurf für die Münchener Residenz 1846

Abb. 13. Ernst von Bandel:
Entwurf zum Hermann-Denkmal 1838

Abb. 14. Anonym: Frankfurter Schießscheibe aus dem Jahre 1842 mit der Darstellung des Hermann-Denkmal des Ernst von Bandel

Abb. 15. Heinrich Olivier: Die Heilige Allianz

Abb. 16. Anonym: Die Heilige Allianz

Abb. 17. G. von Moller: Das rekonstruierte Langhaus des Kölner Domes 1813

Abb. 18. G. Osterwald: Dombaufest vom 4. September 1842

Abb. 19. Anonym: Dombaufest vom 14. August 1848

Abb. 20. Edward von Steinle: Dombaufest vom 3. Oktober 1855

Abb. 21. Friedrich Tieck: Siegfried

Abb. 22. Friedrich Tieck: Volker

Abb. 23. Anonym: Goethes Maskenzug »Die romantische Poesie« in Weimar am 30. Januar 1810

Abb. 24. Peter Cornelius: Die Ermordung Siegfrieds, 1812

Abb. 25. Julius Hübner: Titelblatt zur Marbachschen Ausgabe des Nibelungenliedes, Leipzig 1840

Abb. 26. Julius Schnorr v. Carolsfeld: Titelblatt zur Pfizerschen Ausgabe des Nibelungenliedes, Stuttgart und Tübingen 1843

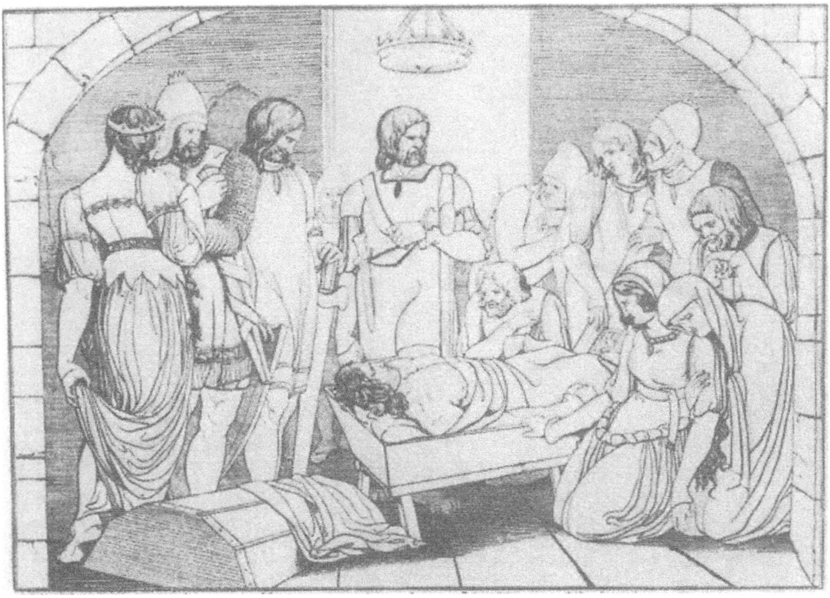

Abb. 27. Karl Gangloff: Siegfried auf der Bahre, 1812

Abb. 28. Karl Philipp Fohr: A. A. L. Follen im Harnisch

Abb. 29. Karl Philipp Fohr: Die Donaunixen verkünden Hagen die Zukunft

Abb. 30. Moritz von Schwind: Der Sängerkrieg auf Wartburg. Fresko (Detail)

Abb. 31. Moritz von Schwind: Walther von der Vogelweide und Biterolf. Detail des Freskos »Der Sängerkrieg auf Wartburg«.

Abb. 32. Karl Friedrich Schinkel: Entwurf zu einem Denkmal Hermann des Cheruskers um 1813

Abb. 33. Anton Dominik Fernkorn: Siegfriedstatuette 1851

Abb. 34. Ludwig von Schwanthaler: Arminius. Mittelfigur des Nordgiebels der Walhalla

wirke »auf Laienleser einnehmend«. [10] Worin diese einnehmende Wirkung konkret bestand, wird indes nicht dargelegt. Immerhin sind Vilmar und Gelzer wenigstens in einigen Lexikonartikeln und in apologetischen Biographien [11] greifbar, die zum Teil von Freunden und Verwandten verfaßt wurden. Angesichts des dürftigen Forschungsstandes verfolgt diese Darstellung zwei Ziele: zum einen versucht sie, beide Literaturgeschichten ideologiekritisch zu untersuchen und ihre politischen Implikationen aufzuzeigen, zum anderen soll eine Sichtung der Zeitschriftenveröffentlichung beider Autoren die praktisch politische Relevanz des ideologischen Gehalts der Literaturgeschichten ausweisen.

Über Entstehen und Funktion der Literaturgeschichte Vilmars

Geriet Gelzers Darstellung in der zweiten Hälfte des 19. Jahrhunderts fast völlig in Vergessenheit, so erfreute sich Vilmars Arbeit noch lange Zeit großer Beliebtheit. Kein Geringerer als Wilhelm Scherer sollte sich daher zu Beginn der siebziger Jahre durch die immer neuen Auflagen der Vilmarschen Literaturgeschichte herausgefordert fühlen. Am 3. Juli 1872 schrieb Karl Müllenhoff an Scherer [12] und forderte ihn auf, Vilmars Buch, das alljährlich 3–4000 neue Käufer fand, durch eine neue Literaturgeschichte vom Markt zu verdrängen. Diese neue Literaturgeschichte solle, wie Vilmars Darstellung, nur einen Band umfassen und ebenso populärwissenschaftlich gefaßt sein, sie solle in einer ersten Auflage von 3000 Exemplaren gedruckt werden und zwei Taler kosten, wie Vilmars Buch. Müllenhoff verfolgte mit seiner Aufforderung an Scherer folgende Absicht: »Abgesehen von dem äußeren Zweck der Verdrängung schlechter Bücher, scheint es mir von der allergrößten Bedeutung und Wichtigkeit, daß der Nation einmal der Gang ihrer innersten, individuellsten Entwicklung kurz und übersichtlich und doch nicht zu knapp dargelegt wird.« [13] Scherer hielt es zwar für ein äußerst schwieriges Unterfangen, Vilmars Buch vom Markt zu verdrängen, da es wegen seiner Popularität sogar an den Schulen empfohlen werde, inzwischen ist jedoch bekannt, daß er trotz seiner Bedenken tatsächlich eine Literaturgeschichte veröffentlicht hat, die ausdrücklich gegen die Darstellung Vilmars gerichtet ist.[14] Scherer konnte aber nicht verdrängen, was nach der gescheiterten Revolution endgültig zur herrschenden Ideologie geworden war und in wachsendem Maße nicht allein in den Literaturgeschichten ihren Niederschlag fand. [15] In seinen 1879 erschienenen *Skizzen aus der älteren deutschen Literaturgeschichte* gibt Scherer eine kurze Charakterisierung der Vilmarschen Arbeit: »Die *Geschichte der deutschen National-Litteratur* von Vilmar stand, als sie erschien, beinahe auf der Höhe der Wissenschaft. Der geringe äußere Umfang, die Masse des bewältigten Stoffes, die geschickte Rhetorik des Vortrages, der warme patriotische Ton machten das Glück des Buches. Jetzt steht es längst nicht mehr auf der Höhe der Forschung; aber kein anderes hat es bisher zu verdrängen vermocht. War es arm an Gedanken, so war es umso reicher an anschaulichen Bildern. Legte es auf die altdeutsche Dichtung einen unerlaubten Accent, so wuchs unser Publikum in das altdeutsche Interesse immer gründlicher hinein. Und so ist es gekommen, daß die Mehrzahl der Deutschen ihre Vorstellungen von der Entwickelung unserer Litteratur aus der Hand eines der schlimmsten religiösen und politischen Reactionäre empfangen, der mit merkwürdiger Geschicklichkeit eine harmlose Maske vorzunehmen und ein sehr wirksames christlich-germanisches Agitationsmittel zu schaffen wußte.« [16] Zweifellos weist diese Darstellung Vilmar noch nicht als Reaktionär aus. Scherer, der von präfaschistischen Literaturwissenschaftlern wie Adolf Bartels [17] nicht von ungefähr angegriffen wurde, hat unter den Hochschulgermanisten seiner Zeit sicherlich eine relativ progressive Linie vertreten, was allerdings nicht verhindern konnte, daß er sich der Kritik Franz Mehrings aussetzte. [18] Ist die angeführte Behauptung Scherers, Vilmar sei einer der »schlimmsten religiösen und politischen Reactionäre« gewesen, erst noch auszuweisen, so ist Scherers Feststellung, Vilmar habe die »Auffassung der gebildeten Masse« beherrscht, [19] sicherlich nicht anzuzweifeln.

Gerade wegen dieser ungewöhnlichen Breitenwirkung, die Vilmar mit seiner Schrift erzielen konnte, erscheint es sinnvoll, Vilmar im folgenden mehr Aufmerksamkeit zu schenken als Gelzer, dessen Literaturgeschichte relativ schnell vergessen war. Gelzer findet in dieser Darstellung insofern seinen Platz, als er einerseits als ein weiteres Beispiel für offen reaktionäre Tendenzen in der Literaturgeschichtsschreibung vor 1848 gelten kann und sich auf der anderen Seite in vielen Punkten mit Vilmar in Übereinstimmung befindet: Vilmar wie Gelzer sind – jeder auf seine Weise – bemüht, das Geschäft der feudalen Klasse auf ideologischem Terrain zu besorgen. Als Vertreter eines politisch rückschrittlichen, militant-antiaufklärerischen und antidemokratischen Protestantismus stehen sie während des Emanzipationskampfes des deutschen Bürgertums auf der anderen Seite der Barrikaden – ihre Literaturgeschichten und ihre politische Praxis weisen dies aus. [20] Lassen sich auch bei der Analyse der Literaturgeschichten graduelle Unterschiede feststellen, etwa in der Methode oder in der Beurteilung des einen oder anderen literarischen Werkes, so dürften Vilmars und Gelzers politische Auffassungen und Absichten kaum differieren. Für beide dürfte gelten, was Gelzer einmal als die »Religion der wahren Politik« [21] bezeichnet hat, nämlich »allen Ernstes daran zu glauben, daß Gottes Gerechtigkeit das letzte, tiefste Wort der Weltgeschicke sei.« [22] Mußte eine christlich-ethisch fundierte Moral auch im Kontext der Revolution von 1848 nicht notwendig reaktionär sein, wie zum Beispiel die Schriften Wilhelm Weitlings zeigen, so stellt das

Christentum der Vilmar und Gelzer eine Spezies des protestantischen Klerikalismus dar, die die ideologielenkende und herrschaftsstabilisierende Funktion der Kirche und des Klerus gerettet sehen will.

Vilmars Interesse an deutscher Sprache und Literatur

Vilmars Beschäftigung mit deutscher Sprache und Literatur entsprang in erster Linie den Erfordernissen seiner beruflichen Praxis, denn Vilmar – von Haus aus Theologe – hatte lange Zeit seines Lebens nicht auf der Kanzel, sondern hinter dem Katheder gestanden. Bereits im Jahr 1820, ein Jahr nach seiner Pfarramtsprüfung, nahm er eine Hauslehrerstellung an und drei Jahre später wurde er Volksschulrektor in Rothenburg an der Fulda. Einer Stellung als Gymnasiallehrer in Hersfeld folgte 1835 die Ernennung zum Leiter des Marburger Gymnasiums, eine Stelle, die er 17 Jahre lang bekleidete. In Marburg, so Vilmars Biograph Wilhelm Hopf, beschäftigte Vilmar sich regelmäßig und intensiv mit dem Studium deutscher Sprache und Literatur, zumal es zu seinen Aufgaben gehörte, die Prüfungen »der dem deutschen Fache sich widmenden Schulamtskandidaten« [23] abzunehmen. Im Laufe von etwa zehn Jahren habe er sich die Kenntnisse angeeignet, die er später in seiner Literaturgeschichte verwertete. Auch Vilmars Schüler profitierten von diesen Studien: der Deutschunterricht, den er in der Prima des Marburger Gymnasiums hielt, umfaßte auch einen Kursus der deutschen Literaturgeschichte, der von den Schülern begeistert aufgenommen wurde. Welchen Einfluß Vilmar auf seine Schüler hatte, dies nur am Rande, zeigt die Tatsache, daß sie während der Märzereignisse des Jahres 1848 Vilmars Haus besetzten und täglich in Gruppen um das Haus patrouillierten, um ihren Lehrer vor den »republicanischen Horden« Marburgs zu schützen.

In den Jahren 1843 und 1844 entschloß sich Vilmar, »wiederholten dringenden Anforderungen entsprechend« [24], Vorlesungen »für das Publikum beiderlei Geschlechts über die deutsche Nationalliteratur im großen Saal der Markesschen Konditorei« in Marburg zu halten. [25] Die literarhistorisch interessierte Öffentlichkeit konstituierte sich also auch in Marburg [26] in einem Kaffeehaus: mittwochs von 17 bis 18 Uhr, im Winter auch samstags. Daß diese Vorlesungen erst relativ spät entstanden, ist kurhessischer Enge und Provinzialität anzulasten. [27] In den politisch und kulturell weiter fortgeschrittenen Metropolen Berlin und Wien hielt August Wilhelm Schlegel beispielsweise bereits vor 1810 öffentliche Vorlesungen ähnlichen Charakters. [28] In diesen Zusammenhang gehören auch Johann August Zeune mit seinen Vorlesungen über das Nibelungenlied, der um 1810 als »factisch offiziöser Dozent der Germanistik an der Berliner Universität« [29] gelten konnte, oder der ebenfalls literarhistorisch interessierte Gründer des »Rheinischen Merkur« Joseph Görres und andere. Im Herbst 1844 entstand aus

Vilmars Kaffeehausvorlesungen eine erste Niederschrift unter dem Titel: *Vorlesungen über die Geschichte der deutschen Nationalliteratur.* Mit der 3. Auflage im Jahr 1848 wurde der Titel ein wenig geändert. Das Buch hieß von nun an: *Geschichte der deutschen Nationalliteratur.* Es wurde ein literarhistorischer Bestseller ersten Ranges. Die Resonanz, die dieses Buch in der Öffentlichkeit fand, steht für das geistige Niveau eines Bildungsbürgertums, dessen Verstand vor 1848 zumeist nicht über die Grenzen jeweiliger landesfürstlicher Territorien hinausreichte. Dabei soll an dieser Stelle nicht unterschlagen werden, daß es in jener Zeit eine andere, eine progressive Fraktion des akademischen Bürgertums gegeben hat, die etwa das Publikum der Gervinusschen Literaturgeschichte stellte. Auch in Marburg gab es sie: republikanische Professoren und Studenten, die sich in Kurhessen für demokratische Verhältnisse einsetzten und nicht zuletzt Herrn Vilmar in arge Bedrängnis brachten.

Literaturgeschichte als Geschichte religiöser Innerlichkeit

Heinrich Gelzers beruflicher Werdegang begann nach dem Studium der Theologie und Geschichte in Zürich, Jena, Halle und Berlin, ebenfalls mit der Annahme einer Hauslehrerstelle. Im Winter 1836/37 arbeitete er in Südfrankreich als Hauslehrer, siedelte dann nach Bern, wo er als Privatgelehrter Vorlesungen über Geschichte und Politik hielt. Seine Literaturgeschichte entstand auf ähnliche Weise wie die Darstellung Vilmars: zu Beginn der 40er Jahre hielt er Vorlesungen über die deutsche Nationalliteratur an der Universität zu Basel. Zu dieser Vorlesung erschien auch die nicht-universitäre Öffentlichkeit; viele Hörer gehörten den besten Kreisen der Baseler Gesellschaft an. Grundlage der Vorlesungen war eine 1839 in Zürich erschienene Schrift Gelzers, deren Titel bereits auf den Tenor der später erscheinenden Literaturgeschichte verweist: »Die Religion im Leben oder die christliche Sittenlehre. Reden an Gebildete.« Was Gelzer dazu bewogen haben mag, Vorlesungen über die deutsche Literaturgeschichte zu halten und diese in seinem zweibändigen Werk *Die neuere Deutsche National-Literatur nach ihren ethischen und religiösen Gesichtspunkten. Zur inneren Geschichte des deutschen Protestantismus* zu veröffentlichen, wird durch den Hinweis von Friedrich Curtius erhellt, für Gelzer sei eine Verbindung seines geschichtlichen – und es ist hinzuzufügen – seines literarhistorischen Wissens mit einer ethisch-religiösen Tendenz charakteristisch gewesen. Gelzer selbst sah das so: »Ethik und Geschichte gehören zusammen, wie inneres und äußeres Leben, wie Gedanke und Wort. Ohne tieferen sittlichen Sinn würde die Geschichte eine Lästerung Gottes oder der Menschheit, oft genug ist sie beides zugleich. Ohne geschichtlichen Sinn, ohne historische Erfahrung verlöre sich die Ethik leicht in jenen falschen Idealismus, welcher den festen Boden unter den Füßen verliert. Es entstände eine Sittenlehre, die ihre Ideale und Gesetze frei schwebend in die Luft hängt, ohne zu fragen, ob im Menschen ein Bedürfniß dafür und eine Kraft dazu vorhanden sei und ob je ein ähnliches Streben vorhanden gewesen.« [30] Hauptanliegen seiner in den Jahren 1847 bis 1849 in Leipzig erschienenen Literaturgeschichte ist für Gelzer folglich die »*vergleichende Gegenüberstellung der christlich-ethischen Weltansicht mit derjenigen der modernen deutschen Bildung.*« [31] Beide, die christlich-ethische Weltanschauung und die moderne deutsche Bildung, spiegeln sich nach Gelzers Auffassung in der Entwicklung der neueren deutschen Literatur. Der Titel der Literaturgeschichte läßt darüberhinaus auf die mit ihr verbundene Absicht schließen: es geht um die »innere Geschichte des Protestantismus«, die Gelzer freilich nur anhand der *neueren* deutschen Literatur entwickeln kann. Er dürfte somit einer der ersten deutschen Literaturhistoriker sein, die ihr Interesse ausschließlich auf die Folgezeit der Reformation beschränken; im heutigen Sprachgebrauch wäre er also der Fachrichtung »Neuere deutsche Literatur« zuzurechnen. Somit thematisiert Gelzer – ob ihm dies bewußt wird, oder nicht – die Geschichte des deutschen Bürgertums, das sich seit dem 16. Jahrhundert in der ständisch-hierarchischen Gesellschaft als Klasse zu konsolidieren beginnt. Er bricht auf diese Weise mit Traditionen der »Deutschen Philologie«, an denen Vilmar durchaus noch festhält, Traditionen, die die Identität der deutschen Nation unter Rückgriff auf germanische Frühe und deutsches Mittelalter konstruieren. Literaturgeschichte als Geschichte des Protestantismus, oder Geschichte des Protestantismus als Geschichte der neueren deutschen Literatur, diese Fragestellungen ließen sich unter dem Aspekt rechtfertigen, daß der überwiegende Teil der deutschen Literaten sich seit der Reformation zum Protestantismus bekannte und daß nicht allein in Deutschland der Protestantismus – und noch ausgeprägter vielleicht der Calvinismus – die Interessen des Bürgertums artikulierte. [32] In diesem Sinn könnte eine Beschäftigung mit dem Verhältnis von neuerer deutscher Literatur und Protestantismus sozialgeschichtlichen Charakters sein. Die Tatsache, daß Gelzer eine *innere* Geschichte des Protestantismus zu schreiben beabsichtigt, macht jedoch deutlich, daß er keine Sozialgeschichte der neueren deutschen Literatur schreiben will. Das Interesse an »innerer« Geschichte, an Innerlichkeit überhaupt, kann begriffen werden als Vorform von Geistesgeschichte, wie Wilhelm Dilthey sie etwa 40 Jahre nach Gelzer formulierte. Solches Interesse an ethisch-normativ »Innerem« liquidiert jedoch Geschichtswissenschaft, und so kollidiert Gelzers Erkenntnisinteresse notwendig mit seinem methodischen Vorgehen, das »äußerlich« empirisch abzusichern versucht, was innere Geschichte des Protestantismus sei. So ist Gelzer zum Beispiel darum bemüht, aus dem Leben eines Autors Erkenntnisse über dessen Werk zu gewinnen: »Für die Literatur haben die Schicksale eines solchen Lebens dieselbe Bedeutung, wie in der politischen Geschichte die Lebensumstände eines großen Staatsmannes oder Feldherrn.« [33] Ohne daß Gelzer mögliche Zusammenhänge zwischen der Biographie eines Literaten und dessen Werk deutlich macht, stellt er unsystematisch markante Lebensdaten, wichtige Freundschaften eines Dichters, Auszüge aus dessen Briefen und Tagebüchern, sowie Kommentare von Zeitgenossen neben die literarischen Werke des Dichters, aus denen – oftmals seitenlang – ebenfalls zitiert wird. Gelzer versucht auf diese Weise zu zeigen, ob dieser oder jener Dichter positiv oder negativ zur Religion gestanden hat und macht das Ergebnis solcher Untersuchungen zum einzigen Kriterium für die Beurteilung eines bestimmten literarischen Werkes. Welche Zielgruppe Gelzer mit seiner zweibändigen Darstellung anvisiert, geht aus dem Vorwort der ersten Auflage seiner Untersuchung hervor: »Wer mit Einsicht und lauterer Theilnahme auf diese Darstellungen eingeht, wird bald erkennen, worauf es im letzten Grunde abgesehen sei; ich kann hinzusetzen: Alle, die mit mir die *Feindschaft* zwischen Glauben und Wissen für ein Phantom der Leidenschaft oder der Beschränktheit ansehen; Alle, die jene Kluft zwischen dem Ernste christlicher Ueberzeugung und den ächten Resultaten moderner Bildung für *eine unübersteigliche* halten – werden mir in den leitenden Grundgedanken zur Seite stehn.« [34] Hier wird von vorneherein deutlich gemacht, daß Glaube und Wissen sich ergänzen können, daß aber ein Bekenntnis zum christlichen Glauben unvereinbar sei mit den Resultaten moderner Bildung. Gelzer läßt auch im folgenden nicht den geringsten Zweifel an seinem Standpunkt aufkommen. Seine Literaturgeschichte, die nicht nur aus *»innerem* Triebe und Bedürfnis« [35] geschrieben wurde, sondern auch, weil ein Verleger mit richtigem Gespür für die Marktlage um eine solche Schrift gebeten hatte, stellt sich in allen seinen Aussagen erklärtermaßen in Gegensatz zu aufklärerischen Positionen, oder, wie Gelzer dies ausdrückt »zu dem selbstbewußten modernen Heidenthum, dem philosophischen und poetischen [. . .]« [36] Der Grundgedanke der Gelzerschen Darstellung besteht darin, »daß dem deutschen Geiste nicht bloß ein wissenschaftlicher und philosophischer, nicht bloß ein ethisch-praktischer, *sondern wesentlich auch ein religiöser Beruf inwohne,* der in unsrer Literatur als dem Ausdrucke des nationalen geistigen Lebens sich bedeutende und mannigfaltige Organe geschaffen.« [37] Daß »Unzählige unsrer Zeitgenossen an diesem Berufe irre werden und ihn von sich weisen«, ändert nach Gelzers Auffassung nichts daran, daß die deutsche Nation »für die Dauer« doch nicht davon abfallen kann, »es wäre denn, daß sie sich selbst aufgeben und mit ihrer Vergangenheit zugleich ihre Zukunft zerstören wollte.« [38]

Sprache und Literatur: Die »innerste Eigentümlichkeit« des deutschen Volkes

Vilmars Absichten zielen in die gleiche Richtung. Auch ihm geht es um Innerlichkeit, auch er spricht von einem besonderen »Beruf« des deutschen Volkes, der jedoch nicht, wie bei Gelzer, auf wissenschaftliche, philosophische, ethisch-praktische und religiöse Ziele in ihrer theoretischen Formulierung beschränkt bleibt. Mit dem Beruf des deutschen Volkes verbindet Vilmar handfeste materielle Zielsetzungen und er bemüht sich, diese vom theologischen Standpunkt zu begründen. Es wurde bereits darauf hingewiesen, daß Vilmars Beschäftigung mit deutscher Sprache und Literatur den Erfordernissen seines Berufes als Gymnasiallehrer entgegenkam. Die schulische Vermittlung der Studien Vilmars, der Umgang mit deutscher Sprache und Literatur überhaupt, sollten von erzieherischem Wert sein: An der Sprache, so Vilmar am 21. Januar 1831 in einem Aufsatz in der Allgemeinen Monatszeitschrift für Erziehung und Unterricht, habe der Jüngling sich zu erziehen. In diesem Aufsatz, der den Titel *Sprache, Sprachlehre und Sprachunterricht* trägt, heißt es: »An der Sprache sollen des Jünglings Gefühle sich entwickeln, die Sprache soll Träger und Zeichen seiner ersten selbständigen Anschauungen sein, die Sprache soll ihm Festigkeit, Klarheit, aber auch Lebendigkeit und Fülle geben. Die Sprache soll ihn in sich selbst, in das Innere seiner Seele verweisen; da soll er graben, säen und pflanzen, da soll er gründen und bauen, nicht draußen in der Welt, wo er keinen Boden, kein Eigentum hat.« [39] Das ideologische Implikat wird aus der Metaphorik deutlich: nicht etwa »draußen in der Welt« soll der Jüngling sich bewähren und seine Ansprüche geltend machen, den Anspruch auf Eigentum etwa, oder den Anspruch auf Grund und Boden, auf dem er – ohne von einem Feudalherrn abhängig zu sein – graben, säen und pflanzen kann. Vilmars Empfehlung, nicht mit den schnöden Äußerlichkeiten des Lebens sich abzugeben, dafür umsomehr zu eigenem Innersten vorzudringen, ist ein deutlicher Hinweis dafür, daß es darum geht, dem »Jüngling« ein Kompensatorium für das mangelnde reale Eigentum schmackhaft zu machen. Die revolutionären materiellen Ansprüche des Bauernstandes und des Bürgertums, die in der Revolution von 1848 artikuliert wurden, sollen dem »Knaben« bereits in der Schule ausgetrieben werden. Als Vehikel hat die Sprache herzuhalten. Sie dient Vilmar angeblich als Mittel zur Selbsterkenntnis, sie ist ihm letztlich das Spiegelbild der Seele. Sprache als Spiegelbild der Seele – diese These wollte Vilmar aber nicht allein für das Individuum gelten lassen; Sprache war ihm auch der Hauptschlüssel zur Seele eines Volkes: »Kein Volk wird in seinem Sein, in seiner Entwickelung, in seinen Taten – mit einem Worte in seiner innersten Eigentümlichkeit recht begriffen, wenn es nicht in seiner Sprache begriffen wird [...]« [40] Wo das Volk kein Eigentum besitzt, da definiert es sich schlicht durch die wissenschaftlich nicht faßbare Determinante der »innersten Eigentümlichkeit«, die für Vilmar nur in der Sprache zum Ausdruck kommt und nur durch sie begriffen werden kann. Und in der Einleitung der Geschichte der deutschen National-Literatur heißt es schließlich über die Poesie, sie sei eine der ältesten und eigentümlichsten Sprachen aller Völker, »da in ihr der Character des Volkes an Leib, Seel und Geist am vollständigsten und sichersten sich ausprägt.« [41] Diese Aussage ist programmatisch: Darstellung deutscher Sprache und Literatur in ihrer historischen Entwicklung als Versuch, das Wesen der deutschen »Volksseele« zu erschließen. Vilmars Methode besteht darin, »die Sachen selbst in ihrer Wahrheit und Einfachheit zu den Gemütern Unbefangener reden zu laßen.« [42] Hier wird auch gleich das Publikum genannt, das sich von Vilmars Literaturgeschichte angesprochen fühlen soll: die Gemüter derer, die Vilmar mit dem juristischen Omnipotenztitel der Unbefangenheit ausstattet. Vilmar glaubt, auf Wissenschaftlichkeit verzichten zu können, wenn es darum geht, ein solches Publikum anzusprechen. Folgerichtig erklärt er deshalb: »Die Gelehrsamkeit, die Wißenschaft, die Kritik waren und sind anderwärts auf diesem Gebiete hinreichend vertreten, dem Leben war und ist noch immer verhältnismäßig wenig dargeboten worden. Dem Leben aber hat diese Geschichte der deutschen Literatur dienen wollen, dem ganzen und vollen Leben meines Volkes, in der Kraft seiner Thaten, wie in der Macht seiner Lieder, in dem Stolze seiner angebornen Weltherschaft, wie in der selbstverschuldeten Demütigung unter Fremde, in dem lachenden Glanze seiner Frölichkeit wie in dem tiefen Ernst seiner christlichen Frömmigkeit.« [43] Hier wird von vorneherein alles abgewiesen, was wissenschaftlicher Erkenntnis Genüge leisten könnte und hier wird auch ersichtlich, welche Eigenschaften das von Vilmar gewünschte »unbefangene« Publikum auszeichnen: als unbefangen gelten alle, die mit Gelehrsamkeit, Wissenschaft und Kritik nichts im Sinn haben, oder besser, nichts im Sinn haben wollen, wie Vilmar selbst. Daß er in diesem Zusammenhang mit dem biologistischen Prinzip des Lebens [44] als vermeintlich unveränderlicher Seinsgröße operiert und dieses gegen die Wissenschaft auszuspielen sucht, kennzeichnet von Anfang an seine strikt anti-aufklärerische und antiwissenschaftliche Haltung. Die Ideologeme von der »angebornen Weltherschaft« und der »selbstverschuldeten Demütigung unter Fremde« sind zwar erst in einem späteren historischen Kontext so explosiv, daß sie zünden, wann immer sie eingesetzt werden [45]; daß Vilmar sie aber schon verwendet, zeigt deutlich, daß hier der Wunsch Vater des Gedankens war, wenngleich seine Verwirklichung zum Zeitpunkt des Erscheinens der Vilmarschen Literaturgeschichte noch in unnahbarer Ferne schien. Vilmar vergißt indes nicht, das Objekt seiner Betrachtungen einzugrenzen. Sein Interesse gilt nicht der deutschen Literatur schlechthin, sondern der deutschen Nationalliteratur. Zu ihr gehören »nur diejenigen literärischen Kunstwerke unseres Volkes, welche in Stoff und Form dessen eigentümliche Anschauung, Gesinnung und Sitte, dessen eigensten Geist und eigenstes Leben wiedergeben und abspiegeln, nur diese, als der Inhalt der deutschen *National*-Literatur (oder der *deutschen Literatur im engern Sinne*), werden in ihrem Entstehn, ihrem Wesen, ihrer Folge *nach* – und ihrer Wirkung *auf* einander Gegenstand meiner Schilderung sein können.« [46] Was deutsche Literatur »im engern Sinne« nun tatsächlich sei, das freilich bleibt in Vilmars Ermessen gestellt. Es wird jedoch von vorneherein deutlich, daß das Innerste deutscher Gesinnung und Sitte, das – was immer es sei – Vilmar scheinbar erst aufzuspüren sich anschickt, ihm bereits als Selektionskriterium dessen dient, was er als Nationalliteratur bezeichnet. Im Vorwort zur 4. Auflage seiner Literaturgeschichte heißt es schließlich zum Beruf des deutschen Volkes: »Der Beruf des deutschen Volkes in der Zukunft wird kein anderer sein als der er seit fast zwei Jahrtausenden gewesen ist: ein Hüter zu sein unter den Völkern für Zucht und für Sitte, für Gerechtigkeit und für Hingebung, für Dichtung und Wißenschaft in ihrer stillen Innerlichkeit und für den Glauben der christlichen Kirche in seiner weltüberwindenden Herrlichkeit.« [47] Hier endlich gibt Vilmar seine wahren Absichten zu erkennen. Ließ er den Leser zunächst im Glauben, es gehe ihm allein um die Seele des Volkes, die aus der Nationalliteratur zu erschließen sei, so geht es ihm in Wirklichkeit um die Darstellung seiner Auffassung von deutscher Zucht und Sitte und vom Festhalten an der Autorität der »christlichen Kirche«. Daß das deutsche Volk Hüter zu sein habe unter den Völkern, gibt erst auf dem Hintergrund des Vilmarschen Gedankens von der angeborenen Weltherrschaft des deutschen Volkes Aufschluß über den Beruf der Deutschen. Somit ist das Interesse dieser Literaturgeschichte evident: es geht darum, »unbefangenen Gemütern« diesen Beruf des deutschen Volkes darzulegen und ihn aus der geschichtlichen Kontinuität deutscher Sprache und Literatur abzuleiten.

Über den Zusammenhang von Literatur, Religion und Politik bei Gelzer

Drei Gesichtspunkte seien denkbar – so lehrt Gelzer in der Einleitung zu seiner Literaturgeschichte – wenn es darum gehe, die Literatur eines Volkes zu besprechen: da gebe es einmal den ästhetischen Gesichtspunkt, der allein nach dem Gesetz der künstlerischen Schönheit frage, dann sei ein geschichtlicher Gesichtspunkt vorstellbar, der die Literatur »als das Erzeugniß einer bestimmten Zeit, als das Resultat einer gewissen Bildungsstufe« betrachte [48], und schließlich gebe es einen dritten, den ethischen und religiösen Gesichtspunkt, der im Dichter »den Menschen und seine tiefsten, innersten entscheidendsten Beziehungen« suche. [49] »In der dichterischen Schöpfung sucht er den verborgenen Lebensgeist, aus welchem sie entsprungen und worin sie athmet; er forscht nach den geistigen Voraussetzungen, nach den Grundanschauungen, von denen ein Dichter oder eine ganze Generation im Hervorbringen und Beurtheilen geleitet wurde; er verlangt Aufschlüsse über das zarteste und tiefste Verhältniß, was im Grunde einer jeden Seele, wie im Innern einer jeden Literatur lebt: das Verhältniß zwischen den geistigen Trieben und Bedürfnissen der freien Persönlichkeit und den objektiven

Mächten und Gesetzen des Lebens; zwischen der *poetischen* Befreiung und Erhebung des individuellen Bewußtseins und dem ethischen Ernste, der religiösen Weihe des menschlichen Daseins.« [50] Poesie ist für Gelzer demnach in ihrer »tiefsten Voraussetzung« poetische Befreiung. Aber nicht allein. Er konstatiert, die Poesie sei in ihrer mächtigsten Lebensäußerung auch Begeisterung. Aus dieser Erkenntnis zieht er den Schluß: »[. . .] eben deßhalb kömmt sie [die Poesie, R. B.] mit dem ethischen und religiösen Gebiete in unausweichliche Berührung.« [51] Für Gelzer ist also ausgemacht, daß die Poesie in Beziehung zur Religion steht: »Ist Poesie die *Freiheit* des unmittelbarsten persönlichen Lebens: so tritt ihr das entwickelte *ethische* Bewußtsein mit dem bestimmten Anspruche entgegen: ganz allein *die Freiheit* zu besitzen und zu gewähren, die weder mit der Würde der sittlichen Reinheit noch mit den unerschütterlichen Grundbedingungen des Lebens entzweie. – Ist die Poesie ferner (wie wir angenommen) in ihrer eigenthümlichsten und wahrsten Wirkung: *Begeisterung* – so begegnet sie auf ihrem Wege nothwendig dem *religiösen* Bewußtsein; denn auch die Religion, wo sie nicht in den Windeln eines geistlosen Gewohnheitsglaubens erstickte, ist in der einen ihrer reinsten ewigen Wurzeln (die andre liegt im *Gewissen*) eben auch *Begeisterung.*« [52] Somit ist der Kreis geschlossen und Gelzer kann nun auf der willkürlichen Setzung eines solchen Verhältnisses zwischen Poesie und religiösem Bewußtsein seine allgemeinen Betrachtungen über die deutsche Literatur fortsetzen. Er weiß zu berichten, daß die deutsche Literatur drei Bküteperioden gehabt habe, nämlich zur Zeit der Staufer, in der Zeit der Reformation und seit der Mitte des 18. Jahrhunderts. Allen drei Perioden scheint folgendes gemein zu sein: »Jedesmal läßt sich bemerken, daß sich gleichzeitig in der Nation ein erhöhtes Bewußtsein ihrer äußern Geltung und ihres innern Werthes entwickelt hatte.« [53] Die äußere Geltung definiert Gelzer als einen jeweils verschiedenen Grad politischer Unabhängigkeit der deutschen Nation, denn »ein völlig darnieder gehaltenes, politisch und ökonomisch gedrücktes Volk wird nie eine großartige, neue Wege eröffnende Literatur hervorbringen.« [54] Man wird fragen, ob solche Ausführungen nicht mit Gelzers Anspruch kollidieren, einen Beitrag zur Geschichte des inneren Protestantismus zu liefern, denn hier wird ein äußerer Zusammenhang zwischen Poesie und Historie konstatiert, ein Zusammenhang zwischen politischer Prosperität und literarischer Blüte. Dies bedeutet aber nicht, daß Gelzer ein striktes Bedeutungsverhältnis sieht zwischen der politischen Größe Deutschlands und einer Höherentwicklung des deutschen Geistes, er ist ebenso wie Vilmar davon überzeugt, daß trotz mancher Höhepunkte, die Deutschlands politische Entwicklung erlebte, die »äußere« politische Bedeutung insgesamt abnehme, die Bedeutung des deutschen Geistes dagegen ständig wachse. [55] Gelzer ist sich mit Vilmar grundsätzlich auch darin einig, daß die Höherentwicklung des deutschen Geistes die Möglichkeit einer Wiedergeburt der politischen Größe Deutschlands in sich berge. Durfte sich die deutsche Nation im Mittelalter noch »für die erste europäische ansehen« [56], weil sie hohes politisches Ansehen genoß, so hatte diese politische Überlegenheit in der Reformationszeit schon erhebliche Einbußen erlitten: »So begann schon damals eine Wendung, die später immer stärker hervortrat: die Einbuße an politischer Macht sollte den Deutschen durch geistigen Einfluß ersetzt werden.« [57] Deutlicher kann man die Kompensationsfunktion der »geistigen Macht« kaum herausstellen. Dieses Ideologem erfüllt seine kompensatorische Funktion jedoch nur als quasi innenpolitischer Faktor. Nach außen hat die geistige Macht Deutschlands »missionarisch« zu wirken. Schwindet auch die politische Größe der deutschen Nation, so steht ihre geistige Überlegenheit über die anderen europäischen Nationen für Gelzer außer Frage: »Wie Frankreich für das *politische* Leben den Chrarakter der neuen Zeit [...] bestimmte, so trat damals für das *geistige* Leben Deutschland in den Vordergrund; entschied sich dort das Schicksal der Staaten, der äußern Existenz, so blieb die Bewegung der Geister, das Schicksal der innern Existenz durchaus der deutschen Nation zugewiesen.« [58] Gelzers Innerlichkeitslehre erfährt hier ihre nationalistische Ausweitung: seine Feststellung, dem deutschen Geist falle die Aufgabe zu, das Schicksal der »innern Existenz« aller Völker zu bestimmen, stellt letztendlich nichts anderes dar als ein Plädoyer für imperialistische Machtansprüche.

Der »Zerfallsprozeß« deutschen Geistes vom Mittelalter bis zur Romantik. Zu Vilmars Literaturgeschichte.

Vilmars Literaturgeschichte beginnt mit einem Rückgriff auf die Ursprünge der deutschen Poesie. Die ältesten deutschen Sprachzeugnisse sind ihm nicht nur Ausgangspunkt einer ungebrochenen Kontinuität deutschen Geistes, sondern auch in der Zukunft nie mehr erreichter Höhepunkt deutschen Kulturlebens. Bereits auf den ersten Seiten seiner Darstellung verweist Vilmar auf eine angeblich privilegierte Stellung der deutschen Literatur: sie habe nämlich eine Erscheinung aufzuweisen, »welche die Literatur keines Volkes der Erde mit ihr teilt: sie ist zweimal zur höchsten Blüte ihrer Vollendung emporgewachsen, sie hat zweimal in dem Glanze einer heitern, frischen, kräftigen Jugend gestralt – mit einem Worte, sie hat nicht wie die Literatur der übrigen Nationen nur *eine,* sie hat *zwei klassische* Perioden gehabt [...]« [1] Dies zeige, daß die deutsche Literatur der griechischen, die weit über allen anderen Literaturen stehe, mindestens ebenbürtig sei. Jene angebliche zweimalige Blüte der deutschen Dichtkunst entspreche »der innersten Natur und dem eigentümlichen welthistorischen Berufe unseres Volkes.« [2] Es wurde bereits angedeutet, welche materiellen Interessen der welthistorische Beruf des deutschen Volkes impliziert. Die ideelle Begründung liefert Vilmar, indem er auf die Größe der deutschen Literatur und auf ihre prinzipielle Überlegenheit über andere Literaturen pocht. Dieser Verweis auf die germanische Geistesgröße kommt nicht von ungefähr: seiner Meinung nach ist der deutsche Geist im 19. Jahrhundert, für das Vilmar schreibt, gefährdet durch undeutsche Irrlehren: Republikanismus, Sozialismus und Kommunismus. [3] Da es aber unmöglich ist, die deutsche Kultur und besonders die deutsche Literatur von fremden Einflüssen freizusprechen, konzediert Vilmar, es habe mit den Kulturen anderer Völker »Kämpfe« gegeben, in denen das deutsche Volk schließlich nicht nur »Schrammen und Narben« davongetragen habe, sondern die es sogar zum Gefangenen des Gegners gemacht hätten: [4] »Jener Kampf, jenes gewaltige Ringen mit fremden Geistern, diese Fähigkeit, sich aufzuschließen und hinzugeben, Fremdes zu empfangen, dasselbe in fortwährendem kräftigen Aneignungsprocesse dem eigenen Selbst zu assimilieren, und dann wieder in freier Schöpfung als volles Eigentum zu reproducieren, dieß ist es, durch welches unsere Literatur gekennzeichnet, durch welches ihre Geschichte bedingt und die Perioden derselben bestimmt werden.« [5] Ein wesentliches, dieser dem Germanischen zunächst fremden Elemente war das Christentum, dessen Geist erst – so Vilmar – die deutsche Literatur des 13. Jahrhunderts völlig erfasste. Die Verschmelzung von Christentum und Germanentum in der deutschen Kultur erklärt Vilmar unter Hinweis auf die Völkerwanderung: »[...] da wurde von dem Süden und dem Westen, wohin die ungezählten Scharen drängten, mit mächtiger Stimme der Friede Gottes des Herrn tief in den Norden und Osten hinein und über die wogenden Völkerscharen hinaus gerufen; und es ward still in den Wäldern und auf den Heiden und die Scharen lauschten ehrerbietig dem Worte des Gottesfriedens; das Kreuz wurde aufgepflanzt an den Scheidewegen der Völkerstraßen un die wandernden Heere standen und baueten Hütten und Burgen und Städte um die Kreuze.« [6] Am Stamm des Kreuzes wuchsen die ältesten und echtesten Züge deutschen Charakters kräftiger und herrlicher heran: die »alte Wildheit« wich christlicher Sitte und Milde, was von germanischer Tugend erhalten blieb, waren Tapferkeit, Treue, Freigebigkeit, Dankbarkeit, Keuschheit und Familienliebe. Die Kombination von Christentum und germanischer Tradition, Merkmal für das, was Vilmar als die »ältesten und echtesten Züge deutschen Charakters« bezeichnet, fließen ein in eine Dichtkunst, welche das deutsche »zum zweiten Volk neben den Griechen« gemacht habe. Bei solcher Einschätzung der deutschen Literatur des Mittelalters ist es nicht verwunderlich, daß Vilmar gegen die Kritiker der germanischen Literatur zu Felde zieht. Er tritt vor allem Johann Christoph Adelung entgegen, der »das Mittelalter, vorzugsweise das germanische, als dicke Finsternis und wüste Barbarei« [7] ansehe. Vilmar hebt dagegen hervor, gerade jene Zeit des Mittelalters, »in welcher noch das Schwert der freien Deutschen auf den hallenden Schild schlug und mit seinem weithin schallenden Schlage den frölichen Kriegsgesang begleitete, der zum Kampf gegen den welschen Unterdrücker rief« [8], habe unvergessliche Sprachdenkmäler hervorgebracht. Die politischen Implikationen, die sich aus Vilmars Anspielung auf den »welschen Unterdrücker« für das 19. Jahrhundert ergeben, sind leicht abzuleiten: der »welsche Unterdrücker« wird gleichgesetzt mit Napoleon, dieser ist wieder Symbolfigur der Schrecken der Französischen Revolution, deren politische Ergebnisse von Napoleon zum Teil nach Deutschland exportiert wurden. Nichts an dieser Revolution aber war schrecklicher, als der Geist, der von ihr ausging, ein Geist, der auch deutsche Dichter und Denker infizierte. Das deutsche Volk konnte in einer Zeit, in der es das zweite neben den Griechen war, nur zu kultureller Blüte gelangen, weil es dem welschen Unterdrücker den Kampf ansagte. Nur aus diesem Grund war es auch politisch mächtig. Also gelte es auch im 19. Jahrhundert gegen die Welschen und die von ihrem Geist Infizierten vorzugehen, damit die deutsche Kultur sich der völligen Vernichtung entziehe und einem dritten literarischen Höhepunkt entgegensehen könne. Es ist offensichtlich, daß sich solche Forderungen eindeutig gegen Bestrebungen richten, die in der Zeit des Vormärz für einen deutschen Nationalstaat mit republikanischer Verfassung kämpften. Die Literaturdenkmäler des Mittelalters brachten hingegen noch zum Ausdruck, was Vilmar in die Zeit des Vormärz gerettet sehen will: Treue und Dankbarkeit gegenüber dem König; für ihn wird »alles gethan, wird treulich gekämpft, wird willig geblutet, wird freudig in den Tod gegangen, für ihn wird mehr gethan als gestorben; für ihn werden starken Herzens auch die Kinder geopfert.« [9] Was Vilmar während der Revolution von 1848 als Herausgeber eines Organs der politischen Reaktion verbissen zu verteidigen suchte, kommt also schon in seiner Literaturgeschichte zum Ausdruck: das in germanischer Frühe feststellbare Treueverhältnis zwischen dem König und seinen Mannen dient immer wieder als Legitimationsgrundlage für die Herrschaftsansprüche des Feudaladels im 19. Jahrhundert. Was die volkstümlichen Sagen und Lieder des Mittelalters zum Ausdruck brachten, soll dem Betrachter der politischen Szenerie des 19. Jahrhunderts als Leitfaden eigenen Handelns dienen. Werden also die emanzipatorischen Bestrebungen des deutschen Bürgertums einerseits als welsches Fremdgut denunziert, so versucht Vilmar andererseits, das überholte feudale Gesellschaftssystem unter Rückgriff auf mittelalterlich-germanische Traditionen auch für die Zukunft zu legitimieren.

Der Untergang der Ritter und das Ende der Kreuzzüge künden zu Beginn des 14. Jahrhunderts schließlich den Zerfallsprozeß der ersten Blütezeit der deutschen Literatur an. Dies führt Vilmar auf zwei Hauptursachen zurück: »Es wankten die zwei Säulen der deutschen Poesie: die *deutsche Treue* und der *christliche Glaube*, und mit den Säulen mußte auch der kunstreiche Bau der Poesie wanken, der allein auf diese Säulen gegründet war.« [10] Vilmar verweist hier erneut auf die beiden vorrationalen Qualitäten der Treue und des christlichen Glaubens, die angeblich Träger der deutschen Poesie gewesen seien, unverrückbare ahistorische Seinsgrößen, ohne die Vilmar sich die deutsche Poesie nicht vorstellen kann. Daß die immer mehr in den Vordergrund drängende Wissenschaft – zumal naturwissenschaftliche Disziplinen – sich in ihren Anfängen und in ihrer Weiterentwicklung auf andere Grundlagen stellen mußte, ist Vilmar somit suspekt. Er versucht deshalb, in den Anfängen wissenschaftlicher Forschungen schon den Zerfallsprozeß der deutschen Poesie vorgezeichnet zu sehen: »Die Zeit, in welcher der menschliche Geist sich mit ausschließlichem Eifer und glücklichem Erfolg auf die Bewältigung der Natur, auf den Ausbau und die Anwendung der sogenannten exacten Wissenschaften wirft, ist niemals eine *sittlich* große noch eine *poetisch* große Zeit.« [11] Die Überfremdung alles angeblich genuin Deutschen durch Wissenschaft und Philosophie sei soweit gegangen, daß die Bezeichnung »ein deutscher Poet« als eine Art Schimpfwort gegolten habe. [12] Die zunehmende Verdrängung der deutschen durch die lateinische Sprache und das Schicksal, das dem Nibelungenlied zuteil wurde, gelten Vilmar als Indizien für den »Untergang alles echt deutschen, nationalen Gefühls und Bewußtseins.« [13] Zu Beginn des 17. Jahrhunderts galt das Nibelungenlied nämlich »für ein Curiosum, wofür es ja noch heut zu Tage mancher hält, statt in ihm ein Stück von dem eigenen Leib und Leben anzuerkennen.« [14]

Die zweite Blüteperiode der deutschen Literatur, die Vilmar mit dem Beginn des 17. Jahrhunderts einsetzen sieht, betrachtet er als eine Zeit der »Verschmelzung *fremder poetischer* Elemente mit den *deutschen.*« [15] Die Dichterschulen, die in jener Zeit entstanden, die schlesische Schule um Opitz etwa, die Nürnberger oder die Königsberger Schule, fanden zwar Vilmars Sympathien nicht, weil sie nicht jahrhundertelange Erfahrungen und Erlebnisse des deutschen Volkes besangen – Inbegriff dessen, was Vilmar als wahre Dichtung ansieht –; dennoch erscheinen ihm diese Schulen, die Verse machen lehrten »wie Schuhe, und Gedichte wie Oberröcke« [16], als notwendige Kinderkrankheiten einer neuen dichterischen Epoche. Diese sieht Vilmar geprägt von »*geborenen,* nicht gemachten, nicht durch schulmäßige Uebung« [17] eingelernten Dichtern,von Klopstock, Lessing, Wieland, Herder, Goethe und Schiller, die er die »sechs Heroen unserer neuen Poesieen« [18] nennt. Bevor Vilmar sich ihnen im Detail zuwendet, zeigt er einmal mehr, wie er es mit der Wissenschaftlichkeit hält, wenn es um die Beurteilung literarischer Phänomene geht: »Es ist Vermeßenheit, das Wesen der größten Ingenien, welche auf mehrere Menschenalter, auf mehrere Jarhunderte hinaus bestimmend, gebietend, bildend und schaffend auf ihr Volk, vielleicht auf mehrere Völker oder die ganze Menschheit gewirkt haben, aus den historischen Bedingungen, an die ihr zeitliches Dasein und Wirken geknüpft war, erklären zu wollen; erklären zu wollen, wie es gekommen sei und notwendig habe kommen müßen, daß ein Geist dieser Art, mit diesen Gaben, mit diesen Richtungen, mit dieser Wirksamkeit eben in dieser Zeit erschienen sei. Es ist Vermeßenheit, welche, so sicher sie auch auftritt und so zweifelhafte Resultate sie auch verheißt, dennoch notwendig in sich selbst zusammenbricht und sich selbst vernichtet, schon darum, weil sie eine vollständige, das ganze Detail umfaßende Kenntnis der sämtlichen Zustände, aus welchen dieser Geist soll geboren sein, voraussetzt, und einer *solchen* Kenntnis sich nur der *Unkundige* zu rühmen in Stande ist; es ist Vermeßenheit, welche, so geistreich sie scheint, im tiefsten Grunde auf einer mechanischen, um nicht zu sagen *rohen* Ansicht von dem geistigen Leben der Menschheit, des Ganzen wie der Individuen beruht: als sei der menschliche Geist nur ein Product der Zeitverhältnisse, nur ein *Facit* aus Vorhergegebenen Summanden, eine *Ziffer,* die eine Stufe weiter abermals zum Summanden werde, um ein neues Facit zu ziehen, eine *Formel,* aller Eigentümlichkeit, aller Selbständigkeit, alles Willens, alles Geheimnisses entkleidet. Und doch ist das der Stolz und die Freude und der lebendige Quell aller Lebenskraft nicht etwa nur der Geister ersten Ranges, sondern eines jeden, der zum Bewußtsein seiner Gaben und seiner Persönlichkeit gelangt ist, daß er etwas ist und weiß und will und kann, was kein Anderer vor ihm und neben ihm eben so ist und weiß, will und kann, daß er sich, und wäre es so zu sagen an einer einzigen Stelle seines Ich, unabhängig von seiner Zeit, in undurchdringliches Geheimnis gehüllt, unergründlich und schöpferisch weiß. Jene, heut zu Tage nur allzu modische Vermeßenheit treibt die gute, alte, ewige Wahrheit, daß die Menschheit eben kein Aggregat von Individuen, sondern wesentlich ein Ganzes sei, auf eine monströse Spitze hinauf: durch sie wird die geistige Menschheit zu einem rein physischen Elemente gemacht – gleichsam zu einem See, aus welchem die einzelnen Geister wie Blasen aus der Tiefe aufsteigen, um eine Zeitlang an der Oberfläche umherzuschwimmen, und dann zu zerplatzen – es schlägt in ihr die Warheit, in welcher wir als Christen unser Heil und unsern Trost finden, in den heillosesten und trostlosesten, vollkommen crassen und finstern pantheistischen Determinismus um«. [19] Vilmar diskrediert hier einen genuin kritischen Ansatz zur Interpretation von Literatur, indem er ihn von vorneherein versimpelt und darüberhinaus kategorisch leugnet, daß Literatur Gegenstand wissenschaftlicher Untersuchungen sein kann. Einem rationalen Erfassen literarischer Phänomene setzt er eine Art Geniereligion entgegen: Literatur entsteht demnach auf geheimnisvolle Weise durch das Medium eines gottähnlichen Genies, sie läßt sich nicht analysieren, sondern kann nur andächtig angebetet werden – ebenso das Genie, das diese Literatur schafft. Dies ist der Ausgangspunkt für Vilmars Betrachtung der Klassik und der »sechs Heroen« der deutschen klassischen Literatur.

Vilmars Beurteilung der deutschen Klassik stützt sich auf eben jenen Kategorienapparat, den er schon zur Wertung der mittelalterlichen Poesie heranzog. Folglich findet eigentlich nur Klopstock seine volle Sympathie, da dieser sich nicht von »fremder Bevormundung« – besonders durch die französische Klassik – habe »demütigen« lassen, sondern »deutsch« war, »deutsch an Ernst und an Tiefe, deutsch in Familiensinn und Vaterlandsliebe, deutsch in Einfachheit und Warheit, deutsch in der Stärke des Naturgefüls und der elegischen Stimmung, die von dem deutschen Natursinne unzertrennlich ist. Seit einhundert und dreißig Jaren, seitdem man in Deutschland den deutschen Sinn, das deutsche Gesamtgefül verloren hatte, war des Redens kein Ende gewesen von deutscher Sprache, deutscher Dichtkunst, deutschem Heldentum und was weiß ich sonst von deutscher Großheit und Herrlichkeit – gerade von den Dingen, die man nicht hatte, im Grunde auch nicht haben wollte noch konnte, wol aber zu haben sich einbildete; mit jedem Jarzehend sollte die deutsche Dichtung deutscher, selbständiger, der ausländischen ebenbürtiger werden – und mit jedem Jarzehend wurde sie undeutscher, abhängiger, niedriger, eben durch die, welche sie deutsch und selbständig zu machen meinten; allesamt *waren* sie keine Deutschen, wollten sich aber künstlich und gewaltsam zu Deutschen machen. Da trat ein Klopstock auf, der sich nicht zum Deutschen machen *wollte,* der ein Deutscher *war.*« [20] Wird Klopstock vor dem Leser also geradezu als Symbolfigur des »Deutschtums« aufgebaut, so sieht Vilmar angesichts des Aufklärers Lessing denn auch schon Vorsicht geboten. Lessing, der mit »deutscher Treue« nichts im Sinne hatte, sondern jenes Gesellschaftssystem bekämpfte, für das Vilmar eintritt, wird folglich zu den Kräften gerechnet, die »statt des christlichen ein heidnisches Bewußtsein zu erzeugen« [21] suchten. Vilmar erkennt jedoch, daß »eine sociale und politische Unruhe die ganze Zeit, von welcher wir reden und noch zu reden haben werden, durchzieht«, er ist aber der Auffassung, daß »die sociale Unzufriedenheit doch nur in der religiösen wurzelt.« [22] Dieser Hinweis auf die Religion als Allheilmittel will zugleich als Rezept zur Heilung der gesellschaftlichen Krankheiten des Vormärz, in dem die Lehren der Republikaner und »Communisten« sich gegen eine angeblich gottgewollte Gesellschaftsordnung wenden, verstanden sein. In seiner Zeitschrift *Der Hessische Volksfreund* verweist Vilmar daher ständig auf eine angeblich um sich greifende Religionslosigkeit, der er die Notwendigkeit einer starken weltlichen Macht von Gottes Gnaden gegenüberstellt. Hatte Vilmar über Lessing nur wenig Rühmliches zu sagen, so wird Christoph Martin Wielands Literatur abgekanzelt als der »praktische Materialismus, wie der aus Frankreich durch Voltaire, La Mettrie, Diderot und sie sogenannten Encyclopädisten zu uns herüber kam [. . .]«. [23] Wielands literarische Stoffe gelten als »üppige Näscherei, wenn nicht geradezu Gift, durch welches die edelsten Organe zerstört und die kommenden Geschlechter geschwächt, gelähmt, verkrüppelt werden«. [24] In solchem Kontext ist es nur konsequent, wenn auch Goethe und Schiller nicht den ungeteilten Beifall Vilmars finden. Seinem dürftigen

Kategorienapparat gemäß bemäkelt er, daß beide nicht auf dem sicheren Boden des Christentums standen, sondern einerseits von naturalistischem Pantheismus und andererseits von aufklärerisch-rationalistischer Philosophie geprägt seien. Vilmar geht einer abschließenden Beurteilung beider Autoren jedoch aus dem Weg. Trotzdem bemüht er sich, wenigstens einige, aus seiner Sicht bedeutende Arbeiten Goethes und Schillers zu charakterisieren.

Eine allgemeine Charakterisierung Goethes bescheinigt ihm, er stehe neben den »größten Dichtergenien aller Völker« und nur »*eine* Stufe unter dem *Volksepos«* [25], das für Vilmar, wie schon für die Romantiker, die größte vom Individuum unerreichte Schöpfung des menschlichen Geistes ist. Es ist daher nicht verwunderlich, daß Vilmar den *Götz von Berlichingen* als bedeutendstes Werk Goethes betrachtet. In diesem Drama sei ein volkstümlicher Stoff verarbeitet und der Zuschauer erkenne sofort, »daß hier unsere leibhaftigen Altvordern, nicht Phantasiegebilde, Ideale und Gespenster auftreten, daß es wirklich unsere *lieben* alten Väter sind, die wir hier sehen, an denen wir, wie am eigenen Leben, unsere Freude haben können, eben wie das Volk früherer Jarhunderte an den lieben alten Königen und Helden des Volksepos seine Freude hatte.« [26] Neben einem solchen Drama kann nur noch Goethes Lyrik bestehen: »An dieser Lyrik wird mehr als *ein* Jahrhundert noch zu lernen, *und nur zu lernen* haben: ein glückliches Nachahmen wird noch lange Zeit eine der größten Dichter-Aufgaben bleiben; an ein Gleichkommen ist *kaum,* an ein Ueberwinden *nicht* zu denken.« [27] Dieses Zitat läßt noch einmal den Geniekult, den Vilmar betreibt, deutlich werden: das Genie ist unnahbar und unerreichbar – und also wissenschaftlichen Fragen letztlich unzugänglich. Wird Goethe als gleichsam überirdisches Wesen dargestellt, so wird Schiller derart heftig attackiert, daß sich der Eindruck aufdrängt, er sei nicht etwa einer der »sechs Heroen der deutschen Poesieen«, sondern vielmehr einer jener welschen Schreiberlinge à la Voltaire und Rousseau gewesen. Dramen wie *Die Räuber* oder *Die Verschwörung des Fiesco* seien nicht getragen von christlicher Demut, sondern sie seien ganz und gar unchristlich und daher undeutsch. Vilmar streitet Schiller überhaupt die Fähigkeit ab, Trauerspiele schreiben zu können: nur schwerlich werde dem ein Trauerspiel gelingen, »der es überhaupt oder *noch* nicht versteht, die Dinge zu nehmen wie sie sind, der die Welt nach Theorien und Idealen beurtheilt, schwerlich dem, welcher keine Schule des politischen Lebens gemacht oder wer sich ihr entzogen hat.« [28] Sonach ist es konsequent, wenn Vilmar für die aufklärerische und somit politische Funktion des Dramas *Kabale und Liebe* kein Verständnis aufbringt und Schillers Offensive gegen den Absolutismus auf das Schärfste ablehnt: »In *Kabale und Liebe* werden uns geradezu Unmöglichkeiten zugemutet; eine solche alles Maß überschreitende Nichtswürdigkeit und ein solcher sogenannter Edelmut, wie sie hier erscheinen, hören beide auf, menschliche zu sein; das ganze Stück ist eine Carricatur, und zwar eine überaus widrige, die man nur mit dem äußersten moralischen Widerwillen und mit völligem ästhetischen Ekel betrachten kann.« [29]

Die Wertvorstellungen, die Vilmars Einschätzung der deutschen Klassik zugrunde liegen, zeigen einmal mehr seine strikt anti-aufklärerische Haltung. Kamen in der Literatur des 18. Jahrhunderts die politischen Herrschaftsansprüche des deutschen Bürgertums qua Negation der bestehenden feudal-absolutistischen Gesellschaftsordnung zum Ausdruck, so wertet Vilmar diese Negation als Zeichen einer um sich greifenden Gottlosigkeit, die kompromißlos zu bekämpfen sei. Vilmar vergleicht diese Literatur – besonders die im 18. Jahrhundert entstandenen Dramen – mit der Literatur des Mittelalters und zieht aus diesem Vergleich den Schluß, die Klassik stelle nichts anderes dar, als eine Degenerierung des alten deutschen Heldenepos zum bürgerlich-individualistischen Trauerspiel. Einzig die Romantiker bemühten sich, die in der Klassik zerstörte »Einheit des Lebens und der Poesie« wiederherzustellen: was in der Klassik endgültig vergessen schien, wurde in der Romantik für Vilmar wieder lebendig. Es bestand plötzlich wieder Interesse am deutschen Volkslied, an den deutschen Märchen und Sagen und auch die oft geschmähte »Anerkennung der altehrwürdigen Königsherrschaft und der Vasallentreue« [30] kam wieder zu ihrem Recht. Dies war Grund genug für Vilmar, in der Romantik eine neu hereinbrechende Epoche deutscher Geistesgröße zu sehen: die Behauptung, »es habe die romantische Schule eigentlich gar keine postitive, sondern nur eine negative, kritische Wirksamkeit geäußert, als habe sie sich von dem Streben der Zeit losgesagt, ja sich demselben entgegengesetzt« [31], sei daher völlig unhaltbar. Daß sich neben der Anerkennung der alten Staatsformen durch die Romantik auch bald die Überzeugung aufdrängte, »daß zu einer solchen Einheit der Poesie und des Lebens auch Einheit der Sitte, Einheit der Sprache, der Lebensanschauungen, des Strebens« und vor allem die »Einheit des *Glaubens*« gehörte [32], ist für Vilmar ein Grund mehr, die Romantik begeistert zu begrüßen. Seine rückhaltlose Unterstützung der romantischen Bestrebung eines Zurück zum Mittelalter, als einer Flucht vor der Realität der Gegenwart in eine idealisierte Vergangenheit – ideologischer Ausfluss der politischen Ohnmacht des deutschen Bürgertums gegenüber der Herrschaft des Feudalabsolutismus – macht seine Stellung im Kampf um die ökonomische und politische Emanzipation der deutschen Bourgeoisie deutlich: Vilmar gaukelt dem Leser eine Übereinstimmung dieses Traums vom heilen Mittelalter mit der politischen Realität des ausgehenden 18. und des beginnenden 19. Jahrhunderts vor – ja, er beschreibt die politischen Zustände dieser Epoche implizite als Idealzustand und lenkt alle Bestrebungen auf die Erhaltung des politischen status quo. Die kritischen Stimmen – in der Folge der Romantik deutlich hörbar – Heine etwa, werden geflissentlich überhört oder nur am Rande wahrgenommen. Da ist dann die Rede von »vaterländischen« Elementen, den Erben quasi der romantischen Schule: Ludwig Uhland, Gustav Schwab, Wilhelm Hauff oder Nikolaus Lenau, Ernst Moritz Arndt, Theodor Körner, und je politischer derer Lieder und Balladen, desto mehr drängt sich Vilmar wieder der Verdacht des Verfalls der deutschen Poesie auf. Wer – und sei es nur in Liedern – auf Veränderung der gesellschaftlichen Zustände drängte, wurde von Vilmar schlicht als Gefahr für die deutsche Dichtkunst diskreditiert. Deshalb schließt seine Literaturgeschichte mit einem vagen Blick in die Zukunft, der doch in einem konservativ-reaktionären Appell sich das politische Ziel seiner Hoffnung deutlich genug steckt: »Daß aber ein gänzlicher Verfall unserer Dichtkunst drohend bevorstehe, und ob derselbe nur dadurch verhütet werden könne, daß die Jugend unserer Zeit aller Poesie entsage und sich den *Thaten* zuwende, wie Gervinus geraten hat, wage ich nicht zu behaupten. Das jedoch weiß ich gewiß: ein gänzlicher Verfall der deutschen Dichtkunst ist nur dann möglich, wenn die Nation sich selbst, ihre Kraft und ihre Thaten, ihren Beruf und ihre Geschichte vergißt; er ist unmöglich, so lange ein starkes Bewustsein von einer großen Vergangenheit und eine volle, hingebende Liebe für die Gesänge der Väter und Altväter in den Herzen der Jugend lebendig sein wird. Vielleicht daß, wenn dieses Bewußtsein erhalten, diese Liebe gepflegt wird, früher oder später, im nächsten Menschenalter oder nach einer Reihe von Generationen – denn wer will die Zeiten der Zukunft ausmeßen? – vielleicht, daß dann ein drittes Blütenalter unserer Poesie eintritt, in welchem die tiefe Glaubensbefriedigung und das starke Nationalgefühl der älteren mit dem vollendeten Weltbewustsein der jüngeren Zeit sich zur leuchtenden Sternenkrone über den Häuptern einer glücklichen Nachwelt vereinigt.« [33]

Gelzer über das »religiöse Princip« in der deutschen Literatur

Während Vilmar den »deutschen Geist« und den »deutschen Beruf« in germanischer Frühe und später in der »Glaubensbefriedigung«, die das Christentum bietet, kombiniert sieht, verzichtet Gelzer darauf, die »germanischen Tugenden« mit dem Christentum zu verbinden und eine solche Verbindung als wahrhaft »deutsch« auszugeben. Gelzer geht es vielmehr um den Nachweis, daß die deutsche Literatur ganz in einer christlich-protestantischen Tradition stehe und daß diese für die literarische und politische Zukunft der deutschen Nation richtungsweisend sei. Er beginnt seine literaturhistorischen Betrachtungen mit einem Überblick über die deutsche Literatur des 16. und 17. Jahrhunderts. Mit dem Beginn des 16. Jahrhunderts, mit der Reformation also, habe sich in Deutschland nicht allein das religiöse Denken und mit ihm »das Leben überhaupt« erneuert, auch die Literatur sei in diesen Erneuerungsprozeß einbezogen gewesen. Die deutsche Poesie sei durch die Bibelübersetzung Luthers und Hans Sachsens Poesie wesentlich gefördert worden. Im 17. Jahrhundert sieht Gelzer hingegen, in Übereinstimmung mit Vilmar, »das Verderbniß der Literatur«. [1] Da im protestantischen Deutschland dieser Zeit der »freie Athem des Geistes« erstickt sei, habe sie keine für die ganze Nation geschaffenen Werke hervorgebracht. Nach dem Ende des Dreißigjährigen Krieges sei schließlich »der Verfall deutscher Bildung und Literatur« [2] am grellsten hervor getreten. Die Ursache dafür sieht Gelzer – wiederum in den Einflüssen femdländischer Provenienz: »*Bedientenhaft* war die *Politik,* nach außen gegen die Anmaßungen und die Hinterlist Ludwigs XIV, nach innen gegen die unzähligen kleinen Höfe, die Copien und Caricaturen von Versailles. *Bedientenhaft* war in der protestantischen Kirche das Element der Hoftheologie, die von dem freien evangelischen Sinne der Reformationszeit abfallend, in der Kirche oft nur noch ein dienstbares Organ für Hof- und Staatszwecke erblickte; wie auf dem entgegen stehenden Gebiet der Jesuitismus einen gleich verwerflichen Knechtssinn gegen Rom verbreitete. *Bedientenhaft* war endlich auch in der Literatur die ohnmächtigste und geistlose Nachahmerei des Fremden, namentlich des Französischen und Italienischen, sowie die Kriecherei vieler Schriftsteller gegen ihre Gönner und Beschützer.« [3] Die Übereinstimmung mit Vilmar in diesem Punkt ist sicher nicht zufällig: was Gelzer als »bedientenhaft« bezeichnet, ist für Vilmar die »geradezu lächerliche« Nachahmung der französischen Sitten und der französischen Sprache. Daß Vilmar wie Gelzer den französischen Einfluß, vor allem den der Aufklärer, auf das deutsche Geistesleben verdammen, ist nur allzu verständlich, sind sie doch der Überzeugung, nur jener Einfluß habe zu den gesellschaftlichen Auseinandersetzungen des Vormärz geführt.

Gelzer teilt seine Darstellung in vier Bücher, in denen er ein jeweils abgewandeltes Verhältnis zwischen Literatur und Religion vorzuführen versucht. Sein erstes Buch behandelt die Epoche von Haller bis Klopstock, eine »Übergangsperiode« zur Klassik. In dieser Epoche erkennt er drei Richtungen: eine religiöse, eine naturalistische und eine politische. Nehme die religiöse Poesie eine Zwitterstellung ein zwischen Glauben und Vernunft, so sieht Gelzer in der naturalistischen Richtung nichts weiter als die »Poesie der absichtlichen Heiterkeit und des Genusses.« [4] Die dritte, politische Variante deutscher Literatur erklärt Gelzer aus der Regentschaft Friedrichs des Grossen, dem das protestantische Deutschland erst wieder ein Minimum an »politischem Bewußtsein« zu verdanken habe. Dies politische Bewußtsein habe seinen Ausdruck in der Literatur gefunden. Daß jene Literatur, die Gelzer in diesem Kontext vorführt, die Expansionsbestrebungen Preußens glorifiziert, wertet Gelzer als positives Zeichen. Daß politischer Enthusiasmus sich nicht als »ein allgemein deutscher«, sondern »als ein specifisch preußischer« artikulierte, erklärt Gelzer zutreffend aus der politischen Vormachtstellung

Preußens. Dem preußischen Staat spricht er überhaupt eine besondere »missionarische« Aufgabe zu: »*Ohne einen mächtigen protestantischen Staat in Norddeutschland wäre das evangelische Deutschland entweder dem katholischen Oesterreich oder dem Auslande oder der elendesten inneren politischen Zerbröckelung und Verkrüppelung anheimgefallen.*« [5] Aus diesem Grund sei der preußische Patriotismus »*in seinem tiefsten Wesen ein deutscher*« gewesen. Dennoch gab es »in der damaligen politischen Zerrissenheit Deutschlands manch edle Gemüther«, die sich durch den »*ausschließlich preußischen* Patriotismus« [6] verletzt fühlen. Daß sich in den preußischen Hurrapatriotismus auch Dissonanzen mischten, bemerkt Gelzer fast verschämt am Rande: eine Variante politischer Poesie schilderte nämlich die inneren Verhältnisse in Deutschland, sie artikulierte den Widerstand »gegen politische Beknechtung, gegen absolutistische Willkür, gegen Entartung der Höfe.« [7] Wie ein großer Teil »der Gebildeten Europas« vor der Französischen Revolution, seien Autoren wie Uz, Haller oder Gemmingen für eine Gesellschaftsordnung eingetreten, wie sie in England bestand. Jene politischen Tendenzen der deutschen Literatur veranlassen Gelzer, in der Periode von Haller bis Klopstock eine Zeit des Umbruchs zu sehen. Er ist mit Vilmar der Meinung, daß diese sich nicht mehr mit dem »Geist der göttlichen Offenbarung« in Übereinstimmung befand. Diese Übereinstimmung habe es nicht geben können, weil sich in dieser Zeit »zwei Lebensauffassungen« geltend machten; »welche im Großen die Menschheit trennen und in jeder Brust um den Vorrang kämpfen: hier der tiefe sittliche Sinn, der den heiligen Ernst des Lebens faßt, und auf Entsagung und Selbstbeherrschung dringt; dort der leichtere naturalistische Sinn, der im flüchtigen Genusse, im heitern Ergreifen des Augenblicks den Werth des Daseins sucht.« [8] Unbestritten bleibe aber auch, daß die genannten drei Grundrichtungen der Literatur jener Periode die Quellen gewesen seien, »aus denen das gebildete Bewußtsein der Nation sich erneuerte, und aus welchen die Empfänglichkeit und Möglichkeit für unsere klassische Literatur sich heranbildete.« [9]

Als Vertreter der Neubelebung des Christentums in der deutschen Literatur des 18. Jahrhunderts wird an allererster Stelle Klopstock genannt, den Gelzer ebenso wie Vilmar als einen Erneuerer »christlich deutscher Poesie« sieht. Als Klopstocks *Messias* erschien, »blühten in Frankreich Voltaire, Helvetius, Rousseau. Während dort der Frost des selbstbewußten, sich frech anpreisende Egoismus die Herzen verkrüppelte; während eine arme, ewig hungernde Genußsucht sich als das höchste und einzige Gut ankündigte; während den Besseren höchstens eine Natur-Verehrung blieb, die wohl ein edleres Bedürfnis nähren konnte, aber mit aller Wirklichkeit in Widerspruch gerieth, ohne im eigenen Innern oder in der Welt das Bessere zu begründen – in derselben Zeit wählte die deutsche Dichtung zu ihrem Gegenstande: die höchste That göttlicher Liebe.« [10] Die Gegensatzpaare, die Gelzer in der Literatur des 18. Jahrhunderts zu erkennen glaubt, werden hier deutlich: auf der einen Seite stehe der Glaube an eine »göttliche Zukunft« und auf der Gegenseite nur »Natur-Anbetung« oder gar »Menschen-Verachtung«. [11] Gelzer interpretiert also wie Vilmar das Zeitalter der Aufklärung, in dem die Herrschaftsansprüche des Bürgertums formuliert wurden, als Angriff gegen die fundamentalsten Glaubenssätze des Christentums, als Kampf zwischen Glauben und Unglauben [12] und er fordert deshalb eine neue Geschichts- und Religionsphilosophie, die dem Unglauben entgegenzusetzen sei. Neben Klopstock bezeichnet Gelzer vor allem Hamann als den Vorläufer einer solchen neuen philosophischen Richtung, die allein den Kampf gegen die »tyrannisierenden Formen des Rationalismus« aufnehmen könnte. [13] Daß Lessing diesem Rationalismus näher stand, als Gelzer lieb sein kann, wird nicht reflektiert. Der Aufklärer Lessing wird als solcher nicht festgemacht, sondern abwieglerisch als *»ästhetischer Reformator«* [14] bezeichnet, womit Gelzer sich der Aufgabe enthoben glaubt, die gesellschaftliche Relevanz etwa der Dramen Lessings zu reflektieren.

Gelzers drittes Buch erschien 1849 im zweiten Band seiner Literaturgeschichte. Das Vorwort ist geprägt von seinen Eindrücken der Revolution des Jahres 1848. Gelzer fragt, ob sich in einer so unruhigen Zeit denn überhaupt noch Interessenten für sein Buch würden finden lassen: »Im Angesichte der plötzlichen Umwälzung von halb Europa, während zum Sturze und zur Wiederherstellung der politischen und socialen Grundlagen unsers Welttheils in einer Reihe blutiger Schlachten in den Straßen von Paris (und ihrem Nachhalle) von Berlin und Frankfurt, wie auf den Ebenen Norditaliens und Ungarns gekämpft wurde; während zur gleichen Zeit Deutschlands kühnste nationale Hoffnungen und Träume unter heftigen Erschütterungen, auf entgegengesetzten Wegen, auf gebahnten und ungebahnten Straßen nach längst ersehnter Verwirklichung rangen – ließ sich da wohl unter solchen Eindrükken ein aufmerksames Ohr erwarten für unsere innere Bildungs-Geschichte?« [15] Gelzer brüstet sich damit, daß er die Revolution, die die letzte Konsequenz der allgemeinen Gottlosigkeit sei, schon lange vorausgesehen habe, es ist jedoch offensichtlich, daß er weit davon entfernt ist, ihre Ursachen zu erkennen. Für ihn ist sie ebenso wie für Vilmar eine Art Gottesgericht, das die ganze Nation verdientermaßen getroffen habe: »Wehe uns, wenn das keusche klare Auge der Wahrheit uns fehlte, das uns endlich in die Tiefen unsers Innern und unsrer Zustände strenge unerbittliche Blicke werfen läßt, und uns zu dem Geständnis zwingt: daß wir Alle gefehlt, daß Alle – Reiche und Arme, Regenten und Regierte, Lehrer und Schüler – Schuld tragen an dem was über uns gekommen.« [16] Alle haben gefehlt – also auch die Literaten. Gerade in der deutschen Literatur sieht Gelzer Gefahren, denn »bis in ihr innerstes Mark ist sie auch durchzogen von Elementen der Zerstörung und Vergiftung, die zuletzt unsre Nation in ihren hoffnungsvollsten jugendlichen Gliedern mit sittlichem und geistigem Bankrotte bedrohen.« [17] Als zersetzendes Element macht er vor allem den geistigen Hochmut namhaft, den er in Literatur und Philosophie zu erkennen glaubt, ein Hochmut, »der in jedem engen und trotzigen Standpunkte (der Einzelnen und der Parteien) schon eine selbstgenügende Welt von Wahrheiten eingeschlossen meint. Ein Wahn, der in allen Gestalten und Farben der Systeme und Doktrinen nur *darin* sich gleich bleibt, daß er die Unschuld, die Keuschheit des Geistes verloren, daß er somit unempfänglich geworden ist für das Höchste, womit die stille heilige Wahrheit ihrer Kinder segnet und bis in das Innerste der Seele stillt und erquickt.« [18] Um den Geist der Revolution zu bekämpfen, den der von Gelzer beklagte Hochmut hervorgebracht habe, empfiehlt er eine ideologische Gegenoffensive: »Haben Philosophie und Poesie so Vieles beigetragen zur geistigen Revolution, so werden sie auch bei der geistigen Regeneration nicht zu entbehren sein. Soll die Religion überall wieder in den Herzen heimisch werden, so muß sie mit unsrer nationalen Literatur einen zarten und heiligen Bund zu schließen wissen.« [19] Nur durch eine starke Bindung an die Religion ließen sich die »Erschütterungen« der Zeit vergessen, ließen sich die »verführten« Massen davon abhalten, die politischen und sozialen Probleme der Zeit einer radikalen Lösung zuzuführen. In solchem Interesse stehen auch die Darlegungen des dritten Buches Gelzers, in dem es ihm vor allem um den Nachweis geht, daß diejenigen Autoren, die sich als Bekämpfer des »Zeitgeistes«, des Geistes der Aufklärung, besonders hervorgetan hätten – Autoren wie Stolberg, Stilling, Lavater und Matthias Claudius – die besten Repräsentanten des deutschen Geistes gewesen seien. Daß Gelzer die Einsicht in objektiv historische Entwicklungen nicht völlig abging, zeigt seine Bemühung, Bestrebungen, die er für politisch-liberal hielt, nicht absolut zu verteufeln. Dies wird klar am Beispiel von Matthias Claudius, dessen politische Schriften angeblich von einem christlichen »Liberalismus« getragen seien, dem einzigen Liberalismus, dem Gelzers Sympathie gilt. Gelzer geht sogar soweit, zu behaupten, im Christentum liege *»der wahrste und höchste Liberalismus«*. [20] Auch dem christlichen Liberalismus gehe es darum, den geknechteten Menschen zu befreien, nur mit anderen Methoden: durch die Befreiung des »*innern* Menschen« [21] nämlich. Daneben sei es die Aufgabe dieses Liberalismus, einen umfassenden religiösen Menschheitsbund zu stiften. [22] Die Erfüllung dieser Aufgaben der Läuterung des Individuums und eines quasi christlichen Internationalismus garantiere, so lehrt Gelzer, die Lösung aller gesellschaftlichen Probleme. Diese etwa an der Wurzel zu packen, scheint ihm unstatthaft. Denn schließlich sei »der Staat« nicht »willkürlich« gemacht, er sie vielmehr ein »geheiligtes Werk göttlicher Nothwendigkeit«. [23] Da ein derart »geheiligtes Werk« von einem Christen jedoch keinesfalls in Frage gestellt werden darf, entpuppt sich Gelzers »wahrster und höchster« Liberalismus bei näherem Hinsehen sehr rasch als Ideologie des auf seinen Standesvorrechten beharrenden und von der historischen Entwicklung überholten Feudalabsolutismus.

Gelzers viertes und letztes Buch befaßt sich fast ausschließlich mit Goethe. Er macht von Anfang an klar, daß es ihm nicht um Goethes literarische Bedeutung, sondern vielmehr um seine »Stellung zur religiösen geistigen und sittlichen Welt« [24] geht. Gelzers Darstellung der einzelnen Werke des Dichters läßt keinen Zweifel darüber zu, daß Goethe sich bereits sehr früh vom »christlichen Bewußtsein« abgewandt habe. So wird der *Werther* eingereiht in das »schwächlich selbstgefällige Gerede der modernen sentimentalen Aufklärung« [25]; Goethes Natur- und Kunststudien sowie seine pantheistische Weltanschauung seien angeblich darauf gerichtet, den Glauben an ein »*freies* lebendiges Walten Gottes« [26] zu vernichten. Einzig der *Faust* sei ein Zeugnis deutschen Geistes und Strebens – in ihm spiegle sich Gegenwart und Zukunft der deutschen Nation. Am Beispiel dieses Dramas gibt Gelzer zu erkennen, daß nicht im gesellschaftlichen, sondern im geistigen Fortschritt die Zukunft der Nation liege, daß dem deutschen Volk eine höhere Bestimmung zukomme, als die, sich in die Niederungen politischer Praxis zu begeben. Ebenso wie Vilmar redet er seinen Lesern ein, daß das deutsche Volk die ihm angeblich vom Schicksal zugeteilte Rolle des Dichtens und Denkens auch für die Zukunft weiterzuspielen habe. Alle praktisch-politischen Versuche, Schlüsse aus progressiven philosophischen und literarischen Traditionen zu ziehen, von einer bloßen Interpretation der Welt zu ihrer Veränderung überzugehen, sind in Gelzers Augen mit dem deutschen Geist unvereinbar. Die Zukunft des deutschen Geistes liegt für ihn in einem Festhalten an Irrationalismen: »Der wahre Glaube ist ein unbegrenztes Vertrauen, ein heroisches Hingeben in Gottes Hände trotz aller Abgründe, die dem fragenden Geiste im Materialismus und Fatalismus entgegenstarren. Selig sind die nicht sehen und doch glauben.« [27]

Vilmar und Gelzer im Dienst der politischen Reaktion

Bereits eine empirisch-analytische Darstellung der Schriften Vilmars und Gelzers macht deutlich, daß beiden Literaturgeschichten politische Relevanz zukommt. Ihre politische Funktion bis zum Sieg der Reaktion über die revolutionären Bestrebungen von 1848 und – was Vilmar betrifft – weit darüberhinaus, läßt sich an der besonders ins Auge springenden Ablehnung aufklärerisch-rationalistischer Philosophie, einschließlich entsprechender Strömungen in der deutschen Poesie festmachen. Daß die Ideen der französischen Aufklärer auch auf deutschem Boden Fuß faßten, deuteten Vilmar und Gelzer als eine Art psychologischer Kriegführung von seiten Frankreichs, die die Unterwerfung weiter Teile Deutschlands gewissermaßen vorzubereiten hatte. Die Ablehnung aufklärerischer Positionen meinte auch die neuere deutsche Philosophie, die neben der französischen entstanden war und in Hegel ihren Abschluß gefunden hatte. Besonders nach dem Triumph der nationalen Befreiung vom »welschen Unterdrücker«, dem Enttäuschung und Ernüchterung wich, als die deutsche Einheit nicht zustande kam, witterten Vilmar und Gelzer überall den »undeutschen« Geist der Aufklärung, angereichert gar durch die »gleichmacherischen« Tendenzen, die in Theorie und Praxis der Frühsozialisten zum Ausdruck kamen. Die geistige Offensive des Bürgertums gegen die Immobilität der feudalabsolutistisch strukturierten Gesellschaft, ideologischer Ausfluß des Widerspruchs zwischen fortgeschrittenen Produktivkräften und zurückgebliebenen Produktionsverhältnissen [1], deuteten Vilmar ebenso wie Gelzer als Kampf; nicht etwa als Kampf zweier sich antagonistisch gegenüberstehender Klassen, sondern als Kampf des Glaubens gegen den Unglauben. Theorien, die keine äußere oder gar »innere« Autorität anerkannten, die alles der schonungslosesten Kritik unterwarfen und nichts gelten ließen, das seine Existenz nicht »vor dem Richterstuhl der Vernunft rechtfertigte« [2], mußten Vilmar und Gelzer notwendig als Kampfansage gegen alle »Werte« des Germanischen bzw. Christlichen erscheinen. Indem sie an der Religion als der Grundlage aller Dinge und aller Geschichte ebenso festhielten, wie am Prinzip des Gottesgnadentums, ergriffen sie Partei in den politischen Auseinandersetzungen vor und während 1848, stützten sie die morschen Pfeiler jener Ideologie, die die ökonomischen und politischen Interessen des deutschen Feudaladels in der ersten Hälfte des 19. Jahrhunderts rechtfertigen sollte. Indem sie dies taten, stellten sie sich nicht allein gegen radikaldemokratische und sozialutopische Theorien der Frühsozialisten, die auch dem deutschen Bürgertum gefährlich erschienen, sondern auch gegen die Emanzipationsinteressen des Bürgertums selbst, dessen progressive Mehrheit für die Abschaffung der feudalabsolutistischen Hegemonie in Deutschland kämpfte. Vilmar und Gelzer haben nicht allein Literaturgeschichten geschrieben, deren politische Relevanz evident ist, sondern sie traten für ihre politischen Ziele auch unter Verzicht auf literarhistorische Tarnung ein, indem sie eine rege politische Tätigkeit entwickelten, die einmal mehr deutlich macht, auf welcher Seite sie vor und nach 1848 standen.

Gelzers politische Arbeit

Gelzer, nicht allein politischer Theoretiker, sondern ab 1846 auch praktischer politischer Tätigkeit zugeneigt, zunächst im diplomatischen Dienst Friedrich Wilhelms IV. und ab Juni 1866 als badischer Staatsrat und als solcher in der Hauptsache mit außenpolitischen Missionen betraut [3], gab ebenfalls eine Zeitschrift heraus, die sich jedoch durch größere Umsicht auszeichnete, als jene Vilmars, zumindest in Bezug auf ihre politische Rubrik. Es wäre überhaupt falsch, wollte man Gelzer hinsichtlich der Beurteilung realpolitischer

Entwicklung dieselbe Ignoranz unterstellen, durch die Vilmar sich bornierte. War Vilmar mehr »Einzelkämpfer«, ein kleiner Schulmann und später Professor der Theologie an der relativ unbedeutenden Marburger Universität, dessen Isolation in seiner Aggressivität zum Ausdruck kam, so übertraf Gelzer ihn als vielgereister Beamter in preußischen und badischen Diensten durch eine gewisse Weltläufigkeit. Der Unterschied der politischen Realistik Vilmars und Gelzers kann also mittelbar als Ausdruck der unterschiedlichen gesellschaftlichen Verhältnisse in Kurhessen und Preußen gedeutet werden. Während eines Aufenthaltes in Südfrankreich und in Italien notierte Gelzer, noch ganz unter dem Eindruck der Revolution von 1848: »Die drei großen Traditionen unserer Geschichte, Monarchie, Aristokratie und Kirche sind mit dem Untergange bedroht, wenn sie nicht eine fruchtbare Ehe mit der Demokratie, der Kraft der Gegenwart und Zukunft eingehen.« [4] Steckt hinter dieser Äußerung auch die Erkenntnis, daß man nicht umhin komme, den demokratischen Bestrebungen Konzessionen zu machen, damit ansonsten die feudal strukturierte Gesellschaftsordnung keinen Schaden nehme, so verrät die Einschätzung der Bedeutung dieser demokratischen Bestrebungen weit größeren Sinn für Realität, als er bei Vilmar zu finden ist. Freilich ändert dies an der Gesamteinschätzung Gelzers nicht viel, wenn man berücksichtigt, daß er Vilmar in nichts nachstand, wo immer es darum ging, den radikaldemokratischen, frühsozialistischen Tendenzen im gärenden Deutschland um 1848 den Kampf anzusagen. Wie immer legitimiert sich eine solche Kampfansage, indem man die »Größe« des deutschen Geistes zu schützen vorgibt: »Unsere Bildung, unsere Literatur stellt uns von der einen Seite an die Spitze des geistigen Europa, sie verbirgt noch Schätze und Entwicklungen, wie bisher keine andere Nation sie besitzt. Aber bis in ihr innerstes Mark ist sie auch durchzogen von Elementen der Zerstörung und Vergiftung, die zuletzt unsere Nation in ihren hoffnungsvollsten und jugendlichen Gliedern mit sittlichem und geistigem Bankerotte bedrohen.« [5] Die Einsicht in solche Bedrohung hatte für Gelzer unmittelbar praktisch-politische Konsequenzen: 1846 reiste er im Auftrage des preußischen Königs in die Schweiz, um Material über die geheimen Verbindungen zusammenzutragen, die in die Emigration gejagt worden waren. Das Ergebnis seiner Spitzeldienste legte er 1847 dem preußischen König in Form einer Denkschrift unter dem Titel: »Ein Beitrag zur Geschichte des modernen Radicalismus und Communismus« [6] vor, die im gleichen Jahr anonym in der sich als »konservativ« bezeichnenden Zeitschrift *Janus* [7] unter dem Titel *Die Geschichte der geheimen deutschen Verbindungen in der Schweiz* veröffentlicht wurde. [8] Friedrich Curtius weist mit Nachdruck darauf hin, Gelzer habe im Laufe seiner Recherchen »Thatsachen festgestellt, durch welche die persönliche Sicherheit König Friedrich Wilhelms IV bedroht war« [9], Gelzer selbst habe seine Schrift als Warnung vor »den Gefahren einer meuchlerischen Rotte« [10]

angesehen. In seiner umfassenden und keineswegs unklugen Schrift weist Gelzer auf Zusammenhänge zwischen der Enttäuschung weiter Teile der Jugend nach den Befreiungskriegen und dem Entstehen oppositioneller Gruppen hin; er stellt die verschiedenen und sich zum Teil bekämpfenden Gruppen vor und versucht nachzuweisen, daß ihre Ideen aus dem radikaldemokratischen Gehalt der Verheißungen plebejischer Splittergruppen der Französischen Revolution abzuleiten seien. Einer eingehenden Darstellung der Strategie des politischen Kampfes dieser Gruppen folgt schließlich Gelzers Gesamteinschätzung der »republicanischen« und »communistischen« Tendenzen, die er in der Schweiz vorfand. Da hier die Schrift im Detail nicht vorgeführt werden kann, seien nur einige Schlußfolgerungen, die Gelzer aus seinen Ermittlungen zieht, festgehalten: Gelzer ist realistisch genug, die Gefahren zu erkennen, die die zum großen Teil sozialutopischen Ideen, wie sie von den geheimen Emigrantenverbindungen in der Schweiz entwickelt wurden, mit sich brächten, falls sie auf Deutschland übergriffen und in die Tat umgesetzt würden: »Das wahrhaft Verderbliche dieses Treibens sehen wir vorzugsweise nur in *drei* Punkten: vor Allem in der *Vergiftung und Verwirrung der Gemüther,* in religiöser, politischer und sittlicher Beziehung; sodann in der Möglichkeit, daß der reichlich ausgestreute giftige Samen in einzelne verworrene, aber begeisterungsfähige, oder in ganz verzweifelte Gemüther falle, und in ihnen die trübe Glut einer fanatischen Opferwuth oder eines wilden Rachedurstes entflamme, was zu vereinzelten Verbrechen und Attentaten führen könnte. Endlich ist auch *der* Fall denkbar, daß etwa die äußerste Noth der ärmsten Klassen, durch höllische Enflüsterungen, des Neides und Hasses, der Rache und der Aussicht auf Stillung aller Gelüste angeschürt, in einem Augenblicke der Verzweiflung von listigen Verführern zu Aufläufen benutzt werden könnte, welche momentan die öffentliche Sicherheit an vielen Orten ernstlich bedrohen würden.« [11] Um einer solchen Bedrohung wirksam zu begegnen, schlägt Gelzer, wie er dies ein Jahr später zur Bekämpfung des Geistes der Revolution von 48 ein weiteres Mal tun sollte, eine ideologische Gegenoffensive vor, diese sollte aus »*inneren,* aus religiösen und sittlichen Kräften« [12] geschöpft werden. Gelzer fragt: »Sollte es nicht möglich sein, den Emissären der Verführung *Missionare der geistigen Rettung* entgegen zu stellen? Handwerker gegen Handwerker, Redner gegen Redner, Colporteurs gegen Colporteurs? gegen die communistische und atheistische Irrlehre die einfache, unerschütterliche, christliche Erkenntniß, die dem Irrthum in allen seinen Gestalten in's Auge zu blicken wagt?« [13] Er empfiehlt also, Gegenagitatoren einzusetzen, »die den gehörigen geschichtlichen, religiösen und praktischen Unterricht erhalten würden« [14], um den Atheisten und »Communisten« wirkungsvoll zu begegnen. Weiter wird eine entsprechende Einwirkung auf Schulen und Universitäten empfohlen, »um die noch unbewachte Seele des Jünglings gegen die Wahnbilder der politischen und socialen Sekten zu waffnen.« [15] Schließlich müßten sich die von Gelzer empfohlenen Gegenoffensiven eines dritten Mittels bedienen, das die atheistisch-kommunistischen »Verführer« offenbar für ihre Zwecke mit großem Erfolg einsetzten: des geschriebenen und gedruckten Wortes. »Volksblätter, Flugschriften, kurze verständliche Laien-Catechismen müßten miteinander wetteifern, die Bodenlosigkeit der falschen Doktrinen nachzuweisen, und während sie das Schlechte abwehren, zugleich das Wahre und Gute vertreten.« [16] All diesen Gegenmaßnahmen liegt der Gedanke zugrunde, nur eine »großartige thatkräftige Entfaltung organisierender Liebe aus dem Innersten des Christentums heraus« könne »die Wurzeln des *zerstörenden Communismus ausrotten,* indem sie alle Wunden heilt, in denen jener wühlt«. [17] Gelzer erkennt freilich nicht, daß diese Wunden nicht durch den Appell an die christliche Nächstenliebe zu heilen sind. Er übersieht, daß jene Konflikte, die 1848 offen zum Ausbruch kommen, gesellschaftlicher Natur sind, die nicht einer Krise der Religion, des christlichen Glaubens entspringen, sondern durch die überlebte feudal strukturierte Gesellschaftsordnung und den sich zusehends verschärfenden Gegensatz von Bourgeoisie und Proletariat, gegeben sind. Gelzer übersieht die Not der besitzlosen Klasse jedoch nicht völlig, wenn er auch ihre Ursachen nicht zu erkennen vermag. Er betrachtet daher die Durchführung von Sozialreformen als Chance zur »Veredelung der Massen«, wie Curtius sagt, denn er erkennt sozusagen instinktiv, daß in der materiellen Ungleichheit zwischen Besitzenden und Besitzlosen eine Gefahr angelegt ist, die, kommt sie einmal zum Durchbruch, auch vor den vermeintlich höchsten Gütern des Volkes, vor Glauben und Kultur, nicht Halt machen wird. Damit die »Barbarei« nicht Wirklichkeit werde, ist es folglich nötig, »die wahre sociale Aufgabe des Christentums« in Angriff zu nehmen und »eine Ordnung zu gründen, wo keiner verhungert [. . .]« [18] Mit der Hebung des Lebensstandards müsse jedoch auf erzieherischem Wege auch ein Bewußtseinsstand der unterprivilegierten Klasse erreicht werden, der sie objektiv an die vorgegebene Gesellschaftsstruktur bindet. Gelzer unterscheidet in der Gesellschaft drei verschiedene »Klassen«: die »Träger des Gottessegens«, jene also, die über die »höchsten Güter der Nation« zu wahren haben, die »Werkzeuge der Zerstörung« – die ersten Keimzellen der späteren Arbeiterbewegung – und die große Menge der »dem Weltschlaf verfallenen« [19], eine »silent majority« also, die aktiviert werden muß. Gelzers Programm der »Nationalerziehung« [20] soll daher die beiden letztgenannten »Klassen« erfassen und beeinflussen: »Die menschliche Gesellschaft hat außerordentliche Widerstandskräfte gegen das Böse, wenn in ihren Gliedern ein kräftiges, sittliches Bewußtsein lebt. Dann bildet sich in ihr jene geheimnisvolle Macht, die man den Geist einer Zeit, den Geist eines Gemeinwesens oder eines Hauses nennt. Dieser Geist, das feinste und unfaßbare Erzeugnis der gesamten sittlichen Atmosphäre, vermag, wenn er rechter Art ist, Unglaubliches für den Schutz und das Wachstum der idealen Güter eines Volkes; von ihm hängt das Steigen und Sinken des Staates und der Nation ab.« [21] Offensichtlich zum Wohlgefallen der »Träger des Gottessegens« und zur Mobilisierung der schweigenden Mehrheit setzt Gelzer im Jahr 1852 einen seiner Vorschläge des Jahres 1847 in die Tat um.

Gelzers Zeitschrift »Die protestantischen Monatsblätter für innere Zeitgeschichte«

Überzeugt von der Suggestivkraft des geschriebenen Worts gründete Gelzer mit Gleichgesinnten im Dezember 1852 die Zeitschrift *Protestantische Monatsblätter für innere Zeitgeschichte. Zur Beleuchtung der Arbeiten und Aufgaben der christlichen Gegenwart*. Er zeichnete als Herausgeber dieser Zeitschrift zwar verantwortlich für deren Inhalt, er steuerte außer den Vorworten zur jeweiligen Jahresausgabe und einigen wenigen Artikeln zum Inhalt der Monatsblätter jedoch wenig bei. Dennoch ist sein Einfluß auf Aufmachung und Inhalt der Zeitschrift fast überall ersichtlich. Wie seine Literaturgeschichte verstand sie sich als ein Organ, das »von dem Innersten und Höchsten ausgeht, was die Völker und die Individuen bewegen kann: von ihrem Verhältnisse zu dem lebendigen, in Christo geoffenbarten Gott. An dieser Quelle suchen wir die Klarheit und Ruhe des freien Ueberblicks über alles Verwirrende der Gegenwart in Staat und Kirche, in Schule, Gesellschaft und Literatur.« [22] Dementsprechend wurden die fünf Hauptrubriken der Zeitschrift festgelegt: die erste Rubrik galt der allgemeinen Weltlage, sie diente der »Orientierung in der äußeren Zeitgeschichte nach ihrem Zusammenhange mit den sittlichen und religiösen Zuständen und Aufgaben der Gegenwart« [23], die folgenden Rubriken, in unserem Zusammenhang von geringer Bedeutung, behandeln Fragen des Protestantismus, die Rubrik »Mission« stellte eine »übersichtliche Darstellung der Bestrebungen und Erfolge auf dem Gebiete der thätigen Liebe« [24] dar und die letzte Rubrik befaßte sich vornehmlich mit theologischer Fachlichteratur.

Gelzers Zeitschrift über die Revolution von 1848

Am 2. Dezember 1852 wurde in den *Protestantischen Monatsblättern* unter dem Titel *Wo stehen wir heute?* ein Artikel veröffentlicht, der den generellen politischen Standort der Zeitschrift kennzeichnet. Einleitend heißt es da, der plötzliche revolutionäre Ausbruch, der im Februar 1848 »in wenigen Stunden den Thron von Orléans umgestürzt« [25] hatte, sei für die herrschenden Mächte Europas völlig unerwartet gekommen. Aber nicht allein die feudale Oberschicht betrachtete die »Wirren« der Revolution mit Entsetzen. Eine neue, in Frankreich noch junge, in Deutschland noch immer an eine überlebte Gesellschaftsstruktur gekettete politische Kraft trat auf den Plan: das Bürgertum, das die Revolution ebenfalls mit desto größerer Furcht betrachtete, je mehr sie ihre radikalen Ziele zu verwirklichen schien. »Mitten in dieser *politischen* Verwirrung wuchs in den Mittelklassen mit jedem Tage die Angst vor einer *sozialen* Revolution, die sich mehr und mehr als der eigentliche Kern der politischen herauszuschälen drohte. Gerade sie, diese reichen und begüterten Mittelklassen, die bisher in kurzsichtiger Beschränktheit und selbstsüchtiger Engherzigkeit jene sociale Gefahr als ein Polizeigespenst zu verlachen gewohnt waren, – gerade sie erzitterten jetzt bis in das Innerste ihrer Seele vor dem gähnenden Rachen der ihr Ein und Alles zu verschlingen drohte. An der Seine wie am Rhein, an der Spree wie an der Donau bebte man jetzt mehr noch vor der socialen als vor der politischen Umwälzung. Politische Vernunft und politisches Gewissen, ohnehin nicht in reichem Maße vorhanden, hätten die Erschrockenen vielfach bereitwillig preisgegeben, wäre nur ihr socialer Altar, das Eigenthum, dabei unangetastet geblieben. Aber nun stand es mit grellen Zeugen vor Aller Augen: nicht bloß der Zusammenstoß des monarchischen und republikanischen, des aristokratischen und demokratischen Prinzips, sondern der Aufstand des Proletariats gegen die besitzenden Classen sei das letzte und drohendste Wort des Kampfes.« [26] Wem dies bis zum Pariser Juniaufstand noch nicht klargeworden sei, der habe spätestens bei dieser Gelegenheit begriffen, daß es in dieser Revolution um einen Krieg der Besitzenden und der Besitzlosen gehe, daß die Grundlagen der Gesellschaft bedroht und die Vernichtung der gesamten Zivilisation fast nicht mehr aufzuhalten sei. [27] Die Erkenntnis, es handle sich in der Revolution von 1848 um eine Klassenauseinandersetzung nicht allein zwischen Bourgeoisie und Feudaladel, sondern es gehe auch um einen Kampf zwischen den Interessen der Bourgeoisie und denen einer relativ schwachen [28], aber selbstbewußten Arbeiterklasse, ist objektiv richtig. Friedrich Engels hat dies in seiner Analyse dieser Revolution deutlich gemacht [29], und er zeigte auch deren Ursachen auf: in Deutschland ging es in allererster Linie um den Sturz der alten Mächte und um die Einheit der Nation – beides zwingende Voraussetzungen für die Durchsetzung der ökonomischen Zielsetzungen und der politischen Emanzipation des Bürgertums. Statt einer Bestimmung der wahren Gründe für die Revolution bieten die *Protestantischen Monatsblätter* ihren Lesern nur eine Moralpredigt: »Eine Nation verfällt von *dem* Augenblicke an der moralischen Fäulniß, wo das sittliche und das religiöse Gewissen in ihr verstummt [...]« [30] In Erstaunen hingegen versetzt die Erkenntnis, daß seit der Julirevolution die »Einschüchterung der Mittelklassen« beim Gedanken an die »rothe Republik« so groß gewesen sei, daß die sonst so »Zuversichtlichen und Selbstzufriedenen« [31] sich »entfärbten« und, so wäre hinzuzufügen, auf konsequente Durchsetzung ihrer Forderung nach einer bürgerlich-liberalen Republik verzichteten. Dieses Eingeständnis, dessen letzter Teil die nur logische Konsequenz aus der Furcht vor der »rothen Republik« darstellt, erhärtet die These von Engels, der gezeigt hat, daß die Bourgeoisie aus Angst vor dem Kleinbürgertum und dem Proletariat eher das Scheitern der Revolution als eine Machtübernahme des »Volkes« in Kauf nahm, als dessen Sprecher sie sich doch ausgegeben hatte. Konnte aufgrund der bisherigen Andeutungen der Anschein entstehen, der Artikel vertrete in seiner politischen Tendenz die Interessen der bürgerlichen Klasse, die zwar eine Machtergreifung des »Pöbels« zu verhindern, aber an eigenen ökonomischen Interessen festzuhalten suchten, wenn dies auch nach der gescheiterten Revolution nur qua Interessenausgleich mit dem Feudaladel möglich war, so wird doch aus folgendem klar, worum es den *Protestantischen Monatsblättern* wirklich geht. Hier wird nicht nur die Furcht des deutschen Bürgertums vor der Klasse aufgedeckt, die es selbst geschaffen hat, hier wird nicht allein – scheinbar selbstkritisch – der Verrat der Bourgeoisie an ihrer eigenen Sache offengelegt, sondern hier werden, indem man objektiv feudalabsolutistischen Interessen sich nähert, auch das Bürgertum und dessen Interessen zur Zielscheibe. Betrachtet man sich nämlich, welch leuchtendes Vorbild diese Monatsblätter hinter all den »Revolutionswirren« zu erkennen vermögen, so wird die politisch reaktionäre Funktion des Artikels »Wo stehen wir heute?« deutlich. Als Vorbild fungierte die damals reaktionärste europäische Macht, das zaristische Rußland. Die schier grenzenlose Bewunderung für das despotische Herrschaftssystem des Zarismus wirft nicht zuletzt ein bezeichnendes Licht auf alle Erörterungen der »socialen Frage«, die in den Monatsblättern veröffentlicht wurden; diese Bewunderung zeigt auch, welcher Stellenwert dem Gerede von der »christlichen Nächstenliebe« einzuräumen ist, die helfen soll, die Not der Unterprivilegierten zu lindern. Welche Manipulation mit den Begriffen »Glaube« und »Wissen«, die Gelzer auch ununterbrochen in seiner Literaturgeschichte gebraucht, getrieben werden kann, wird etwas aus folgender Argumentation deutlich: »Der unbeschränkte Herrscher Rußlands *weiß*, was er will, und *glaubt* daran; in jenem *Wissen* und in diesem *Glauben* liegt das Geheimniß seines Charakters und die Bedeutung seines Auftretens. Er glaubt an eine providentielle Mission, Europa vor den Zerrüttungen der Revolution zu schützen; dieser Mission hat er sein Schwert geweiht. Wo die unumschränkte Monarchie in Gefahr geräth, auf *ihn* kann sie zählen; denn nur *sie* gilt ihm als der rechte Damm gegen die demokratische Umwälzung. Alles, was zwischen ihr und der demokratischen Republik liegt, ist ihm Halbheit, Inkonsequenz und Lüge.« [32] Sprach Gelzer bisher nur von der Notwendigkeit, Glauben und Wissen zu vereinigen, ohne daß er sich in Details über das Wie und Wozu verlor, so wird hier dem Leser ein konkretes Beispiel vor Augen geführt. Zwar ist man konzessionsbereit, wenn die Lage es erfordert, sieht man jedoch eine Möglichkeit, die Konzessionen an die Demokratie erübrigen, so steht man rückhaltlos hinter dem monarchischen Prinzip in seiner krassesten, der absoluten Form. Nicht umsonst war für Gelzer die »Heilige Allianz« ein Zeichen dafür, »daß auch der Verkehr der Völker durch den Geist des Christentums beherrscht werden sollte« [33], nicht umsonst kämpfte er nach dem Zusammenbruch von 1806 für die Wiederherstellung eines deutschen Kaisertums. [34] Er kennzeichnet seinen politischen Standort in unübertrefflicher Weise, wenn er in der Zeit des Vormärz predigt: »Ein geheiligtes Band umschlingt jede lebensfähige, rechtmäßige Dynastie mit der Nation, deren Haupt sie auf dem Wege geschichtlicher Entwicklung – also durch Gottes Führung – geworden. Dies sittliche und geheiligte Band lockern oder lösen, verstößt gegen die göttliche Ordnung in der sittlichen Welt, möge diese Lockerung nun von dem wilden, anarchischen Gelüste des Pöbels, oder von der selbstsüchtigen Berechnung einer Partei ausgehen, oder sogar als wohlgemeinte und an sich nützliche Maßregel des Regenten versucht werden. Sobald diese Maßregel, und wäre sie an sich die heilsamste, jene heilige Ehe zwischen Fürst und Volk bedroht, so ist der Nachteil des inneren Bruches, dieses gestörten Vertrauens und Einverständnisses unendlich viel größer als jeder noch so lockende Vorteil. Wer diesen, alles andere weit überragenden Gesichtspunkt nicht im ganzen Ernst dem Auge seines Königs enthüllt, der verkennt gegen Fürst und Nation die wahre Treue.« [35]

Vilmars politische Arbeit

Vilmars politische Tätigkeit beschränkte sich im wesentlichen auf die kurhessischen Angelegenheiten – ihrer nahm er sich aber so sehr an, daß W. Hopf wohl mit einigem Recht behaupten konnte, sein Wirken sei ein wesentlicher Bestandteil der Geschichte Kurhessens von 1831 bis 1868 gewesen. [36]. Begann Vilmars aktive Teilnahme an Kurhessens Politik erst im Jahr 1831, als er in die Kasseler Landstände als gewählter Vertreter der Stadt Hersfeld einzog, so war er doch bereits seit seinen Jugendjahren politisch engagiert: am 1. November 1806 brach Napoleon die Neutralität Kurhessens und erklärte das Kurfürstentum zum Bestandteil des Königreichs Westphalen. Bereits im Jahr 1807, so berichtet Vilmar rückblickend, war er ein »arger kleiner Franzosenfeind« [37] und an anderer Stelle führte er aus: »solange ich denken kann, bin ich nämlich mit tiefem Widerwillen gegen die Zerstörer der alten Sitten und Ordnungen, gegen die Feinde des Vaterlandes, gegen die Franzosen, gegen Napoleon und alles, was mit denselben zusammenhängt, erfüllt gewesen.« [38] Diesem seit seiner Kindheit gepflegten Franzosenhaß ist er zeitlebens treu geblieben. Die »alten Sitten und Ordnungen« wiederherzustellen, war das höchste Bestreben seiner politischen Arbeit. Ließ er sich während seiner Studienjahre an der Marburger Universität, die mit insgesamt 200 Hörern die kleinste Universität in Deutschland war, auch vorübergehend vom fortschrittlichen Geist der nationalen Einigungsbewegung mitreißen [39], spottete er noch im Jahr 1821 über die Bestrebungen, die feudalistische Gesellschaftsordnung aufrechtzuerhalten [40], so entwickelte er sich bald zum Anwalt der Reaktion. Seine vorübergehenden Studien der Werke rationalistischer Philosophen gab er auf und widmete sich, immer mehr unter dem Einfluß der Romantik [41], gegen Ende der 20er Jahre zunehmend dem Studium der deutschen Sprache, die ihm »für das rechte Verstehen des Innersten selbst« [42] geeigneter erschien. Sein Reagieren auf die Julirevolution, die auch auf Kurhessen nicht ohne Auswirkung blieb, macht diese Wandlung vollends deutlich. Die demokratischen Kräfte hatten in Kurhessen eine Verfassung erzwungen, die am 7. Januar 1831 in Kraft trat. Obgleich Vilmar im Januar 1831 als Abgeordneter Hersfelds in die von dieser Verfassung garantierten Landstände zu Kassel einzog, lehnte er die Verfassung als rechtswidrig ab. Er bekämpfte als Abgeordneter der äußersten Rechten erbittert alle liberal-demokratischen Tendenzen, da sie sich in ihrer politischen Praxis »gegen das deutsche Stammesfürstentum und damit gegen die vornehmste und festeste Grundlage der geschichtlichen Existenz des deutschen Volkes richteten.« [43] Was er vom »konstitutionellen Leben« hielt, geht aus einem Brief vom 31. August 1831 an seinen Bruder Wilhelm hervor. Darin heißt es: »Das konstitutionelle Leben ist in seinem Wesen irreligiös, antichristlich und endlich ungermanisch, und lediglich eine Krankheit, notwendig wie jede physische und zerstörend wie diese.« [44] Solche Ansichten garantierten ihm natürlich die Sympathien der politisch herrschenden Kräfte und beruflichen Aufstieg. Wurde er bereits am 28. September 1829 vom Ministerium des Innern zum Vorstandsmitglied der Handwerksschule in Hersfeld ernannt, so folgte bereits im Dezember 1831 seine Ernennung zum Mitglied der »Oberen Unterrichts- und Kirchenkommission«. [45] Vilmars enge Freundschaft zu dem 1832 zum Innenminister ernannten Hans Daniel Ludwig Hassenpflug sicherte ihm die Stelle eines Referenten in dessen Ministerium. Bis Ende 1833 leitete Vilmar dort ein Referat, das alle Kultusangelegenheiten des Kurfürstentums zu regeln hatte. Als im Februar 1850 in Kurhessen wieder die Reaktion herrschte und Hassenpflug ein weiteres Mal Innenminister wurde, wurde auch Vilmar wieder mit einem Amt betraut: am 28. Februar 1850 wurde er Vortragender Rat im Ministerium des Innern. Er tat sich besonders in der Verfolgung und Bespitzelung demokratischer Kräfte hervor [46] – so hielt er es zum Beispiel für seine Pflicht, Staats- und Kirchenbeamte schonungslos aus ihren Ämtern zu vertreiben, die die Revolution in irgendeiner Weise unterstützt hatten. Ein besonderes Augenmerk hatte er dabei auf die Richter geworfen, die mit den Anstiftern der Revolution zu milde verfuhren. Soweit die unmittelbar praktische Seite der politischen Arbeit Vilmars.

Die theoretische »Abrechnung« mit allen Gefahren, die die Fürstenhäuser in ganz Deutschland bedrohten, artikulierte er in seiner seit 22. März 1848 erscheinenden Zeitschrift *Der Hessische Volksfreund.* Da er in diesem Blatt ständig politische Artikel schrieb, die für seine Haltung bezeichnend sind, verdient der *Hessische Volksfreund* besondere Beachtung. [47]

Vilmars Zeitschrift »Der Hessische Volksfreund«

Der *Hessische Volksfreund* [48] ist ein Kind der kurhessischen Revolution von 1848, die, von Hanau ausgehend, auf das ganze Kurfürstentum übergriff. Vilmar verstand das Blatt von Anfang an als ein geistlich-»christliches« Bollwerk gegen die Revolution; nach dem Sieg der Reaktion dürfte es zu den schlimmsten Hetzblättern Deutschlands gehört haben. Zu Beginn der Revolution in Kurhessen schrieb Vilmar an seinen Sohn: »Ein Organ müssen wir haben und ich werde mit der nun gegebenen Lage ehrlich weitergehen, aber der Wahrheit in politischen Dingen und der deutschen Treue im Nationalen, und vor allem dem Herrn Christus dienen.« [49] Die politische Eindeutigkeit dieser bestimmten Stellung ist bereits der ersten Ausgabe vom 22. März 1848 zu entnehmen.

»Was will der Hessische Volksfreund?«

Diese Frage beantwortete Vilmar unmißverständlich auf den ersten Seiten der ersten Ausgabe seines Blattes. Keineswegs ungeschickt versicherte er die Leser zunächst seiner vorgeblichen Neutralität, wenn er sich »*die strengste unparteiische Wahrheit* zur unabweislichen Pflicht« [50] machte. Wenig später wird jedoch deutlich, wie es um diese Unparteilichkeit bestellt ist: war vor den Märzereignissen daran gedacht, den *Hessischen Volksfreund* lediglich als eine Art »gemeinnütziges Unterhaltungsblatt« [51] erscheinen zu lassen, in dem der Politik nur eine marginale Aufmerksamkeit zukommen sollte, so erklärt Vilmar jetzt, nach den »Revolten« vom 6. und 11. März gebe es eine solche neutrale Gemeinnützigkeit nicht mehr; selbst bloße Unterhaltung, »die nicht unmittelbar mit der politischen Wirklichkeit in Verbindung stünde« [52], sei in solchen Zeiten nicht mehr möglich. Das Blatt verstand sich also von vornherein als politisches Organ, das den hessischen Zuständen besondere Aufmerksamkeit widmen, aber, so fügte Vilmar hinzu, wenn es sein müsse, sich auch um nationale Probleme kümmern wolle. »Nur dann etwa«, so heißt es in dem programmatischen Artikel, »wenn ihm Beifall und eine längere Dauer beschieden sein sollte, gedenkt er sich auch nichthessischen Angelegenheiten zuzuwenden. Die *allgemeinen deutschen An*gelegenheiten aber sind für ihn nicht nur keine fremden, sondern so ganz eigens auch *hessische,* daß er auf sie sein ganz besonderes Augenmerk richten wird. Dahin gehört die Umgestaltung, die Verfassung und Wirksamkeit des deutschen Bundes, die deutsche Wehr- und Kriegsverfaßung, Deutschlands Stellung zu Frankreich und Aehnliches.« [53] Weiter heißt es, das Blatt wolle sich in die »*Bewegung* der Zeit« stellen und weder denen, die »Vorwärts!«, noch denen, die »Rückwärts!« [54] riefen, das Wort reden. Das politische Ziel, das dem *Hessischen Volksfreund* vorschwebt und dem er sich voll und ganz widmen will, kann in Zeiten, in denen die nationale Einheit so stürmisch gefordert wird, natürlich nichts anderes sein als eben diese Einheit. Wie Vilmar sie sich vorstellt, wird aus folgendem deutlich: »Als den Mittelpunkt der gegenwärtigen Bewegung wird der Volksfreund auch in den hessischen Dingen die *Einigkeit und die politische Macht des gesammelten deutschen Vaterlandes betrachten* und geltend machen. Ein einiges, starkes, mächtiges, siegreiches Deutschland und zu disem Zwecke solche politischen Einrichtungen, wie sie gegenwärtig in allen deutschen Staaten gegeben werden, ist das Ziel aller rechtlich deutsch gesinnten Männer seit fünfunddreißig Jahren gewesen. Das Ziel scheint *äußerlich* endlich erreicht, *innerlich* d. h. so, daß jeder im deutschen Volke wiße, was er an einem einigen, starken, mächtigen Deutschland habe, soll erst noch erreicht werden, und dazu will auch der hessische Volksfreund nach seinen Kräften mitwirken; ja er hält dieß, wie gesagt, für eine seiner ersten und höchsten Aufgaben.« [55] »Weil aber der Volksfreund sich der Einheit, Größe und Macht des deutschen Volksfreundes freuet, darum will er bewahrt wißen die alte Bedingung, unter der allein Deutschland ehedem einig, mächtig, siegreich und weltgebietend war und es jetzt allein wieder werden und bleiben kann: *das alte Erbe deutscher Gesinnung und Treue.*« [56] Wer nun etwa auf den Gedanken kommt, dem *Hessischen Volksfreund* vorzuhalten, er wolle doch wieder nur »das Alte ausgraben«, der wird sofort eines besseren belehrt, denn so sei das schließlich nicht gemeint. »So aber ist es gemeint: ein blindes Hineinrennen in die ungewisse Zukunft, Neuerungssucht und mutwillige Zerstörungslust ist nicht deutsch; Wankelmut in der Gesinnung und Leichtfertigkeit in der Sitte ist nicht deutsch, Zungenfertigkeit und Geschwätzigkeit ohne Ernst und ohne That ist nicht deutsch und am wenigsten deutsch ist die zungenfertige und geschwätzige Verläumdung; eine gewaltsame Regierung des großen Haufens mag ein polnischer Reichstag sein, aber nimmermehr ein deutscher; Eitelkeit und Dünkel, und Selbstsucht und Gewinngier und das Trachten nach dem fremden Recht und Eigentum ist nicht deutsche Art und Sitte; Unehrerbietigkeit und Undankbarkeit ist nicht deutsch, und Unfrömmigkeit und Unglaube ist nicht deutsch. Deutsch aber ist vor allen anderen Dingen, wenn die Völker und Stämme treu zu ihren Fürsten, und die Fürsten treu und *wolwollend* zu ihren Völkern und Stämmen halten.« [57] Nun, das ist deutlich. Unschwer lassen sich in solchen Statements die Vorstellungen vom Beruf des deutschen Volkes, von deutscher Treue, deutscher Zucht und Sitte etc. wiederfinden, die Vilmar schon in seiner Literaturgeschichte formuliert hatte. Seine rückschrittliche Militanz läßt sich jedoch noch überzeugender anhand einzelner Artikel über bestimmte Fragen nachweisen.

Vilmar über ›Republicanismus, Socialismus und Communismus‹

Vilmar mußte währen der ersten Märztage seine eigenen persönlichen Erfahrungen mit den »Republicanern« und »Communisten« machen. Als die Revolution in Marburg ihren Höhepunkt erreichte, war Vilmar als lokaler Exponent der Reaktion allerlei unbotmäßigen Angriffen ausgesetzt: man warf ihm nachts die Fensterscheiben ein, man sang vor seinem Haus Lieder wie »Die Aristokraten, die wollen wir braten«, mehrmals sah er sein Leben ernstlich bedroht und am 16. Juni beschloß gar eine Volksversammlung seine Ausweisung aus der Stadt. Als die ersten Revolutionswogen über Marburg hereinbrachen, schrieb Vilmar an seinen Schwager: »Der Teufel ist los und selbiger Schwarzpatron mit dem Pferdefuß im besonderen Patron unserer lieben Jugend; halten doch die Quartanerlein in den Zwischenstunden vom Katheder herab Reden über die Republik. Für diesmal täten es noch etwelche Ohrfeigen, aber wie lange? – Täuschen wir uns ja nicht! – Mein Trost ist indes immer der alte: der große Herr Gott wichst den einen Teufel mit dem Schwanze des andern weidlich durch, vertragen können es alle beide. Vielleicht baut Er dann auch, der alles kann, mitten zwischen die beiden Teufel, wenn sie erst windelweich zerschlagen sind, das Haus Seiner Kirche [. . .].« [58] Daß der Teufel los sei, ist bei Vilmar keineswegs nur metaphorisch zu verstehen, denn er war, so weisen Soldan/Heppe in ihrer *Geschichte der Hexenprozesse* nach, im 19. Jahrhundert in der evangelischen Kirche als einziger »Mann von Bedeutung für den Glauben an die Wirklichkeit der Hexerei eingetreten«. [59] Soldan/Heppe verweisen besonders auf Vilmars »Satanologie«, die er unter dem Titel *Die Theologie der Thatsachen wider die Theologie der Rhetorik* veröffentlichte. [60] Für den Theologen stand außer Zweifel, daß hinter dem ganzen Revolutions»spuk« der Teufel steckte. Die im *Hessischen Volksfreund* zu findenden Hinweise darauf, daß die Republikaner und die Kommunisten von dämonischen Instinkten getrieben, eine »Ausgeburt der allerfinstersten Mächte« seien, »aus dem Abgrund emporgestiegen«, um mit denen, die ihnen verfielen, »auf ewig in den Abgrund zurückgeschleudert zu werden« [61], sind so wörtlich zu nehmen, wie die von Soldan/Heppe nicht berücksichtigte, ebenfalls im *Hessischen Volksfreund* veröffentlichte Artikelserie *Vom Hexenwesen* [62], in der Vilmar beim Leser Assoziationen zwischen dem »Hexenwesen« des 16. und 17. Jahrhunderts und dem »Hexenwesen« des 19. Jahrhunderts zu wekken sucht. Weder das alte, noch das moderne, republikanische »Hexenwesen«, von Vilmar als »fundamentale Zerstörung des menschlichen Lebens« und als

»offene Auflehnung gegen Gott« [63] gekennzeichnet, will er daher geduldet wissen. Daß Vilmar jedes Mittel zur Bekämpfung der teuflischen Dreieinigkeit von Republikanismus, Sozialismus und Kommunismus recht ist, wird noch zu zeigen sein, wenn sein Beitrag zu den Verfolgungsmaßnahmen demokratischer Kräfte durch die Konterrevolution dargestellt wird. Ebenso wie Gelzer versucht Vilmar, seinen Lesern die schrecklichsten Folgen auszumalen für den Fall, daß sich republikanische oder radikaldemokratische *Ideen* in der Revolution oder in der Zukunft durchsetzen sollten. So stammt aus Vilmars Feder eine Artikelserie, die bereits nach dem ersten Revolutionssturm der Märztage, im Mai 1848, unter dem Titel *Republik und Kommunismus* im *Hessischen Volksfreund* veröffentlicht wurde. Vilmar formuliert in dieser Serie alle gängigen bürgerlichen Einwürfe gegen den Kommunismus, die Marx und Engels in ihrem im Februar 1848 in deutscher Sprache erschienenen *Kommunistischen Manifest* ausführlich widerlegt haben. [64] In diesem Artikel kommt Vilmars Unfähigkeit zum Ausdruck, die mannigfachen politischen Gruppierungen, die die Revolution trugen, zu unterscheiden. Es ist heute allgemein bekannt, daß in den Klassenkämpfen des Jahres 1848 der Feudalismus der gemeinsame Gegner des Bürgertums, des Kleinbürgertums und des Proletariats einschließlich des Bauerntums war. Es ist aber ebenso bekannt, daß Klassenlage und Interessen der gegen den Feudalismus verbündeten Gruppierungen von Widersprüchen nicht frei waren. Diese Problematik übersah Vilmar vollkommen, als er in seiner Attacke gegen Republik und Kommunismus die Behauptung aufstellte, es gebe zwischen Republikanern und Kommunisten keine Unterschiede, wer Republikaner sei, sei deswegen auch Kommunist, ja, müsse notwendigerweise Kommunist sein. [65] Sei die »Hauptsumme« der republikanischen Reden die, daß alle in gleicher Weise frei sein sollten, dies aber nur dem möglich sei, »welcher nicht vom zufälligen Erwerbe abhängt, wer nicht Not leidet, wer nicht arm ist«, und werde aus solcher Erkenntnis der Schluß gezogen: *»Die Armut muß aufhören«* [66], so hält Vilmar dieser Argumentation entgegen, wenn es unter den Arbeitern Armut gebe, so liege das daran, daß sie »die Kunst des Haushaltens und Sparens nicht gelernt haben und wohl nicht lernen mögen.« [67] Vilmar stößt sich darüberhinaus an der von Republikanern bzw. Kommunisten verwandten Terminologie: wie denn, die Fabrikarbeiter und ein Teil der Handwerksgesellen würden »Arbeiter« oder »Proletarier« genannt, so, als arbeiteten nur sie und derjenige, der ein »Bürger« oder ein »Besitzender« genannt werde, der arbeite nicht? Sei es denn nicht vielmehr so, daß die Besitzenden mit weit größerer Sorge um ihr Auskommen und mithin »auch mit größerer Anstrengung« [68] arbeiteten? Was wäre denn ohne das Talent, den Fleiß und das Kapital der Besitzenden? Die aus falscher Einschätzung der »realen« Lage resultierende, die schlimmste Forderung der Kommunisten sei daher die Forderung nach der Abschaffung des Eigentums. Und er schließt: wo es kein Eigentum gebe, da gebe es nur noch »Gütergemeinschaft«. Der arme Bürger, der sich sein Leben lang geschunden habe, dürfe seinen Kindern nichts mehr hinterlassen, da sein Erbe dem Staat anheimfalle. Wo es aber kein Erbe mehr gebe, da gebe es auch keine Familie mehr, da höre die Ehe auf zu existieren. Solches konstatierend glaubt Vilmar ein wesentliches Ziel des Kommunismus erkannt zu haben: »Also: *künftig soll die Ehe aufhören und Weibergemeinschaft eintreten.* So machen es die unvernünftigen Thiere; und die Communisten wollen doch behaupten: sie brächten uns die ›freie Menschlichkeit‹. Wer dies Wort künftig einen Communisten, Republikaner und Revolutionsprediger wieder aussprechen hört, der denke an die bestialische Thierheit, die hinter dieser ›freien Menschheit‹ steckt. Wir möchten gern sagen: Vergib ihnen, sie wißen nicht was sie thun. Aber wir können's nicht sagen, denn sie wißen es nur allzu gut. So sieht es aus um die Republik und um den Communismus.« [69] Ohne Zweifel nimmt solche Argumentationsweise bereits antikommunistische Ideologeme des 20. Jahrhunderts vorweg. Daß solche Vorstellungen von »Communismus«, die ein lohnendes Objekt auch für die Sozialpsychologie wären, bereits im 19. Jahrhundert weit verbreitet waren, zeigt die Tatsache, daß Marx und Engels sich offenbar genötigt sahen, im *Kommunistischen Manifest* auch das Problem der angeblich von den Kommunisten angestrebten Aufhebung der Familie [70] einer Kritik zu unterziehen. Vilmar jedoch zieht aus seinen »Erkenntnissen« über die Ziele von Republikanern, Sozialisten und Kommunisten die von seinem Standpunkt einzig mögliche Konsequenz: er bekämpft sie.

Vilmar und die Reaktion

Im Dezember 1848 war es für Vilmar ausgemacht, daß die Revolution gescheitert war. Hatte er noch im März in aller Vorsicht davon gesprochen, er wolle sich »in die *Bewegung* der Zeit« [71] stellen und mit der »nun gegebenen Lage ehrlich weitergehen« [72], so ging er im Dezember dazu über, alle Rücksichten fallen zu lassen und vom »christlichen« Standpunkt aus strenge Strafen für diejenigen zu fordern, die sich an der Revolution beteiligt hatten. Es sei, so heißt es in einem Artikel des *Hessischen Volksfreundes,* vom christlichen Standpunkt unbestritten, »daß Revolution, d. h. *durch ungesetzliche Mittel* angestrebte und erreichte Staatsumwälzung unter allen Umständen unerlaubt und unsittlich ist.« [73] Dies bedeute aber keineswegs, »daß auch die *Zwecke und Absichten,* zu deren Ereichung die Revolution ausgebrochen ist, notwendig unerlaubt und unsittlich seien.«. [74] Das Volk habe sich im März berechtigterweise mit dem Ziel eines freien, einigen und mächtigen Deutschland erhoben, nicht aber für die Errichtung einer Republik, nicht für Demokratie, Sozialismus, Kommunismus oder Anarchie. [75] Seien die ersten Unruhen im März an sich notwendig gewesen, weil sie einem berechtigten Wunsch Ausdruck verliehen, so sei die Revolution im Ganzen gesehen weit über ihr Ziel hinausgeschossen. »Es liegt im Wesen der Revolution und des ihr inwohnenden Dämonischen, daß sie von einer Gewalttat zur anderen immer ruhelos fortgetrieben wird und in sich selbst keinen Abschluß findet [. . .]. Es ist daher unbedingt notwendig, daß eine höhere Macht ihr zurufe: Bis hierher und nicht weiter. Dieses ist in Frankfurt a. M., in Wien, in Berlin geschehen und mit Recht athmet Deutschland wieder auf, denn es drohte ihm Tod und Vernichtung, so lange der giftige Lindwurm, Revolution genannt, nicht besiegt war.« [76]

In einem am 11. Juli 1849 publizierten Artikel beantwortet Vilmar die Titelfrage *Was soll nun werden?*, indem er praktische Empfehlungen gibt, wie auch die letzten Reste demokratischer Einheitsbestrebungen auszumerzen seien: »*Die Obrigkeit muß wieder zu ihrem Recht kommen! Das* wäre das erste, was wir unserer Seits auf diese Frage zu antworten hätten. Und die Obrigkeit handhabt ihr Recht der Natur der Dinge gemäß zunächst durch die *Furcht*. Die rechte Furcht wieder in die verwirrten und losgebundenen Massen zu bringen, das würde die nächste Aufgabe der Unterdrückung der Aufstände und der erste einigermaßen sichere Vorbote der Ueberwindung der Revolution sein. Die *rechte* Furcht, nicht eine Polizeifurcht, wie sie die letzten fünfzehn, zwanzig, dreißig Jahre her bestanden hat, bei der Jeder sich duckte und kroch und die Faust in der Tasche machte, sondern diejenige Furcht, welche eine weit überlegene, eine völlig unwiderstehliche, jeden Augenblick zum rücksichtslosen Einschreiten bereite, zur Strafe, und zwar zur nachdrücklichsten und schnellsten Strafvollziehung entschloßene und vollkommen *berechtigte* Macht und Gewalt über sich sieht und anerkennt. Eine solche Furcht jetzt herzustellen, ist möglich: es ist der rechte Augenblick, es ist vielleicht der *einzig* rechte Augenblick.« [77] Als wirksamstes Mittel, den Massen diese rechte Furcht so einzuflößen, daß sie diese so bald nicht wieder verlören, empfiehlt der Herr Pfarrer die »baldige und unnachsichtige Todesstrafe« [78] für die Führer der Revolution. Dies sei nur recht und billig, denn diese Aufrührer hätten sich nicht allein gegen menschliche Gesetze und Ordnungen, sondern auch gegen Gott erhoben. Wie die Aufrührer der Französischen Revolution hätten auch diese es gewagt, an den »unerschütterlichen Principien« dessen zu rütteln, »was sechstausend Jahre lang unveränderlich fest gestanden hatte. Familie, Ehe, Kindererziehung, Eigentum, Erbe, Armut, Reichtum – Ehre, Liebe, Treue, Bescheidenheit, Gehorsam, Dankbarkeit alles sollte miteinander kopfüber kopfunter stürzen, und am Ende überhaupt *gar keine Ordnung*, gar kein auch menschliches und zeitliches Gesetz mehr gelten«. [79] Daher sei in solchen Zeiten, da die Revolution äußerlich unterlegen sei, nichts wichtiger, als die revolutionären Ideen ebenfalls zum Erliegen zu bringen. Deshalb rät Vilmar allen Eltern, Lehrern und Pfarrern: »*Predigt das Gesetz!*« damit die

Kinder nicht auch vom Virus der Revolution angesteckt würden. Wer da fragt: »*Welches Gesetz*«, den bescheidet Vilmar, es gehe nicht länger an, das Evangelium zu predigen und es mit der menschlichen Weisheit und Gerechtigkeit zu übertreiben, sondern das Gesetz des Alten Testaments müsse wieder zu seinem Recht kommen: »Predige *den Tod,* den ewigen Tod, wo man ist und doch nicht ist, nicht ist und doch ist, predige dieses entsetzliche Grauen *als der Sünden Sold.* Predige die Vergänglichkeit aller zeitlichen Dinge, aber predige sie nicht mit rührenden, kläglichen, winzelnden Schilderungen, wie die Schnupftuchsprediger thun, daß den Leuten die Augen in Thränen zittern, sondern predige so, daß ihnen die Augen vor Schrecken stille stehen und auch die Seele stille steht und dann anfängt sich zu besinnen und in sich zu gehen.« [80] Es ist klar, wem solche frommen Ratschläge frommen. Die »Furcht des Herrn« wird hier kurzerhand mit der vor den absolutistischen Herrn gleichgesetzt. Aber die Fürsten regieren, wie die Ereignisse von 1848/49 drastisch vor Augen stellten, nicht durch Furcht, sondern durch Schrecken, durch Terror. Und fürstlichen Terror zu sanktionieren und Schrecken zu verbreiten, darum geht es dem Kopf-ab-Theologen Vilmar. Das germanistisch-pfäffische Gegeifer, das sich im pompösen lutherischen Rhetorikdonner gefällt, ist nicht nur deshalb so laut, weil es Himmel und Hölle als Echokammern einsetzt, sondern vor allem deshalb, weil es des Segens der kurhessischen Fürstenherrschaft gewiß sein darf. Der Gottesmann als Kanzel- und Schreibtischmörder konnte sich freilich nicht ganz zu Unrecht auf den Nationalheros Luther berufen, der ja auch angesichts der aufrührerischen Bauern die fromme Forderung an die Fürsten stellte: »Drum, liebe Herren, loset, hie, rettet hie, helft hie! Erbarmet euch der armen Leute! Steche, schlahe, würge hie, wer da kann!« Denn: »Sölche wunderliche Zeiten sind itzt, daß ein Fürst den Himmel mit Blutvergießen verdienen kann baß denn andere mit Beten.« [81] Zur Zeit Luthers wie auch in der Restaurationsperiode nach 1848 sanktionierten die Apologeten des Gottesgnadentums fürstlichen Terror mit dem Hinweis, die »Strafe« gegen die »Aufrührer« werde im Namen Gottes erteilt, denn, wer »nicht mit der Ueberzeugung, daß er in Gottes Namen strafe, und daß er für Gottes Gesetz einzustehen mit Leib und Leben verpflichtet sei, strafen kann, der *straft* nicht, der übt keine Gerechtigkeit, sondern der vertreibt Gewalt mit Gewalt; der stellt nur den Menschen dem Menschen gegenüber, und *gerade dieß ist der Quell* unserer gesamten Revolutionen durch ganz Europa seit sechzig Jahren. Kann die Gerechtigkeit und das Gesetz Gottes nicht *jetzt* wieder zur Anwendung und Geltung kommen, dann wird Gottes Gesetz und Gerechtigkeit in diesem Menschengeschlechte nicht, und überhaupt erst wieder zur Anerkennung gelangen, wenn weit schwerere und allgemeinere Strafgerichte Gottes durch viel ausgedehntere und furchtbarere Revolutionen, als Vorläufer des Weltgerichts, werden zum Ausbruche gekommen sein.« [82] Man kann sich denken, in welchem Geiste der fromme Mann ab 1850 im Dienste der restaurierten Administration Kurhessens im Innenministerium wirkte. Ähnlich wie die Welt im 16. und 17. Jahrhundert vom Hexenwesen befreit werden sollte, so suchte Vilmar, für den die Revolution von 1848 ja pures Satanswerk war, Deutschland von der Revolution zu befreien. Der Kampf gegen die Revolution »wird nur auf zwei Punkten zur endlichen Entscheidung geführt: auf dem Gebiete des Glaubens und auf dem Schlachtfelde der Waffen – dort durch das Gebet, hier durch die Gewalt, durch letztere jedoch, und bestehe sie auch in der Anwendung des Schwertes der Obrigkeit, ist die Entscheidung nur insofern siegreich, als sie durch eine geheiligte Waffe, durch Gewalt mit Gebet, herbeigeführt wird.« [83] So Vilmar am 7. Dezember 1850 im *Hessischen Volksfreund*. In diesem Sinne setzte er sich 1851 dafür ein, das Erbe der Revolution, die, wie Vilmar dies nannte »revolutionäre Gesetzgebung«, Assoziationsrecht, Pressefreiheit und Wahlgesetz, wieder abzuschaffen. »Es ist Zeit hier aufzuräumen und an die Stelle aller dieser Dinge andere neue Dinge zu setzen, welche aus den natürlichen Verhältnissen und aus dem ewigen Rechte und göttlichen Worte nicht *gemacht*, sondern *gezeugt und geboren* sind.« [84] Soweit Vilmars politisches Credo. Ähnlich wie Gelzer ist er nach der sicheren Niederlage der Revolution nicht mehr bereit, auch nur geringfügige Konzessionen an demokratische Forderungen zu machen. Hatte er sich noch im April 1848 für die Errichtung einer konstitutionellen Monarchie starkgemacht, um wenigstens diese Form des »monarchistischen Prinzips« und sich selbst zu retten, so konnte er schon 1850 diese Maske fallen lassen und offen Partei ergreifen für die reaktionärsten politischen Zielrichtungen, die nicht allein sämtlichen demokratischen Forderungen, sondern objektiv auch den wesentlichen ökonomischen Interessen des Bürgertums Hohn sprachen. Freilich arrangierte sich dieses Bürgertum mit den Siegern über die Revolution: die Stärkung der monarchischen und feudalen Gewalt, die nach 1848 eintrat, kam großen Teilen der deutschen Bourgeoisie nicht einmal so ungelegen: eine zunehmende Kooperation mit den alten Mächten konnte zum einen die revolutionären Ansprüche des Proletariats in Schach halten, und sie garantierte auf diese Weise den ersten raschen wirtschaftlichen Aufschwung der Jahre 1850–1857. [85] Die ökonomische und politische Entwicklung überrollte viele politischen Vorstellungen Vilmars – die Irrationalität, von der solche Vorstellungen getragen waren, ließ sich aus der deutschen Geschichte, die viele Vilmars kannte, jedoch nie verbannen: unter veränderten gesellschaftlichen Bedingungen kam ein großer Teil dieser Irrationalismen in neuer Vehemenz zum Ausdruck – im Faschismus.

Zur Bedeutung Vilmars und Gelzers für die Germanistik nach 1848

Die in der Diskrepanz von fortgeschrittenen Produktivkräften und zurückgebliebenen Produktionsverhältnissen angelegten Spannungen schaffen nicht allein emanzipative Theorien und emanzipatorische Praxis, sondern auch Ideologien, die am überholten gesellschaftlichen Zustand festhalten, falsche Bedürfnisse wecken und vergebliche Hoffnungen auf eine mögliche Harmonisierung aller gesellschaftlichen Widersprüche evozieren. In der Zeit des Vormärz, in der einerseits um die Einheit der Nation gekämpft und andererseits die Autonomie der deutschen Kleinstaaten verteidigt wurde, glaubten Germanisten wie Vilmar und Gelzer, den Widerspruch zwischen bürgerlichen, sich ankündigenden proletarischen und feudalabsolutistischen Interessen auflösen zu können, indem sie in ihren Schriften eine Welt des vermeintlich glücklich-christlichen Volksorganismus aus der Vergangenheit in die Gegenwart projizierten und den Nachweis zu erbringen suchten, daß die einzig legitime – weil aus der Historie ableitbare – Staatsform auch für die Zukunft die von Gott legitimierte Monarchie sei. Vilmar und Gelzer sind jedoch für die Germanistik vor 1848 nicht repräsentativ, denn diese Germanistik predigte keinesfalls mehrheitlich *systemhörige i*ndividualistische Innerlichkeit, wie manche Autoren glauben machen. [1] Vilmar und Gelzer lehnten politische Theorien und Programme ab, die auf eine Transformation der feudal-absolutistisch struktuierten Gesellschaft aus waren, da diese nicht »christlich« seien. In einem Artikel im *Hessischen Volksfreund,* der sich mit Gervinus auseinandersetzt, macht Vilmar dies folgendermaßen klar: »Links stehen die Feinde göttlicher Ordnung rechts die, welche auch mitten unter dem Abfall von dieser Ordnung sie dennoch festhalten und verteidigen.« [2] Schon die »Heilige Allianz« von 1815, die unter dem Deckmantel einer »heiligen« Verbindung zum Schutz der Religion nahezu alle europäischen Fürsten darin bestärkte, jede soziale oder politische Veränderung zu verhindern und alle fortschrittlich-liberalen Bewegungen zu unterdrücken, bediente sich jener Ideologeme, die auch von den Kanzeln gepredigt wurden. Die Religion diente als angeblich entscheidender Faktor in der Geschichte, sie war Maßstab für die Gestaltung aller menschlichen Ordnungen und sie diente zur Verteidigung der Einheit von »Thron und Altar«. Sowohl Vilmar als auch Gelzer stehen in dieser »christlichen« Front. Ihre Literaturgeschichten sind darauf angelegt, christlich-protestantische Strömungen in der deutschen Literatur im Interesse herrschender gesellschaftlicher Machtverhältnisse zu interpretieren. Die vorliegende biographisch-monographische Erhellung der Schriften beider Autoren bezweckte es nicht, ihnen individuelle Erheblichkeit zuzusprechen. Vielmehr ging es um den Nachweis, daß sie als politisch reaktionäre Repräsentanten der Literaturgeschichtsschreibung des Vormärz nach dem Scheitern der Revolution von 1848 als Sieger über liberale und radikaldemokratische

Tendenzen auf ihrem Fachgebiet hervorgingen und daß ihre Ideologeme von der Hochschulgermanistik seit der zweiten Hälfte des 19. Jahrhunderts bis in den Faschismus übernommen wurden, auch wenn Hochschullehrer wie Müllenhoff und Scherer sich gegen solche »Germanistik« noch erbittert wehrten. Die Rede von der Kontinuität deutschen Wesens, wie es von Vilmar und Gelzer vor 48 formuliert worden war, die Rede von der Einheit der Nation, wurde nach 1848 zu einer die sozioökonomischen Gegensätze vernebelnden Gemeinschaftsideologie, die der Festigung des wilhelminischen Reiches nach innen und den imperialistischen Interessen des Wilhelminismus nach außen zu dienen hatte, bis die Germanistik nach 1918 das angeschlagene nationale Selbstbewußtsein wieder in der deutschen Sprache und im deutschen Geist zu suchen begann. »Wo können wir besseres Selbstvertrauen hernehmen als in unserer Sprache, dem letzten Gemeinbesitz der Deutschen?«, so fragt Julius Petersen [3] unter dem Eindruck der Niederlage und mit ihm faßten zahlreiche germanistische Lehrer und Hochschullehrer ihr Amt als Verpflichtung auf, den deutschen Geist vor einer solchen Niederlage zu bewahren, bis Karl Viëtor 1933 schreiben konnte, der »totale Nationalstaat« sei nunmehr die schönste Gesamtaufgabe, die dieser deutsche Geist sich zu setzen vermöge. [4] Ist es auch unzulässig, eine direkte Verbindung zwischen reaktionären Tendenzen der deutschen Literaturgeschichtsschreibung des Vormärz und der Germanistik des Faschismus zu konstruieren, so läßt sich doch feststellen, daß mit dem Scheitern der Revolution von 1848 der erste Anstoß dazu gegeben war, daß die Ideologeme der Vilmar und Gelzer zunehmend Allgemeingut des Faches Germanistik wurden. Wurde Gelzers Literaturgeschichte rasch vergessen, so wirkten seine antidemokratische Haltung und sein Antikommunismus nach. Dagegen erlebte Vilmars Literaturgeschichte in der imperialistischen Periode des wilhelminischen Deutschland immer neue Auflagen und konnte von Kritikern wie Wilhelm Scherer nicht verdrängt werden, weil sie zu gut ins Schema der herrschenden Ideologie paßte. Was Vilmar nach 1913 vorübergehend vom Markt verdrängte, waren nicht seine Kritiker, sondern präfaschistische und schließlich faschistische Literaturgeschichten der Bartels und Nadler, die ihn nicht widerlegten, sondern radikalisierten. Nicht zufällig wurde Vilmars *Geschichte der Deutschen Nationalliteratur* schließlich im Jahr 1936 wieder aufgelegt und, wie es hieß, »bearbeitet und fortgesetzt«. [5]

Die bildenden Künste im Dienste der nationalen Einigung

Zur restaurativen Verkehrung bürgerlich-emanzipatorischer Ansätze in der Frühzeit der Universitätsgermanistik

Ulrich Schulte-Wülwer

Einleitung

Die wirtschaftliche, politische und soziale Lage Deutschlands um 1800 ruft Revolutions- und Reformbewegungen ins Leben, die, nach Zusammensetzung und Zielrichtung zwar unterschiedlich, in der Überwindung der Zersplitterung Deutschlands und in der Errichtung eines freiheitlichen Nationalstaates jedoch eine einheitliche Aufgabe sehen.

Mit der ökonomischen und politischen Revolutions- und Erneuerungsbewegung läuft eine kulturnationale Bewegung einher, die mit der Rückbesinnung auf die nationale Kunst und Kultur als einigendem Band die politische Zersplitterung Deutschlands zu überwinden hofft. Sie betont, daß es zwar noch keine ökonomische und politische, jedoch bereits eine kulturelle Einheit durch gemeinsame Sprache, Kunst, Dichtung und Geschichte gebe. Diese Bewegung ist einerseits regressiv, insofern als sie oft genug der Gefahr erlag, sich gänzlich von den Forderungen, die die politische Realität stellte, abzuwenden und in der Betrachtung einer idealisierten Vergangenheit zu verharren; auf der anderen Seite ist sie progressiv, weil sie mit der Rückbesinnung auf die nationale Kultur dem um seine Identität und um politische Selbstverwirklichung ringenden Bürgertum Traditionsbeziehungen an die Hand gab, die ihm halfen, sein Wollen historisch zu legitimieren. Im Bereich der Kultur erobert das Bürgertum sich ein Aktionsfeld, das ihm in der realpolitischen Auseinandersetzung noch weitgehend versagt war.

Als bürgerliches Kampfmittel für den Nationalstaat entsteht die Kunstgeschichte als systematische Wissenschaft, spezifisch bürgerliche Museen werden in diesem Sinne gegründet [1], an den Universitäten erste Lehrstühle eingerichtet. [2]

Auch die bildende Kunst tritt in den Dienst der nationalen Idee, zahlreiche Monumente werden in diesem Sinne interpretiert, errichtet, vollendet.

Viele dieser Institutionen und »Mahnmale« haben bis heute nur wenig von ihrer Einheit und Kontinuität suggerierenden mythisch-mystischen Symbolkraft verloren. Nach Kriegsende 1945 restaurierte die Denkmalpflege als erstes deutsche Dome und Schlösser und bot so – nach eigenem Selbstverständnis – einer verunsicherten Nation die Voraussetzung zur Selbstbesinnung und zum Neuaufbau. [3] 1952 wies der damalige Bundespräsident Theodor Heuss das 100 Jahre zuvor »als ein Symbol der deutschen Einigkeit und Einheit, als ein verheißungsvolles Vorzeichen einer Einigung auch im höheren, im politischen Sinne« [4] gegründete »Germanische Nationalmuseum« in Nürnberg auf seine alte wie neue Bestimmung mit folgenden Worten hin: »Und so soll in die neue Gestalt eingefügt werden eine vielschichtige Sammlung der Kulturdokumente jener deutschen Landsmannschaften und Stämme, die heute ihre Heimat in der Gewalt fremder Beherrschung wissen [. . .] Das Germanische Nationalmuseum tritt damit in einen neuen Geschichtsauftrag, Fluchtburg der deutschen Seele zu sein.« [5]

Einige Identifikationsstützen bürgerlichen Bewußtseins der Zeit von 1806 bis 1848 sollen im folgenden in Augenschein genommen werden. Es sind allegorische Darstellungen der Nation in Gestalt der »Germania«, des weiteren »Denkmale«, in denen nationale Kulturleistung ihren vermeintlich höchsten Grad erreicht hat, wie im Kölner Dom oder im Nibelungenlied und schließlich Denkmale, die durch ihren Symbolgehalt am ehesten Parallelen und Assoziationen zur Gegenwart zulassen, wie das Hermann-Denkmal Ernst von Bandels. [6]

Was die Philologie notgedrungen auf einer abstrakten Ebene abhandelt und im Vagen läßt, bringt die bildende Kunst ins konkret Anschauliche, indem sie Dichtung und Geschichte »dokumentiert« und zu verkörpern sucht; sie kleidet Gegenwartsprobleme in den Mantel historischer Darstellung und treibt Geschichtsklitterung, wo das authentische Urkunden- und Quellenmaterial versagt. Deutlicher als es jede Analyse wissenschaftlicher und politischer Textdokumente vermag, läßt sich durch die Einbeziehung der Kunst und Kunstgeschichte belegen, daß die Germanistik jener Tage eine ambivalente politische Bewegung war.

Wenn das, was die philologischen und juristischen Germanisten bloß sprachlich beschworen, von Künstlern *visualisiert* wurde, so ist zugleich anzumerken, daß die germanistische Projektion die Abstraktheit und, wenn man so will, die Unschuld des bloß Gedachten verlor, indem sie in eine andere, eine augenfällig-sinnliche Sphäre trat. Der genuin philologische Interpretationsraum wurde tendenziell überschritten und tendenziös beschnitten, wo etwa Siegfried oder Walther von der Vogelweide aus dem Text ins Bild traten. Denn da das visuelle Gedächtnis vermöge der einmal begründeten ikonographischen Tradition eine eigene Gewalt entwickelte, lehrte es nicht nur, wie Germanisches und Mittelalterliches vorgestellt werden *könnte;* es dekretierte vielmehr zusehends, wie es vorgestellt werden *müsse.* An den Illustrationen zum Nibelungenlied etwa oder aus den Details der Germania- und Hermanns-Bildnisse ist fraglos deutlicher abzulesen, welch innige Verquickung von wissenschaftlich-empirischen und imaginativ-ideologischen Momenten in den Germanistenköpfen vorherrschte, als irgend an den porträtierten Germanistenköpfen selbst, wie Könnecke oder das Grimm-Archiv zu Kassel sie sammelten.

Der schon angesprochene ambivalente Charakter der germanistisch-nationalen Bewegung, deren Sog sich eben auch zahlreiche Künstler und Kunsttheoretiker nicht widersetzten, wird unübersehbar in der Diskussion, die sich in allen Facetten politischer Parteilichkeit an den »Nationaldenkmälern« entzündete. In ihrem überwiegend deutschtümelnden Wesen lag, wie schon der zwanzigjährige Friedrich Engels sah, zugleich die Ursache für ihr Scheitern: »Die Deutschtümelei war Negation, Abstraktion im Hegelschen Sinne. Sie bildete abstrakte Deutsche durch Abstreifung alles dessen, was nicht auf vierundsechzig Ahnen rein deutsch und aus volkstümlicher Wurzel entsprossen war. Selbst ihr scheinbar Positives war negativ, denn die Hinführung Deutschlands zu ihren Idealen konnte nur durch Negation eines Jahrhunderts und seiner Entwicklung geschehen, und so wollte sie die Nation ins deutsche Mittelalter oder gar in die Reinheit des Urdeutschtums aus dem Teutoburger Walde zurückdrängen.« [7] Dennoch sah Engels in dieser Bewegung »eine notwendige Bildungsstufe unseres Volksgeistes«, die indes in der publizistischen Praxis eines Börne oder auch in dem philosophischen System Hegels schon überwunden wurde. In der Tat waren es vor allem Kritiker aus dem liberalen und demokratischen Lager, die oft schonungslos »der Deutschtümelei ihren prahlerischen Flitterstaat vom Leibe« [8]rissen.

Emotionalität und mangelnde theoretische Klarheit, die die bürgerlich-emanzipatorische Artikulation der Germanistik und deren Objektivationen in der Kunst kennzeichnen, ermöglichten es der Reaktion und Restauration, diese Bewegung, die nie zu einer realpolitischen Organisation gediehen war, zu vereinnahmen und zu korrumpieren.

Bürgerliche und feudale Projektion der Nation: Darstellungen der »Germania« von Friedrich Overbeck, Ludwig Schwanthaler, Edward von Steinle und Philipp Veit.

Die Unklarheit und der Mangel bürgerlich-demokratischen Bewußtseins läßt sich anschaulich aufzeigen an Personifikationen der Nation in Gestalt der »Germania«. Trotz bildlicher Darstellung ist sie bis zur Revolution von 1848 niemals Symbol eines propagierten demokratischen Nationalstaates gewesen. Sie hat auch in der Folgezeit diesem Anspruch nie genügen können.

Friedrich Overbecks Gemälde »Italia und Germania« [9] (Abb. 4) hebt die Italiensehnsucht deutscher Künstler ins Politisch-Programmatische: Germania hat mit beiden Händen die Rechte der Italia ergriffen und neigt sich der Freundin ergeben zu. Diese Geste meint nicht die politische Einheit beider Nationen, sondern das kunstgenealogische Abhängigkeitsverhältnis der Germania gegenüber der Italia, aufgehoben in der Einheit der christlichen Kunst des Mittelalters.

Overbeck formt das Bild dieser Freundschaft nach seiner Auffassung der Geschichte und im besonderen der Geschichte der Kunst, einer Auffassung, der er Zeit seines Lebens treu geblieben ist. Er begreift die revolutionäre Übergangsphase von feudaler zu bürgerlicher Gesellschaft ebenso als Bruch in der Geschichte, als »Entzweiung«, wie die Zeit nach der Reformation, da Kunst von der ihr allein als gültig zugestandenen Funktion einer »Dienerin ... im Heiligtum« enthoben und »Kunst selber zum Götzen« [10], d. h. zum reproduzierbaren Sammel- und konsumierbaren Repräsentationsobjekt wurde. [11] Der Künstler, nunmehr aus den Banden, aber auch aus der Sicherheit des Hofes entlassen, sehnt sich in die Zeit einer solchermaßen noch nicht entfremdeten christlichen Kunst und greift dabei auf das Ideal mittelalterlich christlicher und somit vorindustriell handwerklicher Bindungen zurück. Er erstrebt ein Leben in der angeblichen Schlichtheit und Zucht der alten Meister. Folgerichtig erscheint Overbecks Germania im mittelalterlichen Gewand der Dürerzeit, Italia im Typus einer raffaelischen Madonna, während hinter ihnen als landschaftlicher Ausschnitt, als Zitat quasi, ihre christlich mittelalterliche Heimat sichtbar ist.

Seinen Bruch mit der Gegenwart überwindet Overbeck außerhalb der Grenzen Deutschlands in der christlichen Vergangenheit Italiens. Hier sucht er, im Rückgriff auf mittelalterliche Kunst- und Lebensformen, mit wenigen Freunden in klösterlicher Abgeschiedenheit, die Symbiose von Kunst und Christentum, in der Verschmelzung deutscher (Dürer) und christlicher Kunst (Raffael) den Weg von negativ erfahrener Wirklichkeit zum vermeintlichen Heil.

Bürgerlich-kapitalistisches Fortschrittsdenken dagegen äußert sich in der Kritik des Overbeckschen Kunstideals durch den Kunsthistoriker, Literaturkritiker und späteren Paulskirchen-Abgeordneten Friedrich Theodor Vischer: »wer nicht einsehen will, daß verschiedene Weltalter verschiedene Weltanschauungen haben, daß uns nicht taugen kann, was dem Mittelalter taugte, daß die höchsten Stoffe der Kunst für eine Zeit, welche Luther, Kant, Fichte, Schleiermacher, Schelling, Hegel gesehen hat, nicht dieselben sein können, wie für das Zeitalter der Päpste; wer aus Scheu vor Ideen nicht begreifen will, daß die Kunst einen Entwicklungsgang hat, auf welchem sie die Phantasiegestalt verklungener Zeiten wie Schlangenhäute abwirft; wer zwischen Eisenbahnen und Dampfschiffen noch der Madonna räuchern will, dem wollen wir seinen Frieden nicht stören.« [12]

Zeigt sich in Overbecks »Italia und Germania« eine stark subjektive, auf das Künstlerische eingeengte Erfahrung gesellschaftlicher Wirklichkeit, die den Künstler dazu veranlaßte, auf ein Leben fern der Heimat, »(geborgen) wie auf einer stillen Insel in der Hauptstadt der Christenheit« [13], auszuweichen, so weisen Ludwig Schwanthalers Giebelskulpturen der Südseite der Walhalla (Abb. 5) auf die aktuelle politische Lage der Nation: sie verherrlichen die Errichtung des Deutschen Bundes nach dem Sieg über Napoleon. [14]

In der Mitte sitzt auf erhöhtem Thron Germania. In der Rechten hält sie das gesenkte Schwert zum Zeichen des beendeten Krieges und des äußeren Friedens. Jeweils in Zweiergruppen geordnet, treten von links Preußen und Köln, Hannover und Luxemburg, Hessen und Sachsen, von rechts Österreich und Mainz, Bayern und Landau, Württemberg und ein Krieger heran, der Germania zu huldigen. In den Giebelzwickeln liegen die Flußgötter Rhein und Mosel.

Alle fünf Königreiche des Bundes, das Kaiserreich Österreich und das Kurfürstentum Hessen sind als allegorische Krieger, die Städte Mainz, Köln und Landau sowie das Großherzogtum Luxemburg als weibliche Allegorien wiedergegeben.

Die Walhalla ist eines der ersten großen Monumente politischer Propaganda. [15] Die Verherrlichung des Deutschen Bundes, der in Artikel 2 der Bundesakte die Erhaltung der Unabhängigkeit der deutschen Einzelstaaten und die Unterdrückung der deutschen Einheitsbewegung offen als Zweck des Bundes bezeichnet, entlarvt die Absicht des Bauherrn, König Ludwig I. von Bayern, an die Stelle der bürgerlichen Forderung nach Einheit der deutschen Teilstaaten und einer demokratischen Verfassung das Prinzip der Eintracht zwischen Fürst und Volk zu stellen. [16]

Zur gleichen Zeit, da es im Königreich Sachsen und im Großherzogtum Braunschweig zu revolutionären Erhebungen kommt, erklärt der bayerische Innenminister Eduard von Schenk anläßlich der Grundsteinlegung der Walhalla am 18. Oktober 1830 öffentlich: »Während in manchen anderen, ach! auch teutschen Staaten Empörung oder Mißtrauen die heiligen Bande zwischen Fürsten und Völkern zu zerreißen oder loser zu machen drohen, steht hier der glückliche weit beglückende König Bayerns, fest und ruhig, voll Vertrauen, mit klarer Ansicht Seine Zeit erkennend, mit ernstem Blicke Seinen hehren Beruf erwägend, mit Beharrlichkeit ihn erfüllend, und im Bewußtseyn des tiefsten innern Friedens den Grundstein legend zu einem Denkmal teutscher *Größe,* die Ihn erfüllt, und teutscher *Treue,* die sein biederherziges Volk Jahrhunderte bewährt hat und bewähren wird.« [17]

Mit dem Bau der Walhalla als einer Ruhmeshalle deutscher Heroen der Kultur und des Krieges fängt Ludwig eine bürgerlich-emanzipatorische Bewegung auf, die sich andernorts in der Errichtung zahlreicher Individualdenkmäler für einzelne große Männer niederschlägt und überführt sie in die Sackgasse der Deutschtümelei und der autoritären Kulturpropaganda. Der genealogisch-dynastischen Geschichtsschreibung und den Ahnenreihen des Adels stellen die Bürger seit dem zweiten Jahrzehnt des 19. Jahrhunderts die Statuen ihrer Künstler, Dichter und Denker gegenüber. Auf öffentlichen Plätzen errichtet (Abb. 6), sollen sie dem Volk das Gefühl nationaler Kraft und stolzen Selbstbewußtseins geben und durch den Nachweis bürgerlicher Tatkraft und Solidarität ein Identifikationsfeld sichern, das vom Bürgertum im politischen Bereich bislang nicht erobert werden konnte. Nationales Pathos und die kaum artikulierte, doch stets assoziierte Forderung nach geistiger Freiheit begleiten in diesem Sinne die Errichtung des Gutenberg-Denkmals in Mainz. [18] Vor allem den aus vielen deutschen Städten erschienenen Buchdruckern, Buchhändlern und Schriftgießern war die Enthüllung des Denkmals ein Fest »des Bewußtseins, daß wir eine gemeinschaftliche Heimat, eine gemeinschaftliche Sprache, gleiche Gesetze, gleiche Hoffnungen und gleiches Ziel haben«. [19] Darüberhinaus mußte sich jedoch bei den meisten die schmerzvolle Erkenntnis einstellen, daß man den Erfinder der Buchdruckerpresse zu einer Zeit feierte, da in ganz Deutschland die drückendste Pressezensur herrschte. Mittels Staatsakt wird Gutenberg dann auch im Revolutionsjahr 1848 in der Rolle bestätigt, die er im bürgerlichen Bewußtsein längst spielte. Auf der Proklamation mit dem Verfassungsversprechen König Ludwigs von Bayern erscheint – eingebunden im ornamentalen Rahmen – die Büste Gutenbergs als Garant für die »Pressfreiheit«, die Statue Martin Beheims steht für »Fortschritt«, die Dürers für »D(eutsche) Einheit« (Abb. 7). [20] Auch Schiller hatte seinen späten Beitrag im Dienste der deutschen Einigung zu leisten. Anläßlich der Grundsteinlegung des Schiller-Denkmals 1859 in Berlin beschließt Jacob Grimm seine *Rede auf Schiller* mit folgendem Aufruf: »ein volk soll doch nur grosze dichter anerkennen und zurückweichen lassen alles was ihre majestätische bahnen zu erspähen hindert. desto mehr wollen wir sie selbst zur anschau und zu bleibendem andenken vervielfachen, wie der alten Götter bilder im ganzen lande aufgestellt waren. schon stehen beide zu Weimar unter demselben kranz. mögen auch hier in weiszem marmor oder in glühendem erz vollendet ihre seulen auf plätzen und straszen erglänzen [. . .]«. [21] Anastasius Grün schmiedet dazu in dem Gedicht *Schillers Standbild* die Verse:

Lodert, ihr deutschen
Herzen in Flammen!
Schlaget zu Einem
Brande zusammen! [. . .] [22]

Diese auch von Schiller nicht mehr zu leistende nationale Aufgabe forderte wiederum die Ironie der Künstler heraus: Eine Karikatur auf die Schiller. Feiern aus dem Jahre 1859 (Abb. 8) zeigt die Apotheose Schillers, dem man, gemäß der Weisung Jacob Grimms, lorbeerumkränzt und im appollinischen Strahlenkranz nach dem Vorbild antiker Götterbilder eine Herme errichtet. [23] Vertreter aller deutschen Lande, selbst aus Amerika, bringen Jubelgrüße dar, doch der Text entlarvt, daß Schiller in dieser Zeit nicht Wegbereiter, sondern lediglich Surrogat deutscher Einheit sein konnte.

Während so in Denkmalvereinen und Festcomités der Bürgerstolz seinen politischen Tatendrang abreagiert [24], macht Ludwig I. bei der Walhalla mit der repressiven Feierlichkeit und dem megalomanen Charakter der Architektur, sowie mit dem massierten Auftreten der Frauen und Männer »teutscher Größe« Kultur zum Machtmittel der Herrschenden (Abb. 9).

Auf die ethischen Mängel so mancher der 161 hier in Büsten und Gedenktafeln Geehrten haben schon Heine und andere hingewiesen. Nur 42 von ihnen lassen sich zum kulturellen Bereich zählen, alle anderen sind kriegerischem Tatenruhm gewidmet. [25] Walhalla verbindet Kultur und Heldentod und beläßt in dieser Kombination und Konzentration dem Bürger nur das Selbstgefühl seines eigenen Untertanenstandes in Ehrfurcht und »teutscher Treue«. König Ludwig indes konnte sich in der Illusion wiegen, Kunstspender zu sein.

Auch die Frankfurter Nationalversammlung trat im Zeichen einer allegorischen »Germania« zusammen. Anläßlich der Feier zur Wahl Erzherzog Johanns zum Reichsverweser am 12. Juli 1848 wurde über dem Präsidentenstuhl von Gagerns eine »Germania« angebracht, die von den Malern Edward von Steinle und Philipp Veit aus Begeisterung über dieses Ereignis, das sie – sofern sich ihr Traum vom Kaiserreich erfüllen sollte – »für einen Wendepunkt in der Geschichte« ansahen, in 10tägiger Gemeinschaftsarbeit angefertigt worden war (Abb. 10). [26]

Die »Grundrechte des Deutschen Volkes« und der kaiserliche Adler lassen keinen Zweifel daran, daß diese »Germania« die konstitutionelle Monarchie inaugurieren soll. Ihre Augen blicken hoffnungsvoll nach rechts (!). Ebenfalls deutlich politischen Hinweis geben die architektonischen Formen, die die Germania tragen und bekrönen: Die Konsole zeigt Barbarossa im Kyffhäuser als Ausdruck der Hoffnung auf das Wiedererwachen deutscher Kaiserherrlichkeit. Der Baldachin ist eine Abbreviatur des Kölner Domes, er soll den christlichen Geist gotisch-deutschen Mittelalters beschwören, der auch im Kölner Dombau wieder aufleben sollte. An der Ausmalung des Domes war Steinle maßgeblich beteiligt. Im Anschaulichen wie auch im übertragenen Sinne soll die Stütze der neuen Reichsidee das Kaisertum, ihre Krone der christliche Glaube sein. Nicht nur die Architekturelemente, auch die äußere Form des Spitzbogens und der Thron der »Germania« als »sedes salomonis«, als Thron Mariens, verweisen diese »Germania« in den sakralen Bereich und betonen so nachdrücklich den christlichen Geist des zu erneuernden Reiches.

Die hier angesprochene Kontinuität deutscher Kaiserherrlichkeit hatte in Frankfurt in der Ausmalung des Kaisersaales im Römer eine bedeutende Parallele, auch hier waren Steinle und Veit mit bei der Sache; seit 1838 war man damit beschäftigt, den Kaisersaal mit Bildnissen aller deutschen Kaiser von

768–1806, von Karl dem Großen bis Franz II., auszumalen. Zu den Stiftern dieser Bilder gehörten alle deutschen Monarchen, Finanzadel und Großbourgeoisie, die Hansestädte, aber auch »Vereine patriotischer Bürger«. Nicht nur in ihrer äußeren Form, auch in ihrer restaurativen Gesinnung reiht sich diese »Germania« an die Kaiserb dnisse; sie ist Aufforderung, den Kaisersaal, in dem 1846 der 1. Deutsche Germanistentag stattfand, als geschichtsträchtige Stätte so vieler Reichstage, Wahlen und Krönungen nicht verwaisen zu lassen.

Mahnmal deutscher Einheit und Gradmesser des deutschen Nationalismus: Das Hermann-Denkmal Ernst von Bandels

Zahlreiche Germanisten – nicht wenige waren gleichzeitig Kunsthistoriker bzw. Kunsttheoretiker – griffen aktiv in die Diskussion um eine »vaterländische Kunst« ein, so auch der ehemalige Burschenschafter und aktive Teilnehmer des Wartburgfestes, H. F. Maßmann. Er äußert sich 1827 in einer Eröffnungsrede zu den Vorlesungen über das Nibelungenlied und verwandte ältere deutsche Dichtwerke *Über die Beschäftigung mit dichterischen Denkmälern unserer Vorzeit und dem Nibelungenliede, insbesondere in künstlerischer Hinsicht* folgendermaßen:

»Ich setzte hier den Künstler hauptsächlich als den vaterländischen voraus, als erfüllt von dem Drange und Auftrage, vaterländischer That, Tüchtigkeit und Treue seinen Pinsel, Griffel und Meißel zu weihen, als entschlossen aus der vaterländischen Geschichte, besonders den früheren und frühsten Abschnitten derselben (z. B. aus dem langen jahrhundertlichen Kampfe der Germanen wider die ewige Roma) treue Gebilde und sinnvolle Veranschaulichungen zu Tage zu fördern [...] Die wenigen tiefsinnigen und großartigen Grundzüge urdeutscher Art zu empfinden und zu glauben, zu denken und zu handeln, die uns die Römer gelegentlich aufbewahrt haben [...] können [...] dem plastisch darstellenden Künstler nicht genügen: seine Phantasie [...] verlangt daher um so mehr scharfe Umgränzung der Gestalten, deutschthümliches Gepräge der Charaktere; sie will das Rauschen deutscher Eichenhaine vernehmen und unter ihren grünen Lauben deutsche Menschen wandeln und handeln sehen. Wohin sich nun wenden? Lassen sich solche Kunstgebilde aus der Luft construieren? – Des Tacitus Germania ist von Rühs, Luden und Anderen mit Recht zurückerklärt worden aus den späteren deutschen Gesetzen, nordischen länger lebendig gebliebenen Sitten und eddischen Gesängen. So greife denn der junge Künstler furchtlos und zuversichtlich zu den Dichtwerken des zwölften bis vierzehnten Jahrhunderts und ihren früheren Anklängen! Hier ist eine unserer Erzväter nicht unwürdig wandelnde Nachkommenschaft; hier ist vielfacher Nachklang der Urzeit, unverhallt; hier ursprüngliche Grundanschauung mit der alten, treu und lebendig überlieferten Heldensage verwebt, die selber nur verjüngte Wiedergeburt noch früherer That, noch früheren Glaubens ist.« [27]

Geschichte und Literatur werden hier allein danach bemessen, wieweit sie sich als Quelle deutscher Kraft, deutschen Wesens, deutscher Treue und Tapferkeit ausdeuten lassen. Der bildenden Kunst wird die Aufgabe zugewiesen, den nationalen Geist verklärend darzustellen.

Der Appell Maßmanns blieb nicht ungehört, sein Einfluß auf die bildende Kunst ist erheblich: Während Maßmann in München seine Vorlesung über das Nibelungenlied hält, ergeht an Julius Schnorr von Carolsfeld der königliche Auftrag, die Repräsentationsräume König Ludwigs mit Szenen aus dem Nibelungenlied in großformatigen Fresken auszumalen (Abb. 11 u. 12).

In dem Bildhauer Ernst von Bandel bestärkt Maßmann die Idee, »durch ein Armin-Denkmal dem deutschen Volke ein Mahnzeichen zur Stärkung brüderlicher Einheit zu errichten«. [28] Von dem befreundeten Berliner Germanisten Wilhelm Wackernagel erhält Bandel ebenfalls Unterstützung, und das Projekt erfährt bezeichnenderweise Zustimmung auch aus dem Kreis Göttinger Professoren um den Historiker Dahlmann (1836). [29]

Bandels Arminius-Denkmal ist ein besonders sinnfälliger Appell an den deutschen Einheitsgedanken (Abb. 13). Als mächtiger, weithin sichtbarer Fürstenriese ruft Arminius die Stämme Germaniens zur Einheit und zum Kampf gegen die römischen Unterdrücker. Mit der Linken stützt er sich auf einen Schild, mit der Rechten hebt er das Schwert zum Himmel. Das Haupt schmückt ein geflügelter Helm, der linke Fuß tritt den römischen Legionsadler nieder. Diesem Arrangement liegt die Idee zugrunde, der ungerechten Sache die gerechte gegenüberzustellen: der deutsche Adler erhebt sich über den römischen; neben dem deutschen Adler ragt das Schwert, neben dem zertretenen römischen liegen die fasces. Das Schwert trägt die Inschrift: »Deutschlands Einigkeit meine Stärke – meine Stärke Deutschlands Macht«. Die Metapher Arminius umschreibt die Sehnsucht gewisser Kreise des Bürgertums nach einem mächtigen Herrscher, der Deutschland einigen, die Souveränität und Rivalität der Fürsten einschränken und die bürgerliche Gleichberechtigung mit einer Verfassung garantieren soll. Über 150 dichterische Verarbeitungen haben das Arminius-Thema in der Zeit von 1750–1850 mehr oder weniger populär gemacht. [30] Doch die Analogie zwischen historischem Geschehen und politischer Gegenwart war damit noch nicht ausgeschöpft. Arminius ruft die Germanen zum Kampf gegen Rom; seit dem Freiheitskrieg galt das romanische Frankreich als der Feind, der die Einheit Deutschlands von außen immer wieder in Frage stellte. Auch beim Hermann-Denkmal läßt sich verfolgen, wie der dem Denkmal ursprünglich zugrundeliegende Gedanke der deutschen Einheit in einen militanten Nationalismus verformt wird. Demokratische Vorstellungen waren mit diesem Arminius nie verbunden. [31]

Anläßlich der Grundsteinlegung (1841), bei der man an verantwortlicher Stelle befürchtete, es könnte zu einer Volksversammlung kommen wie einst beim Hambacher Fest, wurde folgende Inschrift angebracht:

> Über den Rhein hast Du einst Roms Legionen getrieben,
> Und Germanien dankt Dir, daß es heute noch ist.
> Schwinge auch ferner Dein Schwert, wenn Frankreichs
> plündernde Horden
> Gierig lechzend des Rheines heimische Gaue bedroh'n. [32]

Diese Zielrichtung macht es auch den führenden deutschen Monarchen, Ludwig I. von Bayern und Friedrich Wilhelm IV. von Preußen, leicht, das Denkmalprojekt zu unterstützen. Ähnlich wie beim Kölner Dombau wurden in ganz Deutschland Vereine ins Leben gerufen, die mit Lithographien, Kupferstichen und verkleinerten Nachbildungen in Gips, Eisen und Bronze für das Projekt warben. Den Münchener Verein rief Maßmann ins Leben, der es inzwischen zum Professor gebracht hatte, die Leitung übernahm Staatsrath E. von Schenk, der sich bereits bei der Grundsteinlegung der Walhalla mit einer staatserhaltenden Rede profiliert hatte. [33]

Allein die Stimme Uhlands macht deutlich, daß bürgerlich fortschrittliche Forderungen längst im Chauvinismus erstickt waren. Er schreibt am 13. Jan. 1841 an von Schenk: »der teutoburgische Hermann darf sein Riesenschwert drohend nach Westen strecken, nach innen darf er keinen warnenden Finger heben.« [34] Bandel, dem der Chauvinismus der Denkmalförderer über den Kopf gewachsen sein mag, war bestrebt, ein durch und durch deutsches Denkmal zu schaffen; nicht nur die Standfigur, auch der Sockel sollte »deutsch« sein. Zur Zeit des Arminius indes gab es noch keine spezifisch »deutsche« Baukunst. Bandel half sich aus der Verlegenheit, indem er das Theoderich-Grabmal in Ravenna und das Castel del Monte in Apulien als mittelalterliche Verwandte des Hermann-Denkmals deutete. Als Kern und Pfeilerbau gehört der Polygonteil des Sockels in die Nachfolge dieser beiden Bauten [35] (Abb. 14). Bandel kannte Raumers *Geschichte der Hohenstaufen* [36], in der von den Vorzügen der deutschen Baukunst die Rede ist, die die Hohenstaufen nach Italien mitgebracht hätten. Hier wird auch auf das Theoderich-Grabmal verwiesen, das bereits einen eigentümlichen, von der Antike abweichenden Charakter zeige. [37] Bandel folgte mit dem Rückgriff auf vermeintlich typisch deutsche, insbesondere auf hohenstaufische Bauformen Vorstellungen und Projektionen seiner Zeit. Die Kyffhäuser-Sage tradierte die Hoffnung auf das Erwachen Barbarossas und damit zugleich die Hoffnung auf die politische Einigung der bislang allenfalls geistig geeinten Länder Deutschlands.

»Symbol des neuen Reiches« und Mittel zur politischen Neutralisation: Der Kölner Dombau

Die Zahl der über ganz Deutschland verstreuten Denkmalvereine, die das Bandelsche Projekt als eine »Nationalsache« [38] unterstützten, wird wohl nur noch von den 144 Dombauvereinen übertroffen, die sich zur Aufgabe gemacht hatten, den Kölner Dom, der seit über 300 Jahren als Torso dastand, »als Denkmal deutscher Eintracht zu Ende zu führen«. [39]

Seit Goethes Hymnus auf Erwin von Steinbach (1772) gerät auch der Kölner Dom im Zuge der Mittelalterbegeisterung der Romantik schnell in den Brennpunkt der jungen deutschen Kunstgeschichte, die in zahllosen Abhandlungen eine ästhetische Beschreibung mit christlicher Metaphorik und nationalem Pathos verschmilzt und so die politische Ausdeutung des Domes vorbereiten hilft.

Die Angliederung des linken Rheinufers an Frankreich und das politische Fanal des Befreiungskrieges veranlassen Josef Görres zu seinem zündenden Aufruf zur Vollendung des Kölner Domes als einem Sinnbild deutscher Einheit: »In seiner trümmerhaften Unvollendung, in seiner Verlassenheit, ist er ein Bild gewesen von Teutschland seit der Sprach- und Gedankenverwirrung: so werde er denn auch ein Symbol des neuen Reiches, das wir bauen wollen.« [40]

Die Grundzüge dieses »neuen Reiches« sind jedoch nicht die eines bürgerlichen Verfassungsstaates, sondern sie sind dem Geist feudalen Mittelalters entnommen. Mittelalterlicher Dom und christlich mittelalterliches Kaiserreich sollen in der Gegenwart vollendet werden. Diese Forderung artikulierte als erster Friedrich Schlegel, der mit einer deutsch-katholischen Nationalkirche die christliche Einheit Europas aus dem Mittelalter wieder heraufzuführen bestrebt war. In diesem Sinne sah er im Kölner Dom Symbole des Christentums und des Vaterlandes. [41] Mit solchen Gedanken arbeitete Schlegel dem Wiener Kongreß direkt in die Hände. Die reaktionären Utopien Schlegels und die politischen Ziele der »Heiligen Allianz« finden ihre sicherlich krasseste künstlerische Verherrlichung in dem 1815 entstandenen Bild des Schlegel-Freundes Heinrich Olivier »Die Heilige Allianz« (Abb. 15 u. 16). [42] Olivier stellt die Monarchen Kaiser Franz I. von Österreich, Zar Alexander I. von Rußland und König Friedrich Wilhelm III. von Preußen als christlich mittelalterliche Ritter in einen gotischen Sakralraum. Sinnfälliger als es mit dem abstrakten Symbolanspruch des Kölner Domes allein möglich wäre, drapiert Oliviers Bild den christlichen Deckmantel, hinter dem die Restauration ihr Bemühen zu verbergen suchte, die absolutistische Fürstenherrschaft gegen freiheitliche politische Veränderung abzusichern.

Sowohl Görres als auch Henrik Steffens folgen in ihren Gedanken Schlegels Idee vom theokratischen Universalreich. In Steffens gipfelt vorläufig die mystische und politisch reaktionäre Ausdeutung des Kölner Doms: Er vergleicht die Vielfalt des Domes mit den Fürstenhäusern des Mittelalters; wie die Türme, so sei auch das Wollen der mittelalterlichen Welt nicht vollendet worden. [43]

Im Schaffen Sulpiz Boisserées [44] scheint sich der Traum vieler Romantiker endlich zu erfüllen, im Fortbau des Kölner Domes das für nicht verwirklicht angesehene Mittelalter in der Gegenwart zu vollenden. In der erhofften Idealität jedoch erwächst der Dom zunächst nur auf dem Papier (Abb. 17). Es ist nicht romantische Mittelaltersehnsucht allein, die auf die Fertigstellung des Domes drängt, sondern auch ein gewisses Maß bürgerlicher Hybris. Auf Grund der neuen technischen Mittel wähnt man sich in den Stand gesetzt, den Dombau zu vollenden, um so gleichsam Herr über die Geschichte zu werden.

Bis 1818 hatten die profanen Interpretationen den Kölner Dom »als Symbol deutscher Einheit« im Sinne feudaler Bindungen von Fürst und Volk soweit popularisiert, daß der an der Rekonstruktion beteiligte Architekt Georg Moller dem preußischen König empfehlen konnte, den Ausbau aus politischen Gründen vorzunehmen, um so durch das Gefühl der historischen Zusammengehörigkeit die im Wiener Kongreß Preußen zuerkannten Rheinprovinzen über politische und konfessionelle Gegensätze hinweg enger an Preußen zu binden. Auch Hardenberg und W. von Humboldt gaben ähnliche Empfehlungen: »Es wäre das schönste Monument, was die preußische Herrschaft über den Rhein sich selbst setzen könnte; schon das Unternehmen würde Enthusiasmus in der ganzen Gegend hervorbringen und auf ein Menschenalter wäre der Stadt Köln und der Gegend durch den Bau Nahrung gegeben!« [45]

Bis zur Grundsteinlegung im Jahre 1842 hatte sich die auch vom Bürgertum aufgegriffene Forderung, den Dom als Symbol deutscher Einheit aufzurichten, längst zur Phrase entleert, sie war zum Trostpflaster und Palliativ für die Enttäuschten geworden. Wie sehr das Bürgertum seine Ohnmacht am Kölner Dom zu kompensieren suchte, zeigen die immer wiederkehrenden stereotypen Wendungen: »der Dom als Erinnerung der Nationalehre«, »das Symbol deutscher Nationalität«, »Tempel deutscher Einheit«, »Denkmal des herrlichsten Bandes der Liebe und des Vertrauens, welches jemals Fürst und Volk umschlang«.

In zynischer Verdrehung freiheitlich-patriotischer Forderungen verordnet Friedrich Wilhelm IV. bei der Grundsteinlegung am 4. September 1842 den Dombau als autoritäres Beruhigungsmittel: »Hier, wo der Grundstein liegt, dort, mit jenen Thürmen zugleich, sollen sich die schönsten Thore der ganzen Welt erheben. Deutschland baut sie, – so mögen sie für Deutschland, durch Gottes Gnade, Thore einer neuen, großen, guten Zeit werden! Alles Arge, Unechte, Unwahre, und darum Undeutsche bleibe fern von ihnen. Nie finde diesen Weg der Ehre das ehrlose Untergraben der Einigkeit deutscher Fürsten und Völker, das Rütteln an dem Frieden der Confessionen und der Stände, nie ziehe jemals wieder der Geist hier ein, der einst den Bau dieses Gotteshauses, ja – den Bau des Vaterlandes hemmte! Der Geist, der diese Thore baut, ist derselbe, der vor neunundzwanzig Jahren unsere Ketten brach, die Schmach des Vaterlandes, die Entfremdung dieses Ufers wandte, derselbe Geist, der, gleichsam befruchtet von dem Segen des scheidenden Vaters, des letzten, der drei großen Fürsten, vor zwei Jahren der Welt zeigte, daß er in ungeschwächter Jugendkraft da sei. Es ist der Geist deutscher Einigkeit und Kraft. Ihm mögen die Kölner Dompforten Thore des herrlichen Triumphes werden! Er baue! Er vollende! Und das große Werk verkünde den spätesten Geschlechtern von einem durch die Einigkeit seiner Fürsten und Völker großen, mächtigen, ja, den Frieden der Welt unblutig erzwingenden Deutschland! – von einem durch die Herrlichkeit des großen Vaterlandes und durch eigenes Gedeihen glücklicher Preußen, von dem Brudersinne verschiedener Bekenntnisse, der inne geworden, daß sie Eines sind in dem *einigen* göttlichen Haupte! Der Dom von Köln – das bitte ich von Gott – rage über diese Stadt, rage über Deutschland, über Zeiten, reich an Menschenfrieden, reich an Gottesfrieden bis an das Ende der Tage . . .« [46] (Abb. 18).

Friedrich Wilhelm IV. konnte die mit Friedrich Schlegel einsetzende Forderung, den Dom als sichtbares Zeichen eines restaurativen Staatsgefüges zu vollenden, um so unbedenklicher aufgreifen, als der nationale Gedanke, der mit dem Dombau verbunden war, so gut wie keine bürgerlich-demokratischen Forderungen enthielt.

Erst in den 40er Jahren werden verstärkt auch andere Stimmen laut, zunächst solche, die den Einheitsgedanken auf seine demokratische Komponente hinführen wollen – wie die des Literaturwissenschaftlers und Kunsthistorikers Moritz Carrière. Der vollendete Dom soll dem deutschen Volk »ein Denkmal sein, daß es sich wieder als ein einiges fühlt, daß es wieder aus und durch sich selbst eine neue große Epoche seines Lebens beginnen will. Auch das ist bedeutungsvoll, daß das Werk, das ausgebaut werden soll, aus der Blüthezeit des mittelalterlichen Bürgertums uns hinterlassen ist, und daß wir es jetzt wieder aufnehmen, wo wir arbeiten, aus dem Polizeistaat und seinem Regiment zu einem volksthümlichen, von unten herauf sich bildenden, in kräftige Gliederung geordneten Gestaltung unseres Staatslebens auf dem Grunde deutschen Rechts und Deutscher Sitte uns befähigen, und will's Gott! noch selber zu erheben«. [47] Zwar knüpft Carrière, im Gegensatz zu Friedrich Wilhelm IV., ausdrücklich an die »bürgerliche« Tradition des Mittelalters an, doch daß nationale Metaphern nicht hinreichen, einen Polizeistaat zu beseitigen, hatten die meisten Liberalen dieser Zeit längst erkannt. Varnhagen von Ense hält Carrière entgegen: »Er nimmt die Sache für wahr, die ich für Täuschung halte. Für das Wohl und die Herrlichkeit des Vaterlandes glüht mein Herz, aber es gibt sich deshalb nicht jeder lockenden Vorstellung hin. Das Deklamieren von der Einheit und Freiheit Deutschlands, das Prahlen von seiner weltbildenden Bestimmung, ist mir völlig zuwider, und besonders die so erkünstelte, innerlich kalte Dombau-Begeisterung.« [48]

Am deutlichsten enthüllt Freiligrath die bewußte Irreführung, die mit dem Dombau getrieben wurde. Für ihn ist der Dombau entwertet zu einer »Kinderrassel, die der Nation bloß an die Hand gegeben wird, um wichtigeres – freie Presse und Konstitution – darüber zu vergessen«. [49]

Die bildkünstlerische Rezeption altdeutscher Literatur: Privates Kartenspiel und monumentaler Freskenzyklus

Heinrich Heine, der sich im *Wintermärchen* mit beißendem Spott gegen den Ausbau des Kölner Domes wendet, versucht an anderer Stelle dem Bau als solchem gerecht zu werden, wenn er »das Nibelungenlied einen versifizierten Dom und den Kölner Dom ein steinernes Nibelungenlied« [50] nennt. Mit diesem Vergleich greift Heine ein damals gängiges Muster auf, das, soweit ich sehe, auf Solger zurückgeht, der 1803 das Nibelungenlied mit dem Straßburger Münster verglichen hatte. [51] Später verwendet es unter anderem auch der junge Engels bei der Beschreibung Xantens. [52] Es kennzeichnet den Grad der Politisierung der Germanistik, daß sich das Vergleichsbild mit zunehmender Politisierung des Kölner Domes vom Straßburger Münster auf den Kölner Dom verschiebt. Eine damals noch als spezifisch »deutsch« geltende gotische Kathedrale jedenfalls scheint allein in der Lage, den deutschen, den nationalen Charakter des Nibelungenliedes anzuzeigen, und so werden Kunst- und Sprachdenkmal in ihrer nationalen Bedeutung als einzigartig, in ihrer künstlerischen Leistung als kongenial einander gleichgesetzt.

Doch zunächst läßt die bildkünstlerische Rezeption des Nibelungenliedes wenig Ehrfurcht vor diesem hohen und, wie der Vergleich zeigt, sakralisierten Epos erkennen. Der Stoff dient als Vorlage für ein Kartenspiel und für einen Maskenzug. Erst mit der Politisierung des Nibelungenliedes, die freilich rasch einsetzt [53], wandelt sich die künstlerische Rezeption nach und nach vom intimen und privaten Kartenspiel zum monumentalen Freskenzyklus.

Es läßt sich die Behauptung aufstellen, daß, je lauter und pompöser die Deutschen im 19. Jahrhundert ihre nationale Geschichte und Kultur feierten, der patriotische Impetus, der diese Bewegung einst ins Leben rief, um so hohler wurde. Einige Beispiele der bildkünstlerischen Rezeption altdeutscher Literatur, vor allem des Nibelungenliedes, können das belegen: Still, vorsichtig, »ohne alle Ostentation« hatte man einst zur Zeit der napoleonischen Besatzung die französische Literatur beiseite gelegt und »in kleinen vertrauten Kreisen« zur altdeutschen Literatur gegriffen. [54] Auch die frühesten bildlichen Darstellungen aus dem Bereich der »romantischen Poesie« haben einen durchaus unprätentiösen, privaten Charakter. Um den erkrankten Bruder Ludwig abzulenken und zu zerstreuen, zeichnete der Bildhauer Friedrich Tieck im Winter 1809 unter Anweisung Ludwigs ein Kartenspiel, bei dem auf 62 Blättern Helden aus vier Sagenkreisen zusammengestellt sind, und zwar zu König Artus, den Nibelungen, den Amelungen und zu Karl dem Großen. Jedes Blatt zeigt einen Helden und seinen Namen, die Spielregeln erfand Ludwig. Später wurden diese Blätter lithographiert und mit einem von dem Breslauer Germanisten F. H. von der Hagen versehenen Kommentar als Buch herausgegeben. [55] Die Darstellung der einzelnen Helden warf für die bildenden Künstler ein erhebliches Problem auf, denn es war keine mittelalterliche Bildtradition der Helden dieser Sagenkreise bekannt, an die man hätte anschließen können. Friedrich Tieck hilft sich aus dieser Verlegenheit, indem er Siegfried wie einen christlichen Heiligen oder antiken Heros anhand der ihm eigenen Attribute charakterisiert (Abb. 21). Ostentativ hält er dem Betrachter das Schwert Balmung entgegen. Hinzu kommen der Schild und die Krone, die ihn als König ausweist, und die Lanze, »damit [er] durchbohrt wurde«. [56] Für Friedrich Tieck vertritt Siegfried als der »schönste, stärkste und kühnste aller Helden« [57] die Tugendideale christlichen Rittertums.

Neben den höfisch-mittelalterlichen Zügen fließen in die Darstellung und Beschreibung Siegfrieds bereits Züge eines blonden germanischen Recken. Er ist nicht nur christlicher Ritter, er ist auch der »nordische Achill« [58], der in seiner »Nordischen Riesengröße [...] und mit blondlockigem Haupte« [59] alle anderen überragt. Voraussetzung für diese Interpretation ist, daß man wie A. W. Schlegel die Zeit der geschilderten Handlung vor das Zeitalter des Minnesangs, ja vor die Zeit Karls des Großen, in die Zeit kurz nach der Völkerwanderung datiert. Die germanischen Helden dieser Zeit waren den Römern »durch Muth und wackere Gesinnungen, Stärke, ja selbst an edler schöner Gestalt und an Leibesgröße unendlich überlegen« und die Konsequenz für Schlegel daraus lautet: »Das ist der natürliche Lauf der Dinge: der Schwache und Feige ist ein gebohrner Knecht, dem Tapfern gehört die Welt.« [60] Es verdient festgehalten zu werden, daß die Auffassung Siegfrieds als blonder Ritter und nordischer Herrenmensch hier ihren interpretatorischen Ursprung hat.

Von der Entstehung dieses Kartenspiels bis zur Publikation vergehen über elf Jahre. Inzwischen hatten sich Wissenschaftler und Künstler mit philologischer und ästhetischer Ehrfurcht der mittelalterlichen Heldendichtung genähert (Abb. 24); die vernichtende Kritik der Brüder Grimm macht deutlich, daß man das Medium Kartenspiel und eine naive, »unwissenschaftliche« Darstellung und Kostümierung inzwischen nicht mehr für angemessen hielt: »Wie ist's möglich, solche Sudeleien von Bildern erscheinen zu lassen und mit einem so pomphaften Text zu begleiten, wie ist es möglich? [...] Zu Hagens Ehre muß man annehmen, daß Tiecks Zeichnung unendlich besser war, als der elende Nachstich; [. . .] Und ich finde auch an Idee und Composition nichts und das Farbenspiel, Etzel und der Fiedler in in neu ungrischen Costümp (Abb. 22) sind gar zu läppisch. Ich mag das Zeug weder kaufen noch lesen«. [61] Wilhelm Grimm nennt diese Karten schlicht »kunstreiche und tiefsinnige Schmierbilder«. [62]

In Goethes Maskenzug *Die romantische Poesie,* der am 30. Januar 1810 im Weimarer Stadthaus anläßlich der Verlobung der Tochter Karl Augusts und des Geburtstags der Herzogin stattfand, hat die Huldigung an die altdeutsche Poesie ebenfalls noch privaten Charakter. [63]

A. W. Schlegel sah die »romantische Poesie« in einer reaktionären Utopie als die Dichtung eines idealisierten katholischen Mittelalters, er sah sie ganz von christlicher Mythologie durchdrungen. Dementsprechend zeigt das Kartenblatt Friedrich Tiecks Siegfried als typischen Vertreter dieses Zeitalters, als geharnischten Ritter. Goethe erkannte das Unwirkliche und die Gefahr, die in der Rückwendung auf ein abstrakt idealisiertes Mittelalter liegt; er schätzte die altdeutsche Dichtung dort, wo sie roh, kräftig, volkstümlich und »gesund« ist. Das Nibelungenlied erschien ihm »grundheidnisch«, die eddischen Quellen lagen ihm näher als das Epos selbst. Für ihn ist Siegfried (Abb. 23) der Vertreter aus einem noch seltsam düsteren und »grauerlichen« Mittelalter. [64] Herabhängender Schnurrbart, Krummschwert und Schild zeigen am deutlichsten, wie Goethe Siegfried auffaßte, nicht als christlichen Ritter, auch nicht gar als einen blut- und stammesmäßig Ur-Deutschen, sondern als morgenländischen Krieger. Eine bildliche Tradition der hier Dargestellten war auch Goethe nicht bekannt und so zeigen auch die anderen Helden eine gewisse Unsicherheit oder, positiv ausgedrückt, eine Freiheit der Typisierung: Die Prinzessin aus Byzanz ist nach neuester französisch-türkisierender Mode gekleidet, Rother trägt über der Rüstung ein Renaissancekostüm und Brunhild ist in allem eine Minerva. Eine Vorliebe fürs Zeitlich-Transitorische und Ethnographisch-Exotische spricht aus dieser Maskerade.

Zur Zeit der Freiheitskriege kommt der altdeutschen Literatur und hier wiederum besonders dem Nibelungenlied vorübergehend stärkere Bedeutung zu. Um das Jahr 1812 erscheinen die ersten illustrierten Ausgaben, entstehen die ersten tatsächlichen Illustrationen (Abb. 24 u. 27), meist in Form graphischer Zyklen. Auch jetzt ist die Hinwendung zur altdeutschen Literatur noch kein öffentlich-deklamatorischer Akt.

Zu den Künstlern, die kurz vor dem Freiheitskrieg von der Germanistik zum Nibelungenlied geführt wurden, gehört Karl Gangloff (1790–1814). Ludwig Uhland, der wie die Brüder Grimm den Gedanken einer ungebrochenen Kontinuität des deutschen Volksgeistes von den germanischen Anfängen bis hin zur Gegenwart vertrat und wie kaum ein anderer zu seiner Zeit bemüht war, den Geist und das Ethos der Heldensage zu erfassen und seiner Zeit als vorbildlich hinzustellen, hat den Zeichner Gangloff auf das Nibelungenlied hingewiesen. Der erste Eindruck, den das Epos auf den jungen Künstler machte, ist uns überliefert: »Kraft des ächtdeutschen Sinnes und Gemüthes, die man so sehr an ihm zu lieben hatte, fühlte er, wie sich erwarten läßt, die ganze deutsche Tiefe und Herrlichkeit dieses Gedichtes; [...] und man erinnert sich, daß ihm bey der Vorlesung der herrlichen Szene, wie Hagen und Volker am Heunenhofe in der unglückdrohenden Nacht ihre Herren bewachen, und der edle Volker sie mit seiner Fiedel in ihren letzten Schlaf spielt, ob all dem treuen Muth und der Freundschaft dieser beyden, freudige Thränen über die Wangen liefen. Wie leicht zu erachten, gehörte es daher unter seine Lieblingsplane, einst eine ganze Galerie von Darstellungen aus dem Nibelungenlied zu entwerfen.« [65] Dieses Verhalten muß nicht als sentimentale Gemütsäußerung allein verstanden werden, sondern es zeigt an, wie sehr die Forderung und das Beispiel vorbildlich sittlichen Handelns, so wie es von Uhland immer wieder beschrieben wurde, die Gemüter der Zeit zu regen vermochte. Treue, Mut und Freundschaft sind die emotional aufgeladenen und aktualisierten stimmungstragenden Werte, die einen jungen, patriotisch gesinnten Zeichner ergreifen. Die hier beschriebene, konsequent durchgestandene Gefolgschaftstreue des Hagen und Volker gehört zu jenen Tugenden, die Uhland immer wieder beschwor, und es ist kein Zufall, daß Uhland sich in diesen Jahren das Pseudonym Volker zulegte. Der Spielmann der Nibelungen erschien ihm als vorbildhafte Verbindung von Rüstigkeit und Dichtertum.

Bei der Zeichnung »Kriemhild und Hagen an der Leiche Siegfrieds« (Abb. 27) [66] greift Gangloff in dem Bemühen, menschliche Größe und Tugend im Bild wiederzugeben, auf vorgeprägte christliche Bildtraditionen zurück. Es ist einmal der Typus der »Beweinung Christi« und zum anderen der der »sacra conversazione«. Um Hagen gruppieren sich die Heldinnen und Helden wie die Heiligen bei einer »sacra conversazione« um Maria. Hagen ist von nun an der Führer, das Inbild heroischen Kämpfertums. Er steht in der Mitte der gesamten Komposition, im Scheitel des Bogens, der dem Ganzen eine distanzierende, gleichwohl sakrale Weihe verleiht. Die helle Zone hinter Hagen ist Hoheitszeichen, der Leuchter über Hagens Haupt säkularisierter Heiligenschein. Die moralische Aussageintention sucht und findet somit ihre für adäquat erachtete Form in Kompositionsprinzipien vorgegebener christlicher Ikonographie.

Diese Übernahme christlicher Bildformen für Illustrationen zum Nibelungenlied ist kein Einzelfall. [67] Sie dokumentiert die nachhaltige Resonanz der Forderung eines Schelling und Friedrich Schlegel nach neuer Mythologie, nach neuer Religion; im Nibelungenlied hatte man sie gefunden. Wie für Uhland »Grundzüge des germanischen Volkscharakters« in den einzelnen Helden sichtbar werden, so sind auch bei Gangloff alle Figuren Träger bestimmter geistig-seelischer Grundhaltungen. Kriemhild, Ute, Siegmund, Gernot und Gieselher stehen für Schmerz und Trauer, Gunther für Leid und Schuld, Brunhild für Stolz, Volker für Edelmut und Freundschaft und Hagen schließlich für Ernst und Treue.

Nach dem Freiheitskrieg erlischt das Interesse des Bürgertums am Nibelungenlied in dem Maße, wie die politische Enttäuschung zunimmt. Auch zeigt sich, daß den emanzipatorischen Bestrebungen des Bürgertums die Gesellschaftsordnung, wie sie im Nibelungenlied vorgestellt wird, auf die Dauer fremd sein mußte.

So konstatiert Hegel: »Die Burgunder, Kriemhilds Rache, Siegfrieds Taten, der ganze Lebenszustand, das Schicksal des gesamten untergehenden Geschlechts [. . .] das alles hat mit unserem häuslichen, bürgerlichen, rechtlichen Leben, unseren Institutionen und Verfassungen in nichts mehr irgendeinen lebendigen Zusammenhang.« [68]

Zu denen, die das Interesse am Nibelungenlied und der altdeutschen Literatur auch nach dem Freiheitskrieg wach halten, gehören studentische Kreise wie die Burschenschafter, vor allem die radikalen Gießener »Schwarzen« und die Heidelberger »Teutonen«. Zwei Tage vor seiner Hinrichtung erklärt der Student Karl Ludwig Sand, der Mörder Kotzebues: »Will uns die deutsche Kunst einen erhabenen Begriff von Freiheit *bildlich* geben, so soll sie unsern *Hermann*, den Erretter des Vaterlandes, darstellen, stark und groß, wie ihn das Nibelungenlied unter dem Namen Siegfried nennt, der kein anderer, als unser Hermann ist. – Diese Bilder sollte man aber aus Granit hauen, der sich in den deutschen Urgebirgen findet; oder sie müßten aus Eisen gegossen werden, worinn man es bereits zu einer grossen Vollkommenheit gebracht hat. – Ja, *solche* Bilder ziemten der deutschen Kunst!« [69] Im besonderen ist es die Vorstellung »teutscher Tugend und Tüchtigkeit«, die die Burschenschafter aus den Tagen der Befreiungskriege für sich herübergerettet haben. Zu dem Kreis der Heidelberger »Teutonia«, die sich 1815 zur »Pflege deutscher Literatur und Geschichte« [70] zusammenschließt, gehört auch der Maler Karl Philipp Fohr. Er hat in mehreren Zeichnungen überliefert, wie sehr die »Teutonen« auch äußerlich dem mittelalterlichen Tugendkanon der »Sittenreinheit, Biederkeit und Lauterkeit« zu entsprechen suchten (Abb. 28). Der »Teutone« Pagenstecher schreibt in seinen Lebenserinnerungen: »Aufgeputzt wurden diese unleugbaren tüchtigen Elemente mit dem ganzen mittelalterlichen Modepomp der damaligen Romantik. Die ernste, kleidsame Tracht, die lang herabwallenden Locken, die alten Schwerter und Helme [. . .] die Poesien und Gesänge, die überall erklangen, trugen nicht wenig dazu bei, die Jugend anzuziehen, zu begeistern und dauernd zu fesseln.« [71]

Fohrs Zeichnungen zeigen die Freunde in sentimentaler Identifikation als Kreuzritter, Helden der Tafelrunde König Artus' oder der Nibelungen. Fohr und seinen Freunden fehlte jede historische Distanz. Eine schwärmerische, mystisch-religiöse Erlebnisfähigkeit ließ die Grenze von Phantasie und Wirklichkeit schwinden. Gestalten der Geschichte und Sage wurden zu unmittelbaren Vorbildern eigenen Handelns und eigener Lebensführung. Die Identifikation mit dem Vorbild konnte sogar bis zur Verwechslung führen. [72] Bei Fohrs Illustrationen zum Nibelungenlied trägt Hagen die Züge des »Demagogen« A. A. Follen (Abb. 28 u. 29). [73]

Die unkritische Rezeption nicht nur des Nibelungenliedes, sondern aller historischen Leitbilder im Kreise der Burschenschafter zeigt exemplarisch, wie leicht es der Reaktion fallen mußte, die einst emanzipatorischen Ideen umzukehren. Ernste und »hohe« Kunst, die das Bürgertum vor und während der Befreiungskriege als Kampfmittel gegen die hedonistische Rokokokunst des Feudalismus einsetzte, wird nun als autoritäres Beruhigungsmittel von oben verordnet. 1846 arbeitet der Generaldirektor der Museen zu Berlin, Olfers, im Auftrag Friedrich Wilhelms IV. eine Denkschrift aus, in der er das »Ernste, Hohe, Vaterländische« in der Kunst fordert, das zu »Gottesfurcht und Sittlichkeit« erziehen solle. [74] Wo sich die geistige Bewegung der Romantik nicht von selbst in die Sackgasse der Deutschtümelei und in den Nationalismus verlief, halfen offizielle Kunstförderung und Propaganda nach. In Krisenzeiten wie 1840/41, als Frankreich auf die Auflösung der Verträge von 1815 drängte, waren die nationalistischen Gemüter besonders erhitzt, und somit war die beste Voraussetzung für eine staatlich gesteuerte Kulturpolitik gegeben. Auf ein solches staatliches Projekt hin, einer Dichtervereinigung zum Zwecke der »Förderung und Stärkung der Einigkeit aller deutschen Völkerstämme auch in ihrer Dichtkunst, Erweckung einer wahrhaften deutschen Nationalpoesie«, schreibt Uhland dem bayerischen Staats- und Reichsrat E. von Schenk:

»Sollte dieser neue und schöne Gedanke nicht lebhaften Anklang in einer Zeit finden, in der durch unleidliche Anmaßungen des Auslands das deutsche Nationalgefühl erregt ist und jedes tüchtige Mittel zur Kräftigung desselben erwünscht seyn muß? Eben diese praktische Beziehung führt aber auch darauf, die angezeigte nationale Richtung des Vorschlags genauer in's Auge zu fassen [...], der in und mittelst der Poesie geweckt und genährt werden soll [...] Sofern [...] dichterische Bearbeitungen deutscher Nationalstoffe, Forschungen zur Geschichte der deutschen Poesie, Herausgabe alter Lieder und Sagen in den Bereich der Gesellschaft gezogen werden, ist auch die Vorliebe für den historisch-nationalen Standpunkt genugsam angedeutet [...] Der Werth des Vaterländischen steigt, wenn das Vaterland Unbill erfährt, und das Insichgehen hat schon einmal sich wirksam zur That erwiesen. Gleichwohl darf ich nicht verschweigen, daß es vorzüglich die Zeitgemäßheit des Unternehmens ist, was sich mir in Zweifel stellt. Die bezweckte »Einigkeit aller deutschen Volksstämme auch in ihrer Dichtkunst« ist ein Bestandtheil der umfassendern geistigen Einheit in Sprache, Wissenschaft, Kunst, geschichtlicher Erinnerung, mit welcher, neben dem Fortschritte der merkantilischen und neuerlich auch der militärischen Einigung, das gefühlte Bedürfniß eines engeren, innkräftigen Nationalverbandes sich zu beschwichtigen sucht. Jene geistige Einheit, nicht selten als Ersatz der staatlichen, ja als ein viel Höheres angerühmt, hat noch jüngst in Denkmalstiftungen und Gedächtnißfeiern eine geschäftige Rolle gespielt. Der Befreier vom Römerjoche [75], der Erfinder des Bücherdrucks [76], der Dichter des Gedankens [77] erheben sich als Bürgen unserer Nationaleinheit im Geiste. Aber diese Denkmalfeste haben auch gezeigt, daß die ehernen Standbilder hohl sind, daß es der gepriesenen Einheit an einem festen Anhalt im Leben fehlt; von diesem Gebrechen niemals zu reden, ist stillschweigende Bedingung jeder öffentlichen Feier; [...] was wir beim Feste missen und noch leidiger in der Stunde des bittern Ernstes, das ist die politische Einigung, nicht in einer starren Centralisation, sondern in der lebendigen Gemeinschaft einer vernünftigen Volksfreiheit; ein Volk, das durch geistige und sittliche Eigenschaften berufen ist, keinem andern in politischer Berechtigung nachzustehen, wird im Stande politischer Unmündigkeit niedergehalten, es hat kein Organ in seinen Gesammtangelegenheiten, keine Stimme, kein freies Wort in den Fragen, die es mit Gut und Blut ausfechten soll. [...] wenn die deutsche Dichtkunst wahrhaft national erstarken soll, so können ihre Vertreter nicht auf ein historisches oder idyllisches Deutschland beschränkt seyn, jede vaterländische Frage der Gegenwart, wem sie das Herz bewegt, muß einer würdigen Behandlung offen stehn.« [78]

Das liberal gesonnene Bürgertum durchschaute diese Art der staatlichen Kunstförderung zum großen Teil. Im Bereich der bildenden Kunst schloß man sich in demokratisch strukturierten Kunstvereinen zusammen und forderte eine »allen verständliche, eine demokratische Kunst« [79] und förderte vor allem die Landschafts- und Genremaler, die sich einer neuen »realistischen Malweise« bedienten. In Bayern war der Kunstverein zunächst verboten, König Ludwig I. erkannte den Klassencharakter dieser Kunst, und für seine staatserhaltenden Projekte duldete er keine Konkurrenz. 1839 beklagte G. G. Gervinus »die Schädlichkeit des Waltens eines königlichen Willens an der Spitze des Münchner Kunstschaffens, wodurch höfische Leistungen von Hofmalern hervorgerufen, Fabrikarbeiten, keine Meisterwerke, Manieren, kein Stil, Arabesken, keine historischen Bilder von Wert, Wandmalereien, keine Kunst entstanden seien«. [80] Auch Gervinus setzt seine Hoffnung auf den bürgerlichen Kunstverein.

Drei Jahre nach Gründung dieses Kunstvereins (1823/24) beginnt Ludwig I. ein umfangreiches Kunstprogramm, in dessen Mittelpunkt die Geschichte der Dichtkunst der Hohenstaufen steht. Zwei Zimmer und neun Säle der Residenz läßt er mit Szenen aus dem Nibelungenlied (Abb. 11 u. 12), der deutschen Kaisergeschichte und Motiven nach Walter von der Vogelweide und Wolfram von Eschenbach ausmalen.

1848 folgt ihm darin der Preußische König, der einen Gartenflügel des

Marmorpalais in Potsdam ebenfalls mit Szenen aus dem Nibelungenlied ausmalen läßt, und auch der Großherzog von Sachsen-Weimar verwirklicht wenig später ähnliche Pläne, zu einer Zeit, da aus dem Bürgertum »in ganz Deutschland keine zehn Menschen etwas Nibelungisches [kaufen]«. [81]

In München malt Gottlieb Gassen das erste Vorzimmer der Königin in der Residenz mit elf Fresken nach dem Leben und den Dichtungen Walthers von der Vogelweide aus. [82] Im zweiten Vorzimmer folgen 24 Kompositionen des Malers Carl Hermann aus Wolfram von Eschenbachs *Parzival* [83], während Julius Schnorr von Carolsfeld fünf Säle mit Szenen aus dem Nibelungenlied und drei sogenannte Festsäle mit Szenen aus der Kaisergeschichte Karls des Großen, Friedrich Barbarossas und Rudolfs von Habsburg schmückt.

Der polnische Graf Raczynsky stellt seiner *Geschichte der deutschen Kunst*, die noch immer als grundlegende zusammenfassende Darstellung und als Quelle der Kunst jener Zeit Beachtung verdient, einen einleitenden Aufsatz über »Die Poesie der Deutschen im Zeitalter der Hohenstaufen, ihr Ursprung und ihre Entwicklung« voran. Es heißt darin: »Das Zeitalter der Hohenstaufen (Ghibellinen) ist das ruhmvollste des Heiligen Deutschen Römischen Reichs. Mitten unter den blutigen Kämpfen, welche dieses edle Geschlecht gegen die Guelfen zu bestehen hatte, sah man, durch seinen mächtigen Schirm und Einfluß, die Wissenschaften, die Dichtkunst und alle Künste sich entwikkeln und die Volkseigenthümlichkeit sich ausbilden. Zahlreiche Denkmale bekunden diesen hohen Aufschwung und versetzen uns auf Kampfplätze und an Hofhaltungen, in Feldschlachten und Feste, wo wir immer die Hohenstaufen an der Spitze der Bewegung erblicken, welche die Welt zu gleicher Zeit erschütterte und belebte. Es war damals die glänzendste Zeit der Kreuzzüge; die weltliche Macht des Kaisers erstreckte sich [...] über das ganze Christliche Europa [...] Das Oberhaupt der Kirche, die damals ungetheilte Eine war, besaß noch entschiedener eine geistliche Macht, welche der weltlichen Macht des Kaisers das Gleichgewicht hielt, und häufig sie überwog. Kurz, das Zeitalter der Hohenstaufen ist die bedeutenste und glänzenste Erscheinung der Deutschen Geschichte. [...] Und nicht minder gewiß ist, daß die neuere Kunst zu München vor allen unter dem Einfluße der Verehrung des angestammten Uralterthums und ruhmvoller Erinnerungen der heimischen Vorzeit gedeiht, welche das Herz des Königs beseelt, und die er so mächtig den Künstlern mitzutheilen weiß.« [84]

Es fällt nicht schwer, in der Kulturpolitik Ludwigs I. eine gewollte Parallele zu dem so beschriebenen Zeitalter der Hohenstaufen zu erkennen. Die Fresken der Residenz sollen das feudale Mittelalter gleichsam neu erstehen lassen und die überholte Staatsform legitimieren helfen.

Bei Schnorrs Fresken offenbart sich in dem gigantischen Format (Abb. 11), in dem Zuviel an theatralischen Gesten und Aktionen ein Widerspruch zwischen Form und Inhalt (Abb. 12). Der Vergleich mit Gangloff zeigt, daß eine schwächere künstlerische Begabung demselben Thema durch eine ruhige und trotz allem gefühlsmäßigen Engagement distanzierte Darstellung wesentlich gerechter wird (Abb. 27). Bei Schnorr ist das Mittelalter nicht Ausgangspunkt für *eine* Möglichkeit der Besinnung auf vorbildliches sittliches Handeln in der Gegenwart; Mittelalter ist hier auch nicht – wie noch bei Fohr – in wehmütiger Reflexion, aber klarem Bewußtsein der Unwiederbringlichkeit geschaut. Bei Schnorr wird Mittelalter mit erschlagender Wucht zum politischen Programm. Feudales Mittelalter dient als Kulisse für absolutistische Staatsakte und Feste, es soll ungebrochene wie unbrechbare Kontinuität der Herrschaft suggerieren und die Einsicht in historische Wirklichkeit und deren notwendige Veränderung verdrängen.

Nicht nur für Ludwig I., auch für den Großherzog von Sachsen-Weimar ist die Verherrlichung altdeutscher Literatur und ihrer Dichter ein Mittel, überholten feudalen Herrschaftsanspruch zu rechtfertigen.

Mit der Restaurierung der Wartburg im Auftrag des Großherzogs sollte »erstens die historisch- und politisch-faktische Bedeutung der Wartburg, zweitens ihre Bedeutung für die Entfaltung des Geistes, namentlich der Poesie, drittens ihre Bedeutung für die Reformation und viertens ihre katholisch religiöse Bedeutung« [85] eine denkmalhafte Würdigung finden. Das Hauptaugenmerk der Arbeiten galt der Wiederherstellung des Palas; er sollte in voller Pracht erstehen. Der Maler Moritz von Schwind war mit seiner Bildidee vom »Sängerkrieg auf der Wartburg« bereits zweimal mehr oder weniger gescheitert, als er 1853 den großherzoglichen Auftrag erhielt, mit diesem Bild die Dichtkunst des Mittelalters in einem Fresko zu verherrlichen. [86] Er dankte es seinem Auftraggeber, indem er sich andiente, in der Darstellung des Sängerkrieges das jetzige Herrscherhaus zu verherrlichen (Abb. 30): »Kann etwas näher liegen, als in ihr [der Landgräfin, U. S.-W.] das Bild einer späteren Fürstin desselben Landes zu sehen, eine Fürstin, die der Mittelpunkt und der Schutz des deutschen Dichterhofes in Weimar war, gerade wie die thüringische Landgräfin unseres Bildes. Es treten Goethe und Schiller als Jünglinge auf, begeisterte Verehrer der hohen, schutzreichen Frau, [...] Das Andenken Karl Augusts sei gepriesen, solange Deutsch gesprochen wird; aber das deutsche Mittelalter hat den großen Mann wenig gekümmert, so wenig als Euer Königlichen Hoheit höchstseligen Vater. Es war Euer Königlichen Hoheit vorbehalten, die Wartburg und mit ihr die Erinnerung an jene große Zeit in kräftigen Schutz zu nehmen. Es kann von Schmeichelei nicht die Rede sein, wenn Eure Königliche Hoheit in eigner Person, umgeben von den Würdezeichen des Großherzogs in Sachsen, auf dem Bilde erscheinen als der Fürst, der preisend hinweist auf die Herrlichkeit einer vergangenen Zeit, überkräftig, gewalttätig meinethalb, aber die Würde der Frau ehrend, von Poesie durchdrungen und gottesfürchtig. Eure Königliche Hoheit werden gebeten, einen Bleistift zur Hand zu nehmen und hinzuzeichnen oder zu schreiben, wen Höchstdieselben in Ihrer Umgebung porträtiert haben wollen [...] Für meine Wenigkeit bitte ich um das bescheidene Plätzchen im Helldunkel der Treppe [...] wenn Euer Königliche Hoheit erlauben.« [87]

Schwind verbeugt sich mit diesem Fresko vor den früheren und jetzigen Angehörigen des großherzoglichen Hauses, er verherrlicht nicht nur den Anspruch fürstlichen Mäzenatentums, sondern darüber hinaus jene feudalen Herrschaftsstrukturen, die 1817 von den Teilnehmern des Wartburgfestes heftig in Abrede gestellt worden waren. Ähnlich wie im Mittelalter, als der Fürstenhof Mittelpunkt künstlerischen Schaffens war, soll auch in der Gegenwart die Kunst im Dienst und unter dem »Schutzmantel« (Abb. 30) des Fürsten bzw. der Fürstin stehen: Schwind hat dem mittelalterlichen Landgrafen, seiner Familie und seinem Gefolge die Portraitzüge der Angehörigen und Bediensteten des jetzigen Herrscherhauses gegeben. In der Gestalt des Wolfram von Eschenbach, Walthers von der Vogelweide (Abb. 31) und anderer Günstlinge drängen sich Franz Liszt, Wilhelm von Kaulbach, Moritz von Schwind, Anton Ritter von Spaun und Ludwig Bechstein unter die Obhut des Feudalherrn. [88]

Der reaktionären Tendenz dieses Unternehmens war sich der Großherzog durchaus bewußt, wenn er schreibt: »Es bleibt immer eine gewagte Sache, eine Vergangenheit sich aneignend als Stempel der Zukunft aufzudrükken« [89], dennoch spricht aus seinem Dankschreiben an Schwind größte Zufriedenheit: »Wenn man zu jemandem Vertrauen faßt und ihn herbeiruft, damit er uns helfe bei ernster Aufgabe, so ist man ihm Dank schuldig, sobald er dem Vertrauen entspricht. Wenn er aber der ganzen Aufgabe, die man zu erreichen strebt, einen ganz neuen Wert aus seiner eigenen Seele Fülle gibt, so gebührt ihm wahre Bewunderung. Diese nun zolle ich Ihnen im vollsten, reichen Maße. Sie haben Ihre ganze deutscheste Aufgabe im Ganzen wie im Einzelnen als deutschester Künstler gewissenhaft und treu erfüllt, ich wiederhole Ihnen die beim Abschied gesagten Worte aus vollem Herzen. Sie haben deutscher Geschichte und Kunst ein dem Vaterland wie Ihnen selbst würdiges Denkmal gesetzt.« [90]

Daß die auf ökonomische und politische Emanzipation gerichteten Hoffnungen des deutschen Bürgertums nicht allein auf philosophische, literarische und künstlerische Kompensation zurückgeworfen waren, sondern daß auch noch das Surrogat selbst wiederum pervertiert und restaurativen Interessen direkt untergeordnet werden konnte, zeigt Schwinds Darstellung des »Sängerkrieges« einmal mehr, wenn freilich in drastischer Exemplarizität. Der in bürgerlichen Verhältnissen und Bindungen lebende Maler verläßt das (vor allem von der Germanistik bestellte) bürgerliche Identifikationsfeld in einer Richtung, die es ihm ermöglicht, noch einmal in der Manier eines barocken Hofkünstlers einen längst überfälligen Herrschaftsanspruch zu glorifizieren.

Der teils opportunistischen, teils ängstlich-resignativen Rückkehr des Bürgers in feudale Bindungen entspricht allerdings auch schon – das muß man daneben sehen – eine latente Verbürgerlichung des Hofes. Denn wenn der Adel die Projekte und Projektionen bürgerlicher Selbstbesinnung zunehmend usurpiert, so darf das doch auch als Indiz dafür genommen werden, daß er nun seinerseits in der Kunst einen Trost sucht, den ihm die Realität auf Dauer nicht mehr gewährt. Mögen Opportunismus und Resignation auch das Medium bieten, in dem Bürger und Fürst zeitweilig noch koalieren können, so sind doch die materiellen Interessendivergenzen zu stark, als daß diese Koalition eine unverbrüchliche sein könnte. Insofern ist es alles andere als zufällig, wenn die Intentionen und Interpretationen, die fast jedem Kunstwerk unterlegt wurden, das im Dienst des nationalen Gedankens entstand, politisch ambivalent sind. Ein tiefer Bruch kennzeichnet, wie unsere Ermittlungen zeigen, noch jedes öffentliche Kunstobjekt, das als nationales Identifikationsobjekt konzipiert war. Aufgrund schon der wenigen hier zusammengestellten Beispiele, deren Kette sich durchaus verlängern ließe, wurde deutlich, daß genuin bürgerliche Emanzipationsinteressen an ebendenselben Projekten und Objekten sich festmachten, die dann auch die feudalabsolutistische Reaktion zur Perpetuierung und Stärkung ihrer Herrschaft einspannte. Daß aber die Bilder und Denkmale selbst gegen solche Doppelinterpretation nicht gefeit waren, sagt zugleich etwas über deren Realitätsgehalt. Siegfried, Hermann oder der Kölner Dom sind in dieser Situation trotz ihrer Anschaulichkeit so sehr aller historischen Sinnlichkeit, aller Konkretheit entrückt, daß sie, zu nurmehr emblematischen Entitäten hypostasiert, den Antagonismus der gesellschaftlichen Kräfte neutralisieren müssen. Das bürgerliche Denken, das sich ein Mal, ein Denkmal, setzt, manifestiert sich nicht nur, sondern sistiert sich zugleich. Das Denk-Mal wird zum Stigma. Denn die sistierende Kraft des Denkmalkults ist um so strikter, je leichtfertiger und emphatischer die Historizität dessen, was da angeblich erinnert wird, durch pure Ergänzung, durch blinde Phantasie entkräftet wird. Was durch solche Denkmale schließlich sistiert wird, ist aber nicht nur das Denken, sondern der Handlungsimpuls, dem solches Denken entsprang.

Die politisch ambivalente Interpretierbarkeit der als Mahnmale konzipierten Kunstwerke und auch die ihrer Sujets ist freilich nicht nur Reflex des objektiven Antagonismus und partiellen antiproletarischen Synkretismus bürgerlicher und feudaler Interessen, sondern Ausdruck der inneren Zerrissenheit des deutschen Bürgertums selbst. Wenn die Zerrissenheit der Bourgeoisie dieser Phase sich an progressiven und reaktionären Tendenzen der Germanistik und schließlich am indifferenten Standpunkt Jacob Grimms ablesen läßt, ja wenn an Grimms »Haltung die Halbheit einer ganzen Epoche zwischen Reaktion und Fortschritt« [91] deutlich wird, so setzten die ›germanistischen‹ Künstler dieser Epoche solche Zerrissenheit und Halbheit zwar nicht ins Bild – sie thematisierten sie nicht bewußt –, aber sie wurde durch sie Bild.

Die ersten Germanistentage

Jörg Jochen Müller

Germanistentage sind Veranstaltungen eigener Art. Daß sie für die Aufrechterhaltung des schulischen und akademischen Wissenschaftsbetriebes unerläßlich seien, glaubte man wohl nie ernsthaft. Denn wie anders wäre zu erklären, daß noch keine Schrift – weder ein Aufsatz noch gar eine Buchmonographie – eine Synopse der Germanistentage von 1846 bis heute versuchte? [1] Germanisten, die sich doch sonst gern als Sachwalter historischer Besinnung gaben, erwiesen sich oft gerade da als merkwürdig besinnungslos, wo es um die Realgeschichte ihres Faches ging. Wie erklärt sich dies gebrochene Verhältnis zur Fachtradition? Vielleicht aus der Tatsache, daß die Tradition selbst keine bruchlose war? Wenigstens gilt das für die Geschichte der Germanistentage. 1846 fand der erste statt, 1847 ein zweiter. Der dritte, der für 1848 schon anberaumt war, fiel – revolutionshalber – aus. Danach hielt man es mehr als sechzig Jahre lang für erläßlich, weitere gesamtdeutsche Germanistenkongresse einzuberufen. Immerhin fanden seit 1861 jährlich »Versammlungen deutscher Philologen und Schulmänner« [2] statt, Lehrertagungen, an denen auch Fachvertreter nichtdeutscher Philologien teilnahmen. Erst 1909 aber erörterte eine solche Versammlung in Graz [3] die Möglichkeiten eines eignen »Deutschen Germanisten-Verbandes«, der sich drei Jahre später, unter Vorsitz des Marburger Ordinarius für Deutsche Philologie Ernst Elster, in Frankfurt a. M. tatsächlich konstituierte. Damit war die organisatorische Voraussetzung für Tagungen geschaffen: »im zauberhaft schönen Herbst 1913« fand in Marburg »der erste Verbandstag der deutschen Germanisten« [4] statt. Aber zugleich brach der Herbst des deutschen Imperialismus an. Die für 1915 in Münster anberaumte Germanistentagung mußte des Krieges wegen ausfallen. Erst 1920 fanden sich die Germanisten wieder zu einer Tagung in Frankfurt a. M. zusammen; ihr Verband erweiterte sich zu einer ›Gesellschaft für Deutsche Bildung‹, aber die Wirtschaftskrise erlaubte zunächst keine gesamtdeutschen Kongresse. Erst ab 1924 begann das ›Tagen‹ in Berlin, 1925 in Erlangen, 1926 in Düsseldorf, 1927 in Danzig und 1929 in München. 1933 wurde die ›Gesellschaft für Deutsche Bildung‹ vom NS-Lehrerbund geschluckt, und zwar auf ausdrücklichen Wunsch des Vorstandes, der damals aus »Führer« (Prof. Fr. Neumann) und »Führerrat« (u. a. den Professoren E. Fehrle, E. Krieck, Fr. Panzer und J. G. Sprengel) bestand. [5] Dann tagte man lange nicht mehr. Während des Krieges wurden nur mehrfach germanistische Schulungslager durchgeführt. Und auch nach der Zerschlagung des nationalsozialistischen Staates 1945 kamen lange keine Tagungen zustande, bis im September 1950 der ›Deutsche Germanistenverband e.V.‹ in München eine wieder angeblich »Erste Deutsche Germanistentagung« [6] einberief. Im September 1953 konstituierte sich zu Münster abermals ein ›Deutscher Germanisten-Verband‹, der »grundsätzlich und sachlich« die Verbundenheit zu seinem gleichnamigen Vorgänger von 1912 bekannte [7], und nun wurde nach Maßgabe der Verbandssatzung der Tagungsrhythmus regelmäßig: 1954 tagte man in Nürnberg, 1956 in Frankfurt a. M. und so fort alle zwei Jahre, wobei anzumerken ist, daß an den ersten Veranstaltungen noch Wissenschaftler aus der DDR teilnahmen. Bemerkenswert ist auch, daß sich im September 1955 »zweihundert Germanisten aus aller Welt« zusammenfanden und die erste ›Internationale Vereinigung für Germanische Sprach- und Literaturwissenschaft (IVG)‹ gründeten. So tagt sich's fort bis heute.

Die Germanistentagungen bilden, das lehrt dieser Überblick, keine regelmäßige, keine schlüssige Kette. Die Tatsache, daß mindestens drei solcher Veranstaltungen (1846, 1913, 1950) als »erste« bezeichnet wurden, bezeugt drastisch, daß es da immer wieder Neuanfänge gab, die sich geistesgeschichtlich schlechterdings nicht erklären lassen. Sie waren erzwungen. Man scheute sich offensichtlich, Erbschaften anzutreten, die politisch desavouiert waren. Wohl nirgends läßt sich die *politische* Brisanz der Germanistik – als Reflektor und Ideologieproduzent – deutlicher ablesen als an der an Unterbrechungen reichen Geschichte der Germanistentage. Es kann hier nicht unsere Aufgabe sein, die diskontinuierliche Kontinuität der gesamten Fachgeschichte zu erhellen, die Intervalle und Neuansätze zu erklären und gar die jeweiligen Selbstdarstellungen der Tagungsinitiatoren zu zitieren. Immerhin aber können wir einen Ansatz bieten, indem wir die Germanistentage des Vormärz vor Augen stellen. Es ist da gleich vorab anzumerken, daß diese beiden ersten Germanistentage nicht einen Anfang, sondern das Ende einer Phase der Entwicklungsgeschichte der ›deutschen Wissenschaft‹ markieren.

Der Erste Germanistentag

Mögen die Tagungen von 1846 und 1847 eine Steigerung germanistischer Kommunikationsintensität bewirkt haben, so ist doch vor allem unübersehbar, daß sie Ausdruck der Organisationsbemühungen der bürgerlich-antifeudalen Opposition waren. Der erste Germanistentag, der vom 24. bis 26. September 1846 in Frankfurt a. M. stattfand, war ein politisches Fanal. Obwohl der Versammlungsvorsitzende, Jacob Grimm, gleich einleitend behutsam erklärte: »Was die eigentliche Politik betrifft, so bleibe sie unsern Zusammenkünften, die nichts darüber zu beschließen haben, fremd [...]« [7a], so war der Versammlung doch damit nicht der objektive politische Signalwert benommen. Sonst hätte Varnhagen von Ense nicht am 30. September 1846 in sein Tagebuch schreiben können:

»Eine Merkwürdigkeit erster Art ist die Versammlung der Germanisten in Frankfurt am Main; deutsche Gelehrte – und die größten Namen – verhandeln öffentlich die schleswig-holsteinische Frage und gegen den König von Dänemark! Metternich muß darob die Hände über dem Kopf zusammenschlagen! Die Sache machte sich wie von selbst, und die Schüchternheit von Grimm und Pertz, welche alles Politische ausschließen, nur das Wissenschaftliche zulassen wollten, konnte die Verhandlung nicht hindern, eine politische Demonstration zu werden.« [8]

Inwiefern war die Frankfurter Germanistenzusammenkunft, der erste Germanistentag überhaupt, eine »politische Demonstration«? Die Frage läßt sich recht dezidiert und zugleich differenziert beantworten. Aufschluß bietet vor allem der gedruckte Tagungsbericht, der auf der Grundlage eines stenographischen Protokolls durch ein Redaktionskollegium erarbeitet wurde. [9] Wir skizzieren zunächst den äußeren Verlauf der Tagung:

Zu Beginn des Jahres 1846 war in mehreren Zeitungen eine »Einladung an die Germanisten zu einer Gelehrten-Versammlung in Frankfurt a. M.« [10] publiziert worden, die von achtzehn Gelehrten – »E. M. Arndt. Beseler. Dahlmann. Falk. Gervinus. Jacob Grimm. Wilh. Grimm. Haupt. Lachmann. Lappenberg. Mittermaier. Pertz. Ranke. Reyscher. Runde. A. Schmidt. Uhland. Wilda.« [11] – unterzeichnet war. Dieser Einladung leisteten über 200 Gelehrte – die gedruckte (unvollständige) Teilnehmerliste verzeichnet allein schon 195 Namen [12] – Folge,

»darunter 21 ausländische Forscher (5 aus Holland, 7 aus der Schweiz, 3 aus England, 1 aus Schweden; auch Dänemark war vertreten durch Professor Hjort von der Akademie Sorö, dem denn freilich bei den Verhandlungen nicht immer ganz wohl gewesen sein mag). Die deutschen Länder und Gaue waren wohl fast sämtlich beteiligt, und gewiß in angemessenem Zahlenverhältnis: 81 Süddeutsche (darunter 9 Bayern) [...], 54 Vertreter der mittel- und norddeutschen Kleinstaaten, 36 preußische Vertreter (darunter 9 Brandenburger, 5 Schlesier, 2 Ostpreußen); das metternichische Österreich entsandte bezeichnenderweise nur *einen* Vertreter. Etwa ein Drittel der Gesamtzahl waren Universitätslehrer (von 20 deutschsprachigen Universitäten), ein knappes Viertel Schulmänner, die Hälfte Männer des Rechts- und Verwaltungslebens, ein Sechstel Archivare und Bibliothekare; auch andere Berufe waren vertreten (Pfarrer, Offiziere, Maler, ein Arzt, ein Domänenrat).« [13]

Die hohe Beteiligung von Juristen erklärt sich zum Teil wohl aus dem Umstand, daß unmittelbar an die Germanistentagung sich in Frankfurt eine Versammlung von »Freunden der Gefängnisreform«, mithin von *progressiven* Juristen, anschloß, sodaß viele die Gelegenheit nutzten, an beiden Tagungen teilzunehmen. [14]

Am Donnerstag, dem 24. September eröffnete um neun Uhr der eigentliche Initiator, der Tübinger Jura-Professor August Ludwig Reyscher [15], die Tagung im Frankfurter Kaisersaal. Eine Geschäftsordnung, die am Abend zuvor von dem einladenden Gremium »mit Rücksicht auf die Statuten anderer Gelehrtenversammlungen« [16] aufgesetzt worden war, wurde genehmigt. Sodann wurde auf Uhlands Vorschlag »mit allgemeinem Beifall« der Versammlungsvorsitzende gewählt, »ein Mann [...], in dessen

Hand schon seit so vielen Jahren alle Fäden der deutschen Geschichtswissenschaft zusammenlaufen, von dessen Hand mehrere dieser Fäden zuerst ausgelaufen sind, namentlich der Goldfaden der Poesie, den er selbst in derjenigen Wissenschaft, die man sonst als eine trockene zu betrachten pflegt, im deutschen Recht, gesponnen hat« [17]: Jacob Grimm. Der dankt in einer Eröffnungsrede für die ehrenvolle Wahl und ernennt seinerseits sechs »Beistände« für die Versammlungsleitung und zwei Protokollführer.

An den drei Versammlungstagen war ein recht anstrengendes Arbeitspensum zu bewältigen: es fanden drei öffentliche Plenumssitzungen (jeweils 2–3stdg.) und jeweils drei Sektionssitzungen der »juristischen Abtheilung« (unter Vorsitz Mittermaiers), der »historischen Abtheilung« (unter Vorsitz von Pertz) und der »sprachlichen Abtheilung« (unter Vorsitz von Schmeller) statt, die noch durch »erhebende und erfreuende Gastmähler und Feste« [18] ergänzt wurden.

Daß die Versammlung eine politische Demonstration war, läßt sich an zahlreichen äußerlichen und inhaltlichen Details erkennen. Schon daß da Gelehrte aus *allen* Staaten des Deutschen Bundes und von nahezu allen deutschsprachigen Universitäten zusammengekommen waren, war etwas Unerhörtes. Zwar hatten sich, einer Initiative Okens folgend, seit 1822 Naturwissenschaftler und Ärzte mehrfach zu gesamtdeutschen Tagungen getroffen, und seit 1838 hatten auch die Klassischen Philologen Fachversammlungen abgehalten [19]; solche Versammlungen konnten aber schon wegen ihres Verhandlungsgegenstandes nicht so breites öffentliches Interesse auf sich ziehen wie der Germanistenkongreß, für den man eigens Eintrittskarten ausgeben mußte, da zu den Plenumssitzungen außer den Tagungsteilnehmern sich bis zu 300 Zuhörer einfanden.

Schon der Versammlungsort – Frankfurt am Main – und das Versammlungslokal – der Kaisersaal – waren nicht ohne politischen Vorbedacht gewählt. Frankfurt, so ist zu erinnern, konnte auf eine vielhundertjährige Geschichte als Freie Reichsstadt zurückblicken; seitdem Karl der Große 794 dort erstmals eine Reichsversammlung einberufen hatte, waren in Mittelalter und Neuzeit zahllose Reichstage in Frankfurt zusammengetreten. Seit 1147 war Frankfurt der Ort, wo die deutschen Könige und Kaiser gewählt wurden; seit 1562 fanden hier auch die Kaiserkrönungen statt, zuletzt noch die Franz II., den dann 1806 Napoleon zur Niederlegung der Krone zwang. Durch Entscheidung des Wiener Kongresses wurde Frankfurt ›Freie Stadt‹ und 1816 Sitz der Deutschen Bundesversammlung, auf die sich zunächst große Hoffnungen und dann – seit Einsetzen der Restauration – die Wut der antifeudalen Opposition gewendet hatten.

Zweifellos war die einzigartige Bedeutung, die Frankfurt für die nationalen Einigungsbemühungen seit Entstehen des Kaisertums hatte, ausschlaggebend, als sich die Initiatoren der Germanistenversammlung für diesen Tagungsort entschieden. Seit 1845 hatte Reyscher schon mit den Frankfurter Stadtvätern verhandelt; in dem Schriftwechsel heißt es ausdrücklich, daß die Germanisten den Versammlungsort »in Hinsicht auf Frankfurts Bedeutung in der Gegenwart und Vergangenheit« [20] gewählt hatten. Und man trat in Frankfurt nicht in einem beliebigen Lokal zusammen, sondern in dem wichtigsten Repräsentationssaal der deutschen Reichsgeschichte, im Kaisersaal, der seit 1838 restauriert und mit lebensgroßen Kaiser-›Porträts‹ romantisch-deutschtümelnder Maler [21] dekoriert worden war. Die bürgerliche Gelehrtenversammlung gab sich ganz der Weihe dieses Raumes hin, auch wenn sie eine restaurierte und projizierte war. So heißt es in dem Tagungsprotokoll:

»Der Senat der freien Stadt hatte dazu in dem ehrwürdigen Römer den prachtvollen Kaisersaal bewilligt, in den Niemand eintreten konnte, ohne feierlich gestimmt zu werden. Welche Erinnerungen wurden dadurch mit einem Mal geweckt und während der Dauer aller Sitzungen unterhalten! es war, wie sich Uhland in diesen Tagen öffentlich ausdrückte, als ob einzelne Kaiser aus ihren Rahmen sprängen und unter die Versammelten träten, sie mit ihrem bloßen Blick anzufeuern oder zu zügeln.« [22]

Daß die Majestäten wohl mehr zu zügeln als anzufeuern hatten, bezeugt ein »gelungener Toast« Uhlands, den Schmellers geheimes Tagebuch, nicht aber das offizielle Verhandlungsprotokoll festhielt: »die alten Kaiser auf dem Römer« hätten »ob dem Worte Pressefreiheit aus ihren Rahmen springen gewollt.« [23]

Zweifellos sahen sich die Versammelten in nationalpolitischer Tradition und zugleich im Brennpunkt gegenwärtigen nationalpolitischen Interesses. Der Vorsitzende Grimm sah sich denn auch schon in seiner einleitenden Rede gehalten, auf die Symbolkraft des Versammlungsortes hinzuweisen, aus der sich die über jede Alltäglichkeit und wissenschaftliche Trockenheit erhabene ›Stimmung‹ der Versammlung ergab:

»Nicht ohne glücklichste Vorbedeutung treten wir zusammen in einer Stadt, die von Alters her als das Herz deutscher Geschichte betrachtet werden kann. Hier in Frankfurt sind so viele deutsche Ereignisse vorgegangen, schon vor mehr als tausend Jahren hat Karl der Große ihre Straßen, in denen wir uns heute noch bewegen, durchwandelt: wie oft mag bange Erwartung dahin, wo wir nun versammelt sind, auf das was hier über Deutschland beschlossen werden sollte, hingeblickt haben! In solchen Räumen darf nur Deutsches, und nichts Undeutsches geschehen!« [24]

Auch wenn der Germanistentag nicht »über Deutschland« beschließen kann, so befindet er doch über ›Deutsches‹. Die Germanistentage werden zum Surrogat der mittelalterlichen Hof- und Reichstage. Ganz deutlich wird das in der Rede, mit der Jacob Grimm ein Jahr später den Lübecker Germanistentag eröffnete:

»Wenn es mir gestattet ist, neues mit altem und kleines mit groszem zu vergleichen, so gemahnen die wissenschaftlichen von einem orte Deutschlands an den andern verlegten vereine an die alten hoftage der deutschen könige. dieser wechsel des orts ist eine gunst, es wird dadurch der zutritt zu den versammlungen erleichtert, alles enge landschaftliche entfernt; es werden nach und nach alle Deutschen an diesen versammlungen theil nehmen können, auch wenn sie behindert sind, eine längere reise zu unternehmen. es ist aber noch etwas anderes, was ich hervorheben möchte. an jenen hoftagen wurden ursprünglich blos ungebetene, freiwillige gaben dargebracht. möge auch unter uns das bestreben vorwalten, ungezwungen und frei zu reden.« [25]

Die repräsentative Öffentlichkeit des mittelalterlichen Feudalismus wird so zum Leit- und Vorbild bürgerlicher Öffentlichkeit umgeschminkt. Der Vorgang verdient vor allem deshalb Beachtung, weil der objektiv revolutionäre Anspruch auf Versammlungs-, Vereinsbildungs- und Redefreiheit durch Berufung auf germanisch-deutsche frühfeudale Rechtstradition abgesichert wird, indem die Freiheit der Ritterbürtigen und Reichsfreien kurzerhand mit bürgerlicher Freiheit identifiziert wird. Und doch wollten Grimm und seine Kollegen mehr als eine Wiederherstellung der feudalen Hof- und Reichstage; sie wollten, daß »nach und nach alle Deutschen an diesen versammlungen theil nehmen können«; insofern hatte Treitschke nicht Unrecht, wenn er später den Frankfurter Germanistentag als »geistigen Landtag des deutschen Volks« [26] bezeichnete. Da es keine Versammlungen, keine Parlamente, keine Parteien oder sonstige Organisationen gab, in denen das ›Volk‹, die nichtprivilegierte Bevölkerungsmehrheit, öffentlich zu Wort kommen konnte, kompensierte die patriotische Intelligenz diesen Mangel in Gelehrtenversammlungen, in denen wenigstens vom ›Volk‹ gesprochen wurde. Keine Gelehrtenversammlung war dazu so prädestiniert wie eben eine germanistische. Unter Bezugnahme auf die Hof- und Reichstagstradition simulierten die Germanisten auf ihren beiden Tagungen hilflos einen Parlamentarismus, den in politischer Realität zu üben noch keine Gelegenheit bestand. Die Gelegenheit brachte dann das Jahr 1848. Scherer schon hat diesen Bezug kenntlich gemacht: »Die Versammlungen [der Germanisten] hatten keinen ausgesprochenen politischen Zweck gehabt. Aber sie hatten eine entschiedene politische Bedeutung. Sie waren eine Art Vorläufer des *Frankfurter Parlaments.*« [27]

Die von Scherer konstatierte Differenz von politischem Zweck und politischer Bedeutung bedarf allerdings der Überprüfung, zumal für die politische Einschätzung des Ersten Germanistentages im 20. Jahrhundert fast nur noch Grimms Forderung, die »eigentliche Politik« müsse den Germanistenzusammenkünften »fremd« bleiben, verstümmelt zitiert wird. Man muß sich den Wortlaut dieser Forderung aber genau anschauen und vor allem auch ihren Kontext beachten, wenn man den politischen *Zweck* der Versammlung beurteilen will. Die Grimmsche Forderung lautet in unverstümmelter Form:

»Was die eigentliche Politik betrifft, so bleibe sie unsern Zusammenkünften, die nichts darüber zu beschließen haben, fremd, so natürlich und unvermeidlich es sein wird, auf dem Boden der Geschichte, des Rechts und selbst der Sprache aufsteigende Fragen, die an das politische Gebiet streifen, mit wissenschaftlicher Strenge aufzunehmen und zu verhandeln. Mitten auf solcher Grenze auszuweichen, in lebendiger, alle Herzen bewegender Gegenwart, würde einzelner Männer unwerth scheinen, geschweige einer Versammlung, deren Glieder nach allen Seiten hin aufzuschauen gewohnt sind und in freier Rede nicht jedes ihrer Worte vorher auf die Wage zu legen brauchen.« [28]

Sonach ist es falsch, wenn Preitz darlegt, Grimm habe gegen »politische Winde« die reine Wissenschaft verteidigt und habe mittels der Geschäftsordnung Gelegenheit genommen, »unwissenschaftliche Abschweifungen [will sagen: politische Ergüsse] zu untersagen«. [29] Und zumindest ungenau ist es auch, wenn Lämmert behauptet: »Schon Jacob Grimm hatte 1846 ›die eigentliche Politik‹ aus den zu behandelnden Gegenständen ausgeschlossen«, um dann behend eine Kontinuität von vormärzlicher und präfaschistischer Germanisterei zu konstruieren. [30] Grimm schloß nicht irgendwelche ›Gegenstände‹ aus, sondern war politisch genug zu erkennen, daß Gelehrtengremien über »eigentliche Politik« insofern »nichts [. . .] zu beschließen haben«, als es ihnen an institutioneller Kraft fehlte, solche Beschlüsse auch praktisch wirksam zu machen. Gewiß, Grimm wollte, um es drastisch zu sagen, keine Lauferei mit der Polizei. Aber er sah, daß es für Germanisten »unvermeidlich« war, die Grenze von Wissenschaft und Politik zu überschreiten und somit diese Grenze selbst in Frage zu stellen. Ihm ging es nicht um irgendwelche Beschlüsse, sondern um die Frage, wie Politik wissenschaftlich zu fundieren, und umgekehrt, wie Wissenschaft in Politik zu überführen sei.

Gerade in der Frankfurter Eröffnungsrede *»Über die wechselseitigen Beziehungen und die Verbindung der drei in der Versammlung vertretenen Wissenschaften«* [31] drückte er sich um diese Frage nicht. Wenn in dieser Rede das Interesse an der deutschen Sprache als Konvergenzpunkt der drei Wissenschaften bestimmt wird, so ist das eine entschieden politische Bestimmung. Denn durch die Sprache definiert sich das ›Volk‹:

»Lassen Sie mich mit der einfachen Frage anheben: was ist ein Volk? und ebenso einfach antworten: ein Volk ist der Inbegriff von Menschen, welche dieselbe Sprache reden. Das ist für uns Deutsche die unschuldigste und zugleich stolzeste Erklärung, weil sie mit einmal über das Gitter hinwegspringen und jetzt schon den Blick auf eine näher oder ferner liegende, aber ich darf wohl sagen einmal unausbleiblich heranrückende Zukunft lenken darf, wo alle Schranken fallen und das natürliche Gesetz anerkannt werden wird, daß nicht Flüsse, nicht Berge Völkerscheide bilden, sondern daß einem Volk, das über Berge und Ströme gedrungen ist, seine eigne Sprache allein die Grenze setzen kann.« [32]

Da also die Sprache die Einheit des ›Volkes‹ stiftet und verbürgt, ist die Sprachforschung die Zentralwissenschaft, in der alle Wissenschaften, die nach der Identität eines Volkes fragen, konvergieren müssen. Sie stiftet »das allgemeine [. . .] verknüpfende Band« [33] der germanistischen Disziplinen. Denn wo es um Erhellung der deutschen Geschichte und um Erhellung der deutschen Rechtsgeschichte geht, da ist die Kenntnis der deutschen Sprache unabdingbar. Diese Erkenntnisbemühungen sind kein Selbstzweck. Sie dienen der nationalen Selbstidentifikation und damit der politischen Gegenwart:

»[...] der Gedanke tritt näher, daß manche verloren gegangene treffliche und unserer deutschen Art zusagende Einrichtung der Vorzeit wenigstens theilweise zurückgerufen und angewandt werden könne [...] Die Rechtsgeschichte [...] würde diesmal einer neuen Gesetzgebung in Hand arbeiten und wirksam beitragen, ansehnliche Stücke des fremden Rechts zu verbannen. Eine einheimische, aus Alt und Neu zusammengesetzte kräftige Lehre könnte sich dann erzeugen. Diese, wie mich dünkt, unter heutigen Germanisten waltende Richtung ist sowohl eine historisch gelehrte als politisch practische, sie schließen sich an diejenigen unter den neuern Historikern, welche aus der Geschichte die Politik aufzuerbauen für höchste Noth halten.« [34]

Diese Argumentation muß man im Ohr haben, wenn Grimm in derselben Rede wenig später darlegt, inwiefern die »eigentliche Politik« den Germanistenzusammenkünften »fremd« bleiben müsse. Bemühte sich aber die Frankfurter Versammlung »aus der Geschichte die Politik aufzuerbauen«, so muß das Verhandlungsprotokoll darüber Aufschluß geben.

Die drei Plenumssitzungen der Tagung waren durch Referate bestimmt, während in den Sitzungen der drei Abteilungen vor allem diskutiert wurde und Organisations- und Arbeitsprojekte verabredet wurden. In der ersten Plenumssitzung referierten mehrere Juristen und Staatswissenschaftler über die »schleswig-holsteinische Sache«. In der zweiten Plenumssitzung ging es um die Bestimmung des Verhältnisses von Römischem und Deutschem bzw. Germanischem Recht. Und in der Schlußsitzung wurden Berichte und Anträge aus den drei Abteilungen eingebracht sowie Referate über die »Einheit der Gesetzgebung« in Deutschland (Jaup), »Über ein deutsches Wörterbuch« (W. Grimm), und über »das Verhältniß zwischen den germanischen und romanischen Völkern« (Gaupp) gehalten.

Indem die Versammlung in der Eröffnungssitzung die »schleswig-holsteinische Sache« zum einzigen Tagesordnungspunkt machte, begab sie sich sogleich auf ein Gebiet, das höchste nationalpolitische Brisanz hatte. Es ging da um die nationale Zugehörigkeit, um die Verfassung und die politische und kulturelle Einheit der Herzogtümer Schleswig und Holstein, die, seit dem 15. Jahrhundert in Personalunion mit der dänischen Krone verbunden, einen gemeinsamen ständischen Landtag und andere gemeinsame Institutionen hatten. Holstein, das schon seit 1815 zum Deutschen Bund gehörte, drohte von Schleswig getrennt zu werden, da die dänische Krone Schleswig durch ›Incorporation‹ endgültig an sich binden wollte. Diesem Arrondierungsversuch der Monarchie widersetzte sich indes die Bevölkerung; es kam zu Sympathiekundgebungen liberaler, landständischer und republikanischer Gruppen in ganz Deutschland. Und in diese Kundgebungen reihte sich der Germanistentag ein, indem er mittels rechtshistorischer, völkerrechtlicher, aber auch sprach- und kulturhistorischer Darlegungen den Anspruch der dänischen Monarchie zurückwies. Es ist bezeichnend, daß gerade Gelehrte wie der Greifswalder Jura-Professor Georg Beseler [35], dessen Bruder Wilhelm Hartwig Präsident der schleswigschen Ständekammer war, daß Welkker [36] und Dahlmann [37], die ja selbst berühmte Ständekammerpolitiker und Verfassungsstreiter waren, hier das Wort führten; und endlich, daß der württembergische Rechtshistoriker Reyscher den Antrag stellte, die Germanistenversammlung möge »wie eine Jury« durch »Erhebung von Ihren Sitzen« ihrer »wissenschaftlichen Überzeugung« Ausdruck geben, daß die dänischen Ansprüche ungerechtfertigt seien. [38] Mit diesem Antrag nun lief die Versammlung Gefahr, vollends auf das Gebiet der »eigentlichen Politik« überzugehen; wenigstens befürchteten das etliche Tagungsteilnehmer. Da half es auch nichts, wenn Reyscher erklärte, daß es ihm nicht darum gehe, »eine politische Kundgebung [...], wohl aber eine Meinungsäußerung, wie sie auch bei andern wissenschaftlichen Debatten stattfindet, zu veranlassen.« Ganz offensichtlich hatte die Versammlung Angst, den Argwohn der herrschenden Reaktion auf sich zu ziehen. Reyscher mahnte zwar: »Wir müssen klug und vorsichtig sein, aber die Vorsicht darf nicht in Aengstlichkeit übergehen.« [39] Doch kam es, auf Antrag von Pertz, dem der Heidelberger Jurist Karl Joseph Mittermaier und auch J. Grimm beipflichteten, nicht zur Abstimmung. Was die Versammlung bewog, Reyschers Antrag nicht statt zu geben, wird vor allem aus Mittermaiers Gegenrede deutlich: »Ich muß dringend bitten zu erwägen, daß es der erste Kongreß in Deutschland ist, der über wissenschaftliche nicht den Naturwissenschaften angehörige Gegenstände stattfindet.« Man müsse dafür sorgen, daß »die künftigen Kongresse auf keine Schwierigkeiten stoßen.« [40] Tatsächlich stieß denn auch die Frankfurter Versammlung, wie im nächsten Jahr die zu Lübeck, auf keine ›Schwierigkeiten‹. Wenige Jahre später aber, nach dem Scheitern der 48er Revolution, waren den Germanisten alle Möglichkeiten, ›Schwierigkeiten‹ zu bereiten so gründlich benommen, daß erst gar keine Germanistentage mehr zustandekamen.

Wenn es in der zweiten Plenumssitzung um eine Bestimmung des Verhältnisses von Römischem und Deutschem Recht ging, so war auch das, wie schon in früheren Kapiteln dieses Buches dargetan wurde [41], kein unpolitisches Thema. Gerade in einem historischen Moment, da der Germanisten-Name, wie J. Grimm bemerkte, »im Begriff steht uns allen zu gebühren, [...] im allgemeinen auch Historiker und Philologen miteinschließenden Sinn« [42], mußte diese Frage von Interesse sein. Ein Referat von Mittermaier unterstrich den progressiven politischen Anspruch der Rechtsgermanistik. Wenn er erklärte: »Das Recht ist der Ausdruck des Rechtsbewußtseins des Volks« [43], so konnte das den Fürsten nicht eben angenehm sein, zumal er auch angesichts der deutschen Rechtswirklichkeit kein Blatt vor den

Mund nahm: »Ach Gott, das Kleid, das unser deutsches Volk trägt, das Rechtskleid ist nicht von dem Schneider gemacht worden für dieses Volk. [...] Unser Recht steht im Widerspruche mit dem Leben, mit dem Volksbewußtsein, den Bedürfnissen, Sitten, Gesinnungen, Ansichten des Volks.« [44] Aber auch seine Kritik an der Deutschtümelei ist klar, und da mochten sich einige der Anwesenden – Maßmann etwa saß im Plenum – am ›deutschen Rock‹ gezupft wissen: »Meine Herren, wir sprechen vom Deutschthum soviel, wir glauben Wunder, was wir thun, wenn wir beim Champagner das Lied vom deutschen freien Rhein singen, wenn wir von deutscher Kunst und Wissenschaft sprechen; aber das deutsche Recht, das Kleid, in dem das Volk sich bewegen soll, ist uns nichts.« [45] In anderen Referaten der Sitzung wurden auch nationalistisch-chauvinistische Töne angeschlagen; so etwa, wenn Ministerialrath Christ aus Karlsruhe naiv behauptet: »eine jede Nation muß ein von einer andern Nation verschiedenes Recht haben. Das Recht ist also für uns Deutsche ein deutsches Recht«. [46] Dem widersprach aber J. Grimm, und auch der Berliner Rechtswissenschaftler August Wilhelm Heffter warnte davor, in »Germanismus und Romanismus zwei feindliche Brüder« [47] zu sehen. Als dann aber gar beantragt wurde, »daß die Romanisten zu der nächsten Versammlung mit eingeladen werden«, stand wieder Reyscher auf, der damit den Sinn von Germanistenversammlungen pervertiert sah. Er wies darauf hin, daß die Romanisten dann, wie auch sonst in Universitäten und Behörden, die Germanisten majorisieren könnten: »unsere nationalen Interessen würden in diesem Kreise ebenso verloren gehen, wie bisher in der Wissenschaft.« [48] Damit war wiederum der politische Nerv der Versammlung aufgewiesen. Reyscher bemühte sich denn auch darzulegen, daß der Streit um Römisches und Deutsches Recht nicht formalistisch-alternativ, ohne Berücksichtigung der deutschen Realität, entschieden werden könne. Als Vertreter der »neueren germanistischen Richtung«, die »das geltende Recht in seiner Einheit zu begreifen« sucht, fragt er nach der »*inneren* oder realen Einheit«, die die Rechtseinheit konstituiert. Die Form des Römischen Rechts biete diese Einheit nicht. »Aber es wird sich theils behaupten lassen, daß die Vernunft von selbst auf eine gewisse Übereinstimmung der Rechtsbegriffe führe, theils wird die Einheit hergestellt mittelst jener nationalen Gemeinsamkeit, welche wie in Geschichte und Sprache, so auch im Rechte sich erhalten hat.« [49]

Die Modelle, die die bürgerlich-emanzipatorische Wissenschaft in der deutschen Rechtstradition suchte und fand, waren vor allem korporationsrechtliche, genossenschaftsrechtliche, die man auch gerade für den erstarkenden deutschen Handelskapitalismus fruchtbar zu machen suchte [50]; waren dann aber insbesondere solche, die Rechtsfindung, Rechtspflege, Rechtsprechung selbst betrafen: *Geschworenen-* und unakademische Schiedsgerichte. Gerichte also, die die Rechtssprechung in den Dienst der Emanzipationsinteressen des ›Volkes‹ – vor allem der bürgerlichen Klasse – stellen und das elitär-akademische ›römische‹ und absolutistische Gerichtswesen ablösen sollten. Dahlmann entwickelte in einem Referat die Geschichte des Geschworenengerichtswesens von pangermanischen, skandinavischen, nordischen Wurzeln bis zur Gegenwart, um dann

»als Historiker und Politiker [zu] bekennen: ich verehre das Geschwornengericht, weil ich dasselbe für die erste Stütze einestheils einer im freien Sinne geordneten Staatsverfassung, anderntheils aber der Personen und des Eigenthums betrachte. Außerdem aber kenne ich kein gediegeneres Bildungsmittel für das Volk, nichts was dasselbe in dem Grade in seine bürgerlichen Pflichten, in Gewissenhaftigkeit und jede wahre Bürgertugend einweihte, als das Recht seiner Geschworenen, über Freiheit und Leben ihrer Mitbürger zu erkennen.« [51]

Referatthemen und Diskussionsverlauf der ersten beiden Plenumssitzungen schon machen klar, daß der Germanistentag von 1846 mit Germanistentagen des 20. Jahrhunderts sich schwer vergleichen läßt. Die Deutsche Philologie, die Wissenschaft von deutscher Sprache und Literatur bestimmte die Auseinandersetzungen nicht, sie gab nicht den Ton und nicht die Themen an; oder genauer gesagt: sie stand nicht selbstzwecklich allein und nicht im Vordergrund. Zwar kann man nicht sagen, daß in den drei Tagen die Deutschen Philologen nicht zu Wort gekommen seien: In den Reden Jacob Grimms, die die Plenumssitzungen jeweils einleiteten, war philologisches, war vor allem sprach- aber auch literaturwissenschaftliches Argumentieren dominant; die »Sprachforschung« wurde da – und niemand widersprach! – als Basis- und Zentralwissenschaft der germanistischen Disziplinen herausgestrichen; und in der dritten Plenumssitzung wurde dann ein ›deutschphilologisches‹ Projekt durch ein Referat Wilhelm Grimms noch eigens vorgestellt. Aber aufs Ganze gesehen ist doch nicht zu verkennen, daß dieser Germanistentag kein Deutscher Philologentag war.

Nichts wäre angesichts dieses Befundes indes falscher als die Mutmaßung, die Deutsche Philologie sei damals noch keine entwickelte, keine konsolidierte und also keine ›solide‹ Wissenschaft gewesen; sie habe in der Rechts- und Geschichtswissenschaft damals noch ›Krücken‹ gesucht, deren sie später – zu Beginn des 20. Jahrhunderts etwa – habe entraten können. Gewiß bieten sich derlei Interpretationen an, wenn man weiß, daß nach 1847 keine gemeinsamen Tagungen von Rechts-, Geschichts- und Philologie-›Germanisten‹ mehr stattfanden. Aber man muß doch, wenn die Deutsche Philologie sich später von Rechts- und Geschichtswissenschaft absonderte, in solcher Absonderung noch keinen *Fortschritt*, keinen Gewinn sehen. Zu fragen wäre vielmehr, was die Deutsche Philologie mit solcher Absonderung *verlor*. Und das ist eine vertrackte Frage. Vielleicht wäre in der Tatsache, daß der Germanisten-Name in der zweiten Hälfte des 19. Jahrhunderts von den Deutschen Juristen auf die Deutschen Philologen überging und ihnen – zumindest umgangssprachlich – völlig übereignet ward, ein Akt der Entpolitisierung, die Inthronisierung der Ideologie der ›unpolitischen‹ Germanistik zu sehen?

Wenn der Darmstädtische Geheimrat und Juraprofessor Jaup – in der dritten Plenumssitzung – unangefochten für die Versammlungsteilnehmer erklären konnte »daß die Wissenschaft zunächst und endlich doch des Volks wegen da ist; und die Wissenschaft wird niemals einen größern Ruhm sich erwerben, als wenn sie möglichst direct für das Wohl des Volkes wirkt« [52], so mußten sich freilich Deutsche Philologen fragen, inwiefern denn sie, gerade sie, »direct für das Wohl des Volkes« wirken konnten.

Jacob Grimm hatte den Ansatz zu einer Antwort schon in der Eröffnungsrede gegeben, indem er in der »Herrschaft des hochdeutschen Dialects« eine Art konföderativ-republikanisches Modell sah; denn, so meinte er, »willig entsagen alle Theile Deutschlands einzelnen Vortheilen, die jede vertrauliche Mundart mitführt, wenn dadurch Kraft und Stärke der aus ihnen allen aufsteigenden gemeinschaftlichen und edelsten Schriftsprache gehoben wird.« [53] Die hochdeutsche Sprachentwicklung war für ihn Indikator »künftiger ungeahnter Entwickelungen« der Deutschen. Wilhelm Grimms Referat – in der Schlußsitzung der Frankfurter Tagung – führte diesen Gedanken weiter: »die Schriftsprache ist also das gemeinsame, das alle Stämme verbindet, und gibt den höheren Klang an zu der Sprache des täglichen Verkehrs.« [54]

»Ein Redner vor mir hat mit Recht behauptet, die Wissenschaft suche nicht sich selbst allein, sie sei vorhanden, um den Geist des ganzen Volks (ich begreife alle Stände darunter) zu erheben und auf seinem Wege zu fördern. Möge daher das Wörterbuch nicht bloß die Forschung begünstigen, sondern auch im Stande sein, das Gefühl für das Leben der Sprache zu erfrischen.« [55]

Man sieht, daß die Brüder Grimm mit ihrem Wörterbuch – es »soll die deutsche Sprache umfassen, wie sie sich in drei Jahrhunderten ausgebildet hat: es beginnt mit Luther und schließt mit Göthe« [56] – *praktisch* sein wollten. Freilich scheint zweifelhaft, ob das Wörterbuchunternehmen geeignet war, »direct für das Wohl des Volkes« zu wirken. Schon der Buchpreis des ersten Bandes, der 1854 erschien, mußte eine weite Verbreitung verhindern. Die Grimms selbst allerdings glaubten, wie aus der Vorrede zum ersten Band erhellt, durchaus daran, daß ihr Wörterbuch ein Hausbuch werden könne:

»fände bei den leuten die einfache kost der heimischen sprache eingang, so könnte das wörterbuch zum hausbedarf, und mit verlangen, oft mit andacht gelesen werden. warum sollte sich nicht der vater ein paar wörter ausheben und sie abends mit den knaben durchgehend zugleich ihre sprachgabe prüfen und die eigne anfrischen? die mutter würde gern zuhören. frauen, mit ihrem gesunden mutterwitz und im gedächtnis gute sprüche bewahrend, tragen oft wahre begierde ihr unverdorbnes sprachgefühl zu üben, vor die kisten und kasten zu treten, aus denen wie gefaltete leinwand lautere wörter ihnen entgegen quellen [...]« [57]

In solcher biedermeierlichen Familienidyllik findet der gesellschaftlich-praktische Horizont der Grimm Ziel und Grenzen. Die kleinbürgerliche Familie war Ausgangspunkt und doch auch Utopie ihrer wissenschaftlichen Anstrengungen. In allen ihren Schriften ist die Familienmetaphorik leitmotivisch präsent; sie bestimmt ihre Sprach- und Literaturtheorie ebenso wie ihre Staatsutopie. Diese Utopie konnte nicht verwirklicht werden, wo der Staat nicht selbst ›familiär‹ organisiert und strukturiert wurde. Insofern mußten die Grimm zu Kritikern der ›deutschen Zustände‹, zu Gegnern der absolutistischen Gewalt werden. Ihre Familienideologie ist die des Kleinbürgertums, nicht die des aufsteigenden Kapitalismus, nicht die der Industrie- und Handelsbourgeoisie. Zur Industrialisierung hatten die Grimm ein zwieschlächtiges Verhältnis, das sich gerade auch an einem Detail des ersten Germanistentages erläutern läßt. In der zweiten Plenumsrede, mit der Jacob Grimm die Differenz von ›genauen‹ und ›ungenauen‹ Wissenschaften [58] zu bestimmen suchte, hieß es wohl: »die Poesie fährt nicht auf brausender Eisenbahn, sondern strömt in weichen Wellen durch die Länder, oder ertönt im Liede, wie ein dem Wiesenthal entlang klingender Bach.« [59] Daß aber die Poesieliebhaber, die Germanisten, die unpoetische Eisenbahn durchaus nicht verschmähten, ja, daß deren Existenz sogar Bedingung für das Zustandekommen ihrer ›Hoftage‹ war, wird deutlich, wenn Jacob Grimm bei Abschluß der Frankfurter Tagung sich für Lübeck als nächsten Tagungsort ausspricht: »Lübeck liegt zwar dem südlichen Deutschland fern, doch die Entfernung wird schon im nächsten Jahr durch Vollendung vieler Eisenbahnen beträchtlich abgekürzt sein.« [60]

Es könnte so scheinen, als seien auf der Frankfurter Tagung keine literaturwissenschaftlichen Themen zur Sprache gekommen. Das ist insofern richtig, als in den Plenumssitzungen weder editorische noch literaturhistorische noch ästhetische Probleme in eigenen Referaten erörtert wurden. Die beiden Grimm gingen wohl in allen ihren Reden auf die Beziehung von Sprache und Poesie ein, allerdings mehr unter sprachphilologischem Interesse. Wir zitierten schon in anderem Zusammenhang [61], daß Jacob die Poesie zu »aller Wissenschaften Wissenschaft« erklärte und daß, seines Erachtens, »ein echter deutscher Dichter« sich gefallen lassen könnte, »Germanist« zu heißen. Auch bei dem Wörterbuchprojekt, das Wilhelm erläuterte, ging es um deutsche Literatur, denn als Materialbasis sollten die Werke deutscher Schriftsteller von Luther bis auf Goethe – »nichts Bedeutendes sollte zurückbleiben« [62] – dienen, und die Brüder versprachen sich, daß so die »liebe zu der einheimischen literatur« [63] gestärkt werden könne. Literaturwissenschaftliche und poetologische Fragen, die sich allerdings nur auf *mittelalterliche* Dokumente bezogen, kamen schließlich auch in den drei Separatsitzungen der »sprachlichen Abtheilung« zu ihrem Recht; so z. B. als »Dr. Feußner aus Hanau und Vilmar aus Marburg eine Art Disputatorium über altdeutsche

Metrik« [64] hielten; wenn Schmeller eine Abschrift des noch unveröffentlichten Alexander von Maerlant vorlegte; wenn Uhland auf Übereinstimmungen des persischen *Schah Nameh* mit der Wolfdietrichsage hinwies; zumeist ging es aber auch in diesem Gremium um linguistische und lexikographische Probleme.

Es wäre falsch, wenn man die Tagung als selbstzweckliche Selbstdarstellung der drei unterm Germanistentitel vereinten Wissenschaften interpretieren wollte. Daß die Tagungsinitiatoren und die vielen, die ihrem Aufruf Folge leisteten, derlei nicht im Sinn hatten, zeigt der Sitzungsverlauf ja klar genug. Wenn die Tagung eine politische Demonstration wurde, so war das kein Zufall. Sie war doch geplant. Daß gleich zu Beginn so wohlfundierte Referate zu Schleswig-Holstein-Frage gehalten wurden, beweist, daß man sich sehr genau vorbereitet hatte. Es war kein situationsbedingter spontaner Einfall, wenn hier eine einheitliche Verfassung für ganz Deutschland, Geschworenengerichte und Pressefreiheit [65] gefordert wurden. Daß es um eine politische Demonstration gehen werde, konnten scharfe Augen schon aus dem Schlußpassus der Einladung ablesen, der gerade ob seiner Vorsicht verrätisch ist:

»Es wäre zuviel erwartet von einer Gelehrten-Zusammenkunft, wenn [...] unmittelbares Eingreifen in das Leben ihr zur Aufgabe gestellt würde; aber nicht Geringes versprechen wir uns von unserer Versammlung, wenn sie, wie nicht zu zweifeln steht, auf dem Boden wissenschaftlicher Untersuchung festhaltend sowohl den Werth als auch den Ernst der Zeit würdigen und jeden Einzelnen von dem Eifer, der das Ganze beseelt, erfüllen wird.« [66]

Und wem das nicht deutlich genug war, dem mußten die Namen der Unterzeichneten, die durch politische Prozesse oder in Verbindung mit der süddeutschen Kammerpolitik berühmt waren, das Programm verraten.

Die Zukunftsperspektive der Tagung läßt sich an den Anträgen und Vorschlägen ablesen, die in der letzten Plenumssitzung und in den verschiedenen Abteilungssitzungen zur Abstimmung kamen. Drei waren besonders folgenreich: Lappenberg schlug vor, einen »Verein zur Erhaltung der deutschen Nationalität« außerhalb der Bundesstaaten zu gründen. Die Historiker beschlossen auf Vorschlag Rankes die Bildung eines »Allgemeinen deutschen Geschichtsvereins«. Michelsens Antrag, in Frankfurt a. M. ein »Central-Antiquarium für Deutschland« einzurichten, wurde abgelehnt.

Aufgabe des »Vereins zur Erhaltung der deutschen Nationalität« sollte es, nach Lappenbergs Vorstellung, sein, »zu verhüten, daß irgendwo und irgendwie ein Lebenskeim deutscher Nationalität unterdrückt werde.« Gerade angesichts der schleswig-holsteinischen Sache sei es dringlich, einen solchen Verein zu gründen. Die »deutsche Sprache und deutsche Wissenschaft« müsse am linken Rheinufer, in Belgien, aber auch gegen Slaven und Magyaren »ringen«, die »sich denselben feindlich entgegenstellen«. [67]

Deutschland bedürfe eines solchen Vereins, »um sich seine Söhne in Amerika und Australien, in Asien und Afrika durch das Band der Nationalität zu sichern.« [68] Daß es da allerdings nicht nur um kulturelle und juristische Betreuung der Ausgewanderten ging, obwohl man »Erhaltung der deutschen Sprache, auch Beförderung des deutschen Sprachunterrichts und der literarischen Verbindung« [69] als Hauptziele hinstellte, verrät Lappenbergs Ausruf: »Wie viel Erfreuliches könnte ein Karl-Magnus- oder ein Friedrich-Rothbart-Verein für den deutschen Handel nicht weniger, als die Wissenschaft wirken!« [70] Hier offenbar dachten die Germanisten einmal kapitalistisch praktisch, und das waren Forderungen, die die imperialistische Kolonialpolitiker des Zweiten Reiches und dann auch die Nationalsozialisten begeistert aufgreifen konnten.

Die »Bildung eines allgemeinen deutschen Geschichtsvereins«, die Ranke vorschlug, diente nicht – oder doch nicht primär – solchen außenpolitischen, tendenziell chauvinistisch aggressiven Zielen. Es ging zuvörderst darum, die Arbeit der zahllosen regionalen und lokalen Geschichtsvereine, die seit den Freiheitskriegen in ganz Deutschland hervorgesprossen waren, zu koordinieren und Aufgaben wahrzunehmen, »welche außerhalb der Grenzen der einzelnen Vereine lägen und die Gesamtgeschichte Deutschlands berührten.« [71] Daß ein solches Unternehmen politisch nicht unbedenklich war, verrät die Diskussion, in der mehrfach darauf hingewiesen wurde, daß die Regierungen der einzelnen Bundesstaaten an einer solchen Zentralisierung schwerlich interessiert sein könnten, und daß sich die Lokal- und Ländervereine reglementiert fühlen könnten. Daß der Geschichtsverein aber auch mit dem »Verein zur Erhaltung der deutschen Nationalität« kooperieren könnte, zeigen die Ausführungen von Pertz, der es für »wünschenswerth« hielt,

»daß der Verein insbesondere auch sein Auge auf die Erhaltung der deutschen Sprache und deutschen Sinnes bei den außer dem deutschen Bunde wohnenden Deutschen richte, über die ihnen hinsichtlich ihrer Sprache und Nationalität widerfahrenden Bedrückungen genaue Nachrichten einziehe und dieselben zum Gegenstande öffentlicher Besprechung mache; er erwartet davon eine heilsame Wirkung sowohl in Ermuthigung des getrennten Gliedes unseres Volkes, als in Einschüchterung derjenigen, welche sich Bedrückung gegen die Deutschen erlauben möchten.« [72]

Wurden Lappenbergs und Rankes Vereinsbildungsvorschläge begierig aufgegriffen, so wurde Michelsens Antrag auf Gründung eines »Central-Antiquariums für Deutschland« nicht angenommen. Michelsen wollte eine »allgemeine deutsche Alterthümer-Sammlung« [73], ein Museum also, in dem Kunstaltertümer, kunstgewerbliche Gegenstände, alte Geräte u. dgl. m. zusammengetragen werden sollten, wie sie zum Teil auch schon von lokalen Geschichtsvereinen gesammelt wurden. Man hielt diesen Vorschlag vor allem deshalb für unrealistisch, weil die Lokalvereine ein derartiges Zentralmuseum schon deshalb nicht unterstützen könnten, da ihre Altertümer ja alle Unica und »Originale« seien; es gebe also keine Doubletten, die an das Zentralmuseum abgegeben werden könnten. Ein Diskussionsredner allerdings unterstützte Michelsens Antrag. Er schlug »mit Rücksicht auf die Schwierigkeit, Originale zu erhaltea, vor, ein Museum von Nachbildungen zu gründen.« [73] Und dieser Vorschlag kam von Hans Freiherr von und zu Aufseß [74], dem späteren Gründer des Germanischen National-Museums in Nürnberg! Aufseß selbst hatte ein »Sendschreiben an die erste allgemeine Versammlung deutscher Rechtsgelehrten, Geschichts- und Sprachforscher zu Frankfurt am Main« [75] gerichtet, in dem er die Einrichtung eines Nationalmuseums, das wohl dem Central-Antiquarium Michelsens entsprechen konnte, forderte. Er hatte schon 1833 eine Versammlung in Nürnberg zur Durchsetzung seines Museumsplanes einberufen, die aber folgenlos geblieben war. Als Michelsens und damit auch sein Projekt in Frankfurt unberücksichtigt blieben, dauerte es noch bis 1852, bis er sein Nationalmuseum in Nürnberg eröffnen konnte. Es florierte zunächst nicht recht, da staatliche Unterstützung ausblieb, und da, wie Jacob Grimm noch 1859 schrieb, »das talent und wissen des stifters [...] nicht hinzureichen [schienen], eine solche anstalt zu leiten und zu verwalten.« [76] Immerhin forderte Grimm aber die preußische Regierung nachdrücklich auf, das Museum zu unterstützen, weil es »ausschlieszend auf deutsche gegenstände gerichtet« und volkstümlich sei: »für den staat sind solche unternehmungen vorläufig noch unscheinbar, er sieht darin gleichsam weder ruhm noch vortheil, aber vom volk werden sie anerkannt und getragen.« [77]

Der Zweite Germanistentag

Der Zweite Germanistentag, der ein Jahr später – vom 27.–30. September 1847 – in Lübeck »148 Mitglieder und eine große Anzahl von Zuhörern« [78] zusammenführte, glich dem ersten weitgehend. Den thematischen Anschluß an die Frankfurter Tagung gewährleisteten vor allem mehrere Kommissionen, die im Jahr zuvor niedergesetzt worden waren und nun Arbeitsberichte und Vorschläge einbrachten. Jacob Grimm eröffnete die Versammlung und wurde in seinem Präsidentenamt bestätigt.

Auch Lübeck hatte man – wie vorher Frankfurt – nicht ohne politischen Vorbedacht zum Tagungsort erkoren. Zwei Momente waren vor allem ausschlaggebend: einmal die Tatsache, daß Lübeck in Zusammenhang mit der Schleswig-Holstein-Frage durch die Besitzansprüche der dänischen Krone bedroht war; zum andern, daß es als ehemalige Kapitale der Hanse eine Art Versprechen für den Wiederaufstieg des deutschen Seehandels bot. Schon die Frankfurter Versammlung hatte diese Aspekte ganz unumwunden hervorgehoben, wie jedermann der »Augsburger Allgemeinen Zeitung« vom 22. Oktober 1846 hatte entnehmen können:

»Als ort der nächsten versammlung schlug der vorsitzende [Jacob Grimm] Lübeck vor, eine an thaten wie an gesinnung reiche stadt, die dem meere nahegelegen mächtig an vergangenheit und zukunft des vaterlandes mahne, und der es schon um ihrer in der letzten zeit unverschuldet erfahrenen bedrängnisse willen wohlthun werde ein solches zeichen öffentlicher theilnahme zu vernehmen. ohne einrede ward dieser antrag angenommen, und beschlossen in der von dänischer schnürbrust gezwängten, aber vollauf deutsch athmenden mutter der glorreichen Hansa folgendes jahr sich wieder zu sehen.« [79]

So pathetisch-verschroben die Korsettmetaphorik den Wunsch verkleidet – das Ziel ist klar. Es ging um nationalkapitalistische Expansionsinteressen, die in der Deutschen Bundesversammlung keinen zulänglichen Sachwalter hatten. Daß der Wunsch kein Wunsch blieb, erwirkten 1847 indes nicht die Germanisten, sondern andere ›deutsche Männer‹: just in dem Jahr, da Jacob Grimm den Lübecker Stadtvätern ins Erinnerungsbuch schrieb: »Hansa ist das älteste deutsche wort für schaar und gesellschaft. es musz noch einmal eine stärkere deutsche hansa als die alte war sich auf dem meere schaaren« [80], wurde die ›HAPAG‹, die ›Hamburg-Amerikanische Paketfahrt-Aktien-Gesellschaft‹ gegründet, die sich binnen der nächsten fünf Jahrzehnte zur größten Reederei der Welt auswuchs.

Auf Jacob Grimms und Gervinus' Wunsch wurden auf der Lübecker Tagung die Plenumssitzungen auf Kosten der Sektionssitzungen verlängert und vermehrt. Das freilich kam der Publizität der Veranstaltung zugute; alle großen Tageszeitungen der deutschen Bundesländer – voran die »Augsburger Allgemeine«, damals die bedeutendste deutsche Tageszeitung – berichteten ausführlich über die zahlreichen Referate und z. T. heftigen Diskussionen des Plenums. [81]

Die meisten Themen, die in den vier Plenumssitzungen erörtert wurden, waren schon in Frankfurt angeschnitten worden. Zunächst debattierte man aufgrund eines Kommissionsberichts, den Lappenberg vortrug, »über die Mittel welche die Wissenschaft benutzen könne, um auf die Erhaltung der Nationalität bei den außerhalb der Bundesstaaten wohnenden Deutschen einzuwirken.« [82] Die Kommission, die von der Frankfurter Versammlung ursprünglich auch beauftragt worden war, die Lebensbedingungen der »in Europa außerhalb Deutschlands wohnenden Deutschen« [83] (in Polen, Ungarn, Belgien und Frankreich) zu erkunden, hatte, »um nicht in das Gebiet der Politik einzugreifen« [84], sich doch nur »hauptsächlich mit den nach den Vereinigten Staaten von Nordamerika Ausgewanderten« befaßt. Die Kommission war von der Voraussetzung ausgegangen, »daß die wirksamsten Schritte für Erhaltung der deutschen Nationalität dort von den Deutschen im Ausland selbst ausgehen müssen«. Bei der Suche nach solchen Initiativen, habe sich aber das »unerfreuliche Resultat« ergeben, »daß man dort selbst nicht eben geneigt sey an der deutschen Sprache fest zu halten, während bei den Fremden sich eine gleiche Abneigung gegen Förderung derselben vorfinde.« [85] Durch Entsendung von »deutschen Gelehrten«, Geistlichen und Sprachlehrern, durch Bücher und Zeitungen und die Gründung literarischer Gesellschaften – so der Vorschlag der Kommission – könne man die Beziehungen zum Heimatland aufrechterhalten. Allerdings helfe das alles nicht, wenn nicht »Deutschland die Aufrechterhaltung des Deutschen im Ausland als Nationalsache erkenne.« [86] Dahlmann widersprach diesen Vorschlägen heftig: man solle »die Auswandernden, wenn sie zu dem schmerzlichen Mittel griffen ihr Vaterland zu verlassen, ohne Vorbehalt den Segen des neuen Lebens, in welches sie treten, ganz in sich aufnehmen« lassen. [87]

Um zu verstehen, weshalb diese Frage die Gemüter erhitzen konnte, muß man wissen, daß die Auswanderungsbewegung in die USA seit den 30er Jahren eine Art Massenflucht war. In den 20er Jahren waren erst knapp sechstausend Deutsche ausgewandert, in den 40er Jahren waren es aber über 385 000, die in der ›Neuen Welt‹ ihr Heil suchten, das ihnen das heillose Deutschland nicht bieten konnte; im Jahr 1847 allein flohen 111 000 Deutsche in die USA, und 1851 war es mehr als eine Million. 1821–1920 wanderten insgesamt ca. 5,3 Millionen Deutsche in die USA aus. [88] Das war freilich eine alarmierende Bilanz, die auch und gerade Germanisten nicht unbehelligt lassen konnte. Dahlmann hatte recht, wenn er die Auswanderung als »schmerzliches Mittel« bezeichnete, vermöge dessen sich Hunderttausende und schließlich Millionen bessere Lebensbedingungen zu schaffen suchten, als Deutschland sie ihnen bieten konnte. Jacob Grimm allerdings ontologisierte und idyllisierte die alarmierende Erscheinung zu einer urdeutschen Tugend, wenn er – bei einer Gasterei in Travemünde – erklärte:

»von der frühesten zeit an scheinen wir Deutschen ein wanderlustiges volk, das unermeszliche strecken des festen bodens zurückgelegt, aber auch allenthalben, wo es noch die küste erreichen konnte, sich über das meer ergossen hat und ferne landzungen und inseln erfüllt. ist das nicht das rechte zeichen eines mutigen, zur herschaft ausersehenen und gerüsteten volks? noch heute, wenn der Deutsche seine heimat überdrüssig geworden ist, greift er nach dem wanderstab und steigt auf ein schiff, um sich in neuem welttheil eine neue stätte zu gründen.« [89]

Wenn irgend, so läßt sich hier fassen, inwiefern Jacob Grimm unpolitisch war. Und doch ist sein Toast von Travemünde, der den Überdruß an den deutschen Zuständen sogleich mit einem diffusen Herrschaftsanspruch des deutschen ›Volkes‹ verquickt, Ausdruck des Dilemmas der deutschen Bourgeoisie: des Dilemmas, an dem die deutsche Revolution scheiterte.

Zwei philologische Referate wurden in den Lübecker Plenumssitzungen geboten, von denen allerdings nur noch die Titel bekannt sind, da die Zeitungen nicht weiter darauf eingingen. Michelsen sprach »über die Bedeutung der altnordischen Nationalliteratur für das germanische Rechtsstudium«

und Karl Müllenhoff, damals Extraordinarius für deutsche Sprache und Literatur in Kiel, »über Art und Beschaffenheit der ältesten Poesie und den Ursprung unseres Epos aus der Völkerwanderung«. [90]

Den größten Teil der Verhandlungen nahmen, wie im Vorjahr, die Diskussionen der Juristen über das Verhältnis von Romanistik und Germanistik sowie über die Vorteile und Nachteile von Geschworenengerichten in Anspruch. Grundsätzlich neue Erkenntnisse wurden nicht vorgebracht, doch fällt auf, daß man sich zu offenerer politischer Kritik verstand. So etwa, wenn man zu äußern wagte, und die Zeitungen druckten's nach:

»allerdings müßten die Gesetze dem Volk nicht aufgedrungen werden, sondern so beschaffen seyn daß sie als ein Ausdruck des Volkswillens betrachtet werden könnten, die Rechte des Volks müßten sicher gestellt, der ungeheuern Ausdehnung der Polizeigewalt ein Ende gemacht werden, der jetzige Zustand der Rechtspflege sey bodenlos schlecht.« [91]

Insgesamt bewies die Lübecker Tagung, daß die Germanisten an politischem Selbstbewußtsein gewonnen hatten. Sie artikulierten deutlich bürgerliche – und das heißt hier freilich – kapitalistische Interessen, deren Realisierung die absolutistische Restauration zu lange schon verhindert hatte. So feierte man den Zollverein als »glänzendsten Stern am nationalen Himmel« [92], forderte ein weitergehendes Wechselrecht, forderte ein einheitliches »deutsches Bürgerrecht vor allem im Namen der Industrie, welche durch den gegenwärtigen Zustand sehr leide« [93]; sogar eine Kommission, die »Materialien zu einem Gesetz über die Stellung der Ehefrauen und die ehelichen Güterrechte« [94] sammeln sollte, wurde gebildet. Und ein Herr von Bethmann, ein Sproß der Frankfurter Bankiersdynastie, eröffnete dem Germanistengremium »die Möglichkeit deutscher Colonien in Kleinasien und Syrien«. [95] Daß, wenn so weitgreifende Pläne entwickelt wurden, die drei Fachdisziplinen deutsches Recht, deutsche Geschichte und deutsche Philologie nicht allenthalben mehr recht kompetent sein könnten, fühlte man wohl; jedenfalls wurden Anträge gestellt, daß auch Staatskunde und Statistik »als in das Gebiet der Germanistenversammlung eingeschlossen anerkannt würden«, denn man müsse sich klar darüber sein, »daß man nicht, wie man doch wolle, für die Zukunft wirken könne, wenn man die Gegenwart nicht kenne.« [96]

Der Germanistentag war unversehens zu einem bürgerlichen Parlament geworden, zu einem Parlament freilich ohne Wähler, ohne Macht und Machthebel: zu einem Ersatzparlament. Nicht von ungefähr hatte die Lübecker Tagung mit einem Vortrag begonnen, in dem »eine nationale Vertretung« gefordert wurde, die etwas anderes sein müsse als ein »Bund der Regierungen«; von einer »nationalen Vertretung« könne erst die Rede sein, »wenn aus den deutschen Landschaften und nach den Bevölkerungsverhältnissen Vertreter in ein deutsches Parlament geschickt werden.« [97]

Germanisten in der Paulskirche

Daß die, die sich in Frankfurt und Lübeck getroffen hatten, mit ihren Hoffnungen und Forderungen nicht allein standen, erwies sich knapp ein halbes Jahr später, als in Deutschland die Revolution ausbrach. Nichts kennzeichnet deutlicher den politischen Charakter der beiden ersten Germanistentage als die Tatsache, daß mindestens zwanzig Tagungsteilnehmer im Mai 1848 als Abgeordnete in die Paulskirche, in die Deutsche Nationalversammlung einzogen.

Man hat die Paulskirchenversammlung oft ein Professorenparlament genannt. Man hat ihr diesen Titel aber auch vielfach bestritten, mit respektablen Argumenten: von den 799 Abgeordneten waren nur 123 (also 15,4%) Professoren, und zwar sowohl Universitäts- wie Gymnasialprofessoren. [98] Rein quantitativen Erwägungen nach ist der Titel also nicht gerechtfertigt. Immerhin war die Paulskirchenversammlung ein Akademiker-Parlament: 81,6% der Abgeordneten hatten ein Universitätsstudium absolviert und gar 95,5% hatten Gymnasialbildung. [99] Eyck erklärt: »Die kulturellen Werte, die sie auf dem Gymnasium und der Universität mitbekommen hatten, bildeten ein starkes Band zwischen den Parlamentmitgliedern.« [100] Ergänzend wäre aber wohl zu sagen, daß auch die politischen Erfahrungen, die die Parlamentarier während ihrer Studienzeit hatten machen müssen, unvergessen waren: der Kampf um die Universitätsreform, um Lehr- und Lernfreiheit, um Freiheit des Studienortes. Die Zeit der ›Demagogen‹-Verfolgung, der Burschenschafts- und Turnerschafts-Unterdrückung war ja nicht aus dem Gedächtnis geschwunden; Wartburgfest und Frankfurter Wachensturm, die Schließung der Freiburger Universität, die Verurteilung Arndts, die Amtsenthebung Hoffmanns von Fallersleben, die Protestation der Göttinger Sieben –, das alles hatten sie ja miterlebt und miterlitten. Die schwarz-rotgoldne Fahne, die ›deutsche Trikolore‹, die jetzt von der Paulskirche wehte, hatte auf der Wartburg schon, wie dann auch auf der Maxburg bei Hambach, geweht.

Die Rede vom ›Professorenparlament‹ läßt sich vielleicht ein wenig erhellen, wenn man das Verhältnis der Germanistentage zur Paulskirchenversammlung berücksichtigt. Zwei Wochen nach Beendigung des Lübecker Germanistenkongresses traten in Heppenheim liberale Politiker, vor allem aus Württemberg, Baden und Nassau, zusammen und forderten in einem Programm: Herstellung der Einheit Deutschlands durch weiteren Ausbau des von Preußen beherrschten Zollvereins, Pressefreiheit, öffentliche und mündliche Gerichtsverfahren mit Schwurgerichten, Befreiung der Landbevölkerung von feudalen Lasten, Beschränkung der stehenden Heere und Einführung einer Volkswehr. [101] Am 5. März 1848 traten dann in Heidelberg 51 Vertreter der süd- und westdeutschen liberalen und demokratischen Opposition mit den nämlichen Forderungen zusammen und beschlossen die Einberufung eines Vorparlaments. Schon bald darauf, am 31. März 1848, trat dies Vorparlament zusammen, dem dann am 18. Mai die Nationalversammlung folgte. Wenn die Forderungen der Heppenheimer und Heidelberger Versammlungen mit denen der Germanistentage weitgehend übereinstimmen, so erklärt sich das aus der einfachen Tatsache, daß etliche der dort stimmführenden Politiker schon auf den Germanistentagen stimmführend gewesen waren! Das gilt für Welcker, Dahlmann, Mittermaier, Gervinus, Uhland, von der Pfordten, Sybel, Reyscher – allesamt Professoren, Germanisten nach damaligem Verständnis. Mittermaier, der ja auf beiden Germanistentagen durch breite Referate hervorgetreten war, wurde Präsident des Vorparlaments. [102] Heinrich von Gagern, der sich für den Ersten Germanistentag angesagt hatte, dann aber nur zur Nachfeier hatte erscheinen können [103], wurde Präsident der Nationalversammlung.

Zwanzig Teilnehmer der beiden Germanistentage zogen als Parlamentarier in die Paulskirche ein; etliche von ihnen stellten dort die Kerngruppe des Centrums. Dahlmann, Gervinus und Uhland arbeiteten als Mitglieder des »Siebzehnerausschusses« maßgeblich den Verfassungsentwurf für die Nationalversammlung aus. Beseler, Fallati, Jaup, Michelsen, von der Pfordten, Welcker, Wippermann, Mittermaier gehörten zu den profiliertesten Politikern der Versammlung. Auch der Präsident der Germanistentage, auch Jacob Grimm, war Parlamentarier geworden: »Er erhielt in der Paulskirche seinen Platz auf einem gesonderten Sitz im Mittelgang unmittelbar vor der Rednerbühne.« [104] Ernst Moritz Arndt, der ja auch die Einladung zum Ersten Germanistentag unterschrieben hatte, krankheitshalber aber an der Tagung nicht hatte teilnehmen können, war der Nestor der Nationalversammlung. [105] Übrigens waren durchaus auch berühmte Germanisten, die nicht an den Germanistentagen teilgenommen hatten, in die Paulskirche gewählt worden. Friedrich Theodor Vischer aus Tübingen zum Beispiel und dessen Freund Wilhelm Zimmermann, Literaturhistoriker und Gymnasialprofessor in Stuttgart; dann der Wiener Germanist Theodor Georg von Karajan, der Bonner Professor Eduard Böcking und Professor Beda Weber aus Meran. Ja schließlich saß auch Friedrich Ludwig Jahn, schon zu seinem eignen Denkmal erstarrt, unter den Parlamentariern. Die Themen der Germanistentage waren auch noch die Themen der Paulskirche. Die Schleswig-Holstein-Frage erhielt neue Brisanz und wurde dann militärisch ›geklärt‹, eine einheitliche deutsche Verfassung wurde verhandelt, Presse- und Versammlungsfreiheit waren unterm Druck der revolutionären Volksmassen hergestellt. Aber der Traum war bekanntlich kurz. Und die Nationalversammlung war bekanntlich kein Revolutionstribunal. Ende 1849 war nahezu alles wieder beim Alten. Ruhe und Ordnung kehrten ein: Gervinus, Haupt, W. Zimmermann, Wilbrandt und andere wackere Germanisten bekamen ihre Hochverratsprozesse. Die ›Revolution von oben‹ konnte beginnen.

1858 schrieb – der dreiundsiebzigjährige! – Jacob Grimm:

»Wie oft muß einem das traurige Schicksal unsers Vaterlandes in den Sinn kommen und auf das Herz fallen und das Leben verbittern. Es ist an gar keine Rettung zu denken, wenn sie nicht durch große Gefahren und Umwälzungen herbeigeführt wird. Es kann nur durch rücksichtslose Gewalt geholfen werden. Je älter ich werde, desto demokratischer gesinnt bin ich. Säße ich nochmals in einer Nationalversammlung, ich würde viel mehr mit Uhland, Schoder stimmen, denn die Verfassung in das Geleise der bestehenden Verhältnisse zu zwängen, kann zu keinem Heil führen. Wir hängen an unsern vielen Errungenschaften und fürchten uns vor rohem Ausbruch der Gewalt, doch wie klein ist unser Stolz, wenn ihm keine Größe des Vaterlandes im Hintergrunde steht. In den Wissenschaften ist etwas Unvertilgbares, sie werden nach jedem Stillstand neu und desto kräftiger ausschlagen.« [106]

Hier nochmals, zehn Jahre nach der gescheiterten bürgerlichen Revolution, ein letztes Manifest der anderen, der politischen Germanistik. Schon Wilhelm Scherer mochte diesen Briefpassus nicht mehr verstehn: »Wie ganz hatte ihn der prophetische Sinn verlassen, wenn er sich mit dem Ausblick auf eine Revolution befreunden konnte.« [107] Die Diskrepanz zwischen der Äußerung Grimms und dem Kommentar Scherers bezeugt, daß mit der bürgerlichen Revolution die bürgerlich-progressive Germanistik gescheitert war. Der kämpferische Optimismus, der auf dem Vertrauen beruhte, daß »aus der Geschichte die Politik aufzuerbauen« möglich und notwendig sei, war in Opportunismus umgeschlagen.

Anmerkungen

Die Aufgabe / Germanistik – eine Form bürgerlicher Opposition

1 Rudolf von *Raumer,* Geschichte der Germanischen Philologie, vorzugsweise in Deutschland. München 1870.
2 Josef *Dünninger,* Geschichter der Deutschen Philologie. – In: Deutsche Philologie im Aufriß, hg. v. W. *Stammler,* Bd. 1, Berlin 1957.
3 Karl Otto *Conrady,* Einführung in die Neuere deutsche Literaturwissenschaft. Reinbek 1966. S. 77.
4 Autorenkollektiv sozialistischer Literaturwissenschaftler Westberlin, Zum Verhältnis von Ökonomie, Politik und Literatur im Klassenkampf. Grundlagen einer historisch-materialistischen Literaturwissenschaft. Berlin 1971. S. I.
5 Verhandlungen der Germanisten zu Frankfurt am Main am 24., 25. und 26. September 1846. Frankfurt a. M. 1847. S. 5 f.
6 »Über die wechselseitigen beziehungen und die verbindung der drei in der versammlung vertretenen wissenschaften«; in: Jacob *Grimm,* Kleinere Schriften; hg. v. E. *Ippel,* Bd. 7, Berlin 1884, S. 556 ff. oder Verhandlungen Ffm, S. 11–18; Über den namen der germanisten«; in: J. *Grimm,* Kl .Schr., Bd. 7, S. 568 f. oder Verhandlungen Ffm., S. 103–105; »Über den werth der ungenauen wissenschaften«; in: J. *Grimm,* Kl. Schr., Bd. 7, S. 563 ff. oder Verhandlungen Ffm., S.58–62.
7 Verhandlungen Ffm., a.a.O., S. 103.
8 Verhandlungen a.a.O., S. 103 f.
9 2 Theile, Stuttgart 1828.
10 A.a.O. I, 222.
11 A.a.O. 284 f.
12 A.a.O., S. 249–251.
13 Verhandlungen Ffm, S. 60.
14 A.a.O., S. 59.
15 A.a.O., S. 251.
16 A.a.O., S. 252.
17 Rudolf von *Raumer,* Geschichte der Germanischen Philologie. München 1870.
17a Sigmund von *Lempicki,* Geschichte der deutschen Literaturwissenschaft bis zum Ende des 18. Jahrhunderts. Göttingen 1920.
18 *Raumer,* a.a.O., S. 456.
19 *Raumer,* a.a.O., S. 296.
20 *Raumer,* a.a.O., S. 378.
21 *Lempicki,* a.a.O., S. 13 f.
22 H. A. *Korff,* Geist der Goethezeit. Bd. IV, Leipzig 1958^{2}, S. 173.
23 Jürgen *Habermas,* Strukturwandel der Öffentlichkeit. Neuwied u. Berlin 1969 (4. Aufl.), S. 45 f.

24 Karl Gustav von *Hille,* Der Teutsche Palmenbaum: Das ist/ Lobschrift Von der Hochlöblichen/ Fruchtbringenden Gesellschaft Anfang/ Satzungen/ Vorhaben . . .; Nürnberg 1647, S. 14.
25 A.a.O., S. 215.
26 Der Terminus ›germanistische Bewegung‹ oder ›Bewegung‹ dient hier – und so wurde er auch von Historikern des 19. Jahrhunderts verwendet – zur Kennzeichnung sozialer Strömungen und politischer Tendenzen, die noch keine breite Öffentlichkeit, keine ideologische Konsistenz und keine organisatorische Solidität (wie etwa eine Partei) erreicht haben.
27 Vgl. Friedrich *Paulsen,* Geschichte des gelehrten Unterrichts. Bd. 2, Leipzig 1897, 2. Aufl., S. 690.
28 Christian *Thomasius,* Deutsche Schriften; hg. v. P. v. Düffel, Stuttgart 1970, S. 193.
29 J. Andreas *Fabricius,* Abriss einer allgemeinen Historie der Gelehrsamkeit. Bd. I, Leipzig 1752, S. 153 f. – Vgl. Heinrich Hoffmann von *Fallersleben,* Die Deutsche Philologie im Grundriß. Ein Leitfaden zu Vorlesungen. Breslau 1836, S. V f.
30 Reinbek bei Hamburg 1966.
31 Gottfried August *Bürger,* Sämmtliche Werke, Bd. 3, Göttingen 1844, S. 369 ff.
32 *Bürger,* a.a.O., S. 378 ff.
33 *Bürger,* a.a.O., S. 397.
34 *Bürger,* a.a.O., S. 405 f.
35 Anonymus, Lehrer der Teutschen Sprache. – In: Allgemeiner Litterarischer Anzeiger, 14. IV. 1801, Sp. 549 f.
36 Allgemeine Deutsche Biographie. Herausgegeben durch die Histor. Commission der Königlichen Akademie der Wissenschaften (Bayern); 56 Bde., Leipzig 1875 ff.
37 Vgl. Jürgen *Kuczynski,* Die Bewegung der deutschen Wirtschaft von 1800 bis 1946. Meisenheim a. Gl. 1948, S. 195 f.
38 Vgl. Brockhaus' Konversations-Lexikon, Leipzig 1903, Bd. 13, S. 401.
39 Angaben nach Frank *Eyck,* Deutschlands große Hoffnung. Die Frankfurter Nationalversammlung 1848/49. München 1963, S. 102.
40 Max *Weber,* Die protestantische Ethik. Eine Aufsatzsammlung. München u. Hamburg 1969, S. 359 f. (Vorlesung 1919/20).
41 *Eyck,* a.a.O., S. 103.
42 *Eyck,* a.a.O., S. 106.
43 *Eyck,* a.a.O., S. 106.
44 Die Bewegung hatte in den ersten Jahren enormen Zulauf. Schon im März 1845 war die Gruppe, die sich durch römische Bannflüche nicht behelligen ließ, so stark, daß sie unter hervorragender Mitwirkung von Robert Blum zu Leipzig ein eignes Konzil veranstalten konnte. In Österreich und Bayern verboten und ausgewiesen, fanden die katholischen Dissidenten in Preußen Duldung. Ende 1846 zählte man sechzigtausend Deutschkatholiken, davon die Hälfte in Schlesien. Der Erfolg dieser Bewegung erklärt sich aus der Tatsache, daß sie den theologischen Kampf gegen Roms Klerikalhegemonie mit demokratischen und nationalen Forderungen verband. So forderte sie allgemeines Wahlrecht, ja sogar (wenigstens in Gemeindeinstitutionen) Stimmrecht für Frauen und erklärte die religiöse Bewegung als ein Mittel zur »socialpolitischen Agitation«.
45 Zur Geschichte des Deutschkatholizismus vgl. *Kampe,* Geschichte der religiösen Bewegung der neuern Zeit. Bd. 4, Leipzig 1860.
46 Preußen hatte 1816 ca. 10,4 Millionen, Österreich 1818 ca. 13,4 Millionen Ein-

wohner, wobei indes zu berücksichtigen ist, daß beträchtliche Teile ihres Territorialbestandes nicht zum Bund gehörten.

47 Friedrich *Paulsen*, Geschichte des gelehrten Unterrichts auf den deutschen Schulen und Universitäten vom Ausgang des Mittelalters bis zur Gegenwart. 2. Aufl., Bd. 2, Leipzig 1897, S. 282.

48 *Paulsen*, a.a.O., S. 284.

49 *Paulsen*, a.a.O., S. 283.

50 *Paulsen*, a.a.O., S. 267.

51 F. *Paulsen*, a.a.O., S. 142.

52 Es waren dies: Bouterwek, Büsching, Carriere, Danzel, Docen, Ettmüller, Gervinus, Goettling, Gruppe, Hettner, Hillebrand, Horn, Mundt, Schildener, A. W. Schlegel, Fr. Schlegel, J. Schmidt, Stahr, Tittmann, Vischer und Wilbrandt.

53 s. S. 273 ff.

54 Wilhelm *Scherer*, Vorträge und Aufsätze zur Geschichte des geistigen Lebens in Deutschland und Österreich. Berlin 1874, S. 411.

55 Georg Gottfried *Gervinus*, Geschichte der poetischen National-Literatur der Deutschen. 4. Theil. 2. Aufl., Leipzig 1843, S. VII.

56 Georg Wilhelm Friedrich *Hegel*, Ästhetik. hg. v. H. G. Hotho, redigiert von F. *Bassenge*. Berlin u. Weimar o. J., S. 22.

57 Verhandlungen Ffm, a.a.O., S. 104.

58 In: Janus. Jahrbücher deutscher Gesinnung, Bildung und That. hg. v. V. A. *Huber*. 1. Bd., Halle 1847, S. 261 ff.

59 *Gelzer*, a.a.O., S. 261.

60 Friedrich *Engels*, Ernst Moritz Arndt (1841). – In: MEW, Ergänzungsband II, S. 121 f.

61 Vgl. Werner *Conze*, Das Spannungsfeld von Staat und Gesellschaft im Vormärz. – In: W. *C.* (Hg.), Staat und Gesellschaft im deutschen Vormärz. Stuttgart 1962, S. 207–269; S. 224.

62 *Gelzer*, a.a.O., S. 261 ff.

63 *Gelzer*, a.a.O., S. 263–267.

64 *Gelzer*, a.a.O., S. 267 f.

65 Vgl. S. 21.

66 Johann Gottlieb *Fichte*, Deduzierter Plan einer zu Berlin zu errichtenden höhern Lehranstalt ... (1807); zitiert nach Ernst *Anrich* (Hg.), Die Idee der deutschen Universität. Darmstadt 1956, S. 184.

67 Friedrich *Schleiermacher*, Gelegentliche Gedanken über Universitäten in deutschem Sinn. (1808). Zitiert nach der Ausgabe von *Anrich*, a.a.O., S. 225 ff.

68 Vgl. Erhard *Agricola*, W. *Fleischer*, H. *Protze* (Hgg.), Die deutsche Sprache. Leipzig 1969, S. 197 u. 239.

69 Vgl. Karl Gottfried *Hugelmann*, Stämme, Nation und Nationalstaat im deutschen Mittelalter. Stuttgart 1955, S. 284.

70 *Hugelmann*, a.a.O., S. 269 f.

71 Ernst Moritz *Arndt* fragt und antwortet in dem Lied, das 1813 zum Lieblingslied des Lützowschen Freikorps wurde, »Was ist des Deutschen Vaterland?« Strophe 6 u. 7:

»Was ist das Deutsche Vaterland?
So nenne mir das große Land!
Ists, was der Fürsten Trug zerklaubt?
Vom Kaiser und vom Reich geraubt?
O nein! nein! nein!
Mein Vaterland muß größer sein.

Was ist das Deutsche Vaterland?
So nenne endlich mir das Land!
So weit die Deutsche Zunge klingt
Und Gott im Himmel Lieder singt,
Das soll es sein!
Das, wackrer Deutscher, nenne dein!«

(Zitiert nach »Deutsche Wehrlieder für das Königlich-Preussische Frei-Corps. hg. v. F. L. *Jahn*. (o. O.) Ostern 1813.« Lied 1.

Auch Theodor *Körner* reimt in seinem Lied »Die Freischar« im Winter 1812/13: (3. Str.:)

»Doch Brüder sind wir allzusamm',
Und das schwellt unsern Mut.
Uns knüpft der Sprache heilig Band,
Uns knüpft ein Gott, ein Vaterland,
Ein treues, deutsches Blut!« (ebd. Lied 3)

Im August 1812 schreibt der siebenundzwanzigjährige Johann Andreas *Schmeller* in Basel ein »Deutsches Lied«, in dem es heißt:

»Es reicht des Deutschen Vaterland,
Soweit man deutsches denkt und spricht.
Was Gott durch Sinn und Wort verband,
Das trennt der Fürsten Grenzpfal nicht.«

Zitiert nach Joh. Andr. *Schmeller,* Tagebücher 1801–1852; hg. v. Paul *Ruf,* 3 Bde, München 1954, Bd. I, S. 158.)

72 Arthur *Schopenhauer,* Sämtliche Werke. Bd. 6. Wiesbaden 1947, S. 519.

73 August *Zeune,* Der fremde Götzendienst. Eine Vorlesung als Einleitung zu dem Vortrage über das Nibelungenlied zu Berlin im Christmond 1813. Gedruckt am Rhein im zweiten Jahre der deutschen Freiheit. S. 28. – Allerdings hat der Patriotismus Zeunes, wie später noch zu zeigen sein wird, auch bornierte deutschtümelnd-chauvinistische Züge.

74 Ernst Moritz *Arndt,* Ausgew. Werke, hg. v. R. Geerds. Leipzig o. J., Bd. IX, S. 111.

75 Kurt *Lenk,* ›Volk und Staat‹. Strukturwandel politischer Ideologien im 19. und 20. Jahrhundert. Stuttgart, Berlin, Köln, Mainz, S. 99.

76 Diese Notwendigkeit erläutert Karl *Marx* 1844 folgendermaßen: »Keine Klasse der bürgerlichen Gesellschaft kann diese Rolle spielen, ohne ein Moment des Enthusiasmus in sich und in der Masse hervorzurufen, ein Moment, worin sie mit der Gesellschaft im allgemeinen fraternisiert und zusammenfließt, mit ihr verwechselt und als deren allgemeiner Repräsentant empfunden und anerkannt wird, ein Moment, worin ihre Ansprüche und Rechte in Wahrheit die Rechte und Ansprüche der Gesellschaft selbst sind, worin sie wirklich der soziale Kopf und das soziale Herz ist. Nur im Namen der allgemeinen Rechte der Gesellschaft kann eine besondere Klasse sich die allgemeine Herrschaft vindizieren. Zur Erstürmung dieser emazipatorischen Stellung und damit zur politischen Ausbeutung aller Sphären der Gesellschaft im Interesse der eignen Sphäre reichen revolutionäre Energie und geistiges Selbstgefühl allein nicht aus.« – K. M., Zur Kritik der Hegelschen Rechtsphilosophie. Einleitung. (1844). zitiert nach MEW Bd. 1, S. 388.

76a *Adelung,* Wörterbuch. Bd. 6, 1780. Sp. 1613. – Vgl. Wolfgang *Emmerich,* Zur Kritik der Volkstumsideologie. Frankfurt/M. 1971, S. 30.

77 Friedrich *Paulsen,* a.a.O., S. 248.

78 Vgl. S. 48.
79 Vgl. S. 7.
80 *Paulsen,* a.a.O., S. 263.
81 Genaueres hierzu s. S. 202 ff.
82 Adam H. *Müller,* Vorlesungen über die deutsche Wissenschaft und Literatur. Dresden 1807, 2. Aufl. (Erstaufl. 1805), S. 5.
83 Karl *Bartsch,* Romantiker und germanistische Studien in Heidelberg 1804–1808. (= Rede zum Geburtsfeste des höchstseligen Großherzogs Karl Friedrich von Baden, 22. Nov. 1881) Heidelberg 1881, S. 7 f.
84 *Bartsch,* a.a.O., S. 15.
85 *Bartsch,* a.a.O., S. 15.
86 Ernst *Behler,* Friedrich Schlegel. Reinbek 1966, S. 105.
87 *Behler,* a.a.O., S. 105.
88 In einem Brief vom 17. 1. 1817 teilt Jahn mit: »Heute habe ich meine Vorträge über deutsches Volkstum begonnen. Es war ein halbtausend Zuhörer. Über Wahrheit und Freiheit habe ich geredet, Zeitgeist, Begeisterung und freiwillige Sprecher, die darauf von gewählten Worthaltern müssen abgelöst werden.« – Zitiert nach: Willi *Schröder,* Burschenturner im Kampf um Einheit und Freiheit. Berlin 1967, S. 153.
89 R. v. *Raumer,* a.a.O., S. 320.
90 Josef *Körner,* Nibelungenforschungen der deutschen Romantik. 2. Aufl., Darmstadt 1968, S. 166.
91 Josef *Körner,* a.a.O., S. 66 f.
92 Genaueres über ihn s. S. 227 ff. d. Bd.
92a Ausführliches darüber s. S. 231 f.
93 Genaueres über die Entwicklung der nationalen Literaturgeschichtsschreibung s. S. 167–271 d. Bd.
94 Vgl. S. 13 ff.
95 Vgl. Karl F. *Otto,* Die Sprachgesellschaften des 17. Jahrhunderts. Stuttgart 1972, S. 33 ff.
96 Angesichts der Tatsache, daß der nationalpolitische Aufschwung Frankreichs durch nationalsprachliche Wissenschaft und Literatur gefestigt und verstärkt wurde, gelangte Leibniz zu der Überzeugung, daß auch in Deutschland aus politischen Gründen »vor allen Dingen die Gemüter aufgemuntert und der Verstand erweckt werden müsse, welcher aller Tugend und Tapferkeit Seele ist,« und er schlug deshalb vor, »es sollten einige wohlmeinende Personen zusammentreten und unter höherem Schutz eine *Deutschgesinnte Gesellschaft* stiften, deren Absehen auf alles dasjenige gerichtet sein solle, so den deutschen Ruhm erhalten oder auch wieder aufrichten könne. Und solches zwar in den Dingen, so Verstand, Gelehrsamkeit und Beredsamkeit einigermaßen betreffen können, und dieweil solches alles vornehmlich in der Sprache erscheint, als welche ist eine Dolmetscherin des Gemüts und eine Behalterin der Wissenschaft, so würde unter anderm auch dahin zu trachten sein, wie allerhand nachdenkliche, nützliche, auch annehmliche Kernschriften in deutscher Sprache verfertigt werden möchten.« – Gottfried Wilhelm *Leibniz,* Ermahnung an die Deutschen, ihren Verstand und ihre Sprache besser zu üben, samt beigefügtem Vorschlag einer deutschgesinnten Gesellschaft. (1679), zit. nach der Sonderausgabe der Wiss. Buchgesellschaft, Darmstadt 1967, S. 23 f.
97 Verhandlungen der Germanisten zu Frankfurt am Main am 24., 25 und 26. September 1846. Frankfurt/M. 1847, S. 230.

98 Ludwig *Keller*, Die Großloge zum Palmbaum und die sogenannten Sprachgesellschaften des 17. Jahrhunderts. – In: Monatshefte der Comenius-Gesellschaft. Jg. 16, H. 4, Berlin 1907, S. 189–236.
99 Vgl. G. *Krause*, Gottsched und Flottwell, die Begründer der Deutschen Gesellschaft in Königsberg. Leipzig 1893.
100 Vgl. Willi *Schröder*, Burschenturner im Kampf um Einheit und Freiheit. Berlin 1967, S. 80 ff. – *Euler*, a.a.O., S. XIII.
101 Der Vater des Dichters Theodor Körner.
102 Friedrich *Meinecke*, S. 8 f.
103 Brief vom 22. 4. 1814; – *Meinecke*, a.a.O., S. 15 f.
104 *Meinecke*, a.a.O., S. 15 f.
105 *Meinecke*, a.a.O., S. 17.
106 *Meinecke*, a.a.O., S. 27 ff.
107 *Anonymus*, Die Vertretung der neueren deutschen Sprache und Literatur an den Hochschulen des Deutschen Reiches. – In: Allgemeine Zeitung, Augsburg u. Stuttgart, 26. Oktober 1872 (Nr. 300), Beilage, S. 4581–4583.
108 Friedrich Ludwig *Jahn*, Werke, hg. v. Carl *Euler*, Bd. 1, Hof 1884, S. 9.
109 In der Ausgabe *Eulers*, a.a.O., S. 25 ff.
110 A.a.O., S. 28.
111 A.a.O., S. 30.
112 In der Eulerschen Ausgabe Bd. 1, S. 143 ff.
113 A.a.O., S. 146.
114 A.a.O., S. 147.
115 A.a.O., S. 146.
116 A.a.O., S. 147.
117 A.a.O., S. 154.
118 A.a.O., S. 155.
119 A.a.O., S. 155.
120 A.a.O., S. 156.
121 A.a.O., S. 154.
122 Willi *Schröder*, a.a.O., S. 61.
123 A.a.O., S. 82.
124 A.a.O., S. 83.
125 A.a.O., S. 84.
126 Carl *Euler*, Kurze Lebensgeschichte Jahns. – In: F. L. *Jahn*, Werke, hg. v. C. *Euler*, Bd. 1, Hof 1884, S. XII f.
127 R. v. *Raumer*, a.a.O., S. 320.
128 Ernst Moritz *Arndt*, Entwurf einer deutschen Gesellschaft. (1814) – Zitiert nach: E. M. Arndts ausgewählte Werke in sechzehn Bänden, hg. v. Heinrich *Meisner* u. Robert *Geerds*. Leipzig o. J. (1908), Bd. 13, S. 250–267. Hier S. 253.
129 *Arndt*, a.a.O., S. 255.
130 A.a.O., S. 253.
131 A.a.O., S. 254.
132 A.a.O., S. 257.
133 A.a.O., S. 259.
134 A.a.O., S. 261.
135 A.a.O., S. 261.
136 A.a.O., S. 259.
137 A.a.O., S. 263.
138 A.a.O., S. 261.
139 A.a.O., S. 263 f.

140 *Meinecke,* a.a.O., S. 19 ff.
141 *Meinecke,* a.a.O., S. 27 f.
142 *Meinecke,* a.a.O., S. 28 f.
143 *Meinecke,* a.a.O., S. 33.
144 *Meinecke,* a.a.O., S. 18.
145 *Meinecke,* a.a.O., S. 31.
146 Zitiert nach Roland *Feldmann,* Jacob Grimm und die Politik. Kassel o. J. (1970), S. 82.
147 R. *Feldmann,* a.a.O., S. 93 f.
148 *Feldmann,* a.a.O., S. 98.
149 *Feldmann,* a.a.O., S. 100.
150 Zitiert nach *Feldmann,* a.a.O., S. 83.
151 *Feldmann,* a.a.O., S. 83.
152 Josef *Körner,* a.a.O., S. 63.
153 Herrmann *Hettner,* Die deutschen Universitäten und die deutsche Litteratur. – In: Allgemeine Zeitung, Stuttgart u. Augsburg, 31. 10. 1857, Nr. 304, Beilage, S. 4857.
154 *Euler,* a.a.O., S. XIII.
155 W. *Schröder,* a.a.O., S. 129.
156 W. *Schröder,* a.a.O., S. 158.
157 W. *Schröder,* a.a.O., S. 130.
158 »Nicht nur strömte die gebildete Jugend in hellen Haufen zu den Waffen, sonder – da Besitz und Bildung schon damals mannigfach verschiedene Begriffe waren – alle Schichten der Bevölkerung brachten ansehnliche Opfer, um Freiwillige auszurüsten, deren eigne Mittel dazu nicht ausreichten. Man hat berechnet, daß durch freiwillige Gaben für diesen Zweck weit über eine Million Taler aufgebracht worden ist. Fast noch populärer als die freiwilligen Jäger wurden die Freikorps, die Freiwillige aus dem außerpreußischen Deutschland in sich aufnehmen sollten. Am bekanntesten von ihnen sind die Lützower geworden.« – Franz *Mehring,* Gesammelte Schriften, hg. v. Th. *Höhle,* H. *Koch* u. J. *Schleifstein.* Bd. 6, Berlin 1965, S. 320.
159 Zitiert nach *Mehring,* a.a.O., S. 324.
160 Johann Andreas *Schmeller,* Tagebücher; hg. v. Paul *Ruf.* Bd. 1, München 1954, S. 175.
161 *Schmeller,* a.a.O., S. 180.
162 So heißt es unter dem Datum 10. Aug. 1812: »O des Gassenbubenwesens der Regierungen! [...] Warlich die heutigen Nationen Europas sind nur achtungswerth durch die einzelnen, in unbekannter häuslicher Stille lebenden, guten Menschen, die sich enthalten; ihr Obenanstehendes ist nur verächtlicher Schaum, der mit Heimtükischheit, Verläumdung und Eigennutz sich bläht. Wie kanibalisch und poissardisch ist das öffentliche Betragen der Nationendarsteller noch gegeneinander, da man von so viel Bildung und Civilisirung spricht.« Und unterm 17. Aug. 1812: »Wir verdienen nicht Menschen zu sein, so lange wir elend genug sind, einen unter uns gewaltigen durch unsre Elendigkeit, zum Gott zu erheben. So ein Gott kann die Menschheit um Jahrhunderte zurücksetzen. Alle Völker, die in neuerer Zeit ihre Freiheit errangen blieben Republiken – man glaubte, bei der jetzigen Allgemeinheit menschlicher Ansichten könne gar nichts anders mehr geschehen – und sieh da ... auch unter den Europäern des 19t. Jahrhunderts sind Auguste, Tiberiusse u.s.f. möglich. Unseliger Wahn, als könne ein Mensch durch etwas anders groß werden als eben durch das Menschliche, durch das, wodurch er allen gleich ist. [...] Wahrlich es komt eine Zeit, in der jede Unterdrückung einen Rächer

findet.« (a.a.O., S. 155) Oder am 18. Juni 1812: »Werden die Völker je glücklicher werden, bei denen das Verdienst, seines Vaters Sohn zu sein Reichthum und Ehre giebt? – Ja wahrlich, und halte man das Aussprechen dieser Wahrheit für Wahnsinn, für Verbrechen, nicht blos die Gleichheit vor dem Gesetze (denn diese Ungleichheit wäre das Abscheulichste) auch die Gleichheit (nicht der selbsterworbenen oder zu erwerbenden) der ererbten Güter muß noch auf Erden gesehn werden. Traurige Gleichheit der Person, durch die der Bettlerssohn sich conskribiren lassen muß wie der Herzogssohn, um für ein Vaterland zu bluten, das ihm nichts gegeben hat, als das Leben – ja das er auch im Falle des Erhungerns ohne Autorisation nicht einmal verlassen darf, dessen Leibeigener er ist. Der Staat hat doch schon so schneidend in das Verhältniß zwischen Eltern und Kindern gegriffen, er hat nicht viel patriarchalisches mehr – wann wird er dieses Ungleichheit stiftende Familienrecht aufheben und selbst als Vater alle seine Kinder möglichst gleich ausstatten?« (a.a.O., S. 157)

163 *Meinecke*, a.a.O., S. 45 ff.

164 Ludwig Snell an Ernst Löning, 10. 8. 1816; zit. nach *Meinecke*, a.a.O., S. 66.

165 Günter *Steiger*, Aufbruch. Urburschenschaft und Wartburgfest. Leipzig, Jena, Berlin 1967.

166 Willi *Schröder*, Burschenturner im Kampf um Einheit und Freiheit. Berlin 1967; S. 181 ff.

167 Vgl. *Steiger*, a.a.O., S. 130 ff.

168 Z. B. Friedrich Ferdinand von *Kotzebues* »Geschichte des deutschen Reiches von den Anfängen bis zu seinem Untergang« (1814/15) sowie verfassungsrechtliche und staatswissenschaftliche Schriften von Joh. Peter *Ancillon* und Karl Ludwig von *Haller*; – vgl. Günter *Steiger*, a.a.O., S. 112 ff.; Willi *Schröder*, a.a.O., S. 195 ff.; Carl *Euler*, a.a.O., S. XVII; Franz *Mehring*, a.a.O., S. 379 f.

169 Jener Zopf, der »als ein Symbol des Absolutismus galt und dessen Vernichtung sich speziell gegen den Kurfürsten von Hessen-Kassel wandte, der nach der Rückkehr in sein von den Franzosen befreites Land sein altes absolutistisches Herrschaftssystem wieder eingeführt hatte, zu dem als äußeres Zeichen auch der alte Militärzopf gehörte«. *Steiger*, a.a.O., S. 115 f.

170 Quellendruck in: Jahrbuch des Allgemeinen Deutschen Burschenbundes 1909, 4. Jg., Heidelberg 1909, S. 30; – vgl. *Steiger*, a.a.O., S. 116 f.

171 Zit. nach *Steiger*, a.a.O., S. 206.

172 In den Jahren 1820–1829 mußte auch Jacob Grimm in der kurfürstlich-hessischen Censur-Commission mitarbeiten, obwohl er doch in einem »freimüthigen Bericht« ausführlich »das unpassende und schändliche einer Zensur auseinander gesetzt« hatte; vgl. *Feldmann*, a.a.O., S. 123 ff.

173 *Steiger*, a.a.O., S. 207.

174 *Steiger*, a.a.O., S. 207.

175 Friedrich *Engels*, Ernst Moritz Arndt; in Telegraph für Deutschland, Nr. 2–5, Januar 1841. – In: MEW, Erg.-Bd. II, Berlin 1967, S. 118–131.

176 *Engels*, a.a.O., S. 121 ff.

177 *Steiger*, a.a.O., S. 54 f.

178 Heinrich *Hoffmann von Fallersleben*, Werke. Auswahl in drei Teilen, hg. v. A. *Weldler-Steinberg*. Berlin, Leipzig, Wien, Stuttgart o. J., Bd. I, Teil 2, S. 14.

179 H. *Heine*, Reisebilder II, Italien, Kap. I (Sämtliche Werke, ed. *Karpeles*, Bd. 6, Hamburg 1887, S. 9 f.

180 *Marx*, MEW I, S. 380. – *Heine*, Sämmtl. Werke, ed. *Karpeles*, Bd. XI, Hamburg 1887, S. 170.

181 Theodor *Siebs,* Zur Geschichte der germanistischen Studien in Breslau. – In: ZfdPh 43 (1911), S. 202–234; Zit. S. 203.
182 Vgl. Franz *Mehring,* Gesammelte Schriften, Bd. 6, a.a.O., S. 222.
183 S. o. S. 75.
184 *Siebs,* a.a.O., S. 203 f.
185 *Siebs,* a.a.O., S. 204.
186 Vgl. Karl *Weinhold,* Rede bei Antritt des Rektorats ... der Königlichen Friedrich-Wilhelms-Universität zu Berlin am 15. October 1893. Berlin 1893. S. 6.
187 *Weinhold,* a.a.O., S. 5 f.
188 ADB Bd. 9, S. 157.
189 ADB Bd. 25, S. 210–215.
190 ADB Bd. 40, S. 650.
191 ADB Bd. 45, S. 121–128.
192 Carl *Euler,* Friedrich Ludwig Jahn. Sein Leben und Wirken. Stuttgart 1881. S. 617.
193 S. o. S. 63; vgl. W. *Schröder,* a.a.O., S. 80.
194 *Euler,* a.a.O., S. 445 f.
195 Vgl. Carl *Diesch,* Bibliographie der Germanistischen Zeitschriften. Leipzig 1927; unter Nr. 3596.
196 *Kläden,* Ueber die Art und Einrichtung der berlinischen Gesellschaft für deutsche Sprache und Alterthumskunde. (Vorgelesen am Stiftungsfeste des 8. Januar 1850 bei Uebernahme des Ordneramtes.) – In: Germania, Neues Jahrbuch der Berlinischen Gesellschaft für Deutsche Sprache und Alterthumskunde. Hg. v. Fr. Heinr. *von der Hagen.* Bd. IX, Berlin 1850; S. 300–306. Zit. S. 300 f.
197 Lützower waren neben Jahn der Mathematiker und Pädagoge Ernst Ferdinand August (1795–1870; vgl. ADB Bd. I, S. 683 f.), der Lehrer, Historiker und Dichter Friedrich Christoph Förster (1791–1868; vgl. ADB Bd. VII, S. 185 ff.); der spätere Professor für klass. Philologie Karl Wilhelm Göttling (1793–1869; vgl. ADB Bd. IX, S. 487 ff.) war Sächs. Jäger, Franz Passow (1786–1833; vgl. ADB Bd. XXV, S. 210 ff.) war Turner und trat 1818 als Philologie-Ordinarius in der ›Breslauer Turnfehde‹ als engagierter Apologet das Turnwesens auf.
198 Vgl. *Euler,* a.a.O., S. 533 f.
199 Karl August *Varnhagen* von Ense, Denkwürdigkeiten und vermischte Schriften. 9 Bde., Leipzig 1843–1859. Zit. Bd. IX, S. 195 ff. – Vgl. *Euler,* a.a.O., S. 533 f.
200 *Kläden,* a.a.O., S. 304.
201 Vgl. *Paulsen,* a.a.O., Bd. II, S. 246.
202 Diese und alle folgenden Daten zu von der Hagens Breslauer Lehrtätigkeit sind entnommen Theodor *Siebs,* a.a.O., S. 204 f.
203 Nur dreimal hielt er nebeneinander zwei Kollegs.
204 Die Minimalbeteiligung betrug 3, die Maximalbeteiligung 36 Hörer!
205 Zum Vergleich: in der BRD gab es im Sommersemester 1971 allein ca. 418 000 Studenten.
206 J. Grimms Kollegs wurden maximal von 32 und einmal sogar von 58 Hörern besucht; vgl. Hermann *Gerstner,* Brüder Grimm, Reinbeck 1973, S. 75. – Schmeller begann seine Vorlesungstätigkeit 1827 vor 5 Hörern und hatte später selten mehr als 10; vgl. *Schmeller,* Tagebücher, a.a.O., S. 57.
207 Vgl. ADB Bd. III, S. 645 f.
207a Vgl. ADB Bd. XL, S. 416–418.
208 Die Vorrede beginnt: »Der Zweck dieses Werkes ist eine literarische Grundlage zu einer ausgeführten Geschichte der älteren Deutschen Poesie. Nur die Werke und Überbleibsel, welche dieser angehören, d. i. innere und zugleich äußere poetische Form haben, kommen hier in Betracht: beides ist ursprüng-

lich unzertrennlich, und die poetische Prosa, so wie prosaische Poesien, sind neue Undinge. Der bei weitem größte und bedeutendste Theil der Deutschen Literatur bis in das sechzehnte Jahrhundert, gehört der Poesie an, und dieser ganze Zeitraum ist vorzugsweise der poetische; denn die eigentliche Bildung der Prosa fällt erst in's fünfzehnte und sechzehnte Jahrhundert ...«

209 *Siebs*, a.a.O., S. 205 f.

210 1815/16 vor 62, 1819/20 vor 36 und 1829 vor 84 Hörern; *Siebs*, a.a.O., S. 206.

211 *Siebs*, a.a.O., S. 206.

212 *Siebs*, a.a.O., S. 207.

213 Vgl. ADB, Bd. IX, S. 566 ff.

214 Vgl. ADB, Bd. IV, S. 457 f.

215 1845 wurde an der Wiener Universität erstmals eine Vorlesung über deutsche Sprache gehalten (von Hermann Suttner), aber erst nach der 48er Revolution wurden in Prag, Wien, Krakau und Pest Dozenturen für Deutsche Philologie eingerichtet, die von Karl August Hahn, Theodor Georg von Karajan, Karl Weinhold und Wilhelm Gärtner eingenommen wurden. – Ausführlich darüber: Josef *Körner*, Deutsche Philologie (in Österreich); in: J. W. *Nagl*, J. *Zeidler*, E. *Castle* (Hgg.), Deutsch-Österreichische Literaturgeschichte. Bd. 3, Wien 1930; S. 48–95.

216 Die Universität München trat an die Stelle der alten Jesuitenuniversität Ingolstadt, die seit 1800 in Landshut untergebracht war. Vgl. *Paulsen*, a.a.O., Bd. II, S. 246.

217 ADB Bd. XXXI, S. 786–792.

217a Vgl. Paul *Ruf*, Schmellers Persönlichkeit. In: Johann Andreas Schmeller, Tagebücher 1801–1852; hg. v. P. Ruf, Bd. I, S. 1+–86+. Zit.: S. 46+.

218 *Schmeller*, Tagebücher; a.a.O., Bd. I, S. 156.

219 Ebd., S. 160.

220 Ebd., S. 168.

221 München, Druck u. Verlag v. J. J. Lentner. 1827.

222 A.a.O., S. 4.

223 A.a.O., S. 3.

224 A.a.O., S. 3.

225 A.a.O., S. 4 f.

226 A.a.O., S. 19 f.

227 Die lateinische (!) Originalfassung der Antrittsvorlesung in: Jacob *Grimm*, Kleinere Schriften, Bd. VI, Berlin 1882, S. 411–417; eine deutschsprachige Zusammenfassung derselben unter dem Titel »Auszug aus der Rede über das Heimweh«: a.a.O., Bd. V, S. 480–482. – Grimm kannte wohl Schmellers Rede, denn die beiden standen in Briefwechsel.

228 S. o. S. 54 u. Anm. 73.

229 Kl. Schr., Bd. V, S. 480.

230 Ebd.

231 Ebd.

232 Ebd.

233 A.a.O., S. 482.

234 ADB, Bd. III, S. 213–216.

235 ADB, Bd. XII, S. 375–378; *Paulsen*, a.a.O., Bd. I, S. 602 ff., Bd. II, S. 34–42.

236 Karl *Weinhold*, a.a.O., S. 3 f.

237 Heinrich Hoffmann von *Fallersleben*, Die Deutsche Philologie im Grundriß. Ein Leitfaden zu Vorlesungen. Breslau 1836.

238 A.a.O., S. VI.

239 A.a.O., S. VI f.

240 A.a.O., § 46–71.
241 A.a.O., § 9–29.
242 A.a.O., § 41–45.
243 A.a.O., § 72.
244 A.a.O., § 73.
245 Hans *Glinz*, Sprachwissenschaft heute: Stuttgart 1967, S. 11.
246 A.a.O., S. V.
247 Eberhard *Lämmert*, Germanistik – eine deutsche Wissenschaft. – In: E. *Lämmert*, W. *Killy*, K. O. *Conrady*, P. v. *Polenz*, Germanistik – eine deutsche Wissenschaft. Frankfurt a. M. 1967, S. 9–41. Zit. S. 10.
248 *Glinz*, a.a.O., S. 11.
249 *Glinz*, a.a.O., S. 12 f.
250 Brockhaus Enzyklopädie, Bd. 7, Wiesbaden 1969, S. 168.
251 Jacob Grimm examinierte in Göttingen Lehramtskandidaten (vgl. *Gerstner* a.a.O., S. 76), Lachmann, der in Berlin ebenfalls Staatsexamina abhielt, beklagte sich über die schlechten Literaturkenntnisse der zukünftigen Gymnasiallehrer; und Hoffmann machte ausführliche Vorschläge zu Verbesserung der Ausbildung von Deuschlehrern. (s. Heinrich Hoffmann von *Fallersleben*, Mein Leben. Aufzeichnungen und Erinnerungen. Bd. 3, Hannover 1868, S. 137–146.)
252 Vgl. *Gebhardt*, Handbuch der deutschen Geschichte. 9. bearb. Aufl., Hg. v. H. *Grundmann*, Bd. 3, Stuttgart 1970. S. 123.
253 *Steiger*, a.a.O., S. 25.
254 *Gebhardt*, a.a.O., S. 121.
255 *Gebhardt*, a.a.O., S. 121 f.
256 Zit. nach *Feldmann*, a.a.O., S. 175.
257 *Feldmann*, a.a.O., S. 188.
258 Basel 1838; in: Jacob *Grimm*, Kl. Schr., a.a.O., Bd. 1, S. 25–56.
259 *Feldmann*, a.a.O., S. 131.
260 Briefwechsel des Freiherrn Karl Hartwig Gregor von *Meusebach* mit Jacob und Wilhelm *Grimm*. Hg. v. Camillus *Wendeler*. Heilbronn 1880. S. 137.
261 Briefe der Brüder Grimm an Savigny. Hg. in Verbindung mit I. *Schnack* von Wilh. *Schoof*. Berlin 1953. S. 359.
262 1.c.
263 Kl. Schr. I, S. 42.
264 Wilhelm *Scherer*, Jacob Grimm. 2. erw. Aufl., hg. v. S. vd. *Schulenburg*. Berlin 1921. S. 197.
265 Brief an Lachmann, 13. V. 1840. – Briefwechsel der Brüder Jacob und Wilhelm Grimm mit Karl Lachmann. Hg. v. A. *Leitzmann*. Bd. 2, Jena 1927. S. 710.
266 Vgl. *Feldmann*, a.a.O., S. 60 ff. u. passim.
267 Johann Friedrich *Herbart*, Erinnerungen an die Göttingische Katastrophe im Jahre 1837. Ein Posthumum. Hg. v. F. *Taute*. Königsberg 1842. – Vgl. *Feldmann*, a.a.O., S. 204 ff.
268 Zit. nach *Feldmann*, a.a.O., S. 204.
269 Brief an Dahlmann, 6. IX. 1842. – Briefwechsel zwischen Jacob und Wilhelm Grimm, Dahlmann und Gervinus. Hg. v. Eduard *Ippel*. Bd. 1, Berlin 1885. S. 466.
270 *Gerstner*, a.a.O., S. 83.
271 Vgl. *Feldmann*, S. 205.
272 Kl. Schr. I, S. 36 f.
273 Wolfgang *Emmerich*, Zur Kritik der Volkstumsideologie. Frankfurt/M. 1971. S. 52.

274 Kl. Schr. I, S. 29 ff.
275 Kl. Schr. I, S. 31.
276 Heinrich *Gerstenberg,* Deutschland über alles! Vom Sinn und Werden der deutschen Volkshymne. München 1933. – Im Vorwort schreibt Gerstenberg: »... habe ich die freudige Genugtuung, dieses ›Lied der Deutschen‹ in die große deutsche Volksbewegung der Gegenwart einmünden zu sehen ...«
277 Vgl. Heinrich *Hoffmann von Fallersleben,* Mein Leben. Aufzeichnungen und Erinnerungen. 6 Bde., Hannover 1868. – Hier: Bd. 3, passim.
278 *Gerstenberg,* a.a.O., S. 45.
279 Zit. nach: Heinrich *Hoffmann von Fallersleben,* Werke. Auswahl in drei Teilen. Hg. v. Augusta *Weldler-Steinberg.* Berlin, Leipzig, Wien, Stuttgart o. J. – Hier: II, S. 82.
280 Mein Leben, Bd. 3, S. 208.
281 Ebd.
282 A.a.O., S. 209.
283 A.a.O., S. 210 f.
284 A.a.O., S. 212.
285 Werke, a.a.O., II, S. 45.
286 Werke, a.a.O., II, S. 65.
287 Vgl. Mein Leben, a.a.O., Bd. 3, S. 227 ff.
288 Werke, a.a.O., II, S. 81
289 Mein Leben, a.a.O., Bd. 3, S. 227.
290 A.a.O., S. 252.
291 »Humanitätsstudien«, Werke, a.a.O., S. 33; »Virtus philologica«, a.a.O., S. 35.
292 »Entwickelung auf historischem Wege«, a.a.O., S. 46; »Die historische Schule«, a.a.O., S. 56.
293 »Die Denkmalwütigen«, a.a.O., S. 15; »Walhalla«, a.a.O., S. 19.
294 Vgl. den Beitrag von U. *Schulte-Wülwer,* S. 281.
295 Hoffmann ›feiert‹ die Denkmalserrichtung als Wiederkehr »Armins« in seine Heimat. Das Gedicht beginnt:

»Uns ist in alten Sagen gar wunderviel gesagt
Wonach in unsern Tagen das Publikum nicht fragt.
Ich aber will berichten, was heute nur geschieht,
Nur schöne neue Geschichten. Und also hebt sich an das Lied.«

Die Germanisten eilen herbei den Nationalheros fachmännisch zu inspizieren:

»Auch kamen in selber Stunde von München und von Berlin
Zwei berühmte Mitglieder der berühmten Akademien:
Herr Zeune war der eine (der fehlt bei keinem Fest!)
Der andere war Herr Maßmann, die sollten forschen aufs allerbest'.

Der eine nur erdkundlich, wie Germania damals war,
Ob blaue Augen hatten die Teutonen und blondes Haar?
Der andere philologisch, wie sich selber schrieb' Armin,
Ob deutsch, ob teutsch, was richtig und welches vorzuziehn?«

Die Göttinger eilen herbei und ernennen den Helden zum Doctor juris utriusque; und der bedankt sich:

»Gut, daß ich es noch erfahre – was ich getan an Rom,
Ist also recht gewesen, ist recht bis auf diesen Tag!
Gott gebe, daß es den Sieben, wie's mir jetzt geht, ergehen mag!«

– Werke, a.a.O., II, S. 40 ff.
296 Vgl. Mein Leben, a.a.O., Bd. 3, S. 235 ff. u. passim.

297 Zur weiteren Erklärung einiger Details des Flugblatts: Das Eichhörnchen auf dem Gerüst hinter dem Katheder, das mittels Vorhängeschlössern die Lehrfreiheit unterbindet, ist der Kultusminister Eichhorn. Er und neben ihm einige Nachteulen und Käuze hindern durch Kette und Stricke den deutschen Adler am Aufstieg. Links im Hintergrund schieben ein Schaf und ein Esel im Pfaffenrock einen Paravent vor die Sonne der Wissenschaft und Aufklärung. Ein kreuzfrommes Lamm betritt den Katheder, um anstatt der progressiven Professoren die Lehre zu übernehmen.

298 *Gebhardt,* a.a.O., Bd. 3, S. 125.

Zum Verhältnis von Deutscher Rechtsgeschichte und Deutscher Philologie

1 Vgl. »Zur Bedeutungsgeschichte des Namen ›Germanist‹«, S. 5 ff. d. Bd.

2 Karl *Kroeschell:* Deutsche Rechtsgeschichte. Bd. 1, Reinbek 1972, S. 9.

3 *Kroeschell,* a. a. O., S. 11.

4 Ebd., S. 10.

5 Ebd., S. 29.

6 Wolf *Rosenbaum:* Naturrecht und positives Recht. Neuwied/Darmstadt 1972, S. 19.

7 Ebd., S. 19.

8 »Der Inhalt der Rezeption des römischen Rechts am Ausgang des Mittelalters in Italien und West- und Mitteleuropa besteht aus zwei Vorgängen: der *Verwissenschaftlichung* der Rechtspraxis und der *stofflichen Romanisierung* des Rechts. Die Verwissenschaftlichung der Rechtspraxis richtete sich gegen den Irrationalismus und Partikularismus des traditionellen Rechts. Der moderne nationale Flächenstaat, zu dem die politische Entwicklung tendierte, brauchte eine einheitliche, kalkulierbare, d. h. rationale Rechtspraxis. Dazu mußte insbesondere die Justiz dem Zugriff der Stände und deren irrationaler Rechtspraxis entzogen werden. Dort wo der Absolutismus den Ausbau des modernen Staates betrieb, bediente er sich zunächst in der Staatsverwaltung, dann auch in der von ihm errichteten zentralen Justiz der am römischen Recht geschulten Juristen. Mit ihrer Hilfe kam der Absolutismus zu zentraler, einheitlicher und rationaler Rechtsetzung sowie einer die Partikularismen überwindenden, die Rechtspraxis rationalisierenden Rechtssprechung. Von Rezeption des römischen Rechts im Sinne von Verwissenschaftlichung des Rechts durch am römischen Recht ausgebildete Juristen können wir für Frankreich, die Niederlande, Deutschland und Italien sprechen. In den italienischen Städten sowie seit Ende des 16. Jahrh. in den Niederlanden war jedoch nicht der Absolutismus, sondern das Großbürgertum der Promotor der Rezeption.« W. *Rosenbaum,* a.a.O., s. 287 f.

9 MEW 3, S. 33.

10 Helmut *Böhme:* Prolegomena zu einer Sozial- und Wirtschaftsgeschichte Deutschlands im 19. und 20. Jahrhundert. Ffm 1968, S. 120.

11 Joachim *Streisand:* Deutschland 1789–1815. Berlin 1961, S. 120.

12 Wolf *Rosenbaum,* a.a.O., S. 23.

13 Reinhart *Koselleck:* Staat und Gesellschaft in Preußen, 1815–1848. In: Moderne deutsche Sozialgeschichte. Hrsg. Hans-Ulrich *Wehler.* Köln/Berlin ³1970, S. 68.

14 Ebd., S. 28.
15 Anknüpfen konnte die staatstheoretische Auseinandersetzung an dem Werk Johann Jakob *Mosers* (1701–1785) »Deutsches Staatsrecht«, 50 Bde., 1737–1754 und dem Hauptwerk Johann Stephan *Pütters* (1725–1807) »Historische Entwicklung der heutigen Staatsverfassung des Deutschen Reiches«, 3 Bde., Göttingen 1786 (3. Aufl. 1799), der die Reichsrechtswissenschaft systematisierte und als Haupt der Göttinger Reichsrechtschule gilt und zu dessen Schülerkreis v. Stein, v. Gagern und Karl Friedr. Eichhorn zählen.
16 W. *Rosenbaum,* a.a.O., S. 21.
17 Adolf *Zycha:* Deutsche Rechtsgeschichte der Neuzeit. Marburg/L. [2]1949, S. 207.
18 MEW 21, S. 398.
19 MEW 3, S. 36.
20 Cabinetsordre von 1780. Zitiert nach Jaques *Stern:* Thibaut und Savigny. Zum 100jährigen Gedächtnis des Kampfes um ein einheitliches bürgerliches Recht für Deutschland. 1814–1914. Berlin 1914, S. 122.
21 W. *Rosenbaum,* a.a.O., S. 276.
22 Paul *Gebhard:* Handbuch der deutschen Geschichte. Hrsg. Herbert *Grundmann.* [9]1970. Bd. 3, S. 31.
23 W. *Rosenbaum,* a.a.O., S. 277.
24 Ebd., S. 23.
25 Jürgen *Kuczynski:* Die Bewegung der deutschen Wirtschaft von 1800–1946. [2]1948, S. 29.
26 Ebd., S. 31.
27 R. *Koselleck,* a.a.O., S. 56.
28 Alfred *Nahrgang:* Die Aufnahme der wirtschaftlichen Ideen von Adam Smith in Deutschland zu Beginn des XIX. Jahrhunderts. Diss. Ffm. 1933/34, S. 84.
29 MEW 1, S. 78.
30 MEW 1, S. 380.
31 Vgl. die Menzel-Zitate S. 6 ff. d. Bd.
32 Nr. 76 vom 23. Juni 1814, Nr. 105 vom 20. August 1814, Nr. 219 vom 7. April 1815.
33 Genannt seien: Was war Deutschland? Was ist es jetzt? Was darf es von der Zukunft hoffen? Germanien 1813, 48 S. – Geburt, Taten und Ende des Rheinbundes, kein Roman, sondern eine wahre Geschichte, mit einigen bloß in schwachen Umrissen hingeworfenen Ideen zur künftigen Regeneration einer deutschen Staatsverfassung an das Licht gestellt von einem deutschen Patrioten in der Wüste des unterjochten Deutschlands, Germanien 1813, 80 S. – Was hat Deutschland von seinen erhabenen Rettern zu erwarten, was hat es zu wünschen? 1814 (ohne Druckort) 27 S. – Ideen über die Bildung eines freyen germanischen Staatenbundes nebst einem Anhang über einen ähnlichen italischen Bund. – Von dem Verfasser der Ideen über das Gleichgewicht von Europa, 1814 (ohne Druckort), 272 S. – Was können die verschiedenen Völkerstämme Teutschlands in Rücksicht ihrer inneren Verhältnisse von ihren Regenten verlangen und begehren? Germanien 1814. (Zitiert nach *Stern,* a.a.O., S. 8.)
34 J. *Stern,* a.a.O., S. 177.
35 Ebd., S. 140.
36 J. *Stern,* a.a.O., S. 66.
37 Friedr. Karl von *Savigny:* Über den juristischen Unterricht in Italien. Verm. Schr. IV, S. 327.
38 Ders.: Rezension von Hugos Rechtsgeschichte. Verm. Schr. V., S. 2.

39 Hedwig *Vonessen:* Friedr. Karl von Savigny und Jacob Grimm. (Diss. München 1957.) Köln 1968, S. 160.
40 Wilhelm *Schoof:* Die Briefe der Brüder Grimm an Savigny. Berlin 1953, S. 28.
41 Ebd., S. 29.
42 Ebd., S. 29.
43 Ebd., S. 29.
44 Ebd., S. 30.
45 J. *Grimm:* Kl. Schr. I, S. 27.
46 Ebd., S. 114.
47 Ebd., S. 10 f.
48 W. *Schoof,* a.a.O., S. 171.
49 Ebd., S. 172.
50 J. *Stern,* a.a.O.;, S. 76.
51 Ebd., S. 76.
52 W. *Schoof,* a.a.O., S. 173.
53 Ebd., S. 172.
54 Ebd., S. 172.
55 J. *Stern,* a.a.O., S. 77 f.
56 W. *Schoof,* a.a.O., S. 173.
57 Ebd., S. 174.
58 Ebd., S. 174.
59 Ebd., S. 175.
60 So schreibt er z. B. in demselben über den Wiener Kongreß, an dem er, um daran zu erinnern, gerade als Beobachter teilnimmt: »Die Hoffnung des Kaisertums wird immer schwächer, weil Preußen Östreich nicht traut und nicht genug zugeben will. Ich bin noch der Meinung, daß das Aufgeben dieser Idee unersetzlich sein wird, des darin liegenden sittlichen und historischen wegen daß die Würde von ganz Deutschl. damit sinkt und das wahre Mittel Östreich deutsch und vertraut zu machen aus der Hand gegeben wird. Von Vertrauenwollen muß man ausgehen, ohne das hält auch kein andres Bundessystem. Die Constitution hätte den Kaiser und das Reich, *beide,* stärker und kräftiger verbinden sollen. Alle Schwierigkeiten dabei scheinen mir geringer als die auf dem andern Wege. Jeder deutsche Stand und Untertan soll auf einerlei Art dienen und frei sein; das Volk ist gut und auf seine Güte sollte vertrauend das Haus gebaut werden. Geht es wo schlecht und falsch, so muß gemeinschaftlich dagegen getan werden.« (*Schoof,* a.a.O., S. 180 f.)
61 Kl. Schr. VI, S. 154.
62 W. *Schoof,* a.a.O., S. 177.
63 Kl. Schr. IV, S. 411.
64 Die Frage nach den Dialekten und ihrem Verhältnis zur Hoch- bzw. Schriftsprache, die sich in diesem Zusammenhang stellt, kann an dieser Stelle nicht diskutiert werden.
65 Kl. Schr. I, S. 295.
66 Ebd., S. 258.
67 Ebd., S. 258.
68 Ebd., S. 259.
69 Ebd., S. 260.
70 Ebd., S. 261.
71 Ebd., S. 261 f.
72 Ebd., S. 266.
73 Ebd., S. 276.

74 Ebd., S. 277.
75 Ebd., S. 277.
76 Ebd., S. 278.
77 Ebd., S. 284.
78 Ebd., S. 282.
79 Ebd., S. 291.
80 Vgl. dazu Kl. Schr. VI, S. 154 u. ö.
81 Kl. Schr. VIII, S. 547.
82 Ebd., S. 547 f.
83 Ebd., S. 548.
84 Ebd., S. 550.
85 Ebd., S. 550.
86 Ebd., S. 260.
87 Ebd., S. 277.
88 Ebd., S. 32.
89 Kl. Schr. VII, S. 564.
90 Ebd., S. 564.
91 Ebd., S. 564.
92 Ebd., S. 564.
93 Ebd., S. 564.
94 Kl. Schr. VI, S. 153.
95 Ebd., S. 153.
96 Ebd., S. 154.
97 Ebd., S. 154.
98 Ebd., S. 154.
99 Kl. Schr. VI, S. 154 f.
100 Ebd., S. 155.
101 Ebd., S. 155.
102 Ebd., S. 163.
103 Ebd., S. 165.
104 Ebd., S. 166.
105 Ebd., S. 169.
106 Ebd., S. 166.
107 Ebd., S. 169 f.
108 Ebd., S. 179.
109 Ebd., S. 189.
110 Kl. Schr. VIII, S. 305.
111 Ebd., S. 309.
112 Ebd., S. 309.
113 Ebd., S. 310.
114 Ebd., S. 316.
115 Ebd., S. 380.

Die Entstehung der deutschen Literaturwissenschaft als Literaturgeschichte

1 *Grimm*, J.: Über die wechselseitigen Beziehungen der drei in der Versammlung vertretenen Wissenschaften, in: ders., Kleine Schriften, hrsg. v. E. *Xippel*, Bd. 7, Berlin 1884, S. 556.
2 Ebd.

3 *Korff,* H. A.: Geist der Goethezeit, IV. Teil: Hochromantik, Leipzig 1853, S. 175.
4 Vgl. *Conrady,* K. O.: Einführung in die Neuere deutsche Literaturwissenschaft, Reinbeck 1967, S. 21.
5 Vgl. dazu: *Wapnewski,* P.: Ansichten einer neuen Altgermanistik, in: Ansichten einer künftigen Germanistik, hrsg. v. J. *Kolbe,* München 1969, S. 105–118.
6 Vgl. *Richter,* D.: Ansichten einer marktgerechten Germanistik. Kritik literaturwissenschaftlicher Studienreformmodelle, in: Das Argument Jg. 14 (1972), H. 3/4, S. 314–325, bes. S. 318.
7 *Grimm,* W.: Antrittsrede in der Akademie, gehalten am 8. Juli 1841, in: ders., Kleinere Schriften, hrsg. v. G. *Hinrichs,* Bd. 1, Berlin 1881, S. 505 ff.
8 *Marx,* K./*Engels,* F.: Die deutsche Ideologie, in: dies., Werke, hrsg. v. Institut für Marxismus-Leninismus beim ZK der SED (MEW), Bd. 3, S. 26 f.
10 Jahrbuch für Literaturgeschichte, hrsg. b. R. *Gosche,* Jg. 1 (1865), S. 7.
11 *Paul,* H.: Geschichte der germanischen Philologie, in: Grundriß der germanischen Philologie, hrsg. v. H. *Paul,* Straßburg 1891, S. 95.
12 *Hoffmann,* H.: Die deutsche Philologie im Grundriß. Ein Leitfaden für Vorlesungen, Breslau 1836.
13 Rezension (anonym) von *Hoffmann,* a.a.O., in: Heidelberger Jahrbücher der Literatur, Jg. 1837, S. 207.
14 Deutsche Philologie im Aufriß, hrsg. v. W. *Stammler,* Berlin/Bielefeld 1852. Zur Geschichte der Germanistik vgl. bes.: *Dünninger,* J.: Geschichte der deutschen Philologie, Bd. 1, S. 79–215.
15 *Conrady,* a.a.O., S. 25.
16 *Mundt,* Th.: Geschichte der Literatur der Gegenwart, Leipzig 1853.
17 *Rosenkranz,* K.: Die deutsche Literaturwissenschaft von 1836–1842. Eine Übersicht. In: *ders.,* Reden und Abhandlungen zur Philosophie und Literatur, dritte Folge, Leipzig 1848, S. 189–202.
18 *Schultz,* F.: Die philosophisch-weltanschauliche Entwicklung der literaturhistorischen Methode, in: Philosophie der Literaturwissenschaft, hrsg. v. E. *Ermatinger,* Berlin 1930, S. 35, S. 2.
19 Vgl. *Lämmert,* E. u. a.: Germanistik – eine deutsche Wissenschaft, Frankfurt 1968.
20 Ihre extremste Form nimmt diese generell vorhandene Tendenz in der Publikation von *Maren-Griesebach,* M.: Methoden der Literaturwissenschaft, Bern und München 1970.
22 *Raumer,* R. v.: Geschichte der germanischen Philologie, vorzugsweise in Deutschland, München 1870.
23 Ebd., S. 658–684.
24 *Paul,* aa..O., S. 137.
25 Ebd., S. 95.
26 *Raumer,* a.a.O., S. 679.
27 Vgl. *Rosenkranz,* a.a.O.
28 *Passow,* W. A.: Neue Erscheinungen auf dem Gebiete deutscher Literaturgeschichte, in: Blätter für literarische Unterhaltung, Jg. 1854, S. 745–750.
29 *Grässe,* G.: Übersicht der seit 1840 erschienenen vorzüglichen Schriften über die deutsche Literaturgeschichte, in: Allgemeine Literatur-Zeitung, Dezember 1842, S. 554–592.
30 Bibliographisches Jahrbuch für den deutschen Buch-, Kunst- und Landkartenhandel, Jg. 1853, Bd. 1, S. 6 ff.
31 Ebd., Bd. 2 (Messkatalog Michaelis 1853).

32 *Muschg,* W.: Das Dichterporträt in der Literaturgeschichte, in: Philosophie der Literaturwissenschaften, a.a.O., S. 311.
33 Vgl. *Conrady,* a.a.O., S. 44.
34 *Jauss,* H. R.: Literaturgeschichte als Provokation der Literaturwissenschaft, Frankfurt 1970, S. 14.
35 Vgl. die Rezension (anonym) von: *Rosenkranz,* K., Handbuch einer allgemeinen Geschichte der Poesie Tl. 1, Leipzig 1832, in: Blätter für literarische Unterhaltung, Jg. 1833, S. 1088.
36 *Jauss,* a.a.O., S. 14.
37 *Marx,* K.: Zur Kritik der Hegelschen Rechtsphilosophie. Einleitung. In: MEW (a.a.O.), Bd. 1, S. 383.
38 *Lüdemann,* W. v.: Rezension von: Laube, H.: Geschichte der deutschen Literatur, Stuttgart 1839, in: Blätter für literarische Unterhaltung, Jg. 1840, S. 949.
39 Zit. nach MEW, Bd. 3, S. 457 (Aus *Heine:* Deutschland, ein Wintermärchen. Kaput VII).
40 »Meine alte Prophezeiung von dem Ende der Kunstperiode, die bei der Wiege Goethes anfing und bei seinem Sarge aufhören wird, scheint ihrer Erfüllung nahe zu sein. Die jetzige Kunst muß zugrunde gehen, weil ihr Prinzip noch im abgelebten, alten Regime, in der heiligen römischen Rechtsvergangenheit wurzelt. Deshalb, wie alle welken Reste der Vergangenheit, steht sie in unerquicklichstem Widerspruch mit der Gegenwart.« *Heine,* H.: Französische Maler, in: Werke und Briefe, hrsg. v. H. *Kaufmann,* Berlin 1961, Bd. 4, S. 343. Vgl. dazu auch: *Preisendanz,* W. »Der Funktionsübergang von Dichtung und Publizistik bei Heine«, in: Die nicht mehr schönen Künste – Grenzphänomen des Ästhetischen, hrsg. v. H. R. *Jauss,* München 1968, S. 343–347.
41 Goethe an Zelter am 6. 6. 1825, in: Briefwechsel zwischen Goethe und Zelter in den Jahren 1796 bis 1832, hrsg. v. F. W. *Riemer,* Bd. IV, Berlin 1834, S. 44.
42 Vgl. die Vorrede *Hegels* zur zweiten Ausgabe der »Wissenschaft der Logik«, Frankfurt/M. 1969 (Suhrkamp Ausgabe), Werke Bd. 5, S. 33 f.
43 Zit. nach *Dietze,* W.: Junges Deutschland und deutsche Klassik, Berlin 1962, S. 128. Vgl. insgesamt das Kapitel »Das Bewußtsein der Zeitenwende« bei *Dietze,* S. 121–134.
44 Vgl. auch *Dietze,* a.a.O., S. 126.
45 *Rosenkranz,* K.: Das Centrum der Spekulation. Eine Komödie, Königsberg 1840, S. 3.
46 *Dietze,* a.a.O., S. 151 f.
47 Ebd., S. 170.
48 Zit. ebd., S. 171.
49 *Heine,* H.: Die romantische Schule, in: Werke und Briefe in zehn Bänden, hrsg. v. H. *Kaufmann,* Bd. 5, S. 126.
50 *Danzel,* Th. W.: Über die Behandlung der Geschichte der neueren deutschen Literatur. Rede, gehalten am 11. 9. 1849 für das Ernestische Stipendium, das die Universität Leipzig an Privatdozenten vergab. Publiziert und im Folgenden zit. nach: Meisterwerke deutscher Literaturkritik, hrsg. und eingeleitet von H. *Mayer,* Berlin 1956, Bd. 2, S. 361–370, hier S. 363.
51 Siehe z. B. *Streisand,* J.: Geschichtliches Denken von der deutschen Frühaufklärung bis zur deutschen Klassik, Greifswald 1964.
52 *Mottek,* W.: Wirtschaftsgeschichte Deutschlands, Berlin 1969, Bd. 2, S. 132.
53 *Fetscher,* I.: Geschichtsphilosophie. In: Fischer Lexikon Philosophie, Frankfurt/Hamburg 1969, S. 76–95, hier S. 81.

54 »Ein Briefwechsel von 1843«, Karl Marx an A. Ruge im September 1843, in: Marx-Engels-Gesamtausgabe (MEGA) hrsg. v. *Rjasanow,* D., Bd. 1/1, S. 573.
55 *Heine,* H.: Die romantische Schule, a.a.O., S. 152 f.
56 K. *Marx,* zit. nach *Dietze,* a.a.O., S. 181.
57 G. G. *Gervinus,* zit. nach *Muschg,* aa..O., S. 299.
58 Vgl. Anm. 137.
59 *Danzel,* a.a.O., S. 363 f.
60 Vgl. die späteren Kapitel über die Literaturgeschichten von Vilmar und Gelzer, S. 227 ff.
61 *Marggraf,* H.: Die deutsche Literaturgeschichtsschreibung und Rudolf Gottschall, in: Blätter für literarische Unterhaltung, Jg. 1855, G. 35, S. 633.
62 Concordanz der poetischen National-Literatur der Deutschen, hrsg. v. *Berlepsch,* Erfurt 1847, Bd. 1, H. 1, S. 35.
63 *Matthias,* A.: Geschichte des deutschen Unterrichts, in: Handbuch des deutschen Unterrichts auf höheren Schulen, Bd. 1/1, München 1907, S. 389.
64 Der berüchtigte preußische Polizeiminister v. Kamptz wurde 1824 zugleich Direktor der Unterrichtsabteilung im Ministerium Altenstein. Er versuchte durch Spitzel und Leselisten die Verbreitung beinahe aller Werke der neueren deutschen Literatur zu unterbinden. Die Gründe für die Angst des Feudalismus vor den Wirkungen dieser Literatur in den Schulen sind exemplarisch dargestellt in einer Abhandlung von Hülsmann, einem bekannten Theoretiker des Deutschunterrichts, im Programm des Gymnasiums von Duisburg 1842. Hülsmann wendet sich scharf gegen Analyse und Interpretation der deutschen Literatur, weil dadurch die Schüler zu Lüge und Anmaßung verführt würden. Diese Literatur sei wegen ihres heidnischen, pantheistischen Charakters abzulehnen, sie habe sich vom Lebensgrund des Evangeliums abgewandt: »Statt hingegebenen Glaubens und kindlichen Vertrauens entweder das Genügen an der scheinbar reinen Menschennatur oder frühe Resignation, statt Buße und Vergebung der Stolz der Tugend, statt Gnade und Umbildung durch Gottes Geist freie natürliche Entwicklung, statt Wort Gottes die Alten und einige Neue; statt Kirche die Kunst, das Theater, [...] statt des lebendigen Glaubens an Gericht und an die Ewigkeit ein unsicheres Hoffen oder ein trübes oder stolzes Resi-
Deutsche Philologie im Grundriß. Einleitfaden zu Vorlesungen. Breslau 1836,
gnieren, oder bewußtes Beschränken auf die Schönheit und Fülle der Gegenwart.“
Die Angst der Reaktion vor den gesellschaftlichen Folgen des Deutschunterrichts reflektiert sich sehr deutlich in der Entwicklung der preußischen Lehrpläne für Gymnasien. Der erste, in der Reformzeit unter Mitwirkung von F. A. Wolff und Schleiermacher durch Süvern erstellte erste preußische Lehrplan sah 44 Deutschstunden vor und räumte dem Deutschunterricht neben dem in Mathematik und den alten Sprachen eine prominente Stellung ein. (Unterrichtsverfassung der Gymnasien und Stadtschulen. Vom 12. 1. 1816, verfaßt unter der Leitung von J. W. *Süvern.* In: *Mushacke,* Preußischer Schulkalender für 1858, Berlin 1857. Neuerdings auch in: Schulreform in Preußen 1809–1819. Entwürfe und Gutachten. Bearbeitet von L. *Schwelm,* Weinheim 1966, S. 59–99). Der 1837 entstandene Normallehrplan reduzierte den Deutschunterricht um die Hälfte und weitete statt dessen den Religions- und Lateinunterricht aus. *Ziegler,* Th., Geschichte der Pädagogik. In: Handbuch der Erziehungswissenschaft und Unterrichtslehre, hrsg. v. A. *Baumeister,* Bd. 1/1, München 1895, S. 311.
65 »Daß die ästhetisch zergliedernde und kommentierende Methode nichts taugt, ist eben zur genüge dargethan. Wohl aber wird die Schule vermögen, dramatische

wie epische Poesien den Schülern dadurch aufzuschließen, daß sie ihnen richtig und schön vorgelesen werden [. . .] Mein Vorschlag geht nun dahin: Das Lesen der dramatischen Werke und der wenigen hier in Betracht kommenden epischen Gedichte beginnt drei Jahre vor dem Abgang zur Universität. Rechnet man, daß diesem wichtigsten und großartigsten Teile der ganzen neueren deutschen Literatur wöchentlich eine Stunde gewidmet werde, so macht das vier bis fünf Stunden im Monat. Ich schlage nun vor, diese vier bis fünf Stunden im Monat auf einen Tag zu verlegen und diesen Tag den versammelten Schülern der drei obersten Klassen ein ganzes Drama vorzulesen.« Raumer, R. v.: Der Unterricht im Deutschen. In: *Raumer,* K. v.: Geschichte der Pädagogik vom Wiederaufblühen klassischer Studien bis auf unsere Zeit, Stuttgart 1847, S. 136.

66 Zit. nach *Paulsen,* F.: Geschichte des gelehrten Unterrichts, Leipzig 1921, S. 471.

67 Vgl. z. B. die Forderungen der Landesschulkonferenz der Lehrer an den höheren Schulen: 1. »Beschränkung des altsprachlichen Unterrichts gegenüber dem modernen, besonders dem Unterricht in der deutschen und den lebendigen fremden Sprachen, sowie den Naturwissenschaften; 2. Beschränkung des Lateinischen zugunsten des Griechischen; 3. Beschränkung der Schreib- und Sprechübungen zugunsten der Lektüre.« Ebd., S. 474.

68 Der Lehrplan von 1856 sieht statt der Ausweitung des Deutschunterrichts, wie sie in der Revolution von 1848 gefordert worden war, selbst gegenüber dem Lehrplan von 1837 noch eine weitere Reduktion des Deutschunterrichts vor. Vgl. *Budde,* G.: Die Pädagogik der preußischen höheren Knabenschulen, Langensalza 1910, S. 174.

69 Zit. nach *Berndt,* E.: Die pädagogischen Bewegungen des Jahres 1848. In: Die neue Schule 3 (1848), H. 5, S. 146.

70 *Danzel,* a.a.O., S. 365.

71 *Mundt,* Th.: Allgemeine Literaturgeschichte, Berlin 1846, Bd. 2, S. 181.

72 *Danzel,* W.: Rezension der Literaturgeschichte von Th. Mundt, in: Leipziger Repertorium der deutschen und ausländischen Literatur, Jg. 4 (1846) H. 11, S. 404.

73 *Danzel,* W.: Rezension von R. E. Prutz' Vorlesungen über die deutsche Literatur der Gegenwart, in: Leipziger Repertorium der deutschen und ausländischen Literatur, Jg. 6 (1848) H. 33, S. 210.

74 *Hoffmann,* H.: Die deutschen Studien auf preußischen Universitäten und Schulen. In: Deutsche Jahrbücher für Wissenschaft und Kunst, Jg. 1842, Nr. 186 vom 6. 7. 1842, S. 741.

75 *Haym,* R.: Die romantische Schule, Berlin 1920, S. 827 ff.

76 *Baxa,* J.: Friedrich Schlegels Vorlesungen über die Geschichte der älteren und neueren Literatur im Urteile der Wiener Polizeihofstelle, in: Der Wächter 8 (1926).

77 *Hopf,* W.: August Vilmar, ein Lebens- und Zeitbild, Marburg 1913, Bd. 1, S. 343.

78 Vgl. *Haym,* a.a.O., S. 828.

79 Anonyme Rezension von *Schröer,* K. J.: Geschichte der deutschen Literatur, Pest 1853, in: Heidelberger Jahrbücher der Literatur, Jg. 1953, S. 883.

80 *Hopf,* a.a.O., Bd. 1, S. 346.

81 *Schultz,* a.a.O., S. 32 f.

82 *Benjamin,* W.: Gesammelte Schriften, hrsg. v. R. *Tiedemann* und H. *Schweppenhäuser,* Frankfurt/Main 1972, Bd. III, S. 290.

83 *Weimann,* R.: Vergangenheit und Gegenwart in der Literaturgeschichte. In: Literaturgeschichte und Mythologie, Berlin und Weimar 1971, S. 59.

84 *Conrady*, a.a.O., S. 43.

85 Ebd.

86 *Mayer*, H.: Danzel als Literaturhistoriker. In: *Danzel*, Th. W.: Zur Literatur und Philosophie der Goethezeit, hrsg. v. H. *Mayer*, Stuttgart 1962, S. X–XV.

87 Jahrbuch für deutsche Literaturgeschichte, hrsg. v. A. *Henneberger*, Jg. 1 (1855), S. VIII ff.

88 *Danzel*, a.a.O., S. 366.

89 Ebd., S. 365.

90 *Engels*, F.: Wilhelm Wolff, in: MEW, Bd. 19, S. 63.

91 *Lukács*, G.: Die Zerstörung der Vernunft, in: Werke, Bd. 9, Neuwied 1966, S. 55.

92 Ebd. S. 60. Die Frage nach den gesellschaftlichen Ursachen des Verlustes der Einsicht in die Gesetzmäßigkeiten historischen Fortschritts kann im Rahmen dieses Aufsatzes nicht zu beantworten versucht werden. Das gilt um so mehr, als Erklärungsversuche, die sich auf den grundlegenden Faktor, die ökonomischen Veränderungen, beschränken, augenfällig unzureichend sind, wie sich z. B. in der Argumentation von K. Korsch zeigt: zweifellos haben die bürgerlichen Philosophen, indem sie die Gesetze gesellschaftlichen Fortschritts formulierten, nur in mystifizierter Form die wirkliche Daseinsform der Bourgeoisie in ihrer ersten, aufsteigenden Phase ausgesprochen, indem sie »die Akkumulation des Kapitals zu einem kosmischen Gesetz des Fortschritts aufblähte« (*Korsch*, K., Karl Marx, Frankfurt 1967, S. 174). Erst mit der kapitalistischen Produktionsweise entsteht der Zwang zur permanenten Revolutionierung der Produktivkräfte und der materiellen Produktionsbedingungen, erst mit ihr werden zunehmend alle gesellschaftlichen Bereiche und Agenten, einschließlich des Kapitalisten selbst, einem universellen Zwangsmechanismus mit dem alleinigen Zweck der Verwertung des Kapitals und der fortschreitenden Kapitalakkumulation unterworfen. In dieser ersten Phase besteht ein relativ deutlich sichtbarer Zusammenhang zwischen ökonomischem Fortschritt und geschichtsphilosophischen Fortschrittstheorien. Problematisch – zumindest in seiner Anwendung auf deutsche Verhältnisse – ist jedoch Korschs Umkehrschluß: wie in der ursprünglichen Fortschrittsidee die aufsteigende, so kommt in ihrer späteren Umformung zu dem neutralen und skeptisch »wertefreien« Entwicklungsgedanken der modernen bürgerlichen Gesellschaftstheorie die absteigende Phase kapitalistischer Produktion zum Ausdruck (*Korsch*, a.a.O., S. 173), denn in Deutschland beginnt der große ökonomische Aufstieg der Bourgeoisie erst nach 1848, gleichzeitig mit dem Vordringen des Geschichtsrelativismus »der modernen bürgerlichen Gesellschafttstheorie«. Zwar entwickeln sich mit der kapitalistischen Ökonomie auch ihre Widersprüche, trotzdem kann die zweite Hälfte des 19. Jahrhunderts in Deutschland nicht als »absteigende Phase kapitalistischer Produktion« bezeichnet werden.

93 *Marholz*, W.: Literaturgeschichte und Literaturwissenschaft, Leipzig 1932, S. 2.

94 *Schultz*, a.a.O., S. 9 ff.

95 *Knoop*, G.: Die Gesamtdarstellungen der deutschen Literatur von August Wilhelm Schlegel bis zu Wilhelm Scherer, Phil. Diss. Münster 1952, S. 2.

96 *Mundt*, Th.: Die Literatur der Gegenwart, Berlin 1842, S. 355.

97 Ebd., S. 354.

98 Ebd.

99 Vgl. Anm. 59.

100 *Gervinus*, G. G.: Prinzipien einer deutschen Literaturgeschichtsschreibung, in: Heidelberger Jahrbücher der Literatur, Jg. 26 (1833), H. 12, S. 1194–1239. Wie-

derabgedruckt und im folgenden zitiert nach: ders., Schriften zur Literatur, hrsg. v. G. *Erler*, Berlin 1962, S. 3–49. *Rosenkranz*, K.: Rezension von A. W. Bohtz Geschichte der neueren Deutschen Poesie, in: Jahrbücher für wissenschaftliche Kritik, Jg. 1833, S. 267–272 und S. 276–278.

101 *Gervinus*, Prinzipien, a.a.O., S. 3.

102 *Rosenkranz*, Rezension zu Bohtz, a.a.O., S. 267.

103 *Gervinus*, Prinzipien, a.a.O., S. 11 f.

104 *Heine*, Romantische Schule, a.a.O., S. 124.

105 Ebd., S. 65.

106 *Knoop*, a.a.O., S. 2 f.

107 *Heine*, Romantische Schule, a.a.O., S. 65 f.

108 *Herder*, J. G. F.: Auch eine Philosophie der Geschichte der Menschheit, hrsg. v. H. G. *Gadamer*, Frankfurt/Main 1967, S. 23.

109 *Träger*, K.: Geschichte und Literaturgeschichte. J. G. Herder und die Krise des historischen Denkens, Phil. Habil., Greifswald 1964.

110 *Unger*, R.: Hamann und die Aufklärung, München 1925.

111 *Meinicke*, F.: Die Entstehung des Historismus, in: Werke, Bd. III, München 1965.

112 *Lempicki*, S. v.: Geschichte der deutschen Literaturwissenschaft bis zum Ende des 18. Jahrhunderts, Göttingen 1968, S. 385 f.

113 *Meinicke*, a.a.O. S. 6.

114 *Marx*, K.: Zur Kritik der Hegelschen Rechtsphilosophie. Einleitung, in: MEW, Bd. 1, S. 380.

115 Vgl. *Stolpe*, H.: Humanität, Französische Revolution und Fortschritte der Geschichte. Zur Urfassung der »Humanitätsbriefe« Herders. In: Weimarer Beiträge 10 (1964), S. 199–218 und 545–576.

116 Zit. nach *Dietze*, a.a.O., S. 159.

117 *Hegel*, G. W. F.: Phänomenologie des Geistes, Werke, a.a.O., Bd. 3, S. 12 »Die Knospe verschwindet im Hervorbrechen der Blüte, und man könnte sagen, daß jene von dieser widerlegt wird; ebenso wird durch die Frucht die Blüte für ein falsches Dasein der Pflanze erklärt, und als ihre Wahrheit tritt jene an die Stelle von dieser. Diese Formen unterscheiden sich nicht nur, sondern verdrängen sich als unverträglich miteinander. Aber ihre flüssige Natur macht sie zugleich zu Momenten der organischen Einheit, worin sie sich nicht nur nicht widerstreiten, sondern eines so notwendig als das andre ist, und diese gleiche Notwendigkeit macht erst das Ganze des Lebens aus.«

118 *Herder*, Auch eine Philosophie, a.a.O., S. 21.

119 *Stadelmann*, R.: Der historische Sinn bei Herder, Halle 1928, S. 28.

120 Ebd., S. 72, Vgl. auch *Stolpe:* Die Auffassung des jungen Herder vom Mittelalter. Ein Beitrag zur Geschichte der Aufklärung, Weimar 1955, S. 464 ff. ;?;. Vgl. auch: *Herder*, Ideen zur Philosophie der Geschichte, Wiesbaden o. J., S. 395 bis 432.

122 *Unger*, R.: Literaturgeschichte und Geistesgeschichte, in: Methoden der deutschen Literaturwissenschaft, hrsg. v. V. *Zmegač*, Frankfurt/Main 1971, S. 100.

123 *Herder:* Über die neuere deutsche Literatur, zweite Sammlung, in: *Herder*, J. G.: Sämtliche Werke, hrsg. v. B. *Suphan*, Berlin 1877 ff., Bd. 1, S. 294.

124 *Herder*, J. G.: Über die neuere deutsche Literatur. Erste Sammlung, in: Sämtliche Werke, Bd. 1, a.a.O., S. 139–143. Die folgenden Zitate finden sich ebd.

125 *Lempicki*, a.a.O., S. 406.

126 *Herder:* Über die neuere deutsche Literatur, a.a.O., S. 141.

127 Vgl. *Fincke,* F.: Die Gebrüder Schlegel als Literaturhistoriker, Phil.-Diss. Kiel 1961, S. 39.
128 *Lempicki,* a.a.O., S. 431 ff.
129 Ebd., S. 435.
130 *Schmid,* Ch. H.: Biographie der Dichter, Leipzig 1769–1770.
131 *Küttner,* A.: Charaktere teutscher Dichter und Prosaisten von Kaiser Karl dem Großen bis aufs Jahr 1780, Berlin 1781.
132 *Manso,* J. K. F.: Übersicht der Geschichte der deutschen Poesie seit Bodmers und Breitingers kritischen Bemühungen, in: Charaktere der vornehmsten Dichter aller Nationen nebst kritischen und historischen Abhandlungen über alle Gegenstände der schönen Künste und Wissenschaften. Leipzig 1792–1808.
133 *Schubart,* C. F. D.: Kritische Skala der vorzüglichsten deutschen Dichter, in: dess. gesammelte Schriften und Schicksalen, Stuttgart 1839, Bd. 6, S. 132 ff.
134 *Schmid,* Ch. H.: Skizze einer Geschichte der teutschen Dichtkunst, in: Olla potrida, Jg. 1780–1790, Bd. 3–7.
135 Zit. nach *Lempicki,* a.a.O., S. 437.
136 Zit. ebd., S. 439.
137 Selbst J. G. T. Grässe, der Verfasser der letzten umfassenden Litterärgeschichte, weiß keine allgemein gültige, eindeutige Definition des Begriffs anzugeben. Er selbst teilt die Literaturgeschichte in Litterärgeschichte einerseits, die die Geschichte der Wissenschaft und der Wissenschaftler, der Schriften und der Schriftsteller aller Zeiten zum Gegenstand hat und die »Literaturgeschichte im engsten Sinn« die die innerwissenschaftliche Entwicklung behandelt, merkt aber an: »Nach anderen heißt die äußere Geschichte der Literatur Literaturgeschichte und die innere Litterärgeschichte« – *Grässe,* J. G. T.: Lehrbuch einer allgemeinen Literärgeschichte aller bekannten Völker der Welt, von der ältesten bis auf die neueste Zeit, Dresden 1837–1859, Bd. 1, § 11. Im allgemeinen waren wohl die Litterärgeschichten Enzyklopedien der Geschichte der Wissenschaft und der Künste, der Schriften und ihrer Verfasser und schlossen auch Biographie und Bibliographie in sich ein.
138 *Eichhorn,* J. G.: Geschichte der Litteratur, Göttingen 1805–1810.
139 *Grässe,* a.a.O., passim.
140 *Wachler,* L.: Handbuch der Geschichte der Litteratur, Frankfurt/Main 1833.
141 *Lambeck,* P.: Prodomus historiae literariae et tabula dupplex chronographia, Hamburg 1710.
142 *Wachler,* L.: Versuch einer allgemeinen Geschichte der Literatur. Für studierende Jünglinge und Freunde der Lehrsamkeit, Lemgo 1793.
143 *Eichner,* H.: Friedrich Schlegels Werdegang als Literaturhistoriker, in: *Schlegel,* F., Geschichte der alten und neuen Literatur, Bd. 6 der Kritischen Ausgabe von E. *Behler,* Paderborn, München, Wien 1961, S. XII.
144 *Gedicke,* F.: Über das Studium der Litterarhistorie nebst einem Beitrag zu dem Kapitel von den gelehrten Schustern, in: Berlinische Monatsschrift, Jg. 1783, S. 277–297.
145 *Fincke,* a.a.O., S. 11–58.
146 *Schlegel,* A. W.: Vorlesungen über schöne Literatur und Kunst, hrsg. v. J. *Minor,* Heilbronn 1884.
147 Ebd., S. 13.
148 1797 schrieb A. W. Schlegel an Herder: »Sie haben die Kunst, die verschiedensten Arten der Natur- und Volkspoesie jede in ihrem Ton und in ihrer Weise nachzubilden, auf eine vorher nie erreichte Höhe gebracht; ich würde stolz darauf seyn, wenn das aufmerksamste, häufig wiederholte Studium alles dessen

was sie der Welt in diesem Fache geschenkt, mir Ansprüche auf den Namen ihres Schülers darin geben könnte.« *Bernays,* M.: Zur Entstehungsgeschichte des Schlegelschen Shakespeares, Leipzig 1872, S. 254.

149 *Unger,* R.: Aufsätze zur Prinzipienlehre der Literaturgeschichte, Berlin 1929, S. 11.

150 *Dünninger,* a.a.O., S. 139 f.

151 *Knoop,* a.a.O., S. 12.

152 *Mayer,* H.: Literaturwissenschaft in Deutschland, in: Fischer-Lexikon der Literatur, hrsg. v. W. H. *Friedrich* und W. *Killy,* Bd. II/1, S. 320.

153 *Wellek,* R.: Geschichte der Literaturkritik 1750–1830, Neuwied 1959, S. 266.

154 *Schlegel,* F.: Lessings Geist aus seinen Schriften, in: Kritische Schriften, hrsg. v. W. *Rasch,* München 1964, S. 424.

155 *Benjamin,* W.: Der Begriff der Kunstkritik in der deutschen Romantik, in: ders., Schriften, Frankfurt 1955, Bd. 2, S. 475.

156 Ebd., S. 511.

157 *Benjamin,* W.: Literaturgeschichte, a.a.O., S. 288.

158 *Bouterwek,* F.: Geschichte der Poesie und Beredsamkeit seit dem Ende des 12. Jahrhunderts, Göttingen 1801–1819, S. 116.

159 *Schlegel,* F.: Literary Notebooks 1797–80, hrsg. v. H. *Eichner,* London 957, Nr. 135.

160 Ebd., Nr. 245.

161 *Schlegel,* F.: Lessings Geist aus seinen Schriften, aa..O., S. 395.

162 *Schlegel,* A. W.: Sämtliche Werke, hrsg. v. E. *Böcking,* Leipzig 1846/47, Bd. 11, S. 187.

163 Vgl. *Fincke,* a.a.O., S. 181 f.

164 *Knoop,* a.a.O., S. 7.

165 *Schlegel,* F.: Geschichte der alten und der neuen Literatur, a.a.O., S. 4.

166 Ebd., S. 313.

167 *Wellek,* a.a.O., S. 283.

168 *Humbold,* W. v.: Ansichten über Ästhetik und Literatur. Seine Briefe an Ch. G. Körner, hrsg. v. F. *Jonas,* Berlin 1880, S. 131.

169 W. B.: Ein Wort zu seiner Zeit, in: Morgenblatt für gebildete Stände, Jg. 1815, Nr. 273, S. 1091.

170 *Arndt,* F. M.: Einige Anmerkungen zur Länderkunde des Protestantismus und Schlegels Geschichte der alten und der neuen Literatur, in: *ders.,* Schriften für und an seine lieben Deutschen, Bd. 3, Leipzig 1845, S. 3 f.

171 *Körner,* J. (Hrsg.): Krisenjahre der Frühromantik. Briefe aus dem Schlegelkreis, Brünn, Wien, Leipzig 1936/37, Bd. 2, S. 249.

172 *Schmidt,* J.: Geschichte der deutschen Literatur von Leibnitz bis auf unsere Zeit, Berlin 1890, Bd. 4, S. 426.

173 Vgl. Anm. 105.

174 *Herder,* Sämtliche Werke, a.a.O., Bd. 2, S. 112.

175 *Heine,* Romantische Schule, a.a.O., S. 28.

176 *Dietze,* a.a.O., S. 22.

177 *Menzel,* W.: Die deutsche Literatur, Stuttgart 1836, S. 33.

178 *Wachler,* L.: Vorlesungen über die Geschichte der teutschen Nationalliteratur, Frankfurt/Main 1834.

179 Ebd., S. 104.

180 Ebd., S. 322.

181 »Johann Christian Friedrich Hölderlin (geb. 1771, st. 1833) (richtig ist: 1843 K. H. G.) ist vertraut mit der classischen Literatur und mit Schiller, deutet tie-

fes Gefühl an und Aufregung durch den Sturm mächtiger Leidenschaften; in seinen ›Gedichten‹ (1826) findet sich, neben vielen unverkennbaren Nachbildungen, manche Eigenthümlichkeit des Geistes und Tones.« Ebd., S. 309.

182 Ebd., S. 171.

183 *Menzel,* a.a.O., S. 33 f.

184 *Menzel,* a.a.O., Bd. 2, S. 181.

185 *Schlegel,* A. W.: Sämtliche Werke, a.a.O., Bd. 2, S. 226.

186 *Menzel,* a.a.O., Bd. 2, S. 335.

187 Ebd., S. 337.

188 Ebd., S. 328.

189 *Heine,* H.: Über die »deutsche Literatur«. Von Wolfgang Menzel. In: Werke und Briefe in 10 Bänden, a.a.O., Bd. 4, S. 236 f. Daß Heine Menzels Literaturgeschichte 1828 trotz ihrer augenfälligen Schwächen positiv rezensiert, dürfte im wesentlichen zwei Gründe haben: einerseits begrüßt er sie als Versuch, die traditionelle, an den Schriftsteller- und Gelehrtenlexika orientierte Form der Literaturgeschichtsschreibung zu überwinden, zum anderen und vor allem lobt er sie deshalb, weil er sie – gerade auch die oben skizzierten Kapitel über Goethe – zwar nicht in allen Punkten für richtig hält, aber doch als Beitrag zur Überwindung der Kunstperiode wertet: »Das Princip der Goetheschen Zeit, die Kunstidee, entweicht, eine neue Zeit mit einem neuen Principe steigt auf, und, seltsam! wie das Menzelsche Buch merken läßt, sie beginnt mit Insurrektion gegen Goethe.«

190 *Menzel,* a.a.O., Bd. 2, S. 16.

191 *Gervinus,* G. G.: Geschichte der poetischen Nationalliteratur der Deutschen, Leipzig 1836–1842. Seit der dritten Auflage überarbeitet unter dem Titel: Geschichte der deutschen Dichtung, Leipzig 1871.

192 *Mayer,* Literaturwissenschaft, a.a.O., S. 322.

193 *Dünninger,* a.a.O., Sp. 168.

194 *Völker,* P. G.: Die inhumane Praxis einer bürgerlichen Wissenschaft. Zur Methodengeschichte der Germanistik. In: Das Argument 10 (1968), Nr. 49, S. 431 bis 454, hier S. 439 ff.

195 *Mehring,* F.: Die Lessing-Legende, in: Gesammelte Schriften, hrsg. v. T. *Höhle,* H. *Koch,* J. *Schleifenstein,* Bd. 9. Berlin 1963, S. 49.

196 Vgl. das umfassende, fast vollständige Literaturverzeichnis bei *Carl,* R. P.: Prinzipien der Literaturbetrachtung bei G. G. Gervinus, Bonn 1969, S. 177–197.

197 *Gervinus,* G. G.: Schriften zur Literatur, hrsg. v. G. *Erler,* Berlin 1962, S. 145 bis 317.

198 *Rosenkranz,* K.: Rezension von Gervinus' Geschichte der Poetischen Nationalliteratur der Deutschen, in: Jahrbücher für wissenschaftliche Kritik, Jg. 1836, Nr. 36, S. 36.

199 *Grässe,* J. G. Th.: Rezension von Gervinus' Geschichte der Poetischen Nationalliteratur der Deutschen, in: Deutsche Jahrbücher für Wissenschaft und Kunst, Jg. 1842, Nr. 57, S. 236.

200 *Ulrici,* H.: Rezension des 3. Bandes von Gervinus' Geschichte der Poetischen Nationalliteratur der Deutschen, in: Allgemeine Literatur-Zeitung, Jg. 1842, Nr. 186, S. 266.

201 Anonym: Über Gervinus' neuere Literaturgeschichte, in: Bläter für literarische Unterhaltung, Jg. 1843, Nr. 108, S. 429.

202 Ebd., S. 434.

203 *Rothacker,* E.: Einleitung in die Geisteswissenschaften, Tübingen 1920, S. 169.

204 *Gervinus,* Selbstkritik, in: Hinterlassene Schriften, Wien 1872, S. 79.

205 *Erler,* G.: Gervinus als Literaturhistoriker. In: G. G. *Gervinus,* Schriften zur Literatur, a.a.O., S. XVIII.
206 *Ranke,* L. v.: Georg Gottfried Gervinus. Rede zur Eröffnung der 12. Plenarversammlung der historischen Kommission, in: Historische Zeitschrift 27 (1871), S. 134–146, hier S. 142.
207 *Gervinus,* G. G.: Einleitung zur Geschichte der poetischen Nationalliteratur, a.a.O., S. 10.
208 Ebd.
209 Ebd.
210 Ebd., S. 7.
211 G. G. Gervinus Leben. Von ihm selbst. Hrsg. v. J. *Keller,* Leipzig 1893, S. 266.
212 *Rinne,* K. F.: Innere Gesschichte der Entwicklung der deutschen Nationalliteratur, Leipzig 1842, S. 535 bzw. S. 539.
213 Wo Rinne den Funktionswandel der Literatur damit erklärt, daß zunehmend auch die »reellen Interessen Gewicht auf Gewicht in die Waagschale des Lebens werfen«, nähert er sich punktuell sogar dem materialistischen Standpunkt, ohne freilich diese punktuelle Einsicht weiter klären und methodisch fruchtbar machen zu können. Ebd., S. 536.
214 *Gervinus,* Einleitung, a.a.O., S. 16.
215 Ebd., S. 15.
216 *Marx,* K.: Grundrisse der Kritik der politischen Ökonomie, Berlin 1953, S. 23. Vgl. auch: *Brecht,* B.: Me-ti, Buch der Wendungen, in: Gesammelte Werke in 20 Bänden, Frankfurt 1967, Bd. 12, S. 534: »Me-ti empfahl äußerste Vorsicht bei der Anwendung des Begriffs Volk. Er hielt es für erlaubt, von einem Volk zu sprechen im Gegensatz zu anderen Völkern oder in der Satzform die Völker selber (im Gegensatz zu ihren Regierungen). Für gewöhnlich jedoch schlug er die Bezeichnung Bevölkerung vor, da sie nicht das künstlich einheitliche hat, daß das Wort Volk vortäuscht. Es wird nämlich oft gebraucht, wo eigentlich nur Nation gemeint ist oder gemeint sein kann, was eine Bevölkerung mit besonderer Staatsform bedeutet. Die Interessen einer solchen Nation sind aber nicht immer die Interessen des Volkes.«
217 *Engels,* F.: Die Rolle der Gewalt in der Geschichte, in: MEW, Bd. 21, S. 422.
218 *Erler,* a.a.O., S. 32.
219 Deutsche Zeitung vom 26. 4. 1848, S. 922.
220 Zit. nach *Schilfert,* G./Schleier, H.: G. G. Gervinus als Historiker. In: Studium über deutsche Geschichtswissenschaft, Bd. 1, Berlin 1963, S. 165.
221 *Mehring,* Lessing-Legende, a.a.O., S. 50.
222 *Gervinus,* G. G.: Über Börners Briefe aus Paris, in: Gesammelte kleine historische Schriften, Karlsruhe 1838, S. 397. Gervinus Kritik der Jungdeutschen gehört sicher zu den borniertesten Teilen seiner literarhistorischen Schriften. In der schon erwähnten Rezension der Literaturgeschichten von Bohtz und Herzog, schreibt er über das junge Deutschland: »[...] unordentliche Genien bekämpfen unsere romantische Schule, wenn auch nicht mit erlaubten Waffen; wilde Geister ohne Klarheit und ohne Wissen reißen unsere großen Heroen in den Kot; anbrüchige Jünglinge nehmen es sich heraus, ihre moralischen Charaktere zu verdammen; hirnlose Schwärmer vermissen in ihnen ihre politischen Tollheiten und knüpfen daran ihre Verurteilung [...]«. A.a.O., S. 42. Gervinus Klassenposition entspricht es, daß er in seiner Literaturgeschichte durchgehend Schriftsteller »ohne den innigsten Sinn für Religionsbande für Volkstümlichkeit, für Vaterland und Gesetz« heftig kritisiert (*Gervinus,* Grundzüge der Historik, in: Schriften zur Literatur, a.a.O., S. 102). So ist er zu einer adäqua-

ten Beurteilung von R. M. J. Lenz völlig außerstande, weil er ihn für einen solchen gesetz- und vaterlandslosen Dichter hält, der zudem noch einer herumschweifenden Lebensart, »unzweckmäßige[r] Beschäftigung« und sogar »häufigen Umgangs mit Frauenzimmern« pflog, also Lastern, die Gervinus Philistermoral zutiefst zuwider waren. Geschichte der poetischen Nationalliteratur, a.a.O., Bd. 4, S. 581.

223 *Gervinus,* G. G.: Grundzüge der Historik, in: Schriften zur Literatur, a.a.O., S. 62.

224 Ebd., S. 68.

225 Ebd., S. 69.

226 Gervinus' Leben, a.a.O., S. 237 f.

227 *Gervinus,* G. G.: Grundzüge der Historik, a.a.O., S. 102 f.

228 *Marx,* K.: Theorien über den Mehrwert, MEW Bd. 26/2, S. 112.

229 Vgl. dazu *Haug,* W. F.: Die Bedeutung von Standpunkt und sozialistischer Perspektive für die Kritik der politischen Ökonomie, in: Das Argument Jg. 14 (1972), S. 561–586.

230 *Gervinus,* G. G.: Grundzüge der Historik, a.a.O., S. 85 bzw. S. 88.

231 *Hegel,* G. W. F.: Vorlesungen über die Philosophie der Geschichte, in: Werke, a.a.O., Bd. 12, S. 19.

232 Ebd., S. 21.

233 *Gervinus,* G. G.: Grundzüge der Historik, a.a.O., S. 85. Vgl. auch *Carl,* a.a.O., S. 24 f.

234 *Gervinus,* G. G.: Geschichte der poetischen Nationalliteratur, a.a.O., Bd. 4, S. 11.

235 Ebd., Bd. 1, S. 477.

236 Ebd., Bd. 4, S. 9.

237 Ebd., Bd. 1, Einleitung, S. 12 f.: »Der ästhetische Beurteiler zeigt uns eines Gedichtes Entstehung aus sich selbst, sein inneres Wachstum und Vollendung, seinen absoluten Werth, sein Verhältnis zu seiner Gattung und etwa zu der Natur und dem Charakter des Dichters. Der Ästhetiker tut am besten, das Gedicht so wenig als möglich mit anderen zu vergleichen, dem Historiker ist die Vergleichung ein Hauptmittel zum Zweck. Er zeigt uns nicht eines Gedichtes, sondern aller poetischen Produkte Entstehung aus der Zeit, aus dem Kreis ihrer Ideen, Thaten und Schicksale, er weist darin nach, was diesen entspricht oder widerspricht, er sieht den Ursachen ihres Werdens und ihren Wirkungen nach und beurtheilt ihren Werth hauptsächlich nach diesen, er vergleicht sie mit dem Größten der Kunstgattung gerade dieser Zeit und dieser Nation, in der sie entstanden, oder, je nach dem er seinen Gesichtskreis ausdehnt, mit den weiteren analogen Erscheinungen in anderen Zeiten und Völkern.«

238 Vgl. auch *Carl,* a.a.O., S. 70.

239 Vico unterschied in der Weltgeschichte ebenfalls ein Religionszeitalter, ein poetisches Zeitalter und ein heroisches Zeitalter, in dem die Klassen und Staaten entstehen. *Vico,* G.: Die neue Wissenschaft über die gemeinschaftliche Natur der Völker, München 1924.

240 *Hegel:* Vorlesungen über die Geschichte der Philosophie, Hamburg 1963 (Ausgabe *Hoffmeister),* S. 148.

241 *Gervinus,* G. G.: Geschichte der poetischen Nationalliteratur, Einleitung, a.a.O., Bd. 1, S. 12. »Es [das Buch, die Geschichte der poetischen Nationalliteratur K. H. G.] weicht besonders darin von allen literarischen Handbüchern und Geschichten ab, daß es nichts ist als Geschichte. Ich habe mit der ästhetischen Be-

urteilung der Sachen nichts zu tun, ich bin kein Poet und kein belletristischer Kritiker.«

242 Vgl. *Carl*, a.a.O., S. 116.

243 *Gervinus*, G. G.: Geschichte der poetischen Nationalliteratur, a.a.O., Bd. IV, S. 336.

244 Vgl. *Carl*, a.a.O., S. 81–105 und *Erler*, a.a.O., S. LX–LXVI.

245 *Kracauer*, S.: Über Erfolgsbücher und ihr Publikum, in: Das Ornament der Masse, Frankfurt 1963, S. 67.

Aspekte reaktionärer Literaturgeschichtsschreibung des Vormärz

Einleitung/Über Entstehen und Funktion der Literaturgeschichte Vilmars

1 Theodor Wilhelm *Danzel:* Über die Behandlung der neuen deutschen Literatur. In *Danzel:* Zur Literatur und Philosophie der Goethezeit. Hrsg. v. Hans *Mayer*, Stuttgart 1962, S. 289.

2 Ebd.

3 Heinrich *Gelzer:* Die neuere Deutsche Nationalliteratur nach ihren ethischen und religiösen Gesichtspunkten. Zur inneren Geschichte des deutschen Protestantismus. Leipzig 1847–49. 2 Bände. Vilmar wird zitiert aus der 11. Auflage von 1866. Gelzer wird aus der 2. Auflage von 1847–1849 zitiert. August Friedrich Christian *Vilmar:* Geschichte der deutschen Nationalliteratur, Marburg 1845.

4 Vgl. Michael *Pehlke:* Aufstieg und Fall der Germanistik – von der bürgerlichen Wissenschaft. In: Ansichten einer künftigen Germanistik, hrsg. v. Jürgen *Kolbe*, München 1969, S. 30.

5 Vgl. Karl Otto *Conrady:* Einführung in die neuere deutsche Literaturwissenschaft. Reinbek/Hamburg 1966, S. 21.

6 Rudolf von *Raumer:* Geschichte der Germanischen Philologie vorzugsweise in Deutschland. München 1870, S. 668.

7 Ebd.

8 Gisela *Knoop:* Die Gesamtdarstellung der deutschen Literatur bis zu Wilhelm Scherer. Münster 1952 (Diss. masch.).

9 Ebd., S. 42.

10 Ebd.

11 Zu Vilmar vgl. u. a.: Wilhelm *Hopf:* August Vilmar. Ein Lebens- und Zeitbild. Marburg 1913, 2 Bände. Walter *Schwarz:* August Friedrich Christian Vilmar. Ein Leben für Volkstum, Schule und Kirche. Berlin 1938. Allgemeine Deutsche Biographie (ADB) Band 40, Leipzig 1896, S. 715 f. Zu Gelzer: Friedrich *Curtius:* Heinrich Gelzer. Gotha 1902. ADB Band 49, S. 277 f. Brockhaus' Konversations-Lexikon, Leipzig 1902, S. 638 f.

12 Vgl. Briefwechsel zwischen Karl *Müllenhoff* und Wilhelm *Scherer*. Im Auftrag der preußischen Akademie der Wissenschaften hrsg. v. Albert *Leitzmann*. Berlin/Leipzig 1937, S. 476 f.

13 Ebd., S. 477.

14 Wilhelm *Scherer:* Geschichte der deutschen Literatur. Berlin 1883.

15 Vgl. vor allem die Entwicklung des Faches »Volkskunde« in Wolfgang *Emmerich:* Zur Kritik der Volkstumsideologie Frankfurt 1971, besonders die Kapitel: Romantische Anfänge S. 22 f. und Zwischen Regression und Utopie S. 67 f.

16 Wilhelm *Scherer:* Kleine Schriften. Hrsg. v. K. *Burdach,* Berlin 1893, Bd. 1, S. 672 f.

17 Adolf *Bartels:* Geschichte der deutschen Literatur. Leipzig 1901, 2 Bände.

18 Vgl. F. *Mehring:* Lessing-Legende, S. 187 f.

19 W. *Scherer:* Kleine Schriften, ebd. Bis zu Vilmars Tod wurde seine Schrift zwölfmal aufgelegt, die letzte, die 27. Auflage, erschien 1913. W. Hopf vermerkt, das Buch sei über die ganze Welt verbreitet gewesen. Vgl. *Hopf,* Bd. 1, S. 346. Vilmars Darstellung der ältesten und der alten Zeit nimmt in der Tat, wie Scherer dies kritisch anmerkt, einen großen Teil des Buches ein. So verwendete Vilmar ca. 240 Seiten seines Buches darauf, dem Leser germanische Epen, Sagen und Gedichte sowie die Minnepoesie und anderes nahezubringen. Weitere 40 Seiten ist ihm die Darstellung des »Verfalls« der Dichtkunst von 1300 bis zur Reformation wert, während er für die Darstellung der neueren deutschen Literatur nur knapp 300 Seiten aufwendet.

20 Zur politischen Praxis Vilmars und Gelzers siehe S. 253 ff. und S. 260 ff. dieses Buches.

21 Zit. nach ADB, Bd. 49, S. 277 f.

22 Ebd.

23 W. *Hopf:* A. Vilmar, Bd. 1, S. 342.

24 Ebd., S. 343.

25 Ebd., S. 343.

26 Jürgen *Habermas* zeigt, daß solches sich in England bereits am Ende des 17. Jahrhunderts und zu Beginn des 18. Jahrhunderts ereignete: in Kaffeehäusern und Teestuben hatte sich die Literatur vor der »Öffentlichkeit« zu legitimieren. Vgl. J. *Habermas:* Strukturwandel der Öffentlichkeit, Neuwied 1962, S. 43 f.

27 Die kurhessischen Zustände gehörten zu den rückständigsten im zersplitterten Deutschland. So ließ der Kurfürst Wilhelm I. sofort nach Napoleons Abzug, der Kurhessen zeitweilig besetzt gehalten hatte, die während der Befreiungskriege existente Ständeversammlung auflösen und jede Verfassungsbewegung unterdrücken. Im Lauf der Julirevolution, die auch Kurhessen ergriff, wurde der Kurfürst gezwungen, sich der von Preußen ausgehenden Bewegung zur Zolleinheit anzuschließen, die 1834 zum Zollverein führte. Das Hauptanliegen des kurhessischen Partikularismus, das preußische Zollsystem zu bekämpfen, zeigt deutlich die provinziell-feudalen Interessen, die für Kurhessens Politik des Vormärz nach Innen wie nach Außen ausschlaggebend waren. Vgl. dazu: Hans *Mottek:* Wirtschaftsgeschichte Deutschlands. Ein Grundriß. Berlin 1969. 2 Bände. Bd. II S. 11 und 61 f. Vgl. auch: Karl *Obermann:* Deutschland 1815–1849. Berlin 1967. S. 33 f. und S. 65 f.

28 Bereits 1789 hielt *Schlegel* als außerordentlicher Professor in Jena erste Vorlesungen über die deutsche Literatur. Ab Dezember 1801 hielt er während dreier Wintersemester Vorlesungen über die Kunstlehre, sowie über die Geschichte der klassischen und romantischen Literatur in Berlin: im Frühling 1808 las er in Wien zumeist vor adeligem Auditorium über dramatische Kunst und Literatur. Vgl. ADB, Bd. 31, S. 354 f.

29 Vgl. ADB, Bd. 45, S. 125 f.

30 ADB, Bd. 49, S. 277 f.

31 H. *Gelzers* Literaturgeschichte, Bd. 1, IX.

32 Engels bezeichnet in einem Brief an Karl Kautsky den Protestantismus jener Epoche als religiöse Verkleidung antifeudaler, bürgerlich-plebejischer Zielsetzung. Vgl. Brief von F. *Engels* an K. Kautsky vom 21. Mai 1895 in: MEW, Bd. 39, S. 481. Vgl. auch Reinhard *Kühnl,* der ebenfalls darauf hinweist, daß die

Reformation sich nicht in theologischen Zänkereien erschöpfte: »Schon der Calvinismus artikulierte offensichtlich die Interessen des Bürgertums. Einerseits führte er die von einigen Sekten bereits entwickelten Ideen des Widerstandsrechts und der Volkssouveränität fort und nahm damit ein Moment egalitärer Demokratie in sich auf. Andererseits verkündete seine Prädestinationslehre, daß der wirtschaftliche Erfolg die göttliche Gnade und Erwähltheit zum Ausdruck bringe.« R. *Kühnl:* Formen bürgerlicher Herrschaft. Liberalismus – Faschismus. Reinbek/Hamburg 1971, S. 13.

33 *Gelzers* Literaturgeschichte, Bd. 2, S. 226.
34 Ebd., Bd. 1, IX.
35 Ebd.
36 Ebd., X f.
37 Ebd., Bd. 2, S. 3.
38 Ebd.
39 Zit. nach: Walter *Schwarz:* A. F. C. Vilmar, S. 37.
40 Zit. nach: W. *Hopf*, Bd. 1, S. 146.
41 *Vilmars* Literaturgeschichte S. 1.
42 Ebd., Vorwort zur vierten Auflage.
43 Ebd.
44 Eine unverkennbar biologistisch-rassistische Komponente enthält die Literaturgeschichte von Adolf Bartels. Vgl. vor allem seinen Schluß ab S. 680 im zweiten Band.
45 Theodor W. Adorno hat nachgewiesen, daß bestimmte »einschnappende« Wörter oder Aussagen in bestimmten historischen Zusammenhängen kollektives Einverständnis hervorrufen, ohne daß sie von dem, der sie »einsetzt« rational abgeleitet werden. Th. W. *Adorno:* Jargon der Eigentlichkeit. Zur deutschen Ideologie. Frankfurt 1969, S. 11 f.
46 *Vilmars* Literaturgeschichte, S. 1.
47 Ebd. Vorwort zu 4. Auflage.
48 *Gelzers* Literaturgeschichte, Bd. 1, S. 1.
49 Ebd.
50 Ebd., S. 1 f.
51 Ebd., S. 2.
52 Ebd.
53 Ebd., S. 7.
54 Ebd.
55 Vgl. auch: W. *Emmerich:* Volkstumsideologie, S. 27.
56 *Gelzer*, Bd. 1, S. 7 f.
57 Ebd., S. 8.
58 Ebd., S. 7.

Der »Zerfallsprozeß« deutschen Geistes vom Mittelalter bis zur Romantik. Zu Vilmars Literaturgeschichte.

1 *Vilmar:* Geschichte der deutschen Nationalliteratur, S. 2.
2 Ebd., S. 3.
3 Vgl. entsprechende Äußerungen Vilmars in seiner Zeitschrift »Der Hessische Volksfreund«. Siehe S. 262 ff. dieses Buches.
4 *Vilmar:* Nationalliteratur, S. 4.
5 Ebd.

6 Ebd., S. 5.
7 Ebd., S. 11.
8 Ebd., S. 13.
9 Ebd., S. 52 f.
10 Ebd., S. 240.
11 Ebd., S. 241.
12 Vgl. ebd., S. 282.
13 Ebd.
14 Ebd., S. 284.
15 Ebd., S. 321.
16 Ebd., S. 326.
17 Ebd., S. 380.
18 Ebd., S. 404.
19 Ebd., S. 402 f.
20 Ebd., S. 405 f.
21 Ebd., S. 420.
22 Ebd., S. 422.
23 Ebd., S. 430.
24 Ebd., S. 431.
25 Ebd., S. 461.
26 Ebd., S. 464.
27 Ebd., S. 462.
28 Ebd., S. 491.
29 Ebd., S. 492.
30 Ebd., S. 547.
31 Ebd.
32 Ebd., S. 547.
33 Ebd., S. 567 f.

Gelzer über das »religiöse Princip« in der deutschen Literatur

1 *Gelzer:* Nationalliteratur, Bd. 1, S. 14.
2 Ebd., S. 17.
Berlin 1969, vgl. S. 11.
3 Ebd.
4 Ebd., S. 109.
5 Ebd., S. 155.
6 Ebd.
7 Ebd., S. 158.
8 Ebd., S. 171.
9 Ebd.
10 Ebd., S. 178 f.
11 Ebd., S. 179.
12 Vgl. S. 205 f.
13 Ebd., S. 215.
14 Ebd., S. 250.
15 Ebd., Bd. 2, V.
16 Ebd., VI.
17 Ebd., VII.
18 Ebd., VIII.

19 Ebd., X.
20 Ebd., S. 21.
21 Ebd.
22 Ebd.
23 Ebd., S. 26.
24 Ebd., S. 332.
25 Ebd., S. 342 f.
26 Ebd., S. 341 f.
27 Zit. nach ADB, Bd. 49, S. 277 f.

Vilmar und Gelzer im Dienst der politischen Reaktion

1 Vgl. den Aufsatz von Gershom Kurt Freyer, der anhand der Entwicklung der bürgerlichen Klasse in Italien, Holland, England und Frankreich nachweist, daß Philosophie prinzipiell »Widerspiegelung der ökonomisch-gesellschaftlichen Verhältnisse in Denken und Erkennen ist« und daß sie, indem sie auf die gesellschaftlichen Verhältnisse zurückwirkt, die Gesellschaft in ihrer Entwicklung fördert oder hemmt. G. K. *Freyer:* Der Aufstieg der Vernunft, in: Festschrift zum 80. Geburtstag von Georg Lukàcs, hrsg. v. Frank *Benseler,* Neuwied/Berlin 1965, S. 212 f.
2 F. *Engels:* »Anti-Dühring«, MEW, Bd. 20, S. 16.
3 Vgl. F. *Curtius:* Gelzer, S. 20 f. Vgl. auch Ottokar *Lorenz:* Kaiser Wilhelm und die Begründung des Reiches 1866–1871, Jena 1902, S. 180 f.
4 *Gelzer,* in: Protestantische Monatsbriefe aus Südfrankreich und Italien. Zit. nach ADB, Bd. 49, S. 280.
5 Zit. nach ADB, Bd. 49, S. 279.
6 Vgl. ebd., S. 280.
7 Vgl. in Janus Jahrbücher deutscher Gesinnung, Bildung und That. Hrsg. v. V. A. *Huber,* Erster Band 1847.
8 Gelzers Artikel erschien ebd. in den Heften 8: S. 251 f.; 9: S. 301 f.; 10: S. 349 f.; 11: S. 385 f.; 10: S. 417 f.
9 *Curtius,* S. 11.
10 Ebd.
11 Vgl. Janus, Heft 12, S. 439 f.
12 Ebd., S. 440.
13 Ebd., S. 441.
14 Ebd.
15 Ebd., S. 442.
16 Ebd., S. 445.
17 Ebd., S. 447.
18 *Curtius,* S. 40.
19 Ebd., S. 51.
20 Vgl. ebd.
21 Ebd.
22 Protestantische Monatsblätter Nr. 1, Dez. 1852, Vorwort S. 1 f. *Gelzer* gab diese Zeitschrift von 1852–1870 heraus. Erscheinungsort Gotha.
23 Ebd., S. 3.
24 Ebd., S. 4.
25 In: »Wo stehen wir? Rückblicke auf die innere Geschichte Europas seit 1848.« Ebd., S. 148 f.

26 Ebd.
27 Ebd., S. 149.
28 F. Engels vermerkt dazu, daß die Arbeiter in der Revolution von 1848 nur eine kleine Minderheit darstellten. Könne die Bewegung der Bourgeoisie von 1840 an datiert werden, so nehme die der Arbeiterklasse ihren Anfang mit den Erhebungen der schlesischen und böhmischen Fabrikarbeiter im Jahr 1844. Friedrich *Engels:* Revolution und Konterrevolution in Deutschland. In: MEW, Bd. 8, S. 10 f.
29 *Engels:* Revolution und Konterrevolution, a.a.O., S. 14 ff. u. S. 40.
30 Vgl. Protestantische Monatsblätter Nr. 1, S. 153.
31 Ebd., S. 149.
32 Ebd., S. 157.
33 *Curtius,* S. 8.
34 Ebd., S. 24.
35 Ebd., S. 17.
36 Vgl. *Hopf,* Bd. 1, Vorwort III.
37 Ebd., S. 15.
38 Ebd., S. 19.
39 Bereits im 1. Semester trat Vilmar einer Marburger Burschenschaft bei und trug die schwarz-rot-goldenen Farben; im Sommersemester wurde er erster Vorsteher dieser Burschenschaft, bis sie nach den Karlsbader Beschlüssen im Wintersemester 1819/20 verboten wurde. Vgl. W. *Schwarz:* A. F. C. Vilmar, S. 19.
40 Vgl. ebd., S. 20.
41 Ebd., S. 21.
42 Ebd.
43 Hopf, Bd. 1, S. 179.
44 Ebd., S. 216.
45 Vgl. ADB, Bd. 40, S. 718.
46 Vgl. ebd., S. 719.
47 Die Zeitschrift erschien zum erstenmal am 22. März 1848. Sie erschien zweimal wöchentlich, Mittwochs und Samstags zu einem vierteljährlichen Abonnementspreis von siebeneinhalb Silbergroschen. Ab 1. Juli 1850 erschien sie dreimal wöchentlich. Ab 1. Juli 1851 wieder zweimal wöchentlich: Vilmar hatte die Geschäftsleitung an D. W. Piderit, einen Kasseler Gymnasiallehrer übergeben, beteiligte sich aber noch durch regelmäßige Beiträge an der Zeitschrift.
48 *Hopf,* Bd. 2, S. 7.
49 Ebd., S. 8.
50 *Vilmar* in: »Was will der Hessische Volksfreund?« Hessischer Volksfreund (Hess. Vf.) Nr. 1 vom 22. März 1848, S. 4.
51 Ebd., S. 1.
52 Ebd.
53 Ebd.
54 Ebd., S. 2.
55 Ebd.
56 Ebd., S. 3.
57 Ebd.
58 *Hopf,* Bd. 2, S. 4 f.
59 *Soldan-Heppe:* Geschichte der Hexenprozesse. Lübeck/Leipzig 1938, S. 313.
60 Vgl. ebd.
61 *Vilmar* in »Der Communismus in seinem Rechte« Hess. Vf. Nr. 46, 8. Juni 1850, S. 190.

62 Vgl. Hess. Vf. Nr. 70, 14. Juni 1851, S. 277 f.; Nr. 71, 17. Juni 1851, S. 28 f.; Nr. 74, 24. Juni 1851, S. 293 f.; Nr. 75, 26. Juni 1851, S. 298 f.; Nr. 76, 28. Juni 1851, S. 302 f.
63 *Vilmar* in: »Ein neuer Revolutionsprediger« Hess. Vf. Nr. 73, 11. September 1852, S. 291.
64 *Marx/Engels:* Manifest der Kommunistischen Partei. Berlin 1967, S. 57 f.
65 *Vilmar* in: »Republik und Communismus« Hess. Vf. Nr. 21, 31. Mai 1848, S. 87. Die Serie wurde fortgesetzt: Hess. Vf. Nr. 22, 3. Juni 1848; Nr. 23, 7. Juni 1848; Nr. 24, 10. Juni 1848.
66 Hess. Vf. Nr. 21, S. 88.
67 Ebd.
68 Ebd.
69 Ebd., S. 101.
70 Vgl. *Marx/Engels* Kommunistisches Manifest, S. 63.
71 Vgl. S. 263 dieses Kapitels.
72 Ebd.
73 *Vilmar* in: »Abschluß der Revolution« Hess. Vf. Nr. 80, 13. Dezember 1848, S. 321.
74 Ebd.
75 Ebd.
76 Ebd.
77 *Vilmar* in: »Was soll nun werden«, Hess. Vf. Nr. 55, 11. Juni 1849, S. 217.
78 Ebd., S. 218.
79 *Vilmar* in: »Das Gesetz«, Hess. Vf. Nr. 61, 1. August 1849, S. 241.
80 Ebd., S. 242.
81 Martin *Luther,* Wider die räuberischen und mörderischen Rotten der Bauern. 1525.
82 »Was soll nun werden«, S. 219.
83 *Vilmar* in: »Der Kampf gegen die Revolution«, Hess. Vf. Nr. 121, 7. Dezember 1850, S. 489.
84 *Vilmar* in: »Wozu haben wir die Revolution gehabt?« Hess. Vf. Nr. 55, 8. Mai 1851, S. 218.
85 Vgl. Helmut *Böhme:* Prolegomena zu einer Sozial- und Wirtschaftsgeschichte Deutschlands im 19. und 20. Jahrhundert. Frankfurt 1968, S. 44 f.

Zur Bedeutung Vilmars und Gelzers für die Germanistik nach 1848

1 Vgl. M. *Pehlke:* Aufstieg und Fall der Germanistik – von der Agonie einer bürgerlichen Wissenschaft. In: Ansichten einer künftigen Germanistik. Hrsg. v. Jürgen *Kolbe,* München 1969, S. 22 f.
2 *Vilmar* in: »Gervinus«, Hess. Vf. Nr. 7, 22. Januar 1853, S. 12.
3 Eberhard *Lämmert:* Germanistik eine deutsche Wissenschaft. Frankfurt 1967, S. 18 f.
4 Ebd., S. 18 f.
5 Deutsches Bücherverzeichnis 21, 2, 1936–1940, S. 1316.

Die bildenden Künste im Dienste der nationalen Einigung

1 Vgl. Volker *Plagemann,* Das deutsche Kunstmuseum 1790–1870, München 1967.

2 Näher auf die Geschichte der Kunstgeschichte einzugehen, kann hier nicht die Aufgabe sein. Verwiesen sei auf die beiden zusammenfassenden Darstellungen von Wilhelm Waetzoldt, Deutsche Kunsthistoriker, 2 Bde., Leipzig 1921–1924 und Udo *Kultermann,* Geschichte der Kunstgeschichte, Wien/Düsseldorf 1966. Einige für das Entstehen der Kunstgeschichte wichtige Faktoren seien hier skizzenhaft angedeutet:
Der enzyklopädische Humanismus des 18. Jahrhunderts bringt mit der Griechenlandsehnsucht ein utopisches Modell und ein bürgerliches Kampfmittel gegen den obsolutistischen Staat (vgl. *Kultermann,* a.a.O., S. 117). Winckelmann setzt mit seiner »Geschichte der Kunst des Altertums« (1764) die Kunstgeschichte gegen die vorher übliche, seit Vasari praktizierte Künstlergeschichte ab. Mit der Einbeziehung des Zeitfaktors tritt eine neue, entscheidende Kategorie in die Betrachtung künstlerischer Phänomene. Winckelmann, der die Verschiedenheit der Kunststile der antiken Welt nicht nur aus der Verschiedenheit des Könnens, der Inhalte, der Künstlermoral, sondern auch aus den Verhältnissen des Staates, der Gesellschaft und der Religion erklärt, meint somit auch die Veränderung der politischen Verhältnisse, wenn er in der Vorrede der »Geschichte der Kunst des Altertums« schreibt: »Die Geschichte der Kunst soll den Ursprung, das Wachstum, die Veränderung und den Fall derselben nebst dem verschiedenen Stile der Völker, Zeiten und Künstler lehren und dieses aus den übriggebliebenen Werken des Altertums, so viel möglich ist, beweisen.«
Den ersten Versuch, den ganzen Stoff der nachantiken Entwicklung zu überblicken, unternimmt Johann Domenico Fiorillo, der 1813 in Göttingen einen Lehrauftrag »für Zeichenkunst und die auf die bildenden Künste sich beziehenden Wissenschaften durch Erteilung eines geschmackvollen Unterrichts« erhält (vgl. *Waetzholt,* a.a.O., Bd. 1, S. 287 ff.).
Der erste Lehrstuhl, speziell für Kunstgeschichte, wird 1825 in Königsberg eingerichtet.
Mit dem Aufkommen des Ideals vom Nationalstaat stellt sich die Kunstgeschichte ganz in den Dienst dieser neuen Idee (Kölner Dombau als Nationaldenkmal, Germanisches Nationalmuseum in Nürnberg, vgl. auch die folgenden Ausführungen). Mit der gewaltsamen Durchsetzung des Nationalstaates verliert die Kunstgeschichte ihre unmittelbare ideologische Funktion. Ein Rückzug vom Inhaltlichen findet statt zugunsten einer positivistischen Stilforschung.

3 Vgl. Paul *Clemen,* Rheinische Kunstdenkmäler und ihr Schicksal, in: Paul *Clemen,* Gesammelte Aufsätze, Düsseldorf 1948, S. 160 ff. – Friedrich *Mielke,* Das Original und der wissenschaftliche Denkmalbegriff, in: Deutsche Kunst und Denkmalpflege 1961, S. 3 f. – Hartwig *Beseler,* Denkmalpflege als Herausforderung, in: D. K. D., 1969, S. 7. – Werner *Bornheim* gen. Schilling, 1945–1970 –. 25 Jahre Denkmalpflege, in: D. K. D. 1970, S. 3 f.

4 Theodor *Hampe,* Das Germanische Nationalmuseum von 1852–1902. Festschrift zur Feier seines fünfzigjährigen Bestehens. Nürnberg 1902, S. 24.

5 Noris – Zwei Reden bei der Hundertjahrfeier des Germanischen Nationalmuseums am 9. und 10. Aug. 1952 in Nürnberg, S. 22 f.

6 Thomas *Nipperdey* gibt in seinem Aufsatz »Nationalidee und Nationaldenkmal in Deutschland im 19. Jahrhundert« (Historische Zeitschrift 206, 1968, S. 532) folgende Definition des Nationaldenkmals: »Man könnte in Ermangelung einer sachbezogenen Definition nominalistisch sagen, Nationaldenkmal ist, was als

Nationaldenkmal gilt. Diese Geltung freilich hängt ... von Sachbedingungen ab, in erster Linie davon, ... wie weit die Nation als Ganzes in einem Denkmal, in dem eine Vergangenheit, sei es Ereignis oder Person, Mythos oder Geschichte, vergegenwärtigt (Hermann 1875, Leipziger Völkerschlacht 1913), in dem eine Gegenwart verewigt (Reichsgründung: Niederwald 1883, Bismarck seit etwa 1895), in dem eine Idee sichtbar gemacht wird (Walhalla, oder die in Deutschland nicht gebauten Freiheitsdenkmäler), sich selbst repräsentiert findet, wieweit ihr im Bekenntnis zu dem Dargestellten ihre Identität mit sich selbst anschaulich werden kann und wieweit darum dem Denkmal eine integrierende Funktion zukommt. Das Nationaldenkmal ist ein Versuch, der nationalen Identität in einem anschaulichen, bleibenden Symbol gewiß zu werden.«

7 Friedrich *Engels,* Ernst Moritz Arndt, in: Karl *Marx*/Friedrich *Engels,* Über Kunst und Literatur, Bd. 2, Berlin 1968, S. 471 f.

8 Ebd., S. 473.

9 Vollendet 1828. München, Neue Staatsgalerie (Öl auf Lwd.; 94 × 104,3 cm; unbez.; Inv. 589).

10 Margaret *Howitt,* Friedrich Overbeck – Sein Leben und sein Schaffen, Bd. 2, Freiburg 1886, S. 71.

11 Vgl. dazu Berthold *Hinz,* Dürers Gloria – Kunst, Kult, Konsum. Katalog der gleichnamigen Ausstellung, Berlin 1971, S. 24. *Ders.*, Zur Dialektik des bürgerlichen Autonomie-Begriffs, in: *Müller, Bredekamp* u. a., Autonomie der Kunst – Zur Genese und Kritik einer bürgerlichen Kategorie, Frankfurt 1972, S. 177 ff. (edition suhrkamp 592).

12 Friedrich Theodor *Vischer,* Kunstbestrebungen der Gegenwart. Zuerst erschienen in den Jahrbüchern der Gegenwart, Jahrg. 1843, Nr. 25 ff. Zit. nach: F. Th. *Vischer,* Kritische Gänge, hrsg. v. Robert *Vischer,* Bd. 5, München 1922, S. 60.

13 *Howitt,* a.a.O., Bd. 1, S. 526.

14 Die Skulpturen des Südgiebels sind 1838 vollendet. Vgl. Frank *Otten*/Karl *Eidlinger,* Ludwig Michael Schwanthaler, München 1970, S. 45 ff.

15 Zur Ikonographie und zu den geistesgeschichtlichen Voraussetzungen vgl. Leopold *Ettlinger,* Denkmal und Romantik – Bemerkungen zu Leo von Klenzes Walhalla, in: Festschrift für Herbert von Einem, Berlin 1965, S. 60–70.

16 Vgl. *Nipperdey,* a.a.O., S. 555.

17 Ratisbona und Walhalla. Denkschrift auf die Festfeier bey [...] der Anwesenheit Ihrer Koeniglichen Majestäten von Bayern in Regensburg [...] 1830. Regensburg 1831, S. 127.

18 Vgl. Aloys *Ruppel,* Die Errichtung des Mainzer Gutenberg-Denkmals, Mainz 1937.

19 E. *Wagner,* in: Frankfurter Journal, August 1837. Zit. nach *Nipperdey,* a.a.O., S. 558.

20 Vgl. B. *Hinz,* Dürers Gloria – Kunst, Kult, Konsum, Katalog der gleichnamigen Ausstellung, Berlin 1971, S. 34 f.

21 Jakob *Grimm,* Rede auf Schiller, Berlin 1859, S. 23. Zit. nach Paul *Raabe,* Dichterverherrlichung im 19. Jahrhundert, in: Bildende Kunst und Literatur, hrsg. von Wolfdietrich *Rasch,* Frankfurt 1970. S. 79–97 (Studien zur Philosophie und Literatur des 19. Jahrhunderts, Bd. 6).

22 Anastasius *Grün,* Gesammelte Werke. Hrsg. von L. A. *Frankl.* Bd. 1. 1877. S. 204 f. Zit. nach *Raabe,* a.a.O., S. 92.

23 Der Kopf Schillers kopiert die Schiller-Büste Johann Heinrichs Danneckers aus den Jahren 1805–1810. Nur Lorbeer- und Strahlenkranz sind moderne Zutat.

24 Die ersten Denkmäler dieser Art wurden für Luther 1819 in Wittenberg, für Blücher 1819 in Rostock, für Melanchton 1826 in Nürnberg, für Franke 1829 in Halle, für Gutenberg 1837 in Mainz, für Dürer 1837 in Nürnberg und für Schiller 1839 in Stuttgart errichtet.

25 Hermann *Glaser,* Ein deutsches Mißverständnis – Die Walhalla bei Regensburg, in: Wallfahrtsstätten der Nation, Frankfurt 1971, S. 78 f. (Reihe Fischer 19).

26 Das Original ist verloren. Steinle schenkte die hier abgebildete Wiederholung seinem Freunde, dem konservativen Abgeordneten August Reichensperger, als das Parlament aufgelöst wurde. Vgl. Edward von *Steinle,* des Meisters Gesamtwerk in Abbildungen hrsg. von Alphons M. *Steinle,* Kempten/München 1910, Abb. 303, und M. *Spahn,* Philipp Veit, Bielefeld und Leipzig 1901, S. 88. Hier wird die »Germania« als eine alleinige Arbeit Veits bezeichnet.

27 Schorns Kunstblatt Nr. 51, 1827, S. 203 f.

28 Hermann *Schmidt,* Ernst von Bandel – Ein deutscher Mann und Künstler, Hannover 1892, S. 99.

29 *Schmidt,* a.a.O., S. 112.

30 Vgl. Richard *Kuehnemund,* Arminius or the Rise of a National Symbol in Literature, New-York 1966. University of North Carolina Studies in the Germanic Languages and Literatures.

31 Zu einer anderen Bewertung gelangt *Nipperdey,* a.a.O., S. 559. Er ordnet das Hermann-Denkmal dem »nationaldemokratischen Typus« zu und vertritt die Ansicht (a.a.O., S. 569), daß neben dem gemäßigt konstitutionellen Ideal der Harmonie zwischen Herrscher und Volk auch liberale Gedanken in die Denkmalbewegung eingeströmt seien, die eine Freiheit auch nach innen meinen.

32 *Schmidt,* a.a.O., S. 133.

33 Schorn's Kunstblatt Nr. 19, 1839, S. 74.

34 Uhland an Eduard von Schenk, Tübingen, 13. Januar 1841, in: Uhlands Briefwechsel, hrsg. von J. *Hartmann,* Teil III, Stuttgart/Berlin 1912, S. 173.

35 H. E. *Mittig,* Zu Joseph Ernst von Bandels Hermannsdenkmal im Teutoburger Wald, in: Lippische Mitteilungen aus Geschichte und Landeskunde, 37. Bd. 1968, S. 220.

36 *Schmidt,* a.a.O., S. 139.

37 *Mittig,* a.a.O., S. 220.

38 *Schmidt,* a.a.O., S. 123.

39 Der Schlußsatz der Grundsteininschrift von 1842 lautet: »Auch an vielen anderen Orten der preußischen Monarchie und in den deutschen Nachbarstaaten bildeten sich zu diesem Zwecke (Ausbau des Domes) Vereine, um den erhabensten Tempel der Christenheit als Denkmal deutscher Eintracht zur Vollendung zu führen.« Vgl. »Der Kölner Dom – Bau- und Geistesgeschichte«, Katalog der Ausstellung im Historischen Museum Köln, 1956, S. 119. Auch im Ausland konstituierten sich zahlreiche Hilfsvereine. Heine, der später mit beißendem Spott das Dombauprojekt ablehnte, war 1842 Vizepräsident des Pariser Hilfsvereins. Vgl. Karl R. H. *Hessel,* Heinrich Heines Verhältnis zur bildenden Kunst, Marburg 1931, S. 38 (Beiträge zur deutschen Literaturwissenschaft Nr. 39). Eberhard *Galley,* Heine und der Kölner Dom, in: Deutsche Vierteljahrschrift für Literaturwissenschaft und Geistesgeschichte, 32. Bd. 1958, S. 99–110.

40 Joseph *Görres,* Rheinischer Merkur, Nr. 151 v. 20. November 1814. Der Dom zu Köln, in: Joseph *Görres,* Gesammelte Schriften, hrsg. von Wilhelm *Schellenberg,* Bd. 6, Köln 1929. Zit. nach: Gertrud *Klevinghaus,* Die Vollendung des Kölner Doms im Spiegel deutscher Publikationen der Zeit von 1800–1842. Phil. Diss. Saarbrücken 1971, S. 24.

41 Friedrich *Schlegel,* Briefe auf einer Reise durch die Rheinlande, Rheingegenden,

die Schweiz und einen Teil von Frankreich (1802–1804). Vgl. *Klevinghaus*, a.a.O., S. 16 ff.

42 Dessau, Staatliche Kunstsammlungen und Museen. Papier, Gouache, 44 × 35 cm, bez.: Heinrich Olivier inv. et fecit 1815.

43 Henrik *Steffens*, Die gegenwärtige Zeit und wie sie geworden, mit besonderer Rücksicht auf Deutschland, 1817. Vgl. *Klevinghaus*, a.a.O., S. 25 ff.

44 Sulpiz Boisseree veranlaßte seit 1807 Sicherungsarbeiten am bestehenden Bau. Vor allem aber hat er durch seine Bemühungen um eine genaue Bestandsaufnahme erst die Ergänzung der fehlenden Bauteile zum Bilde des vollendeten Ganzen ermöglicht. Sein seit 1808 vorbereitetes großes Prachtwerk über den Dom konnte erst 1822–1831 erscheinen, vgl. *Klevinghaus*, a.a.O., S. 28 ff.

45 Wilhelm von Humboldt an Caroline, Frankfurt 17. Dez. 1815, in: W. und C. *Humboldt* in ihren Briefen, hrsg. von A. von *Sydow*, Bd. 5, Berlin 1912, S. 153.

46 Aus der Rede Friedrich Wilhelm IV. anläßlich der Grundsteinlegung am 4. September 1842. Zit. nach *Klevinghaus*, a.a.O., S. 124 f.

47 Moritz *Carriere*, Der Kölner Dom als freie deutsche Kirche. Gedanken über Nationalität, Kunst und Religion beim Wiederbeginn des Baues. Stuttgart 1843, S. 3. Zit. nach *Klevinghaus*, a.a.O., S. 156.

48 Varnhagen von *Ense*, Tagebücher, 2 Bd., Leipzig 1863, S. 111.

49 Ferdinand Freiligrath am 24. Juni 1842 an Lewin Schücking, in: Wilhelm *Büchner*, Ferdinand Freiligrath – Ein Dichterleben in Briefen, Lahr 1881, Bd. 2, S. 21. Zit. nach *Klevinghaus*, a.a.O., S. 138.

50 Heinrich *Heines* sämtliche Werke, mit Einleitungen, erläuternden Anmerkungen und Verzeichnissen sämtlicher Lesarten, hrsg. von Ernst *Elster*, Leipzig o. J. (1887 bis 1890), Bd. 7, S. 216 f.
Vgl. Anm. 39.

51 *Solgers* nachgelassene Schriften und Briefwechsel, hrsg. von Ludwig *Tieck* und Friedrich von *Raumer*, Bd. 1, Leipzig 1826, S. 124.

52 Friedrich *Engels*, Siegfrieds Heimat, in: Telegraph für Deutschland, Dez. 1840, S. 105–109.

53 Bereits der erste Herausgeber der neuhochdeutschen Übertragung, F. H. von der Hagen, wird durch dieses Lied »mit Stolz und Vertrauen auf Vaterland und Volk, mit Hoffnung auf dereinstige Wiederkehr Deutscher Glorie und Weltherrlichkeit« erfüllt. F. H. von der *Hagen*, Der Nibelungen Lied, Berlin 1807, S. 3.

54 Henriette Herz – Ihr Leben und ihre Erinnerungen, hrsg. von J. *Fürst*, Berlin 1858, S. 309 ff.

55 F. H. von der *Hagen*, Heldenbilder aus den Sagenkreisen Karls des Großen, Arthurs, der Tafelrunde und des Grals, Attilas, der Amelungen und Nibelungen, Breslau 1821–1823.

56 von der *Hagen*, ebd., ohne Seitenzählung.

57 Ebd.

58 A. W. *Schlegels* Vorlesungen über Schöne Litteratur und Kunst, dritter Teil (1803 bis 1804), Geschichte der romantischen Litteratur, Heilbronn 1884, S. 122.

59 F. H. von der *Hagen*, a.a.O., ohne Seitenzählung.

60 A. W. *Schlegel*, a.a.O., S. 98.

61 Jacob Grimm an Karl Lachmann, Cassel, 24. Okt. 1820, in: Briefwechsel der Brüder Jacob und Wilhelm *Grimm* mit Karl Lachmann, hrsg. von Albert *Leitzmann*, Jena 1927, S. 232.

62 Wilhelm Grimm an Karl Lachmann, Cassel, 30. Nov. 1824, ebd., S. 449 f.

63 Die romantische Poesie, Maskenzug, aufgeführt zum Geburtstagsfeste der Durchlauchtigsten Herzogin von Sachsen-Weimar am 30. Januar 1810, in: Journal des

Luxus und der Moden, März 1810, S. 139–154. – Heinrich *Düntzer*, Goethes Maskenzüge, Leipzig 1886, S. 60–94.

64 *Goethe* – Gedenkausgabe der Werke, Briefe und Gespräche, hrsg. von E. *Beutler*, Zürich 1948–1960, Bd. 3, S. 555.

65 Schorn's Kunstblatt Nr. 24, 1822, S. 95.

66 Der jetzige Aufbewahrungsort der Zeichnung ist mir nicht bekannt; sie gehörte ehemals zur Sammlung Heumann. 29. Auktion Stuttgarter Kunstkabinett – Roman Ketterer – Nr. 85: Karl Gangloff, Kriemhild an der Leiche Siegfrieds. Feder; 48,2×65,3 cm; dat. »d. 17. Aug. 1812«. 1821 erschien in Heidelberg im Verlag bei Mohr und Winter die Lithographie dieses Blattes, in Stein gezeichnet von Ernst Fries. Beigefügt ist das Sonett Uhlands »Auf Karl Gangloffs Tod«.

67 Vgl. Klaus *Lankheit*, Nibelungen – Illustrationen der Romantik – Zur Säkularisierung christlicher Bildformen im 19. Jahrhundert, in: Zeitschrift für Kunstwissenschaft 1953, 7, S. 95 ff.

68 Georg Wilhelm Friedrich *Hegel*, Ästhetik, Berlin 1955, S. 952.

69 Carl *Courtin*, Carl Ludwig Sands letzte Lebenstage und Hinrichtung, Frankenthal 1821, S. 21.

70 Hermann *Haupt*, H. K. Hofmann, ein Vorkämpfer des deutschen Einheitsgedankens, in: Quellen und Darstellungen zur Geschichte der Burschenschaft und der deutschen Einheitsbewegung, Heidelberg 1912, Bd. 3, S. 346. – Vgl. Jens Christian *Jensen*, Carl Philipp Fohr in Heidelberg und im Neckartal, Heidelberg 1968, S. 30 ff.

71 Alexander *Pagenstecher*, Als Student und Burschenschaftler in Heidelberg von 1816 bis 1819, erster Teil der Lebenserinnerungen von Dr. med. A. Pagenstecher, Leipzig 1913, S. 38.

72 Hans *Gerth*, Die sozialgeschichtliche Lage der bürgerlichen Intelligenz um die Wende des 18. Jahrhunderts. Ein Beitrag zur Soziologie des deutschen Frühliberalismus. Phil. Diss. Frankfurt 1935, S. 75, Anm. 212.

73 Carl Philipp *Fohr*, Die Donaunixen verkünden Hagen die Zukunft. Feder über Blei; 38,7×26,4 cm; Frankfurt a. M., Städelsches Kunstinstitut, 161. – Karl Philipp Fohr, Katalog der Ausstellung im Städelschen Kunstinstitut Frankfurt 1968, Kat. Nr. 229, Tafel 70.
Carl Philipp Fohr, Adolf August Ludwig Follen im Harnisch. Feder/Tusche; 33,6×25,4 cm; unbez.; Heidelberg, Kurpfälzisches Museum, Inv. Nr. Z 255. Jensen, a.a.O., Kat. Nr. 38, Bild 34.

74 Richard *Hiepe*, Humanismus und Kunst, München 1959, S. 23.

75 Gemeint ist das Hermann-Denkmal Ernst von Bandels.

76 Das Gutenberg-Denkmal in Mainz (1837).

77 Das Schiller-Denkmal in Stuttgart (1839).

78 Uhland an Eduard von Schenk, Tübingen, 13. Januar 1841, in: *Uhlands* Briefwechsel, Bd. 3, hrsg. von J. *Hartmann*, Stuttgart 1912, S. 171 ff.

79 So der Münchener Maler Ludwig Igelsheimer, in: Julius Schnorr von *Carolsfeld*, Künstlerische Wege und Ziele, Leipzig 1909, S. 165.

80 Ebd., S. 64. – Vgl. Hans Joachim *Neidhardt*, Zur zeitgenössischen Kritik der Münchener Wandmalereien Julius Schnorrs von Carolsfeld (1794–1872) in: Jahrbuch der Staatlichen Kunstsammlungen Dresden 1967, S. 57–60.

81 Der Maler Moritz von Schwind an Konrad Jahn, München, 1. Januar 1850; in: Otto *Stoessl*, Moritz von Schwind, Briefe, Leipzig o. J., S. 256.

82 Athanasius Graf *Raczynski*, Histoire de l'art moderne en Allgemagne, Bd. 2, Paris 1836–1841, S. 222 ff.

83 Ebd., S. 233 ff.

84 Athanasius Graf *Raczynski,* Histoire de l'art moderne en Allemagne, deutsch von F. H. von der Hagen, Bd. 2, Berlin, S. 5 ff.

85 Urkunde im Grundstein (1853). Vgl. Sigfried Asche, Die Wartburg – Geschichte und Gestalt, Berlin 1962, S. 72.

86 Die erste Fassung des »Sängerkrieges« (1837) befindet sich in der Kunsthalle Karlsruhe, eine zweite (1846) im Städelschen Kunstinstitut in Frankfurt a. M.
1837 hatte Schwind den Stoff aus eigenem Antrieb aufgegriffen. Bei der fast 20 Jahre währenden Beschäftigung mit diesem Thema war Schwind zahlreichen germanistischen Einflüssen ausgesetzt. Aus der Fülle der Überlieferungen und Bearbeitungen haben besonders E. T. A. Hoffmanns Novelle »Der Kampf der Sänger« (1819), Ludwig Bechsteins »Der Sagenschatz und die Sagenkreise des Thüringer Landes« (1835–1837), Anton Ritter von Spauns »Heinrich von Ofterdingen und das Nibelungenlied – Ein Versuch, den Dichter und das Werk für Österreich zu vindizieren« (1840) und wohl auch die Nacherzählung der Brüder Grimm auf Schwinds Vorstellungen Einfluß genommen. Vgl. Conrad *Höfer,* Der Sängerkrieg auf Wartburg – Eine Studie zur Geschichte und Deutung des Schwindschen Bildes. Jena 1942 (Zeitschrift des Vereins für thüringische Geschichte und Altertumskunde, Beiheft 26).
Aus diesen literarischen Vorlagen setzt sich Schwinds eigene Bildidee zusammen: »Der Sängerkrieg auf der Wartburg.
Im Jahr 1207 wurde am Hofe des Landgrafen Herrmann von Thüringen ein Sängerkampf gehalten. Wolfram von Eschenbach, Walther von der Vogelweide, Reimar von Zwettl (der Alte) und Heinrich Schryber singen zu Ehren des anwesenden Landgrafen. Heinrich von Ofterdingen und Bitterolf zum Preise Herzog Leopolds VII. des glorreichen von Österreich – des Vaters der Landgräfin Mathilde.
Nach langem Streite wird Heinrich von Ofterdingen für besiegt und der Abrede gemäß des Lebens verlustig erklärt. Er flüchtet »unter den Mantl« der Landgräfin, die den Streit dahin vermittelt, daß zur Vertheidigung Heinrichs der Meister Klingsor aus Ungarland berufen werde. Dieser, bald ein Heide, Meistersänger, Nekromant, ja als der Teufl selbst, bald als Theologe in der Sage erscheinend, eilt auf dem Hunde Nasion in einem Tage aus Ungarn herbei. Sein Wettstreit mit Wolfram von Eschenbach ist eine Reihe von Räthseln und Querfragen, cabalistischen, theologischen und apocalyptischen Inhalts, persönlichen Angriffen und ironischen Heftigkeiten. Nach zwei Tagen des Kampfes, zwischen denen Eschenbach eine Nacht von bösen Träumen und gespenstigen Ängstigungen vom infernalen Hunde verbringt, erklärt er, überwältigt und verwirrt von immer gesteigerten Anfällen Klingsohrs, sich für besiegt: »Du hast mir all mein Singen genommen«, sind seine eigenen Worte.
Der Herzog (Landgraf?) nimmt den Kampf auf, Stempfl von Eisenach, der Henker, wird von dem Gesinde hinausgehöhnt, und der Schatzmeister tritt auf, sämtliche Sänger reich beschenkt zu entlassen. Schwind«.
Zit. nach *Höfer,* a.a.O., S. 31 f.

87 Schwind an den Großherzog von Sachsen-Weimar, 24. Dez. 1854. *Stoessl,* a.a.O., S. 362 f.

88 *Höfer,* a.a.O., S. 102 ff.

89 *Höfer,* a.a.O., S. 105.

90 *Höfer,* a.a.O., S. 92.

91 Wolfgang *Emmerich,* Zur Kritik der Volkstumsideologie, Frankfurt 1971, S. 54 (edition suhrkamp 502).

1 Lediglich Max *Preitz,* Gründungsmitglied des Deutschen Germanisten-Verbandes von 1912 und 2. Schriftführer der Gesellschaft für Deutsche Bildung von 1920, hat in zwei kleinen Aufsätzen karge Hinweise zur Geschichte der Germanistentage gegeben, ohne indes Fragen nach ideologischer Kontinuität und Diskontinuität zu beantworten: Max *Preitz,* Die Germanistenversammlung in Frankfurt a. M. 1846. In: Deutsche Bildung. 10. Jg., H. 3, Frankfurt a. M. 1929. S. 7–14. – *ders.*: Die Tagungen des alten Deutschen Germanistenverbandes. Eine Rückschau. In: Mitteilungen des Deutschen Germanisten-Verbandes. 1. Jg. (1954), Nr. 2, S. 3–7 u. 2. Jg. (1955), Nr. 4, S. 3–12. – Einige Hinweise bietet auch Franz *Greß,* Germanistik und Politik. Kritische Beiträge zur Geschichte einer nationalen Wissenschaft. Stuttgart-Bad Cannstatt 1971.

2 *Preitz,* 1954, a.a.O., S. 4.

3 *Preitz,* l.c. – *Greß,* a.a.O., S. 120.

4 *Preitz,* l.c.

5 Deutsche Bildung, 14. Jg. (1933), Nr. 3, S. 1 f.

6 Vgl. Walter *Höllerer,* Erste Deutsche Germanistentagung in München. Versuch eines zusammenfassenden Berichts. – In: Erlanger Universität. 4, 10. Nürnberg 1950.

7 *Preitz,* Die Tagungen . . ., a.a.O., S. 3.

7a Jacob *Grimm,* Eröffnungsansprache. In: Verhandlungen der Germanisten zu Frankfurt am Main am 24., 25. und 26. September 1846. Frankfurt a. M. 1847. S. 17. – Nochmals abgedruckt in: Jacob *Grimm,* Kleinere Schriften, a.a.O., Bd. 7, Berlin 1884. S. 562.

8 Karl August *Varnhagen von Ense,* Tagebücher. Bd. 3, Leipzig 1862. S. 447.

9 Über das Zustandekommen des Tagungsberichtes und die Zusammensetzung des Redaktionskollegiums berichtet Johann Andreas *Schmeller,* Tagebücher 1801–1852. Hg. v. P. *Ruf,* Bd. II, München 1956. S. 436 (28. IX. 1846).

10 Verhandlungen, a.a.O., S. 5 f.

11 Verhandlungen, a.a.O., S. 6.

12 Verhandlungen, a.a.O., S. 132–140.

13 *Preitz,* 1929, a.a.O., S. 9.

14 Vgl. *Schmeller,* Tagebücher, a.a.O., Bd. 2, S. 436. – *Preitz,* 1929, a.a.O., S. 8.

15 August Ludwig Reyscher (1802–1880), war Turner und Burschenschafter, seit 1837 Ordinarius ›für deutsche und württembergische Rechtsgeschichte‹ in Tübingen; Schwiegersohn Dahlmanns. – Vgl. ADB, XXVIII, S. 360–368. – Verhandlungen, a.a.O., S. 9 f.

16 Verhandlungen, a.a.O., S. 10; der Wortlaut der Geschäftsordnung S. 141 ff.

17 Verhandlungen, a.a.O., S. 11.

18 Verhandlungen, a.a.O., S. 7.

19 Verhandlungen, a.a.O., S. 3. – *Preitz,* 1929, a.a.O., S. 7.

20 *Preitz,* 1929, a.a.O., S. 8.

21 Vgl. die Darlegungen von U. *Schulte-Wülwer,* oben S. 280. – *Schmeller* erwähnte in seinem Tagebuch (a.a.O., S. 433), daß »nur die Nische für Friedrich den Schönen noch leer steht.« Der erhöhte Sitz des Versammlungsleiters J. Grimm stand unter dem Bildnis Maximilians I.

22 Verhandlungen, a.a.O., S. 7.

23 *Schmeller,* a.a.O., S. 435.

24 Verhandlungen, a.a.O., S. 18.

25 J. *Grimm,* Kl. Schr., a.a.O., Bd. VII, S. 571.

26 *Preitz,* 1929, a.a.O., S. 13.
27 Wilhelm *Scherer*, Jacob Grimm. Neudruck der 2. Aufl., hg. v. S. v. d. *Schulenburg*. Berlin 1921. S. 205.
28 Verhandlungen, a.a.O., S. 17 f.
29 *Preitz,* 1929, a.a.O., S. 9.
30 Eberhard *Lämmert,* Germanistik – eine deutsche Wissenschaft. Frankfurt/M. 1967. S. 28.
31 J. *Grimm,* Kl. Schr., Bd. VII, S. 556 ff. – Verhandlungen, a.a.O., S. 11 ff.
32 Verhandlungen, a.a.O., S. 11.
33 Verhandlungen, l.c.
34 Verhandlungen, a.a.O., S. 16.
35 Verhandlungen, a.a.O., S. 18 ff.
36 Verhandlungen, a.a.O., S. 32 ff., 39 f.
37 Verhandlungen, a.a.O., S. 40 ff.
38 Verhandlungen, a.a.O., S. 50.
39 Verhandlungen, a.a.O., S. 51.
40 Ebd.
41 Vgl. S. 6 ff. u. 113 ff.
42 Verhandlungen, a.a.O., S. 103.
43 Verhandlungen, a.a.O., S. 63.
44 Verhandlungen, a.a.O., S. 63 f.
45 Verhandlungen, a.a.O., S. 70 f.
46 Verhandlungen, a.a.O., S. 74.
47 Verhandlungen, a.a.O., S. 82.
48 Verhandlungen, a.a.O., S. 83.
49 Verhandlungen, a.a.O., S. 84.
50 Mittermaier weist in einem Referat vor der juristischen Abteilung darauf hin, daß als »Genossenschaft« die »sogenannte Gewerkschaft im Bergrechte« aber auch »Actiengesellschaften« zu bezeichnen seien: Verhandlungen, a.a.O., S. 158. – Über »Handelsschiedsgerichte« S. 166 ff.
51 Verhandlungen, a.a.O., S. 100.
52 Verhandlungen, a.a.O., S. 111.
53 Verhandlungen, a.a.O., S. 13.
54 Verhandlungen, a.a.O., S. 117.
55 Verhandlungen, a.a.O., S. 121.
56 Verhandlungen, a.a.O., S. 114.
57 Jacob *Grimm,* Kleinere Schriften, a.a.O., Bd. VIII, S. 315.
58 Vgl. unsere Ausführungen oben S. 8 f.
59 Verhandlungen, a.a.O., S. 60.
60 Verhandlungen, a.a.O., S. 130.
61 Vgl. oben S. 8.
62 Verhandlungen, a.a.O., S. 114.
63 J. *Grimm,* Kl. Schr., a.a.O., Bd. VIII, S. 315.
64 *Schmeller*, Tagbücher, a.a.O., Bd. II, S. 434; Verhandlungen, a.a.O., S. 227 ff.
65 Verhandlungen, a.a.O., S. 111.
66 Verhandlungen, a.a.O., S. 6.
67 Verhandlungen, a.a.O., S. 113.
68 Ebd.
69 Ebd.
70 Ebd.
71 Verhandlungen, a.a.O., S. 200.
72 Verhandlungen, a.a.O., S. 213

73 Verhandlungen, a.a.O., S. 203 f.
74 Vgl. ADB, Bd. I, S. 655–658.
75 Verhandlungen, a.a.O., S. 230.
76 Jacob *Grimm*, Bericht über das Germanische Museum (Manuskript, 7. IV. 1859). Kl. Schr., a.a.O., Bd. 552–555. – Zit. S. 552.
77 A.a.O., S. 553.
78 Augsburger Allgemeine Zeitung, 7. X. 1847 (Nr. 280), Beilage, S. 155.
79 Zitiert nach J. *Grimm*, Kl. Schr., a.a.O., Bd. VII, S. 579.
80 J. *Grimm*, Kl. Schr., a.a.O., Bd. VIII, S. 467.
81 Die Augsburger Allgemeine Zeitung (AAZ) berichtete am 4. X. (Nr. 277), 5. X. (Nr. 278), 7. X. (Beilage zu Nr. 280), 8. X. (Beilage zu Nr. 281) und 10. X. (Beilage zu Nr. 283) – Wir zitieren im folgenden immer nach der Zeitungsnummer.
82 AAZ Nr. 280 Beil.
83 Ebd.
84 Ebd.
85 AAZ Nr. 277.
86 Ebd.
87 AAZ Nr. 280.
88 Angaben bei Heinrich *Bechtel*, Wirtschafts- und Sozialgeschichte Deutschlands. München 1967. S. 325. – *Steiger*, a.a.O., S. 25 f. – *Mottek*, a.a.O., Bd. II, S. 227.
89 Jacob *Grimm*, Kl. Schr., a.a.O., Bd. VIII, S. 466.
90 AAZ Nr. 283 Beilage.
91 AAZ Nr. 281 Beilage.
92 AAZ Nr. 280 Beilage.
93 So *Mittermaier*, AAZ Nr. 283 Beilage.
94 Ebd.
95 Ebd.
96 Antrag *Fallati*, AAZ Nr. 281 Beilage.
97 So Prof. *Wurm*, Hamburg, in dem Eröffnungsreferat »Das nationale Element in der Geschichte der deutschen Hanse«, AAZ Nr. 280 Beilage.
98 Frank *Eyck*, Deutschlands große Hoffnung. Die Frankfurter Nationalversammlung 1848/49. München 1973, S. 121.
99 *Eyck*, a.a.O., S. 119.
100 Ebd.
101 Vgl. *Eyck*, a.a.O., S. 56 f. – *Gebhardt*, a.a.O., Bed. 3, S. 137.
102 *Eyck*, a.a.O, S. 63.
103 Verhandlungen, a.a.O., S. 196.
104 *Feldmann*, a.a.O., S. 238.
105 *Eyck*, a.a.O., S. 125. – Weitere Teilnehmer der Germanistentage, die Abgeordnete in der Nationalversammlung wurden: Pastor K. Jürgens (Stadtoldendorf), Rößler (Wien), Fr. W. Schubert (Prof. Univ. Königsberg), Conrector Fr. Schulz (Weilburg), Prof. Stenzel (Breslau), Prof. Wurm (Hamburg).
106 Georg *Waitz*, Zum Gedächtnis an Jacob Grimm. 1863. In: Abhandl. der Kgl. Gesellsch. d. Wiss. Göttingen, Bd. XI. Göttingen 1864. S. 23. Vgl. *Feldmann*, a.a.O., S. 285 f.
107 W. *Scherer*, Jacob Grimm, a.a.O., S. 207.

Bildquellennachweis

Abb. 1. Ludwig Emil Grimm: Jacob Grimm bei der Vorlesung in seiner Göttinger Wohnung an der Allee am 28. Mai 1830. – Städtisches Museum Göttingen. Photo: nach Aufnahme des Museums.

Abb. 2. Anonym: Satire auf die Verfolgung und Unterdrückung der Intellektuellen im Vormärz. (D. F. Strauß und H. Hoffmann von Fallersleben werden mit Polizeigewalt vom Katheder getrieben.) Lithographie (Flugblatt), ca. 1842. – Staatliche Graphische Sammlung München. Photo: Staatl. Graph. Sammlung München.

Abb. 3. Carl Schumacher: Jugendporträt Heinrich Hoffmann von Fallersleben. Öl auf Leinwand (114 × 88 cm). – Staatliche Museen zu Berlin-DDR. Photo: Photograph. Abtlg. der Staatl. Museen zu Berlin-DDR.

Abb. 4. Friedrich Overbeck: Italia und Germania. – München, Neue Staatsgalerie. Photo des Verfassers.

Abb. 5. Ludwig Schwanthaler: Südgiebel der Walhalla bei Regensburg. Photo nach: Frank Otten/Karl Eidlinger, Ludwig Michael Schwanthaler, München 1970.

Abb. 6. J. L. Deifel: Dürers Denkmal im Jahre 1840. – Städtisches Museum Nürnberg. Photo: Hauptamt für Hochbauwesen Nürnberg.

Abb. 7. Anonym: Proklamation König Ludwigs I. von Bayern mit dem Angebot einer bürgerlichen Verfassung. – Hauptamt für Hochbauwesen Nürnberg. Photo: Hauptamt für Hochbauwesen Nürnberg.

Abb. 8. Anonym: Karikatur auf die Schiller-Feiern 1859. Aus dem Kladderadatsch. Photo nach dem Katalog »1871 – Fragen an die deutsche Geschichte«, Abb. 158. Ausstellung im Reichstagsgebäude in Berlin und in der Paulskirche in Frankfurt 1971.

Abb. 9. Leo von Klenze: Inneres der Walhalla bei Regensburg. Photo nach: Oswald Hederer, Leo von Klenze. Persönlichkeit und Werk, München 1964, Abb. 181.

Abb. 10. Edward von Steinle und Philipp Veit: Germania. – ehemals im Besitz des Landgerichtspräsidenten K. Reichensperger in Koblenz; jetztiger Aufbewahrungsort unbekannt. Photo nach: Edward von Steinle, des Meisters Gesamtwerk in Abbildungen, hrsg. durch Alphons M. Steinle. Kempten/ München 1910, Abb. 303.

Abb. 11. Julius Schnorr von Carolsfeld: Wandentwurf mit einer Szene aus dem Nibelungenlied für die Münchener Residenz. – Staatliche Kunstsammlungen Dresden, Kupferstich-Kabinett. Photo: Photographische Abteilung der Staatlichen Kunstsammlungen Dresden. Aufnahme: Pfauder.

Abb. 12. Julius Schnorr von Carolsfeld: Kriemhild und Hagen an Siegfrieds Leichnam. Entwurf für die Münchener Residenz 1847. – Staatliche Museen zu Berlin, Kupferstich-Kabinett. Photo: Photographische Abteilung der Staatlichen Museen zu Berlin.

Abb. 13. Ernst von Bandel: Entwurf zum Hermann-Denkmal 1838. – Landesmuseum Münster. Photo nach: Ludwig Schreiner, Karl Friedrich Schinkel, Lebenswerk, Deutscher Kunstverlag 1969, Bd. Westfalen, Abb. 133.

Abb. 14. Anonym: Frankfurter Scheißscheibe aus dem Jahre 1842 mit der Darstellung des Hermann-Denkmals des Ernst von Bandel. – Historisches Museum Frankfurt. Photo nach: Schriften des Historischen Museums Frankfurt am Main, Bd. XII.

Abb. 15. Heinrich Olivier: Die Heilige Allianz. – Staatliche Kunstsammlungen und Museen der Stadt Dessau. Photo: Aufnahme des Museums.

Abb. 16. Die Heilige Allianz. – Kunstbibliothek der Staatlichen Museen Preußischer Kulturbesitz, Berlin. Photo nach dem Katalog »1871 – Fragen an die deutsche Geschichte«, Abb. 28.

Abb. 17. G. von Moller: Das rekonstruierte Langhaus des Kölner Domes 1813. Stich aus: Sulpiz Boisseree, Ansichten, Risse und einzelne Teile des Domes von Köln, Stuttgart 1823. Photo nach: Der Kölner Dom, Bau- und Geistesgeschichte, Ausstellung im Historischen Museum Köln 1956, Tf. 54.

Abb. 18. G. Osterwald: Dombaufest vom 4. September 1842. – Historisches Museum Köln. Photo nach: Der Kölner Dom, Bau- und Geistesgeschichte, Tf. 66.

Abb. 19. Anonym: Dombaufest vom 14. August 1848. – Leipziger Illustrierte Zeitung. Photo nach dem Katalog »1871 – Fragen an die deutsche Geschichte« Abb. 68.

Abb. 20. Edward von Steinle: Dombaufest vom 3. Oktober 1855. – Entwurf »Der Ausbau des Domes« für die Fresken im Treppenhaus des alten Wallraf-Richartz-Museums in Köln. – Köln, Zentral-Dombau-Verein. Photo nach: Der Kölner Dom, Bau- und Geistesgeschichte, Tf. 53.

Abb. 21. Friedrich Tieck: Siegfried. – Lithographie zu F. H. von der Hagen, Heldenbilder aus den Sagenkreisen Karls des Großen, Arthurs, der Tafelrunde und des Grals, Attila's der Amelungen und Nibelungen, Breslau 1821–23. – Photo des Verfassers.

Abb. 22. Friedrich Tieck: Volker. – Lithographie zu F. H. von der Hagen, Heldenbilder aus den Sagenkreisen Karls des Großen, Arthurs, der Tafelrunde und des Grals, Attila's der Amelungen und Nibelungen, Breslau 1821–23. – Photo des Verfassers.

Abb. 23. Anonym: Goethes Maskenzug »Die romantische Poesie« in Weimar am 30. Januar 1810. Kupferstich im »Journal des Luxus und der Moden«, 1810. Photo des Verfassers.

Abb. 24. Peter Cornelius: Die Ermordung Siegfrieds. Bleistiftzeichnung 1812. – Städelsches Kunstinstitut Frankfurt. Photo: Aufnahme des Museums.

Abb. 25. Julius Hübner: Titelblatt zur Marbachschen Ausgabe des Nibelungenliedes, Leipzig 1840. Photo des Verfassers.

Abb. 26. Julius Schnorr von Carolsfeld: Titelblatt zur Pfizerschen Ausgabe des Nibelungenliedes, Stuttgart und Tübingen 1843. Photo des Verfassers.

Abb. 27. Karl Gangloff: Siegfried auf der Bahre. Lithographie von Ernst Fries nach der Zeichnung von Karl Gangloff aus dem Jahre 1812. Photo nach: Max von Boehn, Die Nibelungen in der Kunst, Einleitung zu der Simrockschen Ausgabe des Nibelungenliedes, Berlin 1923, S. 29.

Abb. 28. Karl Philipp Fohr: A. A. L. Follen im Harnisch. Federzeichnung 1815. – Kurpfälzisches Museum Heidelberg. Photo nach: Katalog der Ausstellung »Karl Philipp Fohr«, Städelsches Kunstinstitut Frankfurt 1968, Tf. 33.

Abb. 29. Karl Philipp Fohr: Die Donaunixen verkünden Hagen die Zukunft. Federzeichnung. – Städelsches Kunstinstitut Frankfurt. Photo: Aufnahme des Museums.

Abb. 30. Moritz von Schwind: Der Sängerkrieg auf Wartburg. Fresko (Detail). Photo nach: Conrad Höfer, Der Sängerkrieg auf Wartburg. Eine Studie zur Geschichte und Deutung des Schwindschen Bildes. Jena 1942, Abb. 31.

Abb. 31. Moritz von Schwind: Walther von der Vogelweide und Biterolf. Detail des Freskos »Der Sängerkrieg auf Wartburg«. Photo nach Höfer, Abb. 34.

Abb. 32. Karl Friedrich Schinkel: Entwurf zu einem Denkmal Hermann des Cheruskers um 1813. – Berlin, Schinkelmuseum. Photo: Photo Marburg.

Abb. 33. Anton Dominik Fernkorn: Siegfriedstatuette 1851. Seit 1918 verschollen. Photo nach: Friedrich Pollak, Anton D. von Fernkorn, Wien 1911, Abb. 19.

Abb. 34. Ludwig von Schwanthaler: Arminius. Mittelfigur des Nordgiebels der Walhalla. – Photo nach: Frank Otten/Karl Eidlinger, Ludwig Michael Schwanthaler, München 1970.

Bibliographie

Agricola, Erhard u. *W. Fleischer, H. Protze* (Hgg.): Die deutsche Sprache. 2 Bde. Leipzig 1969.
Allgemeine Deutsche Biographie. Hg. durch die Histor. Commission der Königl. Akademie der Wissenschaften (Bayern); 56 Bde., Leipzig 1875 ff.
(*Anonym*): Die Vertretung der neueren deutschen Sprache und Literatur an den Hochschulen des Deutschen Reiches. – In: Allgemeine Zeitung, Augsburg u. Stuttgart, 26. Okt. 1872 (Nr. 300), Beilage, S. 4581–4583.
–: Lehrer der Teutschen Sprache. – In: Allgemeiner Litterarischer Anzeiger. 14. IV. 1801. Sp. 549 f.
–: Rezension zu: *Heinrich Hoffmann von Fallersleben,* Die deutsche Philologie im Grundriß. – In: Heidelberger Jahrbücher der Litteratur. 1837, S. 207.
–: Rezension zu: *Rosenkranz, Karl,* Handbuch einer allgemeinen Geschichte der Poesien, Tl. 1, Leipzig 1832, in: Blätter für literarische Unterhaltung, Jg. 1833, S. 1088.
–: Über Gervinus' neuer Leiteraturgeschichte, in: Blätter für literarische Unterhaltung, Jg. 1843, S. 430–434.
–: Verhandlungen der Germanisten zu Frankfurt a. M. am 24., 25. und 26. September 1846. Frankfurt a. M. 1847.
Anrich, Ernst (Hg.): Die Idee der deutschen Universität. Darmstadt 1956.
Arndt, Ernst Moritz: Ausgewählte Werke, in 16 Bden, hg. v. Robert Geerds. Leipzig o. J. (1909).
Arndt, Ernst Moritz: Einige Anmerkungen zur Länderkunde des Protestantismus und zu Schlegels Geschichte der alten und der neuen Literatur, in: ders., Schriften an und für seine lieben Deutschen, Bd. 3, Leipzig 1845.
Asche, Siegfried: Die Wartburg – Geschichte und Gestalt, Berlin 1962.
Bartels, Adolf: Geschichte der deutschen Literatur. 2 Bde., Leipzig 1901.
Bartsch, Karl: Romantiker und germanistische Studien in Heidelberg 1804–1808, (= Rede zum Geburtsfeste des höchstseligen Großherzogs Karl Friedrich von Baden, 22. Nov. 1881) Heidelberg 1881.
Bech, Helge: Jacob Grimm und die Frankfurter Nationalversammlung. – In: Euphorion Bd. 61, H. 3, Heidelberg 1967, S. 349–360.
Bechtel, Heinrich: Wirtschafts- und Sozialgeschichte Deutschlands. München 1967.
Benjamin, Walter: Der Begriff der Kunstkritik in der deutschen Romantik, in: ders., Schriften, Frankfurt 1955, Bd. 2, S. 420–528.
Benjamin, Walter: Literaturgeschichte und Literaturwissenschaft, in: ders.: Gesammelte Schriften, hg. v. R. Tiedemann und H. Schweppenhäuser, Bd. III, Frankfurt/ M. 1972, S. 283–290
Behler, Ernst: Friedrich Schlegel in Selbstzeugnissen und Bilddokumenten. Reinbek 1966.
Berlepsch, H. (Hg.): Concordanz der poetischen Nationalliteratur der Deutschen, Erfurt 1847.

Beseler, Hartwig: Denkmalpflege als Herausforderung, in: Deutsche Kunst und Denkmalpflege 1969.
Bibliographisches Jahrbuch für den deutschen Buch-, Kunst- und Landkartenhandel, 1853.
Böhme, Helmut: Prolegomena zu einer Sozial- und Wirtschaftsgeschichte Deutschlands im 19. und 20. Jahrhundert, Frankfurt a. M. 1968.
Bornheim gen. *Schilling, Werner*: 1945–1970 – 25 Jahre Denkmalpflege, in: Deutsche Kunst und Denkmalpflege 1970.
Bouterwek, Friedrich: Geschichte der Poesie und der Beredsamkeit seit dem Ende des dreizehnten Jahrhunderts, Göttingen 1801–1819.
Brecht, Bertolt: Me-ti, Buch der Wendungen, in: ders., Gesammelte Werke in 20 Bänden, Frankfurt 1967, Bd. 12, S. 421–589.
Büchner, Wilhelm: Ferdinand Freiligrath – Ein Dichterleben in Briefen, Lahr 1881.
Bürger, Gottfried August: Sämmtliche Werke. Göttingen 1844.
Büsching, Gustav Gottlieb und *Friedrich Heinrich von der Hagen*: Literarischer Grundriß zur Geschichte der Deutschen Poesie von der ältesten Zeit bis in das sechzehnte Jahrhundert. Berlin 1812.
Carl, Rolf-Peter: Prinzipien der Literaturbetrachtung bei G. G. Gervinus, Bonn 1969.
Carriere, Moritz: Der Kölner Dom als freie deutsche Kirche. Gedanken über Nationalität, Kunst und Religion beim Wiederbeginn des Baues. Stuttgart 1843.
Clemen, Paul: Rheinische Kunstdenkmäler und ihr Schicksal, in: Paul Clemen, Gesammelte Aufsätze, Düsseldorf 1948.
Conrady, Karl Otto: Einführung in die neuere deutsche Literaturwissenschaft. Reinbek/Hamburg 1966.
Courtin, Carl: Carl Ludwig Sands letzte Lebenstage und Hinrichtung, Frankenthal 1821.
Düntzer, Heinrich: Goethes Maskenzüge, Leipzig 1886.
Curtius, Friedrich: Heinrich Gelzer. Gotha 1892.
Danzel, Theodor Wilhelm: Rezension der Literaturgeschichte von Theodor Mundt. In: Leipziger Repertorium der deutschen und ausländischen Literatur, Jg. 1846, H. 11, S. 401–405.
Danzel, Theodor Wilhelm: Rezension von R. E. Prutz' Vorlesungen über die deutsche Literatur der Gegenwart, in: Leipziger Repertorium der deutschen und ausländischen Literatur, Jg. 1848, S. 205–211.
Danzel, Theodor Wilhelm: Über die Behandlung der Geschichte der neueren deutschen Literatur, in: Meisterwerke deutscher Literaturkritik, hg. v. Hans Mayer, Berlin 1956, S. 361–370.
Dietrich, Franz: Über die Bedeutung der germanistischen Studien für die Gegenwart, Festrede am 20. Aug. 1854, Marburg 1854.
Dietze, Walter: Junges Deutschland und deutsche Klassik, Berlin 1962.
Dünninger, Josef: Geschichte der deutschen Philologie. – In: Wolfgang Stammler (Hg.), Deutsche Philologie im Aufriß. Bd. 1, Berlin 1957.
Eichhorn, Johann Gottfried: Geschichte der Litteratur, Göttingen 1805–1810.
Eichner, Hans: Friedrich Schlegels Werdegang als Literaturhistoriker, in: Schlegel, F., Geschichte der alten und neuen Literatur, hg. v. E. Behler, Paderborn, München, Wien, S. XI–L.
Emmerich, Wolfgang: Zur Kritik der Volkstumsideologie. Frankfurt a. M. 1971.
Engels, Friedrich: Die Rolle der Gewalt in der Geschichte, in: MEW, Bd. 21, S. 405–462.
Engels, Friedrich: Ernst Moritz Arndt (1841). – In: MEW, Ergänzungsband II, S. 118–131.

Engels, Friedrich: Revolution und Konterrevolution in Deutschland. (1851/52). In: MEW Bd. 8, S. 3–108.
Engels, Friedrich: Siegfrieds Heimat. (1840) – In: MEW, Ergänzungsband II, S. 105–109.
Engels, Friedrich: Wilhelm Wolff, in: MEW, Bd. 19, S. 55–88.
Ettlinger, Leopold: Denkmal und Romantik – Bemerkungen zu Leo von Klenzes Walhalla, in: Festschrift für Herbert von Einem, Berlin 1965.
Euler, Carl: Friedrich Ludwig Jahn. Sein Leben und Wirken. Stuttgart 1881.
Eyck, Frank: Deutschlands große Hoffnung. Die Frankfurter Nationalversammlung 1848/49. München 1973.
Fabricius, J. Andreas: Abriß einer allgemeinen Historie der Gelehrsamkeit. Leipzig 1752.
Feldmann, Roland: Jacob Grimm und die Politik. Kassel o. J. (1970).
Fichte, Johann Gottlieb: Deduzierter Plan einer zu Berlin zu errichtenden höhern Lehranstalt ... (1807) – In: Ernst Anrich, Die Idee der deutschen Universität. Darmstadt 1956, S. 125–217.
Fincke, Franz: Die Gebrüder Schlegel als Literaturhistoriker, Phil. Diss., Kiel 1961.
Freyer, Gershom Kurt: Der Aufstieg der Vernunft, in: Festschrift zum achtzigsten Geburtstag von Georg Lukács, hg. v. Frank Benseler, Neuwied/Berlin 1965.
Galley, Eberhard, Heine und der Kölner Dom, in: Deutsche Vierteljahrschrift für Literaturwissenschaft und Geistesgeschichte, 32. Bd. 1958.
Gebhardt, Bruno: Handbuch der deutschen Geschichte. 9. bearb. Aufl., hg. v. H. Grundmann, Bd. 3, Stuttgart 1970.
Gedicke, Friedrich: Über das Studium der Litteraturhistorie nebst einem Beitrag zu dem Kapitel von den gelehrten Schustern, in: Berlinische Monatsschrift, Jg. 1783, S. 277–297.
Gelzer, Heinrich: Die neuere Deutsche National-Literatur nach ihren ethischen und religiösen Gesichtspunkten. Zur inneren Geschichte des deutschen Protestantismus. 2 Bände, Leipzig 1847–49.
Gelzer, Heinrich (Hg.): Protestantische Monatsblätter. Jg. 1852–1870. Gotha.
Gerstenberg, Heinrich: Deutschland über alles! Vom Sinn und Werden der deutschen Volkshymne. München 1933.
Gerrmann, D.: Geschichte der Germanistik an der Friedrich Schiller Universität Jena. Jena 1954.
Gerstner, Hermann: Brüder Grimm, in Selbstzeugnissen und Dokumenten. Reinbek 1973.
Gerstner, Hermann (Hg.): Die Brüder Grimm. Ihr Leben und Werk in Selbstzeugnissen. Ebenhausen bei München 1952.
Gerth, Hans: Die sozialgeschichtliche Lage der bürgerlichen Intelligenz um die Wende des 18. Jahrhunderts. Ein Beitrag zur Soziologie des deutschen Frühliberalismus. (Phil. Diss.) Frankfurt 1935.
Gervinus, Georg Gottfried: G. G. Gervinus Leben. Von ihm selbst, hg. v. J. Keller, Leipzig 1893.
Gervinus, Georg Gottfried: Geschichte der poetischen Nationalliteratur der Deutschen, Leipzig 1836–1842. Seit der dritten Auflage überarbeitet unter dem Titel: Geschichte der deutschen Dichtung, Leipzig 1871.
Gervinus, Georg Gottfried: Grundzüge der Historik, in: ders., Schriften zur Literatur, hg. v. G. Erler, S. 49–104.
Gervinus, Georg Gottfried: Prinzipien einer deutschen Literaturgeschichtsschreibung, in: Heidelberger Jahrbücher der Literatur Jg. 1833, S. 1194–1239
auch in: *Gervinus*, Schriften zur Literatur, hg. v. G. Erler, Berlin 1962, S. 3–49.

Gervinus, Georg Gottfried: Selbstkritik, in: Hinterlassene Schriften, Wien 1872.

Gervinus, Georg Gottfried: Über Börnes Briefe aus Paris, in: ders., Gesammelte kleine historische Schriften, Karlsruhe 1838, S. 383–410.

Glaser, Hermann: Ein deutsches Mißverständnis – Die Walhalla bei Regensburg, in: Wallfahrtsstätten der Nation, Frankfurt 1971 (Reihe Fischer 19).

Glinz, Hans: Sprachwissenschaft heute. Stuttgart 1967.

Görres, Josef: Der Dom zu Köln, in: Josef Görres, Gesammelte Schriften, hrsg. von Wilhelm Schellenberg, Bd. 6, Köln 1929.

Gress, Franz: Germanistik und Politik. Kritische Beiträge zur Geschichte einer nationalen Wissenschaft. Stuttgart-Bad Cannstatt 1971.

Grässe, Johann, Gottfried Theodor: Lehrbuch einer allgemeinen Litterärgeschichte aller bekannten Völker der Welt, von der ältesten bis auf die neueste Zeit, Dresden 1837–1859.

Grässe, Johann Gottfried Theodor: Rezension von Gervinus' Geschichte der poetischen Nationalliteratur der Deutschen, in: Deutsche Jahrbücher für Wissenschaft und Kunst, Jg. 1842, S. 225–236.

Grässe, Johann Georg Theodor: Übersicht über die seit 1840 erschienenen vorzüglichen Schriften über die deutsche Literaturgeschichte, in: Allgemeine Litteratur-Zeitung, Jg. 1842, S. 554–592.

Griewank, Karl: Deutsche Studenten und Universitäten in der Revolution von 1848. Weimar 1949.

Grimm, Jacob: Kleinere Schriften. Hg. v. E. Ippel, 8 Bde. Berlin 1864–1890.

J. u. *W. Grimm, Briefwechsel*

Ippel, Eduard (Hg.): Briefwechsel zwischen Jacob und Wilhelm Grimm, Dahlmann und Gervinus. Berlin 1885.

Leitzmann, Albert (Hg.): Briefwechsel der Brüder Jacob und Wilhelm Grimm mit Karl Lachmann. Jena 1927.

Schoof, Wilhelm u. *I. Schnack* (Hgg.): Briefe der Brüder Grimm an Savigny. Berlin 1953.

Wendeler, Camillus (Hg.): Briefwechsel des Freiherrn Karl Hartwig Gregor von Meusebach mit Jacob und Wilhelm Grimm. Heilbronn 1880.

Habermas, Jürgen: Strukturwandel der Öffentlichkeit. Neuwied u. Berlin 1964.

von der Hagen, Friedrich Heinrich: Heldenbilder aus den Sagenkreisen Karls des Großen, Arthurs, der Tafelrunde und des Grals, Attilas, der Amelungen und Nibelungen, Breslau 1821–1823.

von der Hagen, Friedrich Heinrich: Der Nibelungen Lied, Berlin 1807.

Hampe, Theodor: Das Germanische Nationalmuseum von 1852–1902. Festschrift zur Feier seines fünfzigjährigen Bestehens. Nürnberg 1902.

Haupt, Hermann: H. K. Hofmann, ein Vorkämpfer des deutschen Einheitsgedankens, In: Quellen und Darstellungen zur Geschichte der Burschenschaft und der deutschen Einheitsbewegung, Bd. 3.

Haym, Rudolf: Die romantische Schule. Berlin 1870.

Hegel, Georg Wilhelm Friedrich: Ästhetik. Hg. v. H. G. Hotho, redig. v. F. Bassenge. Berlin u. Weimar o. J.

Hegel, Georg Wilhelm Friedrich: Phänomenologie des Geistes, in: ders., Werke, Frankfurt/M. 1970, Bd. III.

Hegel, Georg Wilhelm Friedrich: Vorlesungen über die Geschichte der Philosophie, Hamburg 1963.

Hegel, Georg Wilhelm Friedrich: Vorlesungen über die Philosophie der Geschichte, in: ders., Werke, Bd. 12, Frankfurt 1970.

Heine, Heinrich: Die romantische Schule, in: Werke und Briefe, hg. v. Hans Kaufmann, Berlin 1961, S. 7–167.

Heine, Heinrich: Französische Maler, in: Werke und Briefe, hg. v. Hans Kaufmann, Berlin 1961, Bd. 4, S. 297–363.

Heine, Heinrich: Über die »Deutsche Literatur« von Wolfgang Menzel, hg. v. H. Kaufmann, Berlin 1961, Bd. 4, S. 235–249.

Herbart, Johann Friedrich: Erinnerungen an die Göttingische Katastrophe im Jahre 1837. Ein Posthumum. Hg. v. F. Tante. Königsberg 1842.

Herder, Johann Gottfried: Auch eine Philosophie der Geschichte der Menschheit, hg. v. H. G. Gadamer, Frankurt/M. 1967.

Herder, Johann Gottfried: Über die neuere deutsche Literatur, zweite Sammlung, in: ders., Sämtliche Werke, hg. v. B. Suphan, Berlin 1877, Bd. 1, S. 139–143.

Herz, Henriette: Ihr Leben und ihre Erinnerungen, hg. v. J. Fürst, Berlin 1858.

Hessel, Karl R. H.: Heinrich Heines Verhältnis zur bildenden Kunst, Marburg 1931 (Beiträge zur deutschen Literaturwissenschaft Nr. 38).

Hettner, Herrmann: Die deutschen Universitäten und die deutsche Litteratur. – In: Allgemeine Zeitung, Augsburg u. Stuttgart, 31. Okt. 1857, Nr. 304, Beilage, S. 4857.

Heuss, Theodor: Rede bei der Hundertjahrfeier des Germanischen Nationalmuseums, in: Noris – Zwei Reden bei der Hundertjahrfeier des Germanischen Nationalmuseums am 9. und 10. Aug. 1952 in Nürnberg.

Hiepe, Richard: Humanismus und Kunst, München 1959.

Hille, Karl Gustav von: Der Teutsche Palmenbaum: Das ist / Lobschrift Von der Hochlöblichen / Fruchtbringenden Gessellschaft ...; Nürnberg 1647.

Hinz, Bertold: Dürers Gloria – Kunst, Kult, Konsum. Katalog der gleichnamigen Ausstellung, Berlin 1971.

Hinz, Bertold: Zur Dialektik des bürgerlichen Autonomie-Begriffs, in: *Müller, Bredekamp* u. a., Autonomie der Kunst – Zur Genese und Kritik einer bürgerlichen Kategorie, Frankfurt 1972 (edition suhrkamp 592).

Höfer, Conrad: Der Sängerkrieg auf Wartburg – Eine Studie zur Geschichte des schwindschen Bildes. Jena 1942 (= Zeitschrift des Vereins für thüringische Geschichte und Altertumskunde, Beiheft 26).

Höllerer, Walter: Erste Deutsche Germanistentagung in München. Versuch eines zusammenfassenden Berichts. – In: Erlanger Universität. 4, 10. Nürnberg 1950.

Hoffmann von Fallersleben, Heinrich: Die Deutsche Philologie im Grundriß. Ein Leitfaden zu Vorlesungen. Breslau 1836.

Hoffmann von Fallersleben, Heinrich: Die deutschen Studien auf preußischen Universitäten und Schulen. – In: Deutsche Jahrbücher für Wissenschaft und Kunst. Jg. 1842, S. 741–744.

Hoffmann von Fallersleben, Heinrich: Mein Leben. Aufzeichnungen und Erinnerungen. 6 Bde., Hannover 1868.

Hoffmann von Fallersleben, Heinrich: Werke. Auswahl in drei Teilen. Hg. v. Augusta Weldler-Steinberg. Berlin, Leipzig, Wien, Stuttgart o. J.

Hopf, Wilhelm: August Vilmar. Ein Lebens- und Zeitbild. 2 Bde., Marburg 1913.

Howitt, Margaret: Friedrich Overbeck – Sein Leben und sein Schaffen, 2 Bde. Freiburg 1886.

Huber, Victor Aimé (Hs.): Janus. Jahrbücher deutscher Gesinnung, Bildung und That. 1. Band 1847.

Hübner, Rudolf: Jacob Grimm und das deutsche Recht. Göttingen 1895.

Hüppauf, Bernd (Hg.): Literaturgeschichte zwischen Revolution und Reaktion 1830–1870. Frankfurt a. M. 1972.

Hugelmann, Karl Gottfried: Stämme, Nation und Nationalstaat im deutschen Mittelalter. Stuttgart 1955.

Humboldt, Wilhelm von: Ansichten über Ästhetik und Literatur. Seine Briefe an Ch. G. Körner, hg. v. F. Jonas, Berlin 1880.

Humboldt, Wilhelm von: W. und C. Humboldt in ihren Briefen, hg. v. A. von Sydow, Bd. 5, Berlin 1912.

Jahn, Friedrich Ludwig: Werke, hg. v. Carl Euler. Hof 1884.

Jahrbuch für Literaturgeschichte, hg. v. R. Gosche 1 (1865).

Jauss, Hans Robert: Literaturgeschichte als Provokation der Literaturwissenschaft, Frankfurt/M. 1970.

Jensen, Jens Christian: Carl Philipp Fohr in Heidelberg und im Neckartal, Heidelberg 1968.

Kläden: Über die Art und Einrichtung der berlinischen Gesellschaft für deutsche Sprache und Alterthumskunde. – In: Germania, Neues Jahrbuch der Berlinischen Gesellschaft für Deutsche Sprache und Alterthumskunde. Hg. v. Fr. H. v. d. Hagen, Bd. IX, Berlin 1850, S. 300–306.

Keller, Ludwig: Die Großloge zum Palmbaum und die sogenannten Sprachgesellschaften des 17. Jahrhunderts. – In: Monatshefte der Comenius-Gesellschaft, 16. Jg., H. 4, Berlin 1907, S. 189–236.

Klevinghaus, Gertrud: Die Vollendung des Kölner Doms im Spiegel deutscher Publikationen der Zeit von 1800–1842 (Phil. Diss.) Saarbrücken 1971.

Knoop, Gisela: Die Gesamtdarstellungen der deutschen Literatur von August Wilhelm Schlegel bis zu Wilhelm Scherer, Phil. Diss., Münster 1952.

Köln. Der Kölner Dom – Bau und Geistesgeschichte, Katalog der Ausstellung im Historischen Museum Köln 1950.

Körner, Josef (Hg.): Krisenjahre der Frühromantik. Briefe aus dem Schlegelkreis, Brünn, Wien, Leipzig 1936/37, Bd. 4.

Körner, Josef: Nibelungenforschungen der deutschen Romantik. 2. Aufl., Darmstadt 1968.

Korff, H. A.: Geist der Goethezeit. Bd. IV, Leipzig 1958².

Korsch, Karl: Karl Marx, Frankfurt 1967.

Koselleck, Reinhart: Staat und Gesellschaft in Preußen 1815–1848. – In: Hans-Ulrich Wehler (Hg.), Moderne deutsche Sozialgeschichte. Köln u. Berlin, 3. Aufl., 1970.

Kracauer, Siegfried: Über Erfolgsbücher und ihr Publikum, in: Das Ornament der Masse, Frankfurt 1963, S. 64–75.

Krause, G.: Gottsched und Flottwell, die Begründer der Deutschen Gesellschaft in Königsberg. Leipzig 1893.

Kroeschell, Karl: Deutsche Rechtsgeschichte. 2 Bde. Reinbek 1972.

Kuczynski, Jürgen: Die Bewegung der deutschen Wirtschaft von 1800 bis 1846. Meisenheim a. Gl. 1948.

Kühnl, Reinhard: Formen bürgerlicher Herrschaft. Liberalismus – Faschismus. Reinbek b. Hamburg 1971.

Kuehnemund, Richard: Arminius or the Rise of a National Symbol in Literature, New-York 1966. University of North Carolina Studies in the Germanic Languages and Literatures.

Kulturmann, Udo: Geschichte der Kunstgeschichte, Wien/Düsseldorf 1966.

Küttner, Karl August: Charaktere teutscher Dichter und Prosaisten von Kaiser Karl dem Großen bis aufs Jahr 1780, Berlin 1781.

Lambeck, Peter: Prodomus historiae et tabula dupplex chronographia, Hamburg 1710.

Lankheit, Klaus: Nibelungen-Illustrationen der Romantik – Zur Säkularisation christlicher Bildformen im 19. Jahrhundert, in: Zeitschrift für Kunstwissenschaft 1953, 7.

Lämmert, Eberhard u. W. Killy, K. O. Conrady, P. v. Polenz: Germanistik – eine deutsche Wissenschaft, Frankfurt a. M. 1967.

Leibniz, Gottfried Wilhelm: Ermahnung an die Deutschen, ihren Verstand und ihre Sprache besser zu üben, samt beigefügtem Vorschlag einer deutschgesinnten Gesellschaft (1679). Darmstadt 1967.

Lempicki, Sigmund von: Geschichte der deutschen Literaturwissenschaft bis zum Ende des 18. Jahrhunderts. Göttingen 1920.

Lenk, Kurt: ›Volk und Staat‹. Strukturwandel politischer Ideologie im 19. und 20. Jahrhundert. Stuttgart, Berlin, Köln, Mainz 1971.

Lindau, Paul: Unsere Classiker und unsere Universitäten. – In: Die Gegenwart, 2 Jg., 1872, S. 138–140.

Lorenz, Ottokar: Kaiser Wilhelm und die Begründung des Reiches 1866–1871. Jena 1802.

Lüdemann, Wilhelm von: Rezension zu: Laube, Heinrich, Geschichte der deutschen Literatur, in: Blätter für literarische Unterhaltung, Jg. 1840, S. 949.

Lukács, Georg: Die Zerstörung der Vernunft, in: ders., Werke, Bd. 9, Neuwied 1966.

Manso, Johann Caspar Friedrich: Übersicht der Geschichte der deutschen Poesie seit Bodmers und Breitingers kritischen Bemühungen, in: Charaktere der vornehmsten Dichter aller Nationen nebst kritischen und historischen Abhandlungen über alle Gegenstände der schönen Künste und Wissenschaften. Leipzig 1792–1808.

Maren-Griesebach, Manon: Methoden der Literaturwissenschaft, Bern und München 1970.

Marggraf, Hermann: Die deutsche Literaturgeschichtsschreibung und Rudolf Gottschall, in: Blätter für literarische Unterhaltung, Jg. 1855, S. 633–644.

Marholz, Werner: Literaturgeschichte und Literaturwissenschaft, Leipzig 1932.

Marx, Karl u. Friedrich Engels: Die deutsche Ideologie (1845/46). – In: MEW, Bd. 3, S. 9–530.

Marx, Karl: Grundrisse der Kritik der politischen Ökonomie, Berlin 1953.

Marx, Karl: Zur Kritik der Hegelschen Rechtsphilosophie. Einleitung, in: MEW, Bd. 1, S. 378–392.

Marx, Karl und Friedrich Engels: Werke. 39 Bde. u. 2 Erg.-Bde. hg. v. Institut f. Marxismus-Leninismus beim ZK der SED. Berlin 1970 (= MEW).

Maßmann, H. F.: Eröffnungsrede zu den Vorlesungen über das Nibelungenlied und verwandte ältere deutsche Dichtwerke, in: Schorn's Kunstblatt Nr. 51, 1827.

Mielke, Friedrich: Das Original und der wissenschaftliche Denkmalbegriff, in: Deutsche Kunst und Denkmalpflege 1961.

Matthias, Adolf: Geschichte des deutschen Unterrichts, in: Handbuch des deutschen Unterrichts auf höheren Schulen, Bd. 1/1, München 1907.

Mayer, Hans: Danzel als Literaturhistoriker, in: Danzel, Th. W.: Zur Literatur und Philosophie der Goethezeit, hg. v. H. Mayer, Stuttgart 1962, S. V–XLI.

Mayer, Hans: Literaturwissenschaft in Deutschland, in: Fischer-Lexikon der Literatur, hg. v. W. H. Friedrich und W. Killy, Bd. II/1, S. 317–333.

Mehring, Franz: Die Lessing-Legende (1893). – In: F. Mehring, Gesammelte Schriften. Hg. v. Th. Höhle, H. Koch u. J. Schleifstein. Bd. 9. Berlin 1963.

Mehring, Franz: Zur deutschen Geschichte von der Zeit der Französischen Revolution bis zum Vormärz (1789–1847). – In: F. Mehring, Gesammelte Schriften. Hg. v. Th. Höhle, H. Koch u. J. Schleifstein, Bd. 6, Berlin 1965.

Meinecke, Friedrich: Die Deutschen Gesellschaften und der Hoffmannsche Bund. Ein Beitrag zur Geschichte der politischen Bewegungen in Deutschland im Zeitalter der Befreiungskriege. Stuttgart 1891.

Meinecke, Friedrich: Die Entstehung des Historismus, in: ders., Werke, Bd. III, München 1965.

Menzel, Wolfgang: Die deutsche Literatur, Stuttgart 1836.

Mittig, Hans Ernst: Zu Joseph Ernst von Bandels Hermannsdenkmal, in: Lippische Mitteilungen aus Geschichte und Landeskunde, 37. Bd. 1968.

Mittig, Hans-Ernst u. Volker Plagemann (Hg.): Denkmäler im 19. Jahrhundert. Deutung und Kritik, München 1972.

Mottek, Hans: Wirtschaftsgeschichte Deutschlands. Ein Grundriß. 2 Bde. Berlin 1969.

Müller, Adam H.: Vorlesungen über die deutsche Wissenschaft und Literatur. 2. Aufl. Dresden 1807.

Mundt, Theodor: Allgemeine Literaturgeschichte, Berlin 1846.

Mundt, Theodor: Die Literatur der Gegenwart, Berlin 1842.

Mundt, Theodor: Geschichte der Literatur der Gegenwart, Leipzig 1853.

Muschg, Walter: Das Dichterportrait in der Literaturgeschichte, in: Philosophie der Literaturwissenschaften, hg. v. Emil Ermatinger, Berlin 1930, S. 277–315.

Nahrgang, Alfred: Die Aufnahme der wirtschaftlichen Ideen von Adam Smith in Deutschland zu Beginn des 19. Jahrhunderts. Frankfurt a. M. (Diss.) 1933/34.

Neidhard, Hans Joachim: Zur zeitgenössischen Kritik der Münchener Wandmalereien Julius Schnorr von Carolsfeld (1794–1872), in: Jahrbuch der Staatlichen Kunstsammlungen Dresden 1967.

Nipperdey, Thomas: Nationalidee und Nationaldenkmal in Deutschland im 19. Jahrhundert, in: Historische Zeitschrift 206, 1968.

Obermann, Karl: Deutschland 1815–1849. Berlin 1967.

Otten, Frank und Eidlinger, Karl: Ludwig Michael Schwanthaler, Müchnen 1970.

Pagenstecher, Alexander: Als Student und Burschenschafter in Heidelberg von 1816–1819, erster Teil der Lebenserinnerungen von Dr. med. A. Pagenstecher, Leipzig 1913.

Otto, Karl F.: Die Sprachgesellschaften des 17. Jahrhunderts. Stuttgart 1972.

Passow, Wilhelm Arthur: Neue Erscheinungen auf dem Gebiete deutscher Literaturgeschichte, in: Blätter für literarische Unterhaltung. Jg. 1854, S. 745–750.

Paulsen, Friedrich: Geschichte des gelehrten Unterrichts auf den deutschen Schulen und Universitäten vom Ausgang des Mittelalters bis zur Gegenwart, 2 Bde., Leipzig 1897 (2. Aufl.).

Peschken, Bernd: Versuch einer germanistischen Ideologiekritik. Stuttgart 1972 (= Texte Metzler 23).

Plagemann, Volker: Das deutsche Kunstmuseum 1790–1870, München 1967.

Preitz, Max: Die Germanistenversammlung in Frankfurt a. M. 1846. – In: Deutsche Bildung, 10. Jg., H. 3, Frankfurt a. M. 1929, S. 7–14.

Preitz, Max: Die Tagungen des alten Deutschen Germanisten-Verbandes. Eine Rückschau. – In: Mitteilungen des Deutschen Germanisten-Verbandes, 1. Jg. (1954), Nr. 2, S. 3–7; 2. Jg. (1955), Nr. 4, S. 3–12.

Raabe, Paul: Dichterverherrlichung im 19. Jahrhundert, in: Bildende Kunst und Literatur, hg. v. Wolfdietrich Rasch, Frankfurt 1970 (Studien zur Philosophie und Literatur des 19. Jahrhunderts).

Raczynski, Athanasius Graf: Histoire de l'art moderne en Allemagne, Paris 1836–1841.

Raumer, Karl von: Geschichte der Padagogik vom Wiederaufblühen klassischer Studien bis auf unsere Zeit, Stuttgart 1847.

Raumer, Rudolf von: Geschichte der Germanischen Philologie vorzugsweise in Deutschland. München 1870.

Rinne, Karl Friedrich: Innere Geschichte der Entwicklung der deutschen Nationalliteratur, Leipzig 1842.

Rosenbaum, Wolf: Naturrecht und positives Recht. Neuwied 1972.

Rosenkranz, Karl: Das Centrum der Spekulation. Eine Komödie. Königsberg 1840.

Rosenkranz, Karl: Die deutsche Literaturwissenschaft von 1836 bis 1842. Eine Übersicht, in: ders., Reden und Abhandlungen zur Philosophie und Literatur, dritte Folge, Leipzig 1848, S. 189–202.

Rosenkranz, Karl: Rezension von A. W. Bohtz' Geschichte der neueren deutschen Poesie, in: Jahrbücher für wissenschaftliche Kritik, Jg. 1833, S. 267–272 und S. 276–278.

Rosenkranz, Karl: Rezension von Gervinus' Geschichte der poetischen Nationalliteratur der Deutschen, in: Jahrbücher für wissenschaftliche Kritik, Jg. 1836, S. 281–293.

Rothacker, Erich: Einleitung in die Geisteswissenschaften, Tübingen 1920.

Ruf, Paul: Schmellers Persönlichkeit. – In: Joh. Andreas Schmeller, Tagebücher 1801–1852; hg. v. P. Ruf, 2 Bde., München 1954. Bd. I, S. 1*–86*.

Ruppel, Moys: Die Errichtung des Mainzer Gutenberg-Denkmals, Mainz 1937.

Savigny, Friedrich Karl von: Vermischte Schriften. Berlin 1850.

Schenk, Eduard von: Rede zur feyerlichen Grundsteinlegung Walhalla's am 18. Oktober 1830, in: Ratisbona und Walhalla. Denkschrift auf die Festfeier by ... der Anwesenheit Ihrer Koeniglichen Majestäten von Bayern in Regensburg ... 1830. Regensburg 1831.

Scherer, Wilhelm: Geschichte der deutschen Literatur. Berlin 1883.

Scherer, Wilhelm: Jacob Grimm. 2. erw. Aufl., hg. v. S. v. d. Schulenburg. Berlin 1921.

Scherer, Wilhelm: Kleine Schriften. Hg. v. K. Burdach, Berlin 1893.

Leitzmann, Albert (Hg.): Briefwechsel zwischen Karl Müllenhoff und Wilhelm Scherer. Berlin u. Leipzig 1937.

Schlegel, August Wilhelm: Vorlesungen über schöne Litteratur und Kunst, hg. v. J. Minor, Heilbronn 1884.

Schlegel, Friedrich: Lessings Geist aus seinen Schriften, in: ders., Kritische Schriften, hg. v. W. Rasch, München 1964, S. 384–452.

Schlegel, Friedrich: Literary Notebooks 1797–1801, hg. v. H. Eichner, London 1957.

Schlegel, August Wilhelm: A. W. Schlegels Vorlesungen über Schöne Litteratur und Kunst, dritter Teil (1803–1804), Geschichte der romantischen Litteratur, Heilbronn 1884.

Schleiermacher, Friedrich: Gelegentliche Gedanken über Universitäten in deutschem Sinn (1808) – In: Ernst Anrich (Hg.), Die Idee der deutschen Universität. Darmstadt 1956. S. 219–308.

Schmeller, Johann Andreas: Tagebücher 1801–1852. Hg. v. Paul Ruf. 2 Bde., München 1954.

Schmid, Christian Heinrich: Biographie der Dichter, Leipzig 1769–70.

Schmid, Christian Heinrich: Skizze einer Geschichte der teutschen Dichtkunst, in: Olla potrida, Jg. 1780–1790, Bd. 3–7.

Schmidt, Hermann: Ernst von Bandel – Ein deutscher Mann und Künstler, Hannover 1892.
Schmidt, Julian: Geschichte der deutschen Literatur von Leipnitz bis auf unsere Zeit, Berlin 1890.
Schnorr von Carolsfeld, Julius: Künstlerische Wege und Ziele, hg. v. Franz Schnorr von Carolsfeld. Leipzig 1909.
Schoof, Wilhelm: Jacob Grimm als Mitglied der Nationalversammlung. – In: Deutsche Rundschau 228 (1931), S. 126–134.
Schröder, Willi: Burschenturner im Kampf um Einheit und Freiheit. Berlin 1967.
Schubart, Christian Friedrich Daniel: Kritische Scala der vorzüglichsten deutschen Dichter, in: ders., Gesammelte Schriften und Schicksale, Stuttgart 1839, Bd. 6.
Schultz, Franz: Die philosophisch-weltanschauliche Entwicklung der literarischen Methode, in: Philosophie der Literaturwissenschaft, hg. v. Emil Ermatinger, Berlin 1930, S. 1–43.
Schwarz, Walter: August Friedrich Christian Vilmar. Ein Leben für Volkstum, Schutz und Kirche. Berlin 1938.
Schwind, Moritz von: Moritz von Schwind, Briefe, hg. v. Otto Stoessl, Leipzig o. J.
Siebs, Theodor: Zur Geschichte der germanistischen Studien in Breslau. – In: ZfdPh 43 (1911), S. 202–234.
Solger, Ferdinand: Solgers nachgelassene Schriften und Briefwechsel, hg. v. Ludwig Tieck und Friedrich von Raumer, Bd. I, Leipzig 1826.
Spahn, M.: Philipp Veit, Bielefeld/Leipzig 1901.
Steiger, Günter: Aufbruch. Urburschenschaft und Wartburgfest. Leipzig, Jena, Berlin 1967.
Steffens, Henrik: Die gegenwärtige Zeit und wie sie geworden, mit besonderer Rücksicht auf Deutschland. 1817.
Steinle, Edward von: des Meisters Gesamtwerk in Abbildungen, hs. von Alphons M. Steinle, Kempten/München 1910.
Stern, Jaques: Thibaut und Savigny. Zum 100jährigen Gedächtnis des Kampfes um ein einheitliches bürgerliches Recht für Deutschland. 1814–1914. Berlin 1914.
Stolpe, Heinz: Die Auffassung des jungen Herder vom Mittelalter. Ein Beitrag zur Geschichte der Aufklärung, Weimar 1955.
Stolpe, Heinz: Humanität, Französische Revolution und Fortschritte der Geschichte. Zur Urfassung der »Humanitätsbriefe« Herders, in: Weimarer Beiträge, Jg. 1964, S. 199–218 und 545–576.
Streisand, Joachim: Deutschland 1789–1815. Berlin 1961.
Streisand, Joachim: Geschichtliches Denken von der deutschen Frühaufklärung bis zur deutschen Klassik, Greifswald 1964.
Thomasius, Christian: Deutsche Schriften. Hg. v. P. v. Dussel. Stuttgart 1970.
Träger, Klaus: Geschichte und Literaturgeschichte. J. G. Herder und die Krise des historischen Denkens, Phil. Habil., Greifswald 1964.
Uhland, Ludwig: Uhlands Briefwechsel, hg. v. J. Hartmann, 4 Bde. Stuttgart/Berlin 1912.
Ulrici, H.: Rezension des 3. Bandes von Gervinus' Geschichte der poetischen Nationalliteratur der Deutschen, in: Allgemeine Litteratur-Zeitung, Jg. 1842, S. 265–280, 426–452.
Unger, Rudolf: Aufsätze zur Prinzipienlehre der Literaturgeschichte, Berlin 1929.
Unger, Rudolf: Hamann und die Aufklärung, München 1925.
Unger, Rudolf: Literaturgeschichte und Geistesgeschichte, in: Methoden der Literaturwissenschaft, hg. v. V. Zmegač, Frankfurt/M. 1971.

Varnhagen von Ense, Karl August: Denkwürdigkeiten und vermischte Schriften. 9 Bde., Leipzig 1843–1859.
Vico, Giovanni Batista: Die neue Wissenschaft über die gemeinschaftliche Natur der Völker, München 1924.
Vilmar, August Friedrich Christian (Hg.): Der Hessische Volksfreund. Jg. 1848–1853, Marburg.
Vilmar, August Friedrich Christian: Geschichte der deutschen Nationalliteratur, Marburg 1845.
Vischer, Friedrich Theodor: Kunstbestrebungen der Gegenwart, in: F. Th. Vischer, Kritische Gänge, hg. v. Robert Vischer, Bd. 5, München 1922.
Völker, Paul Gerhard: Die inhumane Praxis einer bürgerlichen Wissenschaft. Zur Methodengeschichte der Germanistik, in: Das Argument, Jg. 1968, Nr. 49, S. 431–454.
Vonessen, Hedwig: Friedr. Karl von Savigny und Jacob Grimen (Diss. München 1957). Köln 1968.
Wachler, Ludwig: Handbuch der Geschichte der Litteratur, Frankfurt/M. 1833.
Wachler, Ludwig: Vorlesungen über die Geschichte der teutschen Nationalliteratur, Frankfurt/M. 1834.
Waetzoldt, Wilhelm: Deutsche Kunsthistoriker, 2 Bde., Leipzig 1921–24.
Waitz, Georg: Zum Gedächtnis an Jacob Grimm. – In: Abhandlungen der Kgl. Gesellsch. d. Wiss. Göttingen, Bd. XI, Göttingen 1864.
Wapnewski, Peter: Ansichten einer künftigen Altgermanistik, in: Ansichten einer künftigen Germanistik, hg. v. Jürgen Kolbe, München 1969, S. 105–118.
Weddingen, Otto: Die nationale Reform unserer höheren Lehranstalten. Nebst einem Anhang über die Notwendigkeit einer Professur für neuere Litteratur an den deutschen Hochschulen. Essen u. Leipzig 1880.
Wehler, Hans-Ulrich (Hg.): Moderne deutsche Sozialgeschichte. Köln u. Berlin, 3. Aufl., 1970.
Weimann, Robert: Vergangenheit und Gegenwart in der Literaturgeschichte, in: Literaturgeschichte und Mythologie, Berlin und Weimar 1971.
Wellek, Réné: Geschichte der Literaturkritik 1750–1830, Neuwied 1959.
Wiedeburg, Johann Ernst Basileus: Von dem Betrag des Nutzens der teutschen Gesellschaften auf Akademien. Jena 1777.
Winter, Otto: Ungarn und die deutsche Philologie am Anfang des 19. Jahrhunderts. – In: Euphorion 18 (1911), S. 726–741; 19 (1912) S. 264–283.
Zeune, August: Der fremde Götzendienst. Eine Vorlesung als Einleitung zu dem Vortrage über das Nibelungenlied zu Berlin im Christmond 1813. Gedruckt am Rhein im zweiten Jahre der deutschen Freiheit (o. O.).
Ziegler, Theodor: Geschichte der Pädagogik, in: Handbuch der Erziehungswissenschaft und Unterrichtslehre, hg. v. A. Baumeister, Bd. 1/1, München 1895.
Zycha, Adolf: Deutsche Rechtsgeschichte der Neuzeit. Neuburg/D. [2]1949.

Personenregister

GPSR Compliance

The European Union's (EU) General Product Safety Regulation (GPSR) is a set of rules that requires consumer products to be safe and our obligations to ensure this.

If you have any concerns about our products, you can contact us on ProductSafety@springernature.com

In case Publisher is established outside the EU, the EU authorized representative is:

Springer Nature Customer Service Center GmbH
Europaplatz 3
69115 Heidelberg, Germany

Batch number: 10608696

Printed by Printforce, the Netherlands